하이 파이낸셔

HIGH FINANCIER
by Niall Ferguson

하이 파이낸셔

지크문트 바르부르크의 삶과 시대

니얼 퍼거슨 지음

김지현 · 정현선 옮김

HIGH FINANCIER

The Lives and Time of Siegmund Warburg

21세기북스

친구 찰스 S. 마이어를 위해

신비하기 짝이 없는 자아, 이 인간의 가상 발동기는 물리적으로는 분명
하나이지만 정신적으로는 상이하고 모순된 여러 요소들의 혼합체다.

— 지크문트 바르부르크(1965년)

그 같은 자서전에서는 주로 내가 살아가면서 연루되었던 굉장히 다양
한 활동들을 다룬다. 독일에서 나고 자라 인생의 돛을 올렸으나 결국
영국에서 새 둥지를 틀고 본격적으로 경력의 기반을 닦은 한 인간이자,
독일인 학자로, 국제적 명성을 얻은 은행가로, 유대교 신봉자로, 무엇
보다도 내가 조국으로 선택한 영국의 열정적인 시민으로 살았던 나의
면면을 말이다.

— 지크문트 바르부르크(1976년)

1. 알스터 강변 시절의 바르부르크 가족. 뒷줄 중앙에 지크문트의 조부가 보이고, 지크문트의 부친 게오르게스는 제일 왼쪽 의자에 앉아 있다.
2. 중년의 바르부르크 형제들. 왼쪽부터 파울, 펠릭스, 막스, 프리츠, 아비.

3. (좌)아비 M. 바르부르크, 〈작은 것 하
   나도 하나님의 작품이다〉.
4. 막스 바르부르크 〈막스 황제폐하〉
5. 갓난아기 지크문트. 양친 루시, 게오르
   게스와 함께.

6. 우헨펠스 학교. 지크문트가 자란 농장
   위쪽에 자리하고 있다.

7. 지크문트의 소년 시절. 벌써부터 책을
   손에 든 채 행복해 하고 있다.

8. 펠릭스 바르부르크와 아들 파울(일명
   피기). SS Aquitania 호에 승선하고 있
   다. 지크문트는 미국인이 다 되어버린
   사촌의 삶의 방식에 혐오감을 느꼈다.

9. 에바 필립슨과 지크문트의 결혼, 스톡홀름 1926년 11월.

10. 근심 걱정 없는 젊은 남편.

11. 지크문트 바르부르크와 아들 조지. '부드럽고 따뜻한 녀석임에는 분명이지만 결단력과 책임감이 아쉽다.'

12. 함부르크 페르디난트 거리에 위치한
    M.M.바르부르크사.

13. 쿤로브사 건물이 있었던 40번지(현
    트럼프빌딩 위치)에서 바라본 월스
    트리트.

14. 1934년 영국, 어머니와 지크문트. '인생의 행복은 욕망 대신 의무를 수행하면
    서 얻는 것이다.'
15. 헝거포드의 1대 포털 자작, 찰스 포털. 브리티시 알루미늄 회장이었다.
16. 제프리 컨리프. 브리티시 알루미늄의 상무이사.

17. 만화가 니콜라스 벤틀리의 '알루미늄 전쟁'
18. 마가렛 공주와 지크문트
19. 1951년 3월, '세인츠 앤 시너스' 만찬장의 지크문트
20. 테오도라 드라이푸스. 지크문트가 믿고 의지한 필적학자이자 절친한 친구였다.

21. 1978년 바르부르크사의 의
    장단. 왼쪽부터 헤르만 반
    데어 빅, 오스카 레비슨, 헨
    리 그런펠드, 데이비드 숄
    리, 에릭 롤, 지크문트 바르
    부르크, 제프리 셀리그만,
    피터 스토먼스 달링

22. 1999년 세상을 뜨기 직전의
    헨리 그런펠드. 지크문트의
    말처럼 두 사람은 서로에게
    없어서는 안 될 존재였다.

서문

죽고 나서도 본인이 한동안 강렬하게 기억될 거라는 착각으로 스스로
를 속여서는 안 된다. 그나마 기억해줄 이는 친구나, 사랑했던 소수의
사람밖에 없다.

— 1974년, 지크문트 바르부르크

1

누가 뭐래도 현 런던은 세계적으로 걸출한 국제 금융의 중심이다. 화폐가 부상한 장으로 월 스트리트와 더불어 양대 산맥을 이루고 있다. 여타 경제 분야에서는 제2차 세계대전 이후 고전을 면치 못했던 런던이었지만, 금융은 번창했고 최근에는 무서우리만큼 위력을 발휘하게 되었다. 그러나 이것은 원래부터 런던이 지닐 운명이 아니었다. 1945년 런던은 어느 모로 보나 금융의 중심으로서는 완전히 끝장난 상태였다. 그토록 번창했던 빅토리아 시대의 회계사무소 중 3분의 1이 완전히 사라져버린 '재앙'과도 같은 상황이었던 것이다. '젠틀맨 자본주의'가 다시 등장하여 젠틀맨 자본가들이 그토록 충성스럽게 섬겼던 대영제국이 활기를 되찾고 오래도록 지속될 것처럼 보였지만 역부족이었다. 그러나 영국은 부상했다. 독일의 공습 이후 영원히 잿더미로 소멸했어야 할 영국은 불사조처럼 되살아났다. 그런 역사적 기적이 실로 일어났던 것이다. 이 책은 바로 이러한 잿더미에서 런던이 부활하는 데 그 누구보다 큰 역할을 했던 한 사람의 전기다.

처음으로 신문 헤드라인을 장식했던 순간부터 1959년에 적대적 인수합병을 거쳐 1982년 세상을 떠날 때까지, 지크문트 바르부르크(Siegmund Warburg)는 런던을 이끄는 천재였고 타의 추종을 불허하는 혜안으로 두 번의 전쟁과 대공황이라는 재앙 이후에도 세계 경제 재건의 가능성을 내다보았던 하이 파이낸스의 주창자였다. 그는 1900년대 중반 국가의 통제가 과도해졌던 시기 이후 자유 시장의 세계를 연 경제기구의 변화를 설계했다. 그리고 국제 자본의 흐름을 제한하기 위해 세워놓은 경계를 허물어뜨려 런던이 국경을 초월한 은행업의 세계에서 중심 도시로 다시 서게 했다. 그가 걸어온 길은 현대 영국을 형성하는 과정에서 금융이 했던 역할에 관한 가장 중요한 역사적 질문들을 거의 대부분 이해하기 쉽게 밝혀주고 있다.

- 왜 영국의 금융 역사에서 유대인 출신 은행가들이 그처럼 주도적 역할을 했는가?
- 런던의 젠틀맨 자본주의가 영국 경제의 실적을 떨어뜨리고 제조업 강자 영국의 하락을 가속했는가?
- 런던은 '취리히의 은행가들'과의 동맹 속에서, 영국 경제를 현대화하고자 하는 1960년대 노동당의 야망을 좌절시켰는가?
- 지크문트의 사망 이후 금융 자유화는 왜 결국 영국 은행들보다 외국 은행들에 더 혜택을 주었던 것일까?

그러나 이러한 질문들이 이 전기에서 다루려는 주요 논지는 아니다.

지크문트는 스스로 인정했듯이 독일인 학자, 국제 은행가, 유대교 지지자, 그리고 무엇보다 자신이 직접 선택한 나라 영국에서 열정적인 시민의 삶을 살았던, 한마디로 '다양한 삶을 살다 간 한 인간'이었다. 또한 그는 저명한 유대계 독일인 은행 가문의 자손이었다. 현대 금융 역사 속 소수의 인물들이 비록 무대와 완전히 동떨어진 배후에서이긴 했지만 정치적으로도 영향력을 행사했던 것과 마찬가지로 그 역시 반쯤은 정치인이기도 했다. 젊은 시절 지크문트는 정치에 몸담을 작정이었다. 하지만 그의 야망은 히틀러의 등장으로 산산이 부서졌다. 그러나 1930년대에 영국으로 망명하는 바로 그 순간에도 그는 정치에 대한 열정을 계속 간직하고 있었다. 지크문트는 가장 노골적으로 유화 정책에 반대하던 런던 시민이었다. 그리고 전후에는 대단히 영향력 있는 유럽 통합의 지지자로 모습을 드러냈다. 사실 금융 및 정치적 유럽 통합의 비밀스러운 역사 속에서 지크문트가 했던 역할을 되짚어보는 것이야말로 이 책에서 보여주는 가장 놀라운 진실 규명이라고 할 수 있다. 이제야 하는 말이지만 유럽 통합을 위한 계획을 진전시키는 데 정부 관료들만큼이나 중요한 역할을 한 것은 바로 은행가들이었다. 하지만 그 어떤 은행가도 통합기구의 발달에 지크문트만 한 역할을 해내지는 못했다. 지크문트는 그 발달 과정을 가속화해 공공 부문과 민간 부문 모두에서 다 함께 협력하도록 한결같은 노력을 기울였다. 그리고 유럽연합 안에서 영국이 완전한 발달을 이루어야 한다는 생각에 반대하는 영국의 기득권층, 즉 정치인, 의회와 정부 인사들의 저항을 극복하고자 수십 년간 분투했다.

지크문트는 또한 유럽의 경제 통합을 위해 전략적으로 미국에 의존할 수 있다고 생각한 범대서양주의자로 평생을 살았다. 비록 그가 선택한 무대는 월 스트리트가 아니라 런던이었지만, 대서양을 가로지르는 금융의 통합을 이루겠다는 평생의 목표는 잃지 않았다. 그리고 프랑크푸르트, 함부르크, 파리, 취리히만큼이나 뉴욕에서도 상당시간을 보냈다. 한때 월 스트리트의 위성과도 같았던 쿤로브를 구출하려 했던 그의 시도는 지금까지 제대로 기록되지 않은 미국 금융 역사의 한 장면이다.

은행가들은 정치적 사건의 배후에 존재하는 진정한 힘이라고 일컬어지는 경우가 많다. 그렇다면 실제로 지크문트 같은 은행가는 전후 세계에서 어떻게 힘을 행사했던 것일까? 대답은 그가 기업 금융에서 선구적인 역할을 통해 병든 영국 경제를 소생시키려는 정부의 노력을 중심에서 도왔다는 데 있다. 런던의 콧대 높은 파벌주의에 냉대받던 외부인 지크문트를 1960년대 정치 무대의 주요한 내부자로 다시 세운 것은 S.G.바르부르크를 무대의 중심에 등장하게 한 브리티시알루미늄의 적대적 인수합병이었다. 게다가 일찍이 역사학자들이 간과해버린 사실이지만, 지크문트는 해럴드 윌슨이 첫 총리 임기 때 경제 문제에 관해 상의하던 가장 믿음직한 친구였다. 내각 구성원들조차 잘 몰랐지만, 지크문트는 윌슨을 정기적으로 만나 (결국 허사가 되어버리기는 했어도) 영국이 유럽경제공동체에 가입하도록 종용했고, 1967년에는 파운드화의 첫 평가절하를 막기 위해, 1970년대 중반에는 금융이 대혼란에 빠지는 것을 막기 위해 노력했다.

지크문트는 자신에게 기회를 준 나라 영국에 고마운 마음을 지니고 있었지만, 영국 내의 전후 문제 중 많은 부분이 사회를 독점하는 공립학교들과 고위 공무원 그리고 고관대작들의 게으름 때문이라는 이유로 평생토록 영국 사회 지배 계층에 대해 의심의 눈초리를 거두지 않았다. 강박에 가까울 정도로 한 곳에 머무르지 못했던 지크문트는 자신이 다국적 인간이라고 여겼다. 또한 나치즘의 악마성을 비교적 빠르게 알아차리기는 했으나, 그래도 독일 문화에 대한 애착, 특히 18~19세기 문학에 대한 애착을 버리지는 않았다. 1945년 이후 제3제국에서 망명한 인사들 가운데 서독의 정치·경제 부흥을 돕기 위해 열심히 일했던 이는 거의 없다. 그들은 히틀러 치하에서 (비교적 정치색이 옅은) 교화적 역할보다도 더 미미한 역할을 했던 사람들과도 가깝게 일하는 경우가 거의 없었다. 하지만 지크문트는 달랐다. 동시에 그는 애초에는 시온주의적 대의명분의 지지자로서, 나중에는 웨스트뱅크 및 가자 지구에 유대인 정착 정책을 실시한 이스라엘 당국에 대한 비판자로서 이스라엘의 국가적 운명에 촉각을 곤두

세웠다. 게오르게 슈타이너가 언급했듯이 '지크문트의 배경과 경력 그 자체가 훌륭하면서도 동시에 완전히 비극적인 독일 출신 유대인의 디아스포라(다른 나라에 거주하며 일하기 위한 유대인들의 이동)의 역사 속 역할을 고스란히 보여주고' 있었다.

그러나 지크문트가 그처럼 매력적인 것은 그의 경제 정치적 영향력 때문만은 아니다. 그의 복잡하지만 매력적인 성품도 살펴볼 만하다. 지크문트는 역대 은행가 중 가장 책을 많이 읽은 사람일 것이다. 고전과 낭만주의 독일 문학뿐 아니라 철학에도 푹 빠져 있었던 지크문트는 니체에서 프로이트에 이르는 위대한 중유럽의 근대주의자들에게 열광하는 헌신적인 연구자였다. 운명적으로 금융인이 되었지만 지식인 지크문트는 사업의 최종 결산보다는 그 조직에 관한 문제에 더 관심이 많았다. 실제로 그는 충분히 유명해질 만한데도 그렇지 못했던 현대 경영의 혁신가였으며, 오픈 플랜식 사무실(칸막이로 나뉘지 않은 사무실)과 기업 민주주의의 선구자였다. 재능 넘치는 아마추어 심리학자이기도 했던 그는 주변 사람들의 성품을 평가하기 위한 정신분석학적 통찰을 보완하기 위해 필적학을 이용했다. 색다르지만 효과는 있었던 새로운 체계였다. 사람에게 쉽게 매료되고 또 혐오가 오래가는 극단적 성품은 지크문트를 친구에게는 헌신적이지만 적은 결코 용서하지 않는 사람으로 만들었다. 그에게 선택받았다가 버림받은 경험을 한 후 그 실체를 알게 된 운 나쁜 젊은이들도 있었다.

이 책을 쓰는 동안 나는 지크문트가 가장 좋아하는 작가 토마스 만의 작가적 재능이 아주 조금이라도 내게 있기를 바랐다.

만일 바르부르크가가 몇몇 부분들에서 부덴브로크가(家)[1]의 유대인 버전으로 여길 수 있다 보고, 그 가족 구성원들이 요셉과 그 형제들이 현대에 환생한 것과 같다고 본다면, 지크문트 자신은 『파우스투스 박사』(1947)에 등장하는 천재 작곡가 아드리안 레버퀸처럼 드물 만큼 완벽주의를 추구한다는 면에서 만의 후기 주인공을 매우 닮았다고 할 수 있을 테니 말이다. 매의 눈에 맵시 있는 머리 스타일을 하고 미묘하게 과장된, 티 하나 없이 깨끗하게 재단한 새빌 거리(영국 런던의 고급 양복점이 많은 거리)의 정장을 걸친 유대계 독일인, 소리굽쇠만큼 민감하고, 아주 엄격한 프로이센 사람처럼 실수에 가차 없으며, 성스러운 불꽃과 약동하는 생명의 변덕스러운 복합체인 인물을 제대로 그려낸 작가는 확실히 토마스 만이었다. 그중에서도 '성스러운 불꽃'과 '생의 약동'은 지크문트가 가장 좋아하는 문구였다.

2

전기 작가들은 주제를 선택할 때 작가 본인의 마음에 얼마나 끌리느냐에서부터 출판인의 의견, 독자의 취향, 돈의 유혹 등 여러 가지 요소에 영향을 받는다. 그러나 화려한 잡지를 읽는 독자들이 스타들의 삶에 매료되듯, 이들을 가장 매료하는 것은 바로 대상의 명성이다. 그러다 보니 사악한 독재자들은 전기 작가에게 특히 인기가 많다. 영국도서관 온라인 도서 목록 일반 열람 항목에서 '히틀러'라는 키워드를 검색해보면, 478개의 결과가 나온다(물론 그 모든 책이 다 순수한 전기는 아니다). 스탈린에 관한 책이 311권, 무솔리니가 172권이

---

1 『부덴브로크가』(1901): 토마스 만의 소설. 세상의 변화를 인식하지 못하고 과거의 영화애서 빠져나오지 못해 서서히 몰락해가는 독일의 한 가문의 모습을 그리고 있다.

고, 마오쩌둥에 관한 책이 115권이다. 다행히도 민주 진영 지도자 중에도 몇몇은 비슷한 매력을 지니고 있다. 윈스턴 처칠에 대한 결과는 298개로 무솔리니를 눌렀고, 에이브러햄 링컨 역시 270권으로 무솔리니에 앞섰다. 조금 더 아래에 왕들이 있다. 영국의 가장 유명한 왕 헨리 8세에 대한 책이 90권, 다이애나 왕세자비에 대한 책은 39권이다. 영화배우에 대한 책 또한 아주 없지는 않다. 메릴린 먼로에 대한 책이 38권은 있으니 말이다. 놀랄 일도 아니지만 작가들은 상당히 지루한 면이 있음에도 다른 작가의 일생에 대해 쓰는 것을 특히 좋아한다. 그러다 보니 셰익스피어에 대한 책은 무려 2000권이 넘는다. 이는 심지어 예수조차도 필적할 수 없는 수다(1613권).

그러나 이 책은 별로 유명하지 않은 사람에 대한 이야기다. 실제 수많은 내로라하는 식자들이 지크문트 바르부르크에 대해 들어본 적조차 없다. 물론 지크문트 스스로도 언론을 싫어하고 무시한다고 했으며, 실제로도 틀림없이 싫어했겠지만, 그렇다고 그의 이야기가 그토록 비밀스럽게 묻혀 있었던 이유가 사람들이 흔히 말하듯, 언론 혐오 때문은 아니다. 언젠가 지크문트에게 런던 〈이브닝 스탠다드〉의 편집장이 찾아온 일이 있었다. 신문사의 소유주인 비버브룩 경이 쓸 만한 이야기를 찾아보라 보냈던 것이다. 지크문트는 기자에게 이렇게 말했다.

원칙적으로 나는 유대인 은행가의 이야기가 책으로 나오는 것을 반대한다고 했더니 기자는 유감이라고 말했다. 나는 그를 위로하기 위해 만일 앞으로 책과 관련된 일을 하게 된다면 그에게 '기꺼이' 사전 정보를 주겠다고 말해주었다. 하지만 그때 역시 주제는 우리가 자금을 대고 있는 고객사들에 대한 이야기여야지, 우리 회사나 나에 관한 이야기는 아닐 거라고 강조했다. 그러자 기자는 다시 한 번 유감이라고 말했다. 나의 회사 뉴트레이딩이 참으로 적극적이면서 건전한 기업이라 비버브룩 경이 지대한 관심을 가지고 있다는 것이었다.

다시 말해, 사업 목표에 맞는다면 지크문트도 얼마든지(기꺼이는 아니어도) 기자들과 인터뷰를 할 준비가 되어 있다는 요지였다.[2] 런던의 편집자들과 기자들은 주기적으로 S.G.바르부르크의 사무실에 들이닥쳤다. 실제로 브리티시알루미늄을 둘러싼 전쟁이 정점에 달했을 때는 지크문트가 직접 〈파이낸셜 타임스〉에 거의 매일같이 일의 진행에 대한 정보를 주었고, 이후에는 렉스 칼럼의 작가로 오래 일해온 인사를 회사에 영입하기도 했다. 그러니까, 지크문트 같은 인물이 오늘날 생각보다 알려지지 않은 이유는 출판을 삼갔기 때문이 아니라 은행가라는 직업 때문이었던 것이다.

물론 은행가들에 대한 전기들이 몇 권 있기는 하다. 그러나 더 흔한 것은 명망 높은 은행가 가문에 대한 책이다. 사실 지크문트의 삶에 대한 책도 이미 한 권 있다. 그리고 바르부르크가(家)에 대한 책은 여러 권 있다.[3] 그러나 전기 작가들은 대체로 환전상보다는 군주

---

[2] 이 인터뷰들 중에서 가장 의미 깊은 것은 1970년 〈선데이 텔레그래프〉의 패트릭 허트버, 그리고 1980년에 〈인스티튜셔널 인베스터〉의 캐리 라이히와 한 인터뷰였다. 지크문트는 또한 〈어스펙트〉의 기업 관련 사설을 쓰던 어니스트 벅과 합동 작업을 했고, 미국인 기자 조지프 웨치스버그가 〈뉴요커〉를 위해 지크문트의 프로필을 쓸 때도 도움을 주었다. 보통은 지크문트가 초고를 검토한 뒤 기사를 인쇄했는데, 만일 자신이 고친 대로 글이 인쇄되지 않으면 격분했다고 한다.

[4] 파러의 『바르부르크』는 신문 기사 같은 느낌이 강하고 신뢰도가 떨어진다. 다른 책보다는 좀 낫지만 여전히 1차적인 자료보다는 인터뷰 등에 지나치게 기대고 있다. 로젠바움과 셔먼의 『M.M.바르부르크』는 바르부르크가가 처음 운영했던

를, 은행가보다는 영화배우를 더 좋아한다. 은행가의 삶이 선동적 정치가나 유명 여가수의 색다른 삶에 대한 이야기보다는 별 재미가 없으니 그럴 수도 있다. 대출을 해주든 예금을 받든, 주식을 사고 채권을 팔든, 배상금을 공표하든 고객을 상담하든, 금융가는 전통적인 관점에서는 활동가가 아니었다. 가끔 다툼이 있을 수 있겠지만, 그들은 보통 중역 회의실에 앉아 있지 진짜 전장에 나가 전투를 치러내거나 대혼란을 겪어 독자의 연민을 자아내지는 않는 것이다.

그러나 전기 작가들이 은행가를 소홀히 여긴다고 해서 그들이 역사적으로 덜 중요한 존재라고 볼 수는 없는 일이다. 세상이 돌아가는 방법에 대한 진지한 고민 속에서, 특히 르네상스 이후 현대 세계에서 금융은 서구 문명의 진화에 확실히 정부나 전쟁만큼 중요한 역할을 했으며, 당연히 영화 산업에 비하면 훨씬 중요한 요소였다. 절약하는 사람들에게서 돈을 받아 사업가들에게 보내주는 은행과 증권거래소가 없었다면 서구 경제가 어떻게 산업의 발전을 이루고 탈공업화 시대의 번영 수준에까지 이를 수 있었을까? 또한 지난 세기의 위대한 전쟁들이 금융 없이 벌어질 수 있었을까? 자금을 대줄 채권 시장이 없었더라면 과연 어떤 복지 법안이 제대로 제정될 수 있었을까? 금융의 역사적 중요성에 의구심이 드는 독자라면 누구라도 최근의 사건들을 곰곰이 살펴보았으면 한다. 1930년대에 겪었던 대공황에 필적할 만큼 2007년 세계를 강타하고 거꾸러뜨린 거대한 금융위기를 불러일으킨 집단은 무엇이었나? 판단력을 잃은 상황에서 몇몇 은행가들은 자신도 모르게 스스로의 중요성을 만천하에 드러내고 말았다. 오늘날 로열뱅크오브스코틀랜드나 시티그룹을 너무나

가족 기업의 역사에 대한 책이다.

부실하게 운영한 사람들을 비난한다고 해서, 지난 사반세기 동안 세계 경제가 발전하는 데 기여한 금융 규제 철폐와 혁신까지도 잘못되었다고 할 수 있을까?

은행가들은 유명세와는 상관없을 수 있다. 하지만 그들은 중요하다. 그리고 지크문트 바르부르크의 일생만큼 은행가의 중요성을 잘 보여주는 예는 없다.

3

바르부르크가 사람 중 최소 네 명이 회고록을 썼지만, 지크문트는 자서전을 쓰지 않기로 했다. 또한 외부인이 바르부르크가 역사를 쓰려는 것에 대한 거부감도 대단히 컸다. 그는 함부르크 시절 직원이었던 에두아르트 로젠바움과 조슈아 서먼이 쓴 고루하고 반쯤은 정사라고 할 수 있는 글조차도 마음에 들어하지 않았다. 파러가 '바르부르크의 미치광이를 분석하기 위해 정신분석의 잣대를 적용'하려고 했을 때, 그는 바르부르크가에 대한 파러의 책이 역사적으로나 가족사에 대해서도 사실 관계를 전반적으로 왜곡했기 때문에 말도 안 되는 쓰레기라고 주장하면서 그 시도를 막으려 했으나 역부족이었다. 론 처노가 보다 면밀하게 가족의 역사를 조사해 쓴 '릴레이션십 뱅커'의 '죽음'에 대한 통찰력이 돋보이는 책은 지크문트도 즐겁게 읽었을지 모르겠으나, 역시나 그다지 달가워하지는 않았다.

자크 아탈리가 자신을 사업가로서 '정치적 힘, 경제적 확신, 창의력, 도덕성이 혼합된' 사람이라고 묘사한 것에 대해서는 지크문트도 아마 우쭐한 기분을 느꼈던 듯하다. 그러나 책(그리고 관련된 TV 영화까지) 내용이 많은 부분 정확하지 못한 데다 자신을 다소 신비스러운 방식으로 권력을 휘두르는 사람으로 묘사해놓은 부분에 대해서는 실망이 컸다. 이런 점들을 감안할 때, 나는 지크문트가 그의 후배였던 전 바르부르크 이사진들이 쓴 여러 자서전들을 보고 기쁨보다는 고통을 더 느꼈을 것이라 짐작한다.

이 책이 이전의 다른 책들과 차별되는 점은 두 가지다. 첫째로 지크문트의 방대한 개인 서류 모음, 즉 여러 기록 자료들, 그리고 1만여 통에 달하는 편지와 메모, 일기를 기반으로 이루어낸 첫 번째 연구서라는 점이다. 둘째로 이 책은 최초로 지크문트의 다각적인 삶을 당대의 적절한 역사적 맥락 안에 두려고 시도했다. 이것은 제국주의 독일의 황금기에 삶이 시작되어 1920년대의 열성적인 분위기 속에서 성년이 되고, 독재 정부와 전쟁 그리고 집단 학살의 시대에 망명자로 전락했다가 냉전기에 역사 무대의 전면에 나서게 된 한 인간의 이야기다. 역사가들이 보다 세계적인 틀 안에서 20세기의 역사를 재구성하려 분투하고 있을 때, 지크문트는 여러 면에서 기준이 될 만한 가치 있는 관점을 제공했다. 그는 큐나드 해운을 거쳐 콩코르드에 이르는 다양한 교통수단을 이용하며 런던에서 뉴욕으로 대양을 아우르는 활동 영역을 자랑했던 전형적인 호모 아틀란티쿠스였다. 1920년에 미국과 영국의 '선한 의지와 선한 유대감, 영원한 평화'를 추구하기 위해 세워진 필그림 소사이어티의 회원이었던 그는, 가끔씩 대서양을 아우르는 이해를 장려하기 위해 1954년 네덜란드에서 발족된 정치인 및 산업 지도자들의 연간 회의 '빌더버그 미팅'에도 참여했다. 그러나 그는 또한 평생 영국만이 아니라 독일이나 스위스에서도 내 집처럼 편하게 느끼며 미국인의 '현대 야만주의'적 삶을 대단히 싫어하는 유럽인으로 살았다. 일본에는 강한 호기심을 느꼈고 이스라엘과는 애증의 관계였다. 그러나 소비에트 연방에 내몰리던 때를 제외하고는 나머지 세상은 그의 관심 밖에 있었다. 지크문트에게 세계란 결국 서구 세계, 그중에서도 맨해튼에서 마인 강에 이르는 북서 지역이었다.

국제 금융 재통합에 대해 유독 명징하고 또렷한 시각을 지니고 있었던 지크문트는 당대 그 어떤 인물보다도 '세계화의 예언자'라는 이름에 걸맞은 역할을 했다. 하지만 1930년대 대공황을 거치며 입은 상처로 뿌리가 깊어진 비관주의 때문에, 그는 모든 희망적 예언 끝에 단서 조항을 달아놓았던 카산드라처럼 모순적인 예언가로 살았다. 그러나 1973년에서 1982년 사이 말년을 보내며 겪은 많은 일들이 이 같은 지크문트의 비관주의가 아주 틀리지는 않았다는 사실을 입증해주었다.

이제 세상은 훨씬 더 큰 또 다른 금융 위기로부터 스스로 조심스럽게 빠져나오고 있다. 이러한 위기는 지크문트가 이상으로 삼았던 하이 파이낸스, 즉 투기적 매매보다는 고객 관계를 우선시하는 금융 서비스의 중요함을 새 세대의 은행가들이 일부러 유기해 유발한 것이라고 보아도 무방하다. 대중의 눈에는 런던의 명성이 사실 많이 퇴색해버렸으나 참된 금융 전문가에게서 배울 기회가 있다면, 지금이 바로 그때다.

1

지크문트와 사촌들

요셉의 고향에서는 과거가 (……) 미래와 예언에 물들어 있었다.

—토마스 만, 『요셉과 그 형제들』

1

1933년, 토마스 만의 소설 『요셉과 그 형제들』[1] 1부가 출간되었다. 저자는 소설이 '사랑과 미움, 축복과 저주, 형제간의 갈등과 슬픔, 긍지와 속죄, 성공과 몰락'에 관한 이야기라고 말했다. 일찍이 이 작품을 숭배했던 독일의 한 청년 은행가가 있었으니, 바로 지크문트 바르부르크다. 이 책을 읽던 당시, 그는 배를 타고 함부르크에서 런던으로 향하는 중이었다. 소설 속에 토마스 만이 그려놓은 인물과 마찬가지로 망명길에 오른 것이었다. 지크문트는 요셉이 자신을 아주 닮은 데다 그 가족사까지 비슷하다는 사실을 대단히 좋아했다고 전해진다. 물론 그 둘이 완전히 같았던 것은 아니다. 요셉과 달리 지크문트 바르부르크는 남자 형제가 없었고, 가족의 강요 때문에 망명한 것도 아니었기 때문이다. 지크문트가 조국을 떠난 이유는 야곱의 자손들(유대인을 말함)을 추방하고 궁극적으로는 말살하겠다고 작정했던 정권 때문이었다. 이처럼 차이가 있는데도 지크문트가 서로를 비슷하다고 느꼈던 이유는 바르부르크가의 가계도를 훑어보면 알 수 있다.

지크문트의 증조부 아브라함 바르부르크[2]는 구약성서 출애굽기의

---

1 성서속 인물 요셉에 관한 4부작 소설. 그중 첫째가 1933년에 발표된 「야곱의 이야기」이고, 1934년 두 번째인 「젊은 요셉」, 1936년 「이집트에서의 요셉」, 1943년 마지막 권인 「양육자로서의 요셉」이 발표되었다. 『요셉과 그 형제들』은 이 네 권을 묶어 완성작으로 출간한 것.

2 바르부르크 역시 대다수 유대계 독일인 가족들과 마찬가지로 도시 이름을 따서 지은 이름이다. 이는 16세기 가문의 선조 지몬이 바르부르크 마을에 그곳 통치자인 파더보른 주교의 슈츠유드(보호받는 유대인이라는 뜻)로 자리를 잡으면서

<바르부르크 가계도>

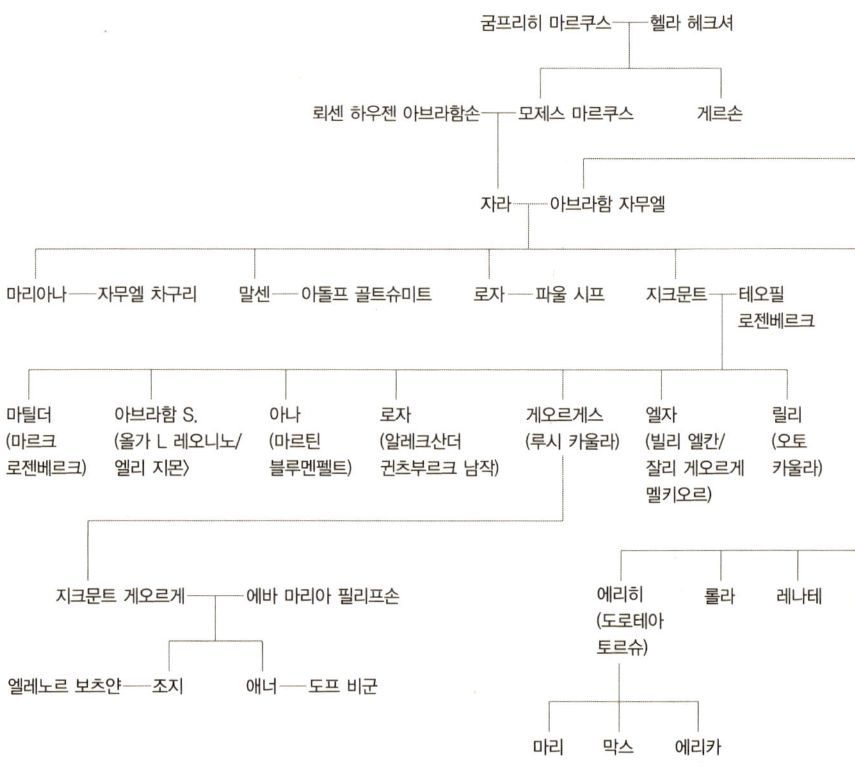

아브라함처럼 같은 집안의 자라 바르부르크와 결혼해 두 아들을 낳
았다.

　야곱과 에서 형제처럼 아브라함의 두 아들도 사이가 그리 좋지 않
았다. 경건한 체하는 지크문트와 세속적인 모리츠는 '하루가 멀다

───────────────

시작되었다.

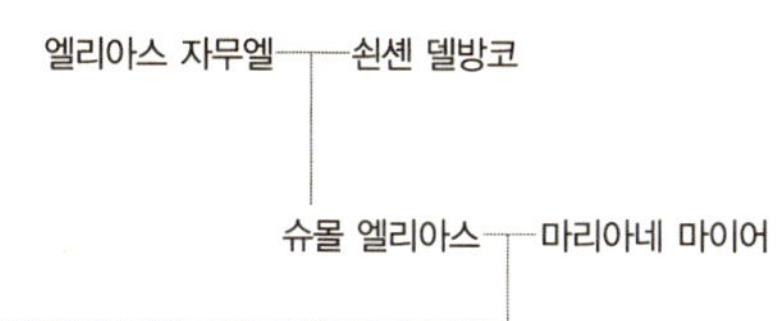

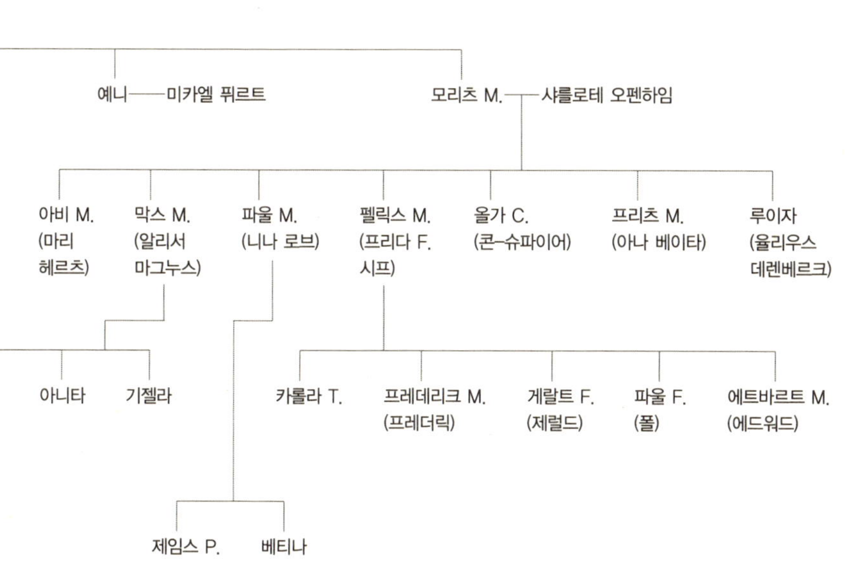

하고' 다퉜다. 한 후손의 말에 바에 따르면 '보통 일주일에 한두 번은 가족이 운영하는 은행이 있던 함부르크의 페르디난트 거리 전체에 울려 퍼질 정도로 심한 언쟁이 벌어졌다.' 그러나 다음 세대에는 성서에서처럼 각자 삶의 방향이 달라졌다. 모리츠 바르부르크는 1864년 샤를로테 오펜하임과 결혼해 아브라함(흔히 아비 M.이라 알려짐), 막스, 파울, 펠릭스, 프리츠라는 다섯 아들과 두 딸을 낳았다. 아들 다섯 중에서도 특히 자신감 넘치고 통솔력이 뛰어난 사람은 막스였으며, 막스를 중심으로 이들 형제가 가문과 가족 회사 모두를 장악하는 동안 지크문트 쪽 후손들은 빛을 보지 못했다. 1889년 지크문트가 죽자 그의 아내는 가장 어린 엘자와 릴리를 데리고 함부르크를 떠나 프랑스로 향했다. 두 아이의 큰오빠 아브라함이 가족 기업에 들어가기는 했지만 작은오빠 게오르게스는 지나치게 '심약하기'[3] 때문에 회사에는 부적합하다는 무언의 압박 속에서 함부르크를 떠나게 되었다.

게오르게스의 아들 지크문트가 번성한 상업 대도시 함부르크가 아니라 한적한 독일 남부 시골에서 태어난 것은 바로 이 때문이었다. 그러니까 그는 함부르크 출신의 배타적 성향의 친척들과는 성장 과정부터 근본적으로 다른 일종의 아웃사이더였던 셈이다. 그리고 그런 이유로 요셉과 그 형제들 이야기가 지크문트에게 그토록 와 닿았던 것이다. 소설 속 요셉과 형제들 사이에 존재하는 폭력적인 적대감까지는 아니었지만, 지크문트는 항상 자신과 함부르크 출신 사촌들 사이를 가르는 뚜렷한 간극을 느꼈다.

물론 이 같은 동기간의 갈등은 역사가 이어지는 동안 계속해서 반복되는 보편적 주제이기는 하다. 야곱의 일곱 번째 아들인 성서 속의 갓과 여덟 번째 아들인 아셀이 어른스럽고 주변의 사랑을 독차지했던 배다른 형제 요셉을 시기했던 것이나, 요셉과 그 남동생 베냐민 사이의 우애, 첫째 르우벤의 애증, 혹은 형제간의 폭력적인 대결 끝에 마침내 화해가 찾아오는 이야기 등, 이 중 적어도 몇 가지는 대가족 안에서 살면 대개 비슷하게 겪는 일이다. 이런 주제는 고대로부

---

3 게오르게스는 만성 두통이 있는 데다 사업보다는 역사에 대단히 관심이 많았다.

터 죽 이어져오지만 특히 19세기 유럽의 중산층에서 이런 주제가 문
제시되었던 것에는 다양한 이유가 있었다.

먼저 이 시기에 가족의 평균 구성원 수가 빠르게 줄어들면서 뚜렷
한 인구 통계학적 변화가 있었다. 1910년 독일에서는 가족 수가 5인
이상인 가정이 40퍼센트에 달했고 8인 이상인 가정도 10퍼센트나 되
었다. 그러나 1930년에는 자녀가 넷 이상인 가족이 고작 전체의 20
퍼센트에 불과했고, 두 자녀를 둔 가족 비율은 29퍼센트에서 65퍼센
트까지 늘었다. 겨우 20년 사이에 아이들이 여러 형제들과 함께 자
라는 가정이 상당히 줄어버린 것이다. 게다가 19세기 후반에는 영양
상태와 공중위생이 개선되어 사람들이 혜택을 보았다. 남성의 평균
수명은 35세에서 55세로 늘었으며, 함부르크에서는 1893년 이후 20
년간 평균 1000명당 25~35명이었던 사망률이 15~20명으로 감소
했다. 특히 부유한 이들이 수명 연장의 혜택을 더 많이 누리는 듯했
다. 바르부르크가처럼 윤택한 가문이 대다수 거주하는 알스터 호 서
쪽의 부촌 하르페슈테후더나 로터바움 지역에서는 영아 사망률과
발진티푸스, 결핵 환자 수가 다른 곳보다 적었다. 1892년 콜레라가
유행하는 동안 1만 마르크 이상의 소득을 올리는 부유한 계층의 사
망률은 소득이 1000마르크 이하인 계층 사망률의 6분의 1밖에 되지
않았다. 모리츠의 아들 아비 M.은 여섯 살에 걸린 장티푸스에서 살
아남았고, 어머니 샤를로테도 이듬해 만만찮은 중병을 앓았지만 목
숨을 건졌다. 함부르크에 콜레라가 유행하는 동안 그곳에서 지냈던
막스 바르부르크는 "확실히 (……) 나는 이미 면역이 되었군"이라
고 적기도 했다. 그의 동기 중에서는 올가만이 출산 중에 요절했다.
그 외에는 아비가 63세, 막스가 79세, 파울이 64세, 펠릭스가 66세,
프리츠가 83세까지 살았다. 요약하자면, 이런저런 일들이 있었는데

도 이처럼 여러 형제가 골고루 장수한 것은 그들 세대로선 드문 일이었다는 것이다. 그러나 1902년 외동으로 태어난 지크문트는 여러 가지 면에서 그들과는 다른 시대에 속해 있었다.

바르부르크가처럼 규모가 크고 부유한 가문으로는 메디치가 정도가 있을 것이다. 아비 M.은 자신의 작품[4] 속에서 의식적으로 자신들을 메디치가와 비교하기도 했다. 그들은 마치 왕족이라도 되는 듯, 가문의 시작이 16세기까지 거슬러 올라가며 자신들의 사업은 환전상이었던 선조 야코프 자무엘이 바르부르크 마을에서 함부르크로 이사를 왔던 1640년대부터 시작되었다고 생각했다.

바르부르크가 사람들은 오랜 세월에 걸쳐 가문의 체계를 발전시켰는데, 그중 가장 중요한 원칙은 가족이 창출한 부가 어떤 형태든, 또 가족 구성원의 개인적 성향이 무엇이든 간에 정해진 수만큼의 남자들이 자신이 받은 유산을 출자해 가족 기업의 자본으로 써야만 한다는 것이었다. 이렇게 형성된 형제간의 동업 관계는 그들이 조화롭게 어울릴 수 있게 해주었다. 이러한 전통은 야코프 자무엘의 세 아들로부터 시작되었고, 자무엘 모제스의 네 아들, 굼프리히 마르쿠스

---

4 형제들이 경제적으로 도와준 덕에 아비 M.은 일생을 예술사를 연구하는 데 바쳤고, 런던에 있는 바르부르크 연구소의 설립자로 기억되고 있다. 바르부르크 연구소는 아비 M.이 수집한 방대한 예술 서적을 소장하고 있다. 이탈리아 피렌체 르네상스에 정통했던 그는 자신이 방문한 미국에서 지대한 영향을 받았다. 애리조나, 콜로라도, 뉴멕시코 등지에서 미 원주민의 예술과 조우했던 것이다. 아비는 예술품의 기계적인 재생산이 일종의 문화 인플레이션을 초래한다고 주장했다. 훗날 같은 개념을 유명하게 만든 발터 베냐민보다도 앞서 있었다. 아비의 저작 가운데 가장 잘 알려진 것은 피렌체의 산타 마리아 노벨라 성당에 있는 도메니코 기를란다요의 프레스코화에 대한 연구다.

의 두 아들과 동생 엘리아스 자무엘의 두 아들, 그리고 아브라함의 두 아들을 거치며 지속되었다. 굼프리히 마르쿠스가 자신의 아들 모제스 마르쿠스와 게르존에게 강조한 것은 형제간의 평화와 결속, 협력을 유지해야 한다는 것이었다. 두 형제는 공식 동업 계약서를 작성하면서, 이 같은 결속의 중요성을 다음과 같이 강조했다. "서로의 말을 곧이곧대로 믿고, 상대에게 어떤 식의 맹세도 요구하지 않기로 한다." 다음 세대의 지크문트와 모리츠 형제의 관계 또한 형제의 대단한 어머니 자라가 공들여 작성한 계약서 덕에 단단히 유지되었다. 상황이 이러하니 샤를로테 바르부르크(모리츠의 아내)가 다섯 아들에게 형제간의 조화라는 생각을 심어주려 노력한 것 역시 너무나 당연했다. 막스, 파울, 펠릭스는 예닐곱 살이 되었을 때 서로에게 읽기와 쓰기를 가르쳐야 했다. 샤를로테는 막스의 책상 안쪽 면에 찬송가 133장의 앞 구절을 새겨놓았다. "보라, 형제들이 함께하는 모습이 얼마나 선하고 기쁜가!" 형제간에 갈등이 있어도 누군가 이사를 가는 등의 방식으로 해결하여 그 피해를 줄였다. 자무엘 모제스의 아들 중 하나는 알토나(함부르크 북서 지역) 근교로, 다른 하나는 런던으로 떠나면서 동생들에게 아버지가 물려준 사업의 경영권을 넘겼다. 엘리아스 사무엘의 두 아들은 훗날 스웨덴에 정착했다. 이렇게 갈등을 피하는 모범은 1900년대 초반 파울과 펠릭스 두 사람이 모두 미국으로 이민을 갈 때까지 되풀이되었다. 그리고 대륙 곳곳에 기반을 잡은 형제들 덕에 전략적으로 중요한 여러 상업 중심지에 입지를 다지는 일이 더욱 유리해졌다.

그러나 형제간의 결속을 그런 방식으로 다지다 보니 전통적인 모습의 부르주아 계층 가장이 설 자리가 거의 없었다. 권력은 각 세대 안에서 분배되었고 윗세대는 그저 다음 세대로 매끄럽게 권력이 넘

어가도록 지키는 일밖에는 할 수가 없었다.[5]

　은행이 일인 지배 체제로 운영되었던 기간은 1830년대에서 1840년대 사이뿐이었다. 그리고 그 주인공은 바로 여성 가장, 자라였다. 이 짧은 기간을 살펴보면, 가족과 기업을 유지하는 데 꼭 필요한 요소 중 하나가 혈족결혼임을 알 수 있다. 게르존과 모제스 마르쿠스 형제 둘 다 아들을 한 명도 낳지 못하자, 모제스의 딸 자라를 자신들의 사촌 슈몰 엘리아스의 아들인 아브라함과 결혼시키는 게 낫겠다는 결론이 났다. 이는 19세기에 사업을 하는 가문에서는 흔한 일이었다.[6] 하지만 다음 세대에는 보다 과감한 결혼이 가능해졌다. 자라의 딸 로자가 훗날 빈 크레디탄슈탈트의 사장이 될 파울 시프와 결혼했던 것이다. 로자의 동생 지크문트의 신부 테오필 로젠베르크는 러시아 귄츠부르크가의 친척이었고, 동생 모리츠의 부인 샤를로테 오펜하임은 프랑크푸르트 오펜하임가와 골트슈미트가 사이에서 태어난 자손이었다.[7] 병약한 게오르게스 바르부르크가 카울라가의 딸과 결혼해 이러한 전통을 이었다. 그리고 거의 비슷한 시기에 게오르게

---

5 상속권을 박탈당할 위험을 받는 중산층 가장이라는 친숙한 광경은 아버지의 발자취를 따르지 않으려는 아들의 위협과 분리할 수 없는 것이다. 당대의 문학(이를 테면 토마스 만의 『부덴브로크가』 같은)은 이러한 사실이 아들들에게 얼마나 많은 권력을 주었는지를 보여준다. 그 때문에 아버지들은 후계자들과 사이가 멀어지지 않도록 조심해야만 했다.

6 히르슈가는 유명 유대인 가문이었지만 함부르크의 비유대인 상류층 가족들과 똑같이 하지는 않았다.

7 딱 한 번 실수가 있었다. 마리아너가 차구리라는 이름의 사기꾼과 결혼했던 것이다. 이혼을 질질 끌면서 돈도 엄청나게 들었다. 지크문트의 아이들 중에는 한 명이 귄츠부르크와 결혼했고(이 결혼도 좋지 않게 끝났다), 다른 둘은 슈투트가르트 카울라가 자녀들과 결혼했다.

스의 여동생 릴리가 오토 카울라와 결혼했다. 바르부르크가가 함부르크에서 부상하기 이전부터 독일 남부에서 그 명성이 높았던 카울라가는 사실상 바르부르크가보다 훨씬 더 이름난 가문이었다. 이 같은 결혼 덕에 아들들은 지참금은 물론 사업적 관계 증강이라는 이득을 챙겼지만, 딸의 경우 오히려 상당한 비용이 들기도 했다.

모리츠와 샤를로테 부부의 다섯 아들은 형제간의 조화라는 가족의 이상에 얼마나 잘 맞춰서 살았을까? 서로 다른 특징을 담아낸 형제들 각각의 좌우명만 봐도 알 수 있듯이, 그들의 기질은 서로 매우 달랐지만,[8] 그들 모두가, 그중에서도 특히 막스와 파울은 누구보다 가깝게 지내며 끈끈한 결속을 자랑했다.

형들은 자신감이 부족하고 외모도 형들보다 뒤떨어지는 막내 프리츠를 동정하고 아껴주었으며, 맏형인 아비 M.은 변덕이 좀 있는데다 쉽게 만족하지 못하는 성격이기는 했지만 무한한 관용으로 동생을 감쌌다. 그런데 과거에는 책임을 공평하게 분담하여 조화를 추구했다면, 이들 형제는 하나같이 권력에 별 관심이 없었다. 아비 M.은 13세에 가족이 운영하는 회사에 들어갈 기회를 버리고, 대신 예술사를 연구하고픈 자신의 열정을 따르기로 마음먹었다.[9]

---

[8] 학구적인 아비의 좌우명 '작은 것 하나도 하나님의 작품이다'를 용감한 막스의 좌우명 '앞을 향하여'와 이타적인 파울의 좌우명 '민족에 대한 봉사'나 쾌활하고 미국적인 '오늘 해야 할 일을 내일로 미루지 마라. 다시는 이 길을 지나지 못할지 모른다', 아니면 운명을 믿었던 프리츠의 좌우명 '생의 마지막 순간까지 최선을 다하라'와 서로 비교해보라.

[9] 하지만 동생 막스는 성서 속 죽 한 그릇 이야기 때문이 아니라, 평생 필요한 책을 형제들이 사줄 거라는 약속을 했기 때문에 형이 자신의 권리를 포기한 것이라고 회상했다. 아비의 조부모는 학문을 연구하겠다는 아들들에게 보통 그러하듯이 랍비가 되라며 설득하려 들었지만 소용이 없었다.

아비의 동생 펠릭스는 사업에는 조금도 관심 없이, 평생 여가와 자선 활동에만 몰두했다. 기병대 장교가 되고 싶었던 막스는 바이에른에서 매우 즐겁게 군복무를 했다. 학문에 심취한 파울은 과학을 연구할 생각이었다. 그에게는 막스와 더불어 가족 기업에서 수습사원으로 일한 뒤 결국 동업자가 되어야 한다는 부모의 끈질긴 설득이 유일한 걸림돌이었다. 유일하게 프리츠가 자신이 사랑하는 독일 문학과 법 연구를 포기하고 마지못해 부모의 충고를 따랐다. 그리고 형 파울이 미국으로 이주했을 때, 가족 기업의 동업자로 올라섰다.

이 다섯 형제와 누이 둘은 비슷한 결혼을 했다. 마치 판에 박기라도 한 듯, 막스는 먼 친척인 스웨덴 출신의 알리스 마그누스와, 여동생 올가는 런던의 철강 기업 브랜다이스골트슈미트의 파울 콘-슈파이어와 결혼했다. 프리츠는 스웨덴 출신의 사촌인 아나 베아타 바르부르크와 결혼했다. 하지만 다른 형제들은 모두 이런저런 이유로 가족의 반대를 겪었다. 결국에 가서는 서로 이득이 되는 결혼이었던 것으로 밝혀졌지만, 펠릭스는 쿤로브이라는 투자은행 및 철도 재정 전문 기업을 운영하는 독일계 미국인 은행가 야코프 시프의 딸에게 구애를 해 양가 모두를 실망시켰다. 파울이 형의 결혼식에서 마주친 형수의 이모 나나 로브에게 모욕적인 말을 해 상황이 악화되기도 했다. 전통에 가장 강하게 맞선 사람은 맏형 아비 M.으로, 그는 개신교도이자 함부르크의 선주 딸인 화가 마리 헤르츠와 결혼했다. 결혼을 통해 그는 유대인이라는 자신의 배경이 아니라 함부르크의 부르주아적인 삶에 본격적으로 맞춰 살아가기 시작했다.

만일 그들의 부모가 자식들의 결혼 중 적어도 몇이라도 신분이 낮은 자와의 결혼이라 여겼다면 그들의 가족 관계는 돌이킬 수 없이 망가졌을 것이다. 하지만 형제들은 각기 다른 인생과 배우자를 선택했어도 서로 따뜻하고 끈끈한 관계를 유지했다. 여름이면 일곱 형제자매와 배우자들 그리고 아이들이 엘베 강 북쪽 블랑커네저에서 서쪽으로 9마일 떨어진 쾨스테르베르크에 있는 부모의 목가적인 별장으로 모여들었다. 그렇게 모여서는 거대한 화물선이 지나가는 동안 각자 조화를 이루어 화목한 풍경을 완성했다.

물론 이 모든 상황에서 바르부르크 집안이 보여준 모습이 대단히 특별한 것은 아니었다. 사업 시작 초기나 이후에 분리를 하는 시점에서 형제가 모여 결정을 내리는 유대인 가족은 넘치도록 많았기 때문이다. 마이어 암셀 로트실트(로스차일드)의 다섯 아들을 비롯해 모리츠 도이치의 네 아들, 잘로몬 베네디크트 골트스미스의 다섯 아들(베네디크트 잘로몬 골트슈미트의 여섯 아들과 베네디크트 하이움 골트슈미트의 다섯 아들은 언급하지 않더라도), 마이어 카우프만의 세 아들, 그리고 다섯 명의 티츠 형제들까지 모두 그런 방식으로 일하는 유대인 명문가였던 것이다. 마치 왕실 가족과도 같은 혈족결혼 또한 다른 유대인 가문에서 흔히 볼 수 있는 일이었다. 여섯 세대 동안 적어도 열두 개의 저명한 유대인 가문과 결혼을 했던 골트슈미트가는 물론, 혈족결혼을 중요하게 여긴 히르슈가와 오펜하임-멘델스존-바르샤우어-지몬으로 이어지는 네트워크가 바로 그런 예다. 실제로 바르부르크가는 로트실트라는 19세기 최고의 유대인 가문을 다분히 의식적으로 모방하여 형제간의 조화를 강조했던 것으로 보인다. 마이어 암셀 로트실트의 다섯 아들이 두 세대 전 전설적인 재산을 축적했던 것처럼, 바르부르크가에서는 모리츠 바르부르크의 다섯 아들들이 그 같은 과업을 이루었다. 그러나 유대인만이 형제간 우애가 깊고 혈족결혼을 중시했던 것은 아니라는 사실을 기억해야 한다. 이와 비슷한 모습을, 유대인이 아님에도 한자 동맹에 속한 항구도시의 다른 가문들에서도 볼 수 있기 때문이다. 16세기에 네덜란드에서 함부르크로 온 암싱크 가문이 바로 그런 예다. 대개 아들 중 하나가 도시의 정부 기관에서 경력을 다지며 법률가로 훈련을 받으면, 그 사이 다른 아들들은 사업에 뛰어들거나, 다른 직업을 택했다. 암싱크가는 대부분의 경우 오직 자신의 집안과 비슷한 수준의 상인 집안하고만 결혼을 했다. 슈람가와 오스발트가도 비슷했다. 퍼시 슈람은 1900년 즈음 함부르크의 사회생활을 이렇게 회상했다. "서로 얼마나 가까운 집안이며, 아버지 회사의 이름이 무엇인지, 어머니 또한 얼마나 좋은 가문 출신인지 하는 것 등은 사회생활을 하며 꼭 알아야만 하는 요소였다."

한마디로 말해, 대가족이란 19세기 부르주아 사회를 구성하는 핵심 요소였던 것이다. 게다가 바르부르크의 경우에서 볼 수 있듯이 이 시기에는 유대인과 비유대인 가족이 동등한 기회를 누렸다. 모두가 장수했던 바르부르크가의 다섯 형제는, 조상들은 생각도 해보지 못한 다양한 직업을 가지고 여러 나라에서 활동했다. 게다가 다른 어떤 선조들보다 결혼도 자유롭게 할 수 있었다. 하지만 형제라는 끈끈한 유대를 통해 그들은 서로 다른 영역에 몸담고 있으면서 조화롭게 지낼 수 있었다. 매년 여름 쾨스터베르크에 모여 찍은 수많은 사진들을 보면, 한 부르주아 가정이 이루어낸 성과를 눈으로 직접 확인할 수 있다.

그러나 이 모든 것은 그 당시만의 일시적인 현상이었다. 새로운 세기가 시작되면서, 동시대의 사람들 중 적어도 몇몇은 바르부르크가처럼 문중을 불려나가는 독특한 방법이 지속될 수 없다는 사실을 알고 있었다. 그리고 이 같은 깨달음은 1901년 출간된 토마스 만의 첫 소설 『부덴브로크가』에 선명하게 나타난다. 토마스 만은 뤼베크의 자기 친척들 모습을 참고한 것이지만, 기실 부덴브로크가 사람들의 모습은 전형적인 한자 동맹 소속 상인 가족의 특징을 보여준다. 18세기에 번성한 부덴브로크가는, 소설 속에서 세 번째 세대의 장남으로 등장하는 토마스 부덴브로크가 뤼베크의 상원 의원으로 선출되면서 전성기를 맞게 된다. 그러나 몰락의 조짐은 그때 이미 싹트고 있었다. 아들 형제 자체가 워낙 적었고, 그나마도 두 명만 모였다 하면 언쟁이 끊이지 않았다. 그처럼 반복되는 형제간의 갈등에 대한 소회가 소설 앞부분에 명확하고 간결하게 기술되어 있다. "형제간의 이 씁쓸한 반목은 마치 집에 금이 가는 것만 같은 느낌을 주었다. (……) 가족이란 서로 뭉치고 늘 함께여야 하거늘, 분열된 가족에게는 결국 몰락만이 남게 될 것이다." (집이 팔린 뒤, 소설 속 가장 폭력적인 형제간의 다툼이 일어난다.) 그뿐만 아니라, 소설 속 가족은 결혼생활에도 지독하게 실패한다. 토마스의 누이 토니는 처음에는 파산한 사람과, 그다음에는 바이에른 출신의 천박한 남자와 결혼하고, 토니의 딸은 사기꾼과 결혼하며, 심지어 토마스조차도 네덜란드 출신 바이올린 연주자와 어울리지 않는 결혼을 감행한다.

하지만 토마스 만이 찾아낸 문제의 근본적인 뿌리는 다른 곳에 있었다. 바로 가족의 기업가 정신이 무너지면서 부덴브로크가의 회사가 망해버린 것이었다. 또한 소설 속에는 상인 계층에 대한 사회적인 위협이 1848년의 혁명 대중과 요한 영사의 대치로 형상화되어 나타난다. 무엇보다 큰 문제는, 혈기왕성한 합리주의자였던 요한에서부터 시작해 스스로에게 너그러웠던 낭만주의자인 요한의 아들 토마스의 과장된 경건함을 거쳐 3대의 마지막인 하노의 절망적인 타락에 이르기까지, 철학의 점진적 몰락이었다. 1911년 『부덴브로크가』가 6만 부나 팔려나가가며, 막스 슈람뿐 아니라 지크문트 바르부르크의 서재에도 소장되었던 이유는 바로 이처럼 심오한 주제 때문이었다. 이는 그저 한 가문의 몰락이 아니라 '가문'이라는 개념 그 자체의 몰락을 시사하는 대단히 노골적인 고발이었다. 그래서 퍼시 슈람은 어머니를 중심으로 한 자신의 가족이 '부덴브로크 가문과 정반대'라며 공공연하게 거부감을 표했다. 바르부르크가 사람들 역시 만이 말하고자 한 바를 모를 리가 없었다. 막스 바르부르크는 처음 사업을 넘겨받으면서 법적으로 파산 지경에 이른 사촌 로자를 수렁에서 건져내야 했다. 그 사이 막스의 맏형 아비 M.은 쇼펜하우어를 읽었고 예술에 귀의했으며 발진티푸스에서 가까스로 살아남았다.

이런 식으로, 20세기의 거대한 폭풍이 불어닥치기 전에 이미 이 상인 대가족은 자신들의 약점을 드러내고 있었던 것이다. 그러나 평생 토마스 만의 열렬한 팬이었던 지크문트 바르부르크만은 그 같은 타락의 징후를 보이지 않았다. 무엇보다도 책을 무척이나 좋아하는 성향만큼은 그대로였다. 하지만 가문의 이름에 대한 지크문트의 숭배는 늘 이상하리만큼 애증이 엇갈리는 감정이었다. 신성불가침이기도 했지만, 앞으로 살펴볼, 그 이름을 달고 있는 더 큰 무리의 사람들은 또 다른 문제였던 것이다.

2

바르부르크가 사람들은 1798년에 처음 M.M.바르부르크라는 이름의 가족 기업이 공식 설립된 이후 쭉 자신들을 은행가로 여겼다. 그러나 그들이 소유한 은행은 19세기 후반까지도 지역 규모에 지나지 않았다. 가족들은 로트실트의 주요 에이전트인 함부르크의 잘로몬 하이네가 맡고 있는 역할을 어떻게든 차지해보려고 계속해서 노력했지만, 다섯 명의 로트실트 형제들이 나폴레옹 전쟁 후 설립한 거대한 범유럽 금융 네트워크에서 그들이 한 역할은 아주 미약했다.

1865년 마침내 노력의 결실을 이루었지만, 바르부르크 가문이 로트실트와 어깨를 나란히 할 정도로 성장했다고 인정을 받은 것은 20세기로 들어서기 전 막스 바르부르크가 지배적인 동업자로 부상하면서부터였다. 막스는 파리와 런던에 있는 로트실트 은행에서 금융 수습사원으로 일했으며, 이는 본질적으로 바르부르크가에 대한 로트실트의 평가가 올라갔음을 보여주는 일이었다. 1890년대 후반 M.M.바르부르크는 처음으로, 1896년의 칠레 채권 발행과 같이 로트실트가가 주도하는 국제 정부 대출의 주요 함부르크 발행 회사가 되었다. 이러한 기회를 잡는 것이 사업의 발전에 얼마나 영향을 끼치는지에 대해서는 나중에 좀 다른 주장을 펼치기는 했지만, 어쨌든 막스는 1900년대 초반 또 다른 행운을 얻게 된다. 차익거래(주식, 외환 등을 한 지역에서 사서 더 비싼 지역에서 파는 거래) 사업과 진성어음(기업 간 상거래를 하고 대금결제를 위해 발행되는 어음으로 상업어음이라고도 한다) 중개업이라는 은행의 전통 사업 영역을 벗어나, 국제 채권 발행 및 독일 산업 투자에 이르기까지 사업을 적극적으로 다각화한 것이다. 또한 절친한 벗 알베르트 발린의 주도하에 함부르크-미국 간 선박 운행 회사 하파크를 세계에서 가장 큰 해상 여객 기관으로 발전시키며, 한자 동맹 해상 운송을 확장하는 데도 주도적인 역할을 맡았다.

지금까지 다소 현실에 안주하며 살아온 런던 및 파리의 로트실트가 사람들과 나이 든 이들에게 막스 바르부르크는 짜증 날 만큼 자신을 홍보하고 다니는 작자로 보였다. 그 때문에 1900년 당시 런던의 로트실트가 사람들은 이렇게 투덜거리기도 했다. "함부르크의 바르부르크는 자신들이 유럽을 통제할 수 있고, 그 어떤 연합체에서도 관심을 한 몸에 받을 수 있다는 믿음과 자만으로 잔뜩 부풀어, 우화 속 개구리의 모습을 연상시킨다." 그러나 우쭐대는 막스의 방식은 아주 효과적이었던 것으로 밝혀졌다. 1895년에서 1913년 사이 회사의 자산은 3000만 마르크에서 1억 1800만 마르크로 거의 네 배까지 증식했던 것이다. 이때 노르트-도이체방크, 코메르츠-운트디스콘토방크, 페라인스방크 등 함부르크의 주요 공동 출자 은행 세 곳의 규모가 더 컸으며 그들이 1880년 이후 함부르크의 산업 발전 및 환경에 더 중요한 역할을 한 것이 사실이기는 하다. 그러나 M.M.바르부르크는 한 가족이 소유한 상업은행이었고, 예금을 유치하거나 독일 산업 내에서 신용 거래를 증진시키는 일보다는 국제 채권 시장에 더 초점을 맞췄다. 결정적으로 막스와 형제들은 실질적인 대서양 연안 국가들의 금융연합을 설립할 수 있었다. 이것은 로트실트도 이루지 못한 과업이었다. 펠릭스와 파울이 결혼으로 시프가와 연결되면서 바르부르크가는, 1867년 아브라함 쿤과 솔로몬 로브가 설립하고 1885년 이후 로브의 사위 야코프 시프가 장악한 회사이자, 1914년 이전 가장 성공한 월 스트리트 기업 중 하나인 쿤로브사의 동업자가 되었다. 그 덕에 바르부르크가 사람들은 빠른 성장을 거듭하던 미국 경제에 다가설 수 있었을 뿐 아니라 그중에서도 특히 미 철도 채권이라는 거대 시장에 접근할 수 있게 되었다. 또한 러일전쟁을 틈타 일본 정부가 국제 금융 시장에 입성했을 당시, 로트실트가를 앞질러갈 수 있었다. 로트실트가는 제정 러시아의 전제 군주 정권이 유대인을 차별하고 학살을 용인했다는 이유로 러시아를 강하게 혐오하게 된 시프보다도 한발 늦게 일본의 잠재성을 알아차린 탓에 행보가 다소 늦었다.

　어떤 의미에서 막스 바르부르크는 정말 운이 좋은 사람이었다. 1890년대 중반부터 1914년까지 세계 경제는 역사상 가장 빠르게 성장했다. 타고난 낙천가요, 용감했던 젊은 막스는 이 호황기에 선조들보다, 그리고 보수적인 로트실트가보다 더 잘해보려고 마음먹었다. 더욱이 그가 살고 있었던 함부르크는 빠르게 성장 중인 유럽 경제 내에서도 가장 큰 항구였다. 당시 유럽에서는 공산품, 노동력, 자본 시장에서 전에 없는 통합이 이루어지고 있었다. 바야흐로 '세계화의 첫 세대'라 불리는 시대였던 것이다. 그러다 보니 함부르크 같은 대형 항구들을 드나드는 상품 교류의 규모 역시 해마다 커지고 있었다. 이 시기에 번창한 회사는 비단 M.M.바르부르크만이 아니었다. 함부르크의 거의 모든 무역 회사들과 은행 역시 훗날 돌아보며 그 시절을 황금기였다고 추억할 정도로 대단히 번성했다. 그러나 잘 알려진 전통적인 가족 기업의 번영은 이미 다양한 다른 발전상으로 인해 위협받고 있었다. 가장 먼저 등장한 것은 사회주의 이론가 루돌프 힐퍼딩이 '조직자본주의'라 불렀던 존재였다. 사실 산업에 대한 관심사가 같은 거대 공동 출자 은행들과 생산자 기업 연합은 힐퍼딩이 주장한 만큼 그렇게 강한 영향력을 행사하지는 않았다. 하지만 대부분의 비즈니스 분야에서 그들이 전통적 가족 기업보다 훨씬 대규모로 일을 꾸려나갈 수 있다는 사실은 자명했다. 그들은 주식을 발행해 훨씬 더 많은 자본을 조달할 수 있었다. 그뿐이 아니었다. 법적 책임에 한계를 두어 회사 소유주를 쫄딱 망하지 않도록 보호할 수도 있었다. 또한 소유권과 경영권을 분산해 '부덴브로크가 증후군'이라는 경제적 파급도 피할 수 있었다. 오래된 무역 회사들은 그저 국제 수출입 사업의 이런저런 요구를 신생 기업들보다는 아직 더 잘 처리한다는 것밖에는 딱히 장점이 없었다. M.M.바르부르크는 도이체방크나 디스콘토-게젤샤프트 혹은 한자 동맹 경쟁자들인 코메르츠방크, 페라인스방크 등 상대적으로 뒤늦게 생겨난 은행들에 비해 국제적인 고급 은행 네트워크를 고객에게 보다 효과적으로 독점, 연결해줄 수 있다고 주장할 수 있었다.

1900년대 초반, 은행 다음으로 눈여겨볼 것은 바로 공공 부문의 성장이었다. 19세기 중반은 시장의 자유와 최소의 국가 감시를 보장하는 자유방임주의 경제의 물결이 드높았던 시기였다. 그러나 그 물결은 20세기로 접어들면서 방향이 바뀌기 시작했다. 20세기에 방향이 바뀌기 시작했다는 사실을 지나치게 강조해서는 안 된다. 1914년 전까지 독일 제국은 국가개입주의와는 거리가 멀었다. 함부르크 비즈니스 공동체는 마치 열렬한 영국 자유당 시절과도 같이 계속해서 자유 무역에 골몰하며, 1870년대 후반 소개된 뒤 1890년대에 보편화된 제한 관세마저도 맹렬히 반대했다. 그런데도 공공 비용과 공공 대출, 특히 국가와 시 행정 차원에서의 공공 부문 성장은 빠르게 진행되었다. 이 과정에서 함부르크는 1890년대에 국가 전체를 덮쳤던 건강 위기 사태가 재발하는 것을 막기 위해 공공 기반 시설 개선에 온 힘을 다해 주도적인 역할을 맡았다. 고용인과 피고용인들의 연계, 특히 무역 연합의 움직임 역시 함부르크에서 눈에 띄게 나타났는데, 이곳 부둣가에서 노동자들은 거대한 산업의 심장부에 해당하는 루르 지방에서만큼이나 조합을 만들고 집단행동을 하는 데 능했다. 공공 부문과 개별 부문 모두에서 이처럼 새로운 요식 체계가 나타나면서, 오래전부터 함부르크 경제를 지배했던 가족 기업의 힘은 자연히 약해지고 있었다.

바르부르크가가 유대인 혈통으로 살아왔고 여전히 유대인으로 살고 있다는 사실은 그들의 가족사에 두말할 것 없이 결정적 영향을 끼쳤다. 얼핏 보면, 1904년 당시에는 유대인이라는 사실이 1804년이나 1874년보다는 큰 문제가 되지 않는 듯 보였다. 소유와 교육이라는 공통된 관심사가 믿음과 종교의 경계를 점차 희미하게 하는 것만 같았던 것이다. 1871년에는 함부르크 유대인의 약 4분의 3이 알트슈타트, 노이슈타트, 장크트 파울리, 장크트 게오르크 등 붐비고 불결한 도심 지역에 살고 있었다. 그런데 1914년, 유대인 대부분이 서쪽 끝, 그것도 알스터 호 주변의 로터바움과 우아한 하르페슈테후더에 거주하게 되었다. 바르부르크가 사람들도 대부분 미텔베그 27번지에 살았고 그 외의 가족들도 알스터우퍼(알스터 호 주변)에 거주했다. 1897년 함부르크 거주 유대인의 4분의 1이상이 최고로 세금을 많이 낸 시민으로 꼽혔는데, 이는 함부르크 전체 인구의 11퍼센트에 불과했다. 게다가 당시의 통계상으로 유대인 인구는 감소했었다. 1811년 인구의 5퍼센트에 조금 못 미치는 정도였던 유대인들이, 저조한 출산율과 새로운 유대인 정착 감소 덕에 1910년에는 1.2퍼센트까지 그 수가 줄었던 것이다. 많은 수의 동유럽 유대인들이 함부르크를 통과해 영국과 미국으로 각자 갈 길을 갔던 반면, 정작 머무른 이는 소수였다. 그 사이에 설립된 유대인 공동체는 점점 더 자신들이 속한 사회의 일원으로 동화되었다. 다섯 명의 바르부르크 형제의 부모와 조부모들은 아주 엄격하게 안식일을 지켰다. 그러나 막스의 동생 프리츠를 비롯한 후손들은 확실히 부모 세대에 비해 그 같은 규율에 너그러운 편이었다. 막스 역시 시너고그(유대교 회당)에 예배를 드리러 가기는 했지만 그것은 신실함에서 나온 행동이라기보다는 의례적인 일일 뿐이었다. 맏형 아비 M.은 대학교에 진학 후 아예 유대교 율법을 지키지 않게 되었다.

　한편 하모니 클럽 같은 부르주아 계층의 요새라든가 함부르크 조정 클럽 같은 프리메이슨 집회소에서 유대인 회원들을 받아들이기 시작했다. 이러한 집단들은 회원 사이의 동지애라는 이상을 그 주제로 삼아 사회적, 종파적 차이를 초월하도록 분명 명쾌하게 설계되어 있었다. '부담스러운 작위'는 '형제', '친구' 같은 호칭과 친근한 사이에서나 쓰는 대명사인 두(Du, 자네)가 대신하게 되었다. 이는 카드놀이 하는 사람(Skatbrüder), 체스 두는 사람(Kegelbrüder), 가수(Sangesbrüder), 사수(Schützenbrüder) 그리고 노 젓는 사람(Alsterbrüder)이 채택한 관례였다. 1859년 리더타펠 프라터니티가 모토로 삼았던 즐거움, 합의, 형제애 등은 자발적 참여로 형제애를 고취한다는 19세기의 신념을 가장 잘 나타낸 것으로 볼 수 있다. 이러한 분위기 속에서 유대인들이 한자 동맹 변호사 사무실과 상업원 같은 상업 분야의 전문 기구에서 요직을 차지하고 도시의 정치와 행정에서 중요한 역할을 하는 것은 비교적 쉬운 일이었다. 빠르게 그리고 보다 넓은 범위까지 동화가 가능했던 것은 도시 내에서 점점 그 수가 늘고 있는, 종교를 초월한 결혼 덕이었다. 1920년대 중반, 함부르크 내에서 이루어진 유대인의 결혼 중 절반이 유대교와 무관한 사람과의 혼사였으며, 그들 결혼의 66퍼센트만이 유대교 형식으로 치러졌다. 이제 아비 M.처럼 유대인이 개신교도와 결혼하는 일은 흔해져버렸다. 사회적으로 바르부르크가와 함부르크에 정착한 비유대인과의 차이가 거의 사라져버린 셈이었다. 그런 이유로 뷔르거마이스터 요한 게오르크 묀케베르크는 자신의 딸 마틸더가 1900년 피렌체에서 아비 부부와 함께 지내는 것을 기꺼이 허락했으며, 막스 슈람은 친구들 사이에서 자신이 인정받게 된 사실을 자랑스러워했다.

그러나 이러한 동화 과정이 1914년 이전에 완결되었다거나, 더 이상 과거처럼 되돌아가지 않게 되었다고 볼 수는 없다. 함부르크에서 종교적 관용, 특히 유대인에 대한 너그러움은 그저 천천히 발전했으며 1842년과 1884년에 연이어 제정된 법률 개혁 후에도 완전히 동화되었다고 하기는 어려웠다. 알스터 호 서쪽, 분데스슈트라세와 로터바움샤우세 사이에 있으며 유대인의 높은 거주율로 인해 '작은 예루살렘'이라고 알려진 로터바움만 해도 미묘한 구별이 있었다. 장교, 귀족, 배우, 유대인이 함부르크 양갓집 규수들에게 어울리지 않는 남편감이라고 주장한 사람은 비단 아돌핀 슈람 한 사람만이 아니었다. 막스 본인도 함부르크 사회에 여전히 반유대주의가 남아 있다고 믿었다. 지금으로서는 다만 그러한 정서가 수면 위로 올라오지 않았을 뿐이라는 게 그의 생각이었다. 함부르크의 노동자 계층은 독일사회민주당에 가입하고 무리 지어 투표에 힘쓰면서 산업화와 함께 대두된 불평등에 대한 불만을 표현했던 반면, 대다수 중산층은 반유대주의를 주장하며 또 다른 불만을 표출했다. 이 불만은 반유대주의 인민당, 독일사회재건당, 독일국가상업종사자협회의 형성과 함께 1890년대에 정치적으로 조직된 오래된 현상이었다. 전통이 깊고 보편적인 사고를 지닌 사교 클럽은 이처럼 엄격한 민족의 개념으로 '형제애'를 규정한 협회들 틈에 설 자리가 없었다.

정치의 장에서 함부르크의 엘리트들은 아래로부터의 급진적인 압박 덕에 유대인, 비유대인 할 것 없이 자연히 보수적인 집단으로 기울었다. 이 같은 현상을 표현하는 용어가 바로 '군국주의화(프로이센화)'다. 군국주의화의 결과, 전통 깊은 세계시민주의는 새로운 독일 민족국가에 대한 맹목적 애국심에 무릎을 꿇고 말았다. 1870년 이전에는 오로지 요하네스 페르스만이나 에두아르드 슈람 같은 소수의 진보주의자들만이 열정적으로 친프로이센 혹은 소독일적 민족주의를 주장했을 뿐, 함부르크 내의 명문가들은 대부분 독립 도시로서 함부르크의 지위에 여전히 애착을 지닌 채 프로이센의 확장을 의심스럽게 바라보고 있었다. 하지만 오토 폰 비스마르크가 계속해서 외교적으로나 군사적으로 성과를 이루어내고 베르사유에서 독일제국을 선포하자, 오랜 도시 공화국에 대한 애국심은 신민족주의에 포함되게 되었다. 그 결과, 함부르크의 특권층 중등학교 요하노임에서는 세단 축일(1870년 세단에서의 전승을 기념하는 날)과 카이저의 생일을 기념하는 군사 퍼레이드가 열렸다. 함부르크의 사업가들은 이전 세대들은 하지 않아도 되었던 군사 훈련에 참가해야 했는데, 예비군으로 복무하는 것조차도 분명 자랑스러운 일이었다. 심지어 몇몇은 귀족 작위를 받기도 했는데, 싱켈가와 슈뢰더가 그리고 베렌베르크-고슬러가가 그에 해당한다.

하지만 '군국주의화'라는 표현은 프로이센의 오래된 군주제를 해체하고 새로운 독일제국이 출현하는 과정을 제대로 담지 못한다. 아프리카와의 무역이 늘어나면서 군대의 보호가 필요했던 함부르크 상인들은 비스마르크와 가까이 했으며, 황제의 영향력을 이용하여 베를린이 농업보호주의를 포기하고 상업 위주의 세계 정책을 짜도록 종용하기도 했다. 그러나 그 유명한 티르피츠 제독의 전투 함대가 건조되는 함부르크 선거(船渠)가 피해를 입었던 것은, 황제가 딱히 독일 해군을 좋아해서는 아니었다. 정치적 입지가 점점 좁아지자, 옛 상인들은 베를린에서 로비를 할 수밖에 없었다. 왜냐하면 1890년 당시 함부르크의 제국의회 의석 세 개가 모두 사회민주당의 손아귀에 있었기 때문이다. 관세를 낮추기 위해서든, 더 많은 식민지와 큰 전함을 만들기 위해서든 로비는 진짜 힘을 행사하는 것과는 달랐다.

빌헬름(빌헬름 2세) 정권에서 막스가 한 역할은, 이러한 배경을 보면 이해할 수 있다. 비록 그는 스스로 국가자유주의자라기보다는 자유보수주의자로 불리는 것을 더 좋아했으며, 1903년 함부르크 의회 의원으로 선출된 이후에는 '우익'들 사이에 앉는 것을 좋아했지만, 그의 정치색이 본질적으로 고전적인 자유주의라는 사실에는 의문의 여지가 없다. 심지어 스스로를 '늙은 민주주의자'라고 부르기도 했으니 말이다. 그는 훗날 독일의 식민 정책을 지지하면서, 영국과 미국 은행가들이 자국의 정당정치에 기여한 것을 자신과 습관적으로 비교했다. 그러나 역사학자 알프레드 바그츠는 이를 베를린에서 나타난 과격한 우익에 맞서려는 시도로 보았다. 동기가 무엇이든 간에 1900년 이후의 행적을 보면 그는 분명 다음과 같이 주장했을 것이다. '독일 내의 그 어떤 은행도 식민지 내에서 독일의 활동에 우리만큼 관심을 보이지 않았다.' 그는 독일 외무장관 알프레트 폰 키데를렌-베히터가 모로코 경제에 점차 우위를 점해가던 프랑스를 저지하려고 시도할 때, 꽤 깊이 개입되어 있었다. 독일 외무부에, 모로코 남부에 상당한 구리 매장층이 있으며 그것을 프랑스가 독점하려 한다고 주장한 것은 다름 아닌 M.M.바르부르크의 비즈니스 동료인 빌헬름 '기도' 레겐단츠였다. 제1차 세계대전이 일어나기 전 마지막 몇 년간, 막스와 동업자들은 독일 식민성이 주도하는 식민론을 위한 새 연합에도 합류했다. 그렇게 해서 많은 독일 회사들이 식민지에서 이자로 돈을 벌었으며, 서북아프리카 영-독 은행을 설립하기 위해 서아프리카의 브리티시 은행과 협상을 했다. 또한 식민성이 아프리카의 포르투갈 식민지에 침투하거나 아예 손에 넣도록 하기 위해 만들어놓은, 독일과 포르투갈의 식민 연합에도 참여했다. 이 모든 노력

은 분명 개인의 경제적 흥미보다는 외부 동기에 의해 결정된 것들이
었다. 실제로 막스는 독일의 세계 정치를 위해 자신이 봉사한 것에
대해 '거의 아무런 보상'도 받지 못했다고 스스로 인정하기도 했다.

　어쩌면 바로 그런 이유 때문에 막스는 세계 정치의 생존 능력을
점점 의심하게 되었을 것이다. 그는 바다 건너 경쟁자들과 비교했을
때, 독일은 기본적으로 두 가지 구조적 취약점을 가지고 있다고 비판
했다. 그 첫 번째는 국가의 세제에 있었다. 독일제국은 영국, 러시아,
프랑스가 지출하는 군비에 맞서기에는 그 세금 기반이 전적으로 약
했다. 막스의 말을 빌리면, 독일은 정부 대출에 지나치게 의존해야
만 했으며, 이것이 거꾸로 독일의 장기 금리를 상승시켜 갖가지 문제
를 일으켰다. 막스가 발견한 두 번째 취약점은 독일의 국제 수지에
있었다. 19세기 후반의 제국주의 경제는 다름 아닌 자본 수출에 기
대고 있었다. 그러나 독일은 영국과 프랑스가 영향력을 행사하는 해
외 시장에서 그들과 동등한 영향력을 행사할 정도로 충분한 자본을
수출하지 못한다는 것이 막스의 주장이었다. 1905년부터 제국 론 컨
소시엄의 회원이었던 그는 국가 및 지방 정부 차원의 군비와 사회적
비용 상승 때문에 정부 대출이 더 많이 필요해졌다는 것을 잘 알고
있었다. 1908년 이후 수년간, 막스와 그의 친구 발린은 독일이 '훨씬
부강한 영국에 맞서 드레드노트(약 40년간 세계 함대를 장악했던 전함)
경쟁에 전념'할 수 없을 것이라고 확신하게 되었다. 1909년 막스는
상공회의소에, 함부르크 제국 세제 개선을 위해 새롭게 발족한 한자
동맹의 캠페인에 지원해줄 것을 요청했다. 금융 관련 언쟁으로 뷜로
대공을 제국 총리 자리에서 몰아내던 시기, 막스는 「연방에 금융 위
기를 초래할 수밖에 없는, 제국의 명백히 잘못된 금융 대책을 어떻게
피할 것인가」라는 제목으로 제국의 재정 개혁에 관한 글을 썼다. 이

글에서 막스는 다음과 같이 주장했다. "만일 우리가 계속해서 이런 식으로 금융 정책을 운영해 나가다가는 금융 자산을 잃게 되는 운명을 피할 수 없게 될 것이며, 만일 이 상황을 나아지게 할 수만 있다면, 언젠가 다시 돌아보며 아주 적은 희생만으로도 대단히 큰 피해를 불식하였다고 고개를 끄덕이게 될 것이다." 이는 세제 법안에 대해 해결을 보지 못하고 있는 의회의 상황을 제대로 꿰뚫어본 것이었다. 불행히도 고위층 사람들은 이러한 주장을 귀담아 듣지 않았다. 막스가 황제에게 경제 재건에 대해 이야기를 꺼내려고 했을 때 되돌아온 말은 '파산'할 나라는 독일이 아니라 러시아라는 신랄한 대답뿐이었다.

그러나 막스가 걱정했던 것은 단순히 독일 세제상의 문제만이 아니었다. 정치적 위기를 초래한 사건들 틈에서 외자를 유출한 독일 금융 시장의 약점도 문제였다. 그는 1905년, 독일이 프랑스의 준식민지였던 모로코에서 프랑스의 위상에 도전하려다 발발한 1차 모로코 위기 당시, 이미 이 문제를 예상했다. 그는 훗날 그것이 "알헤시라스(에스파냐 남서부 안달루시아 자치 지방 카디스 주에 있는 도시)에서 프랑스 정책에 돈을 대준 금융 덕택이었으며 (……) 프랑스의 정책이 성공한 이유 역시 프랑스 외교의 승리라기보다는 금융 파워의 승리였다"라고 말했다. 1907년 9월, 독일은행중앙협회의 연례 회의에 모인 사람들에게 막스는, 이 같은 약점을 가지고 있는 독일이 유럽의 주요 전쟁에서 파생될 금융 문제를 헤쳐나갈 수 있을 만한 준비가 되어 있는지 물었다. 그는 자신의 연설을 '전쟁에 대한 경제적 준비'라고 명명하더니 유럽 전쟁의 연간 비용이 220억 마르크에 달한다고 밝혀 사람들을 놀라게 했다. 이는 대부분의 사람들이 예측했던 비용보다도 훨씬 더 큰 수치였다. 게다가 역사를 통해 이미 밝혀졌듯이 이 역시 사실보다 과소평가된 것이었다. 그는 독일이 그 같은 전쟁을 치를 준비가 거의 되어 있지 않다는 것을 강하게 암시하고 있었다.

당시 일부 사람들은 1911년에 발생한 2차 모로코 위기가, 독일 자본 시장이 영국 및 프랑스의 자본과 비교했을 때 뒤떨어진다는 사실이 드러난 결과라고 보았다. 게다가 알베르트 발린은 독일 정책 실패의 원인이 '증권거래소의 붕괴'라고 여겼다. 이에 반해 막스는 "독일이 경제적 시련을 잘 견뎌냈다"라고 주장하며, 보다 긍정적으로 평가했다. 그러면서도 독일이 대영제국과의 대립으로 위기에 처했더라면 이야기가 달라졌을 것이라는 사실에 대해서는 추호도 의심을 품은 적이 없었다. 1912년에 이미 그는 발칸 반도를 둘러싼 러시아와 오스트리아의 충돌로 독일이 더 많은 문제를 겪을 수 있다는 사실을 알고 있었다. 홀데인 경이 영국과의 관계 개선을 위해 주선하기로 했던 비공식 의무에 실패했는데도, 막스와 발린은 영-독의 상호 이해를 더 넓히기 위한 기반으로서 소규모 식민 협정에 대한 희망을 여전히 버리지 못하고 있었다. 실제로 독일의 포르투갈령 앙골라와 여타 해외 시장들에 대한 자국 개입을 논의하기 위해 1914년 2월과 4월 그리고 6월, 모두 세 차례 영국을 방문했던 막스는 '독일과 영국 사이에 놀라운 우호가 발생할 것'이라는 희망을 품게 되었던 것이다. 당연히, 이들 중 어떤 것도 런던이나 베를린 어디에도 지속적인 영향을 주지 못했다. 1914년 6월 21일 함부르크에서 열린 경축 만찬에서 막스는 황제가 영국, 프랑스, 러시아를 상대로 벌일 예방전쟁(타국의 침략을 막기 위한 선제공격)의 윤곽을 은밀히 들려주자 경악하고 말았다. 그의 소회는 다음과 같다. "황제는 러시아의 군비 프로그램과 철로 건설 계획을 우려하고 있었다. 게다가 이것들이 1916년 우리와 전쟁을 벌이기 위한 준비라는 사실을 알게 되었다고 말했다. 황제는 프랑스에 면한 우리의 서부전선에 철로 연결이 충분치 못하다고 불평하더니 내게 넌지시 물었다 (……) 기다리는 것보다는 지금 치는 것이 낫지 않겠느냐는 것이었다." 이에 막스는 "우리 적국들은 내부 문제로 인해 약해지고 있지만, 우리는 매년 더 강해지고 있다"라며 기다리라고 강력히 권했다.

우리가 이미 알고 있다시피, 막스의 조언은 묵살되었다. 사라예보에서 오스트리아 왕위 계승자가 암살되자, 독일 정부는 '빠른 것이 곧 선'이라는 슈타프 참모총장의 운명적인 금언에 따라 기꺼이 유럽 전체를 휩쓸 전쟁에 뛰어들었다.

3

1914년 여름, 지크문트 바르부르크는 열두 살 생일을 코앞에 두고 있었다. 여러 가지 면에서 전형적인 빌헬름 시대 인물이었던 막스 '삼촌'[10]과 비교해보면 지크문트는 아주 다른 성향의 독일인이었다.

막스와는 다른 세기인 1902년 9월 30일에 태어난 지크문트는 태어난 장소 또한 삼촌과는 달랐다. 지크문트의 고향은 독일 남부의 대학 도시였던 튀빙겐이었다. 게다가 그는 함부르크와 베를린의 거

---

[10] 엄밀히 말하자면 지크문트는 막스의 조카가 아니라 종질(5촌 관계)이었다. 하지만 지크문트가 막스를 '막스 삼촌'이라고 불렀으므로 표현의 명료성을 위해 책에는 '삼촌'이라고 썼다. 막스 삼촌의 형제들 모두 '삼촌'이라 칭하고 그들의 자녀들은 '사촌'이라 칭함(실제로는 육촌).

미줄같이 뻗어나가 북적대는 거리에서 400마일(약 640킬로미터) 이상 떨어진 슈바벤 전원 지대, 그것도 푸른 언덕과 맑은 시내 한가운데에 자리한 나른한 온천 도시인 바트우라흐 근교의 작은 사유지에서 자랐다. 막스가 19세기의 위대한 유대계 독일인의 원대한 야망을 상징한다면, 지크문트는 전혀 다른 환경의 인물이었던 것이다. 그러나 이러한 차이는 미래의 금융업자에게는 여러 가지 면에서 좋다고 할 수는 없는 시작이었다.

지크문트의 아버지 게오르게스는 바르부르크가에서는 함량 미달로 낙인찍혔던 인물이었다. 심신을 약하게 만드는 만성 두통은 함부르크의 기후 때문에 더 악화되었고 이 때문에 게오르게스는 슈투트가르트 근처 콘스탄츠에 있는 학교로 가게 되었다. 그는 학교를 졸업하고도 계속해서 남쪽 지방을 떠나지 않고 슈바벤의 호헨하임에서 농업을 공부했다. 그리고 나서 어머니의 도움을 받아 우헨펠가(家)의 이름을 딴 지역에 다소 쇠락한 부동산을 구입했다. 한때 뷔템베르크 왕의 군 책임자였던 자가 소유했던 그 땅은 일부는 숲이었고 일부는 경작지였다. 본채에는 수도 시설도 갖춰지지 않은 데다 원시적인 난방장치밖에 없었지만, 여동생 엘자가 가구를 들여놓고 농업학교 시절의 친구가 땅 관리를 맡게 되면서 게오르게스는 그곳에서 상당히 편안하게 지낼 수 있었다.

1901년 12월, 서른 살의 나이에 게오르게스는 결혼했다. 결혼을 당했다고 보아도 될 듯싶다. 왜냐하면 중매로 만났을 것이 뻔한 그 혼사에 게오르게스 자신이나 신부 될 아가씨의 의견이 영향을 끼쳤으리라고는 보이지 않기 때문이다. 신부는 비스바덴의 변호사의 딸이자 독일 남부를 이끄는 유대인 가문 출신의 루시 카울라였다(루츠라고도 불렸다). 부부는 지나칠 정도로 고즈넉한 삶을 누렸다. 영성하기 짝이 없는 게오르게스의 필체와는 전혀 다른 섬세한 필체와 영민한 두뇌를 지닌 루시는 재능 있는 피아니스트였지만 남편의 만성 두통 때문에 연주를 그만둘 수밖에 없었다. 겨울이면 눈 때문에 고립되는 일도 허다하고 빛이라고는 등유 램프밖에 없는 곳에서, 부부는 토지 관리인과 두 명의 하녀 그리고 세인트버나드 종 개 한 마리와 함께 양 떼에 둘러싸인 채 살았다. 그들이 어떤 사람들과 친하게 지냈는지는 지금까지 잘 보존된 방명록을 통해 알 수 있는데, 대체로 귄츠부르크가, 카울라가, 로젠베르크가, 로젠탈가, 바르부르크가 등 친척에 국한되어 있었다. 환경이 이처럼 폐쇄적이었기에 루시가 외아들을 교육하는 데 모든 에너지를 쏟아부은 것은 어쩌면 너무나 당연한 일일 것이다.

어머니와 아들이 주고받은 서신은 거의 남아 있지 않다. 그러나 수많은 가족사진이나 훗날의 증언을 바탕으로 루시가 아들을 애지중지했고, 지크문트 역시 어머니를 아주 좋아했다는 사실을 확실히 알 수가 있다. 당시 시대 배경과 그들의 계층을 감안할 때 모자는 지크문트가 학교에 입학하기 전이나 입학한 다음이나 많은 시간을 함께 보냈다. 우헨펠스의 규모가 워낙 작았기에 가능한 일이었다. 만일 그곳에 아이를 돌보는 보모나 유모가 있었다면, 루시가 지크문트에게 그토록 큰 영향을 끼치지는 못했을 것이다. 반면에 지크문트가 나이가 든 뒤 아버지에 대해 언급하는 일이 극히 드문 걸 보면, 병약한 게오르게스는 지크문트의 성장 과정에 그다지 큰 부분을 차지하지는 못했던 것으로 보인다.[11]

---

[11] 게오르게스는 1921년 뇌졸중이 발병한 뒤 1922년 5월 증상이 더 깊어져, 이듬해 10월에 사망했다.

그러므로 지크문트를 만들어낸 것은 오로지 어머니 루시의 힘이라 할 수 있다.

그렇다면 과연 루시 바르부르크는 아들에게 무엇을 가르쳤을까? 지크문트는 다음과 같이 회상했다. "내 삶에 가장 큰 영향을 미친 것은 아마도 어머니가 내게 불어넣어준 기본적인 이상주의일 것이다. (……) 어머니는 삶의 행복이란 의무를 다하는 데 있는 것이지 욕구를 채우는 데 있는 것이 아니라고 생각했다." 루시의 의무는 아들을 교육하는 일과 병든 남편을 보살피는 일, 이렇게 두 가지였다. 어머니의 임종 후 쓴 감동적인 회고록에서 지크문트는 어머니가 얼마나 엄한 감독관이었는지 그려 보였다. 루시는 아들이 암송해야 하는 시를 제대로 낭독하지 못하거나, 쓰기 연습을 하다 아주 사소한 부분을 틀렸을 때도 눈물을 쏙 뺄 정도로 훈계했다. 그렇다고 해서 야단을 치거나 화를 내는 것은 아니었다. 부드럽지만 단호하게, 그저 아들이 자신을 실망시켰다는 사실을 확실히 알게 했을 뿐이다.

지크문트의 기록에 따르면, 어머니 루시의 철학의 핵심은 "자신이 맡은 바를 한 치의 오차도 없이 철저하게 완수하고, 심사숙고해야 할 사안은 반드시 궁극적인 결과까지 고려해야 하며, 올바른 목적을 위한 일이라면 끝까지 타협하지 말고 끈기 있게 추구해야 한다"라는 것이었다. 루시는 아들에게 감각의 자극보다는 의무의 완벽한 완수에서 더 큰 기쁨을 느낄 수 있도록 독려하여, 자기수양과 감정의 강렬함을 체계적인 방식으로 조화롭게 심어주었다.[12] 그로 인해 지크문트는 가슴속에 완벽주의적인 기질을 품게 되었고, 이를 평생 동안

---

12 지크문트에게는 '진짜 카울라처럼 사는' 것이란 '힘든 일과 기쁜 일 모두를 음미하는' 능력을 의미했다.

버리지 않았다. 그 점은 그가 어머니로부터 받은 교육에서도 크게 다르지 않았다. 도덕적으로 청렴하기를 바랐던 루시의 강한 열망에는 계몽주의라는 시대적 배경만큼이나 종교도 많은 영향을 끼쳤다. 그런데 지크문트가 회상한 바에 따르면 루시의 믿음은 '기존의 믿음'이라는 개념에서는 완전히 벗어난' 것이었다.

내 어머니에게는 유대교도, 또 다른 어떤 종파도 그다지 중요한 의미가 없었다. 어머니는 유대교의 전통과 도덕적 요소에 열렬한 믿음을 지니고 있었지만, 어머니의 믿음은 대단히 다양한 종교와 철학에서 온 요소까지도 모두 담고 있었다. 그중에서도 특히 강한 영향을 끼친 것은 어머니가 사랑해 마지않았던 괴테였다. 어머니는 그 어떤 독단도 단호히 거부했다. 한번은 기독교라는 종교가 어머니가 보기에는 진정한 믿음과는 정반대인 것처럼 보인다고 말한 적도 있었다. 어머니는 종교 행위에서 가장 중요한 것은 세속을 초월하는 위대한 힘에 대한 믿음과 매일같이 기도하고 일상을 수행해 그 힘과 지속적인 관계를 유지하는 태도라고 생각했다.

루시에게 기도란 자아 성찰의 도구와도 같았다. 지크문트가 열세 살이 될 때까지 그녀는 밤마다 잠자리에 들기 전 아들과 함께 기도를 했으며, 바르 미츠바(열세 살이 된 소년이 치르는 유대교 성인식) 전날 밤에는 이렇게 말했다.

애야, 이제부터는 밤마다 혼자 기도해야 한다. 그리고 기도 전에는 항상 스스로에게 물어야 해. 오늘 하루 네가 어떤 실수를 저질렀는지, 혹은 앞으로 무얼 더 잘해야 하는지에 대한 질문 말이

다. 만일 반성해야 할 실수나 태만이 너무 많다면, 스스로를 이해
할 수 있을 때까지 좀 더 깊이 내면을 살펴야 한단다. 사람은 모두
매일같이 많은 실수를 저지르고 산다. 하지만 중요한 것은 자신의
실수를 가차 없이 비판할 수 있어야 한다는 사실이란다. 그래야만
정직한 기도에 다가갈 수 있는 거야.

지크문트가 밤마다 기도하는 습관을 계속해서 지켰을 리 만무해
보이지만, 적어도 냉정하게 자기비판을 하는 습관만큼은 잃지 않았
다. 그래야만 완벽함이라는 이상에 더 가까이 다가설 수 있었기 때
문이었으며, 또 이것은 설령 아주 작은 과실일지라도 그로부터 깨달
음을 얻으려는 태도였다. 그가 가장 자주 인용했던 어머니의 말은
"실수라 부르는 자는 가난해지지만 경험이라 부르는 자는 부자가 된
다"였다.

금욕주의와 완벽주의, 자기비판 외에 지크문트가 어머니에게서
배운 가치는 하나가 더 있었다. 사회적 속물들에 대한 혐오였다. 루
시는 '자신이 속한 사회에 전혀 어울리지 않는 속물들'이 있다고 말
했고, 그런 속물을 만나면 루시의 감정은 격해졌다. "왜 다 자란 남
녀가 소중한 시간을 우월의식 따위의 어리석고 불필요한 일들에 낭
비하는지 도무지 이해할 수가 없다." 지크문트 역시 평생 이러한 태
도를 견지했다. 그가 가끔 실수로 내보였던 속물적인 태도라면, 오
직 지적 속물근성뿐이었다. 그러나 이는 사회적 속물근성과 달리,
지크문트가 가문 내의 다른 이들과 관계를 유지하는 데 오히려 중요
한 역할을 했다. 1976년 게오르게 슈타이너와의 인터뷰에서 지크문
트는 "어머니는 가문이 전혀 중요하지 않다고 생각했으며, 심지어
남편의 친척인 바르부르크가 사람들조차도 바보스럽고 거만하다고

말할 때가 많았다. 그래서 내 이름에 감명받는 사람들을 함부르크에서 처음 마주쳤을 때, 나는 정말 놀랐다. 우리 어머니는 늘 사람이라면 자신이 한 행동으로 존경을 받아야지 그 가문으로 얻어내서는 안 된다고 강조했기 때문이었다. 어머니는 정말 겸손한 분이었고 잘난 체하는 사람을 경멸하고 혐오했다"라고 말했다. 루시는 지크문트가 함부르크와 미국에 사는 친척들과 만나기 훨씬 전부터 그들에 대한 의심을 심어주었다. 여러 해가 흐른 뒤, 지크문트는 또 다른 유대인 재력가였던 야코프 로트실트에게 비슷한 취지의 이야기를 했다.

나는 아주 밀접하게 얽히고설킨 가족의 틀 안에서 자라난 터라, 가치 있는 관계란 괴테가 '친화력'이라 칭했던 요소, 즉 혈연으로 묶인 관계가 아닌 선택에 의한 관계라는 생각을 점점 더 많이 하게 되었다. 아주 드물기는 하지만 선택된 관계이면서 동시에 혈연 관계일 가능성도 아주 배제할 수는 없다.

정기적으로 친척들의 집을 방문하고 그들을 만나는데도 지크문트는 그 속에서 완전히 편안하다고 느끼지는 못했다.

어머니가 지크문트에게 준 가르침은 학교 생활속에서 더 강화되었다. 공교육을 통해 지크문트가 가장 깊이 영향을 받은 것은 아마도 개신교적 측면이었을 것이다. 로이틀링겐에 있는 인문계 고등학교에 다닌 뒤 그는 우라흐 세미나에서 2년간 '청강생' 생활을 했다. 사실 고등학교 졸업 시험을 통과한 것도 우라흐 세미나에서였다. 지크문트는 당시를 되돌아보며, 그곳에서 접했던 '남독일적인 청교도주의'가 "몸담은 곳이 어디든 간에 공동체에 헌신하게 했고, 헌신할 때에는 최선과 열정을 다하도록 격려했으며, 외적 아름다움이나 물질적인 요소, 그리고 자신을 위주로 생각하는 방식 등 삶의 다른 모든 요소들을 질 낮은 것으로 바라보게 했다"라고 말했다. 그를 가르쳤던 선생들은 루시와 마찬가지로 '어떤 종류든 가식은 시간 낭비이며, 자기발전에 집중하는 일이야말로 인생에서 최우선으로 여겨야 할 사항'이라고 교육했다.

지크문트는 성적이 뛰어났다. 자신은 낭만주의의 슈투름 운트 드랑(질풍노도 운동. 프리드리히 실러와 프리드리히 횔덜린, 슈바벤의 작사가 에두아르트 뫼리케 등이 중심이 되었음)의 시를 읽었던 일이 가장 기억에 남는다고 했지만, 실제로는 특히 고전과 역사에서 우수했다. 지크문트가 학교에서 친구를 사귀었더라도 그 우정은 분명 오래가지 않았을 것이다. 하지만 지크문트가 약한 슈바벤 억양으로 독일어를 하게 된 것은 집보다는 학교에서 생겨난 습관이라는 사실은 기억할 만한 가치가 있다.

그러니까 지크문트는 어떤 면에선 금욕적인 성장 과정을 거쳤던 것이다. 사랑은 금욕을 독려하기 위한 보상이었고, 교육은 고된 임무를 수행하기 위한 준비였다. 금욕적인 삶이 그나마 다채로운 빛으로 생기를 띠었던 순간은, 가끔 지크문트보다 좀 더 세속적인 친척들이 집에 놀러 올 때뿐이었다. 이처럼 '오로지 도덕적 가치에만 둘러싸여 지내던' 젊은이에게 '인생의 심미적 가치를 소개하고 신세계로 이끈 것'은 인생을 즐길 줄 아는 예술사학자였던 고모부 마르크 로젠베르크였다. 이는 또한 지크문트가 19세기 후반의 독일 사상가들에게 가장 큰 영향을 끼친 프리드리히 니체를 알게 되었던 바로 그즈음이기도 했다. 니체는 지크문트가 오래전부터 지니고 있었던 유대교적 이상주의, 그리고 괴테와 낭만주의를 기반으로 한 모든 종교, 철학 개념을 모조리 용광로에 쓸어 넣었다. '다른 일이 생길 여지가 있었을까?' 그런데 이 무렵, 지크문트는 생애 처음으로 방황하게 되었다. 정말 뭔가 다른 일이 눈앞에 다가와 있었던 것이다.

4

제1차 세계대전 중 독일에서 소년 시절을 보낸다는 것은 세바스티안 하프너가 썼듯, 모든 다툼 중에서도 가장 큰 다툼에 휩쓸림과 동시에 제외된다는 것을, 그리고 다음 순간 전혀 예상치 못했던 결과 때문에 산산이 부서진다는 것을 의미했다. 지크문트는 젊은 베를린 청년 하프너보다 다섯 살이 많았지만 징집될 나이는 아니었다. 그도 하프너처럼 '전쟁 뉴스를 모조리 읽고 진행 상황을 크게 기뻐하거나 우려하면서' 먼발치에 떨어진 구경꾼으로 전쟁을 치렀다. 그리고 국내 상황에만 집중했던 많은 다른 독일인들처럼 지크문트 역시 조국이 잘못된 길을 걷고 있으며 패배할지도 모른다는 사실을 아주 천천히 깨달았다.

결국 지크문트의 애국심은 '눈먼 사랑' 같은 것이었다. 그는 '철저하게 독일의 입장에서 권리가 있다고 확신'하고 있었던 것이다. "학교에서는 국기를 높이 걸었고, 친구들과 마찬가지로 루덴도르프 장군과 육군 원수 힌덴부르크가 대단한 사람들이라고 생각했다." 그러나 가족 중에서도 아버지와 아비 M. 삼촌을 비롯한 연장자들은 지크문트만큼 확신하지는 않았다. 전쟁이 발발함과 동시에 가문과 가족 기업 모두 어느 정도 영향을 받았기 때문이다. 1914년 8월 3일, 가족을 방문하기 위해 런던에서 함부르크까지 왔던 프리츠 바르부르크의 처제는 바로 다음 배로 되돌아가야만 했다. 영국이 선전포고를 했기 때문이다. 이후 4년 넘게, 바르부르크가 사람들은 영국에 사는 친척들과 만나지 못했다. 1917년 봄부터는 미국에 사는 친척과도 만나지 못하게 되었다. 1917년 5월에 파울은 이렇게 적기도 했다. "독일에 있는 두 형은 이제 할 수 있는 한 최선을 다해 조국에 봉사하고 있다. 나 역시 지금 몸담고 있는 이곳에서 마찬가지로 봉사하는 중이다. (……) 내전 중에는 형제 사이라고 할지라도 싸워야 하며, 각자 자신에게 주어진 올바른 의무를 따라야 한다." 가족 간의 불가피한 분열에 더해, 함부르크의 경제마저도 전쟁으로 인해 깊은 불황의 나락으로 떨어져내렸다. 함부르크에서는 영국 단 한 나라와 이루어지는 무역이 전체의 4분의 1이나 되었다. 그런데 북해가 봉쇄되면서 이 무역이 중단된 것이다. 상인들은 비탄에 빠졌고, 외국인 투자도 사라졌으며, 전시 계약(war contracts)이라는 방법도 함부르크에는 별 도움이 되지 않았다. 1912년부터 이미 전쟁의 두려움에 대해 이야기해왔던 지크문트의 삼촌 막스는 독일의 전투 수행에 재정적으로 보탬이 되기 위해 자신이 할 수 있는 일들을 했다. 특히 스웨덴에서 전략적으로 중요한 수입품을 들여오기 위한 매입신용장에 관한 일을 했다. 그러나 막스가 인정했듯, 은행의 국가 의존도가 위험할 정도로 높다는 사실이 문제였다. 그는 씁쓸한 웃음을 머금고 다음과 같이 말했다. "만약 독일이 전쟁에서 패하고 라이히스방크가 우리에게 (1843년에서 1945년까지 수표나 어음 등을) 지불할 수 없게 된다면 우리는 부고란에 이런 글을 실어야만 할 겁니다. '목숨 걸고 싸워서 이기는 놈은 돌려받을 수 있음.'"

막스는 제1차 세계대전 중 독일 부르주아 전체를 휩쓴 열성적인 애국주의의 영향에서 아직 벗어나지 못하고 있었다. 예를 들어 1916년 내내 그는 반복해서 라트비아와 쿠를란트의 발트 해 연안 영토에 독일 식민지를 만들 것을 주장했다. 그래야 동방에서 독일이 승리할 것이라는 이유였다. 게다가 1918년 5월까지도 상대국들에게 1000억 마르크에 달하는 배상금을 부과하게 될 것이라고 예상했다. 그러나 바다가 봉쇄되어 독일이 경제적 손실을 겪자, 서구 열강에 맞서 승리할 것이라는 확신이 흐려지게 되었다. 이처럼 독일이 전쟁에서 승리하지 못할지도 모른다는 비관적인 예측이야말로 막스가 이탈리아, 루마니아, 불가리아, 스웨덴 등과 새로운 연합을 구축하려 했던 것, 그리고 영국과의 단독 강화를 지지했던 이유였다. 이는 또한 막스가 왜 함부르크의 다른 사업가들과는 달리 잠수함 전투 제한 폐지를 반대했는지도 설명해준다. 잠수함 전투 제한 폐지에 반대한다는 것은 독일의 U보트가 중립국 선박을 공격하는 것을 막는 일이기도 했지만, 그럼에도 막스가 반대 입장을 고수했던 이유는 다음과 같다. U보트가 자유로이 공격할 수 있는 권한으로 영국군의 식량 공급을 저지할 수 있다 하더라도, 그러한 효과 하나를 위해 안 그래도 소원한 미국과의 관계를 더욱 악화시키게 될 것이라는 예상 때문이었다. 1917년의 기록에서도 알 수 있듯이, 그는 "전쟁에서 결국 미국과 맞닥뜨리게 된다면 우리로선 꿈에서나 봤을 법한 도덕적, 재정적, 경제적 힘을 고루 지닌 적과 마주하게 될 것이 분명하다"라고 생각했다. 하지만 결국 잠수함 전투 제한은 폐지되고 말았다.

그리고 그로부터 2개월가량 지난 뒤 미국이 독일에 선전포고를 했다. 러시아의 몰락과 독일군의 동부전선 승리가, 협상에 반대한 사람들에게 자신들의 생각을 밀고 나가도 되겠다는 새로운 추진력을 제공한 것이 분명했다. 실제로 1918년 3월 브레스트리토프스크 조약(현재의 브레스트에서 혁명 후의 러시아와 독일 사이에 체결된 단독 강화 조약)이 발표되면서 네덜란드에서 미 대사와 비공식적으로 전후 벨기에 상황에 대해 논하려던 막스의 시도는 실패하고 말았다. 그러나 막스는 머지않아 동부전선의 승리가 환상에 불과했다고 밝혀질 것이라 확신했다. 그는 독일이 러시아와 화해를 하자, '민족자결권에 의해 제공된, 허울로 얄팍하게 치장한 속이 뻔히 들여다보이는 야합'이라며 맹비난했다. 그리고 자연히 마르틴 호봄이나 발터 쉬킹 같은 반전주의 성향의 작가들에게 점차 끌리게 되었다.

바트우라흐에 사는 막스의 조카 지크문트는 이러한 일들에서 영향을 많이 받았을 것이다. 하여 훗날 이렇게 회상했다. "전쟁 중 정치적으로 결정적 사건이었던 이른바 무적함대인 U보트 전쟁에 대한 의문이 대두되었을 때 나는 점차 반대 입장을, 그것도 아주 급진적인 입장을 고수하게 되었다." 그는 정부가 고집스럽게 밀고 나가 결국 제한이 폐지되자, "며칠간 울었다. 그리고 두 달 이상을 절망적인 상태로 지냈다"라고 기록했다. 진정으로 격노했던 것이다. 지크문트는 당연히 '독일의 결정으로 인해 미국이 전쟁에 가담하게 되고, 종국에는 패배로 향하게 될 것'이라는 사실을 알고 있었다. 지크문트의 내면에서, 새롭고 보다 정치적 참여에 열심인 작가들 쪽으로 마음이 기우는 대변동이 일어난 것도 바로 이 시기였다. 사회학자 막스 베버, 신학자 에른스트 트뢸치, 역사학자 프리드리히 마이네케를 비롯해 토마스 만, 헤르만 헤세 그리고 가장 중요한 인물인 오스트리아의 전기 작가 슈테판 츠바이크 등, 이들은 모두 각기 다른 방식으로 전쟁의 합리성에 의문을 던진 작가들이었다. 패배할 것이라는 생각 때문에 정신적 외상을 입은 많은 독일인들처럼, 지크문트 역시 오스발트 슈펭글러의 어두운 종말론을 담은 『서구의 몰락』을 읽었다. 그러나 전쟁이 수치스러운 결과를 향해 진행되는 동안 그의 사고는 궁극적으로 '극도로 편협한 독일 민족주의에서 이제까지의 사상과는 완전히 이질적인 국제적인 세계관으로 서서히 전환'되고 있었다. 훗날 그가 기록한 바에 따르면 "내면적 고통이 엄청났다. (……) 격렬하고 맹목적인 애국심과, 내게 국수주의적 생각을 심어준 순진해 빠진 이상주의의 조합을 내던지는 일이었기 때문이다." 그러나 이러한 내면의 혁명은 오래지 않아 세계 혁명에 추월당하고 말았다.

2

첫 번째 세계 혁명

첫 번째 세계 혁명은 이전의 변화들에 비해 내적인 불안함과 무질서를 동반했으며 파괴적인 경향이 있었다.

혁명가의 역할이 바뀐 것도 첫 세계 혁명에서 일어난 일이었다. 스스로가 혁명가라 여기는 사람들이 반동분자가 되었던 반면, 비교적 온건한 세력이 진짜 혁명가가 되었던 것이다. 지금까지 세계 역사에서 면면히 이어져왔던 가장 뚜렷하고 정교한 유물론이 여전히 존재하는 한편, 르네상스 이후 자유로움 속에서도 질서를 지키는 공동의 삶이 확고히 자리 잡아 서구 세계의 값진 자산이 되었다.

첫 세계 혁명에서 비롯된 여러 전쟁을 살펴보면 이들 전쟁이 혁명가로 가장한 반동 세력들과 진짜 혁명가인 자유 투사들 사이에 일어난 수많은 알려지지 않은 전쟁들 중 일부라는 사실을

확실히 알 수 있다.

— 1976년 1월, 지크문트 바르부르크

1

지크문트 바르부르크가 쓴 것 중에서 가장 눈에 띄는 구절은 '첫 번째 세계 혁명'이었다. 그는 약 60년 후 인터뷰에서 이렇게 얘기했다. "세계 혁명이 시작되기 전에도 세상에는 크고 작은 영역에 영향을 미치는 수많은 혁명이 있었다. 하지만 (……) 세상의 반이 넘는 지역에 영향을 준 최초의 혁명은 1914년에 시작되었다." 그는 이 혁명에 대해 늘 복잡한 감정을 느꼈다. "본디 혁명이란, 언제나 변함없는 화석과도 같은 옛 제국들에서 일어났는데, 세계 혁명은 식민지 및 준식민지에 속하는 나라들이 이전의 상태에서 벗어나 새로운 국가를 만들기 위해 움직이면서 시작되었다. 그러나 그와 함께 앞선 시대의 많은 건전한 질서 구조가 산산조각 났고, 자유의 보호 장치였던 수없이 많은 기관과 다른 시설들 역시 같은 신세가 되었다."

혁명은 지칠 대로 지친 소작농 무리에서 시작되어 비참한 산업 도시로 신속하게 확산되었다. 러시아에서 일어난 그 움직임의 근본적인 이유는 패배와 박탈이었다. 사기가 꺾인 군대는 폭동과 탈영, 대규모 항복의 물결 속에서 해체되었다. 군사적 실패로 유럽의 위대한 네 제국 로마노프, 호엔촐레른, 합스부르크, 오토만은 차례차례 치명적 위기를 맞게 되었다. 그중에서도 두 나라는 작게 나뉘어 다시는 하나가 되지 못했다. 4년 넘게 전쟁을 견디며 겪은 고초 때문에 도시들에서는 폭동과 반란, 혁명이 일어났다. 상트페테르부르크와 모스크바에서 일어난 소요 사태는 베를린, 부다페스트, 뮌헨, 빈뿐 아니라 글래스고, 시애틀, 심지어 부에노스아이레스같이 먼 곳에까지 영향을 끼쳤다. 1918년 11월 막스와 동생 프리츠는 하인리히 라우펜베르크라는 이름의 레닌주의자와 긴박한 협상을 하고 있었다. 하인리히는 함부르크에서 소비에트 연방을 선포한 인물이었는데, 도시의 공식 정부 기관을 없애고 국가 채무를 이행하지 않으려는 그를 설득하는 일은 대단히 어려웠다. 도심에는 무장한 폭도들과 과격한 사회주의자들이 배회하고 다녀, 몇 달간 폭력 사태가 끊이지 않았다. 베를린에서 온건한 사회주의 공화국을 선언했던 병력이 도착한 후에도, 도시에는 여전히 일촉즉발의 긴장이 감돌았다. 그렇게 1918년부터 1923년까지, 매년 심각한 정치적 폭력 사태가 벌어졌다.

평화롭지만 다소 지루한 바트우라흐에서는 혁명이 일어나지 않았지만, 일련의 사건들이 지닌 중대한 특징은 열여섯 살짜리 학생에게도 매우 분명하게 느껴졌다. 러시아에서 볼셰비키 혁명이 일어나자 지크문트는 독일 사회민주주의를 옹호하는 작가 루돌프 힐퍼딩의 저서를 읽기 시작했다. 그는 훗날 이렇게 회상했다. "나는 학교 친구들보다는 좌경적인 편에 속했다. 무엇보다 아버지를 비롯한 가족들이 정치 문제를 넘어 인간과 사회적 측면에 관해 생각하는 구시대의 자본주의적 방식에 동의하지 않았다." 그러나 슈투트가르트와 함부르크, 베를린 등지에서 일어난 폭력적인 혁명을 겪으면 겪을수록, 지크문트는 사회학자 막스 베버와 기업가 발터 라테나우가 옹호한 방어적 진보주의에 더욱 이끌렸다. 베버와 라테나우는 둘 다 전쟁과 혁명으로 인해 정치 참여를 결심한 사람들이었다. 새로운 독일 민주당의 주요 인물이었던 두 사람은 중도파와 손을 잡고 혁명을 잠재우려 했다. 베버는 대통령 선거법을 통해 부르주아 사회를, 라테나우는 동등한 지위의 협동조합 기관들을 세워 자본주의를 보존하려고 노력했다. 지크문트는 1919년 봄, 하이델베르크에 있는 베버의 집에서 그를 만났다. 국회의원 선거를 바로 앞둔 시기의 일이었다. 그곳에서 지크문트는 베버의 열렬한 토론 방식에 매우 깊은 감명을 받았다(지크문트가 라테나우를 만난 것은 훗날 베를린에서였다. 그는 라테나우 역시 대단한 성품을 지니고 있지만 좀 차갑다고 생각했다). 젊은 지크문트는 그해 문제가 되고 있었던 정치적 주제에 이내 몰두하게 되었는데, 그것은 사회주의와 맞서서 벌인 것이 아니라 새 독일 헌법은 얼마나 미국적인가, 그 세금 체계는 또 얼마나 진보적인가 등의 주제를 가지고 진보 진영 내에서 벌어진 토론이었다. 훗날 지크문트는 이렇게 기억했다. "당시 나는 공산주의나 사회주의를 내가 나서서 맞서야만 하는 문제라고 느끼지 않았다. 제1차 세계대전의 엄청난 피해를 극복해야 하는 상황에서, 혼합된 경제 체제와 새로운 세금 체계가 안착하여 제대로 기능할 방법을 고민해야 한다는 생각이 더 컸기 때문이다. 사회주의와 맞서는 일은 내게 중요한 일이 아니었던 것이다." 지크문트는 '사회주의적이면서 동시에 좌경적인 진보 연립정부'가 생겨나 살아남을 거라고 예상했다. 그는 1920년까지 민주당 청년위원회 당원이었으며 정계 입문에 대해서도 진지하게 고민했다. 그는 진보적 이상주의자였다. 그러나 그에게는 영향력 있는 후원자를 고르는 현실적인 안목도 있었다.

2

정치 입문은 지크문트의 삼촌 막스도 고심하고 있었다. 혁명 이전 빌헬름 정권이 헌법 개혁에 뛰어들었다가 결국 무산되었던 당시, 제국의 마지막 총리 바덴의 막스 대공이 그에게 재무장관직을 제안한 적도 있었다. 막스는 장관직을 거절했지만, 막스 대공은 한 달 뒤 다시금 경제장관직을 제안하며 함께 일하자고 했다. 이번에는 그를 곧 있을 평화 협상에 단독 독일 대표로 지명하겠다고 했다. 그러나 결국 막스는 이 모든 제안을 거절하고 말았다. 막스가 그리했던 것은 극우파가 자신을 못마땅하게 여기고 있다는 사실을 알고 있었기 때문이다. "지금 우리나라는 민주주의와 사회민주주의가 조화로운 것처럼 보이지만, 여기에 유대인 자본가가 끼어들어서는 안 된다"라는 것이 그의 생각이었다. 그는 훗날 이렇게 회상했다. "나는 독일인을 잘 알고 있었다. 절대로 유대인 출신 경제장관을 받아들이지 않을 사람들이었다. 게다가 사회민주주의자들은 거꾸로 나를 자본주의의 대표로 볼 게 뻔했다." 이 같은 반유대 정서는 1917년 전쟁 와중에 지크문트가 함부르크 상원에 입후보했다가 아슬아슬하게(그리고 정말 예기치 않게) 패배했던 순간에 이미 알 수 있었던 사실이다. 당시 상원이 지크문트를 1순위 후보로 제청했는데도 하원은 그의 임명을 거부했다.[1] 이 경험을 마음에 새긴 그는 바이마르에서 채택된 새로운 헌법(바이마르 공화국)하에서 치러진 전후 첫 하원 선거에서도 후보로 나서지 않았다. 그러나 막후에서는 기꺼이 정치적으로 중요한 역할을 도맡았다. '과묵함'은 1920년대를 지나는 동안 내내 그의 좌우명이었지만, 저자세를 유지해야 한다는 것에 그는 확실히 좌절감을 느꼈던 것으로 보인다. 파리 평화협정 직후 아내에게 보낸 편지에는 이렇게 탄식하기도 했다. "맙소사, 내가 유대인만 아니었으면 저 책임자 자리에 있었을 텐데!"

막스가 볼 때 가장 먼저 처리해야 할 일은 헌법 개정이 아니었다.

---

[1] 여기에서 그는 자신의 패배가 반유대 정서 때문이라고 명쾌하게 결론을 내렸다.

휴전 기간 중 그가 종종 말했듯이, 독일은 평화 협정의 '주체가 아니라 대상'이었기 때문이다. 그러므로 신경 써야 할 것은 과연 평화조약이 어떤 형태로 독일에게 책임을 물을 것인가 하는 문제였다. 1919년 초 파리 협정에 직접 독일 대표단 재정 자문으로 참석하는 것은 물론, 뛰어난 동업자 카를 멜키오르를 독일 공식 대표 중 한 사람으로 동행하게 했던 것은 바로 그러한 사실을 염두에 두었기 때문이다. 막스와 멜키오르에게는 어떻게 해야 연합국 사이에서 약해진 독일의 위상을 끌어올리고 큰 영향력을 행사할 수 있을지에 대한 좋은 아이디어가 있었다. 그들이 베르사유에서 벌인 논쟁은 설득력이 있었고 대단히 눈길을 끄는 내용으로, 그 골자는 다음과 같았다. 만일 연합국이 독일의 해외 자산과 상선을 몰수하고 동시에 나중에 그 금액이 더 늘어날 수도 있는 배상금을 독일에게 부과한다면, 절대로 독일 통화가 안정될 수 없다. 그렇게 일어난 화폐가치 하락은 독일에서 나오는 수출품을 헐값이 되게 할 것이고, 그러는 동안 이 같은 조치로 인해 일어난 사회적 격변이 독일에 볼셰비즘의 확산을 초래할 것이다.

전시 재무부 공무원 자격으로 협상에 참가했던 존 메이너드 케인스도 이 논쟁에서 영향을 받았다는 사실은, 대단한 반향을 불러일으켰던 케인스의 저서 『평화의 경제적 귀결』에 잘 나타나 있다. 1919년에서 1923년 사이 막스와 멜키오르는 자신들의 입장을 고수했으며, 배상금 액수를 1921년 책정된 1320억 마르크보다 줄이고 미국이 독일에게 차관을 순조롭게 제공하기 전까지는 독일 마르크가 안정될 수 없을 것이라고 주장했다. 당시 막스의 역할이 얼마나 중요했는지에 대해서 역사학자들은 다소 낮은 평가를 내리는데, 이는 그의 과묵함이 원인이라 할 수 있다. 독일의 국제적 위상에 대한 지크문

트의 생각은 라테나우와 공통되는 부분이 많았지만, 독일이 통화가
치 하락을 통해 재정적 영향력을 행사할 수 있다는 그의 독창적 주장
은 설득력이 있었다.[2]

그의 수정주의는 국수주의자들의 생각과 아주 조금 달랐다. 그는
또한 전쟁 중 자신이 장담했던 국제기구에 대한 생각을 발전시켰다.

국제기구를 설립하는 것이야말로 향후 50년간 가장 중요하게
다뤄야 할 문제다. 민족과 국가의 경계는 크게 따지지 않고, 국제
연맹의 보호하에 각국 의회들이 '초-의회'에 자국 대표를 보내,
그 안에서 지금까지와는 달리 많은 이들이 대체로 동의하는 방식
으로 국제 문제를 해결할 수 있는 국제 경제 협정을 만들어낼 방
법은 무엇일까? 나는 (……) 부디 이런 방법을 통해 비밀 외교와
군국주의, 대해군주의가 모두 사라져버리기를 희망한다.

막스가 미리 내다본 일들 중에서도 가장 주목할 만한 것은 금 본
위제의 제약에서 벗어나 자유롭게 국제 대출을 수행하는 세계은행
이라는 개념이었다. 그가 이 같은 개념을 떠올렸던 것은 제2차 세계
대전 직후였다.

그러나 막스의 전략에는 결정적인 결함이 있었다. 수정론자들이

---

2 라테나우처럼 막스 역시 '의무 이행'이란, 베르사유 조약의 불가능한 항목과 런
던 지불 계획을 이행하기 위해 시도하고 실패함으로써 입증해야만 하는 것으로
여겼다. 또한 독일이 '동과 서' 사이에 위치한 국가라는 사실을 잘 활용해서 볼
셰비즘에 무릎을 꿇을 것이라고 위협할지, 러시아의 경제 복구에 편의를 제공하
겠다고 해야 할지 선택해야 한다는 점에서도 의견이 같았다.

화폐가치 하락을 이용할 수 있다는 그의 주장은 단순히 경제적 측면에서만 잘못 생각한 것이 아니라, 1920년대 이후 독일의 인플레이션을 연장시키는 데에도 약간의 원인을 제공했기 때문이다. 화폐가치를 낮게 유지하는 것은 독일의 수출을 장려하기는커녕, 수입을 활성화하는 데 기름을 부었다. 1922년 말, 막스는 함부르크의 동료 빌헬름 쿠노의 총리가 되겠다는 결심에는 찬성하지 않았지만, 프랑스에 배상금을 지급하지 않고 버티겠다는 결정만큼은 지지했다. 그리고 1923년 10월까지도 끈덕지게 통화 안정에 저항했다. 막스의 주장들은 매력적이었지만, 그는 통화의 완전한 붕괴가 독일 경제에 미치는 위험을 크게 과소평가했다. 즉 배상금이 줄어들 때까지는 독일이 안정된 예산 혹은 통화 정책을 지닐 수 없다는 생각은 아주 좋았다. 하지만 실제로 이러한 생각 때문에 독일 정치가들은 도탄에 빠진 경제를 살리기 위해 세수를 올리려는 진지한 노력을 전혀 하지 않은 채, 오히려 정부 지출을 늘리도록 부추겼다. 태평하게도, 독일이 떠안고 있는 모든 문제가 과도한 배상금 탓이라고 본 것이다. 결국 초기 바이마르 정부는 무모하리만치 흥청망청 지출을 하기 시작했고, 말 그대로 훨씬 큰 단위의 지폐를 찍어내 치솟는 적자를 메우기 위한 자금을 댔다. 이후 찾아온 혼돈 덕에 베르사유 조약이 수정되리라 생각했던 막스의 희망은 결국 실현되지 않았다. 이러한 일들로 인해 독일이 얻은 외교적 이득은 극히 적었으며, 초인플레이션으로 인한 경제적, 사회적, 정치적 손실은 막대했다.

막스가 이처럼 잘못된 판단을 내리게 된 것은 경제와 정치를 분리해서 본 그의 시각이 부분적인 원인이라 할 수 있다. 그는 1921년 초 다음과 같이 기록했다. "현재 모든 나라들에서 볼 수 있는 정치적 실패는, 미래에는 결국 정치와 경제 정책을 분리해야만 한다는 필요성을 시사한다." 그는 독일의 지지 속에 경제의 힘이 작용 중이지만 우유부단하고 무능한 정치인들 때문에 그 속도가 지연되고 있다고 믿었다. 막스는 1918년 이전까지는 민주주의자가 아니었지만, 그의 자유주의 또는 '자유 보수주의'(그는 이 표현을 좋아했다)적 입장은 바이마르 체제와 잘 맞아떨어졌다.

독일 대표로 베르사유 협정에 참석해 여러 전제 조건을 정하면서, 그는 '가장 광범위한 민주주의 기반 위에 제국 및 각각의 연방 정부 (……) 그리고 합법적으로 선정된 의회를' 설립하겠다고 강력하게 주장했다. 이른바 '황태자의 신임을 받는 유대인이었던' 막스는 군주제 폐지를 그다지 애석해하지 않았다. 막스가 전쟁 중에 알게 된 첫 번째 사회주의자 총리인 프리드리히 에베르트가 빌헬름 2세보다 국가 원수에 분명 더 잘 어울렸기 때문이다. 막스는 또한 1920년 초 보수파 볼프강 카프가 이끌었으나 수포로 돌아간 군사 쿠데타에 대해 '바보스러운 짓'이라 치부하며, 정치적인 반발을 무시했다. 그러나 그는 경제를 우선으로 여겼기에 바이마르 공화국을 전폭적으로 지지하지는 않았다. 1919년, 석탄 산업을 국유화하자는 제안에 대한 그의 태도는 부정적이었다. "노동자와 직원들의 요구를 웬만큼 다독거리기 위해서는, 그들을 대표하는 사람이 회계장부를 볼 수 있게끔 하는 것도 필요한 일이다 (……) 물론 그 때문에 기업가 정신이 훼손되어서는 안 된다." 그리고 국가가 경제 분야에 깊이 관여하려는 바이마르 정권의 노력이 성공하면서, 기업가 정신을 방해하게 될 것이라는 사실이 분명해지자 그는 비판을 아끼지 않았다.

구서구식 세계관과 신동구식 세계관 사이에 끼여 있는 우리의 임무는, 새로운 정치와 경제 질서를 위해 올바른 기관을 세우는 일일 것이다(1920년 10월에 쓴 내용). 그러나 오늘은 의회제를 실험하고 내일은 사회화를 시도하며 동시에 세금을 통해 자본 형성을 방해한다면, 이런 가운데에서는 그 누구도 번창할 수가 없는 노릇이다.

막스는 점차, 바이마르 체제가 낭비를 조장하고 사회 정책에 대한 공공 경비에 악영향을 끼친다고 확신하게 되었다. 이는 매우 정당한 판단이었으며, 이 같은 확신으로 인해 그는 1920년대 내내 의회가 경제에 미치는 영향을 제한하도록 하는 합헌적 재건 계획에 골몰했다. 1919년에는 연방정부의 낭비를 억제하기 위한 제국 중앙집권 체제를 잠시 고려하기도 했다. 1923년에 그는 자금 공급의 탈정치화를 통해 국가 체제와 실권자들로부터 경제를 독립시키고자, 후고 스티네스라는 실업가와 함께 재정을 총괄하는 3인 체제(재정이사회)의 가능성을 논의했다. 그리고 석 달 후에 이렇게 말했다. "이런 형태의 의회 체계는 난세에는 좋은 해결책이 아니다." 요약하자면, 막스는 바이마르의 진보적 핵심을 받아들였지만 경제를 가장 우선시했기에 바이마르 체계 속의 사회주의자와 사회 복지 요소에는 비판적이었으며, 동시에 합법적인 변화를 적극 지지했다고 할 수 있다. 그러나 이는 급진적 성격을 띤 합법적인 변화가, 의회 체계를 끝내버리는 것은 물론 비대해진 민족주의의 목표를 앞세워 경제를 경시하는 독재 국가를 초래할 수 있다는 위험 요소를 과소평가한 것이었다.

은밀하지만 비중 있는 정치적 영향력을 지니고 있던 삼촌 막스는 지크문트가 우헨펠스를 떠나 함부르크의 가족 회사에서 일하기로 결심하는 데 결정적 영향을 주었다. 이로 인해 지크문트는 은행가로서의 삶을 시작하게 되었다. 그러나 그가 원래는 정치가로서 사회생활을 시작하려 했다는 사실에 주목해야 한다. 베르사유 협정의 '이행'이라는 오해할 만한 이름이 붙은 정책 뒤의 숨은 경제 실세였던 막스 바르부르크를 위해 일하는 것보다는 은행가로 시작하는 것이, 이후 정치 인생을 시작하기에 더 나은 출발점이었기 때문에 이 같은 선택을 한 것이 아니었을까? 지크문트는 훗날 자신의 '가장 큰 야망'에 대해 다음과 같이 말했다.

무대 위든 막후든, 나의 가장 큰 야망은 어쨌거나 정계에 입문하는 것이었다. 정계 입문이란 다른 활동을 아예 하지 않는다는 의미가 아니라 오히려 더 잘하기 위한 일이라는 것은 부모 세대의 공통된 정서였다. (……) 1920년 학교를 졸업하자마자 회사에 들어갔을 때, 회사 생활이 내게는 정치로 향하는 징검다리로 보였다.

지크문트가 함부르크로 향한 데에는 더 중요한 다른 이유가 있었는데, 그것은 바로 경제적 어려움이었다. 인플레이션이 독일의 모든 가정에 타격을 입힌 것은 아니었다 노동자 계층은 상대적으로 유리했다. 인플레이션으로 인해 생긴 정책들 덕에 인위적이지만 고용률이 높게 유지되고 있었기 때문이다. 또한 노동자들은 집세 규제의 보호를 받았고, 단체 행동을 통해 급여 인상도 안전하게 쟁취할 수 있었다. 사업가들에게도 스스로를 지키는 방법이 있었는데, 실물자산 등에 투자를 하는 것이었다. M.M.바르부르크 역시 이런 방식으로 인플레이션 기간을 비교적 잘 버텨냈다. 1924년 말 은행의 자산은 전쟁 전보다 28퍼센트가량 감소했지만, 함부르크 소재의 다른 많은 회사들과 비교했을 때 상대적으로 형편이 나았다.[3] 정말 손해를 입었던 것은 월급이나 저축에서 나오는 이자에 기대 사는 부르주아 가정이었다. 막스는 더 넓은 바깥세상에서 무슨 일이 일어나고 있는지를 뼈저리게 깨달았다. "학술지와 학술 협회, 모든 종류의 문화 활동을 포기해야만 했다. 우리 자녀들은 당연시했던 평균적인 교육조차도 더 이상 받을 수가 없었다. 훌륭한 저택들과 유서 깊은 가문의 가보들이 팔려 나가고 있었다. 우리는 조용하고도 은밀한 형태의 빈곤을 목격하고 있었다."

이 같은 과정의 희생자 가운데에는 지크문트의 부모도 있었다. 초인플레이션이 극에 달했던 1923년 10월 세상을 떠날 때까지, 게오르게스는 심각한 경제적 어려움을 겪었다. 지크문트의 고모부 오토 카울라도 저축이 완전 동나버려 마찬가지 사정이었다. 그 때문에 지크문트는 마음속으로 키워왔던 대학 공부에 대한 열망을 꺾을 수밖에 없었다. 훗날 그가 기록한 바에 따르면, "나는 적극적으로 은행 업무에 뛰어들었다. 왜냐하면 가족을 돌보기 위한 돈이 절실했기 때문이다." 실제로 그가 아버지로부터 이어받은 가난을 해결하기까지는 적어도 10년이 걸렸다. 게다가 인플레이션이란 주로 세수를 늘릴 능력

---

3 안정 전후 회사 대차대조표의 상세 정보 포함. 은행은 비록 1000만 금마르크(즉 인플레이션 이전의) 상당의 외국 통화 비상 자금으로 설립했지만, 원자재 투기에 실패하는 바람에 상당한 돈을 잃었다.

이 없거나 예산을 줄일 용기가 없는 정부가 만들어내는 정치적 현상이라는 확신을 갖게 된 그에게, 또 다른 거대 인플레이션에 대한 공포는 평생 따라다니는 짐이 되었다. 그가 보기에 독일의 초인플레이션은 '정치적 재앙의 결과가 경제적으로 나타난 현상'이었다. 지크문트는 훗날 자신이 너무나 뼈아프게 습득한 교훈을 이렇게 정리했다. "세계 어디를 막론하고, 제대로 통제되지 못한 정부의 지출이야말로 인플레이션의 주요 원인이다. 이는 경제사가 계속되는 한 변함없는 사실이다."

지크문트가 M.M.바르부르크에 합류해야만 한다는 것은 막스의 생각이었다. 막스는 지크문트의 부모가 1920년 6월 함부르크를 방문했을 때 이 같은 제안을 했다. 지크문트는 막스 삼촌의 '대단한 제안'에 놀라는 척하면서도 즉시 받아들였다. "당연히 그렇게 하겠습니다. 일부러라도 더 자신감 넘치게 일하겠다고 대답해야 하는 게 맞습니다. 그리고 저는 그렇게 대답할 수 있습니다."

막스는 "세계 정세가 너무나 불투명하지만, 이는 적어도 향후 2년간 가족 기업에서 시련을 견디고 시험을 거치며 버텨나가는 데 좋은 감각을 길러줄 것"이라고 대답했다. 학교 공부나 우헨펠스의 영토를 관리하는 일은 훗날 언제라도 할 수 있는 일이었다.

1920년대 초반의 함부르크는 전쟁 중의 바트우라흐 지역이 유난히 나른했던 것만큼이나 유난히 활력이 넘치는 곳이었다. 슈바벤 출신 청년 지크문트는 수습 은행원으로 일하느라 여유가 없다는 이유로 대도시의 생활을 즐기지 않을 생각은 없었다. 그는 계속해서 민주당원으로 활동하며 발터 라테나우와 친한 경제학자 에른스트 코허탈러, 막스 베버가 후견했던 아르놀트 베르크슈트라에서 등 자신과 뜻을 같이하는 젊은 진보주의자들과 친구가 되었다. "우리는 정치를 논했지만 또한 철학과 세계관에 대해서도 이야기했다. 우리의 이야기는 종종 한밤중까지 계속되곤 했다." 훗날 지크문트가 회상한 내용이다. 진보 성향의 자유 독일청년 기구에서 활동하면서 주말에는 하이킹을 나가 때로는 땅거미 질 때부터 새벽녘까지 헤매고 다니기도 했다. 한편으로 그는 '젊은 사회주의자들과 노동자들'에게 대학 교육의 기회를 주기 위한 장학기금을 조성하려 노력했다. 베를린으로 출장을 갈 때면 기회가 될 때마다 도심의 극장을 찾았는데, 특히 막스 라인하르트의 획기적인 작품을 좋아했다. 세바스티안 하프너처럼 지크문트 역시 당시 유행하던 성의 자유를 즐기는 것처럼 보였다. "고통의 순간이 있기도 했지만, 긴 환희와 황홀경의 순간도 있었다." 지크문트는 그에 대해 이렇게 기억했다. 지크문트의 평생지기이자, 인플레이션으로 엄청난 이익을 챙긴 후고 스티네스의 아들 에드문트 스티네스는 지크문트가 빈 출신 여배우 이다 롤란트와 일으킨 염문을 기억하고 있었다. 이다 롤란트는 당시 범유럽 운동의 창시자였던 쿠덴호버-칼레르기 백작과 결혼을 앞두고 있었다. 지크문트와 아주 친밀하지는 않았지만 특별한 관계를 유지한 또 다른 주인공은 엘리자베트 시프였다. 훗날 엘리자베트의 여동생 테오도라는 지크문트에게 필적학 기술을 소개해준다(부록 참고).

지크문트는 젊고 잘생긴 청년이었다. 물론 똑똑하기도 했다. 게다가 독일 제2의 대도시에서 가장 성공한 상업은행의 직원이었던 그에게는 경제적 여유까지 있었다. 비교적 안정적이었던 짧은 바이마르 시대에서 즐거움을 만끽했던 누군가를 꼽으라면, 그것은 다름 아닌 지크문트 바르부르크였다. 그리고 어릴 적부터 지크문트의 몸에 밴 엄격한 금욕주의가 육체의 유혹에 흔들린 순간을 꼽으라면 그것은

다름 아닌 금전 가치를 비롯한 모든 가치가 하락하던 인플레이션 기간이었다.[4]

그러나 시간이 갈수록 지크문트에게는 가문과 회사가 중요한 존재가 되어버렸다. 함부르크의 친척들을 다소 경멸하는 시각으로 바라보았으며, 사업보다는 정치를 자신의 소명으로 여기면서 자랐던 지크문트에게 이러한 변화는 놀라운 일이었을 것이다. 그가 이렇게 변하도록 영향을 끼친 것은 다름 아닌 멜키오르였다. 냉철하고 영민하며 세심하고 매우 감성적이었던 멜키오르는 M.M.바르부르크에서 막스가 갑작스럽게 분노할 때마다 침착하게 균형을 잡아주는, 막스바르부르크의 또 다른 자아였다. 청년 지크문트는 그런 멜키오르가 자신의 솔메이트라고 생각했다. 그러나 첫 만남에서 지크문트는 멜키오르의 권위자다운 과묵한 분위기에 다소 주눅이 들어 있었다.

그러나 곧 이러한 권위 뒤에서 나는 무엇이든 입 밖에 꺼내어 그의 조언을 구하도록 북돋아주는 인간적인 이해와 내면의 침착함을 볼 수 있었다. (……) 여러 해 동안 이어진 많은 대화 속에서 멜키오르는 온건하면서도 사실에 기반을 둔 객관적인 태도로 내게 강한 인상을 남겼다. 그는 극도로 객관적인 태도를 지녔는데, 열정과 격렬한 내면의 투쟁을 통해 그 같은 객관적 태도를 성취하

---

[4] 1928년의 강연에서 지크문트의 삼촌 아비 M.은 인플레이션과 바로크 시대의 유사성에 대해 이야기했다. 바로크 시대는 아주 오래된 예술 작품 속 이미지를 통해 얻은 '각고의 금 보유고'가 인쇄기 덕에 평가절하 되어버린 문화적 인플레이션기였다. 아비에게 군사적 패배와 혁명이라는 두 가지 충격은 너무 치명적이었다. 그는 신경쇠약으로 고통받았고 루트비히 빈스방거의 스위스 요양원에서 치료를 받아야만 했다.

려 늘 분투했다. 주관을 추구하는 인간적 본능을 극복하는 동시에 감정의 격렬함은 억제하지 않겠다는 목적으로, 스스로를 지속적으로 채찍질해 가며 성취한 객관성은 자기 학대에 가까울 정도로 혹독했다. 그 어떤 훈계보다 효과적인 것은 모범을 보이는 것이다. 카를 멜키오르가 보여준 객관성과 온건함의 모범은 그를 진정으로 아는 모든 이에게 깨달음을 주었다. 정의를 바라보는 그의 태도는 아주 자연스럽게 이 객관성과 결합하였다. 그리고 이는 멜키오르라는 존재의 가장 큰 동력이 되었다. 그는 늘 과묵했지만 그렇다고 해서 불공평한 행위와 부당한 언사까지 말없이 받아들이지는 않았다. 그에게 '바르다'는 의미는 '정의는 실천 속에서 구현된다'는 프랑스 격언에서처럼 형식이 아니라 진실 추구의 문제였다.

지크문트의 평가는 여러 가지 면에서 케인스가 베르사유에서 멜키오르를 만났을 때 받았던 인상과 유사했다. 케인스는 멜키오르에게서 성적인 매력을 느낄 정도로 대단히 매료되었다고 했다. 그와는 달리 지크문트에게 멜키오르는 본받고 싶은 사람이었다. 멜키오르가 어린 시절 지크문트가 주입받았던 철저한 완벽주의를 대형 금융 거래의 세계에서 완벽하게 적용할 수 있다는 것을 증명해 보였기 때문이었다.

지크문트는 수습 은행원으로 일하는 동안 막스 삼촌의 형 파울에게서도 강한 영향을 받았다. 파울 바르부르크는 1920년이 되어서야 미국 시민이 되었지만, 니나 로브와 결혼한 뒤 7년간 연방준비제도 이사회의 창단 멤버로서 연방준비제도의 설립에 주도적인 역할을 했으며, 우드로 윌슨 대통령의 측근이자 자문역을 지냈다. 1928년 갑작스럽게 세상을 뜨기 전까지 뉴욕의 연방준비은행 초대 은행장을 지냈던 벤저민 스트롱에 따르면, 파울이 원래 세웠던 계획은 미심쩍어하는 의회에서 통과되기 위해 대대적 수정을 거쳐야 했지만, 그래도 그에게는 그렇게 탄생한 연방준비제도가 '자식'이나 다름없었다. 그러나 미국이 1917년 전쟁에 참여한 뒤 반독일 정서가 확산되자 윌슨 대통령은 연방준비제도 내 중요한 직책을 수행하고 있던 파울의 임기를 연장하지 않은 채 유야무야 넘어갔고, 결국 그를 사임하게 만들었다. 미국이 전쟁에 개입하는 것을 찬성하던 사람들이 쿤로브사에서 사장으로 일하던 야코프 시프를 친독일파라고 인정한 것은 도움이 되지 않았다. 친영국파였던 그의 동료 오토 칸은 이런 불명예스러운 인식을 불식하기 위해 애써야만 했다. 파울은 전후 조국의 상황에 대한 연민 또한 숨기려 들지 않았다. 그는 1919년 10월 작성된 암스테르담 은행가 규약의 배후 원동력이었으며, 베르사유 협정의 금융 조항을 검토하는 역할을 맡았다. 스스로는 "순수하게 미국인 입장에서 일을 돕고 있다"라고 주장했지만, 국내 및 해외 문제를 바라보는 시각이 형 막스와 비슷했던 그의 마음이 형에게로 향하는 것, 궁극적으로 독일로 향하는 것은 명백했다.

전쟁이 끝난 후 50세의 파울을 처음 만난 지크문트는, 그가 삼촌들 중에서도 '눈에 띄게 뛰어난 사람'이라고 느꼈다. 그들이 처음 나눈 대화는 독일 문학에 관한 것이었는데, 지크문트는 파울의 식견에 놀라고 말았다. 그리고 대서양 건너, 미국 내에서의 그의 영향력과 존재감에 대단히 흥미를 느꼈다. 함부르크의 M.M.바르부르크와 뉴욕의 쿤로브 양쪽에서 사장직을 맡고 있었던 파울은 1920년에 최초의 국제 금융 기구 중 하나인 국제어음은행(IAB)을 설립했으며, 런던, 암스테르담, 취리히의 앞서가는 상업은행 몇 곳의 설립 주주이기도 했다(그중 두 개 은행에서는 직접 사장직을 맡았다). 그는 연방준비제도와 함께 독일식 연방중앙은행을 미국에 도입한 장본인이요, 국제어음은행을 이용해 환어음에 기반을 둔 유럽형 상업은행도 수입하고자 노력했다. 이외에도 지크문트는 비관적인 데다 괴팍하기까지 한 삼촌의 신중함에 깊은 인상을 받았다. 이러한 기질은 막스의 지치지 않는 낙관주의와는 뚜렷하게 대조되는 것이었다. 지크문트는 파울과 막스의 관계를 토마스 만의 소설 『토니오 크뢰거』에 등장하는 토니오 크뢰거와 그의 친구 한스 한젠에 비유했다. 토니오는 지적이고 문학적이었지만, 한스는 근육질에다 스포츠에 능해 서로 대조적인 인물이었기 때문이다.

3

진정한 오트 방크(haute banque, 프랑스어로 대형 은행이라는 뜻. 영어로는 high finance)가 된다는 것은 그 세계관과 운영 방식 모두에서 국제적인 은행이 된다는 의미였다. 로트실트가는 전성기를 맞아 프랑크푸르트, 런던, 파리, 빈, 나폴리에 지점을 냈다. 바르부르크가는 20세기 초, 자신들이 로트실트와 비슷해졌다고 자처했지만 주요 활동 영역은 여전히 함부르크와 뉴욕에 국한되어 있었다. 그렇게 자처한다고 해서 로트실트의 상대가 될 수는 없었던 것이다. 1920년대에 N.M.로트실트(N. M. Rothschild & Sons)와 M.M.바르부르크처럼 가족이 통제하는 작은 규모의 회사는 무엇보다도, 서로 각별히 연계하여 국제 융자를 내주는 방식으로 함께 협력해야만 효율적으로 운영할 수 있다. 이는 오래도록 변하지 않는 사실이었다. 로트실트와 바르부르크 등은 보다 일상적인 범주에서 미래의 동업자를 훈련하고 교육하는 데 협력했다. 그래서 지크문트는 1926년 빈과 부다페스트에 출장을 다녀온 직후, 수습 생활을 계속하면서 독일과는 매우 다른 런던의 운영 방식을 배우기 위해 영국으로 가게 되었다. 그가 향한 곳은 로트실트 런던 사무소의 본향인 런던 뉴 코트의 세인트 스위틴 스레인이었다. 그리고 이것이 그의 첫 영국 방문이었다.

약 10년 후 지크문트가 영국에 정착한 것을 보면, 영국에 대해 그가 받은 첫인상이 호의적이었을 거라 생각하기 쉽다. 하지만 실상은 그렇지 않았다. 뉴코트의 성지로 들어가기 전, 그는 케임브리지 대학에서 앨프리드 마셜의 조카이자 『경제학 원리』의 공동 저자인 C. W. 길보와 심리학자이자 언어학자이며 루트비히 비트겐슈타인의 『트락타투스』를 번역한 C. K. 오그던의 훌륭한 강의를 들으며 6개월간 혹독한 시간을 보냈다. 멜키오르의 후원으로 지크문트는 케인스와도 만날 수 있었다. 케인스는 독일에서 가혹한 배상금을 받아내는 것이 불가능하다는 주제에서부터 금본위제도로 회귀한 영국의 어리석음에 이르기까지, 다양한 경제 정책의 최신 사안들을 다루는 글을 정기적으로 매체에 투고하며, 바야흐로 대학의 우수한 교수로 명성을 확고히 하고 있었다. 그러나 이 위대한 경제학자는 독일인 청년 방문자에게 깊은 인상을 안겨주지 못했다. 지크문트가 케인스를 만나 느낀 것은 이 위대한 인물이 사람을 당황스럽게 만들 정도로 '자유로운 보헤미안'이라는 사실이었다. 케인스는 지크문트가 그때까지 만나본 어떤 독일 교수와도 확실히 달랐다.

때는 오전 11시 좀 지난 시각이었다. 그는 내게 붉은 실내화를 주었다. 관습에 사로잡힌 독일인이었던 내게는 무척 놀라운 일이

었다. 굉장한 양반이라는 얘기는 익히 들었지만, 처음 만났을 때
는 전혀 좋아할 수가 없었다. 그분은 어딘가 여성스럽고 불경한
구석이 있었다. 게다가 내가 볼 때엔 경박하기 짝이 없는 방식으
로 진지한 문제들을 처리했다. (……) 어찌 보면 이지적인 냉소주
의와 인류 사상 및 행위의 평가에 대한 고매한 기준을 영국적으로
뒤섞어놓은 전형적인 인물이었다. 그는 사람들의 사고 과정에서
아주 작은 결함이라도 발견할라치면, 선의에서라 할지라도 그들
의 논리를 가학적이라 할 만큼 철저하게 무너뜨릴 수 있는 사람이
었다.

지크문트는 신사적이면서 자본가적 기질을 가진 N. M. 로트실트
에 대해서는 한층 긍정적인 반응을 보였다. 한때 세계 금융 체계의
핵심이었던 로트실트가의 런던 은행(house)은 1920년대에는 은행
이라기보다는 신사들의 사교 클럽에 가까웠다. 고위직 직원은 정오
전에 오는 일이 거의 없으면서도 1시가 되면 점심을 먹으러 갔고, 2
시 30분이 되면 퇴근했다. 말단 직원 로널드 페일린도 '오전 10시 30
분이 되어야 출근을 했고, 주말 이틀은 무슨 일이 있어도 쉬었다.' 로
트실트 직원들은 P. G. 우드하우스(영국의 국민 작가)의 소설 속에서
걸어 나온 사람들 같았다. 누군가 지크문트에게 이렇게 말하기도 했
다. "이봐, 여긴 런던 최고의 클럽이라네. 그러니까 실은 급여를 받
을 게 아니라 가입비를 내야 한단 말씀이야." 지크문트는 질겁하고
말았다. 그는 자신이 말단 직원인데도 베스트팔렌의 프로이센 지방
에 대한 83만 5000파운드에 달하는 채권 발행 처리 업무를 대부분
맡게 되자 깜짝 놀랐다. "그곳 사람들은 함부르크에서 일하는 사람
들의 방식과 비교해볼 때 게으르고 태평스러우며 심지어는 엉성해

보이기까지 했다. 이것이 로트실트에 대한 나의 첫인상이었다"라고 지크문트는 훗날 이야기했다. 영국을 떠날 때는 "대영제국은 한물갔다. 한때 신선했던 영국인들의 정치 기술은 심각한 퇴보 상태에 머물러 있다"라고 의심하기 시작했다. 사실 영국에 머무르는 동안 지크문트에게 가장 큰 인상을 남긴 이는 독일 라인 지방 출신의 출세 지향적 인물이었던 젊은 은행원, 헤르만 요제프 아프스였다.

1926년 11월 8일, 독일로 돌아오고 얼마 지나지 않아 지크문트는 총각에서 드디어 벗어나게 된다. 그의 나이 스물네 살이었다. 신부는 스웨덴 국적의 에바 마리아 필리프손으로, 스톡홀름에 있는 스벤스카 한델스방켄의 대표 모리츠 '말' 필리프손의 딸이었다. 170명이 넘는 하객이 참석한 피로연은, 최고급 몬테카를로산 허넙치와 몽모랑시산 사슴고기 등심을 포함한 여덟 개의 코스로 구성된 저녁식사와 함께 1919년산 폴 로제르 브뤼와 1916년산 무통-로트실드 와인이 음료로 제공되고 스웨덴 민속 음악과 슈트라우스의 왈츠 그리고 오페라 〈나비부인〉의 삽입곡이 흘러나오는 호화로운 파티였다.

언젠가 지크문트는 이렇게 말한 적이 있었다. "참으로 많은 괜찮은 남자들이 신경질적인 아내와 인생을 함께하니, 안된 일이다." 물론 그는 그런 남자와는 거리가 멀었다. 지크문트의 아내 에바는 일생 동안 그에게 사랑을 듬뿍 쏟은 것은 물론, 정서적 안정과 냉철하고 곧은 감각을 유지하게 해주었기 때문이다. "모든 이유를 떠나 어떤 사람 자체를 사랑하고 또 그 사람이 있는 그대로의 나를 사랑하는 일이 너무나 드물어서 마치 기적과도 같다. (……) 다른 사람을 사랑하고 삶을 사랑한다는 것, 하나의 위대한 사랑으로 합쳐진 두 가지 사랑은 우리가 받을 수 있는 최고의 선물이다." 물론 그들의 관계는

20세기 초반 흔히 그랬듯이 여러 가지 면에서 불공평했다. 지크문트는 에바보다 훨씬 더 공부를 많이 했다. 그래서 처음으로 함께 대서양을 횡단하는 여행을 했을 때, 에바는 남편에게 철학 강의를 해달라고 부탁하기도 했다. 지크문트는 일을 하고 여행을 했던 반면, 에바는 보통 집에 남아 훨씬 따분한 일상을 꾸렸다. 지크문트는 아주 자주, 꽤 오랜 기간 먼 곳으로 여행을 가야 했다. 한번은 에바가 남편의 출장에 함께 갈 수 있기를 바라는 마음에서 타이핑을 맡겠다고 자청한 적도 있었다. 게다가 지크문트는 자타 공인 바람둥이였다. 1930년대에는, 적어도 한 번은 러시아 발레리나 알렉산드라 다닐로바와 바람을 피운 적이 있었다. 두 사람의 불륜은 1930년 11월, 딸 아나가 태어난 직후 유방암 판정을 받아 유방절제술을 받아야만 했던 에바에게 고통스러운 일이었음에 틀림없다. 그러나 에바를 고분고분한 장신구 정도로 생각하면 그것은 오산이다. 훗날 지크문트는 이렇게 말했다. "결혼한 두 사람에게 가장 어려운 일은, 독립적인 동시에 서로에게 기댈 수 있도록 끊임없이 노력해야 한다는 사실이다." 그와 에바의 관계는 결코 일방적이고 무조건적인 지배 관계가 아니었다. 에바가 지크문트에게 떠나겠다고 협박했으면 얼마든지 다닐로바와의 관계를 정리하게 만들 수도 있었지만 그러지 않았을 뿐이다. 결국 그렇게 바람을 피웠으면서도 이제 지크문트는 많은 부분에서 아내에게 의존하고 있었다.

종교 문제에 대해서는 그들은 결혼 초기부터 동등한 입장을 고수했다. 에바의 친정도 원래는 예레미아 등의 이름을 붙이곤 하는 유대인 가문이었고, 실제로 에바와 지크문트 모두 엘리아스 자무엘 바르부르크라는 공통의 옛 선조로부터 갈라져 나온 후손이기도 했지만, 에바의 성장 과정은 다분히 청교도적이었다. 그래서 에바와 지크문트는 랍비와 목사 둘 다 참석하는 비공식 결혼식을 올렸다. 바르부르크는 장인에게 이렇게 설명했다. "청교도와 유대교 정신 모두를 완전히 자각한 가운데 결혼생활을 꾸려나가기를 원한다. 그리고 우리 아이들이 두 종교 모두를 존중하도록 키우고 싶다." 두 사람은 '어차피 이름이 유대식인 데다 이름과 연관된 모든 것에도 유대교의 특징이 있으므로' 아이들이 유대교를 믿어야 한다는 데 동의했다. 그 때문에 에바도 유대교로 개종했으며, 계속해서 유대교 신자로 남았다. 지크문트는 결혼식을 위해 에바가 기독교라는 사실을 지적하거나 괘념치 않고 결혼을 축복해줄 개방적인 랍비를 찾아나서기도 했다.

1937년, 처음 부부의 연을 맺을 때에는 상상조차 하지 못했던 대대적인 유대인 핍박의 시기에 지크문트는 에바에게 자신이 죽을 경우에만 열어보라며 편지 한 통을 주었다. 편지에는 열정적인 애정 고백이 담겨 있었다.

온 마음을 바쳐 내내 당신을 사랑했음을 잊지 말아주시오. 우리의 사랑에 때때로 그림자가 드리워지기는 했지만, 아무리 열정적인 사람에게도 어김없이 찾아오는 그림자 속에서도 우리 사랑은 늘 어둠 밖으로 나와 새로운 힘이 깃든 빛을 향해 나아갔소. 그 모든 것을 돌아보며 이제 나는 말하오. 함께하는 삶과 사랑의 위대함을 느끼게 해준 그대여, 우리 참으로 찬란한 사랑의 시간을 함께했구려.

이외에도 결혼으로 그가 얻은 혜택은 또 있었다. 바로 장인과의 사이에 빠르게 형성된 확고한 우정이었다. 그의 장인은 지크문트가 어렸을 때는 그다지 볼 수 없었던 전형적인 가부장적 아버지였다. 그는 냉철한 사업가이자 스톡홀름 상업 공동체의 기둥이었으며, 루터교 신자인 잉그리트 호른그렌을 아내로 두었다. 이 같은 결혼은 지크문트가 에바와 결혼할 수 있으리라는 사실을 조금은 미리 보여준 것이라 할 수 있다. 활동적이고 성질이 급하며 시가를 무척 좋아했던 필리프손은 지크문트의 스승이었던 막스의 자리를 점차 차지하게 되었다. 지크문트는 장인에게 보내는 편지마다 마음을 담아 '사랑하는 아버지께'라고 쓰기 시작했다. "아버님께서 베풀어주시는 관심과 이해 덕에 저는 정말 행복합니다. 지난번 뵈었을 때의 조언과 지침에도 감사할 따름입니다. 이 차가운 세상에서 단 한 번도 아버님이 해주신 조언만 한 것을 만나본 적이 없습니다. 그 어떤 사랑하는 사람도 이렇게까지 정곡을 찌른 적이 없었습니다." 이것이 1927년에 지크문트가 쓴 편지 내용이다.

1927년 5월, 지크문트와 에바는 함부르크를 떠나 미국으로 향했다. 그곳에서 지크문트는 은행 수습 생활을 계속할 작정이었다. 곧장 쿤로브로 가서 삼촌 파울과 함께 일을 하는 것이 아니라 보스턴에 기반을 둔 회사인 라이브랜드로스브라더스앤드몽고메리에서 미국식 회계의 원칙을 배우기로 결정했다. 뉴욕 친척들이 사는 어퍼이스트사이드의 안락한 집을 뒤로한 채, 그와 에바는 브루클린 근방에 있는 소박한 아파트를 임대했다. 지크문트는 9시부터 5시까지 일을 했고, 에바는 집안일을 했다. 에바는 집안일을 해본 것이 이때가 처음이었는데, 하인도 두지 않았다. 그해 9월 바로 이곳에서 장남 조지(게오르그도, 게오르게스도 아닌 조지였다)가 태어났다. 한마디로 중산층 미국인 신혼부부의 모습을 따르려 노력했던 것이다.

앞서 미국에 정착한 많은 유럽 이주민들과 마찬가지로 지크문트 역시 미국을 이해하기 위해 유럽과 비교했다. 다른 사람들과 다를 바 없이 그는 다소 거들먹거리며 첫인상을 이렇게 말했다. "미국인들은 서로 비슷하다. 그 '획일성'이 당황스러울 정도다." 함부르크에 있는 친구에게 쓴 편지에는 다음과 같은 내용도 담겨 있다. "미국 사람들에게 척 하면 척 하고 알아듣는 이해력 같은 것은 기대하지 않는 편이 좋다."

미국 사람들은 친절하지만 천박했다. '지치지도 않고 열정적으로 떠들어대는 골프 얘기'야말로 바로 그들의 천박함을 보여주는 것이었다(지크문트 바르부르크는 평생 골프에 대한 반감을 가졌다). 그러나 솔직히 말해 미국인들에게는 '놀랄 만큼 강한 힘과 활력이 넘쳐났다.' 그들의 삶의 속도는 런던에 비해 입이 벌어질 만큼 빨랐고, 보다 '민주적'으로 친교를 나눴다. 그리고 '사회 전체에 퍼져 있는 공통의 선의와 거대한 사회적 에너지'가 있었다.

그러나 그들에게는 유럽인들이 자랑해 마지않는 지적 명민함이 다소 부족하다. 물론 운명적으로 유럽인들보다는 걱정과 슬픔에서 자유로운 사람들이기는 하다. 하지만 그들이 일부러라도 자신들의 삶을 유럽인들보다 편안하게 만들기를 소망한다는 사실만큼은 인정해야 한다. 미국인들은 고통이 지나간 뒤 얻는 기쁨을 가장 가치 있는 것으로 여기는 유럽인과는 정반대로, 별 노력 없이도 얻을 수 있는 기쁨을 추구했다.

지크문트는 또한 미국인들이 비판에 지나치게 민감하다는 사실을 알아챘다. 런던에서는 겪어보지 못한 일이었다. 그러나 그는 미국인들의 문학적, 정치적, 경제적 삶을 보다 깊이 탐구하면서 점차 자신의 생각을 바꾸게 되었다. 특히 업무에 대단히 효율적인 회계 방식을 비롯해 놀랍도록 표준화가 잘된 실무 처리 방식에 감탄하고 말았다. 일례로, 대차대조표는 엄격하게 규정된 표본에 맞춰 작성해야 하는 것인데, 그는 유럽과 미국의 실무 체계를 비교하면서, 결국 얼마 지나지 않아 유럽이 미국식 업무 방식을 표준으로 받아들이게 될 거라고 생각했다. 그는 보스턴의 회계 사무소에서 경제가 나아갈 길을 보았으며, 그 방법이 옳다고 느꼈다. 미국 경제가 아주 활기차 보여 그는 유럽 역사의 황금기와도 비슷하다고 인정했다.

그러나 안타깝게도 미국의 바르부르크가에는 이 경제 르네상스가 아무런 영향을 끼치지 못하고 그저 스쳐지나가 버렸다. 뉴욕으로 이사하자 지크문트는 바로 이를 깨닫게 되었다.

앞서 이야기했듯이, 전쟁 직후 독일에서 파울을 만난 지크문트는 그를 깊이 존경하게 되었다. 게다가 파울의 동생 펠릭스 삼촌과 원기왕성한 숙모 프리다가 자신과 아내를 따뜻하게 환대하자 감동을 받았다. 그러나 지크문트는 이내 수많은 친척의 사교적인 호의에 '도움보다는 오히려 방해를 받는다'는 사실을 깨달았다. 렘브란트 그림으로 화려하게 장식된 친척들의 5번가 저택들은[5] 지크문트의 눈에는 마치 천박한 벼락부자의 집처럼 보였다.

---

[5] 펠릭스와 프리다의 집이 바로 그랬다. 5번가 92번로 1019번지에 위치한 그들의 집은 1908년에 C.P.H. 길버트라는 건축가가 흔히 프랑수아 1세라고 알려진 초기 르네상스 프랑스풍으로 디자인해 지은 건물이었다. 지금은 뉴욕 유대인 박물관으로 쓰이고 있다. 바로 아래 5번가 965번지는 야코프 시프의 집이었고, 시프의 아들 모티머의 집은 932번지에 있었다. 길 바로 건너 1100번지에는 오토 칸이 살았다.

아마도 지크문트는 자기 또래의 미국 친척들에게 예상했던 것보다도 더 거북함을 느꼈을 것이다. 친척 중 몇 명은 하버드나 예일 대학을 다녔고, 하나같이 문학이나 사업보다는 골프와 스포츠카에 목숨을 걸었다. 지크문트는 그들을 보며, 스콧 피츠제럴드의 소설에 등장하는 부유한 와스프(앵글로색슨계 백인 신교도. 미국 사회에서 영향력 있는 계층을 못마땅하게 일컫는 말) 바람둥이의 모습을 보는 것만 같다고 느꼈다. 게다가 친척들이 크리스마스에 그렇게 열광하며 기념하는 모습은 그를 더욱 어리둥절하게 만들었다. 한마디로 미국 친척들은 선대 바르부르크 사람들이 지나치게 독일인답게 살고자 했던 것과 마찬가지로, 고상해서가 아니라 부자라서 우쭐거리고, 지식인의 운동이었던 펜싱 대신 미식축구를 하면서 지나치게 미국인처럼 살려고 노력하는 것처럼 보였다. 지크문트는 장인에게 이렇게 털어놓았다. "파울 삼촌을 제외하고는 내가 아는 미국 사람들 중에서 나를 가장 우울하게 하는 것은 내 가족이다. (……) 모두가 정신적으로나 인간적으로 너무나 지루하고 멍청하며, 돈에 빠져 질식할 것만 같다." 쿤로브의 미래를 생각하면 불길하기 짝이 없는 일이었다.

지크문트가 뉴욕에 도착했을 때, 쿤로브는 아직 월 스트리트의 가장 중요한 은행 중 하나로 평가받고 있었지만, 황금기를 지나버린 미국 철도 네트워크에 자금을 대는 일에 지나치게 의존하고 있었다. 물론 국내 장거리 노선의 거의 60퍼센트를 쥐락펴락할 수 있는 주식을 독점하고 있어 상당한 배당금과 이윤을 수익으로 챙길 수 있기는 했다. 게다가 아메리칸스멜팅앤드리파이닝이나 유나이티드스테이트 고무회사 같은 거대 중공업 기업 고객도 꽤 보유하고 있었다. 그러나 1920년 아버지 야코프가 사망한 뒤, 은행의 동업자 다섯 명 가운데 가장 큰 힘을 지녔던 모티머(보통 '모티'라고 불렸다) 시프는 사업의 다각화에 별 흥미가 없었다. 1920년대 가장 활기 넘치는 경제 분야 가운데서도 전혀 새로운 투자처였던 공익 기업에 모티가 관심을 갖도록 만들기란 여간 어려운 일이 아니었다. 그는 은행의 해외 사업을 재건하는 데도 큰 관심이 없었다. 러시아에 거부감이 있었던 야코프는 전쟁 중 독일에 맞서 전투를 벌인 연합국에 자금을 대는 것을 거절해 결국 이로 인한 이득을 J. P. 모건에게 넘겨주고 말았다. 지크문트는 '쿤로브는 아직도 멋지게 빛나는 별'이라고 장인에게 보내는 비밀 편지에 보고했다. "그러나 계속해서 빠르게 그 빛을 잃어가는 별이 될까 두렵다. 여러 동업자들에게는 회사가 냉철하고 사무적이며 결단력 있는 기업가 정신으로 꾸려나갈 곳이 아니라 개인적 자만과 취미, 우월 의식을 고취하는 곳일 뿐이다." 그는 '회사 안팎에서 이루어지는 논의에 놀라운 열정으로 임하는 직원들을 회사가 종종 믿을 수 없을 만큼 무시하고 그릇되게 관리하는 것'에 경악했다. 결국 은행이란 사실 '동업자가 아니라 직원들이' 운영하는 곳이라는 결론을 내리게 되었다. 쿤로브는 어쨌거나 망하지는 않았다. 오히려 거대한 자본과 뉴욕에서 다진 입지, 미국 산업과의 긴밀한 관계 속에서 '개척되지 않은 거대한 가능성'을 얻었다. 그러나 보다 기업가적인 리더십을 갖추지 않는 한 종국에는 폐물이 되고 말 터였다. 지크문트가 그토록 애태우며 고대했지만 쿤로브가 다시 활기를 띠고 일어날 기회는 몇 년이 지나도록 쉽사리 오지 않았다. 그리고 마침내 1928년, 첫 번째 기회가 열렸다.

처음에 바르부르크는 국제어음은행에 깊은 인상을 받았다. 은행은 다름 아닌 파울 삼촌의 작품이었다. 그러나 지금은 사촌(실제로는 육촌) 제임스(지미)와 그의 친구들, 즉 '얼간이 같은 하버드 소사이어티 파벌'이 국제어음은행을 능가하는 힘을 휘두르고 있었다. 지미는 지크문트에게 '겁 많은 허세꾼, 능력도 없으면서 말만 앞세우고 인기도 지지리 없는 인간'이라며 공격을 퍼부었다. 막스 삼촌은 쿤 로브와 국제어음은행, 모두와 좋은 관계를 유지하라고 가르쳤지만 지크문트에게 이는 정말 쉽지 않은 일이었다. 그리고 이러한 어려움을 삼촌에게 설명을 하려고 노력하는 동안, 모티 시프와 파울 바르부르크 사이에 이상한 기운이 감돌기 시작했다. 해외 사업에 전혀 흥미가 없었던 모티에게 함부르크의 바르부르크에 대한 충실함 따위는 없었다. 1928년 모티는 다름슈테터운트나티오날방크의 야코프 골트슈미트와 손을 잡고, 더 많은 사업을 상당히 규모 있게 진행하고 있었다. 반면에 파울은 국제어음은행을 대서양 연안 사업의 주요 자금 전달책으로 만들어, 쿤로브와 M.M.바르부르크 그리고 다른 주주 은행들의 관계를 영구적으로 이어갈 작정이었다. 문제에 정면으로 맞서는 것은 파울의 방식이 아니었지만 파울의 아들 지미는 의도적으로 시프와 마지막 결전을 치르고자 했다. 그 때문에 쿤로브와 국제어음은행 사이의 '비밀과 과장, 불신'에 대해 막스에게 지크문트가 미리 경고한 것은 허사로 돌아가고 말았다. 지크문트가 1928년 중반 식솔들과 함께 독일로 돌아왔을 때는, 일찍이 미국의 경제적 가능성과 눈부신 속도, 그리고 거대한 규모 덕에 대서양 연안 금융 사업에 대해 품었던 그의 열정은 가족 내 분열에 대한 비관적인 전망 때문에 무너지고 있었다.

10년이라는 세월 동안 지크문트 바르부르크는 혁명과 이동을 경험했다. 독일에서는 스스로 앞장서기를 꿈꿨던 사회 민주 공화국의 미래를 슬쩍 경험했고, 미국에서는 쿤로브를 자신이 감독해 사업을 현대화하고, 다시금 활기 넘치는 회사로 만들고 싶다는 희망과 함께 바로 눈앞에서 빛나는 경제의 미래를 보았다. 흥미로운 것은 그가 경제의 미래에 대한 희망 때문에 정치적 미래를 다시 살펴보게 되었다는 것이다. 독일 혁명 중에 지크문트는 친구 에른스트 코허탈러에게 젊은 세대가 구세대보다 아는 게 더 많다고 말했다. 그리고 그때까지도 여전히 "늘, 전쟁 전, 자유주의 같은 것은 찾아보기 어려운 시대에 여전히 그 뿌리를 두고 있는 구세대에 적대감을 느낀다. 나는 오히려 젊은 세대에게서 부분적으로 파시스트적인 조직을 향한 강한 열정을 엿본다"라고도 했다. 그러나 이 같은 신구 세대의 판이한 관계는 유럽에만 해당되는 일이었다. 미국에서는 두 세대 사이의 관계가 상당히 달랐던 것이다.

지크문트가 불길한 예감과 함께 미국을 떠난 것은 조만간 이 얼빠진 미국 젊은이들에게 '큰 재앙'이 밀어닥칠 것이라는 두려움 때문이었다. 때는 1928년 6월이었다. 그때 정말로 곧 재앙이 시작될 거라는 사실을 그는 알지 못했다.

3

공화국의 쇠락

매일 아침 여덟 명 정도의 주요 인물이 모여 두 시간가량 회의를 했다. 회의에서는 모두가 계속해서 다른 의견을 내놓았고, 대개 결실 없이 끝났다. 그 결과 회사는 안으로는 음모가 팽배하고 겉으로는 갈팡질팡하는 것처럼 보이는 지경이 되고 말았다. 그리고 이제, 척 봐도 알 수 있는 막스 M. 바르부르크의 꽉 막힌 경영 방식 때문에 그 상태가 더욱 나빠지고 있었다. 그럼에도 회사의 실적이 아직 안정적인 것은 회사를 이끄는 사람이 뛰어나서가 아니라 가문의 이름에 둘린 진실로 신비한 후광 덕이다.

— 1927년 5월, 지크문트 바르부르크

1

바이마르 공화국의 쇠퇴와 몰락은 계층 간의 갈등 및 정당 정치의 분열과 관련이 있다고 이해하는 것이 보통이다. 그러나 여기에는 세대 간의 갈등 역시 상당 부분 작용했다. 어쩌면 더했을지도 모른다. 바이마르의 정치는 형식상 계층 구분에 따라 운영되게 되어 있었다. 1920년대에 일어났던 의회 분쟁 중 상당수가 스스로를 조직적인 노동자 계층을 대표한다고 생각했던 사회민주당과 이름과는 달리 주로 산업계를 대표하는 성향이 강했던 국민당 간의 갈등이었다. 국민당은 프로이센 귀족들의 정당이었고 민주당은 공무원들의 정당이었던 것이다. 심지어 중앙당조차도 계층 개념으로 이해할 수 있다. 중앙당은 가톨릭 당을 표방했지만, 당원 중에는 소작농과 장인(기능 보유자)이 유달리 많았다. 그러나 자세히 들여다보면 각 정당의 구성원이 사회적 계층과 그다지 일치하지 않는다는 사실을 알 수 있다. 공산당원 중에는 상당수의 노동자 계층(또한 상당수 지식인 계층도)이 포함되어 있었다. 이른바 부르주아 당들에서는 중산층 독일인, 즉 사업가, 학자, 전문직 종사자들을 찾아볼 수 있었다. 게다가 적어도 네 가지 당이 공존한다는 사실 그 자체가, 정당이라는 것이 각 사회적 계층을 기준으로 조직된 것은 아니라는 것을 입증하는 것이다. 실제로 사회학적 관점에서 1920년대 독일 사회의 중산층을 살펴보면 정치적으로 분열된 모습에 놀랄 수밖에 없다. 수명이 짧은 군소 정당이 많다는 것은 바이마르 정치 문제의 대표적 증상이었다. 1929년 이후 이들 정당이 모두 새롭게 나타난 정당으로 흡수되거나 대체되었던 것 역시 계층 분석으로는 설명할 수 없다. 스스로를 나치스

(국가사회주의노동당NSDAP)라고 칭했던 신당은, 실제로 노동자 계층을 비롯한 거의 모든 사회 계층의 지지를 얻어내는 데 성공했다(오로지 가톨릭교도만이 나치스가 주창했던 강력한 정치 종교에 저항했던 것으로 알려져 있다).

사회 계층을 초월하여 유권자를 동원하는 능력은 당시 수많은 사람들에게 나치의 커다란 매력 중 하나로 보였다. 1930년과 1932년의 총선에서, 1900년 이후에 태어난 독일인들이 그전에 태어난 사람들보다 히틀러에게 투표할 공산이 확실히 더 컸다. 나치의 선전 중에서도 가장 강력한 중심 사상은 늙고 퇴보한 구체제에 대항해 봉기를 이끌 젊은 지도자가 바로 히틀러라는 주장이었다. 모든 것이 지나치게 오래되었으며, 빌헬름 체계가 바이마르 시대에까지 살아남았다고 혹평하는 많은 20대 독일 젊은이들의 마음을 움직일 만한 얘기였다. 물론 훗날 누구보다도 먼저 나치즘의 진정한 의미를 깨닫기는 했지만, 당시에는 지크문트 역시 나치의 주장에 마음이 흔들렸다.

만일 바이마르 공화국이 경제 안정만 이룩했더라도 독일 내 세대 갈등이 이렇게까지 심해지지는 않았을 것이다. 하지만 현실은 그렇지 못했다. 1920년대 중반의 독일이 비교적 안정되었다고 착각하게 된 데에는 원인이 있었다. 그 하나는 인플레이션의 경험으로 인해 자본이 은행을 기피하고 중공업으로 몰렸다는 점이다. 농업계는 1920년대 중반부터 풍요로운 주요 생산품의 가격을 낮추는 방식으로 전 세계적 디플레이션의 고통을 함께했다. 한편 산업계는 노동자들이 조합을 만들고 정치적으로 보호를 받으면서 화폐 임금의 하락에 저항하는 바람에 노동 비용이 올라가 회사의 이윤이 줄어들었다는 사실을 깨달았다. 공공 부문 또한 문제가 있었다. 새롭게 적자가 생기면 또 한바탕 인플레이션이 덮칠 것이라는 공포를 떨치지 못해, 국내 및 국제 금융 시장에서 독일의 여러 정부 기관에 돈을 빌려주면서 높은 위험에 대한 할증료를 요구했기 때문이다. 일례로 지방 당국은 양 세계대전 사이 유럽 전체에 경제적 자극의 실로 중요한 원천이 되었던 공공 주택 건설 프로그램에 자금을 대는 일이 점점 어려워졌다. 그러다 보니 좌파 성향의 사람들은 바이마르 공화국의 복지 제도를 위한 야심 찬 계획에 문제가 있다고 생각하게 되었다.

1924년 미국의 은행가이자 부통령 자리에 오르게 되는 찰스 G. 도스의 이름을 따 만든 도스 플랜으로 인해 전쟁 배상금 상환이 조정되자 베를린 중앙 정부의 재정 상황은 더 복잡해졌다. 도스 플랜 덕에 정부 예산에 대한 단기 압박을 줄이는 방향으로 상환 일정을 변경할 수는 있었지만, 그렇다고 해서 마땅히 배상해야만 하는 금액이 줄어든 것은 아니었으므로 독일은 여전히 엄청난 빚더미 위에 앉아 있는 상황이었다. 하지만 사실 연간 배상액은 국민소득 대비 비율로 보았을 때 처리 불가능한 정도는 아니었다. 1924년에서 1930년까지를 보면 그 금액이 국민소득의 평균 2퍼센트에 불과했기 때문이다. 그러나 국내 프로그램들과 공공 부문에 상당한 비용이 들어가는 데다 배상금 지급을 위해 세금을 올리는 것을 대부분의 국민들이 달가워하지 않았기 때문에, 이런 지출을 위해서는 대규모 차관이 불가피했다. 만일 민간 부문에서 경상수지 흑자를 계속해서 달성했더라면, 그리 어려운 일만은 아니었을 것이다. 그러나 1920년대 독일은 외국의 차별을 받은 제조업계의 실적 저조로 수출보다 수입이 많았으며, 해외 투자에서도 이렇다 할 수익을 올리지 못해 외자에 의존하는 상태였다. 실제로 독일 정부는 외국에서 빌린 돈으로 배상금을 충당하고 있었다. 새로운 독일 통화였던 라이히스마르크가 금본위제 회복에 따라 달러당 4.20라이히스마르크 환율로 고정되자, 외국 투자자들은 자연히 독일 투자에 자신감을 느끼게 되었다. 어떤 종류가 되었든 이 자신감이 흐려질 만한 일이 벌어지게 되면, 디플레이션이나 채무 불이행 외에는 관계 당국이 선택할 길이 없을 것이라는 사실을 알고 있는 사람은 소수에 불과했다. 디플레이션과 채무 불이행이 동시에 일어날 수도 있었다.

만일 독일 제조업의 생산성이 계속해서 향상되고, 그로 인한 수출 증대(특히 미국에 대한)가 이루어지기만 한다면 이 같은 악몽은 결코 현실로 나타나지 않을 수도 있었다. 그러나 사업가들은 높은 세금과 이율, 높은 임금 때문에 매우 큰 부담을 느꼈다. 그래서 가격 고정 협정을 거부하거나, 정부 보조금 혹은 관세 보호를 얻어내고 싶어 했다. 실제로 1920년대에는 산업 합리화(특정 산업을 정책적으로 보호 육성할 필요가 있을 때, 해당 업종을 금융 세제상 지원하고 과당 경쟁을 통제하는 산업 정책)의 영향으로 합병이나 수평적 통합을 향한 노력이 눈에 띄었다. 안타깝게도 이러한 방식은 효율성을 증진하기보다는 경쟁을 줄여서 안정을 이루려는 성향이 강했다. 전쟁 이전에 독일이 이루어냈던 성과를 떠올리며 경제가 회복될 거라는 희망으로 일에 착수했던 외국 투자자들은 1920년대의 독일 경제가 근본적으로 병들어 있다는 사실을 차츰 깨달았다. 그로부터 오래지 않아 대공황이라는 결과로 끝을 맺게 되는 월 스트리트 붕괴가 일어나고 바이마르 경제는 도탄에 빠지게 되었다.

1928년 초 지크문트는 이처럼 문제가 많은 독일로 돌아왔다. 불편하기 짝이 없는 가족 간의 알력과 성에 차지 않는 실적을 뉴욕에 버려두고 떠나온 것이다. 그러나 불행히도 그가 함부르크에서 맞닥뜨린 상황은 뉴욕에서보다 더 심각했다. 우아하게 장식된 M.M.바르부르크 사무실은 바이마르 시대의 세대 간 갈등의 축소판 그 자체였다.

지크문트는 독일이 배상금 때문에 어려움을 겪기는 하겠지만 계속해서 회복할 기회가 있을 거라고 낙관하는 편이었다. 1927년 8월에는 이렇게 기록했다. "때때로 심각한 부작용을 피할 수 없는 상황이 오더라도, 결국 독일은 스스로 강해지고 진보를 이루어내며 무엇보다 해외에서, 그중에서도 특히 미국에서 돈을 계속해 빌릴 수 있을 거라 자신한다. 전쟁 바로 직전, 과잉 상태가 된 유럽 자본이 미국에 쏟아져 들어갔듯이 이제 역으로도 자본이 흐를 것이다." 도스 플랜이 통화 안정을 강조하는 계획이었기 때문에 지크문트는 더 자신감이 있었다. 그는 그저 '배상금 지불에 대한 의견 충돌 때문에 독일이 최근 몇 년 사이 미국 및 다른 외국 투자자들에게서 받은 대출금 상환 의무를 이행하지 못하게 될지도 모르는' 상황을 상상하지 못했을 뿐이었다.

그러나 지크문트는 독일 안에서 미국이 자신만만해하는 것은 어느 정도는 무지에서 나온 결과라는 것을 잘 알고 있었다. 그는 뉴욕 사람들이 독일 통화에 대해 '놀라울 정도로 긍정적인' 것을 보고 충격을 받았다. 그들은 독일의 경제적 약점에 대한 근본적인 평가 따위는 하지 않았다. 하지만 독일에 돌아와서 살펴보니 '세금 부담 상승 때문에 자본의 축적이 불가능해졌고, 그로 인해 새로운 생산 증대도 사실상 불가능'해져버렸다. 사업가들은 그저 물 밖으로 머리를 내밀고 숨만 쉴 수 있다면 운이 좋은 거라고 생각했다. 지크문트는 특히 독일 지방 정부의 산더미 같은 단기 외채를 걱정했다. 그리고 현재 독일 재무부를 책임진 '윗사람들의 낭비성 정책'이 머지않아 '심각한 위기'를 초래할 것이라 확신했다. 지크문트가 보기에는 독일 정부가 국가 예산을 삭감하여 배상금 부담을 줄이고, 흑자가 나는 대로 몽땅 배상금 내는 데 쓰겠다면서 서방의 열강들을 설득할 공산이 훨씬 컸다. 그리고 서구 열강은 독일의 긴축 정책으로 인해 다소 누그러질 테고, 독일 경제는 힘을 얻게 될 터였다. 하지만 꼴통 '범게르만주의자'들은 그런 정책을 환영하지 않을 것이다. 그 사람들은 '게르만 민족'의 정치적 태도와 궤를 같이하면서 그때까지도 독일을 지배하고 있었다. 결국 지크문트는 제국의 국가 재정 정책(세제)의 방향이 변하기를 강력하게 희망했던 것이다.

지크문트는 오랫동안 자신이 이 같은 정치적 변화에 기여할 수 있기를 바랐다. 그러나 그는 가족 기업 내에서의 세력 다툼에 점점 더 많은 시간을 빼앗기게 되었다. 독일의 경제 상황이 심각해질수록 그는 자신이 보기에 지나치게 낙관적이고 신중하지 못한 막스 삼촌의 리더십이 영 마음에 걸렸다. 문제는 지크문트가 삼촌에게 도전을 할 만큼 입지를 쌓지는 못했다는 점이었다. 어쨌거나 그는 그저 측은지심을 품은 부유한 친척에게 가족 회사에 들어오라 초대받은 가난한 젊은이일 뿐이었다. 처음부터 그는 막스의 아들 에리히(에릭, 후에 미국으로 이주하며 이름 뒤의 h를 떼어버렸다)보다 못한 대접을 받았다. 에리히는 1927년에 관리자로 승진했고 1929년에는 정식 동업자가 되었다. 그러나 지크문트는 1929년 관리직으로 승진할 기회를 주고 이듬해 동업자가 되게 해주겠다는 약속을 받았지만 에리히와는 적당히 거리를 둔 채 뒤따라야 했다. 은행에서는 다른 관리직 직원들과 잘 지내는 편이었고, 특히 에른스트 슈피겔베르크와 가까웠지만, 순종하는 태도로 지내야 하는 회사 내에서의 입지를 극복하지는 못했다.

삼촌의 경영 방식에 대한 지크문트의 불만을 통해, 그가 훗날 런던에서 다른 회사 조직을 꿈꾸게 될 것이라는 사실을 많은 부분 미리 짐작해볼 수 있다. 실제로 새로운 회사에 대한 그의 경영 방식의 발전상은, 삼촌의 경영 방식 중 어떤 것을 좋아하지 않았는지를 따져보지 않고는 제대로 이해할 수 없을 정도다. 막스의 견제자 역할을 했던 카를 멜키오르는 이제 정치에 골몰하게 되었으며, 슈피겔베르크는 멜키오르를 대신하기에는 부족했다. 권세를 휘두르는 막스에게는 아비 M.도, 프리츠도 감히 맞서지 못했다. 축복받은 상속자 에리히마저도 아버지를 막지는 못했다. 지크문트의 생각에 에리히는 '좋은 동료지만 말할 수 없이 가벼운 인물'이었다. 지크문트는 임원들 중에서도 루트비히 로젠탈과 루돌프 브링크만을 그럭저럭 괜찮다고 생각했지만, 그들보다 상급자인 한스 마이어에 대해서는 힘 있는 동업자들을 추켜세우면서 보너스나 두둑하게 챙기려고 하는 아첨꾼일 뿐이라고 여겼다. 결국 회사는 독재자 '막스 황제 폐하'의 지배를 받게 되었다. 더 문제가 되었던 것은 그가 '함부르크에 집중하고 쿤로브와의 우정만을 중시했던 전쟁 전 시대의 원칙'을 그대로 고수했다는 점이었다. 세상이 변했다는 사실을 깨닫기를 거부하는 모습을 보며, 지크문트는 노망난 사람의 첫 증상을 본 것처럼 충격을 받았다. '황제' 막스의 '거창한 언변과 몸짓'은 뉴욕에 있는 그의 '분신'인 조카 지미(일명 파샤 제임스)의 무절제한 언행하고나 어울리는 것이었다.

지크문트와 막스가 부딪친 핵심 문제는 베를린에 M.M.바르부르크의 사무실을 열 것인가 하는 것이었다. 지크문트는 전쟁의 조짐이 가득한 함부르크가 더 이상 예전만큼 금융의 중심지 역할을 수행하지 못한다는 사실을 인정해야 한다고 생각했다. 도이체방크, 디스콘토-게젤샤프트(1929년 도이체방크와 합병), 드레스드너방크, 다나트방크, 베를리너한델스-게젤샤프트 같은 대형 은행들을 비롯해 국가 소유의 라이히스-크레디트-게젤샤프트까지도 실리적인 목적으로 본점을 베를린에 이미 옮긴 상태였다. 독일 유수의 제조업체들도 마찬가지였다. 그러니 독일에 관심이 있는 해외 은행들은 으레 베를린으로 대표를 파견했다. 지크문트는 이미 런던과 뉴욕에서 이와 비슷한 산업의 중앙 집중화 추세를 겪었다. 그에게는 이 같은 현상이 막을 수 없는 것으로 보였다. 예전 방식을 고수하다가는 M.M.바르부르크가 하찮은 존재로 전락할 게 뻔했다.

수없이 다투고 난 뒤에야 지크문트는 베를린 지점을 세우고, 자신이 그 책임을 지는 데 대한 동업자들의 동의를 얻어낼 수 있었다. 그러나 막스는 함부르크에서 더 이상 이익을 내지 못하는데도 여전히 그곳에서의 비즈니스를 우선순위로 여기는 한편, 베를린보다는 파리와 암스테르담에 오히려 더 관심을 보였다. 급기야 지크문트는 불만에 가득 차서 1930년, 뉴욕 국제어음은행의 루치엔 나흐만에게 비밀리에 편지를 보내 삼촌이 함부르크 사무실을 엉망으로 운영하고 있다며 격렬하게 비난했다. 그의 말에 따르면 회사는 주요 사업 분야에서만 돈을 잃고 있는 게 아니었다. 상태가 좋지 않은 금속 무역 분야 사업을 서둘러 정리하고 젊은 동업자들의 자기 자본 소유 비율을 높일 필요가 있었다.

아마도 지크문트에게 무엇보다 절망적이었던 것은 정작 자신은 '이류로 분류할 만한 일이나 장기 투입이 필요한 일을 거절하고' 지멘스 같은 일류 베를린 회사들과 일상적인 단기 거래를 성사시켜 회사에 이득을 가져왔다는 사실이었을 것이다.

지크문트가 이 같은 사실을 비난하는 편지를 쓴 것은 1930년 9월

의 일이었다.[1]

그러나 재앙을 피하기에는 이미 때가 많이 늦은 상황이었다. 1929년 10월 24일 검은 목요일(Black Thursday)에 월 스트리트가 붕괴되기 전부터, 이미 독일 경제는 불황의 조짐을 보이고 있었다. 실업률은 1928년 이후 증가 일변도를 달렸다. 1929년 9월, 노동조합은 전체 노동자의 14.5퍼센트가 직장을 잃었다고 추정했다. 그로부터 1년 뒤, 실업률은 24퍼센트까지 증가했다. 금융기관들은 1928년 5월에 있었던 주식 시장의 폭락으로 이미 흔들린 지 꽤 된 상태였다. 그해 하반기에는 통화 성장률이 급격하게 떨어져 4분의 3분기 및 4분의 4분기에는 마이너스를 기록했다. 결국 미국 월 스트리트 붕괴는 이미 시작된 독일의 불황을 가속하고 악화시키는 역할을 했을 뿐이었다.

2

처음에는 미국의 호황이 마치 영원토록 이어질 것처럼 보였다. 그러나 조금만 가까이서 들여다보면 위험성을 내포한 여러 면면이 눈에 띈다. 잘 알려졌다시피 미국은 자원이 무척 풍부하지만, 이 자원을 토대로 구축되었거나 현재 만들어지고 있는 상업 및 금융 기관의 고층 빌딩들이 거시적으로 볼 때 지나치게 높다는 사실, 그리고 그 책임자들이 지나치게 무거운 짐을 지고 있다는 사

---

1 편지에 담긴 막스에 대한 비난이 지나치게 격렬했기에 은행의 공식 역사 기록원은 1982년까지도 이 편지를 공개하지 않는 것이 최선이라고 여겼다.

실이 나를 두렵게 한다. 비록 미국이 하는 일들이 그 규모가 크다고는 하나, 주식 시장에 투입된 대출금이 너무 크고 또한 투기 목적의 자금 비중이 지나치게 높아서 주식과 현금 시장이 심각한 상황으로 발전될 가능성이 높다.

지크문트가 런던 로트실트 은행의 상무이사 사무엘 스테파니에게 이 같은 편지를 보낸 것은 1927년 12월 26일이었다. 자신이 목격하고 있는 주식 시장의 호황이 사실은 '화산'처럼 폭발했다 무너져 버리고 말 거품 같은 현상이라는 그의 두려움은 지극히 정당한 두려움이었다. 가장 어려운 점은 정확히 어떤 시점에 위기가 닥칠지를 계산해내는 일임을, 그는 깨닫고 있었다. "내 눈에는 미국 경제가 엄청난 보유 자원과 인력으로 인해 발생한 탄력 덕에 도를 넘을 때까지 최소 몇 년간은 지금과 같은 속도로 굴러갈 것처럼 보이기도 한다"라고 그는 에리히에게 말했다. 주식 시장과 마찬가지로 부동산 시장에서도 가격 상승을 부추기면서 거품을 찔러 터뜨릴 원인이 과연 무엇이 될지 정확하게 짚어내는 일은 정말 어려웠다. 지크문트는 미국에서 지내는 동안, 자신이 두려워한 위기의 조짐 몇 가지에 대한 각기 다른 분야의 지표를 면밀히 관찰했다. 이민 규제 강화가 미국의 노동 비용을 상승시켜, 위기의 치명적 기폭제로 작용하게 될 것인가?

1920년대에 미국 경제에 불안을 느낀 바르부르크가 사람이 지크문트 한 사람만은 아니었다. 파울 바르부르크도 역시 앞으로 닥쳐올 위기를 내다보고 있었다. 실제로 1927년 후반 지크문트의 견해는 보다 경험 많은 삼촌의 시각을 상당 부분 반영하고 있었다. 1929년 5월, 파울은 다시금 '횡행하는 묻지 마 투기'에 대한 두려움을 표했다. 그리고 그는 연방준비제도이사회로서도 속수무책이란 사실을 드러내 보이고 있다고 경고했다. "중앙은행의 건전한 원칙과 관행을 묵살한 자는 누구나 궁극적으로 대가를 치르게 될 것이다. 정치적으로 통제되고 주로 사업의 발전을 지켜내려는 욕구로 가득한 체계는 머지않아 전무후무한 재앙을 초래하게 된다"라는 게 그의 생각이었다. 그러나 이 같은 예언은 연방준비제도이사회에서 자신의 뒤를 이을 후계자에게 변화를 촉구하기 위한 것이었지, 곧 다가올 재앙으로부터 회사를 보호하려는 의도와는 거리가 멀었다. 1929년에 파울이 국제어음은행에 대한 폭로를 다소 줄이기는 했지만, 때는 이미 너무 늦은 상황이었다. 지크문트는 나중에 당시 파울의 망설임에서 중요한 것을 배웠다고 회상했다. "삼촌은 내게 대단한 교훈을 주었다. 의식적으로 가르친 것도 있었지만, 그보다는 내게 심어준 공포가 더 큰 가르침이었다. 그로 인해 나는 결국 내가 지닌 꽤나 정확한 본능을 따르지 않고 그와 운명을 함께하게 되었다."

미국과 독일에서 공통적으로 나타났듯이, 깊은 불황을 재앙과도 같은 대공황으로 이어지게 한 것은 다름 아닌 은행 체계의 붕괴였다. 역사학자들은 보통 독일의 은행 위기가 다나트방크가 무너진 1931년 여름부터 시작되었다고 말한다. 베를린에 중심을 둔 큰 은행들에 찾아온 위기에 대해서는 이 말이 맞았다. 그러나 함부르크에서는 그전에 이미 한 번 위기가 있었고, 그로 인해 주로 희생된 것은 다름 아닌 M.M.바르부르크였다.

한때 독일 은행에 불어닥친 위기는 외부의 압박이 원인이라는 의견도 있었다. 일부 역사학자들은 미국이 자국의 자본을 독일에서 빼내어 자국으로 송환했기 때문이라고 주장했고, 또 다른 학자들은 빈의 크레디탄슈탈트가 1931년 5월, 연간 결산 보고서를 내지 못하고 파산하자 뒤이어 호주에서 독일에 이르기까지 금융 위기가 확산된 것이라고 보았다. 그러나 최근에는 독일 은행 체계 내부의 요소가 오히려 결정적인 붕괴 원인이 되었다는 연구 결과가 나오고 있다. 외국인, 독일인 할 것 없이 독일에 투자한 사람들은 모두, 상당히 다르지만 서로 밀접하게 관련이 있는 세 가지 위기 상황을 겪어야 했다는 것이다. 첫째, 제국이 배상금을 지불하지 못해 국제적 위기를 가중시킬 것, 둘째, 라이히스방크가 독일 통화를 금으로 태환하지 못해서 곧 휴지가 되어버릴 마르크화에 자산이 묶이고 말 것, 셋째, 독일의 일부 혹은 전체 은행이 그 어떤 화폐로도 예치금을 고객에게 돌려줄 수 없을 것이라는 사실이었다. 이 세 가지는 서로 떼려야 뗄 수 없는 밀접한 관계로 묶여 있었다.

은행들이 1920년대를 지나면서 위기에 취약해진 것은 보유 자산에 대한 자기 자본 비율이 지나치게 낮았고, 또한 자산의 유동성이 점차 약화되었기 때문이다. 초인플레이션과 통화 재건 시기를 지나면서 재무 상태가 대폭 악화된 많은 은행들은 외국인과 자국민의 단기 외화 예금을 바탕으로 하여 이전의 지위를 회복하기 위해 노력했다. 그 결과 1928년 6월 말 달러 예금액이 독일 신용 은행들의 모든 예금의 42퍼센트에 달했다. 가장 무모하게 단기 외화 예금을 받아들인 은행들은 베를린의 대형 은행들, 그중에서도 특히 전국에 지점을 보유하고 있어 자신들은 망하지 않을 거라 믿었던 은행들이었다(즉 그들은 라이히스방크가 자신들을 위기에서 빼내줄 것이라고 굳게 믿었던 것이다). 결국 1931년 봄, 외환 예금이 대거 인출되는 사태가 벌어지자 이들은 곧바로 치명타를 맞게 되었다. 이 같은 대거 인출 사태에는, 은행의 지불 불능에 대한 것보다는 통화 가치 저하와 태환성의 부족에 대한 두려움이 반영되어 있었다. 다나트방크가 그중에서도 가장 심한 타격을 받았다. 섬유 산업 분야를 비롯해, 특히 파산 선고를 받은 노르트볼과 지방 자치 당국 등 제 기량을 발휘 못한 문제 많은 분야들에 은행의 자본이 대부분 들어가 있었기 때문이다. 이 일련의 사건들로 인한 파장이 크기는 했지만 도산을 초래할 정도로 심각한 것은 아니었다. 그러나 보유하고 있는 현금 비축분이 사실상 바닥났던 라이히스방크는 결국 상황을 구제하지 못했다. 현금 보유량이 고갈된다는 것은 은행 간 대출 금리가 올라가고, 이로 인해 원래도 심각했던 재정 압박을 심화하게 된다는 의미였다. 정부가 달러 태환성을 7월 15일이 아니라 7월 4일에 즉각 버리기만 했어도 다나트방크는 무너지지 않을 수 있었다. 그게 아니면, 라이히스방크가 1930년 정도에 대형 은행들에 대한 특혜를 일찌감치 중단하기만 했어도, 달러에 대한 고정 환율(달러 페그제)이 살아남았을지 모를 일이다. 달리 표현하자면, 특정 은행의 위기를 초래한 것은 마르크화에 대한 광범위한 지급청구로 은행이 공황 상태에 빠졌기 때문이었다.

그렇다면 정작 위기를 촉발한 직접적인 도화선은 무엇이었을까? 일부에서는 1931년 6월 6일 독일 정부가 '배상금 부담에 대한 독일 국민들의 인내가 한계가 다다랐다'고 선언한 배상금 성명에 원인이 있다고 강조했고, 어떤 이들은 6월 9일 표면화된 제국의 재정 상태 악화를 지적했다. 그런데 1930년 7월의 정부 위기 및 극단적 성향의 정당들의 힘을 제국 의회에서 강화하는 것은 물론 하인리히 브뤼닝 총리로 하여금 한층 대립 일변도의 대외 정책을 추구하도록 부추긴, 두 달 후의 선거 결과가 문제였다고 주장하는 사람들도 있었다.

일반적으로 1931년 다나트방크를 몰락하게 만든 위기의 전조격인 사건이 이미 있었다는 사실을 제대로 보지 못하는 경우가 많은데, 이는 1930년 함부르크에서 발생했다. 당시 외국 자본으로 이루어진 예금액을 축적해나가던 함부르크의 개인 은행들은 대형 베를린 은행들보다 훨씬 활기찼다. 1929년 12월, 개인 은행들의 총 예금 보유액에서 외국 자본이 차지하는 비율은 약 58퍼센트에 달했다. 그리고 정확한 수치는 남아 있지 않지만 M.M.바르부르크가 이러한 상황의 선봉장이었던 것으로 보인다. 그런데 1930년 하반기, 안 그래도 예금해놓은 자산의 안전을 걱정하느라 안절부절못하던 외국 예금주들에게 좋지 않은 정치적 뉴스가 전해지자, M.M.바르부르크는 은행 중에서도 특히 심하게 타격을 받고 말았다. 대량 예금 인출 사태가 벌어지면서 1930년 마지막 주에는 외환 예금액의 80퍼센트와 국내 예금의 50퍼센트를 상환해야 하는 상황에 처한 것이다. 결국 함부르크의 바르부르크 은행이 미국의 친척들, 그중에서도 특히 파울과 그의 아들 지미의 원조를 받지 않고는 사실상 살아남을 수 없다는 사실이 이내 확실해졌다. 그리하여 10월, 막스는 형제의 도움을 간청하기 위해 뉴욕을 방문할 계획을 세우고 있었다. 그러나 막스가 뉴욕으로 떠나기 전, 지미가 먼저 함부르크에 도착했다. 어쩌면 지미는 지크문트가 그 전달에 나흐만에게 보낸 편지에 적어놓은 내용을 조금은 알고 있었다고 보는 게 맞을 것이다.

지크문트는 함부르크 은행에 이미 오래전에 일어났어야 할 변화에 대한 삼촌의 약점을 이용하는 것이 가장 중요한 방법이라고 생각했다. 그는 그것을 노골적으로 표현했다. "재평가되어야 할 사람은 우리가 아니라, 따로 있다. 그 사람들에게 젊은이들을(한 명만 보내든지) 보내서 재평가해야 한다. 그래 보지도 않고 우리가 이 일을 맡아야 하니 문제가 제대로 안 풀리는 것이다."[2] 그가 기록한 내용은 흥미로운 관점을 보여주었다. 지크문트가 그다지 신뢰하지 못하는 지미가 지나치게 큰 책임을 맡게 된다는 점도 문제가 있었다. 지크문트는 지미에게 자신이 생각했던 M.M.바르부르크에 필수적인 주요 개선점을 설명하려고 노력했다.

1. 돈이 되는 큰 거래에 집중해야 한다. 이는 가능하다면 두 명의 고위직 직원을 베를린으로 보내는 것을 의미한다.
2. 금속 비즈니스와 파리 사무실을 분리 매각하고, 업무 분담을 보다 분명하게 해야 한다.
3. 왕조적인 경영 방식에서 벗어나 합리적이고 자본주의적인 성장을 추구해야 한다.

단둘이 있는 순간이 오면, 지크문트는 계속해서 독일과 독일 내의 가족 기업이 아주 가망이 없는 것은 아니라는 생각을 지미에게 심어 주려고 안간힘을 썼다. 특히 그는 '전후의 모든 문제들이 남김없이 해결될 즈음이면, 여전히 존재하는 삶과 신념에 대한 엄청난 힘이 독일을 과거보다 훨씬 더 힘차게 유럽을 이끌어 나가도록 만들어줄 것'이라고 강조했다. 지미는 확실히 지크문트에게 넘어갔던 것으로 보인다. 이유는 확실치 않았지만, 지크문트는 그즈음 함부르크를 떠나 그가 사랑하는 남독일로 가족 휴가를 떠났다. 네카어 강 기슭에 자리한 하일브론의 평화 속에서 쓰기 시작한 일기에서 지크문트는, 은행의 '젊은 세대'가 '나이 든 사람들보다 상황을 훨씬 더 잘 헤쳐 나갈 수 있다'는 신념을 재차 강조했다. 그러나 한편으로는, 지금처

---

2 안정 전후 회사 대차대조표의 상세 정보 포함. 은행은 비록 1000만 금마르크(즉 인플레이션 이전의) 상당의 외국 통화 비상 자금으로 설립했지만, 원자재 투기에 실패하는 바람에 상당한 돈을 잃었다.

럼 조급해하다 일을 그르칠까 봐 걱정했다. 회사라는 곳은 급한 일이 생기면 으레 미봉책만을 찾는 법이기 때문이었다.

지크문트가 없는 사이 막스와 지미 사이에 합의된 사항은 내용을 불문하고 충분치 않았다. 다섯 달 후 크레디탄슈탈트가 무너진 사건은 M.M.바르부르크에게는 거의 최후의 결정타였다. 오스트리아와 독일 간의 경제적 관계는 전반적으로 제한되어 있었던 것이 사실이다. 하지만 막스 바르부르크가 크레디탄슈탈트의 감독 이사회에 있었다는 게 문제였다. 앞서 살펴보았듯, 막스의 은행은 로트실트의 유럽 네트워크 중 한 부분을 담당해왔고, 크레디탄슈탈트는 그중에서도 주요한 지점 격이었던 것이다. 오스트리아 정부가 나서서 크레디탄슈탈트를 국유화하는 데 힘썼지만 바르부르크 은행이 입을 커다란 손실을 막을 수는 없었다. 게다가 은행의 문제는 이뿐만이 아니었다. 1931년, 다나트방크 붕괴 바로 전달에 함부르크를 다시 방문한 지미는 도산한 카르슈타트 백화점에 대한 대출에서부터 함부르크 주에 빌려주었으나 아무래도 상환받기 어려워 보이는 580만 마르크에 이르는 악성 부채와 함께, 은행의 누적 적자가 350만 달러(1500만 마르크)를 넘는다는 사실을 알게 되었다. 그의 계산에 따르면 이 모든 적자를 청산하기 위해서는 700만에서 900만 달러(2900만에서 3800만 마르크)가 필요했다. 이처럼 무책임한 경영이 못마땅했던 지미는 막스 삼촌이 파산하도록 놔두는 쪽으로 마음이 기울었지만, 한자 동맹에 속한 은행 전체가 쓰러지는 것을 우려했던 독일 정부가 나서서 3000만 마르크를 출자해주자 상황이 정리되었다. 즉 정부가 나서지 않았더라면 M.M.바르부르크가 붕괴되면서 독일 은행 위기는 한 달 더 일찍 시작되었을 것이다.

막스를 구하는 것은 가능했는데 야코프 골트슈미트는 어째서 제외되었던 것일까? 일련의 과정을 뉴욕에서 지켜보았던 지미는 왜 정부가 골트슈미트의 다나트방크를 구제하기 위해 개입하지 않았는지 이해할 수 없었다. 훗날 그는 회고록에서, 자신의 아버지가 다나트를 긴급 구제하려는 독일 정부를 기꺼이 도우려 했지만, 다나트방크의 가장 큰 부실 여신 중 하나가 제국 대통령의 아들 오스카르 폰 힌덴부르크에게에게 빌려준 돈이라는 사실이 밝혀질 것을 우려한 브뤼닝 총리가 이를 거절했다고 주장했다. 그러나 그의 주장을 뒷받침하는 증거는 빈약하다. 다나트방크는 망하기에는 덩치가 지나치게 큰 은행이었지만 7월 이후 달러 보유량이 바닥을 드러내기 시작한 라이히스방크가 살려내기에도 또한 너무 큰 은행이었다는 설명이 차라리 설득력 있다. 막스의 은행은 제국이 아직은 긴급 구제 자금을 댈 수 있을 상황이었을 때 위기를 겪었기에 다행히 살아남을 수 있었던 것이다. 게다가 이들은 빈의 크레디탄슈탈트와 마찬가지로 해외의 부유한 친지들에게 재원을 요청할 수도 있었다. 런던과 파리의 로트실트가 크레디탄슈탈트를 구제함으로써 이에 성공하지 못했더라면 함께 도산하고 말았을 빈의 로트실트를 살려냈던 것처럼, 파울과 지미의 국제어음은행도 M.M.바르부르크를 도산 위기에서 구해냈다. 어떤 경우가 되었든, 파울이 파산 위기에 처한 거대 은행 다나트방크를 돕는 입장이었다는 것은 믿기 어렵다. 1931년 당시 파울 자신의 국제어음은행 역시 심각한 어려움을 겪고 있었기 때문이다.

그해 여름, 파울은 국제 무역에 뛰어든 여러 은행들 속에서 자기 은행의 입지가 어떤지를 깨닫게 되었다. 할인해두었던 엄청난 양의 상업 어음에 대한 구매자를 찾을 수가 없었던 것이다. 결국 파울은 체이스내셔널뱅크에 어음을 인수해달라고 머리를 조아려야만 했다. 그토록 자부심 강하고 엄격한 사람에게 그러한 상황은 '대단히 치욕

적인 일'이었다. 혹독한 시기를 지난 파울은 그해 여름 심장마비에
이어 뇌졸중으로 고생하다 결국 1932년 세상을 떠나게 된다. "삶의
마지막 몇 달간을 파울 삼촌처럼 슬프게 보낸 사람은 본 적이 없었
다." 지크문트는 사건이 지나가고 수년 뒤 이같이 회상했다. "파울
삼촌이 내게 남긴 영원한 유산은 바로, 주변 사람들의 말에 절대 흔
들리지 않도록 몸소 그 폐해를 증명해 보여주었다는 것이었다."

가족이 일군의 금융 제국을 거의 파괴해버린 사건을 바라보는 지
크문트의 시각은 다른 사람들과 사뭇 달랐다. 그는 이 모든 위기가
선대의 자기 사치의 결과였다고 믿었다. 1930년대 초반의 격동기에
간헐적으로 기록했던 일기를 보면 그는 가차 없이 비판을 펼치고 있
다. 1920년대 초반의 그는 '가문의 이름을 딴 회사에서 경력을 쌓게
된 데에 자부심과 확신을 품고 있었다. 그리고 회사는 돈 만들어내
는 기계가 아니며, 독일과 세계 경제 및 공동체를 뒷받침하는 중요하
고 건설적인 요소'라고 여겼다. 그러나 시간이 지나며 이렇듯 빛나
는 고무적인 환상에 서서히 '그림자'가 드리워진 것이었다.

특히 지크문트는 '공과 사를 제대로 구분하지 못하는 태도'를 규
탄했는데, 그는 바로 그런 태도로 인해 '불만 많은 여자들의 쓸데없
는 참견을 순전히 개인적으로, 그리고 천륜이라는 이유로 존중했고,
그래서 회사가 잘못된 정책을 선택'했던 것이라고 생각했다(그가 염
두에 둔 그 여자가 친척 중 누구인지는 확실치 않다). "타락한 왕조의 모
든 잘못된 특징들이 조합된 이곳은 마치 비잔틴과도 같았다. 정직함
과 도의심이 제대로 대접받지 못하는 대신 아첨이 성공했고 나약함
에 대한 거짓 동정과 과장된 태도, 위선과 부자연스러움, 그리고 온

실과도 같은 과보호적 분위기가 팽배했다."

그러나 지크문트는 회사를 무너지게 한 가장 큰 이유는 분명 막스의 질투심이었다고 믿었다. 그는 마지막 황제와 막스가 닮은 점을 다시금 이렇게 묘사했다. "아첨꾼들에게 특히 약한 모습을 보였으며, 모든 것을 자신의 취향과 허영에 연결했으며, 깊은 생각도 하지 않은 채 낙관만 했다." 그러나 막스 '황제'가 '끝도 없는 질투심'으로 괴로움을 겪었다는 사실은 빌헬름 2세와 달랐다. 그는 자신의 권세에 대한 도전뿐 아니라 심지어 후계자로 여겼던 아들 에리히까지도 의심했다. 지크문트는 자신이 바로 그러한 권세에 도전했던 것이라는 사실을 이제 깨닫고 있었다.

슈바벤의 어둠 속에서 자신을 빼내준 친척을 향한 것이라기에는 지나치게 비판적인 평가였다.

지크문트의 비판은 격정적이고 인정사정없었다. 하지만 이것을 공정하다고 할 수 있을까? 사실 그는, 은행이 안고 있는 거의 모든 어려움을 그저 삼촌의 성격적 결함 탓이라고 비난했다. 그리고 그 같은 비판은 독일 내의 은행 전체에 밀어닥친 엄청난 정치 및 경제적 충격의 영향을 간과한 것이었다. 지크문트는 자신이라면 더 잘할 수 있었을 것이라는 젊은이다운 치기를 품고 있었다. 그러나 그는 평생 같은 일을 하면서도 다시는 그만한 규모의 금융 위기를 겪지 않았다. 그러므로 회사의 지휘권을 막스가 아니라 지크문트가 몽땅 쥐고 있었다 하더라도, M.M.바르부르크가 아무 탈 없이 1930년대를 헤쳐 나갈 수 있었으리라 장담할 수는 없는 일이다.

3

은행 위기로 도산한 것은 다나트방크만이 아니었다. 전후 배상 체계 역시 무너진 것이다. 1931년 6월, 허버트 후버 미 대통령은 모든 전쟁 부채와 배상 요구에 대한 지불 유예를 제안했다. 한 달 뒤, 런던에서 열린 국제 회의에서는 독일에 대한 해외 융자 전부를 동결하자는 권고안이 나왔다. 그리고 9월에는 독일의 주요 채권국들이 모여 '불가침 협정'을 체결했다. 전후 배상 부담이 바이마르 공화국의 가장 큰 문제였다고 믿었던 사람들에게는 이렇게 전개된 국면이 큰 승리여야 했다. 그러나 디플레이션이 당시 만들어내고 있었던 경제적 혼란 때문에 정부의 외교적 성공은 훨씬 큰 부담을 지게 되었다. 1932년 여름, 연간 인플레이션 비율이 마이너스 12퍼센트를 기록하며 소비자 물가가 곤두박질치자 생산량과 고용률 또한 마찬가지로 떨어졌다. 1932년의 독일 공산품 생산량은 1929년의 60퍼센트 수준에 불과했다. 주택 건축 수는 56퍼센트로 줄었고 조선업은 83퍼센트까지 줄었다. 그해 7월이 되자 노동조합원의 49퍼센트가 실업자가 되었다. 국가 간의 비교가 가능한 표준 수치를 사용했을 때, 독일에서는 전체 민간 인력 대비 실업률이 약 37퍼센트로 미국의 실업률 34퍼센트를 훨씬 웃돌았다. 이러한 이유들 때문에 전쟁 배상 문제가 사라진다 하더라도 바이마르를 구할 수는 없었다. 실제로 베르사유 조약의 경제 조항을 파기한 탓에 오히려 더 일찍 공화국이 무너진 것으로 밝혀졌다. 해럴드 제임스가 썼듯, 배상이 독일 민주주의의 구심점 역할을 했던 것이다. 이렇게 배상 문제가 사라지고 나자 베르사유 조약의 모든 조항을 무시하자고 주장했던 사람들이 국민의 신뢰를 얻게 되었다.

1931년과 1932년에 불거진 대격동이었던 디플레이션은 과연 불가피한 것이었을까? 아마도 그랬을 것이다. 그러나 대안이 있었다면 위기를 완화했을 수도 있다는 의견도 제시되었다. 만일 정부가 세금 인상과 대폭적인 경비 삭감으로 예산의 균형을 유지하려 노력하지 않고 그냥 큰 적자 상태로 계속 지냈다면, 수요 하락 정도는 다소 완만했을 것이다. 아니면, 정부가 금본위제를 일찍 버리기라도 했더라면, 라이히스방크가 은행들이 기댈 만한 의지의 대상으로 보다 효율적인 역할을 할 수 있었을 것이다. 이것이 바로 당시 지크문트의 판단이었다. 그는 자신이 지휘권을 맡았으면 M.M.바르부르크의 문제들을 나이 든 친척 어른들보다 효율적으로 통제할 수 있었을 것이라 느꼈던 것처럼, 자신이 독일의 경제 문제를 브뤼닝 총리와 그의 각료들보다 더 잘 헤쳐나갈 수 있었을 것이라고 믿었다. 1920년대에도 역시 정치적인 야심을 그대로 품고 있었기 때문이다. 실제로 그가 M.M.바르부르크의 베를린 지점 설립을 실로 강하게 밀고 나갔던 것은, 생기 없는 바이마르 체제의 짧은 혁명의 시기를 지난 뒤 정치 생명이 돌아올 베를린에서 더 많은 시간을 보내기 위해서이기도 했다. 1929년에서 1933년 사이의 격동의 시기에 그는 종종 브뤼닝 총리로부터 1930년 3월 브뤼닝에게 자리를 넘겨주었던 사회민주당의 헤르만 뮐러에 이르는 제국의 고위 정치인들과 만났다. 오랜 시간 인민당의 외무장관을 지냈으며 1929년 10월 작고해 바이마르에 한 차례 타격을 준 구스타프 슈트레제만과 그의 후계자 율리우스 쿠르티우스 그리고 브뤼닝 정부 각료로 식민지 업무를 맡았다가 훗날 교통부 장관이 되는 고트프리트 트레비라누스도 있었다. 지크문트는 훗날 이렇게 회상했다. "만일 독일이 건전한 공화국으로 발전했으면 나는 분명 정계에 입문했을 것이다. 1932년 그리고 1933년 첫 주까지도 나는 내가 여전히 정치에 입문하려 준비 중인 젊은이(그는 겨우 서른 살이었다)라고 생각하고 있었다."

이처럼 수상한 시절에 지크문트에게 정치란 정확히 무엇이었을까? 그는 브뤼닝이 제국 총리로 임명되면서 생겨났던 대통령제 정부라는 변화를 마음에 들어했던 것으로 보인다. 당시 남긴 기록을 보면 여러 차례 "바이마르 공화국을 위해서는 의회 구조보다는 대통령제가 필요하다"라는 주장을 공공연하게 펼치고 있기 때문이다. 그는 브뤼닝이 법률 제정에 대한 대통령의 비상 지휘권을 언급하면 할수록 바이마르 체계의 의회주의가 약해진다는 사실을 아주 잘 알고 있었다. 하지만 그런 그도 브뤼닝이 선택해 적용한 몇몇 정책에는 비판적이었다. 지크문트는 "최고의 사안들을 다루는 인물들에 대해 아주 확고한 시각을 가지고 있었으며, 재무장관 디트리히가 필요한 처리 방안을 너무 심할 정도로 미적거리며 적용하고 있다"라며 강하게 비판했다. 1930년 9월 30일 일기 앞부분에 그는 자신의 생각을 간결하게 적었다. "정부는 빠르고 힘이 넘치며 멀리 내다보는 정책을 세워 지금의 상황을 한결 잠잠하게 만들 수 있었다. 그리고 심지어 대중의 지지도 얻을 수 있었다(지금의 국민 정서를 만들어낸 소련의 5개년 계획이 모범적인 예다). 설령 그 정책 중 몇 가지가 객관적으로 봤을 때는 해가 된다는 결론이 나더라도 말이다. 하지만 관료는 정치적 팡파르가 필요하다는 사실을 모르고 있었으며, 불행히도 브뤼닝마저도 음감이 떨어지고 동정조차 가지 않는 형편없는 트럼펫 연주자였다." 이러한 발언이 자유로운 은행가답게 상당히 거친 언어를 사용한 것이라면, 다음 날 아침에 한 말은 보다 온건했으며 심지어 전문 정치가의 냄새까지 풍겼다. 그는 "정부의 최근 국가 재정 정책 제안들을 보면, 그들이 무엇인가 새로운 것을 창조하기를 원하기보다는 폐해만을 완화하려 하고 있으며, 절대적으로 필수적인 것만을 실행해야 하는 순간에 하필이면 모든 독일 정치 체계 전체를 통틀어 공통된 실수를 저질렀다"라고 주장했다. 정부는 어째서 공무원의 급여를 고위 공무원에게서 25퍼센트, 말단 공무원에게서 10퍼센트를 삭감하는 대신 각각 20퍼센트와 6퍼센트만을 줄었는가? 지크문트는 3주 뒤 장인에게 보낸 편지에서, 자신이 두려워하는 것은 미국의 은행리 히긴슨으로부터 받은 대출로 추진하는 일련의 정책들이 재정 문제들을 그저 일시적으로 지연할 뿐이라는 사실이라고 썼다. '이는 문제의 다양한 핵심을 직시하고 해결하려 들지 않은 채, 오로지 예산에 난 구멍만을 일단 막고 보려는 단기 융자'라는 것이었다. 이 의견은 지크문트가 훗날 라이히스방크의 대표 한스 루터에게 했던 '보다 케인스적'인 권유와는 상당히 달랐다. 즉 지크문트는 브뤼닝 정부의 입지가 약해져가고 있다는 사실을 알고 있었으며, 비단 젊은 유권자들 사이에서만이 아니라 독일 사회 전체에 급진 정책에 대한 갈증이 커져가고 있다는 것에 공감했던 것이다. 그는 '공무원 급여를 삭감하고 실업자 보험 기금을 제국 예산에서 분리하겠다는 비인기 법안이 12월 중 의회에 상정되면, 과연 의회제가 더 지속될 수 있을지 아닌지 판가름 나게 될 것'이라고 눈앞에 닥친 불길한 조짐을 기록했다. 정부는 여러 정책에 대해 의회 과반의 찬성을 얻어내지 못하게 되자, 점점 더 자주 대통령의 힘에 기대 비상 포고령으로 번안을 공포하는 제국의회 헌법 제48조식 정책 통과를 도모하게 되었다.

그런데 이상하게도 지크문트는 의회 통치에서 대통령 통치로 이행해갈 가능성에 대해 여전히 자신감이 넘쳤고, 심지어 현실 안주적인 태도까지 보이고 있었다. 그는 나중에 당시를 이렇게 돌아보았다.

나는 정치 체계가 되도록 변하지 않고 유지되기를 바라는 사람
의 입장에서 위기를 바라보았다. 바로 뒤에 이어질 그 정도의 변
화는 기대조차 하지 않았던 것이다. (……) 나는 바이마르 공화국
이 이 모든 위기를 이겨내고 프랑스와 비슷한 공화국으로 다시 일
어서게 될 것이라고 상상했다. 위험을 감지하고는 있었지만 헤픈
낙관에 푹 빠져 있었다. 나치가 완전히 승리를 거둘 것이라고는
정말이지 생각하지 못했다.

훗날 그는 브뤼닝에게만이 아니라 바이마르 시대 후반의 정치가
들에 대해 혹독한 비난을 퍼부었다. 그리고 브뤼닝 시대를 '국가적
통합을 위해서, 그리고 더 나쁜 일이 일어나는 것을 막기 위해서 결
정이라는 것을 하고 싶지 않았던 젊은 지도자들이 이끌었던 성의 없
는 타협'의 시기라고 일컬었으며 이렇게 덧붙였다. "그 결과 그들은
스스로를 위태롭게 하고 더 나아가 자신이 세웠던 대의명분 전체를
위태롭게 했다." 지크문트가 1974년에 말했듯이, 바이마르 공화국
은 독일이 '악의 없고 평범하며 마음 약한 사기꾼 집단의 통치하에
서, 차갑고 냉철하며 사실의 평가에 기초를 둔 것이 아닌, 아무 생각
없는 갈망에 기초한 목표를 추구했던 시기'였다. 그러나 지크문트
본인도 이 시기의 급진적 해결책이라는 유혹의 영향에서 벗어나지
는 못했다. 일기 속에서 그는 자신이 목격한 '지성인들의 명백한 타
락, 무엇보다도 독일 부르주아들의 특징이 모두 뒷걸음질 쳤다는
것'을 애통해하고 있었다. 역설적이게도 그는 "중산층은 너무나 온
건하다"라고 표현했다. "통찰력이 부족한 것도 아니고 교묘함이 달
리는 것도 아니었다. 그들에게 부족한 것은 바로 급진적 의지였다."

불행히도 (……) 나치즘은 비슷한 수준의 통찰력과 교묘함과
더불어 가장 강한 급진적 의지를 지니고 있었다. 중도파와 파시즘
이 서로 보완할 수 있다면 정말 좋을 것을, 이들은 서로에게 얼마
나 방해가 되고 있는가! 서로 정반대의 것들이 서로를 잘 보완할
수 있는데도 그들 사이의 유익한 긴장으로부터 생겨난 강한 힘의
전류가 발휘되는 일이 거의 없다는 것이야말로, 반복되는 삶의 비
극이다.

독일이 한발 한발 대통령제에서 무법천지 독재 정부를 향해 운명
의 발걸음을 옮기는 동안, 이 같은 지크문트의 변증법적 고뇌는 한낱
엉뚱한 생각에 불과했다는 것이 밝혀졌다. 그리고 선대의 결점에 대
한 불만 때문에 아돌프 히틀러라는 '급진적 의지'를 너무나도 과소
평가하고 말았다.

4

망명

그 사람의 목소리는 하고한 날 라디오에서 흘러나왔다. 내 눈에 그 사람은 가학적 성향과 광신도의 모습이 절묘하게 섞여 있으며 편협하기 짝이 없는 광인으로 보였다. 도대체 그런 사람을 따르는 추종자가 왜 그리 많은지 이해할 수가 없었다. 물론 내가 아는 이 중에는 나치스에 소속된 사람이 한 명도 없었다. 히틀러가 권력을 장악한 뒤 (……) 몇 주도 채 지나지 않아 내 생각은 백팔십도 변했다. 하지만 주변 동료며 지인 대부분은 1930년대 후반이 될 때까지도 위험을 알아차리지 못했다. 함부르크에서 상황을 직시한 사람은 실제로 나 하나뿐이었다.

— 1976년, 지크문트 바르부르크

1

1933년 3월 4일, 지크문트는 놀라운 우연의 일치를 경험하게 된다. 프랭클린 D. 루스벨트가 워싱턴에서 대통령 취임 연설을 하던 바로 그날, 지구 다른 편에서 새롭게 선출된 또 다른 정치 지도자가 깊은 불황의 늪에 빠진 국민들을 향해 연설을 했던 것이다. 그는 바로 아돌프 히틀러였다. 히틀러가 그보다 앞서 선거 이전, 전국 라디오 방송에서 한 연설은 내용 면에서는 놀라울 정도로 루스벨트의 연설과 유사했지만, 어조는 완전히 달랐다. 바르부르크는 '히틀러의 감상주의와 마음을 끌어당기는 힘, 그리고 루스벨트의 무미건조한 연설 방식 사이의 극명한 차이'에 충격을 받았다. "어쩌면 이 차이에는 미국과 독일의 국민 공동체에 존재하는 각기 다른 특징까지도 담겨 있었을 것이다." 지크문트는 '히틀러의 감상벽이 상상력이라고는 도무지 찾아볼 수 없는 평범한 루스벨트의 스타일보다 차라리 낫지 않을까' 하는 점을 자신이 고민하고 있다는 사실을 깨닫게 되었다.[1]

지금은 너무나도 잘 알려진 1933년 이후 일어난 모든 사건을 고려해볼 때, 수준 높은 교육을 받은 유대계 독일인이 그 같은 의문을 제기할 수 있다는 것 자체가 놀라운 일이었다. 게다가 나치스의 사회주의적 용어를 그런 의문을 품는 데 무의식적으로라도 적용할 수 있었다는 것 역시, 마찬가지로 범상한 일은 아니었다. 하지만 이러한 사실이야말로 나치가 독일 안에서 서서히 정권을 장악하고 있을 즈

---

[1] 흥미롭게도 그 글의 다음 다섯 줄은 잘려나가고 없다.

음 당시 사람들이 느꼈을, 뭐가 뭔지 모르겠다는 기분을 지금에 와 돌아보는 일이 얼마나 어려운지를 여실히 보여준다. 이미 일이 다 지나간 뒤에 바라보는 우리야, 나치 독일의 수장 히틀러가 내건 약속이 독일만이 아니라 세계에, 그중에서도 특히 유럽의 독일인들에게 닥쳐올 재앙으로 가득하다는 사실을 얼마든지 쉽게 알아볼 수 있다. 그리고 루스벨트의 급진적인 성향 덕에 그가 주창한 뉴딜 정책이 미국 내의 개인의 자유에는 전혀 해를 끼치지 않았다는 사실도 잘 알고 있다(루스벨트는 대공황이 부도덕한 은행가들 때문이라 딱 잘라 비난했고, 경제 위급 상황과 싸우려는 의회의 권력 행사를 중단하겠다고 위협했다). 그러나 당시에는 뉴딜과 신질서(나치의 독일 민족을 주체로 하는 유럽 재편성 계획) 사이의 근본적인 차이를 알아보기가 결코 쉽지 않았다. 바르부르크가처럼 부유한 유대계 독일인들, 즉 나치의 통치하에 가진 모든 것을 잃을 처지에 선 사람들조차도 히틀러에게서 뿜어져 나오는 위협을 즉시 알아채지 못했다. 오히려 그들은 자신들의 부와 사회적 지위가, 그리고 무엇보다 애국심이 자신들을 지켜줄 것이라 믿었다.

선거 기간, 나치의 부상은 실로 눈부셨다. 1928년 5월 경제 대공황이 닥쳐오기 전에 실시된 총선에서 나치스는 본래 고작 2.4퍼센트의 지지율로 독일 의회 의석 12개를 얻었을 뿐이었다. 그러나 1930년에는 18.5퍼센트의 지지율로 107석을 확보했고, 그로부터 2년이 채 되기도 전에 38퍼센트에 육박하는 지지율로 의석을 무려 230석이나 확보하여 단번에 명실상부한 의회 내 최대 정당으로 부상했다. 상황이 이러한 만큼 이 시점에서 그들이 새로운 정부를 세울 기회를 외면한다는 것은 여간 어려운 일이 아니었다. 힌덴부르크 대통령 주변 인물들도 같은 해 바로 꼭 그렇게 새 정부를 세우려 분투하기는 했다.

그러나 1933년 1월이 되자 실천에 옮길 수 있는 일이 아무것도 없는 듯 보였다. 하인리히 브뤼닝, 프란츠 폰 파펜, 쿠르트 폰 슐라이허가 대통령의 비상 지휘권을 기반으로 의회의 다수를 배제하고 정권을 장악하려 했던 연이은 시도는 실패하고 말았다. 그리고 1933년 1월 30일, 마침내 히틀러가 나치와 독일국가국민당 연정의 수장인 총통으로서 취임 선서를 하기에 이르렀다.

전통적으로 역사학자들은 이러한 정치적 지각 변동의 원인으로 경제 대공황을 꼽았다. 앞에서 살펴보았듯이 1929년에서 1932년 사이 독일의 총생산은 23퍼센트가량 떨어졌다. 인플레이션률은 4퍼센트에서 마이너스 12퍼센트까지 곤두박질쳤다. 실업자 수 공식 집계도 125만 명 미만에서 600만 명 이상까지 치솟았다. 이러한 경제 변동에 바이마르 정부는 제대로 대처하지 못했던 것으로 보였다. 당시 정부가 적용한 디플레이션 정책들은 오히려 실제로는 위기 상황에 악영향을 끼쳤을 뿐이다. 그 같은 부담을 이기지 못한 민주 체계가 무너져 내리고 있었다. 그 결과 1920년 이후 점점 더 많은 법률이 대통령 비상 지휘권을 통해 제정되었다. 히틀러 정부는 1930년 이래로 네 번째 독재 정부라고 할 수 있다. 그러나 여전히 남아 있는 역사의 수수께끼가 있다. 경제 공황이 불어닥친 다른 나라들은 계속해서 민주 정부와 법치주의를 어떻게 해서든 존속시키려 노력했는데, 어째서 독일에서는 제3제국이 탄생한 것일까? 1932년 미국의 실업률도 독일과 비교해 만만치 않았다. 그런데도 미국인들은 루스벨트에게 투표했고, 루스벨트는 대통령 임기 12년간 별로 중요하지도 않은 헌법 수정 조항 두 개만을 통과시켰다. 반면에 독일인들은 히틀러에게 투표했으며, 바로 그 히틀러는 바이마르 헌법뿐 아니라 더 길게 존속되어온 법률까지도 전복해버리고 독일인들의 정치 및 시민으로서의 권리를 박탈했다. 또 유대인과 다른 소수민족들을 말살할 지경까지 박해하고, 현대 역사상 가장 파괴적인 전쟁을 촉발했다.

지크문트가 나치가 정권을 잡은 결정적 계기를 지나는 동안 기록한 일기를 보면, 왜 독일인들이 미국인들보다 공황에 과격하게 반응했는지에 대한 증거가 하나 나온다. 그런데 안타깝게도 이 일기를 쓴 뒤 얼마 지나지 않아 누군가 조심스럽게 특정 이야기가 쓰인 몇 줄 혹은 전체 문단을 칼 같은 것으로 도려내버렸다. 하지만 남은 내용만으로도 나치의 정권 장악을 바라보는 지크문트의 독특한 시각을 엿보기에 충분하다. 왜냐하면 고등 교육을 받은 유대계 독일 지식인 중에서도 특히 정연한 사고를 가진 이의 경험이 고스란히 담겨 있기 때문이다.

2

히틀러가 총통이 된 일이 암시하는 바에 대해 지크문트가 비관적이었던 데는 충분한 이유가 있는 것으로 생각된다. 독일국민당이라든가 망치연합 혹은 보호방어행동연맹 등 함부르크의 제1나치 기구들은 1920년대 초반 지크문트의 삼촌 막스가 베르사유 평화 협정에서 한몫한 것을 거듭 공격했다. 1919년 5월에는 함부르크 증권거래소에서 보호방어행동의 한 회원이 반유대 선전물을 돌리기 시작하면서 실랑이가 벌어지기도 했다. 막스는 신문사 두 곳을 명예훼손으로 고소했지만(그들 중 한 곳은 나치 기관지인 〈민족의 관찰자〉였다), 소액의 손해배상금밖에는 받지 못했다. 1922년에는 앞선 두 기관이 합병해 탄생한 독일국민보호연맹이 뽑은 최고의 요주의 대상 유대인 목록에, 7월 베를린 거리에서 운전을 하다가 총에 맞아 죽은 외무장관 발터 라테나우, 암살 기도에서 간신히 살아남은 언론인 막시밀리안 하르텐 그리고 막스의 이름이 나란히 올랐다. 경찰이 막스에게 집을 옮기고 경호원을 고용하라고 충고했지만, 막스는 공직 생활에서 완전히 몸을 빼 먼저 가명으로 네덜란드로 갔다가 미국으로 이동해 눈에 띄지 않게 여러 달 동안 지내는 것이 최선이라고 여겼다. 한자 동맹은 1923년 11월 8일 뮌헨에서 나치 당원들이 일으켰다 무산된 쿠데타(일명 비어 홀 폭동)를 거의 옹호하지 않았지만, 막스는 위기가 사그라질 때까지 함부르크를 떠나 뉴욕에 가 있는 방법에 대해 다시금 숙고하고 있었다. 그는 시너고그에 가지 않고 집에서 예배를 보았다. 지크문트가 정계에 입문하기로 다짐한 것은 이러한 배경을 감안해 이해해야 한다. 그것은 용기 있는 포부였다.

1920년대에는 비교적 소규모 사회단체만이 극우파를 지지했지만, 나치 사상이 바이마르 정권에 침투될 가능성 또한 초반부터 존재하기는 했다. 함부르크에서는 범게르만연맹과 새롭게 형성된 독일국가국민당(DNVP)이 유권자들의 마음을 사로잡고자 모두 반유대적 입장을 취했다. 막스가 독일 시민 의회의 설립자 프리드리히 폰 뢰벨에게 독일국가국민당 내의 반유대주의에 굴하지 말 것을 호소하자, 뢰벨은 "반유대주의에 반대하는 것이야말로 우리들 사이에 반대와 분열을 불러일으키기 쉽다"라고 주장하며 이의를 제기했다. 독일국민당(DVP)의 함부르크 지부는 반유대주의 같은 것은 없다고 공개적으로 발표할 준비가 되어 있었지만, 독일 남부의 지부들에 이미 반유대 정서가 만연한 상태였기 때문에 막스는 당 지도자 구스타프 슈트레제만에게 전국적인 발표를 해달라고 부탁할 수가 없었다.

1919년 3월 함부르크기업연합의 회의에서 막스는 유대인들이 '국민으로서의 마음가짐'을 갖추고 있어 '독일의 국가 정체성'을 유지시키는 역할을 충분히 할 수 있으며, 동시에 "독일의 정체성과 양립하는 국제적인 부르주아가 되기 위해 노력할 수 있다"라고 주장했다. '독일 내에 거주하는 유대계 독일인과 외국 출신 유대인, 즉 동유럽에서 독일로 이주해온 유대인 사이에 명백한 차이점'이 있다는 우익의 주장을 받아들여 한발 물러나기는 했다. 그러나 그것이 극우주의자들의 관심을 끌 정도로 대단한 구분은 아니었다. 라테나우가 살해된 직후 흉흉한 분위기 속에서 막스는 모든 유대인에 대한 무조건적인 적대감을 이해하기 위해 안간힘을 쓰고 있었다.

유일한 필요마저도 충족하지 못하고 희망을 보지 못한 사람이나 집단은 무법자가 된다. 그렇게 되는 가장 큰 이유가 바로 절망인 것이다. 부모의 집에서 증오가 전파되고, 가정이 더 이상 평화로운 장소가 되지 못하며, 오히려 잘못된 신조를 심어주는 원천이 되어버렸다. 상황을 돕고 변화시키며 모든 것이 매우 순조롭다고 주장하려는 잘못된 바람이 소수를 공격하게 되면서, 자연스럽게 이 모든 곳에 반유대주의가 침투했다. 베르사유 협정이 있기는 했지만 그것은 부차적 요인일 뿐이었다. 카를 헬퍼리히는 민중을 선동했고 (독일국가국민당의 극우파) 동지들이 젊은이들을 노리기 시작했다.

막스는 지인 릴리 뒤 부아-레몽에게 '개인의 안전만 위태로워진 것이 아니다. 지금 변화하지 않으면 독일은 집단 학살이나 일삼는 2류 국가로 영원히 전락하고 말 것'이라고 말했다. 저항을 위해 발표한 공문에서는 반유대주의와 '동양의 잔혹 행위'가 닮았다는 사실을 강조했으며, '시민전쟁의 특성'에 대해 경고하는 한편, 1918년 독일군이 혁명을 조장한 유대인들에게 패배했던 일을 탓하는 '등에 칼을 꽂는다'는 등의 유대인에 대한 선입견을 없애기 위해 각고의 노력을 했다.

함부르크의 비교적 규모가 작은 유대인 공동체 외부에 반유대주의를 반대하는 사람들을 동원하기 어려웠던 것은, 극우파가 함부르크 지배 계층의 다수를 차지하는 비유대인에 대해 직접적인 위협을 가하지 않았기 때문이다. 그래서 1932년 반유대파 조직들이 도시 서쪽의 부촌에 쳐들어가 로터바움 시너고그의 기물을 파손했을 때도, 부유한 비유대인들은 1918년 후반 사회주의 혁명 기간에 하르페슈터후더에서 노동자의 습격을 받았던 것보다는 낫다고 생각했던 것이다. 어쨌든 제1차 세계대전의 뼈아픈 교훈 덕에 리하르트 크로크만, 헤르만 블롬, 막스 폰 싱켈 같은 함부르크의 비유대계 사업가들은 새롭게 탄생한 '조국당'에서 파시스트의 원형에 해당하는 요소들을 벌써부터 접했던 상태였다. 마찬가지로 막스는 1918년에서 1919년 사이의 사건들(공화국 선포와 바이마르 헌법 제정을 가리킴)은 대체로 받아들였지만, 크로크만, 블롬, 싱켈 같은 부류에게는 바이마르의 '11월 혁명'과는 타협의 여지가 전혀 없었다. 1919년의 함부르크내셔널클럽은 명백하게 반혁명, 초국수주의인 그들 특권층만을 위한 단체였던 것이다.

지식인 극우주의자와 프티부르주아(소시민) 극우주의자는 여러 면에서 차이가 있다. 지역의 나치스는 실제로도 그랬지만, 스스로를 반부르주아 당이라 여겼고 '기업가들이 형성해놓은 현재의 자유-자본주의 경제적 삶의 방식'에 대항하고자 노동자와 공직자, 상인, 기능공은 물론 젊은이들과 실업자들까지 동원하려고 노력했다. 나치는 하르페슈터후더와 로터바움의 부촌에서도 높은 지지율을 확보했지만, 자세히 들여다보면 그 지역의 나치 지지자들의 대부분이 지구당에서도 발전이 덜한 변두리 거주 저소득층 주민이라는 사실을 알 수 있다. 그러나 오래지 않아 나치의 지도층은 독일의 사회 지도층을 설득하기 위해서는 당 행동대원의 과격한 성향을 누그러뜨려야 한다는 것을 배웠다. 그 덕에 1924년이 되자 함부르크의 범게르만연맹이 나치스의 히틀러 선거 본부에 합류했다. 그리고 2년 후 히틀러는 내셔널 클럽에 연사로 초청받기에 이른다. 1929년에는 클럽에서 연설을 하면서 '질서를 위한 힘을 가진 정당의 모습'을 강조했다. 이당시 많은 함부르크의 기업들이 나치에 기부금을 내기 시작했다는 증거가 있다. 더 중요한 것은 함부르크의 지식인들이 나치를 앞으로 어깨를 나란히 할 정치 동반자로 진지하게 고려하기 시작했다는 사실이다. 하파크 회장이자 총리를 지낸 빌헬름 쿠노는 히틀러가 자신의 정치 인생을 다시 시작하게 해주기를 희망했다. 1932년에는 함부르크 상공회의소의 회원 네 명이 히틀러와 힌덴부르크 그리고 독일 국가국민당 당수 알프레트 후겐베르크의 연임을 주장하면서 히틀러를 대놓고 지지하고 나섰다. 나치를 권력으로 유인해 급진성을 잠재우고 보수 정부로 만들기 위해 연정을 하겠다는 이 발상은 히틀러의 경제 자문 빌헬름 케플러 측에 가담한 함부르크의 또 다른 사업가 단체들도 움직인 것으로 보인다. 그러나 이들 모두가 나치 당원이 되겠다는 입장을 밝힌 것은 아니었다. 그들은 오히려 스스로를, 1918년 당시 인기 높은 정치가들의 변덕에서 가능한 한 함부르크의 경제를 지키며 사회주의 혁명을 처리했던 사업가 공동체처럼 '혁명 정권 타도 운동'을 처리하는 주체로 여겼다. 그러나 그 외의 사람들에게는, 히틀러가 일단 총통이 된 이후에는 더더욱 나치를 지지하는 일이 훨씬 중요했다. 무엇보다 수많은 젊은이들은 정권이 변하면 해군 건물과 식민 무역이 성행하던 전쟁 전 함부르크의 영광스러운 나날이 부활하게 될 것이라고 여겼다. 어떤 이는 빌헬름 시대의 사회 질서를 복원하기를 희망했고, 다른 이들은 시계를 거꾸로 돌리듯 독일을 다시 젊게 만들어줄 나치 문화 혁명을 기대했다. 1933년의 '국가 혁명'이 14년 전의 사회주의 혁명보다도 훨씬 심각하게 도시의 전통적 정치 조직에 위협을 가했다는 사실을 정확하게 눈치채고 있었던 것은 함부르크 기득권층 내의 극소수뿐이었다.

3

1920년대 삼촌의 경험 때문에라도 지크문트는 이처럼 선견지명 있는 소수의 반나치주의자와 함께해야겠다고 생각했을 수 있다. 그러나 그는 그렇게 하지 않았다. 재미있는 것은 비록 아주 짧은 기간 동안이기는 하지만 그가 실제로 나치가 승리하기를 바라는 사업 공동체에서 뜻을 같이하자는 제안을 많이 받았다는 사실이다. 1930년 9월 (그달의 총선 결과에 내기를 걸어 이겼던) 지크문트는 '노동당이 여러 좋은 일들을 했듯이, 정부 안에 우파의 과격론자(Radikalinskis)를 받아들이는 것이 좋을 것이라고 주장했다. 일단 정부에 입성하면 그들은 즉시 보다 합리적으로 변할 것이고, 그러고 나면 이내 인기가 떨어지게' 될 것이기 때문이라는 것이 그가 말하고자 한 바였다. 지크문트는 '나치들이 세를 느리게 형성해 나갈 수만 있다면 보다 더 합리적일 수 있을 것'이라고 굳게 믿었다. "사회 민주주의자들도 한때는 무책임한 선동 정치가였지만 지금은 거의 모두 부르주아가 되었으며 솔선수범하여 타협하고 있다"라는 주장이었다. 깊은 오해일 수도 있지만 그는 이 같은 생각을 버리지 못했다. 지크문트는 히틀러의 저서 『나의 투쟁』을 읽었지만 "그 안에 독일에 대한 계획이 담겨 있다고 생각하지 않았다." '어리석음과 자만'에 빠져 정권이 '계속되지 않을 것'이라고 믿었던 것이다.

그러나 지크문트는 히틀러가 독일 총통이 되었다는 사실이 얼마나 위험하며, 이 위험이 비단 유대계 독일인에게만 해당하는 것이 아니라는 점을 아주 잘 알고 있었다. '자신이 독일 사회에 불가분하게 뿌리를 내렸다고 느끼는 나 같은 유대계 독일인들에게 특별히 요구되는 지난 몇 주간의 정치적 격변'을 그가 일기에 기록하기로 결심한 것은 바로 1933년 2월 27일, 히틀러가 총통 취임 선서를 하고 한 달도 채 되지 않아 자칭 지도자 각하가 요청한 새로운 선거를 딱 한 주 남긴 시점이었다. 그날 밤 마리누스 판 데르 뤼버라는 네덜란드 출신 미치광이 사회주의자이자 벽돌공이었던 인물이 독일 의회 건물에 불을 질렀다. 나치는 이 방화 공격이 사회주의 쿠데타의 단초라고 주장하면서 즉시 비상사태를 선포하고 독일공산당 당수를 체포했다. 그리고 〈사회 민주주의〉를 포함한 모든 좌익 신문의 발행을 2주간 금지했다. 이는 3월 5일의 선거가 자유와 공정함과는 거리가 멀다는 것을 의미했다. 힌덴부르크가 승인한 광범위한 비상 법령 포고령하에 나치스와 갈색 제복을 입은 당의 지원 부대들은 반대자들을 아무런 제재 없이 위협했고, 동시에 언론을 장악할 수 있었다. 지크문트는 히틀러가 이미 총통으로서의 지위를 남용하고 있다는 사실을 아주 잘 알고 있었다. '새 정권이 반유대 입장을 취하고 있으니 이제 사태는 어떻게 돌아갈 것인가?'를 생각했던 그는 결코 주요 사안의 핵심을 꿰뚫어보지 못한 적은 없었다. 그러나 놀랍게도 상당

부분에서 지크문트는 나치 정권이 잘못을 저지르지 않았다고 느꼈다. 이유가 무엇이었을까?

1933년 3월 4일, 지크문트는 히틀러의 라디오 연설을 (아마도 처음으로) 들었다. 연설을 들은 지크문트의 마음에는 눈에 띄게 상반되는 감정이 공존하고 있었다. 연설의 전반부는 '선동적이고, 자신의 반대파를 공격하며, 가학적이라고 해도 좋을 정도로 비열하게 격론을 벌이는' 듯한 느낌을 주었다. 그러나 후반부는 '산뜻하고 이상적이며 상황을 힘차게 앞서서 주도하며, 행동을 추구하는 진정한 영감과 무한한 의지'를 담고 있었다. 이맘때의 일기 도입부를 보면, 양 세계대전 사이에 두드러진 자본가 공동체의 문제점을 해결하기 위해서는 근본적인 재건이 필요하다는 생각에 사로잡혀 있었던 그의 마음을 히틀러의 연설이 진정으로 감복시켰다는 증거가 나타난다. 나치의 선거 승리에 대한 그의 반응 역시 이중적이었다. 역사학자들은 (정당들이 향유할 기득권을 획득하는 데 부족함 없는) 진정한 승리로 볼 수 있을 정도로 절대 다수 득표나 다름없는, 44퍼센트라는 일반 투표 득표율을 기록한 나치의 선전을 무시하는 경향이 짙다. 그러나 지크문트는 일기에 이것은 바이마르의 기준으로 볼 때 '그 어떤 예상을 뛰어넘는' 대단한 승리였다고 기록했다. 인정하건대, 그것은 '불행하게도 많은 남용과 위협 행위, 대중에 대한 거짓과 악한 약속의 승리'였다. 그러나 동시에 '승리를 만들어낸 이상주의 세력을 인정해야만 하는 승리'였으며, '이상주의 세력은 하찮은 어중이떠중이가 모인 곳에서보다 나치 활동 안에서 더 강해진다는 것을 입증해 보였다.'

다시 말해서 사회 혁명을 일으키겠다는 나치의 약속이, 너무나 오랜 시간 집안의 어른들로 대표되는 함부르크 부르주아 사회의 현실 안주에 좌절을 느껴온 지크문트의 마음을 뒤흔들었던 것이다.

지크문트는 나치 정권이 독일 중산층 전체를 일깨워준 것처럼 유대계 독일인들에게 자정의 시간을 마련해줄 가능성까지도 대단히 잘 파악하고 있었다. 유대인들은 천성적으로 '협상에 대한 소질에 정신적인 능변과 절충주의'를 겸비하고 있고 또한 '예'나 '아니오'가 아니라 그 유명한 '아마도'로 대답할 수 있는 민족이므로, 부르주아 사회를 즐겨온 '타락한 독일 부르주아'의 중심이라고 해야 하지 않을까? 그리고 만일 그렇다면 이 같은 정권의 변화가 '예'나 '아니오', 그러니까 맞으면 맞고 아니면 아니라고 말할 수 있는 능력을 지닌 다른 유대인들(지크문트는 분명 자신을 염두에 두고 있었다)에게는 기회이지 않았을까?

아마도 이제 비유대계 코카서스인과 유대계 독일인 중에서도 바로 이렇게 자신의 판단을 정확하게 이야기할 수 있는 유형의 사람이, 앞날이 창창하게 될 것이다. 그러므로 이 유형에 속하는 유대계 독일인이라면 누구나 '나치의 반유대주의만 아니라면 얼마든지 나치가 될 것'이라고 말할 수 있다. 게다가 이런 극도의 반유대주의에 감사하는 마음까지 들 것이다. 나치가 주변의 못마땅할 정도로 자부심 넘치고 바보스러우며 똑 부러지는 대답을 하지 않으려는 사람들을 숙청해주고, 무엇보다도 힘이 떨어지고 이런저런 문제들에 지칠 대로 지친 사람들 가운데 활력을 제공하기 때문이다.

지크문트에게 '국가 혁명'이란, 유대계 독일인 가운데 '사회를 비판적으로 바라보고 혁명적이며 힘이 넘치고 이상을 품은' 사람들이,

자신이 속한 공동체 안에서 잘나가 보이는 '자유로운 기회주의자들인 부르주아'들과 거리를 둘 수 있게 해주는 기회처럼 보였다.

무엇보다도 지크문트가 거부하기 어려웠던 것은 히틀러가 힘주어 약속한 국가의 구원이었다. 나치는 히틀러를 비스마르크의 후계자라고 주장했으며, 아주 오래전 역사까지 들먹이며 자신들이 새로운 재건의 시대를 열 선구자라 자처하는 법을 잘 알고 있었다. 그래서 빌헬름 시대 후기에 팽배했던 민족주의에 혈기가 끓었던 사람이라면 누구나 지크문트가 그랬던 것처럼 이러한 나치의 선전에 굉장히 매료될 수밖에 없었다. 선거가 끝나고 며칠 뒤 지크문트는 아르투어 뮐러 판 덴 브루크의 저서 『제3제국』을 읽고는 '전체적으로 개인 혹은 인류의 사상과는 다른 모든 생명의 기준으로서의 민족정신을 확대해야 한다'는 호소에 무릎을 치며 크게 공감했다. 예를 들어 그는 프-독 관계에 대한 골치 아픈 사안에 대한 '부르주아적이기보다는 파시스트적' 해결책에 대해 깊이 생각했다. 그러면 나치의 반유대주의는 어떻게 설명해야 할까? 지크문트는 국가사회주의가 갑작스레 부상한 사상이며, "급부상한 존재에게는 처음부터 좋은 태도를 가질 것을 요구할 게 아니라 발전하고 건설하려는 의지, 힘, 활력만을 장점으로 봐주어야 한다"라고 읊조렸다. 그러니까 그에게 히틀러의 인종차별은 벼락출세한 사람의 상스러움처럼 곧 지나갈 일면이었다. 이 부분이 지크문트가 (그리고 그와 공감하는 일가친척들이) 너무나 많은 다른 경우에서처럼 새로운 정권의 성격을 본질적으로 오해한 점이었다. 그는 젊고 힘이 넘치는 세대가 늙고 고루한 세대에 대항하기를 희망했다. 그러나 히틀러가 염두에 두었던 독일 젊은이의 주된 역할은 총알받이였다는 사실이 밝혀졌다. 지크문트는 균형 잡힌 힘의 기반 위에 평화가 찾아오는 새로운 시대를 희망했지만, 히틀러

는 처음부터 1918년의 악령을 퇴치하는 의식과 전쟁에만 작정하고
덤벼든 인물이었다. 지크문트는 반유대주의가 나치즘에서 아주 작
은 부분을 차지하는 현상이기를 희망했지만, 인종적 증오는 나치즘
의 어두운 핵심 한가운데 자리한 사상이었다. 훗날 다른 이들이 '희
망에 차서 앞뒤 생각 없이 행동하는 것'을 비난하면서도, 지크문트는
히틀러에 대해 기만적 판단을 내렸던 자신의 태도를 완전히 잊지는
못했다.

　다른 사람들은 다음 5년간 이 같은 망상에 사로잡힌 채 고투했다.
그러나 지크문트는 1933년 3월 말로 다가가면서 불현듯 『제3제국』
이 담고 있는 진실을 완전히 이해하게 되었다. 초반에 착각했던 정
도를 보면 놀랄 만한 신속함이었다. 그는 3월 21일 자 일기에 이렇게
썼다. "우리는 파시즘의 길을 걷고 있지만, 이것이 좋은 독일식 파시
즘이 될 것인가 하는 큰 질문이 남아 있다. 다시 말해 이탈리아의 파
시즘과 닮은 평화롭고 공정한 것인지, 아니면 모스크바의 파시즘에
가까운 독단적이고 사회주의적이며, 야만과 편협함으로 귀결된 것
인지 말이다." 이 같은 의문에 관한 한, 처음에는 긍정적이었던 그도
이제 더 이상 낙관할 수 없었다. 시간이 흐르면 흐를수록 지크문트
의 비관은 더욱 깊어져갔다. 비관이 너무나 깊어진 탓에 오래지 않
아 그는 독일을 완전히 떠나버릴까 생각하기에 이르렀다.

　지크문트에게 무슨 일이 있었기에 이런 갑작스러운 심경의 변화
가 일어난 걸까? 답은 간단하다. 일련의 사건들이 문제였던 것이다.
1933년 초의 '국가 혁명'이 과연 진실로 혁명적이었는지를 기억해
둘 필요가 있다. 나치 활동가 중에서도 가장 급진적 부류, 특히 갈색
제복의 돌격대(SA) 단원들이 좌익에 속하는 정적뿐 아니라, 자신들
이 오랜 시간 극도로 반감을 품어왔던 유대인들에 대한 묵은 원한을

갚을 수 있는 기회를 혁명 승리를 통해 잡았기 때문이다. 2월 6일 밤, 함부르크에서는 돌격대를 비롯한 우익의 여러 불법 무장 단체가 횃불을 들고 행진을 하며 '유대인에게 죽음을'이라는 구호를 외쳤다. 한 목격자는 행진하는 사람들 중 몇몇은 아예 대놓고 '자신의 칼에 찔려 솟구칠 유대인의 피에 대해 노래했다'고 전하기도 했다. 사실 그 같은 노래가 곧장 행동으로 옮겨지지는 않았지만, 함부르크에서는 4월 1일 나치에 의해 시작된 전국적인 보이콧 이전부터 이미 유대인 사업가들에 대한 공격이 벌어지고 있었다. 그러나 유대인을 공공, 시민, 경제 생활에서 아예 배제해버리는 정책은 일제히 시작되었다. 3월 14일이 되자 공무원 조직에서 유대인을 모두 축출한다는 법안이 통과되기도 전, 국수주의 성향의 선두인 리하르트의 아들이자 새로운 시장 카를 빈센트 크로크만이 막스를 함부르크 재정 대표단에서 쫓아냈다. 많은 함부르크의 기업들도 크로크만의 뒤를 이어 막스에게 감독이사회에서 물러나라며 사임을 종용했다. 이는 베를린의 새 정부라는 든든한 뒷배가 있었던 지역 나치들이, 정치 중심에서 의회법 종료를 앞당긴 모든 지방 정부들의 동기화 과정에서 함부르크의 경찰 지휘권을 나치에게 넘기라고 상원에 요구하게 되면서, 결국 쿠데타로 이어지게 되었다. 3월 24일 제국의회에서 결정적인 수권법이 뒤늦게 통과되면서, 마침내 히틀러는 의회나 힌덴부르크의 동의 없이도 완전히 칙령으로 지배할 수 있는 자유를 얻었다. 일이 늦어진 것은 의원 3분의 2에 해당하는 다수의 지지를 확보할 필요가 있었기 때문이었다. 새로운 독재 정부가 거둔 첫 열매는 유대인에게 주어진 시민으로서의 권리를 대폭 축소한 일련의 조치였다. 1933년 4월에서 10월 사이 유대인들은 공무원, 특허 변호사, 국영 보험 기관 소속 의사나 치과 의사, 공직자, 문화 기관의 기관장이나 언론인으로 일하는 것이 금지되었다.

　지크문트가 갑작스럽게 독일을 떠날 결심을 한 것은 이러한 배경을 고려해 이해해야 한다. 폭력에 체계적인 차별이 더해져 나치 지배의 본질에 대해 잠시 가졌던 환상이 눈 깜짝할 새에 산산이 부서졌던 것이다. 가족 중에서 지크문트만이 그런 식으로 반응했던 것은 아니었다. 프리츠의 딸 잉그리트도 지크문트의 뒤를 이어 망명했다. 그 외에도 지크문트처럼 느낀 사람은 있었지만 반응은 보다 절망적이었다. 1933년 12월, 멜키오르는 치명적인 뇌졸중으로 쓰러졌는데, 이는 게슈타포에게 체포될지 모른다는 공포 때문에 생긴 일이었던 것으로 보인다. 도이체방크 은행장이자 유대인이면서, 세례를 받고 비유대인과 결혼했던 파울 발리히는 1938년 차별을 견디다 못해 자살을 택했다. 그는 1933년 이후 유대계 독일인 공동체 전체를 휩쓸었던 자살 물결의 희생자 중 한 사람이었다.

4

지크문트 본인의 설명에 따르면, 망명을 결심한 것은 베를린에 있는 외무부에서 예기치 않게 당한 배신과 함께 갑작스럽게 그간의 믿음이 완전히 깨졌기 때문이다. 지크문트가 훗날 게오르게 슈타이너에게 전한 바에 따르면 이러했다. 1933년 3월 9일, 그는 히틀러 집권하에서도 거의 5년 동안이나 자리를 지킨 파펜이 임명한 외무장관 콘스탄틴 폰 노이라트와 만난 일이 있었다.

　나는 장관에게 일련의 사건들이 무척 걱정스럽다고 말했다. 그

러자 그는 내게, 내가 생각해둔 일이 꼭 실행되어야만 하느냐고
물었다. 나는 (이 만남을 위해 매우 신중하게 준비해간) 대답을 했다.
힌덴부르크는 한물가긴 했어도 나치는 아니며, 만일 당신 같은 사
람들이 힌덴부르크에게 반드시 히틀러를 없애버려야 한다고 말한
다면, 그는 그렇게 한 뒤 군대를 동원해 제자리로 돌아올 것이라
고 말이다. 실제로 바이마르 헌법에는 총통이 헌법을 위반하는 일
을 저지를 경우 대통령이 이 같은 조치를 취하도록 규정하는 조항
이 있다. 내 말을 들은 노이라트는 이렇게 대답했다. "자네의 말에
타당성이 있네. 나는 힌덴부르크가 나를 전적으로 믿는다는 사실
을 알고 있어. 자네 말대로 나는 그 사람 마음을 움직일 수 있지.
하지만 이건 너무 위험 부담이 커. 나로선 도와줄 수가 없겠네. 나
는 말일세, 국가적 관점에서 말한다면 믿을 만한 사람이 아니야."
폰 노이라트가 이런 말을 하다니, 나에게는 놀랍다 못해 신기하기
까지 한 경험이었다. 나는 자리에서 일어나 택시를 타고 집으로
돌아와 아내에게 짐을 싸자고 말했다. "폰 노이라트마저도 내 말
이 옳지만 아무것도 해줄 수 없다고 하는데, 내가 할 수 있는 일이
뭐가 더 있겠어?"

많은 작가들이 이 생생한 이야기를 되풀이해 이야기했지만, 이에
대한 공식적인 기록은 전혀 남아 있지 않다. 지크문트는 일기에서조
차도 노이라트와의 만남에 대해 언급하지 않았지만, 두 사람이 만났
다는 것은 분명 사실이었다. 노이라트는 지크문트가 어렸을 때 우헨
펠스에 자주 들르곤 했던 부모님의 가까운 친구였다. 노이라트가 뉴
욕으로 출장을 갔다는 것과 독일 내에서 반유대 시위가 확산되자 지
크문트가 아내와 아이들을 해외로 보내 에바의 부모와 함께 스웨덴

에 머무르도록 했다는 사실이 두 사람이 만났다는 것에 대한 증거가 된다. 앞서 지크문트가 기억해낸 바로 그 만남으로부터 거의 3주가 지난 후의 일이었다.

1933년 3월 27일, 지크문트는 국립유대계독일인연합을 새롭게 세운 친나치 유대인 막스 나우만을 만나는 등 독일 내에서 흘러넘치는 반유대주의에 대응하려는 자신의 노력에 관해 길게 기록했다. '유대 신념을 가진 독일시민연합'의 뜨뜻미지근한 주장이 못마땅했던 바르부르크는 나우만을 비롯하여 그가 알고 있던 일부 나치 활동가들에게 급진적 반유대 정책은 존재할 수도 없는 순혈주의에 입각하여 말도 안 되는 인종 진단과 색출을 실시하는 등 강력한 신념과 활력보다는 가설에 기초하여 공동체의 삶을 구축하려는 비도덕적인 조치라고 항의하고자 애썼다. 이 같은 주장이 조용하지만 눈에 띄게 지지를 받게 되자, 지크문트는 뉴욕에 가서 친척들과 쿤로브의 동료들을 만나보라는 막스의 결정을 선뜻 받아들였다. 그러나 그는 아내와 아이들을 독일에 남겨두고 떠나면 나치가 그들의 안전을 '도를 넘는 수준으로' 위협하게 될 거라는 사실이 편치 않았다. 지크문트의 아내 에바가 그로부터 며칠 뒤 스톡홀름으로 떠난 것은, 그녀 본인이 병든 어머니를 만나러 가고 싶었던 이유도 있었지만 바로 이와 같은 위협을 피하기 위함이기도 했다. 지크문트는 고향의 어머니도 설득해 스위스의 친척들과 함께 머무르게 했다.

지크문트는 자신이 중요한 갈림길에 서 있다는 사실을 잘 알고 있었다. 그리고 과연 '우리가 독일로, 우리의 고향으로, 남겨놓고 떠나는 이 생활 속으로 다시 돌아올 수 있을까' 궁금해했다.

지크문트가 자신의 처지를 1848년의 혁명가들과 비교한 것은 다소 모순적이었다. 왜냐하면 지크문트는 카를 마르크스와는 달리 뉴욕으로 향하는 1등 선실을 예약했기 때문이다. 어쨌거나 그는 미국에 있는 친척들, 그중에서도 특히 1931년 위기 당시 함께 협력해 일해볼 수도 있겠다고 생각했던 지미가 함부르크 회사를 운영하는 막스 삼촌의 방식에 맞설 수 있도록 도와줄 것이라는 생각에 더욱 미국으로 끌렸다. 하지만 그는 장인에게 보내는 편지에서 자신이 분명 정치적 이유 때문에 독일을 떠나는 것이라고 밝혔다. 선거로 인해 독일 보수 우익의 취약함이 드러나는 동안 '급진파' 사이에서는 '가학적 분위기'가 만연했고, '당통과 로베스피에르의 관계처럼 변질될(미라보는 히틀러, 당통은 괴링, 로베스피에르는 괴벨스에 해당)' 확률이 높아지고 있었다. 앞서 '(독일) 부르주아의 실패, 그들의 나태함과 물질만능주의, 비겁함'에 대해 비판하기는 했지만, 지크문트의 환상이 깨졌던 것은 '대다수 독일 국민의 무신경과 야만성', 특히 '의식 있는 유대인이라면 정신적으로도 육체적으로도 참아낼 수가 없는' 반유대적 배척으로 치러진 선거 때부터였다. "나는 당시 벌써 이민에 대해 생각하기 시작했다"라고 그는 고백했다. 나치가 독일 시민들의 해외여행을 규제하겠다는 소식이 들려오자, 지크문트는 더욱 큰 '수치심'과 함께 탈출해야만 하는 상황이 오기 전에 미리 망명을 결정하는 것만이 유일한 길이라는 확신을 하게 되었다. "히틀러의 야만스러운 수하들이 분노를 전국에 퍼뜨리는 데는 시간이 조금은 걸릴 것이다. 그사이 가장 애국심 깊은 사람들은 해외에서 나라를 위해 일함으로써 조국을 위해 더 많은 것을 할 수 있을 게 분명하다."

그러나 이민을 간다면 어디로 간단 말인가? 첫 번째 후보는 명백히 미국이었다. 미국이야말로 1920년대 세계 경제에서 가장 활기 넘치는 곳이요, 외국 중에서는 지크문트가 가장 오랜 시간을 보낸 곳이기도 했기 때문이다. 4월 6일 미국에 도착한 이후 뉴욕으로 이사할지에 대해 논의를 했는지는 확실치 않지만, 가능성만큼은 상당히 높았던 것으로 보인다. 모티머 시프는 지크문트에게 동업자가 되자고 했거나, 적어도 쿤로브에 일자리를 주겠다고 했을 것이다. 5주가량이 지나 여행이 끝나갈 무렵, 나치의 전화 도청을 피해 프라하로 탈출했던 지크문트의 비서가 전화를 걸어와 '집으로 돌아오지 말라'고 강력하게 권고했다. 문제는 공황 이전에 독일의 대외 채권 상환을 유예해주었던 1931년의 불가침 협정으로 동결된 자산이 독일에 남아 있는 한, 지미를 포함한 쿤로브의 동업자 누구도 지크문트가 독일에서의 지위를 포기하기를 바라지 않을 것이라는 점이었다. 이제 그들에게는 지크문트가 독일 M.M.바르부르크 내의 믿음직한 인물이었다. 그들은 지크문트가 새 정권, 특히 라이히스방크의 은행장으로 복귀한 얄마르 샤흐트와 사업할 수 있기를 바랐다(샤흐트는 미국인 사업가이자 대통령의 고문이었던 오웬 D. 영의 이름을 딴 배상 일정 재조정 계획인 영 플랜에 반대하며 원래 은행장 자리를 사임했었다). 만일 지크문트가 독일을 빠져나온다면 그 같은 희망은 모두 물거품이 될 터였다. 하지만 지크문트의 비서는 이렇게 경고했다. 지금 정황으로는 "샤흐트는 자신의 부재 중 그 기반이 약화되었고 (……) 나치의 과격주의가 시시각각 격렬해지고 있기 때문에 만일 미국 은행들이 내주에 독일 채권을 조금이라도 현금에 팔 수만 있다면, 설령 60에서 70퍼센트가량 할인한 가격이라 할지라도 샤흐트는 그렇게 하라고 강력하게 권고할 것이다." (지미는 오싹하게도 그 말을 "정말 신나는 뉴스로군!"이라고 말했다.)

두 번째 후보는 스웨덴이었다. 지크문트는 뉴욕으로 떠나기 전, 장인에게 스톡홀름에 자신이 일할 자리가 있느냐고 솔직하게 물었다. '말' 필리프손의 대답은 마치 아첨이라도 하는 것처럼 노골적이었다. 상황이 상황이니만큼 경제적 여파가 스웨덴까지 미친다면 '자네만큼 경력 좋고 뉴욕이며 런던에까지 인맥이 있는 사람'에게 맞는 일자리는 스웨덴에 없을 것이라고 말했던 것이다.

세 번째 후보는 당연히 영국이었다. 지크문트가 훗날 런던에서 이룩한 성공을 보면, 영국이 고작 세 번째 선택지였다는 사실은 놀랄 만한 일이다. 사실 암스테르담에 이어 네 번째였을 수도 있다(다음의 인용문 참고). 더더욱 놀라운 것은 런던을 고려해보라 권한 장본인이 그의 장인이었다는 사실이다. 1933년 5월 잠시 영국을 방문했을 때 필리프손은 사위 지크문트가 '앞서 이주해간 능력 있는 유대인들이 이루었던 것 같은 성공을 이룩해낼 자질'을 가지고 있다고 주장했다.

자네는 사업의 세계에서 드러나는 독특한 영국식 사고방식을 잘 알고 있네. 일을 하면서 신속한 결정을 내리는 그들의 방식이 자네에게는 잘 맞지. 내가 볼 때 자네는 공정하고 너그럽기까지 해. 운동선수도 아닌데 항상 런던 친구들에게서 존중과 사랑을 받고 있어. 물론 자네가 유대계 독일인이라는 사실은 늘 그들의 기억 속에 남아 있을 걸세. 하지만 자네 정도의 인맥과 경험을 가지고 해외 업무에 능한 사람이라면 영국 사람들도 기꺼이 그 가치를 높이 평가할 거야. 자네라면 영국 사회 최고 엘리트층에서도 반갑게 맞이할 거네.

이 편지를 받고 바로 며칠 후 지크문트는 자신의 딜레마를 그대로 보여주는 상황을 맞닥뜨리게 된다. 대륙 횡단 페리를 타러 가기 위해 런던에서 하리치(영국 잉글랜드 에식스 주에 있는 항만 도시)까지 기차를 타고 가는 도중 영화배우 마를레네 디트리히와 함께 있는 샤흐트를 만났던 것이다. 샤흐트는 독일의 새로운 지도자들이 보여주고 있는 지금의 '심한 편견과 과격함'이 곧 '합리적으로 변할 것'이라며 지크문트를 안심시키려 애썼다. 그러나 히틀러에게 열렬한 지지를 표명하는 샤흐트의 '열기와 활력'으로 인해 지크문트는 샤흐트가 '절대로 믿을 수 없는 사람'이라는 생각을 굳힐 뿐이었다. 이제 지크문트가 믿는 것은 '아주 나쁜 일이 일어나야만 나치에 대한 경각심이 생겨나 그 추종자들을 깨어나게 할 것'이라는 사실이었다. 그리고 그는 그렇게 되는 데는 '4년에서 8년은' 족히 걸릴 거라고 예상했다. 그러므로 꼭 이민을 가야 했다. 그런데 왜 그 목적지가 뉴욕이 아니라 꼭 런던이어야 했을까? 단조로운 동부 앵글 지역의 들판을 가로질러 동쪽을 향해 달리는 기차 속에서 지크문트는 다음과 같이 적었다. "영국은 늘 그랬듯 그 내면의 평온함과 안정 그리고 안전을 유지하고 있다는 사실에서 경탄할 만한 나라다. 하지만 더 건전하고 강인한 나라는 미국이다. 이 같은 건전함과 강인함을 영국은 분명 조금씩 잃어가고 있다." 게다가 이웃한 유럽 대륙은 경제, 정치적으로 '분열'하는 중이었다. 이러한 경향이 영국에 어떤 영향을 끼칠지는 알 수가 없었지만 득을 보는 것은 '유럽 바깥의 거대한 세 제국, 즉 미국, 러시아, 일본'인 것만은 분명했다.

순식간에 이민을 결정해버린 당시의 상황은 훗날 지크문트의 설명 속에서 낭만적으로 그려졌지만, 그는 사실 그로부터 1년간 독일을 떠나지 않았다. 대신 쉴 틈 없이 이곳저곳을 다녔다. 런던으로 두 번, 베를린으로 두 번, 프랑크푸르트, 베른, 바젤, 취리히, 파리로 각각 한 번씩이었다. 근거지는 계속해서 함부르크에 둔 상태였다. 그렇게 1934년 3월까지도 그는 여전히 파시즘에 찬성할 것인가 반대할 것인가를 고민하고 있었다.

지크문트는 '삶의 물질적 기준뿐 아니라 정신적 기준 역시 빠르게 무너져 내려 독일이 궁극적으로는 무정부 상태가, 심지어 전쟁까지도 벌어지게 될 것'이라고 예견했다. 과연 그럴까 하는 의문이 크기는 했다. 그러나 독일이 다시 군대를 강화하고 재무장하는 속도를 보면 볼수록, 지크문트는 이제 급기야 고결한 정신적 가치는 전혀 갖추지 못한 채 폭력만으로 세계 제국을 이룩하고 통치했던 칭기즈칸에까지 비견되는 히틀러가 이끄는 독일이 결국 운명적으로 전쟁을 맞게 될 것이라고 더더욱 확신하게 되었다. 지크문트는 히틀러가 얼마나 모험을 좋아하는 인물인지 이미 파악하고 있었다. 이제 독일이 빠르게 무장을 해나가느라 자국 경제를 완전히 못쓰게 만들어버리기 전에, 과연 서방 민주 국가들이 히틀러를 인정해줄 것인지가 관건이었다. 그는 나치 정권이 스스로 자초한 경제 위기의 탈출구이자 필시 '참사'로 끝나게 될 전쟁이 발발할 가능성이 제일 크다는 쪽으로 신속하게 결론 내렸다.

나치 정권의 반유대주의는 가라앉을 조짐이 전혀 보이지 않았다. 1935년에는 오히려 지크문트가 이른바 '반유대사회주의'라 일컬었던 방향으로 움직이는 듯도 보였다. 그는 히틀러가 '유대교 자체를 파괴'할 작정이며, 대중은 이를 지지할 것이라고 보기 시작했다. 지크문트는 1934년 4월부터 영국에 합법적인 체류 허가를 요청할 수 있었지만, 그것은 그의 가족이 떠날 결심을 한 뒤로도 몇 달이 흐른 뒤에야 가능해진 일이었다. 게다가 아직 목적지도 정하지 못한 상황이었다. 에바는 파리로 가고 싶어 했다. 그러나 지크문트는 점점 더 당시엔 상상조차 하지 못했지만, 인생의 절반에 가까운 시간을 보내게 되는 런던, 바로 그곳에 끌리고 있었다.

5

가족을 위한 새로운 거처를 물색하면서, 지크문트는 분명히 다가올 격변의 시대에 최고의 사업 기회가 기다리고 있는 장소는 어디일까 하는 의문을 계속해서 품고 있었다. 그리고 지크문트가 자신의 일생에서 가장 중요한 선견지명을 발휘했던 것이 바로 이때였다. 당시 삼촌과 M.M.바르부르크의 선대 경영진에 대한 그의 불만은 하늘을 찔렀다. 독일이 파멸의 길로 접어들고 다시 살아날 가능성이 점점 희박해지자 그는 함부르크에서 사업을 다시 일으켜보겠다는 희망을 완전히 포기하게 되었다. 회사를 위해 일한다는 것은 1931년 이후 만성적인 현금 부족에 시달려온 재무 상태를 개선하기 위해 죽도록 고생해야 한다는 것을 의미했다. 문자 그대로나 은유적으로나 아무런 대가조차 없는 일이었다. 대신 암스테르담과 파리, 두 곳에서는 대공황 이후 국제 통화 및 금융 체계가 대단히 복잡해지면서 생겨난 전혀 새로운 종류의 일이 이루어지고 있다는 사실을 그는 깨닫기 시작했다. 전 세계에 확산된 자본 및 거래 통제는 물론, 폐쇄 계정, 불환 화폐 등이 판을 치는 뭐가 뭔지 모를 혼란 속에서, 저명한 기업들이 원래부터 해오던 사업을 계속하려 분투하고 있었다. 그들에게 무엇보다 필요한 것은 다름이 아니라 지크문트가 '중재'라 불렀던 금융 전문 지식 및 조언이었다(지크문트는 서둘러 다음과 같이 부연했다. '넓고 건설적인 견지에서 중재가 의미하는 바'는 유가증권의 계속적인 발행이 은행 사업의 핵심이라고 보는 쿤로브 경영진의 회의적 태도를 앞지르는 것을 의미했다). '해외에 그 같은 사업의 전망을 알아볼' 기관을 설립할 필요가 있었다. 이 일에는 상당한 자본도 자본이지만 무엇보다 숙련된 전문가가 필요했다. '제대로 된 지식을 갖춘 중재 행위'야말로 지크문트가 내심 요약한 사업 모델이었다. 그리고 곧 이것이야말로 빈사 상태의 유럽 금융계에서 틀을 깨는 모델이었음이 밝혀졌다.

함부르크의 회사 설립자들에게 손을 벌리지 않은 채 바르부르크라는 브랜드와 네트워크를 최대한 잘 이용해, 이 사업이 성공할 수 있는 가능성 높은 방법을 찾아내는 것이 가장 큰 문제였다. 지크문트는 여기서 다시금 재간을 발휘했다. 첫째, 그는 M.M.바르부르크와 암스테르담에 기반을 둔 제휴사 바르부르크 사이의 유대를 끊어낼 수 없을 경우, 약화라도 시키려고 애썼다. 동시에 그는 함부르크 회사가 자산의 일부를 보관할 해외 피난처를 구하는 과정에서 런던에 만든 자리에 영향력을 행사할 방법을 찾으려 노력했다. 그리고 1933년 말, 지크문트는 브랜다이스골트슈미트의 회장이자 막스의 죽은 여동생 올가의 남편인 파울 콘-슈파이어와 함께 단돈 8만 4000파운드의 자본으로 런던에 본사를 둔 작은 신탁 회사 머천트앤드제너럴인베스트먼트를 차리기에 이르렀다. 이 회사의 역할은 함부르크 회사의 임시 사무실 겸 유사시에 대비한 해외 주재 유동성 확보처였다.[2] 회사는 공식적으로는 바르부르크 암스테르담의 투자 지부였지만, 그 속에 숨겨진 목적 때문에 상당히 수동적인 투자 전략을 고수해야만 했다. 1935년까지 지크문트는 많은 시간을 일종의 '예비

----

2 지크문트에 따르면 로트실트와 베어링 역시 새 회사에 '흥미'가 있었다.

저축은행'인 머천트앤드제너럴을 구상하는 데 보냈다.[3] 그러나 필요한 것인데도 이 회사 하나로는 충분치 않았다. 1934년 바르부르크와 베를리너 한델스-게젤샤프트가 만나 암스테르담에 새로운 회사를 세웠다. 바로 더치인터내셔널이었다. 그리고 이 회사는 결국 소규모 영국 투자자들이 공동으로 소유하게 될 '새롭고 보다 능동적인 금융 중재사'인 두 번째 런던 계열사를 만들어냈다. '반외국인 정서를 불러일으킬 것'을 염려해 지크문트는 처음에 그저 단지 자문 성격의 '대표'로 활동했다.[4] 그러나 그가 이 새로운 금융 중재 회사에서 구심점이 되고자 한다는 사실은 확실했다. 회사 이름은 매력이라고는 전혀 찾아볼 수 없는 뉴트레이딩이라고 지었다.

지크문트는 열심히 구상하는 중이었다. 그의 풍부한 발상으로 탄생한 회사는 전통적 견지에서는 상업은행이면서, 상업적 은행 거래를 수행하는 곳으로 보일 터였다. 그러나 실제로는 고급 금융 자문, 즉 20세기 중반의 과도한 규제와 국제 경제의 복잡함을 극복하기 위해 안간힘을 쓰는 기업 고객들을 위해 중재 역할을 할 회사였다.

뉴트레이딩은 회사 이름만 소박한 것이 아니었다. 사무실도 매우 소박했다. 유수의 은행들과 기념비적 건축물 사이를 지나는, 도심의 간선도로 킹윌리엄가에 위치한 골트슈미트 소유의 땅에 있는 소규모 사무실 두 개에 둥지를 틀었던 것이다. 처음에 회사는 할 수 있는

---

[3] 8만 4000파운드의 자본으로 세워진 회사는 상당히 빠르게 성장했다. 주로 바르부르크의 새로운 금융 상담 사업 덕에 생긴 이윤을 투자한 덕이었다.

[4] 영국 기업들은 회사 중역들의 국적을 발표하는 것이 의무였다. 지크문트는 명백한 이유들 때문에 자신이 독일 출신이라는 사실을 널리 알리고픈 생각이 없었다. 그의 역할은 '자문의 성격을 지닌 회사의 서비스를 제공하는 것, 그리고 자신이 대표하는 네덜란드 그룹과 회사가 함께 사업을 진행하도록 최선을 다하는 것'이라고 정의되었다.

일은 뭐든 했다. 단독으로 주식 거래를 하고, 영국 회사들의 주식을 미국 시장에 진입하게 하려고 노력하는가 하면, 저평가되었을 게 분명한 직물 회사 주식을 몽땅 사들이기 위해 면화 연합을 꾸린다든지, 이런저런 바르부르크가 친척들의 자산을 돌보는 일 등 그 무엇도 가리지 않았다. 그러나 사촌 지미는 솔직히 회의적이었다. 지미는 1938년 10월 지크문트에게 편지를 썼다. "넌 암스테르담에서 그곳 회사를 위해 일하고 돈을 벌든 런던에 머무르면서 뉴트레이딩을 위해 일하든 둘 중 하나를 택해야 해." '지금 상황은 지크문트에게도, 회사에도 좋지 않다'면서 지미는 막스에게도 똑같이 이야기했다.

지미의 말이 반쯤은 옳다. 지크문트는 함부르크 가족 기업의 과거로부터 진정 자유로워지기를 열망했기 때문이다. 그러나 단독 지휘자인 그가 '위험하다'는 지미의 생각은 완전히 틀린 것이었다. 오히려 1931년 막스 삼촌이 당한 일들을 기억하는 그는 신중함의 화신이라 해도 과언이 아니었다. 로트실트가와의 친분이 귀중한 자산이란 사실을 잘 알고 있는 그는 '적이 될 수도 있는 제3자의 비위를 건드리지 않도록' 조심했다. 동시에 그는 비용이 들더라도 회사의 자산을 '매우 유동적(현금화하기 쉽도록)'으로 유지하기를 고집했다. '그어떤 종류의 막대한 손해도 없이, 건전하되 지나치게 들끓지 않는 이득을 가져다주는 서비스 사업'을 소유하는 것이 그의 꿈이었다. 지크문트는 회사의 첫 단추에서부터 비용을 최소한으로 유지했다는 사실을 무엇보다도 자랑스러워했다. 허식 같은 것은 없었다. 배당금은 전쟁 전 한 해에만 지급이 되었다. 그 외의 수입은 모두 비밀 준비금으로 흘러 들어갔다. 1935년 스위스펌오브브레타우어가 지크문트의 회사에 6만 파운드를 투자한 뒤, 회사의 공식 자산은 25만 파운드로 확정되었으며, 그중에서 17만 파운드, 오늘날 가치로 환산하면

5200만 파운드에 달하는 금액이 투자자에게 돌아갔다.[5]

이 같은 액수는 이제 막 시작한 회사의 자산이라고 볼 수 없을 만큼 큰돈이었다(비교를 위해서 인용하자면, 오랜 전통의 상업은행 클라인보르트선스가 1935년 보유하고 있었던 동업자들의 자본이 총 320만 파운드였다). 지크문트의 안전주의 정책 덕에 1937년 런던 주식 시장이 예기치 않게 폭락했을 때에도 회사의 손실은 1만 2000파운드에 그쳤다.

6

독일에 대한 지극한 사랑과 영국 생활에 대한 불확실함은 있었지만, 어떤 면에서 지크문트는 열의 넘치는 이민자였다. 그는 뿌리 깊은 금욕주의 덕에 축적한 부를 벗어던지고 새롭고 간소한 삶을 시작한다는 데 강하게 끌렸다. 그는 '지금까지 존재해온 부르주아적 질서'의 종말을 환영했으며 '물질적인 편안함을 배 밖으로' 던져버리는 것이 축복이 될 것이라 믿었다. 이상만 충분히 강렬하다면 '정신적 가치가 성장하고 새로워지는' 결과로 나타날 것이기 때문이었다. 1933년 지크문트는 이렇게 말했다. '우리는 속물과 낙제생으로 이루어진 히틀러식 과격주의가 아니라 건전한 사회주의를 즐거이 그

---

[5] 오늘날 파운드 가치로 환산하기 위해서 물가지수를 사용하기보다는 명목 국내 총생산에서 차지하는 비율을(각해 비율의 합을) 계산하고자 한다. 이 같은 계산을 위한 아주 뛰어난 온라인 가이드가 http://www.measuringworth.com에 나와 있다.

리고 단호히 준비해야 한다. 대규모 자본가가 차별을 조장하고 계층의 차이가 극심했던 시대'가 서서히 막을 내리고 있다. 이제 '사회주의적으로 완화된 작은 자본주의'를 위한 길이 열릴 것이다. 지크문트는 '낡은 정치 방식과 인습적 가치, 교회의 오래된 방식과도 먼, 새로운 종교적 공동체에서 정신이 새롭게 발달하고 새로운 소박함과 자기 성찰'이 이루어지기를 열렬하게 고대했다. 그러나 두 가지 측면에서 이것은 환상에 가까웠다. 첫째, 바르부르크가 사람들은 영국으로 이주해서도 궁핍하게 살았다고 볼 수가 없다. 물론 함부르크와 베를린 혹은 뉴욕과 비교하면 누리기보다는 삼가면서 살았다는 것은 분명하다. 둘째, 1939년 이전까지만 해도 지크문트는 독일과의 연관이 전적으로 끊어졌다고 볼 수 없었다. 이를테면 그는 도이체방크의 헤르만 아프스와도 계속해서 연락을 주고받았고 함부르크와 베를린에도 출장차 정기적으로 방문했던 것이다. 그가 이 같은 여행을 할 때 정권에 의해 억압을 받았다는 증거는 어디에도 없다.

그렇다면 지크문트는 이제 히틀러의 경제 보조 장치로 행동하는 예전의 사업 동료들을 어떻게 생각했을까? 1941년에 작성된 중요한 기록에서 그는 나치 치하의 수많은 독일 사업가들의 '중간 상태', 즉 '자신의 물질적, 사회적 입지를 유지하기로 결심한 뒤 자유로운 전통을 내던져버린 첫 자본주의자'가 기꺼이 되려는 모습을 이해하려 애썼다는 사실을 알 수 있다. 자유주의와 사리사욕 사이의 이 같은 긴장 안에 놓인 사람들을 바르부르크는 자신도 모르게 정치적 '자웅동체'라고 신랄하게 일축해버렸다. 게다가 이들은 겉으로 보기에는 존경받을 만한 사람들로 보이기 때문에 나치 정권하의 '폭군들'보다도 훨씬 더 위험하다고 덧붙였다. "그래서 스스로를 나치라고 생각하지 않는 많은 독일의 경제 지도자들은 오히려 보다 영향력 있는 나치의 공범이 된다"라는 것이었다. 지크문트는 특히 유나이티드스틸워크의 대표인 알베르트 푀글러와 AEG 대표 헤르만 뷔허, 알리안츠보험의 쿠르트 슈미트, 포타시신디케이트의 아우구스트 딘, 그리고 철강 재벌 프리드리히 플리크를 지목했다. 지크문트가 보기에 이들에게는 공통점이 하나 있었다. 1930년대 당시 말로는 자신들이 나치의 범죄와는 상관이 없다고 거리를 두었으나 사업 거래에서는 정반대로 정권에 저해되는 것은 어떤 짓도 하지 않았다. 그러나 지크문트도 프리츠 티센만큼은 용서할 수 있었다. 프리츠는 1933년 이전에는 나치에 아낌없이 돈을 대주었으나 이후 히틀러와는 공개적으로 완전히 절연했다. 그는 히틀러가 의도한 폭압의 성질을 그저 너무 늦게 깨달았을 뿐이었다. 1933년에서 1939년 사이 100만 명의 유대인 중 4분의 1 정도는 독일을 떠나 다른 나라로 향했다. 몇몇은 지크문트처럼 영국으로 갔지만, 더 많은 이들이 미국과 팔레스타인, 극동 지역 그리고 그 외의 곳으로 이주했다. 하지만 거의 대부분은 독일에 그대로 남았다. 막스 바르부르크는 자신이 사랑하는 독일을 떠나지 않겠노라 선언하고 그대로 머물렀다. 그리고 떠나겠다는 지크문트의 결정을 심하게 비판했다. 그는 지크문트가 독일에는 바르부르크가의 미래가 없다고 친척들을 설득하는 통에 어려움을 겪었던 것이다. 막스 바르부르크는 거의 5년간을 독일 내 경제 활동에서 살아남기 위해 노력하며 헛되이 보냈다. 자신을 비롯해 다른 M.M.바르부르크 임원들이 함께 일하던 화학 회사 바이어스도르프, 백화점 카르슈타트, 해운 회사 하파크와 조선 기업 블롬운트포스를 위시한 많은 회사 이사회로부터 하나하나 쫓겨났기 때문이다. 게다가 상공회의소에서도 나가라는 압력을 받았다. M.M.바르부르크는 제국 론 컨소시엄에서도 퇴출되었다. 1938년에야 비로소 그는 이 모든 일이 불가피하다는 사실을 받아들였다. 대신 두 명의 비유대계 관리 직원 루돌프 브링크만과 파울 비르츠가 은행의 법적인 소유주가 되었다. 그러나 '브링크만 비르츠'라는 이름을 실제로 회사에 붙이게 된 것은 1941년 이후의 일이었다. 1931년 위기 당시의 바르부르크 은행에 대한 국제적 시각은 아직까지 호의적이었다. 지크문트가 볼 때 '아리안화'를 놓고 벌이는 작금의 논쟁은, 일찍이 1931년 위기 직후에 베를리너 한델스-게젤샤프트에 은행을 매각하자던 자신의 주장이 옳았음을 확인주는 것이었다. 이제 사실상 은행은 이전에 받을 수 있었던 가격보다 낮은 금액에 팔리는 상황이었다.[6]

그보다 더 중요한 것은 지크문트가 관심을 기울였듯 네덜란드에 있는 바르부르크의 독립성을 지키는 일이었다. 그래서 지크문트는 개인적으로 함부르크에 편지를 보냈다. 1938년 12월, 그는 우헨펠스에 있는 고향집을 팔기로 했다. 가슴이 아팠을 게 틀림없지만 그 비통한 마음에 대한 기록은 아무것도 남아 있지 않다. 지크문트의 어머니는 이미 스위스 요양원으로 안전하게 옮긴 상태였고 나중에 영국에서 재회할 예정이었다.

---

[6] 1933년까지만 해도 은행은 1800만 라이히스마르크나 되는 자본과 1억 2000만의 예금 잔고를 보유하고 있었다. 그러나 분석 과정에서, 회사의 순자산은 1160만 라이히스마르크(500만 달러가량)에서 실제 판매 과정을 거치며 640만으로 줄었다. 300만은 곧 정리될 회사를 위한 '휴면 기금'으로 남았고, 85만은 제국 비행세를 지불하기 위해 제했고, 100만은 아리안화 비용으로, 122만 1000은 유대인 재산 부담금으로, 45만은 이민 부담금으로 쓰였다. 120만은 90퍼센트 수수료 조건으로 네덜란드에 있는 독일 폐쇄 계좌로 옮겨두었다. 전체 공제액은 사실상 회사의 공인 자산 가치를 초과했다. 대략 30개의 유대계 독일인 개인 은행이 비슷한 운명으로 고통받았다. 그리고 훨씬 더 많은 은행들이 완전히 없어져버렸다.

이렇듯 지크문트가 이민을 결정한 시기는 아주 적절했다는 사실이 후에 밝혀졌다. 나치 치하에 너무 오래 남아 있었던 친척들은 아주 큰 정신적 대가를 치렀다. 1942년 어린 조지는, 아버지와 함께 1939년에야 독일을 탈출했던 오토 카울라 삼촌을 만나서 이 같은 대가를 눈으로 직접 목격하게 된다. 한때 판사였던 카울라는 나치를 추종하는 젊은이들에게 두들겨 맞아 대학 남학생 클럽 시절 결투로 생긴 흉터 위에 새로운 상처를 보태고 말았다. 그는 사랑하는 독일을 떠나 망명을 해야 할지도 모른다는 생각에 '혼이 쑥 빠진 것처럼 멍하니 절룩거렸다.' 막스 역시 다를 바 없었다. 하여 마지막 순간까지 독일을 떠나는 것을 미뤘다. 막스가 독일을 떠나지 않았던 것은 순진하게도 자신이 샤흐트를 종용해 회사의 독립성을 지킬 수 있을 것이라고 믿었기 때문인 것으로 알려졌다. 실제로 막스 본인도 자신의 회고록에 이때의 생각을 기록했다. 분명 그는 빅토리아 보험의 에밀 헤르츠펠더, 베를린 개인 은행과 멘델스존의 루돌프 로브, 울슈타인 출판사의 한스 셰퍼를 위시해, 나치의 반유대 경제 차별 운동을 완화해줄 몇 가지 계획을 고안해낸 기업가 중 한 명이었다.[7]

히틀러의 경제 자문이자 1933년 4월부터 6월까지 잠시 제국 경제부 정치 위원을 지낸 오토 바게너와의 비공식 만남에서 막스는 동유럽에서 이주해 나오려는 유대인들에 대한 이주금지법과 유대인들을 정부 기관에서 점차 몰아내겠다는 나치의 정책에 지지 의사를 표명

---

[7] 이들은 1933년 초여름, BASF의 카를 보슈, 볼렌운트할바흐의 구스타프 크루프, 지멘스의 카를 프리드리히, 페라이니크터슈탈베르케의 알베르트 푀글러 등 많은 비유대인 사업가들과 두 차례 만났다. 그들은 알리안츠 보험의 쿠르트 슈미트도 함께하기를 바랐지만, 그가 경제장관으로 임명되자 계획이 좌절되었다.

하기까지 했다.

1937년 8월 막스는 내무성 차관이자 열렬한 반유대주의자인 나치 친위대(SS) 명예준장 빌헬름 슈투카르트와 만나 '유대인이 독일에서 이주해 나가는 것을 장려할' 방법을 논의했다. 이는 막스가 슈투카르트에 대해 연이어 적어 놓은 주제였다. 하지만 막스가 유대계 독일인을 위한 후원회 의장으로서 최고의 목표로 삼았던 것은, 다른 유대계 독일인들이 자기 자신과 저축액을 빼돌릴 수 있도록 돕는 일이었다. 그는 1933년 하바라 양도 조약에 따라 팔레스타인으로 향한 유대인 이주민들의 돈을 옮겨주는 팔레스티나-트로이한트슈텔레라는 조직에 재원을 댔다. 1935년 막스와 그의 동생 프리츠는 이주를 희망하는 유대계 독일인들이 가혹한 나치의 세금망을 피해 최소한의 저축을 챙겨갈 수 있게 하고, 대신에 독일 수출에 재원을 대는 '청산 은행'을 제안했다. 그러나 이 제안은 미국의 반대와 독일의 고민 때문에 무산되고 말았다. 하지만 그들이 꾸준히 노력한 덕에 수천 명의 유대계 독일인이 1936년 전반기에 팔레스타인으로 5만 마르크(약 2만 달러) 정도를 가지고 갈 수 있었다. 그러나 독일에 남아 있던, 이제 상당히 나이가 들어버린 두 형제는[8] 미국으로 가 친척들과 손쉽게 합류할 수 있게 되자, 그만 상당한 위험에 처하게 되었다.

사실 막스는 히틀러와 괴벨스가 크리스탈나흐트(수정의 밤) 사건(1938년 11월 9일)을 일으켰을 때 미국에 있는 딸 레나테의 집에 있었다. 이 사건은 베를린과 다른 독일의 주요 도시들에서 시너고그와 유대인 사업장을 파손하고 조직적으로 유대인을 학살한 일이었다.

---

8 1939년 막스는 71세였고 프리츠는 51세였다.

막스는 프리츠가 체포되어 함부르크 근처의 풀슈뷔텔 감옥에 보내졌다는 사실을 알았지만, 주변의 만류로 독일로 돌아가지 못했다. 하지만 경제적으로나 사회적으로 바르부르크가와 오랜 세월 연관이 있었던 코르넬리우스 폰 베렌베르크고슬러가 개입한 덕에 프리츠는 2주간의 옥살이 후 석방되었으며 1939년 5월 아내 아나의 고국 스웨덴으로 이주할 수 있었다.

좋은 영향을 끼치고 아낌없이 투자했으며 애착을 품고 봉사하는 마음으로 일관해왔던 바르부르크가와 독일, 특히 함부르크의 오랜 유대는 그렇게 무너졌다. 지크문트의 가까운 친척들은 적절한 시기에 이주한 덕에 아무도 나치에 살해되지 않았다. 그런 면에서 그들은 수백만의 다른 유럽 거주 유대인들에 비해 훨씬 운이 좋았다고 할 수 있다. 한편 히틀러가 통치하는 독일이 또 한 번의 전쟁으로 유럽을 거꾸러뜨릴 것이라는 사실을 지크문트는 1939년 전쟁 발발 이전부터 확실히 알고 있었다. 그리고 그 같은 전쟁이 단순히 독일의 유대인뿐 아니라 유럽 전체의 유대인들에 대한 전쟁을 의미한다는 사실 또한 알아차리고 있었다. 1939년 1월 제국의회에서 히틀러가 전쟁으로 유럽 내의 유대인을 말살하겠다는 예고를 담은 악명 높은 연설을 하고 세 달 뒤, 지크문트는 다음과 같은 경고를 담은 눈에 띄는 기록을 남겼다. "8000만이 넘는 국민을 선동하고 불안하게 만드는 대단한 능력 뒤에는 유대교를 파괴하겠다는 의지가 도사리고 있다."

지크문트는 처음에 잘못 내렸던 히틀러 정권에 대한 판단을 대부분 오래지 않아 고쳐 생각하게 되었지만, 1933년 당시에는 특별히 날카로운 눈으로 세상을 바라보았다고 할 수 없다. 그러나 1939년에 시작된 엄청난 규모의 대학살을 내다보았던 것, 즉 히틀러의 공포스러운 선언을 곧이곧대로 믿었던 것만큼은 진정 현명한 행동이었다.

5

적에 맞서기 위한 거래

『외계인이 되는 법』

      — 헝가리 유머 작가 게오르게 미케슈의 1946년 작

1

지크문트 바르부르크는 1939년 4월 영국에 귀화했다. 영국이 역사상 가장 심각한 군사적 위협에 직면하기까지, 즉 바르부르크의 고국 독일에게 공격받기까지 5개월도 채 남지 않은 시점이었다. 복잡한 심경이 엇갈리는 편입이었다. 영국은 그를 받아들였고 궁극적으로 그에게 은혜를 베풀어주었지만, 항상 그를 어떤 면에서는 국외자(아웃사이더)이자 런던의 불문율을 깨뜨린 자로 간주했다. 그 역시 영국을 받아들였지만 언제나 전성기를 지나놓고도 자신의 몰락을 인정하기를 거부하는 제국이라고 생각했다. 앞에서도 보았듯 어디로 옮겨갈 것인가를 고민할 때 그가 맨 처음 고려했던 곳은 영국이 아니라 미국이었다. 오래된 나라는 존경할 만한 '내면적 평화, 균형, 안정' 따위를 지니고 있을지는 모르지만, 미국이 '보다 건전하고 강한' 곳이라고 생각했기 때문이다. 그는 영국 전체에 널리 퍼져 있는 군주제의 상징적인 역할을 진지하게 받아들일 수가 없었다. 그래서 조지 6세의 대관식 때는 '고리타분한 유럽과 거기에서 일어나는 모든 부자연스러운 관습'에 완전히 질려버려 잠시 런던을 떠나기도 했다. 그렇게 지크문트는 자신이 타락한 사회로 옮겨왔다는 느낌을 결코 떨쳐버리지 못했다.

하지만 전쟁 중의 '영국 국민들의 놀라운 결단과 절제'에는 깊이 감명받았다. 가족이 죽음을 맞았을 때의 그들의 의연한 모습에 특히 놀랐는데, 지크문트는 이것이 '정서의 메마름 때문이 아니라 불가피한 일을 담담히 받아들이는 종교적 절제 때문'이라고 보았다.[1] 그러나 이러한 강인함은 두 가지 아주 심각한 유약함 때문에 그다지 빛을 발하지 못했다. 그중 첫 번째가 만성적인 비효율이었다. 아주 초창기부터 그는 후세들이 영국의 기득권층을 어떻게 여기게 될지 미심쩍어했다. 나라를 지배하는 엘리트 계층, 그중에서도 상당수가 '뽐내고 으스대는 것을 엄청나게 즐기고, 지성과 감성, 그 어느 것도 갖추지 못했으면서 그저 단 한 가지 자산, 일명 올바른 예절만을 지니고 있었기 때문이다. 물론 그걸 자산이라고 부를 수 있다면 말이다.' 지크문트는 몇 번이고 전쟁 중 쓴 일기에서 '고위층에 만연한 의지력 마비'를 맹비난했다. '정부 기관과 부처, 주요 산업 기관, 운송 기구, 지역 행정 기관, 그 외 많은 국민 생활 구역에 쓸모없는 사람들이 너무나 많이 존재'한다는 주장이었다. 그가 볼 때 그들은 '속도와 배짱이 무엇보다 중요하다는 인식'이 절대적으로 부족했다. 기득권층의 비능률을 가장 잘 보여주는 것이 바로 그들의 사교 문화였다. 그들은 '강하고 가차 없는 행동으로 개인적 친분이나 사회적 친교가 깨질까 봐 그 같은 사교 모임에서 대단히 허약하고 용기 없는 모습으로 상대를 대하는 모습'을 보였다. 사교 모임이야말로 지크문트가 영국에서 가장 싫어하는 부분이었다.

지크문트는 여러 차례 비효율과 일명 '내부자 중심주의'가 영국 공무원 조직의 가장 큰 결함이라고 규정지었다. 그러나 그것은 그저 지크문트가 런던에서 마주쳤던 민간 부문 기관에 대한 비판일 뿐이었다. 이에 반해 1942년, 그가 영국은행(영국의 중앙은행)의 지배 구조를 완전히 개혁해야 한다고 주장했던 것은 그다운 행동이었다.

---

1 어떤 꿍꿍이속이었는지 삼촌들은 처음에 약속했던 것보다 독일에 더 오래 머무르기를 원했다.

기관장과 영국은행의 관리자들은 재무부가 등용해야지, 도시의 대표들의 기호에 따라 선택해서는 안 된다. 영국은행의 이사회에는 당연히 경험 많은 은행가들이 다수 포진해야겠지만, 전체 이사 중 대다수를 차지하는 직업은 회사 경영주와 노동조합원, 회계사, 경제학자들이어야만 한다. 그래야 영국은행은 오늘날 크게 이루어지고 있는 사회적 진보에 대한 반응을 막아서는 훼방꾼이 되는 대신 상업적, 사회적으로 활발하게 진보하는 영국 경제 생명의 중심이 될 것이다. (……) 은행의 실질적인 정책의 가장 중요한 목표는 번영의 시기에는 인플레이션을, 불황의 시기에는 디플레이션을 막는 것이어야만 한다. 불행히도 전쟁 전 20년간 영국은행은 대개 그 반대로만 행동했다. 즉 번영의 시기에는 지나친 투자를 허락했고 불황에는 신용거래의 흐름을 제한해 위기를 두드러지게 했던 것이다.

이러한 비판에는 사심이 다소 담겨 있었다. 사람이라면 누구나 자신을 받아들여주지 않는 기득권층에 억울한 기분을 느끼게 되니 말이다. 지크문트는 자신이 대안을 주고자 했던 도시에서 아웃사이더나 다름없었다. 아웃사이더이기에 기관이 근본적으로 개혁을 이루어낸다 하더라도 얻는 것이 별로 없는 입장이었다. 그가 영국에 느꼈던 양면적 감정은 벼락부자나 벼락출세가가 느끼는 것과는 달랐다. 외국이라는 환경에서 불편한 점은 있었지만, 그보다는 자신을 매료한 대상이 서서히 부패해가는 것을 발견하고 실망한 숭배자의 감정과 닮아 있었다. 철학자 이사야 벌린은 제2차 세계대전 발발 몇 년 뒤 그것을 이렇게 적었다. "지크문트는 영국을 여전히 깊이 예찬했지만, 어느 시기가 되자 이 나라를 느리고 위엄 있지만 불가피한 몰락에서 구해낼 희망을 모두 포기하고 말았다. 그는 내게 이 사실을 몇 번이고 반복해 이야기했다."

2

새롭게 정착한 나라에 품은 지크문트의 의심 때문에 뉴트레이딩 컴퍼니는 몇 년간 여러 계층의 영국인들을 받아들이고 겪어야 했다. 회사의 초대 회장은 앤드루 맥퍼딘 경으로, 옥스퍼드 출신의 재무부 공무원이자 베르사유 협정 이후 위원회 비서관에서 계속해서 도스 위원회의 비서관, 그리고 베를린의 세무 감독관을 지내면서 독일 경제 전문가로 인정받은 정치가였다. 여러 가지 공공 이익을 위한 활동으로 1925년 기사 작위를 받은 맥퍼딘은 잔류파 자유당 지도자 중 한 사람으로 알려졌으며, 일생 동안 확고한 자유당원으로 살았다.[2]

여기에 지성과 근면함이라는 영국인의 존경할 만한 점이 있다. 그러나 지크문트는 맥퍼딘의 '품위와 넓은 마음, 게으름과 희망적인 사고가 뒤섞인 묘한 자유주의자적 외양'을 개인적으로는 신뢰하지 않았다.[3] 회사의 상무이사였던 해리 루카스 역시 지크문트가 느끼는 영국적 모습을 만만치 않게 보여주었다. 루카스는 지크문트처럼 유대인이었지만 교육 과정이나 태도는 전통 깊은 이튼 스쿨 출신의 전

---

2 헌신적인 범유럽인이었던 맥퍼딘은 아마도 쿠덴호프-칼레르기 백작(제2차 세계대전이 끝나자 유럽 통합은 쿠덴호프의 비전으로 이루어졌다. 그것은 로베르 슈망과 장 모네로 이어져 유럽석탄철강공동체, 유럽경제공동체를 출범시킨 로마 조약의 체결로 이어진다)의 책 두 권을 번역했던 일로 지크문트의 관심을 끌었을 것이다. 지크문트가 개인적으로 잉글랜드보다는 스코틀랜드를 더 좋아한다고 말하게 된 것도 맥퍼딘의 영향 때문이었을 것이다.

3 맥퍼딘은 지크문트에 대해 비판적이었다.

형적인 모습이었다. 전쟁이 발발하고, 루카스가 경제 전쟁 부처에서 일하기 위해 사직할 때까지 회사는 학벌 위주로 여러 직원을 채용했다(지크문트는 이에 대해 경멸을 가득 담아 기록했다). 회사의 어느 오찬 자리에서 루카스가 한 이야기는 너무나 속물적인 나머지 냉철한 스코틀랜드인 맥퍼딘의 반발을 불러일으키기도 했다.

그러나 이 같은 겉모습 뒤에서 회사는, 태도 혹은 기풍 면에서 지크문트 바르부르크에 훨씬 가까운 중유럽적 정신의 핵심을 맹렬하게 발전시키고 있었다. 그리고 지크문트는 인생에서 가장 중요한 순간 중 하나와 마주치게 된다. 바로 31세의 젊은이 하인리히 그륀펠트(Heinrich Grünfeld)를 만나게 되었던 것이다. 영국에 정착한 후 헨리 그런펠드(Henry Grunfeld)라고 개명한 그는 런던에 이주한 다른 유대인들과는 다소 차이가 있었다. 슐레지엔의 프러시아 지방에 위치한 브로추아프에서 태어나 베를린에서 교육을 받은 그륀펠트는 창립 20주년밖에 되지 않은 아버지의 회사 A.니더슈테터의 운영을 넘겨받은 뒤 독일의 철강 회사에서 10년간 일했다. 강철 튜브와 건축 철강 제품을 제조하던 그 회사는 대형 비스마르크휘테 철강을 포함해 슐레지엔에 있는 그륀펠트가의 계열사 중 하나였다. 그륀펠트는 1926년 경쟁사인 마네스만과 티센이 독일과 폴란드 간에 새로 도입된 관세를 이용해 비스마르크휘테를 곤경에 빠뜨리려고 했을 때 무사히 회사 자산을 지켜내면서 이름을 알리게 되었다. 그는 폴란드에 있었던 비스마르크휘테의 자산 대부분을 베르사유 협정의 조항에 따라 슐레지엔 동북쪽을 이양하는 선에서 마무리해 성공적으로 지켜냈다. 이 오랜 다툼에서 그륀펠트는 놀라운 협상능력을 보여주었다. 그리고 연이어 법정 가격 감소 정책을 시행하려는 브뤼닝 정부와의 협상 테이블에 철강 산업을 대표해 참석했다. 1932년 그륀펠

트는 나치가 비준을 거부하기는 했지만 독일 밖에서는 에스파냐 영
사로 내정될 만큼 아주 높은 평가를 받았다.

그륀펠트의 생에서 결정적인 사건은, 그가 자주 언급했듯이 1934
년 4월 브로추아프 게슈타포에게 체포되었던 일이었다. 그 일로 인
해 '삶에서 중요한 것과 그렇지 않은 것이 무엇인지 바라보는 그의
시각이 철저하게 변화'했기 때문이다("그때까지 내 친구가 되고 싶다
고 떠들어대던 많은 이들이 형편없이 소심하다는 것을 목격한 뒤, 나는 다
시는 사람을 표면적인 가치로 판단하지 않게 되었다"라고 그는 훗날 기록
했다). 나치가 권력을 장악하자마자 그륀펠트와 동료들은 회사 경영
권을 포기하라는 정치적 압박에 시달렸다. 함부르크에서와 마찬가
지로 아리안화의 과정은 회사 내부의 기회주의적인 나치가 조종했
다. 압박은 처음에 브로추아프보다 베를린에서 더 심했다. 그래서
그륀펠트와 아버지는 슐레지엔으로 경영의 중심을 옮기는 정도에서
압박을 피하려고 했다. 그러나 나치가 정권을 장악하고, 긴 칼의 밤
(1934년 6월 30일)으로 알려진 나치돌격대의 숙청 사건이 일어나기
전 독일의 여러 지역에서 만연했던 혁명의 분위기 속에서, 두 부자는
자신들이 지역 게슈타포의 자비 덕에 멀쩡하게 버티고 있다는 사실
을 깨닫게 되었다. 그륀펠트는 4월 20일 체포되어 3일간 감옥에 갇
혔다가 가까스로 국외 추방을 모면하고 강제 수용소로 보내졌다. 이
과정에서 그의 협상력은 최상의 무기가 되었다. 그륀펠트는 에스파
냐 영사라는 자신의 권리를 주장하여 간신히 석방 선고를 받아낼 수
있었다. 이제 결혼해 어린 아들까지 둔 그륀펠트는 시간을 낭비하지
않았다. 압수당했던 여권을 되찾자 지크문트가 그랬던 것처럼 다른
직장을 찾기 위해 런던으로 향했지만 아무 성과도 올리지 못한 채 6
주 후 브로추아프로 되돌아왔다. 답을 가져다준 것은 작은 베를린

은행의 관리자이자 그륀펠트의 친구겸인 호르스트 울리히 바그너 폰 칼텐보른이었다. 그륀펠트는 바그너를 통해 더치인터내셔널의 사장이자 뉴트레이딩의 원년 주주 중 한 사람인 알프레트 호니그만을 소개받았다. 회사에서 일해본 경험이 있는 사람이 뉴트레이딩에 필요하다는 얘기를 들었던 호니그만은 헤이그에 있는 호텔 데스 인데스에서 그륀펠트에게 바르부르크와 만날 수 있는 기회를 주선해주었다.[4] 1935년 3월 17일의 일이었다.

그륀펠트는 바르부르크의 오른팔이 되기를 열망했다. 사실 런던에 자신의 회사를 세우고 싶었지만 그에겐 바르부르크가 가진 것 같은 국제적 연줄이 부족했다. 그륀펠트 가족의 자산은 거의 독일에 집중되어 있었기 때문에 나치의 무자비한 약탈의 대상이 될 수밖에 없었다. 1934년, 그륀펠트가 독일을 떠나며 지니고 나올 수 있는 재산이 얼마나 형편없는지 확실해졌다. 먼저 아리안화 프로그램하에서 그와 그의 아버지는 회사의 자산을 1898년 장부가액 기준으로 팔았다. 이후 제국 비행세로 판매 금액의 25퍼센트를 내야만 했다. 그리고 남은 돈은 이른바 폐쇄마르크, 즉 비상조치하의 비상 환율로 계산된 마르크화로 환전한 뒤, 공식 환율의 10퍼센트 정도밖에 되지 않는 환율로 외국 통화로 바꿀 수 있게 되었다. 남은 돈은 전부 해서 '35년 전 회사 가치의 7.5퍼센트'밖에 되지 않았다고 그는 회상했다. 그러나 그륀펠트는 그대로 주저앉지 않고 다시금 협상했다. 그리고 몇 달을 연기한 끝에 그륀펠트는 자신이 가진 폐쇄마르크로 전

---

[4] 10년 뒤 바그너 폰 칼텐보른과 그가 일했던 은행의 사장 둘 다 동부전선에서 무장 친위대로 복무하다 죽게 된다. 이는 당시의 수많은 어두운 아이러니 중 하나였다. 한편 호니그만은 독일이 네덜란드를 점령했을 때 나치에 협력했다는 혐의로 연합군에 구금되기도 했다.

동 공구를 구매해 영국에 수출하는 방식으로 5000파운드가량을 현금화하는 것에 대해 베를린 당국의 허가를 받았다. 전동 공구 전문 수출업자에게 수수료를 떼어주고 나자 그륀펠트의 손에는 딱 4000파운드가 남았다. 그에게는 유사시에 도움을 줄 가족도 별로 없었던 터라 그 돈의 절반 이상을 새 회사의 자본으로 투자하는 위험을 감수할 수 없다고 느꼈다. 그러므로 처음에 그와 지크문트가 한 것은 그저 변변치 못한 재원을 한데 모으는 일일 뿐이었다. 뉴트레이딩은 그륀펠트의 회사 자산의 10퍼센트에 해당하는 2000파운드를 투자했다. 그리고 두 사람은 브랜다이스골트슈미트에서 가까운 작은 사무실에 억지로 밀고 들어가 둥지를 틀었다. 루카스와 어음 할인 중개인 리처드 제슬의 조언에 따라 그륀펠트의 회사에는 영국식 이름이 붙여졌다. 바로 포트맨힐이었다. 자신의 이름도 그런펠드로 고쳤다. 그리고 그가 고안한 새로운 사업이 무엇이든 창업 후 2년이 지나면, 그 회사를 뉴트레이딩과 합병하기로 했다. 지크문트의 연줄 없이는 그저 아주 보잘것없는 회사에 불과했기 때문이다.

독일에서 유대인으로 살면서 사업을 했으며 비슷하게 탈출해 나왔다는 공통점이 있는데도 겉보기에 그런펠드와 지크문트는 매우 다른 사람이었다. 뉴트레이딩에서의 그런펠드의 역할은 처음에는 보험 담당과 채권 관리의 혼합이었다. 그러나 그는 곧 기업의 혁신 전략에 관한 전문가로서 자신의 입지를 확고히 다졌다. 그가 대공황 당시 독일에서 경험한 것들이 이러한 입지 다지기에 유용했다. "파산한 회사의 기업 혁신과 재융자에 관한 한 내가 겪어보지 않은 것은 거의 없었다"라고 그런펠드는 훗날 회상했다. 영국은 공황으로 인해 파산을 한 회사가 그다지 많지 않아 그런펠드 같은 경험 역시 훨씬 적었다. 결국 그런펠드는 지크문트의 기업 분쟁 중재 전문가가 되었다. 바로 회사가 악성 부채와 파산 등으로 다퉈야만 할 때 모두의 눈이 주목하는 인물이었다. 그런펠드는 잘못되고 있는 거래를 정리할 때 믿고 맡길 수 있는 협상가이기도 했다. 지크문트가 폭이 넓은 붓을 지닌 예술가라면 그런펠드는 세부 사항에 치밀한 사람이었고, 지크문트가 연기하는 지휘관이라면 그런펠드는 감정 없는 계산기였다(한번은 그런펠드가 지크문트에게 "반대 의사를 표현하는 방식이 신선할 정도로 괴팍하다"라며 슬그머니 찬사 아닌 찬사를 보낸 적도 있었다). 그처럼 다른 두 사람을 뭉치게 한 것은(필적학을 신뢰한다는 공통점 외에) 두 사람 모두 사업이라는 것을 산업과 엄격함, 청렴함이 조합된 종교적 부름과 다름없이 여긴다는 점이었다. 그런펠드는 이렇게 얘기한 적도 있었다. "어린 시절부터 아주 강한 의무감이 나를 두드렸다. 너무나 강하게 두드려 그것은 강요가 되었고, 여전히 일종의 강박과도 같이 남아 있다." 언젠가 지크문트는 자기 자신에게 잘 어울릴 것 같은 말을 그런펠드에게 해주었다. "자넨 최고의 완벽주의자로 발전했네. 세월이 흐름에 따라 현실을 제대로 보는 감각을 발전시키고 그 와중에 위로가 되는 환상 따위는 내던졌지만, 진실과 정의만큼은 가장 높은 기준에 맞추어 유지하고 향상시켜왔지."

지크문트는 세월이 흐른 뒤에도 그런펠드와의 추억을 돌아보며 그에 대한 칭찬을 아끼지 않았다. 그런펠드의 50세 생일에는 편지를 쓰기도 했다. "가족을 제외하면, 자네야말로 나의 가장 든든한 기둥이야." 그들의 관계는 이윽고 '완전한 동업 관계'로 발전했다. 지크문트는 그런펠드에게 이렇게 말했다. "내가 무엇을 했든지 간에 자네의 내면적 강인함과 놀라운 정의 그리고 균형 감각이 있지 않았더라면 절대로 불가능했을 거야." 그리고 임종 직전에는 오랜 친구를 향해 기억에 남을 만한 경의를 표했다. "우리 둘, 서로가 없었으면 아무것도 못했겠지."

다른 동료 누구도 지크문트에게서 그 같은 칭찬을 받아본 일이 없다. 그러나 뉴트레이딩과 그 뒤를 이은 회사는 결코 두 사람의 연대만으로 이루어진 것이 아니었다. 회사 초창기부터 하나의 팀이 존재했으며 그런펠드는 그저 1930년대 후반에 합류한, 중유럽에서 온 여러 망명자 중 한 사람이었을 뿐이다.

협상의 달인 그런펠드와 대조를 이루는 에리히 쾨르너(Erich Körner)는 영업의 달인이었다. 오스트리아의 마르바흐에서 태어나 어느 모로 보나 빈 사람다운 풍모를 풍겼던 코너(영국 정착 후 곧장 그는 독일어의 움라우트를 모음에서 빼버리고 에리히에서도 h를 지워버렸다)는 전직 합스부르크 장교이자 강박적일 정도로 사람들과 잘 어울리는 성격으로 뉴트레이딩에 친화력을 가져다주었다. 그의 진짜 재능은 아무리 구미가 당기지 않는 증권이라도 고객이 투자하게끔 하는 능력이었다. 런던에서 일을 하는 동안 내내 코너는 증권 시장 판매 창구에서 보냈다.

회사에 합류한 세 번째 이민자는 베를린 출신의 에르네스트 탈만(원래는 텔만이었음)으로, 그는 1943년 뉴트레이딩에 입사해 전천후 잡일 처리 담당을 맡았다. 마지막 인물은(비록 전쟁이 지나고서야 합류했지만) 베를린에 있는 A. E. 바서만의 회사를 위해 일했고 1920년대 중반부터 지크문트와 친분이 있었던 헝가리 유대계 오스트리아인 카를 슈피츠였다. 동료들과 달리 슈피츠는 자신의 이름을 완전히 영어식으로 개명해 찰스 샤프가 되었다. '스피츠'라고 들리는 이름 때문에 딸이 학교에서 놀림받지 않게 하기 위해서였다. 어떤 왕실에든 제대로 된 어릿광대가 필요한 법, 샤프의 역할이 바로 그것이었다. 물론 그는 항상 자신의 군주에게 깊이 충성하는 어릿광대였다.

1945년 초, 폐결핵으로 해리 루카스가 죽고 나자 개성 뚜렷한 이들 독일 출신 직원들이 보다 더 큰 책임을 맡게 될 것이 분명해졌다. 이들이 바로 훗날 '삼촌들'로 알려질 인물들이었다.

3

어떻게 사느냐도 문제였지만 이민자들에게 중요한 또 한 가지는 어디에 사느냐였다. 지크문트의 가족들은 서리 근교 통근자 거주 지역 크로이던의 셀스던에서 잠시 거주하다가, 의회에서 조금만 걸으면 도착하다다를 수 있는 웨스트민스터의 우아한 조지 왕조풍의 길(조지안로)의, 게이퍼가 25번지로 옮겨 런던에서의 첫 집을 꾸렸다. 그러다 전쟁이 발발하자 아머섬과 웬도버 사이 칠턴의 한 마을인 그레이트미슨던으로 옮겼다. 하지만 도시건 시골이건 지크문트의 마음에 흡족하지는 않았다. 도시에서는 사람들과 사귈 일이 너무 많아 문제였고, 시골은 통근 거리가 너무 먼 데다 정원 일까지 해야 했다. 일꾼도 연료도 모두 부족해 그들은 1943년 초 다시 한 번 집을 옮겼다. 이번에는 런던 남서쪽의 숲이 우거진 교외에 자리한 리치먼드 공원 근처 로햄턴레인에 있는 현대적인 다세대 주택이었다(그러므로 도시 근교의 통근자 거주 지역보다 더 편리할 것은 그리 많지 않았다).

이제 한창 자라는 두 아이를 어느 학교에 보내느냐도 큰 문제였다. 조지(1927년 출생)는 먼저 힐브로 사립 초등학교에 들어갔다. 럭비에 위치한 이 학교는 시인 루퍼트 브룩이 공부했던 것으로 유명한 다소 소박한 교육 기관이었다. 지크문트는 처음부터 영국 공교육의 효과에 대해 모순된 감정을 느끼고 있었기 때문에 아들이 계속해서 이튼이나 럭비로 진학해야 하는지도 확신을 가지지 못했으며, 힐브로 초등학교 교장의 '교육관이 다소 지나치게 관습적'이라는 사실에 노심초사했다. "학교의 전체적인 분위기는 매우 정돈되어 있었지만 정신적으로나 도덕적으로 끔찍하게 편협하고 다소 소심하다. 이것은 분명 이 시대의 상위층이나 중상위층의 전형적인 증상이라고 할 수 있겠다." 1939년 학교를 방문한 뒤 지크문트가 털어놓은 불만이다. 1940년 말, 그는 조지를 유명 공립학교에 보내지 않고 노스우드에 위치한 머천트 테일러 스쿨에 보내 '구식 학벌주의 환경의 완전한 바깥'에서 생활하게 했다. '급변하는 이 나라의 상황을 고려하면, 일을 빈틈없이 해내는 것이 사회생활보다 더 중요하다고 교육하는 곳에 보내는 게' 아이를 위해 더 좋다는 이유였다. 머천트 테일러 스쿨은 기숙학교가 아니어서 전쟁 상황이 악화될 경우 집으로 돌아와 머무를 수 있다는 장점도 있었다. 그러나 독일 침략에 대한 공포가 잦아들자 조지는 웨스트민스터 기숙학교로 가게 되었다.[5]

지크문트는 영국식 교육으로는 도저히 간극을 좁힐 수 없는 근본적인 기질 차이를 아들에게서 이미 느끼고 있었다. "그 애가 온화하고 친절한 것은 분명했지만, 진취성과 책임감이 부족했다." 1939년 새해 바로 전날, 열두 살 소년은 아버지의 긴 연설을 통해 세 가지 엄중한 명령을 하달받게 되었다.

  1. 이제 열세 살이 되면 본인의 책임감을 의식해야만 한다. 우리가
    모든 면에서 계속해서 널 도울 것이지만, 인생의 결정을 내릴

---

[5] 에바가 조지를 그 학교에 보내려고 신청서를 냈던 것은 몇 년 전 기숙학교 사감 선생의 부인이 친절하게도 권유해준 덕이었다. 웨스트민스터는 지크문트에게도 긍정적인 인상을 주었던 학교였다.

때 점점 더 많은 부분을 스스로 책임져야 한다.

2. 음식이며 놀이를 비롯해 모든 종류의 외적 안락함처럼 중요치 않은 것에서 눈을 점점 거두어야 한다. 이러한 것은 세상의 발전에는 전혀 중요한 것이 아니다. 그러므로 이처럼 근원적이지 않은 것들로 인해 평정심을 잃지 않도록 각별히 주의해야 한다 (대신 근원적인 것에 관해 평정심을 잃는 것은 얼마든지 괜찮다). 만일 중요치 않은 것들에 평정심을 잃을 위험에 처할 경우, 나와 네 어머니는 따뜻한 말로 네가 상황을 이겨낼 수 있도록 도와줄 것이다.

3. 꿈을 꾸는 것은 반드시 필요하지만, 결코 공허한 꿈이어서는 안 된다. 반드시 실질적 목표를 향한 꿈이어야 한다. 보이스카우트의 규칙을 따라 매일 아침 하고 싶은 선행에 대해 가능하면 다양하게 생각하고, 잠자리에 들기 전 스스로에게 충분한 만큼의 선행을 실천에 옮겼는지 물어야만 한다.

지크문트는 자신과는 성장 환경에서부터 타고난 성품까지 너무나 다른 아들에게 가능한 한 자신과 닮은꼴이 되라고 압박을 가하고 있었다. 세상의 많은 아버지들이 흔하게 저지르는 실수였다. 열세 살 때부터 조지는 틈틈이 아버지의 회사에서 '심부름이나 복사, 계산 등등'의 일을 했다. 만일 조지가 아버지를 기쁘게 하겠다고 마음만 먹으면 얼마든지 성공할 수 있었다. 지크문트는 프리츠 삼촌에게 조지가 '자신이 그 나이였을 때보다 훨씬 일에 열정적'이라고 자랑스럽게 얘기했다. 그러나 지크문트는 웨스트민스터 기숙학교가 조지에게 '남성적 가치를 중시하고 여성적 가치는 크게 염두에 두지 않도록' 제대로 가르치는지에 대해서는 여전히 미심쩍어했다.

조지의 여동생 애너는 상대적으로 자유로운 편이었다. 지크문트 가 1940년 6월에 쓴 기록을 보면 애너는 '심하게 보채지 않는 건강 한 성격에 아주 행복하고 착한 성품의 어린 숙녀'였다. 그러나 몇 년 뒤 이러한 평가는 완전히 달라진다. 지크문트가 프리츠 삼촌에게 전 한 바에 따르면 "애너의 성격은 딱 바르부르크 그 자체였다. 아주 활 기차고 진취적이며 삶을 매우 즐기는 한편, 자신의 소망대로 이루어 지지 않을 경우를 제외하고는 슬퍼하는 일이 아주 드물다. 조지는 반면에 외가 쪽을 많이 닮았다. 아주 깔끔하고 엄격하며 어떤 면에 서는 활동적이기보다는 빈틈이 없었으며, 애너만큼 빠르지는 않았 지만 특정 취미와 업무에는 매우 열정적이었다." 지크문트는 가끔 애너의 '태평스러운 태도'를 걱정하기는 했지만 자신의 열성적 기질 을 물려받은 아이는 애너라고 생각했다. 애너는 어른들이 자신을 브 리지 게임을 하는 데 끼워주고 심지어는 아버지의 시가를 뻐끔뻐끔 피우는 것까지 허용해주며 어린 어른으로 대해주는 것을 즐기는 게 분명했다. 런던이 V1 로봇 폭탄과 V2 로켓의 위협에 시달리고 있을 때, 지크문트는 애너가 부모와 함께 상황을 '차분하게 받아들이는' 것을 감탄하여 기록해두기도 했다. 애너는 세인트 폴 여학교에 다녔 고 나중에 옥스퍼드에서 현대어를 전공했다. 지크문트가 인터뷰를 할 때면 보통 그녀가 수행했다. "나는 정치와 사업을 막론하고 아주 활동적으로 임해왔지만, 훨씬 더 많은 노력을 쏟았던 것은 두 아이의 교육이었다. 나는 두 아이의 교육에서 지금 나의 가장 중요한 역할 은 학교가 아이들에게 끼칠 특정 영향에 대비하는 것이라 생각한 다." 1945년 지크문트가 장인에게 한 말이었다.

지크문트가 주고받은 서신에서 찾아볼 수 없는 내용이 있다면 그 것은 가장 친밀한 관계, 바로 그의 결혼생활일 것이다. 아내 에바가 지크문트에게 안정적인 가정에서 살게 해준 것은 분명한 사실이다. 하나 에바가 주말까지 일하고 전화 통화를 하며 하고한 날 외국 출장으로 집을 비우는 등의 남편의 일하는 습관에 대해 불평했다 하더라도 그런 내용은 기록으로 남지 않았다. 그녀가 시어머니를 영국으로 모셔와 함께 살자고 한 남편의 제안에 유감스러워했다 하더라도 이것을 종이에 적어두지는 않았던 것이다. 어찌 되었든 세평에 따르면 그녀는 극기심 강한 부인이자 남편을 잘 받아주는 아내였다. 심지어 가족 휴가에서 남편이 세계 제패 전략과 전후 정치라는 주제로 '한바탕 연설'을 늘어놓을 때조차도, 아무런 불평 없이 묵묵히 들어주었다. 고통스러운 전쟁으로 인해 부부간의 유대가 새삼 돈독해졌을 가능성은 있다. 그러나 그들의 가정에는 에바와 조지라는 두 귀족과 애너와 지크문트라는 두 프롤레타리아 계급이 공존한다는 지크문트의 농담이 날을 드러내기도 했다. 수년 뒤 애너는 어머니의 상황이 '엎친 데 덮친 격'이었다고 회고했다.

훗날 암으로 긴 투병 생활을 하면서도 에바는 남편이 자신 없이는 절대 살아나갈 수 없기 때문에 남편보다 더 오래 살고 말겠다고 별렀다.

4

1934년 지크문트는 로트실트, 베어링, 햄브로스, 사무엘스 등 런던의 잘나가는 은행 명가 경영주들의 후원을 받아 귀화 지원서를 제출했다. 그리고 1939년, 필수 항목인 5년간의 합법적 체류 기간을 채운 뒤 완전한 영국 국민이 되었다. 귀화 이전에도 지크문트는 타고난 열정을 주체하지 못하고 영국 정치에 흥미를 보였다. 예측 가능했던 일이지만 그는 나치 독일에 대한 유화 정책에 격하게 반대하는 입장이었다. 1938년 2월 취리히 여행에서 돌아온 뒤 해리 루카스에게 쓴 편지에서 지크문트는 이렇게 말하기도 했다 "누군가 히틀러와 그 측근들을 따스한 말과 행동으로 교화할 수 있다 생각한다면, 꿈 깨라고 말하고 싶다. 역사적 경험과 실질적인 심리 변화로 볼 때 나치 급진 세력은 자신들이 맞서고 있는 상대가 너무 강해서 도저히 버틸 수 없을 것이라고 느끼는 순간 군사적 행동에 찬성하게 될 게 뻔하다." 지크문트의 베를린 정보원에 따르면, 괴링은 "다른 나라들, 그중에서도 특히 영국이 군비 확충 경쟁에서 앞서나가기 전에 재빨리 전쟁을 해치우는 편이 낫다고 생각했다." 히틀러는 '전쟁이라는 중대한 결단'을 내리기를 주저할지는 몰라도, 결국엔 '급진적인 추종자들과 괴링 때문에 흔들리고 말 것'이라고도 했다. 유화 정책 지지자들은 '독일 정부 지도층 일부에 만연한 미치광이 같고 무모한 정신'이 얼마나 위험한지를 제대로 보지 못하고 있었다.

지크문트는 오스트리아가 전쟁에 가담할 것을 정확하게 예측했다. 그리고 체임벌린과 히틀러의 뮌헨 협정으로 체코가 주데텐란트를 넘겼지만, 체코 역시 전쟁에 휩쓸리게 될 날이 멀지 않았다고 결론 내리고 있었다. 게다가 히틀러는 독일의 과거 식민지들에 관심이 지대하기 때문에, 자국의 식민지 지배력이 예전처럼 강한 상태로 돌아가지 못한다면 공습 등으로 영국과 프랑스를 위협할 것이라 경고했다. 유일한 해결책은 재무장을 하고 전선을 강화하는 것이며 또한 영국을 주축으로 즉각 모여서(국제연맹과 함께 하든 아니든) 독재 국가들을 두렵게 할 만한 단호하고 건설적인 정책을 발표하여 늘어진 분위기를 다잡는 일이었다. 영국 총리 네빌 체임벌린의 유화 정책에 좌절감을 느낀 지크문트는 '자국 및 외국의 사람들을 미망에서 깨어나게 해줄 초정당 기구를 영국에 만드는 것'을 꿈꾸기 시작했다. 그는 심지어 '영국 민주주의 연합'이라는 기구 이름까지 지어두었다. 그리고 그 기구의 계획을 제시했다.

1. 대영제국의 안전
2. 미국과 프랑스, 이 두 위대한 민주주의 형제국과의 긴밀한 협력
3. 군비 축소, 그러나 모두가 동참해야 함
4. 군비 축소가 불가능하다면 아주 역동적인 재무장에 힘씀. 특히 공군과 방공에 대하여.

이 모든 항목은 독일 내에 동결 자산이 있어 전쟁에서 독일이 질 경우 문제가 될 상당수의 회사가 존재하는 런던의 대다수 시민 정서와는 상충됐다. 금융 관련 언론사 중에서는 〈이코노미스트〉만이 유화 정책을 강하게 반대하는 지크문트에게 동의했다.

마침내 전쟁이 일어났을 때에도 지크문트는 영국이 어디에서 새로운 정책적 방안을 모색해야 할지를 본능적으로 알고 있었다. 그는 일기에서 이렇게 외쳤다. "신께서 체임벌린의 어리석음에서 우리를 구원해줄 것이다." 그와 반대로 처칠은 '고무적'이고 '매우 영리한' 사람이었다. 제2차 세계대전 초의 전투 없는 전쟁 기간과 1940년의 재앙을 지나며 그는 체임벌린식 유화 정책에 대한 지지가 처칠식 저항 정신보다 강하다는 것을 내내 두려워했다. "이곳 지배 계층은 언제쯤 대영제국이 이제 마지막 위기를 맞닥뜨리고 있다는 사실을 깨달을 것인가……?" 1939년 10월 지크문트는 이렇게 자문했다. "이같은 위기에 제대로 맞서보겠다고 하는 시도는 아직까지 보이지 않

는다. 그저 떠오른 문제들, 이제 막 문제되고 있는 것들을 해결하려는 아주 뒤늦은 시도가 미미하게 있을 뿐이다.” 처칠과 마찬가지로 지크문트 역시 ‘러시아인들에게 맞선 체임벌린과 그 일당이 품은 편견’에 애통해하였으며, 독일이 패하면 소비에트 연방과의 협력이 필요하다는 것을 알고 있었다. 체임벌린이 사임하자 지크문트는 패배를 받아들이는 그의 우아한 방식에 경탄하기는 했지만, 무엇보다 안도했다. 그리고 이후 어둠의 시간을 보내면서 지크문트는 ‘고대의 유명한 지도자들만큼이나 위대하고 뛰어난 지도자(처칠)를 지금 이 순간 우리가 가지고 있다는 것을 마음 깊은 곳에서부터 고마워했다.’ 심지어 그는 ‘영국-유럽 연방을 위한 대헌장’이라는 것까지 쓰기도 했다. 이는 제1차 세계대전 당시 미국 대통령 우드로 윌슨이 내놓은 14개조 연설문에 버금가는 내용을 지니고 있었다. 그러나 지크문트는 여전히 ‘외무부의 무력함’과 ‘지도 계층 내의 많은 쓸모없는 인사들’에 대해서 우려했다. 그는 ‘효율적인 민주주의를 위한 새로운 장관, 이 나라에 존재하는 모든 경우의 비효율에 대해 귀 기울이고 조사하고 무자비하게 벌하거나 일을 이렇게 만든 자들을 해고해버릴 수 있는’ 새로운 정치 지도자를 꿈꾸고 있었다. “전쟁이 일어나고 8개월간, 많은 보수파 인사들이 전쟁에서 이기기보다는 자신들의 정당이 유지되기를 더 바라는 것 같다는 느낌을 종종 받았다”라고 지크문트는 1940년 5월 처칠이 총리가 되던 달에 언급했다. 그 같은 인상은 지크문트에게 토리당과 영국의 상급 공무원 계층 둘 다에 대한 편견으로 오랫동안 남아 있었다.

정치적 견해를 일기에서 혼자 떠들어대는 것으로 그치고 싶지 않았던 지크문트는 이내 영국 정치 기구 내의 저명한 인사들에게 자신의 생각을 전하기 시작했다. 1939년 9월, 지크문트가 경제전쟁부의 무능함과 심각하게 전쟁을 향해 가기 시작한 영국의 무기력함에 대해 불만을 토로하는 것을 들은 보수당 의원 레오 에이머리는[6] 깊은 인상을 받았다.

지크문트는 바이올렛 본햄 카터와 그녀의 어머니인 마곳, 즉 옥스퍼드 부인(전 총리 고 허버트 애스퀴스의 부인)과도 친분을 쌓았고 두 사람 모두와 정기적으로 소식을 주고받게 되었다.[7]

지크문트에게 경제전쟁부의 수장인 프레더릭 리스-로스 경을 소개해준 것이 바로 옥스퍼드 부인이었다. 또 그는 언론 부호 고머 베리와 〈데일리 스케치〉를 비롯해 여러 잡지를 소유한 캠슬리 경과도 친분을 쌓았다. 자유당 잔당의 수장인 아치볼드 싱클레어 경은 지크문트 덕에 '나치즘의 위험 그리고 체임벌린 정부의 최고위층부터 계층을 불문하고 만연한 충격적인 무능함이 얼마나 위험한지'를 알게 되었다. 에이머리를 통해 지크문트는 전쟁 중 정보통신부에서 일한 또 한 사람의 저명한 처칠 측 인사인 해럴드 니컬슨을 소개받았다.

---

6 유화 정책에 전적으로 반대했으며 대영제국의 옹호자였던 에이머리는 옥스퍼드 대학교의 해로 칼리지에서 수학했고 토리 신문과 정당을 거쳐 급속히 성장하여, 자신의 어머니가 헝가리 출신 유대인이라는 사실을 대충 얼버무리고 넘어갈 수 있었다. 1939년 지크문트는 수년 전 한 번 만난 적이 있던 에이머리에게 중립국에서 들여온 물건을 구매하고자 세운 새 회사의 사장이 되어달라고 설득했다. 하지만 에이머리는 인도 국무장관직에 임명되면서 그 자리를 그만둬야만 했다.

7 1943년 10월 지크문트가 바이올렛과 차를 마시고 있을 때였다. 이탈리아의 전쟁 포로 수용소에서 탈출해 자유를 찾아 무려 400마일이나 걸어서 고국으로 돌아온 그녀의 아들 마크가 그 자리에 예기치 않게 나타났다. 지크문트는 바이올렛의 남편이 아들에게 악수를 청하거나 입맞춤조차 해주지 않은 채 오로지 "그래, 그래, 정말 잘됐다"라고만 말을 건네며 지극히 절제된 태도로 맞아주는 모습에 깊은 인상을 받았다. 철저하게 영국적인 태도로 보였던 것이다. 그 와중에 옥스퍼드 부인이 재치 있게 "폭탄을 맞아도 따분한 스코틀랜드보다야 런던이 좋죠"라고 농담을 건네기까지 했다.

이렇게 활동적인 젊은 이민자 지크문트는 높은 이들이 청하지도 않는 충고를 열심히 하고 돌아다녀 몇몇 사람들에게는 성가신 녀석으로 찍힌 것이 분명했다. 그러나 수준 높은 조언은 시간이 지나면서 크게 힘들이지 않고도 권력의 중심으로 향하는 문을 열 수 있게 해주었다. 그리하여 1941년 1월, 지크문트는 핼리팩스 경이 워싱턴 대사로 런던에서 떠나기 직전 초대를 받게 되었다. 그리고 5개월 뒤, 자신보다 전쟁을 더 비관적으로 바라보는 전직 총리 데이비드 로이드 조지를 오랜 시간 만나게 되었다. 지크문트는 항공부 장관에게 독일의 사기에 대해 간략히 보고했다. 그리고 앤서니 이든에게는 '유화 정책을 주장했던 인사들이나 조언가들이' 외무부에서 퇴출되어야 한다고 주장했으며, 나중에는 처칠이 총리 사무실와 국방부 사무실을 합치는 것을 중단해야 한다고 설득하고자 했다. 지크문트는 한편으로는 토브루크를 빼앗기고 점화된 위기 상황에 모스크바와 인도에서 임기를 마치고 돌아온 스태퍼드 크립스 경과의 친분을 부지런히 쌓고 있었다. 스태퍼드 경과는 총리 임기 변화의 가능성('정부 전체를 뒤집어 놓고' 처칠 자리에 크립스가 올라가거나 하는 방식으로)에 대해 논의했다. 지크문트가 전쟁 중에 가까워진 극우 인사는 크립스만이 아니었다. 또 한 사람, 이매뉴얼 신웰은 노동당 의장이자 레드클라이드사이드에서 선동가로 정치적 명성을 쌓은 이였다.

독일에서 탈출한 사람이 모두 지크문트처럼 히틀러의 패배를 단호하게 바랐던 것은 아니었다. 막스 삼촌은 지크문트를 만나러 1939년 가을 런던에 방문했을 때, '모든 유대계 독일인들이 히틀러와 맞서고 싶어 한다 할지라도, 그들 중 누군가는 유대인이건 유대인이 아니건 독일에 아직 남아 있는 친구들에게 해가 될 일을 막아주어야 한다'고 설득하려 노력했다. 하지만 이에 대해 지크문트는 '히틀러가 정권을 장악하고 있는 한 독일과 싸우는 일을 돕는 일이라면 물불 안 가리고 다 할 작정'이라고 대답했다.

이는 허언이 아니었다. 지크문트의 삶에 대한 이제까지의 기술을 보면 그가 전쟁 중에는 갖가지 제한 가운데 가능한 만큼의 사업 활동에만 전념한 것처럼 그려져 있다. 그러나 사실은 그것과 좀 다르다. 처음부터 그는 영국 정부에 '독일 내에서의 선동과 독일과의 접촉' 등 자신이 할 수 있는 것을 제공했다. 지크문트의 머릿속에는 영국이 독일을 선동하기 위해 할 수 있는 일들에 대한 구상으로 가득했다. 그중에는 BBC의 독일어 서비스를 향상시키는 것에서부터 직접 쓴 처칠의 연설 초고도 있었다. 지크문트는 또한 영국 국민으로서 런던 내 여러 부류의 독일 망명자들 사이에서 중재인 역할까지 도맡았다. 처음에는 잠시 일종의 독일 망명 정부를 설립할 생각을 하기도 했다. 그러나 단일 독립 기관을 설립하기에는 히틀러가 몰아낸 사람들이 너무나 다양한 부류였다. 특히 지크문트는 히틀러가 위험해지기 전 나치였던 단치히(그다인스크의 독일식 이름. 폴란드 북부의 항구 도시) 전 상원 의원장 헤르만 라우슈닝을 못 견뎌 했다.[8]

그런 면에서는 경제학자 프리츠 데무트가 지크문트와 훨씬 마음이 통하는 인물이었다. 지크문트는 데무트를 비롯한 몇몇 사람들과 모여 '선동과 경제 전쟁, 곧 다가올 제4제국과의 관계'(다소 희박했지만 지크문트는 그 같은 가능성을 배제하지 않았다)를 위한 아이디어들을 고취하기 위해 자유와 정의 재단을 설립했다. 그리고 독일 전시 경제를 약화시킬 수 있는 방법들을 논의하는 특별경제위원회도 세워

---

8 라우슈닝의 저서 『니힐리즘 혁명』(1939)과 『히틀러가 말하기를』(1940)은 이른바 나치 내부자의 작품이라는 이유로 영국과 미국에서 그 가치보다 훨씬 더 많은 관심을 끌었다.

졌다.[9] 한편 지크문트는 독일과 관계가 있는 회사들로부터 기밀을 모으기 위해 자신의 사업을 네덜란드, 스웨덴, 스위스 같은 중립국과의 연결 고리로 이용하자고 제안했다. 또한 경제전쟁부에 있는 공무원들에게는 영국 정부가 중립국으로부터 유입되는 독일 물건들을 줄일 수 있는 방법을 제시하는 제안서를 끊임없이 보냈다. 그는 오랫동안 무역을 외교 정책을 위한 주요 수단으로 여겨왔다. 이제 그는 스웨덴의 철광석 같은 원재료들을 독일이 수입하지 못하게 막을 수만 있다면 영국은 중립국으로부터의 대규모 수입은 물론, 아직 연합국에 가담하지 않은 유고슬라비아 같은 남유럽 국가들에서의 수입까지도 얼마든지 할 수 있어야 한다고 주장했다. 지크문트가 계속해서 강력하게 촉구한 것은 경제 전쟁을 수행하는 데 '더 무자비해지되 가책은 느낄 필요가 없다'는 것이었다. 리스-로스 같은 공무원들은 처음에는 지크문트의 제안을 묵살했다. 하지만 지크문트는 전혀 개의치 않고 앞서 말한 것과 같은 교역을 추진하기 위해 상업은행 로버트벤슨과 함께 새로운 회사 및 해외 상업 기금을 설립했다.

지크문트는 독일의 경제 기밀을 수집하기 위해 1939년 10월에서 11월 사이에는 프랑스와 스위스로, 1940년 1월에는 스위스, 벨기에, 네덜란드로 여러 차례 여행을 감행했다. 그 와중에 프리츠 티센이라는 독일인을 만났는데, 티센은 초기에는 나치를 후원했으나 전쟁이 일어나자 정권에 등을 돌리고 스위스로 이주한 철강왕이었다. 강철과 제강 산업의 또 한 사람의 선두 주자인 헤르만 뢰힐링 같은 부류는 히틀러에게 계속해서 충성을 바치고는 있었으나 얼마든지 부유한 영국인과 손잡을 준비가 되어 있었다. 1940년 초 지크문트의 서

<hr>

9 헨리 그런펠드 역시 경제위원회의 위원이었다.

류를 보면, 어느 시점에 독일 밖으로 밀반출된 금을 사들이기 위해 재무성 기금을 사용했다는 내용을 근거로 하여 지크문트가 그 같은 정보원들에게서 독일 관련 기밀을 사들이고 있었다는 사실을 알 수 있다. 지크문트는 비공식 평화 제의를 위해 미국에 샤흐트를 보냈다가 실패했던 게로 폰 슐체-게베르니츠의 계획에도 연루되어 있었다. 나중에는 전쟁 때문에 대륙 여행이 불가능해지자, 마르쿠스 발렌베리 같은 스웨덴 기업가들에게서 정보를 얻어 유포하기도 했다.

지크문트는 머리가 좋았다. 1939년 12월 말, 독일 정보원 중 한 사람이 '아마도 벨기에와 룩셈부르크, 어쩌면 네덜란드를 통해 1월 말에서 3월 말 사이 대규모의 군사 공격이 일어날 것 같다'고 그에게 정보를 주었다. 또 다른 정보원은 1940년 5월 6일에 벨기에와 네덜란드에 공격이 있을 것이며, 뒤이어 '영국에 대규모의 공중 공격이 있을 것'이라고 경고했다. 하지만 지크문트가 주장하는 것 같은 위기가 독일 내에서 일어날 거라고 생각하는 사람은 거의 없었다. 게다가 히틀러의 전쟁이 계속되는 한 정권은 더더욱 바뀔 리 없다고 생각했다. 하지만 지크문트는 히틀러의 평화 제안이 영국의 사기를 약화시킬까 봐 걱정하고 있었다. 1939년 9월 '히틀러가 1940년 9월까지 살아 있지 못할 것이고 그때가 되면 전쟁에서 질 것'이라는 데 5파운드를 건[10] 사촌 에리히와는 달리, 지크문트는 전쟁의 기간과 결과의 불확실함을 현실적으로 바라보고 있었다.

---

[10] 지크문트는 전쟁 초기, 이외에도 이런저런 내기들을 했다. 이 같은 내기는 당시 사람들이 전쟁이 얼마나 오래갈지 잘 모른다는 것과 히틀러의 열망 및 독일의 능력을 얼마나 저평가하고 있는지를 상기시켜주었다. 심지어 1940년 봄에는 지크문트조차도 전쟁이 1941년에 승리로 끝날 것이라고 주장하기도 했다. 하지만 '전 유럽 대륙을 초토화한 후에나' 전쟁이 끝날 거라는 그의 생각만큼은 옳았다.

지크문트는 미국에 친구가 많았지만 영국을 떠나겠다는 생각을 진지하게 해본 적은 없었다. 한번은 미국인 기자에게 영국은 이제 '문명의 요새'라고 말하기도 했다. 독일군이 파리까지 진군했을 때조차도 그와 에바는 "우리가 영국에서 독일에 패한다면 이곳을 떠나는 것이 옳지도 않거니와, 이곳을 떠나 이 세상 다른 어떤 곳에 간다 하더라도 전쟁을 피할 수 없다"라고 뜻을 같이했다. '싸움을 포기하기 전 마땅히 했어야 할 희생을 아직 치르지 않았으므로 계속해서 싸우는' 것 외에는 아무런 대안이 없었다.

지크문트는 나치가 승리한다면 자신이 무엇을 해야 할지에 대해 확고한 생각이 있었다. "혹시라도 절대 일어나지 말아야 할 일이 일어나고 히틀러가 영국에까지 손을 뻗칠 경우, 나는 노예로 사느니 차라리 내 자신과 내 주변 사람들의 삶을 모두 스스로 끝내는 편을 택하겠다." 이것이 1940년 5월 그가 어머니에게 한 말이었다. 그 같은 비장한 처칠식 감상은 그가 대단히 영국인다워졌다는 것을 확실하게 보여주었다(해럴드 니컬슨이 만일 독일이 영국 점령에 성공한다면 아내 비타와 함께 세상을 뜨겠다고 선언한 것과 거의 비슷한 내용인 것도 우연은 아니다). 또한 지크문트와 에바는 '영국 사람, 특히 유대계 영국인이라면 이 같은 시기에 제 가족만을 위해 도움을 받으려고 해서는 안 된다'고 생각해, 아이들을 미국에 보내지 않기로 결정했다. 대신 1940년 최악의 고비에는 적국적 거류 외국인(전쟁 중 상대국에 거주하는 외국인)이라며 억류된 독일인 망명자들을 대표해 선처를 호소해야 한다는 강한 의무감을 느꼈다. 이들 망명자 대부분은 지크문트만큼이나 히틀러에게 반감을 가지고 있었으며 상당수가 경제전쟁에서 중요한 역할을 했다(헨리 그린펠드는 적국적 거류 외국인으로 포로 수용소에 끌려갈지도 모른다는 공포에 시달렸는데, 보통 경찰이 오전 8시에서 9

시 사이에 용의자를 찾으러 다닌다고 생각해 몇 개월 동안을 아침 일찍 일어나 하이드 파크 주변을 돌아다녔다). 하지만 흥미로운 것은 '영국 요새를 지키는 데 도움이 될 수 없는 사람'은 캐나다로 대피하라는 권유가 있었지만, 지크문트는 자신이 영국을 지킬 사람에 속한다고는 생각해본 적조차 없었다는 사실이다. 그래서 군대 징집을 미루려고 뉴트레이딩의 중요성을 강하게 주장하기도 했다.

사업가로서 지크문트는 전쟁 중의 선동과 사기 증진을 아주 중요하게 생각했다. 전쟁 초기 그는 처칠의 평화 원칙 14개 조항에 대해 신중하게 갑론을박했다. 국제 원조 경쟁에서 괴벨스보다 더 비싼 값을 제의할 필요가 있다는 사실을 알고 있었기 때문이다. 그는 에이머리에게 대영제국이 국제연맹이 실패한 일을 대단히 성공적으로 이루어낼 수 있을 거라고 애써 설득했다. 정부가 '제국 전체의 토착민의 평등을 선언할 준비'가 제대로 되기만 한다면, '각기 다른 나라 사이에 평화롭고 자유로우며 건설적인 협력'이 이루어질 것이라는 주장이었다. 지크문트는 독일 출신으로서는 놀랍게도 전쟁 초기 독일 내 민간인 건물에 폭격하는 것을 지지했는데, 이 또한 독일의 사기를 약화시킬 필요가 있다는 믿음에 근거한 것이었다. '일단 영국의 폭격이 게슈타포보다 두려운 것이라는 인식만 생긴다면, 영국 폭격기가 게슈타포를 대신해 독일의 주인으로 등극할 것'이라는 게 그의 주장이었다. 그러나 그는 제2차 세계대전의 승패는 궁극적으로 경제적 측면에 의해 결정될 것이라고 믿었다. 1940년 절망에 빠져들지 않도록 그의 습관적 비관주의를 멈추게 한 것도 바로 이러한 믿음이었다. 그는 아직 연합국 측에 가담하지 않은 나라들을 무역으로 꾀어야 한다고 생각했다. 그리고 독일과 이탈리아가 전략상 중요한 원재료를 구하지 못하도록 수단과 방법을 가리지 않고 막아야 한다고 강조했다. 그는 추축국의 비행기 생산량보다 더 많은 비행기를 만들어내고, '루마니아와 러시아의 원유 생산만으로는 버티기 어려운 유럽 대륙에 원유 공급을 봉쇄하는 방식'으로, '지중해를 잃지 않기 위해 아프리카에 세운 추축국 기지를 함락한다면' 연합국이 전쟁에서 승리할 것이라고 믿었다. 지크문트는 독일의 소련 침공이 의미하는 바를 잘 알고 있었던 것과 마찬가지로, 독일 U보트에 맞서 싸운 대서양 전투의 결정적인 특징은 물론 미국의 수입 경로를 지키는 것이 얼마나 중요한 것인지 제대로 알고 있었다(지크문트는 독일이 소련을 정확히 1941년 6월 15일에서 7월 17일 사이에 공격할 거라 예측했었다). 서유럽에 병력이 상륙한다 해도 제2전선은 1944년까지 열리지 않을 것이라는 예상 역시 그가 옳았다. 그가 예측에 실패했던 것은 연합국 측 공중전 우월성의 영향을 과대평가했다거나, 1942년 소련의 군사력이 그해 말 전쟁을 끝내버릴 정도로 크다고 생각한 것 등 아주 드문 경우였다. 게다가 이러한 착각은 토브루크 함락으로 산산이 부서지고 말았다.[11]

지크문트는 전쟁 중 영국에서 사는 것에 어려움이 있었지만 이에 불만을 품기는커녕 오히려 긍정적으로 즐겼다. '그 모든 어리석은 사회 비즈니스'를 비롯해 참석해야만 할 곳도 줄었고, 극장 갈 일도 별로 없었으며, 정원에는 장미와 나란히 감자를 심었다. 로햄턴으로 이사한 뒤에도 가족은 계속해서 요리사 한 명밖에 두지 않았다. 모두가 금욕적인 젊은 금융가의 진면모를 보여주는 것이었다. 그는 일주일에 6일을 일했고 일주일 내내 일할 때도 있었다. 이민 이후 처음으로 영국 전역을 여행하며 미래에 사업을 펼치기 적당한 장소들을

---

[11] 1942년의 착각에 대해 지크문트는 최초로 처칠을 비난했다.

물색했다. 앞으로 찾아올 평화가 가져다줄 것에 대한 높은 기대 덕에, 국내에 남아 검소하게 산다는 것이 그에게는 그다지 힘든 일이 아니었다. 전쟁 후반부 영국에서는 전후 이상적인 세계를 구축하는 데 주축이 될 기관을 허둥지둥 고안해내면서 놀랍도록 창의적인 안이 쏟아져 나왔다. 즉 오랜 시간 노동자에게 약속해왔던 대로 경제 주요 분야에 국가 경비를 책정하고, '요람에서 무덤까지'를 주창한 윌리엄 베버리지의 복지 정책과 케인스식의 수요 관리 정책을 수용하겠다는 안 등은 늘 급진적이었던 지크문트에게 하나같이 매력적으로 느껴졌다. 실제로 그는 노동 계층에게 했던 혁명적인 약속을 지키는 것에 처참하게 실패해버린 바이마르 공화국의 운명을 피하려면 전후 영국에 과감한 변화가 필수적이라고 믿었다. 그래서 연합국이 승리를 거둔 바로 그 순간 노동당이 선거에서 압승해 처칠을 권좌에서 끌어내리자, 지크문트는 다른 사람들과는 거꾸로 반응했다. "런던 사람 대다수가 새로운 노동당 정부에 겁을 먹었다. 새 정부가 마음에 들지 않는 여러 분야에 새로운 공기를 불어넣을 것이라고 말해 그들에게 충격을 준 것을 보고 나는 무척 기뻤다."

지크문트는 국제 관계에도 전쟁 이후 혁명적 변화가 있을 것이라고 생각했다. 1940년 6월이 되자 그는 '전쟁이 끝나면 러시아는 몰락한 독일의 영토 중 많은 부분을 저항 없이 손에 넣게 되고, 결국 최근 러시아와 독일이 폴란드를 나누어 점령했던 것처럼 러시아와 연합국이 독일을 나눠버릴지도 모를 위험'을 지적했다. 실제로 그는, 러시아가 연합국에 합류하면서 그 보상으로 대규모 영토를 요구할 것이며, 소련이 돕지 않으면 독일을 패퇴시킬 수 없다는 사실을 확실하게 깨달았다. 유럽의 격전지에서 미국이 두 번째로 후퇴할 것을 예상하고 또한 동시에 스탈린이 서유럽을 탐낼 것을 두려워했던 지크문트는 영국이 주도하는 서유럽 기구 혹은 유럽 국가 연방에 대한 대규모 전후 설계를 구상하기 시작했다. 또한 "영국은 전후 문제들을 해결할 방법을 준비하면서 영연방 자치령 국가들, 서유럽 국가들과 보다 밀접한 관계를 유지하는 동시에 미국 의존도를 줄여야 한다"라고 생각했다.

5

앞서 대공황 시절보다 더 가파르게 세계 무역 시장을 축소시킨 세계적 대참사의 한가운데서 이름 없는 무역 회사가 할 수 있는 사업이 무엇이겠느냐는 질문이 나올 법하다. 1939년 이후 경제 전쟁이 격렬해짐에 따라 런던 내에 적절한 담보물이 없이는 해외 신용 리스크가 대단히 커질 수밖에 없었다. 이에 따라 뉴트레이딩은 주로 영국 내의 회사들과 연관된 비교적 작은 규모의 대출과 투자에 광범위하게 참여했다. 1940년 2월 지크문트가 각기 다른 28개 기업에 14만 파운드 가까이 대출해준 것이 그 예다. 3개월 뒤 그는 거래의 규모와 기간을 통제하는 고도로 제한적인 열한 가지 규칙을 만들었다.[12]

이러한 규칙을 만든 것은, 재능 있는 헝가리 출신 영화감독 알렉산더 코르더가 세운 회사인 데넘의 연구소가 테크니컬러(천연색 영화 제작법의 하나)로 필름을 현상하는 데 최신 기술을 개발해낼 것으로 기대했다가 크게 낭패를 보았던 일 때문으로 보인다. 코르더는

---

12 예를 들면 제조업 혹은 상업 회사의 비상장 유가증권에 참여할 때 뉴트레이딩의 순 지분은 1만 8000파운드(즉 회사의 지분 납입 자금의 10퍼센트)를 넘지 말아야 한다는 식이었다.

1930년대에 가장 상업적으로 성공했으며 〈헨리 8세〉(1933), 〈주홍 벚꽃〉(1934), 〈포 페더스〉(1939) 등 일련의 히트작과 함께 이름을 알린 감독이었다.

데넘 스튜디오 시절 코르더의 초기 작품들은 유나이티드아티스츠와 프루덴셜 보험에서 탄탄한 투자를 받아 제작된 것들이었다. 코르더의 실적보다는 매력에 설득된 지크문트와 그의 동료들은 프루덴셜을 비롯한 많은 다른 블루칩 투자자들과 함께 새 회사의 자기자본의 사모(private placing)를 조직했다. 그러나 코르더의 기대는 지나치게 낙천적이었다는 것이 밝혀지고, 데넘 연구소는 새 상무이사가 취임했는데도 파산으로 빠르게 치달았다. 지크문트는 충격으로 몸을 가누지 못하고 열에 시달리며 성대까지 감염되어 글자 그대로 아무 말도 하지 못한 채 자리만 보전하고 있었다. 변호사와 함께 오전 9시부터 자정까지 이어진 긴 회의를 관장한 끝에, 데넘 스튜디오를 설득하여 부실한 자회사를 전부 인수하게 만들어 난관을 타개한 것은 다름 아닌 그런펠드였다.

1941년 3월 런던 곳곳이 휴업 상태였지만, 지크문트는 막스 삼촌에게 뉴트레이딩의 앞날에 대한 자신감 넘치는 보고서를 넘길 수 있었다. '다른 회사들과는 상당히 다르게' 뉴트레이딩은 주로 '외상 거래와 금융 자문 그리고 지속적으로 늘어나는 고객을 관리하는' 방식으로 '꽤 남는 장사'를 할 수 있었다. 인정하건대, 그 사업의 대부분은 '직접적으로 혹은 간접적으로 전쟁을 위해 공헌한 바가 컸다. 예를 들어 수입, 수출 자금을 대고 특히 전쟁 물자 보급 부서를 위해 일하는 회사들에 자금을 댔던 것이다.' 지크문트는 1942년 4월에 이렇게 설명했다. "뉴트레이딩의 사업은 대략 두 분야로 나뉜다.

하나는 분야와 방법을 불문하고 우리 관심을 끄는 사업을 하는 고객들에게 조언을 하고 비서처럼 뒷받침해주는 일이고, 나머지 하나는 크고 작은 위험을 책임지면서 상업 여신을 주선하는 업무로, 구세대적 발상의 은행업이 아니라 자금 조달보다는 상거래를 보조하고 강조하는 서비스 및 상업 비즈니스인 리스크 참가다." 회사의 많은 고객들이 막스의 사위 루돌프 한[13]이 세우고 훗날 이윤을 내기보다는 골칫거리로 전락해버린 B.K.L. 앨로이스와 같은 유대계 독일인 이민자가 이끄는 회사들이었다.

훨씬 큰 골칫거리는 어니스트 민던이 세운 회사 서리정밀기계였다. 뉴트레이딩이 관심을 두었던 회사들 중 단추 제조 회사 라크리노이드프로덕츠와 뉴먼스슬리퍼스 그리고 화학 회사 서트클리프스피크맨은 문제가 좀 덜했다. 눈이 번쩍 뜨일 정도의 사업은 아니었지만 수익성이 괜찮았다. 〈표 1〉에서 뉴트레이딩이 올린 이윤이 전쟁 전보다 전쟁 기간 중에 현저하게 늘어난 것을 볼 수 있다. 런던 전체의 비즈니스 규모가 급격하게 줄었던 시기에 회사의 매출은 대체로 증가했다는 사실 또한 눈여겨볼 필요가 있다.

그러나 새 회사에서 펼쳤던 사업 내용보다도 더 인상적인 것은 지크문트가 이끄는 가운데 발전된 사업 방식이었다(왜냐하면 전쟁 동안 그는 유일하다시피 한 풀타임 관리자였기 때문이다). 그가 1940년에 만들어낸 '사업 구성을 위한 규칙'은 말 그대로 그가 일생 동안 한 번도 어겨본 적 없는 아주 기본적인 부분에서부터 출발한 것이었다.

---

13 한은 막스의 딸 롤라 바르부르크와 결혼했다. 그는 1934년 독일에서 이주해와 유명 스파르타식 학교 고든스톤 스쿨을 설립했던 교육자 쿠르트 한의 동생으로, 그 역시 독일에서 일찍이 혁신적 교육 기관인 슐로스 살렘 스쿨을 세웠다.

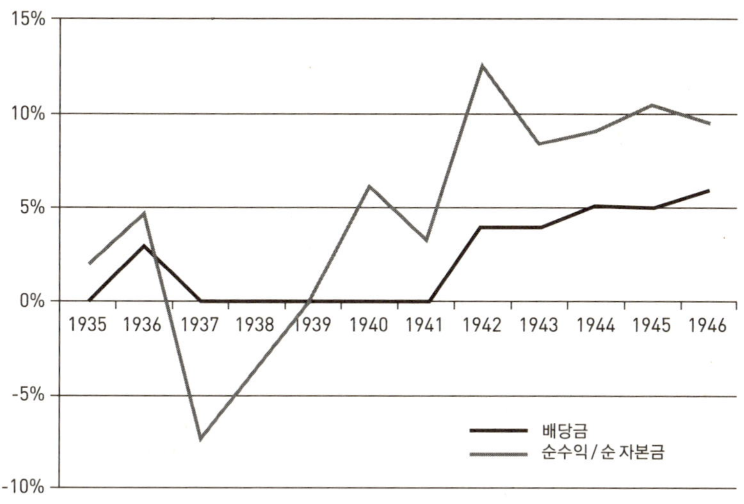

출처 : 존 굿윈의 논문

이러한 기본적인 것들이야말로 지크문트가 마음에 품었던 아주 독특한 경영 방식에 대한 중요한 통찰력을 제공해주었으므로 충분히 시험해볼 만한 가치가 있었다.

규칙에는 '매일 아침 열리는 편지 읽기 모임에 이사회 회원들과 H[헨리], G[그런펠드], E[에릭] K[코너]가 반드시 참석해야만 한다'라고 명시되어 있었다. '기업에 전달되는 편지를 주요 관리자들과 임원들이 함께 읽어야 한다'는 이 같은 개념은 의당 혁신적이었다. 왜냐하면 런던의 다른 어떤 기업도 이런 회의를 열지 않기 때문이었다(독일 적군파 RAF에서 경험을 쌓은 헨리 티아크스가 매일 아침 열리는 회의에 영감을 받아 전후 슈로더에 소개한 적이 있기는 하다). 지크문트의 자랑스러운 규칙의 주목적은 통제였다. '아침 회의에 참석한 사람

중 최소 두 사람의 동의 없이는 개인 계좌 혹은 개인 이름으로 유가 증권을 구입하는 일'은 없었다. '새로운 고객 혹은 기존 고객과의 신용 거래가 약정된 선을 넘어서는 경우'에도 같은 규칙이 적용되었다. 제조 회사 및 개인에 대한 투자를 매달 정기적으로 검토하기도 했다. 이러한 통제는 연대 책임과 기록이라는 두 가지 요소의 조화를 통해 유지되었다. '특별 기록'은 '주요 투자에 대해 논의하는' 아침 회의에서 기록되었다. '투자 일지'는 '아침 회의의 참가자들 중 한 사람이 지시에 따라' 기록했는데, '아침 회의에서 투자를 제안한 사람과 참가자 중 다른 한 사람의 이름 첫 글자로 투자 내용이 표시됐다.' 그들은 아침 회의 규칙을 철저히 지켰다. 규칙에 따르면 '아침 회의에서 제출된 짧은 문서 없이는 그 어떤 특별한 유가증권에 대한 제안도 이루어지지 않았다.'

이론적으로는 이것이 지극히 독일적인(게르만 민족 특유의) 요식 체계를 위한 방안으로 보였다. 그리고 실제로도 지크문트는 독일 방식이 영국식보다 대체로 우월하다고 보았다. 영국이 '통계적인 부분과 기록 등등에서 끔찍할 정도로 원시적인' 것을 목격했기 때문이다. 그러나 규칙은 두려워했던 것만큼 진취성을 억누르지도 않았으며, 오히려 정기적인 대면 접촉과 인간적 실수에 대비한 습관적 기록 보관이라는 조화로움 덕에 회사 내 주요 인물들이 결속하는 데 큰 도움을 주었다. 연대 책임과 소속감이 이 모든 것의 핵심이었다. 그 같은 체계가 이처럼 효과가 컸던 것은 확실히 뉴트레이딩이 아주 작은 규모의 회사라는 점에 기반한 것이었다. 회사는 1939년까지 눈부시게 성장하여 더 큰 사무실이 필요하게 되었고, 때맞춰 엎어지면 코 닿을 만한 거리인 킹윌리엄가 82번지의 어음 할인 중개 회사 제슬토인비 아래층 사무실을 발견하게 되었다.[14]

회사를 옮길 정도로 발전하기는 했지만 전쟁 발발 이전에는 고작 23명의 직원이 있었고 전쟁이 끝날 즈음에는 30명가량이었으므로 여전히 소규모 기업이라고 보는 게 맞는다.

군에 입대하느라 주기적으로 숙련된 직원이 빠져나가는 것은 지크문트가 까다로운 사업 규칙을 지켜나가는 데 어려움을 주는 이유 중 하나에 불과했다. 1941년 4월, 폭격으로 이웃 사무실이 파손되자 뉴트레이딩이 입주한 곳까지도 엄청난 피해를 보았고, 그것을 정리하고 치우느라 지크문트는 스스로를 '은행가이자 청소부'라고 여기기도 했다. 이 일로 인해 당분간 회사는 로버트벤슨의 사무 공간을 빌려야 했다. 어떤 때에는 사무실 근처 술집이 폭격을 맞아 끔찍한 일이 벌어지기도 했다. 그러나 또한 전쟁은 지크문트가 자신의 기호대로 마음껏 오랜 시간 일할 수 있게 해주기도 했다. 공습이 벌어지면 그와 그린펠드는 종종 하늘에서 떨어지는 불줄기를 바라보며 런던에서 날밤을 새우기도 했다. 그리고 그러는 동안 '지금 고민해야 할 흥미로운 금융 문제들'을 곰곰이 생각할 수 있었다. 논의에 따라 공동 결정을 내리는 원칙은 전쟁 중에도 확고하게 회사의 지위를 세울 수 있게 해주었다. 런던에서 의욕적으로 사업을 시작했으나 자신

---

14 그 유명한 두 번의 점심식사 체계가 발생한 곳이 바로 여기다. 새로운 사무실에는 이사회실 하나와 부엌이 있었다. 아직은 회사 단독으로 점심을 즐길 공간을 갖출 형편이 되지 못했던 뉴트레이딩은 리처드 제슬이 비용을 나누자는 제안을 하자 그것을 받아들였다. 그래서 제슬토인비는 12시 30분에서 1시 15분 사이에 점심식사를 했고, 뉴트레이딩 직원들은 1시 30분에 점심식사를 시작하게 되었다. 전쟁이 끝나고 지크문트가 그레셤가의 새로운 곳으로 이사를 가자 더 이상 그 규칙을 지킬 필요가 없었지만, 두 번의 점심식사라는 전통은 여전히 이어져 가장 많은 비용을 식당을 유지하는 데 쓰게 되었다. 가끔 에릭 코너가 각기 다른 고객들을 만나느라 하루 두 번의 점심식사에 다 참여했던 것으로 알려져 있다.

만큼 성공하지는 못한 또 다른 바르부르크가 기업인 머천트앤드제너럴의 소식을 들을 때면, 지크문트는 별로 좋아하지 않았다. "그들은 회사의 이익을 위해 사업을 협상할 때 '내가 이 융자를 주겠소', '나는 여기에 참가하겠소'라고 말하지만, 우리 뉴트레이딩에서는 '우리는'이라고 복수형으로 말하는 원칙을 따른다."

이 어두운 전쟁의 시대에서 또 한몫을 한 것은 레코드 회사 EMI의 전 이사 루이스 스털링 같은 힘 있는 친구를 얻고 관계를 구축해 나가는 지크문트의 재능이었다. 스털링이 새로 세운 A.C.코서 주식회사는 라디오 부품 및 전자 장비를 생산하는 선도적 기업이었다. 1942년 후반 파울 콘-슈파이어가 죽자 지크문트는 스털링에게 그 자리를 대신해 뉴트레이딩의 네 번째 중역이 되어달라고 설득했다. 미국 출신인 스털링은 전쟁 중의 영국에서는 드물게 혁신적인 인물이자, 축음기와 라디오를 보급하고 TV를 개발하는 데에도 깊이 관여한 인물이었다. 그런 그와는 달리 다른 영국의 생산 회사들은 깊이 알면 알수록 지휘 관리 체계의 허술함으로 지크문트를 충격에 빠뜨렸고 새로운 사람과 이루어낼 수 있는 개선에 대해 꿈꾸게 했다. 지크문트는 1943년 초 막스 삼촌에게 이렇게 말하기도 했다. "일을 제대로 해낼 적합한 사람을 찾는 것이 중요하다는 사실을 다른 어느 때보다도 절실히 느끼고 있다. 자산의 규모나 조직의 기술력을 합친 것보다도 훨씬 더 중요한 것이다." 처음에는 제대로 된 사람이 바로 지크문트였다. 뉴트레이딩, 로버트벤슨, 영국주주신탁, 이글 스타 보험, 프루덴셜이 모여 만든 연합 기구를 위해, 지배지분을 획득하여 화학 기술 기업 서트클리프스피크맨 이사회에 합류한 것도 다름 아닌 지크문트였다. 그러나 전쟁이 진행됨에 따라 혼자 힘으로는 어려운 일들이 생겨났다. 지크문트는 법률 회사 애셔스트모리스크리스프의 젊은 동업자로 종종 뉴트레이딩의 이사회 회의에 참석하곤 했던 마이클 리처즈에게 점차 의지하기 시작했다.[15]

그럼에도 불구하고 뉴트레이딩의 혁신에는 한계가 있었다. 초기에는 지크문트가 1920년대에 수습 직원으로 지냈던 N.M.로트실트의 도움에 많이 기댔던 것이다. 뉴트레이딩의 평등주의만큼이나 계급 차별이 심했던 전형적인 게르만식 로트실트가는 그 같은 철학의 차이에도 신출내기 회사에게 친절을 보였고, 절대 모두 다 수익성이 좋았다고 볼 수도 없는 지크문트의 방식으로 일을 진행했으며, 아주 변변찮은 수수료로 그를 대신해서 어음을 인수해주었다. 지크문트가 의존적인 위치에서 거의 동등한 입지로 발전하는 과정은 아주 서서히 이루어졌다. 예를 들어 1939년, 뉴트레이딩이 미국 상품을 수입하는 영국 수입업자들과 미국의 중립법으로부터 불거진 어려움을 이겨내는 일을 돕고 어음 인수상 연합 사이를 중재하는 역할을 맡았던 것도 안토니 드 로트실트의 입김이 작용한 것이었다. 당시 일을 헤쳐나갈 수 있었던 것은 1943년 지크문트가 로트실트와 로버트벤슨을 뉴트레이딩이 이끄는 주식 발행 연합에 합류하라고 설득했기 때문이었다. 또한 회사 초창기 점심식사 공간을 나누는 것을 넘어 폭넓게 교류를 하게 된 제슬토인비와 가까이 지낸 것도 도움이 되었다. 그리고 영국은행을 비판하기는 했지만, 지크문트는 은행의 외환 관리 전문가이자 자신과 가장 가까운 생각을 가진 고위 관리자인 조

---

[15] 리처즈가 지크문트의 눈에 든 것은, 지크문트가 그레이트미슨던에서 무임승차로 기차를 타고 여행을 하던 중 체포되었을 때였다. 당시 지크문트의 변호사들은 지크문트에게 법정에 가지 말라고 충고했다. 표를 샀다가 잃어버렸던 지크문트는 유별나게도 무임승차 혐의에 대해 결백을 주장하지 않았다. 이에 리처즈가 나서서 그를 변호하기로 했고, 사건에서 승리한 뒤 뉴트레이딩이 가장 의지하는 변호사가 되었다.

지 볼턴과 가까워지기 위해 대단히 정성을 쏟았다. 즉 뉴트레이딩은 결코 하루아침에 런던 시장 중심에 불쑥 솟아오른 게 아니었다. 런던 시장에서 주의 깊게 길을 모색하고, 아무리 하찮은 일이라 할지라도 미답의 영역을 찾아다녔던 것이다. 헨리 그런펠드는 뉴트레이딩 초창기에 특별히 주의를 기울여 만들어낸 전략적 계획이 있었느냐는 질문을 받을 때마다 예외 없이 일언지하에 "아니다"라고 대답했다.

전쟁이 채 끝나기도 전 지크문트는 뉴트레이딩을 적당한 이윤을 내는 벤처 회사로 정착시키는 데 성공했다. 새로운 종류의 금융 서비스를 제공하는 동시에 런던의 철옹성에 단단히 뿌리를 내렸던 것이다. "우리는 이제 대략 열다섯 개에서 스무 개의 기업 고객을 확보하고 있다. 그들을 위해 우리는 은행가로서뿐 아니라 전반적인 조언가로 활동하고 있다." 그는 M.M.바르부르크의 전문가 에른스트 슈피겔베르크에게 이렇게 보고했다. "이제 뉴트레이딩은 보수적인 런던 정서에 잘 어울린다고 생각해도 좋을 만큼 꽤 안정적인 위치에 잘 정착했다고 생각한다. 우리 회사는 이제 이른바 일반 서비스 및 금융 회사라고 부르는 상당히 특별한 임무를 도맡게 되었다." 1943년에 지크문트와 그런펠드 두 사람은 이미 전후에 사업을 어떻게 확장할 것인지에 대해 논의하고 있었다. 그 방법은 영국 기업에 흥미가 있는 미국 투자자들을 위한 중개인 역할이 될 수도, 혹은 그런펠드가 항상 우스꽝스럽고 어울리지 않는다며 불평해왔던 뉴트레이딩보다 자극적인 이름으로의 발전일 수도 있었다. 그렇다면 고작 10년이라는 세월에 걸쳐 '금융 회사에서 상업은행 회사'로 발전해온 회사에게 가장 잘 어울리는 이름은 무엇이었을까?

6

마침내 전쟁에서 승리했을 때, 지크문트의 반응 역시 다른 사람과 같았다. BBC에서 네덜란드 국가가 흘러나오고 영국 군대가 벨기에와 네덜란드 국경을 넘어섰다는 발표를 듣자 눈물을 흘렸던 것이다. 그러나 그는 또한 그 기회를 놓치지 않고 암스테르담에 있는 M.M. 바르부르크의 제휴사에서 바르부르크의 사업을 되살리기 위해 네덜란드로 향했다. 대서양 연안을 아우르는 비즈니스 역시 예전처럼 되돌리기 위해 미국과 캐나다에도 가기를 희망했던 그는, 유럽에서 공식적인 종전을 선포한 전승일이 채 되기도 전에 뉴욕으로 에릭 코너를 보내기도 했다.

제3제국의 몰락과 무조건적 항복에 대한 지크문트의 감상은 이상하게도 기록으로 남아 있지 않다. 해방된 유럽에서 흘러나온, 유대인에게 자행된 나치 범죄의 끔찍한 진실에 대한 자신의 느낌을 후대에 물려주고 싶지 않았던 것이다. 어쨌거나 그는 분명 대학살을 예견했다. 그리고 그의 딸은 지크문트가 전쟁 직후 예배당에 거의 가지 않았다고 회상했다. 그의 조국은 파괴되었다. 그의 조상들의 종교 집단은 거의 흔적도 없이 사라졌다. 그러나 그는 양쪽 모두에서 거리를 두었다. 이제 그는 점점 더 자신 있게 독일어에 뒤지지 않을 정도로 영어로 말하고 쓸 수 있게 되었다. 억양은 지울 수 없었지만 흠도 거의 없고 속도도 괜찮았다. 지크문트는 1940년 이렇게 적었다. "비스마르크 제국의 탄생은 역사상 정말 슬픈 사건이었다. 비스마르크가 독일에 가져온 정치적 발전이 독일인의 가장 좋지 않은 면을 바깥으로 끄집어냈기 때문이다." 이 발언은 전쟁 막바지에 출판

된 『독일의 역사』에서 A. J. P. 테일러가 주장했던 것과 그리고 독일 통일 자체가 실수였다는 고전적 관점과도 묘하게 닮았다. 지크문트는 유대교와도 점차 더 멀어졌다. 자식들에게 기도하라고 독려하기는 했지만, 그야말로 경구들만 인용할 뿐 그 어떤 공식적인 종교 교육이나 조언은 일체 하지 않았다. 학교에 제출하는 양식에는 '무교'라고 적었다. 결국 지크문트가 평화를 부르짖었던 것은 유대계 독일인으로서가 아닌 영국인으로서였다. 그는 대놓고 자랑스러워하며 장인에게 말했다. "이 나라 국민들은 평상시보다 더욱 대단한 정신력을 드러냈다. 그 목표들은 언제나 도달 불가능하겠지만 실로 이 나라를 인도하는 길잡이 노릇을 하고 있다. 어려운 일도 특별히 생색내지 않기, '예'라고 하면서도 빼기지 않기, '아니오'라 거절할 때도 온화하기, 단호하고 고집스럽되 성마르지 않으며, 피할 수 없는 것은 기꺼이 받아들이면서 해야 할 싸움에서 물러서지 않기."

물론 이것은 단순히 영국민들의 질긴 근성을 표현하는 세간의 평판 이상의 의미가 있었다. 그것은 전쟁과 평화를 겪으면서 진정한 영국인으로 거듭난 외부인이 오랜 세월 구축한 확고한 신념을 간결하게 표현한 것이었다.

6

명성의 회복

상업 은행가에게 이름이란 가장 소중한 영업 자산이다.

— 1963년, 에르네스트 보크

오래전 당신이 개인적 야망 두 가지가 있다고 말했던 것을 기억한다. 하나는 바르부르크가가 런던에서 베어링가만큼 높게 평가되는 것, 그리고 또 하나는 가문이 함부르크로 돌아가는 것이라고.

— 1970년, 에릭 포크너가 지크문트 바르부르크에게

1

제2차 세계대전이 끝났을 때, 사람들은 더 이상 바르부르크가를 금융 가문으로 보지 않았다. 막스는 오랜 친구 토머스 라몬트와 함께 꿈꿨던 유럽 재건의 꿈을 돌아보며 미국에서 말년을 보냈다. 이후 다시는 유럽으로 돌아가지 않고, 1946년 세상을 떠났다. 삼촌들 형제 중 막내 프리츠만이 막스보다 오래 살았다. 프리츠는 스웨덴에서 조용하게 지내다 딸이 머물던 키부츠 네처 세레니가 있는 이스라엘로 간 뒤 16년을 더 살았다. 막스를 비롯한 네 형제는 모두 합쳐 열여덟 명의 자식을 낳았지만, 그들은 모두 전 세계에 흩어져 살았다. 막스의 딸 둘은 영국에 정착했고 나머지 하나는 보스턴에서 살았다. 파울의 외아들 지미는 금융보다는 정치에 관심이 더 많았다. 펠릭스의 네 아들은 모두 은행보다는 취미 생활에 더 몰입했다. 한 사람은 경주마를 길렀고 다른 하나는 첼로를 연주했으며 하나는 사교 생활에 열중했고 마지막 하나는 현대 예술품을 수집했다. 프리츠의 딸 중 두 명은 이스라엘로 이주해 전쟁이 끝난 뒤 시온주의자들과 결혼했다. 반면에 맏딸 잉그리트는 전직 공산당원이었던 이탈리아인과 결혼했다. 막스가 죽은 뒤, 독일의 가족 기업이 되살아날 수도 있다고 생각하는 사람은 그의 아들 에릭뿐이었다.

은행 브랜드로서의 바르부르크라는 이름은 나치의 아리안화 정책 때문에 사라진 상태였다. 어느 정도였는가 하면 1945년 5월 브링크만, 비르츠에 과연 무엇이 남았을지 확신할 수 있는 사람은 아무도 없었고, 암스테르담에 있는 바르부르크는 단지 텅 빈 껍데기에 불과했다. 지크문트가 볼 때 '향후 몇 년간 함부르크에서는 그 어떤 일도 할 수 없을 터'였으며 암스테르담에서 생각해볼 수 있는 것 역시 한 낱 임시 사무실 정도가 고작이었다. 그 외에는 에릭이 이제 막 뉴욕에 독립적으로 세워놓은 에릭M.바르부르크 주식회사밖에 없었다. 그런데 수년간 헨리 그런펠드를 비롯해 여러 사람들은 뉴트레이딩의 이름이 마음에 들지 않는다고 했었다. 특히 회사가 점차 상업은행처럼 운영되면서부터 그 같은 불만은 더욱 커졌다. 정작 지크문트는 '이름 바꾸는 것을 상당히 꺼렸다.'[1]

하지만 비단 이사회 동료뿐 아니라 지크문트 주변의 친구 대부분이 이제는 변화를 꾀해야 할 때라고 조언하고 있었다.

지크문트는 막스 삼촌과 에릭 둘 다 찬성할 거라고 생각하지 않았지만, 본인도 이들의 생각은 거의 개의치 않는다는 입장을 명확히 했다. 어차피 두 사람도 에릭M.바르부르크 주식회사를 설립하면서 지크문트와 상의한 적 없었고, 지크문트가 전후 계획에 대한 자신의 생각을 얘기했을 때에도 시큰둥했었다. 아니나 다를까, 에릭과 막스둘 다 반대가 대단했다. 그러나 지크문트도 고집이 만만치 않은 인물이었다. 그는 장차 M.M.바르부르크의 옛 동업자들과 협력할 가능성을 배제하진 않았지만, 각각의 회사는 금융 중심지에서 독립적으로 운영되어야만 하며, 또한 해당 지역에서 건설적 역할을 수행하면서 그 지역에서 없어서는 안 될 터줏대감이 되어야 한다고 주장했다. 이는 잘나가는 놈들 아니면 다 무시하겠다는 속내를 에둘러 말한 것이었다. 한 친구는 이를 가리켜 "원래 속도 좋은 증기선을 몰고

---

[1] 그런펠드는 지크문트가 M.M.바르부르크가 급격히 추락하고 몰락해버린 일에서 벗어나지 못했을 거라고 짐작했다.

가면 물에 빠져 허우적대는 생존자는 눈에 들어오지 않는 법이지"라
고 말했다. 한쪽에서는 지크문트가 농담 반 진담 반으로 회사명을
바르부르크-필리프손으로 바꿔버리겠다고 위협하고, 에릭은 앤드
루 맥퍼딘에서 이름을 따 만드는 게 어떠냐고 설득하는 등 결실도 없
는 논의가 점차 거칠어지며 오갔다. 그 뒤 마침내 1946년 1월 28일,
S.G.바르부르크 주식회사라는 이름이 공식적으로 적용되었다. 이름
에 대한 설명에는 다소 빈정거리는 말투가 섞여 있었다. "내가 회사
안에서 그 어떤 실수를 저지르더라도, 나와 같은 이름을 가진 가족
누구도 피해 보지 않기를 바라서, 굳이 내 이름 머리글자를 따 만들
었다."

　새 이름으로 단장한 회사는 아직 소규모였지만, 그렇다고 혼자 모
든 일을 해나가는 1인 밴드는 아니었다. 그런펠드와 코너, 탈만에,
이제 투자 부서의 헤르만 로비노브 역시 지크문트에게 믿음직한 존
재로 자리 잡아가고 있었다. 게다가 회사가 지나치게 독일식 분위기
로 치우치지 않게 균형을 잡고, 전후 영국 산업에 대한 약간의 전문
지식을 얻기 위해서 전쟁 전 한 철강 회사의 부사장을 지낸 제럴드
코크를[2] 이사로 영입했다.

　지크문트가 창업 초창기부터 확실히 밝힌 바와 같이 전후 회사의

---

[2] 그다지 대단치 않은 옥스퍼드 현대사 학위를 받은 이튼 스쿨 출신 노장 코크는
전쟁 중 스코츠 가드에서 중령으로 근무했으며, 헨델 음악광이자 수집가였다. 지
크문트가 그를 회사에 영입했을 때 기록한 바에 따르면, 그는 "아리아 혈통 75퍼
센트에 비아리아 혈통 25퍼센트가 뒤섞인 묘한 조합의 인물이었다. 친할아버지
는 레스터 백작이고 외할아버지는 버넘 경(전에는 '〈데일리 텔레그래프〉의 레
비-로슨'이라고 하면 다들 알아주던 명망가)이었던 코크는 외무성 종신 차관이
었던 알렉산더 카도간 경의 딸과 결혼했다. 하지만 이에 대해 지크문트는 날카
롭게 덧붙였다(그러나 그다지 솔직해 보이지는 않았다). '나는 그의 연줄 때문
이 아니라, 대단히 괜찮고 똑똑한 인재라서 그를 우리 이사회에 들인 것이다.'"

주요 목표는 '영국 기업들에게 서비스를 제공하는 것'이었다. 1946
년 지크문트가 장인에게 말했던 것처럼 S.G.바르부르크는 은행 업
무를 보는 곳이 아니라 첫째, 회사나 개별 고객들에게 조언을 제공하
고, 둘째, 모집과 발행을 담당하는 회사였다.

코크는 1947년 리오틴토(다국적 광산 및 자원 업체)의 임원이 되고
9년 후 회사의 사장이 되자 영국에서 가장 잘나가는 이름 중 하나인
자신의 회사와 이 새로운 상업은행 S.G.바르부르크 사이에 귀중한
연결 고리를 구축했다. 비록 리오틴토가 N.M.로트실트사에게서 등
을 돌리고 S.G.바르부르크의 고객이 된 것은 아니지만, 이는 진정한
세계적인 광산 구축이나 다름없었다.

바르부르크가 새로운 이름을 선보인 즈음 주변 상황은 그다지 좋
은 편이 아니었다. 독일 공군의 약탈 때문에 도시는 파괴된 상태였
고, 전쟁 중의 통제는 상업은행 업계를 거의 사장시키다시피 했다.
클라인보르트 선스 같은 경우엔 '수익이 너무 낮아서 아예 문을 닫
아야 할 지경'이었다. 잘나가는 회사들을 국유화하고 수익과 부를
전례 없이 재분배한 새 노동당 정부는 신출내기 자본 기업에 좀처럼
고운 눈길을 주지 않았다. 지크문트는 '사회에 도사린 이런저런 정
치 경제적 불만은 물론 미약한 동요까지도' 두려워했지만 새로운 정
부가 '꼭 필요한 아주 건설적인 일을' 할 것이라는 희망을 품었다.
이게 끝은 아니었지만, 어쨌거나 지금 지크문트는 도시에 유일하게
남은 사회주의자라는 사실을 즐기고 있었다. 그는 영국 상공회의소
소장으로 취임한 크립스 경과의 친분을 앞세워 1944년의 브레턴우
즈 체제 당시 체결한 미국과의 협정 결과에 대해 직접 논의했다. 지

크문트는 무기대여법(제2차 세계대전 중 미국이 영연방의 원조를 위해 제정한 법률)이 종료된 것을 무척 환영했으며, 크립스의 이름과 떼려야 뗄 수 없게 될 '스파르타식 평화 정권'을 정확하게 내다보았다. 크립스가 경제장관을 거쳐 재무재판소 대법관이 된 뒤, 상무원에서 크립스의 뒤를 이은 젊은 노동당 소속 정치인 해럴드 윌슨에게서도 지크문트는 깊은 인상을 받았다. 윌슨은 평가절하에 대해 지크문트와 같은 생각이었다. '특히 지금 일어나고 있는 비합리적이고 심지어 비도덕적이기까지 한 평가절하는 마치 그것이 문제의 해결법인 것처럼 착각하게 만들지만, 기껏해야 극히 단기적으로 문제를 완화해줄 뿐'이기 때문이었다. 두 사람은 미국이 파운드화 통용 지역에서 수입을 하는 것에 그다지 큰 흥미가 없기 때문에 달러 대비 파운드의 환율을 낮추는 것으로 영국의 국제 수지 문제가 반드시 완화되지는 않을 것이라는 데 동의했다. 지크문트는 또한 '금은 이 세상에서 과도한 역할을 하고 있는 많은 프로이트적 상징 중 하나'라는 윌슨의 의견에 찬성했다.

그러나 클레멘트 애틀리 총리가 이끄는 정부의 정책에 대한 지크문트의 열광은 이내 식어버리고 말았다. 사업체에 부과되는 세금이 높았던 것이다. '다각적인 무역이 가능하고 돈도 자유롭게 바꿔가며 쓸 수 있다'고 떠들어댔지만 수입과 환전에 대한 제한과 통제는 아직 남아 있었다. 무엇보다 각 분야 사업에 대한 국유화가 지나쳤다. 심지어 기차역에 있는 호텔까지도 국유화하겠다는 크립스의 계획은 지크문트의 불만을 가중시켰다. 어쨌거나 지크문트는 함께 나눈 대화를 전후 계획의 높은 차원에서부터 자신에게 특히 차별적이라 여겨지는 새로운 기업법과 외국 출신 중역에 관한 조항이라는 낮은 차원까지 교묘하게 이끌어, 그를 자신의 필요대로 행동하게 만들었다. 1949년 9월 평가절하 때까지 달러 대비 파운드의 가치가 4.03 달러에서 2.80달러로 20퍼센트나 줄어든 것을 목격한 지크문트의 마음속에서는 전쟁 중 노동당에 보냈던 열렬한 지지가 눈에 띄게 이지러지고 있었다. 그해 8월 지크문트는 전쟁 중에나 필요했던 각종 제약이 그럴 필요가 없는데도 여전히 유지되고 있다는 아주 비판적인 기록을 남겼다. 정부는 국방 예산을 너무 많이 쓰고 있었다. 투자 이윤으로 지불할 돈과 급여가 너무 높았다. 사람들은 직원들뿐 아니라 관리자들까지도 오랜 시간도 아니고, 열심히도 아니며, 효율적이지도 않게 일하고 있었다.

그 모든 것들 중에서도 가장 문제가 되는 것은 '현재의 위기를 극복하기 위해서는 보다 많은 사람들이 더 오랜 시간 일을 해야 하며, 일하지 않는 자 먹지도 말라고 주요 양당 어느 쪽도 선뜻 나서서 국민에게 말하지 못한다'는 사실이었다. 지크문트는 경제 부문에서 '허리띠를 졸라매고 산다'는 것 이상의 대안은 없다고 여겼다. "오늘날 국내 상황은 어쩌면 됭케르크 전투 때보다 훨씬 더 심각하다고 해야 할 것이다. 잘나가는 영국 경제학자들이 모두 전후 상황을 어쩔 도리 없다고 진단하는 것은 아니다. 그러나 전후 영국에 대한 기대와 현실 사이에 놀랄 만한 간극이 있다는 사실을 부정하는 학자도 거의 없다."

지크문트가 볼 때 경제 약화의 주요 원인은 지배 계층이 정당의 색을 불문하고 영국의 해외 군비를 낮추는 것을 꺼려한다는 점이었다. 그로 인해 이미 외부 부채의 무게로 짓눌리고 있는 나라에 가해진 경제적 압박은 계속해서 국제 수지 위기를 초래하며 나라의 거시 경제에 핵심 문제로 대두되었다. 이에 지크문트는 놀랍도록 분명한 선견지명으로 1945년 이후 영국 경제에 미래는 없다고 보았다. 그리고 '가능한 한 많은 영연방 국가들로 다른 세상의 성쇠와는 무관한 경제 단위를 만든다'는 친구 레오 에이머리의 발상에 일부 찬성하기도 했다. 그러나 다른 이들이 아직 기회를 꿈꾸고 있을 때 지크문트는 오로지 간접비(상품 또는 서비스와 직접 관련되지 않은 기업 경영 시 발생되는 간접 비용)만을 살피고 있었다. 그는 파시스트적인 인종 분리 정책이 판치는 남아프리카 정권과는 절대 아무것도 할 것이 없다고 보았다. 탕가니카(탄자니아의 옛 이름) 역시 '관심 밖의' 영역이었다. 지크문트는 대서양 연안 국가들과의 '특별한 관계'를 전후 영국의 경제 회복에 유일한 열쇠로 보지 않았던 것이다. 그가 늘 중요하게 여겼던 것은 바로 서유럽이었다. 지크문트는 아프리카와 아시아 미개발 국가들의 광범위한 발전에 대해서는 그다지 할 이야기가 없으며, 가장 규모 있는 성장은 전통 깊은 유럽 국가들 사이에서 이루어질 것이라 믿었다.

노동당의 외교 정책이 허술한 데 좌절한 지크문트는 1950년에는 보수당이, 특히 에이머리가 나서주기를 바랐다. 그는 심지어 로비를 해서라도 자유당 당수 클레멘트 데이비스로 하여금 경제 정책에 관한 인기 없는 내용이라 할지라도 알려야 할 필요가 있는 것은 알리도록 압력을 행사했다.

회사의 성패는 영국은행이 시에서 조정자 역을 얼마나 잘 수행하느냐에 달려 있었다. 지크문트는 토리당 의원 부스비를 붙들고, 영국은행이 국유화된 다른 기관들과 비교해 훌륭하게 일을 했을 뿐 아니라 정책을 집중하고 행정을 분산하며 간부들의 상위에 강력한 고문 제도를 접목하여 균형을 유지했다고 주장했다. 또 자신이 볼 때

1945년 이전의 '꼴통' 보수파에서도 완전히 탈피했다고 강력하게
주장했다. 하지만 임원들 모두가 그의 주장에 호의적이진 않았다.[3]

'별 볼일 없는 회사' 취급을 받았던 뉴트레이딩은 1951년의 스레
드니들가(街)에서는 업신여김당하는 존재였다. "뉴트레이딩은 상
업은행이라고 불리는 것을 더 좋아했지만, 우리 눈에 그들은 금융 회
사나 투자 회사에 가까웠다. 그들은 아무런 의심 없이 자신들에게
돈을 맡기는 제조 업체와 무역 회사들에 관심이 많았다. 모집과 조
직 개편에도 상당 부분 관여했으며, 고객의 주식 거래도 일부 대행했
다." 2년 뒤 영국은행의 한 임원은 '쉼 없이 빠르게 늘어나고 있는
지크문트의 관심 분야'에 대해 걱정하면서 이렇게 덧붙였다. "그의
재정은 건전해 보이지만 실은 그가 미리 밀어넣은 자금이 든든해서
그래 보이는 것뿐이다." 또 다른 임원은 속물근성과 반유대주의로
얼룩진 '역사의 기록'을 통해 '전쟁 통에, 그리고 그 바로 직후에 런
던과 남미에서 이루어진 뉴트레이딩의 활동은 상당히 의심스러웠던
것으로 기억될 것'이라고 적었다.

그 같은 편견은 전후 영국을 재건하는 동안 놀랍도록 널리 퍼졌다.
그러나 영국은행 임원 중 단 한 사람, 바로 조지 볼턴만은[4] 지크문

---

[3] C. F. 코볼트는 은행장 존 우즈에게, 지크문트가 인맥이 좁아 운신의 폭이 넓지
않다고 평했다. 당시 은행에는 파벌이 판을 치고 있었다.

[4] 은행의 자문이었고 나중에는 경영진이 된 볼턴은 전후 통화 규제에 대한 논의에
서 주도적인 역할을 했다. 1957년에서 1970년 사이 런던남미은행(BOLSA)의 은
행장으로 재직하면서 그는 다양한 분야의 거래, 그중에서도 특히 유로 달러 시
장에서 S.G.바르부르크와 가까이 일했다(8장 참고). 볼턴은 영국 화폐 제도 개
혁안이었으나 1952년 처칠에게 반려당한 ROBOT 계획을 강하게 지지했다. 아주
어려운 일이었는데도 놀랍게도 그는 런던이 파운드화 약세에도 금융의 중심으
로 다시 서게 될 미래를 내다보았다.

트를 '괜찮은 동종 업계 사람'으로 기꺼이 인정했다. 그는 지크문트를 대단히 높이 평가했다. 지크문트가 볼턴에게 'S.G.바르부르크가 200에서 250만 파운드를 빌릴 수 있겠는지' 묻자 아주 기꺼이 그럴 수 있다고 대답했다.

볼턴은 '회사 자본을 자금발행위원회에서 규정한 연간 한도 5만 파운드보다 높은 금액으로 끌어올리고자 하는 지크문트를 적극 지지'했다. 또한 힘 있고 이름 높은 어음인수기업위원회(환어음의 인수·보증을 주 업무로 하는 영국 특유의 금융 기관)의 현직 인사를 끌어들여, 바르부르크가가 위원회에 한 자리 확실히 차지해야 한다는 의견에도 힘을 실어주었다.(아래 참고) 지크문트는 이에 화답하여 "몬터규 노먼이[5] 말년에 수년간 그랬던 것처럼 볼턴이 런던 은행가들의 고해 신부가 되기를 바란다"라고 말했다.

1950년대 중반 바르부르크와 영국은행의 관계는 보다 조화로워졌다. 이는 상당 부분 영국은행과는 차이가 나는 바르부르크의 용의주도함 덕분이었다(영국은행은 국유화 이후 그런 면이 눈에 띄게 줄어들었다).

S.G.바르부르크가 금융 회사에서 상업은행으로, 그러니까 '꽤 쓸만한 회사'에서 '더할 나위 없이 좋은 은행'으로 탈바꿈하려면, 어음인수기업위원회의 회원 자격이 있어야 했다. 위원회에 속해 있지 않으면 회사가 인수하고 보장한 어음은 영국은행에서 재할인되지 못하고, 그로 인해 로트실트처럼 승인받은 회사가 인수한 어음에 비해

---

[5] 1920년부터 1944년까지 영국은행의 총재를 지낸 노먼은 전쟁 중 런던에서 힘 있는 인물이었다. 붉은 수염과 독특한 태도를 지닌 그는 화폐 문제에 관한 한 정통파에 속했으며, 금본위제가 사라지는 것을 아쉬워했다. 브람스를 좋아했고 샤흐트와 대단히 가까웠던 그는 유화 정책을 무조건 지지했다.

유동성이 떨어질 수밖에 없었다.[6]

그러나 지크문트는 다른 방법으로 회사를 키우느라 여념이 없었다. 1952년 그는 뉴트레이딩이 초기에 런던 사무실의 기초를 세워주었던 금속 기업 브랜다이스골트슈미트와 S.G.바르부르크의 합병을 제안했다. '현재는 브랜다이스의 런던 관리를 S.G.바르부르크가 전담하고 있고, 행정적 관점으로 볼 때 두 회사를 합병하는 것이 타당하고 논리적'이라는 이유였다. 이렇게 경영권을 인수하는 것은 파울 콘-슈파이어가 사망하던 당시부터 계속되어온 단계적 합병 과정의 정점으로, 파울의 아들 에디가 볼 때는 다른 새의 둥지에 알을 낳는 뻐꾸기의 습성처럼도 느껴졌지만 영국은행 입장에서는 충분히 합리적이라 볼 수 있는 것이었다.[7]

어음인수기업위원회에 합류할 것인가 하는 문제가 공식적으로 은행의 문제로 떠오른 것은 1955~1956년이 되어서부터였다. 지크문트와 그런펠드는 S.G.바르부르크가 인수한 어음을 영국은행이 기꺼이 재할인해줄 때까지 적어도 1년은 기다려야 한다는 사실을 깨닫고, 작지만 신망 높으며 위원회의 오랜 회원이었던 회사 셀리그먼브라더스를 인수하는 것으로 대처했다. 영국은행의 힐턴 클라크가 기록한 바에 따르면 "지크문트는 우리에게 어음을 넘길 수 있다는 것과 '제1은행'으로 인정받는다는 (……) 큰 대가에 만족하지 않고, 오히려 S.G.바르부르크에게 영국은행의 셀리그먼 계좌까지도 인계

---

6 1961년 지크문트가 쓴 글을 보면 어음 인수 체계와 그 중요성에 대해 자세히 나온다.

7 1946년 S.G.바르부르크와 리오틴토는 브랜다이스를 인수하기로 의기투합했다. 6년 뒤 바르부르크는 S.G.바르부르크의 모회사인 머큐리시큐리티 주식을 넘기고 리오틴토를 일에서 완전히 손 떼게 했다.

해줄 것을 주장했다."[8] 〈이코노미스트〉는 은행이 설립된 후 10년 남짓한 기간 안에 '인수기업위원회의 성소'에 들어가는 것을 허락받는다는 것은 '대단히 획기적인 기록'이라고 평했다.

그러나 스레드니들가에는 여전히 지크문트를 받아들이지 않는 사람들이 분명 남아 있었다. 특히 카메론 코볼트 총재가 그랬다. 그는 지크문트가 레지널드 셀리그먼을 '부당하게 대우'해 억지로 내쫓았다고 말한 장본인이었다. 다른 사람들은 지크문트를 무자비하다고 비난하는 에디 콘-슈파이어의 말을 되풀이했다. 특히 출판업자이자 그의 먼 친척인 프레데리크 바르부르크는 애초에 뉴트레이딩은 바르부르크가의 다른 이에게서 지크문트가 '탈취'한 것이며, 이후 브랜다이스를 콘-수파이어에게서 빼앗았다고 책망했다. 그러나 적이 한 사람 생길 때마다 친구는 둘씩 생겨났다. 영국은행에서 가끔 지크문트를 가리켜 '지기스문트(Sigismund)' 바르부르크라고 잘못 부르기도 했는데, 1959년에는 보다 애정 어린 호칭인 '지기'로(물론 대놓고는 아니었지만) 불리게 되었다. 또한 레지널드 셀리그먼은 지크문트의 보좌역을 하는 데 이내 질려버렸지만 레지널드와 달리 제프리 셀리그먼과 그의 사촌 스펜서('바비'라고 불림)는 새로운 지배 체계에 빠르게 적응해 나갔다.

1950년대에 접어들어 전 영국이 전후 내핍 상태에서 벗어나 번영을 맞이했을 때도 지크문트는 여전히 방심하지 않았다. 1955년 지크문트는 보수당 당수 R. A. 버틀러('랩'이라는 애칭으로 불림)가 '영국

---

[8] 공식적으로 은행은 S.S.바르부르크 주식회사로 알려졌다(셀리그먼브라더스와 통합).

의 현 상황에 대해 지나치게 좋은 면만을 강조해 이야기'하고 있다고 여겼다. "버틀러는 자신이, 처칠이 연설에서 외쳤던 '땀과 눈물' 같은 말을 떠드는 대신 금융 문제 해결로 모든 일이 잘되게 할 수 있다고 말한다." 지크문트는 수에즈 위기가 터지던 바로 전날 밤, 이든 정부가 '노스 경(프레더릭 노스, 1770~1782년 집권)이 내각을 이끌었던 때 이후 영국에 존재한 최고로 무능한 정부일 것'이라며 한탄했다.

지크문트는 이렇게 논평했다. "만일 영국 경제가 독일의 반만이라도 따라잡을 수 있다면, 나는 지금 이런 논쟁 따위는 전혀 필요 없다고 생각한다." 이러한 지크문트의 말은 노동당 당수 휴 게이츠컬에게는 지나치게 잔인하게 들렸다. 그러나 정당을 불문하고 만연한 현실 안주적 분위기는 그저 지크문트의 슬픔을 더 깊게 할 뿐이었다. "섬뜩할 정도로 범상하고 게으른 체제순응주의가 노동조합원들과 도시 및 산업을 주름잡는 고용주들 사이에 공통으로 널리 퍼져 있다." 그는 1957년에는 신임 교육장관으로 내정된 헤일섬 경에게 비통해하며 이렇게 말했다. "이처럼 만연한 체제순응주의는 오늘날 우리 영국을 위협하는 가장 위험한 요소다. 이제 현실 안주에 맞서는 개혁적인 성향이 필요하다." 그러나 같은 해 곧 총리가 될 인물인 해럴드 맥밀런이 너무나도 태평스럽게도 영국인들이 '지금보다 더 대단한 성과를 이루었던 적이 없었다'고 주장하자, 그는 낙담하고 말았다. 1961년에는 실로 오랜만에 언론과 인터뷰를 했는데, 인터뷰에서 지크문트는 '이제 머지않아 조금은 힘들겠지만 유익할 쇠퇴 현상이 경기 순환에 찾아오게 될 것'이라고 경고했다.

이처럼 앞으로 다가올 어려움에 대해 끊임없이 염려하는 지크문트의 모습은 강박적일 정도로 손해를 싫어하는 그의 특성을 잘 보여준다. 1952년 3월에 열린 이사회에서 지크문트는 '향후 수년간 전통적인 은행업을 통해서는 경기가 좋지 않았던 시절만큼이나 돈을 벌어들이기 어려울 것'이라고 이야기했다. 회사가 살아남기 위해서는 '전통적이고 평범한 은행업과는 다른 활동을 점차 장려'할 필요가 있었다. 그러나 그는 '1953년 3월 31일에 끝날 금년 S.G.바르부르크의 수익이 전년도보다 나빠질 것'이라며 로비노브와 내기를 했다가 5파운드를 잃었다. 그리고 그로부터 2년 뒤에는 볼턴에게 '이제 가장 큰 걱정은 직원이 너무 많이 늘었다는 점과 전반적인 업무 범위가 늘어나는 바람에 고위직 직원들은 일에 치여서 업무 수행 수준이 떨어질지도 모른다는 점'이라고 고백하기에 이르렀다. 지크문트는 또한 비밀 준비금을 모아두는 것이 대단히 좋다고 믿는 사람이었다. 그는 1959년 "오늘날 국제 프라이빗 뱅킹의 수익은 내게 그다지 대단하게 보이지 않는다" 그러므로 "상당한 액수의 적립금은 다른 어느 때보다도 바로 지금 우리의 회사와 비슷한 프라이빗 뱅크에 꼭 필요하다"라고 이야기했다.

그러나 이러한 점들은 기업이 커지면서 겪는 성장통일 뿐 심각한 문제는 아니었다. 정권을 잡은 당의 당색이 무엇이든, 영국 경제가 잘나가든 문제를 겪든 상관없이 S.G.바르부르크는 계속해서 빠르게 성장해나갔다. "지금 이 순간만큼은 세상의 슬픔을 잊읍시다. 그리고 당신이 받은 빛나는 선물을 잘 생각해보십시오. 킹윌리엄가에는 명민한 눈을 가진 일 잘하는 그런펠드와 유럽 금융의 말라버린 땅에서도 금맥을 찾아낼 수 있는 공명정대한 코너, 냉철하게 판단하고 일을 처리하는 현명한 탈만이 있지 않습니까. S.G.바르부르크의 풍요로운 밭에서 이들 모두와 여러 직원들이 충실하게 성장하고 있습니다." 지크문트가 46세 되던 생일에 사촌(실제로는 육촌) 롤라가 한 연설 내용이다. 그리고 이는 틀림없는 사실이었다. 1950년대 S.G.바르부르크의 활동은 괄목할 만했다. 1949년 당시 지급을 모두 마친 회사의 자본은 275만 파운드에 불과했다. 그러나 13년 후 회사의 총 시장 가치는 2000만 파운드에 달했다(2008년 화폐 가치로는 10억 파운드가량 된다). 〈선데이 타임스〉가 1961년 지적했듯이 7년 전 머큐리시큐리티, 즉 S.G.바르부르크의 모회사에서 주식 100주를 사는 데 드는 돈은 237파운드를 조금 넘는 액수밖에는 되지 않았다.

신문에서 지적했듯이 실로 '경이적인 성장률'이었다(〈표 2〉 참고). 특히 전쟁 중의 통제 체제에서 다소 거친 케인스적 수요 관리 정책으로 이행해가던 시기에 이룬 성과이기에 더더욱 놀라웠다. 1950년대 보수적 정부들이 흔히 택했던 악명 높은 '스톱고(stop-go, 경기에 역행하여 팽창과 긴축을 반복적으로 실시하는)' 정책에서는 수지

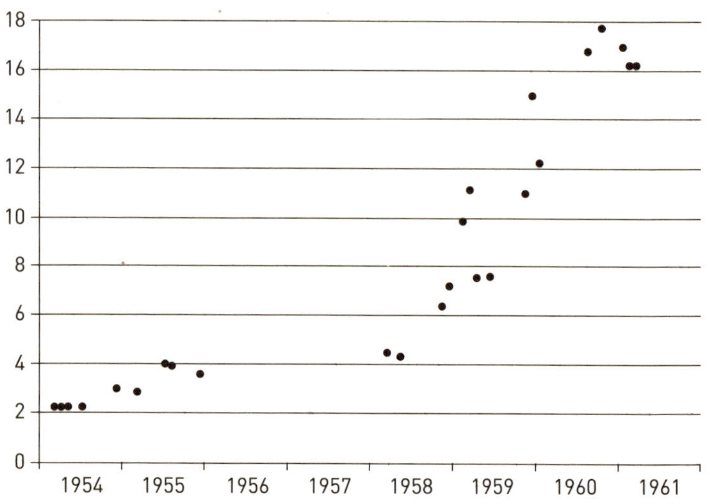

〈표 2〉 머큐리시큐리티 주식 가격, 월간 데이터, 1954~1961

균형과 정책적 경기 순환이 자주 충돌하였고, 이에 대응하기 위해 화폐 및 재정 정책이 지나치게 자주 바뀌었다.

2

S.G.바르부르크가 전쟁이 끝난 뒤 집중했어야 할 분야는 영국 내의 산업 분야였지만, 지크문트는 자신의 전문 분야인 국제 사업을 물색하느라 유럽 대륙으로 돌아올 시간이 거의 없었다.

1945년, 지크문트는 프랑스와 스위스를 방문했다. 프랑스 국내 정세는 불안정했지만 스위스는 정반대로 매우 안정적이었다. 이듬해에는 스웨덴에 가서 부유한 발렌베리가와 그들이 소유한 스톡홀름 엔스킬다은행을 비롯해 네덜란드와 체코슬로바키아(아직 철의 장막이 쳐지지 않은 변경을 따라)까지 이어지는 관계를 재건하기 위해 애썼다. 지크문트가 전후에 가장 먼저 이루려고 했던 일 가운데에는 로버트벤슨과 방크나시오날푸르르코메르스에랭뒤스트리(BNCI)와 손잡고, 프랑스의 식민 통치에 전념하는 런던 기반 은행을 설립하겠다는 계획이 있었다. 전쟁이 끝나고 노동당 정부가 정권을 잡은 뒤 계획을 이루지 못한 채 보류한 기간이 1년 남짓, 지크문트는 영국은행의 '따뜻한 지지'를 끌어내느라 고전했다. 런던을 국제 금융의 중심으로 신속하게 복구한다는 것은 자금 유동성에 대한 통제를 완화한다는 것을 의미하기에 정부 내에서 반대 의견이 있을 수 있다는 사실을 알고는 있었지만, 그래도 영국은행을 공식적인 협력자로 둔다는 것이 얼마나 중요한지도 잘 알고 있었기 때문이었다. 영국은행은 지크문트가 제안한 회장과 새로운 회사의 전무이사에 대해서 정확한 의사를 표명하지 않는 등 선뜻 내키지 않는 모양이었지만, 은행 임원진들은 자신들이 원칙적으로는 계획을 긍정적으로 생각하고 있으며, '지크문트의 계획이 런던이 아니라 뉴욕에서 이루어진다면 애석한 일이 될 것'이라는 사실에 동의한다는 입장을 명확히 했다. 중요한 열쇠가 바로 여기에 있었다. 금융 중심 기관들이 오랜 시간 서로 경쟁적으로 자신들의 안마당에서 국제적 사업을 발전시키고 싶어 했다는 사실이었다. 바르부르크 역시 이 사실을 어떻게 이용해야 할지 잘 알고 있었다. 그는 조지 볼턴이 믿을 만한 인사이며 실제로 협력할 사람이라는 사실을 알아차렸다. 세월이 지난 후에는 그를 회상하며 볼턴이야말로 금융 분야의 국제 협력을 위한 새로운 방법을 고안해내어 영국의 역할을 강화한 사람이었다며 찬사를 퍼붓기도 했다.

지크문트는 런던이 되살아나기 위해서는 과거에도 그랬듯이 금융 수출에만 기대서는 안 된다는 사실을 신속하게 알아차렸다. 영국은 오히려 외국에서 자본을 끌어들일 필요가 있어 보였다. 그래서 1948년 2월, 그는 스위스에 있는 자신의 연줄을 이용해 '스위스가 놀고 있는 자국의 금 보유고 일부를 영국에 필요한 자금을 대는 데 사용할 수 있을지' 타진해보았다. 그러나 4년 뒤에는 '스위스와 캐나다에서는 소규모더라도, 주로 미국에서 현금으로 융자를 받을 수 있을지' 알아보고 있었다. 이후 몇 년간 그가 되풀이해 시도했던 일들은 유럽과 북미 자본을 영국으로 끌어들여 특히 영국 산업의 현대화에 자금을 대고 이를 통해 런던을 국제 무역의 중심지로 탈바꿈시키고자 하는 것이었다.

지크문트는 1949년에야 고향으로 돌아갔다. 사실 제2차 세계대전이 끝나기 전부터도 지크문트는 그런펠드와는 달리 독일 경제 및 정치를 재건하고 싶어 했다. 아량이 넘쳐서도 아니요, 제3제국의 참상에 대해 무관심해서도 아니라, 실용적인 이유 때문이었다. 지크문트는 '진짜 나쁜 놈'과 '나치로부터 가족의 목숨을 보호하기 위해 가담한 비교적 순수한 사람들' 사이의 확실한 차이점을 찾아냈다. 여기에서 진짜 나쁜 놈이란 '정치 범죄뿐 아니라, 나치 정권 동안 가능한 모든 방법을 동원해 이윤을 내는 데 거리낌이 없었던 모든 기업가들'까지 해당됐다. 지크문트는 '강제 수용소'에 보내버렸어야 마땅한 진짜 나쁜 놈들은 자신이 '어리석은 관료'였다고 자처해 환심을 사는 데 성공한 반면, 오히려 어쩔 수 없이 가담한 사람들이 대단히 기계적인 점령 정권의 비나치화 정책 때문에 지나치게 박해받았다고 생각했다.[9]

지크문트는 1949년에 다음과 같이 신랄하게 지적했다. "오늘날 대부분의 독일인들은 누군가 자신들에게 히틀러 정권하에서 일어난 그 모든 추악한 일들에 대해 일깨워줄라치면, 오만함과 순진함이 뒤섞인 기묘한 아집으로 그것이 눈치 없고 무례한 행동이라 여긴다."[10] 그는 '독일을 결국 동, 서로 나누는 것'에 반대하지 않았고 '루르 지역을 국제 기관의 관리하에 독립된 행정부로' 남게 하자는 프랑스의 제안을 지지했다. 그러나 그 모든 일 중에서도 그가 마음속으로 가장 중요하게 생각한 것은 서독의 빠른 경제 회복이었다. 지크문트는 목표를 이루기 위해 '나치 정권 동안 가능한 모든 방법을 동원해 이

---

[9] 지크문트에 따르면 로트실트와 베어링 역시 새 회사에 '흥미'가 있었다.
[10] 8만 4000파운드의 자본으로 세워진 회사는 상당히 빠르게 성장했다. 주로 바르부르크의 새로운 금융 상담 사업 덕에 생긴 이윤을 투자한 덕이었다.

익을 내는 데 거리낌이 없었던' 바로 그 기업가들 중에서 어떤 한 사
람이 했던 일만큼은 눈감아줄 용의가 있었다.

1947년 7월 8일, 도이체방크의 전직 해외 지사장 헤르만 아프스는
평생 써본 적 없었던 애걸복걸하는 내용의 편지를 지크문트에 썼다.
지크문트의 답변은 친근했지만 신랄했다. 1939년의 두 사람의 만남
은 물론, 1926년 '런던에서 함께 보낸, 이제는 수백 년 전처럼 아스
라히 떠오르는 좋았던 나날들'까지 떠올리며 쓴 편지에서 그는 아프
스의 시골 생활을 기뻐해주기는 했으나 거기에는 뼈가 있었다. '나
는 여전히 런던 대도시에서 정신없는 나날을 보내고 있는데, 그렇게
금욕적인 삶의 여유를 누리고 있다니'라고 말이다. 독일을 '당신의
나라'라고 일컬으며, 지크문트는 기분 좋게 자신의 아내와 아이들의
소식을 전한 뒤 핵심으로 향했다.

당신에 대한 의견을 말해달라는 요청을 한두 차례 받았습니다.
저는 질문을 받을 때마다 아주 행복하게 말했지요. 여러 사건에서
당신이 아주 용감하고 단호하게 반나치적 태도를 보여주었다고
요. 저는 또한 때마다 이에 대한 증거도 제시했습니다. 그러니 그
런 경우에 제가 해주었으면 하는 무엇인가가 있거든 언제라도 알
려주세요. 저의 오랜 우정과 깊은 마음에서 우러나오는 존경은 늘
그대로입니다.

지크문트가 사업가로서의 아프스에 대해 자주 표현했던 존경이
진심이었다는 것에는 의문의 여지가 없었다. 그러나 1930년대에
'단호한 반나치적 태도'를 지녔다는 아프스의 주장을 지크문트가 얼
마나 진지하게 받아들였는지는 별개의 문제다. 아프스가 나치 당원

도 아니었고 전쟁 범죄로 기소되지도 않은 것은 사실이지만, 그는 분명 멘델스존-아들러-오펜하이머처럼 유대인이 소유한 회사들의 아리안화 과정에서 중요한 역할을 했다. 그리고 도이체방크가 오스트리의 크레디탄슈탈트를 인수하고 유럽에서 연계 금융 기구 네트워크를 구축하는 일을 의욕적으로 이끌었다. 실제로 그의 이사 임기 45년 중 4분의 1이 전쟁 중에 지나갔으며, 그 기간을 그는 무력으로 합병하거나 점령한 영토의 기업들에서 보냈다. 게다가 아프스는 아우슈비츠 수용소와 연계된 인조 고무 공장을 운영하는 화학 회사 IG 파르벤의 관리 이사회에도 속해 있었다. 그리고 유럽 거주 유대인들에게서 약탈한 금을 소유하고 있었던 도이체방크와도 깊은 연관이 있었다. 게다가 아프스는 아담 폰 트로트 추 솔츠, 헬무트 야메스 폰 몰트케, 페터 그라프 요르크 폰 바르텐부르크 등과 가까이 지내기는 했으나 나치 정권에 반대하는 운동가들에게 후원 같은 것은 해준 적도 없었다. 아프스가 전쟁 중에 입은 진짜 손해는 독일이 패배할 경우를 대비해 스위스에 마련해두었던 금 보유량이 너무 늘어났다는 것뿐이었다.[11]

아프스가 도이체방크가 가진 금의 상당량의 출처가 대학살의 희생자들이라는 사실을 알았는지는 확신할 수 없다. 지크문트가 자신은 결백하다는 아프스의 주장을 얼마나 믿었는지 또한 알 수 없는 일이다. 그러나 아프스의 머리 위에 드리워진 의심의 구름에도 불구하

---

[11] 금괴 307킬로그램은 도이체방크의 자산이 1952년 독일 및 스위스 간 조약하에 동결이 풀린 이후에도 스위스에 남아 있었다. 아프스는 금괴들을 팔거나 옮기는 것을 계속해서 거부했다. 결국 금괴는 그가 죽고 나서야 560만 도이체마르크에 팔렸다(380만 달러). 도이체방크는 현명하게도 그 돈을 유대인 자선 단체에 기부했다.

고(실제로 그는 전쟁 직후 미국인들에게 체포되어 구류된 적이 있었으나 기소되지는 않았다) 지크문트가 아프스의 사회 복귀를 촉진하기 위해 모종의 힘을 행사했고, 그 덕에 같은 해 말 아프스가 업계에 복귀해 재건 대부 기업에서 지크문트의 아들에게 채권 발행 기술을 교육했다는 사실은 분명하다.[12] 지크문트의 아들은 자신이 원하던 대학 생활과 군 복무를 포기한 채 회계사로 훈련받고 있었다.

지크문트의 목적은 분명했다. 금세 사라질 무기력함이 만연한 전후 런던과 독일의 연락 담당관으로 아프스를 이용하려는 것이었다. 지크문트는는 장 퓌르스텐베르크에게 아프스가 현재로서는 독일 내에서 그 어떤 새로운 금융 기관에서도 쓸모 있을 최고의 적임자이며, 우리가 독일에서 무엇을 하려 하든, 가장 이용하기 좋은 인물이라고 장담했다. "그 사람만큼 현실주의와 상상을 잘 조화시키는 사람은 업계에서 아주 드물다"라고 덧붙이기까지 했다. 실제로 아프스는 이처럼 풍부한 현실 감각과 상상력으로 단기간 내에 새 정부의 첫 총리 콘라트 아데나워의 자문이자 도이체방크 이사회 의장으로, 그리고 나중에는 자문단 단장으로, 독일연방공화국에서 힘깨나 쓰는 입지에 올라갈 수 있게 되었다. 그러한 아프스를 돕는 일은 지크문트에게 수십 년간 큰 이득이 되기는 할 터였다. 그러나 대신 그는 1933년에서 1945년 사이에 보인 아프스의 비겁함을 눈감아주어야 했다.

---

12 놀랍게도 아프스의 전기 작가 로타어 갈은 지크문트와 아프스의 관계나 지크문트가 아프스의 사회 복귀를 위해 했던 중요한 역할을 간과하고 있다. 대신 그는 지크문트가 뻣뻣한 태도의 아프스에게서 환심을 사려고 아첨하였으나 전쟁이 끝나자마자 입장이 완전히 뒤바뀌고 말았다는 이언 프레이저의 묘사만을 기억하고 있었다.

지크문트가 소통 재건을 위해 이용했던 독일인 사업가는 아프스 외에도 더 있었다. 이는 독일로 되돌아갈 때 처음 발을 디딘 함부르크에서보다는 프랑크푸르트와 뒤셀도르프에서 더 두드러졌다. 먼저 그는 브링크만비르츠처럼 M.M.바르부르크를 계속해서 운영해온 제3제국(나치 정권)의 수혜자들을 힘이 들어도 용서해야 했다. 지크문트는 함부르크 가족 기업을 '적어도 원칙적으로는 1938년 이전의 완전한 상태로 재건'해야 한다고 생각했다. 즉 아리안화를 거꾸로 되돌리겠다는 뜻이었다. 지크문트는 비나치화 기간 동안 브링크만을 기꺼이 도울 생각이었으나, 한낱 기회주의자로 나치에 열광했던 동업자 파울 비르츠를 제외하고 싶은 마음이 굴뚝같았다. 하지만 1949년 겨울, 알스터 호 주변을 오랜 시간 산책하고 페르디난트 거리로 돌아온 지크문트의 마음은 어느 정도 누그러져 있었다. 겉으로 보기에 은행은 잘 운영되는 것처럼 보였다. 능력만큼이나 매력적인 인물이었던 '리오' 브링크만은 자신의 집에서 지크문트에게 '아주 맛있는' 저녁을 대접했다. 지크문트에게 근 15년간 얼굴을 보지 못했던, 아주 많은 익숙한 얼굴들을 옛 은행에서 본다는 것은 몹시 초조한 일이었다. 그래서 이때의 일을 '독일로 돌아간 것은 마치 화산 가장자리에 다시 앉은 듯한' 느낌을 주었다고 회상하기도 했다. 그런 그였지만 '함부르크에서라면 화산 위에서의 삶일지라도 대단히 활기찬 것은 물론, 꽤나 즐겁고 편안하다'는 사실을 부정할 수는 없었다. 지난한 협상 끝에 바르부르크가 브링크만비르츠의 주식 25퍼센트를 인수한다는 잠정안에 서명하고 5년 후에는 지분을 50퍼센트로 늘린다는 조건을 달았지만, 이 조건은 지켜지지 않았다. 이 25퍼센트의 주식 중 47퍼센트는 막스 바르부르크의 상속자에게, 26퍼센트는 프리츠 바르부르크에게, 9퍼센트는 지크문트와 에릭 바르부르크, 에른스트 슈피겔베르크에게 돌아갔다. 1948년 통화 재건 이후 은행이 첫 도이체마르크 대차대조표를 발행했을 때 자본금은 300만 도이체마르크였고 자산은 2550만 도이체마르크였다. 지크문트는 가족에게 빼앗겼던 자신의 몫으로 사실상 7만 5780도이체마르크(약 7500파운드)의 가치에 해당하는 주식을 돌려받았다.

지크문트의 마음이 어째서 변했는지에 대한 명확한 설명은 없다. 하지만 이 변화가 오래가지 않았다는 것만은 확실하다. 1950년, 그는 에릭에게 1년 중 적어도 3분의 1을 함부르크에서 보낼 준비만 되어 있다면, 브링크만비르츠에 새로운 경영진을 채용하고 오래된 회사 이름을 다시 짓는 게 어떻겠느냐고 제안했다. 또 1950년에는 "브링크만이 너와 접촉하려 한다면 부디 완벽한 친구로 보여라. 브링크만은 겉으로는 대단히 거만하고 자기중심적이지만, 상황 판단이 빠르고 아주 조금이긴 하다만 따스한 마음도 지니고 있다. 게다가 한물가기는 했지만 날카로운 동양의 지혜까지 갖추고 있다"라고 아들에게 조언했다. 그러나 그것도 잠시, 1년 뒤에는 브링크만이 '지나치게 자기중심적이고 게을러지고 있다'며 그간의 평가를 뒤집어버렸다. 1952년 지크문트는 오래된 이름을 버리고 새 이름을 짓도록 종용하면서, 브링크만의 영향력을 감소시키려는 의도로 새로운 동업자를 적어도 한 명 이상 영입해 은행을 유한 책임 회사로 개조하라고 압박을 가했다. 그리고 그해 여름 함부르크를 방문한 뒤 지크문트의 마음은 더 냉랭해지고 말았다.

1953년 초 지크문트는 '달갑지 않은 일이 일어나지 않게 하겠다는 이유 하나 때문에 너무 많은 시간을 브링크만비르츠에서 낭비하고 말았다'는 사실을 깨달았다. 지크문트는 한때 S.G.바르부르크가 브링크만비르츠와 아주 약간의 지분을 나눈 새 회사를 독일에 설립

해야만 한다고 사촌 에릭에게 조언했었다. 그러나 1954년 하반기에는 마음이 바뀌어 도이체유니온방크나 뒤셀도르프에 기반을 둔 전혀 새로운 회사와 동업하는 것이 브링크만비르츠와 계속해서 엮이는 것보다 나을 것이라고 주장했으며, 에릭에게는 함부르크 은행 지분을 파는 건 어떨지 생각해보라고 권했다. 하지만 에릭은 헤르만 실링의 뒤를 이어 동업자가 되더니 오히려 함부르크에 뿌리를 내리고 가족 기업을 위해 보다 더 노력하겠다고 결정해버렸고, 이에 지크문트는혼란스러워지고 말았다. 지크문트는 정말로 에릭이 브링크만비르츠의 주식을 팔 거라고 생각했던 것이다. 결국 함부르크 회사가 재정위원회에 들어오라고 자신을 초청하자, 지크문트는 M.M.바르부르크라는 이름을 다시 되찾는다는 것과 '진정 자질이 있는 보다 젊은 친구 몇몇'을 동업자로 물색해달라는 조건으로 제안을 받아들였다. 그러나 이제 두 아들에게 회사를 물려주려던 브링크만은 이 조건을 둘 다 거절해버렸다. 갈 길이 달라지는 또 한 번의 순간이었다. 하지만 지크문트는 이대로 손 놓고 있을 수는 없다고 생각했다. 결국 브링크만이 자신의 조건 두 가지를 받아들이지 않겠다고 했음에도 지크문트는 회사의 재정위원회에 합류하기로 결정했다. 그리고 '사랑스러운 늙은 함부르크 기업과의 밀접한 연관'을 끊지 못한 채 지내게 되었다. 속으로는 브링크만의 자기중심적인 태도를 경멸하고 그의 족벌주의적 성향을 못마땅하게 여겼지만, 가끔 '브린키'를 향해 우호적인 태도를 가장하기도 했다.

지크문트가 보기에 해결책은 명백했다. 옛 이름을 회복하고, S.G. 바르부르크와의 동업 관계를 통해 활기를 되찾게 하는 것이었다. 그러나 브링크만은 그가 하는 일을 일일이 저지하고 나섰다. 일례로 1960년 지크문트가 회사 이름을 M.M.바르부르크브링크만으로 고치

자는 타협안을 내놓았다. 그는 브링크만이 반대하는 이유가 혹시 '유대인식 이름을 존중하는 독일식 감성' 때문일지도 모르겠다고 짐작하기까지 했다. 하지만 에릭마저 자신이 제시한 이름에 반대의 뜻을 나타내자, 지크문트는 재정위원회 위원직을 사직하겠다고 위협했다. 그러자 브링크만은 겨우 서른둘밖에 되지 않은 자신의 아들 크리스티안을 동업자 자리에 앉혔고, 이에 대해 지크문트는 "이런 개명 천지에 황태자 등용은 현명하지 못한 일이다. 아들을 중간 과정 없이 곧장 동업자로 임명하다니, 내 눈에는 잘못돼도 한참 잘못된 일로 보인다"라고 응수했다.[13] 브링크만은 이름을 옛 것으로 바꾸려 했다면 전쟁 직후에 했어야 한다는 입장이었다. 1950년대 중반에 와서 바꾸기에는 이미 너무 늦었다는 것이다. 이에 대해 지크문트는 자신만큼 호전적이지는 않았던 에릭에게 "예스맨들에게 둘러싸인 채로 15년의 시간을 지냈으니, 당연히 자기 말에 공감하지 않는 사람은 누구나 비우호적인 인간 아니면 충성스럽지 못한 것이라고 여기는 것 아니겠느냐"라고 말했다.

이 모든 과정에서 지크문트는 결코 자신의 사리사욕에 따라 움직이지 않았다. 사실 브링크만비르츠가 바르부르크라는 저명한 이름을 따르지 않는다 하더라도 잘 커나가고 있는 S.G.바르부르크만으로도 그는 얼마든지 이득을 얻을 수 있는 입장이었다. 그가 브링크만에 맞서 긴 갈등을 감수했던 가장 큰 이유는 분명 과거로 돌아가고픈 바람 때문이었을 것이다. 단순하게 보면, 아리안식으로 개명된 회사명을 참아줄 수 없다는 원론적 문제이기도 했다. 같은 이유 때

---

[13] 그해 후반에 이 주제에 대해 재정위원회에서 대단히 격렬한 소동이 있었다.

문에 지크문트는 에릭이 바르부르크라는 이름을 뉴욕에서 사용하는 것을 가문의 이름에 먹칠을 하는 것이라 여겼다. 그래서 에릭이 E.M.바르부르크의 주식을 상장할 예정이라고 하자, 지크문트는 에릭이 더 이상 과반수의 주식을 가진 대주주가 아니라면 가문의 이름을 더럽히지 않기 위해서라도 그 이름의 사용을 포기해야 할 거라고 주장하는 편지를 썼다. 에릭이 E.M.바르부르크 절반을 라이어넬 핀커스에게 팔아넘겼을 때, 지크문트는 못마땅한 감정을 감추지 않았고, 회사가 E.M.바르부르크핀커스로 이름을 바꾸었을 때 역시 그것을 간신히 받아들였다.

지크문트에게 가장 중요한 것은 통제였다. 대체 어느 누가 핀커스가 바르부르크의 이름에 빛을 더할 것이라고 확신할 수 있겠는가? 지크문트는 불황 훨씬 전에 이미 개개인이 만나 설립한 회사의 동업 관계상가 가져오는 한계를 잘 알고 있었다. S.G.바르부르크는 그와는 상당히 다르게 조직될 터였다. 1954년 S.G.바르부르크의 보통주 99퍼센트 이상이 철도 국유화 이후 잔재한 유령 회사이자, 센트럴왜건에서 머큐리시큐리티로 이름을 바꾼 지주 회사에 넘어갔다. 이 회사는 당시 런던 주식 거래소에서 표류 중이었다. 지크문트가 이런 방식으로 기업을 공개한 이유는 세 가지였다. 첫째는 외부 자본을 끌어들일 수 있는 기회이기 때문이었고, 둘째는 지주 회사라는 수단이 기업의 다각화를 가능하게 하기 때문이었다. 지크문트는 그런펠드에게 "우리에게도 한 개 이상의 자회사가 있어야만 한다. 왜냐하면 은행업은 위험 요소가 크니까"라고 말했다. 머큐리시큐리티는 처음부터 금속 무역 회사 브랜다이스골트슈미트와 함께 손을 잡고 상당한 속도로 다양한 사업에 손을 대고 있는 중이었다. 그래서 1960년에는 지크문트가 금융과는 상관없는 그들의 여러 사업을 '우리의 보험인 중개업, 우리의 광고 대행업, 우리의 부동산 개발업'이라고 말할 수 있게 되었다. 셋째는 지주 회사라는 구조 덕에 지크문트가 바르부르크라는 이름을 계속해서 통제할 수 있기 때문이었다. 그런 펠드는 '어떤 경우에도 공개 기업의 이름은 바르부르크여야 한다'는 지크문트의 말을 회상했다. "왜냐하면 (……) 누가 알아? 그 덕에 좋은 일이 있을지." 1956년 머큐리 주식은 275명의 개별 주주에게 유통되었다. 주식의 5분의 1만이 모회사와 자회사의 임원들 소유였다. 지크문트는 고작 6.29퍼센트의 주식만을 소유했다. 반면에 두 가지 보통주를 합친 양의 세 배에 달하는 일명 발기인주(發起人株, founder's shares) 덕에 S.G.바르부르크는 바르부르크와 아내, 두 아이들이 지분 52퍼센트를 소유한 바르부르크컨티뉴에이션 주식회사에 의해 통제되었다. 이러한 구조는 다소 복잡하지만 효과는 충분해 보였다. 이런 구조가 옳지는 않았지만, 증권 거래소 상장을 위해서 가족이 늘 해오던 방식을 유지하며 분산투자의 효과를 동시에 노릴 수 있는 좋은 방법인 듯했다.

3

지크문트의 어머니는 1955년 10월에 세상을 떠났다. 그는 어머니와 언제나 친밀하고 끈끈한 사이였다. 지크문트의 어린 시절, 학교 선생보다도 엄격하게 문학을 접하게 하고 바른 태도를 가르친 것이 바로 어머니 루시였다. 지크문트의 내면에 청교도적인 금욕과 유대교적인 자아 성찰이 조합된 독특한 정신세계, 즉 금욕과 욕망을 동시에 심어준 것도 어머니였다. 이 세상 누구도 지크문트에게 그만큼 큰 영향을 주지 못했다. 절박한 의무감, 끊임없는 완벽주의, 좋은 문구를 아끼는 마음, 거만함에 대한 경멸 등은 지크문트가 어머니에게서 물려받은 가치 중 몇몇에 지나지 않는다.

어머니의 죽음으로 지크문트가 독일에 품은 애착도 다소 약해질 수 있었지만 지크문트는 전과 마찬가지로 고향의 운명에 관심이 깊었다. 그러나 1950년대를 지나며 브링크만비르츠의 미래를 둘러싸고 치열하게 벌인 논쟁 때문에, 서독의 기적을 통해 새 런던 회사 S.G.바르부르크가 얻을 수 있는 기회에는 제대로 집중하지 못했다. 이 신출내기 연방국가는 연합군의 폭격으로 처참하게 무너졌지만 그것을 이겨내고 놀랍도록 현대적인 주식 자본을 형성했고, 동독에서 추방되어온 망명자들 덕에 고등교육을 받은 노동 인구가 증가했으며, 1950년에 시작된 한국 전쟁 붐을 타고 수출이 활발해진 덕에 유럽 역사상 전례 없는 속도의 경제 성장을 이루었다. 특히 1948년의 통화 재건 이후 독일 산업이 이루어낸 성과는 말 그대로 '놀라웠다'고 지크문트는 1951년에 기록했다. 사실 그는 여전히 독일인들의 '정치 능력 부족과 온건함 및 객관성의 결핍'을 못마땅하게 여기고 있어 독일의 정치에 대해서는 평생 모순된 감정을 지니고 있었지만, 다른 건 몰라도 독일의 '기술 및 산업 조직'에 대한 능력만큼은 인정했다.[14]

함부르크의 조선 업체 도이체베르프트에 자금을 조달하고, 금속 조합의 경영에 활력을 불어넣으며, 엔지니어링 회사 마네스만의 주

---

[14] 독일인은 음악과 시와 형이상학에 뛰어나고 기술 및 산업 조직에서도 마찬가지로 빼어나지만, 외교술이나 정치적 균형, 정치적 정의 실현 같은 요소들에서는 대부분 적성도 부족하고 별로 관심 있어하지 않았다(1951년 7월 16일, 한스 셰퍼에게 바르부르크가).

식을 판매하는 등 헤르만 아프스와의 친분으로 창출해낸 사업 기회가 많았다. 지크문트가 1952년에 '브리티시앤드프렌치뱅크와 닮은 브리티시앤드저먼뱅크'라는 아이디어를 들고 찾아간 것도 아프스였다. 1953년에 다시금 생각해낸 '캐나다–독일 합작 금융 기구'에 대한 발상 역시 아프스에게 전달되었다. 이듬해 지크문트는 사촌 에릭에게 "현재 독일에서 우리와 가장 가까운 은행은 도이체방크 그룹이다"라고 말할 수 있을 정도였다. 런던 주식 거래소에서 주요 독일 기업들의 주식을 발행하겠다는 계획은 지크문트와 아프스의 합작품이었다. 독일의 자본을 영연방 개발 금융 회사로 도입하려는 시도 역시도 그랬다. 1957년 지크문트가 '영국은행과, 분데스방크의 전신인 방크도이체렌더 사이의 이해를 이끌어내는 데 중재자'로 내세운 사람도 아프스였다. 1958년 1월 지크문트는 아프스에게 말했다. "당신도 알다시피 나는 당신과 협조하지 않고는 독일에서 그 어떤 중요한 사업 거래도 해서는 안 된다는 것을 원칙으로 삼고 있다. 설령 이제 막 발상 단계의 초기 계획이라 할지라도 최소한 정보는 넘겨주어야 한다고 생각한다." 그랬기에 지크문트는 처음에는 동독 정보원이, 다음에는 서독 작가들, 특히 톰 바우어 같은 인물이 아프스가 히틀러 정권과 공모 관계에 있었다는 사실과 그 규모를 까발리기 시작하자 편치 않게 되었다.

그렇기는 하지만 지크문트와 도이체방크 사이가 배타적이었다고 보아서는 안 될 것이, 실은 전혀 그렇지 않았기 때문이다. 점점 더 많은 독일 기업들이 런던과 뉴욕에서 주식을 발행하면 할수록 영–독계 기업들에게는 더 많은 기회가 있었고, 지크문트 역시 다수의 동업자와 함께 일할 수 있었다. 일례로 1959년에는 바이에리셰페라인스방크에서 '상당량의 주식'을 획득할 수 있는 가능성을 포착했고, 푸르스텐베르크와 손잡고 'S.G.바르부르크와 베를리너 한델스-게젤샤프트가 연계할 수 있는 방법'도 탐색 중이었다. 1960년 런던에서 있었던 티센철강 주식의 분할 발행처럼 전쟁 이후 유럽 기업에 대한 첫 증권 거래 가격을 S.G.바르부르크가 독립적으로 책정하는 것 역시도 가능했다. 실제로 지크문트는 아프스에게 도이체방크를 런던 주식 시장에 상장하는 것이 어떻겠느냐고 물어보기도 했다.

그러나 1960년대 초 지크문트는 브링크만비르츠나 도이체방크 중 어느 곳도 서독 시장 내에서 자신에게 원하는 만큼의 존재감을 보장해줄 수 없다는 사실을 깨닫게 되었다. 그래서 1964년 BLSA와 동업 관계였던 S.G.바르부르크는 프랑크푸르트의 은행 한스W.페터젠을 사들이고 그것을 S.G.바르부르크KG로 이름을 바꾸었다. 그리고 미국의 투자 은행 리히긴슨 출신 거트 휘트먼을 런던으로 보내 한스W.페터젠의 설립자인 페터젠과 그의 동업자 리하르트 다우스 곁에서 회사를 운영하도록 지시했다. 이처럼 자신감 넘치는 순간에 지크문트는 '전쟁 직후, 적절한 팀을 꾸리고 훈련하는 것이 장기적 번영의 열쇠라는 사실을 증명함으로써' 런던에서 자신이 이루어낸 성공을 다시 재연할 또 다른 회사를 구상했다. 그리고 자신의 계획으로 루돌프 브링크만의 입지가 약해져서 함부르크 회사의 이름 문제에서 완전히 손을 떼게 되기를 바랐다. 그러나 그 같은 희망은 새 프랑크푸르트 회사를 설립하면서부터 시작되어 1966년 말까지 지속된 독일 주식 시장의 가파른 하락으로 인해 좌절되고 말았다.[15] 대신에 한스 부트케와 에릭 바르부르크가 프랑크푸르트의 S.G.바르부르크KG 이사회에 합류하게 됨으로써 S.G.바르부르크KG와 브링크만비

---

15 위기로 인해 휘트먼은 공황 상태에 빠졌던 것으로 보인다.

르츠는 마침내 공조 체제에 들어가게 되었다. 그런데 1967년 부트케와 다우스 두 사람과 갈등이 생기면서 지크문트는 새로운 모험에 환멸을 느끼기 시작했다. 그는 두 사람이 회사 내에서 지크문트 자신이 차지하고 있는 입지에 대한 '콤플렉스' 때문에 이런 일이 일어난 것이라고 비난했다. 이후 1969년, 프랑크푸르트 지점이 지나치게 확장될 것을 우려한 지크문트는 새로 손에 넣은 도이체에페크텐운트베크셀방크와 합병을 감행해 에페크텐방크-바르부르크AG(EWAG)를 설립했다. 그리고 그 과정에서 다우스를 축출했다. 대신에 코메르츠방크에서 새로운 독일인 동업자 파울 리히텐베르크를 찾아냈다. 아프스가 도이체방크의 은행장에서 1967년 물러난 이후 공석이었던 자리를 대신할 인물이었다.[16]

그동안에 브링크만은 여전히 구제 불능 상태로, 겉보기에는 요지부동인 채로 함부르크에 남아 있었다.

서독에서 사업 활동이 늘어났지만, 지크문트가 독일의 과오를 완전히 잊었거나 용서한 것은 절대 아니었다. 그는 종종 서독 정치인들에 대해 불신을 표현했다(그러나 한 사람, 연방 정부 설립의 아버지 콘라트 아데나워만은 예외였다). 지크문트에게 사회민주당원 카를로 슈미트는 '거만한 고집쟁이'로 보였다. 연방 총리 테오도르 호이스의 장점은 '정치적 전략이나 작전에서만큼은 거짓을 말하지 않는다'는 점이었다. 하지만 부총리이자 경제 기적의 설계자였던 루트비히 에르하르트는 '친절하고 영리하지만 무절제한 악한'이었다. 때때로 지크문트는 심할 정도로 격하게 인신공격을 퍼붓기도 했다. 그러나 그도

---

16 놀랍게도 이 아프스의 후임자는 독일에서 머큐리시큐리티 주식 사모에 실패하고 말았다. 그러나 지크문트는 실패에 흔들리지 않고 코메르츠방크와의 3자 관계라고 주장하면서 도이체방크와의 관계를 대충 메우려고 들었다.

제3제국에서 특별히 악의적이지 않았던 사람들만큼은 욕먹어 마땅한 독일인 집단과 구분했다. 지크문트는 자신이 정리해 가지고 있는 경구들 속에 흥미로운 말을 적어 넣었다. "나치즘으로 인격이 훌륭하고 성숙한 인간을 꾀는 일은 얼마나 손쉬워 보이는지!" 그는 리먼 브라더스의 폴 마주르에게 보내는 편지에도 이 말을 적었다.

하지만 바로 이 같은 이유 때문에 그는 독일 기득권층이 해야 할 역할에 상당히 비판적이었다. "나는 상류층이든 중산층이든 관련된 사람들 대부분에게 그 어느 때보다 더 만연한 독일식 사고방식인 '명령은 명령이다'라는 말이 두렵다." 1956년 영국인 친구에게 지크문트가 한 말이다. 그는 1959년에는 많은 독일인들이 "나치 치하에서 큰 경험을 얻었지만, 그 어떤 때보다도 거만하고 젠체하는 수많은 기업가들을 보면 그런 말을 할 수 없을 것도 같다"라고 했다.

한편 그는 1960년대에 급진적인 국수주의자들의 국가민주당에 대한 지지가 갑작스럽게 상승했는데도 당황하지 않았다. 그것이 일시적인 일탈이라는 사실을 잘 알고 있었기 때문이다. 지크문트가 볼 때 새로운 독일의 민주 기반은 건전했다. 그 때문에 유대인들은 사실상 이집트의 반유대주의나 남아프리카의 인종 차별적 정권을 더 두려워했다. 1967년 지크문트는 한 기자에게 '국수주의적이고 팽창주의적 독일'이 부활한다고 해도 '중동 개신교도의 과장되고 완전히 무책임한 열정'보다는 덜 위험하다고 말했다. 게다가 1920년대와 달리 독일 우익은 잃어버린 영토나 재통합 같은 주제를 논할 희망도 품고 있지 않았다. 냉전 상태에서는 서독의 자유를 희생해야만 재통합이 이루어질 수 있을 뿐 다른 방법이 없었던 것이다. 독일의 분단 상황을 끝내게 해주겠다는 소련의 모든 제안은 다 돈이 드는 것들이었다. 새로운 독일이 지닌 진짜 문제는, 예전과 같은 상태여서가 아니라 오히려 지크문트가 원했던 방향으로 너무 가버렸다는 데 있었다. 1960년에 그는 이에 대해 아들에게 이렇게 말했다. "너무 심했던 안주와, 물질만능주의에 물든 지나친 자부심이 극심한 자기 연민을 지나고 나자 완전히 반대되는 극한의 감정으로 치달았다." 그러나 그 와중에도 지크문트는 혹시 반유대주의 재발의 위험이 없나 하여 독일 내의 정치적 사건들을 계속해서 면밀히 관찰했다. '아직도 나치즘적인 사고방식을 가진 사람들'이 남아 있을 거라고 의심한 것은 아니지만, 나치의 부활을 우려하기는 했던 것이다. 그러나 거슬릴 정도로 보수적인 바바리안 기독교사회주의자 프란츠-요제프 슈트라우스조차도 '히틀러만큼 상스럽고 요란하게 떠들어대긴 했지만' 어쨌거나 나치는 아니었다.

예상은 했지만, 전후 독일의 경제 재건을 활기차게 밀어붙인다는 이유로 지크문트를 비판하는 사람들이 있었다. 이들 중에는 M.M.바르부르크의 임원이었고 지금은 뉴욕에 기반을 두고 있는 한스 마이어도 있었다. '두 유대인 가문', 즉 바르부르크가와 로트실트가가 런던에서 티센의 주식을 거래하는 것에 마이어가 반대한다는 소식을 전해들은 지크문트는 가까스로 분노를 억누르며 응수했다. 마이어를 향해 '위선자에 얄팍한' 인간이라며 비난한 지크문트는 다시 다음과 같이 확인해주었다.

히틀러가 정권을 잡고 몇 주도 채 되기 전에 나는 M.M.바르부르크와 바르부르크의 모든 동업자들을 가능한 한 신속하게 독일 밖으로 빼내야만 한다는 의견을 강력하게 지지했다. 비단 우리의 이익 때문만이 아니라 다른 유대계 독일인들에 대한 본보기요, 그들에 대한 권고와 지지를 보여주는 행동이기에 그리 했던 것이다. 그리고 당시 독일을 이끌던 사람들과의 어떤 접촉도 피했다. 그 당시 마이어 당신은 나와 다른 식으로 생각하고 있었다. 그때 나는 당신에게, 그리고 당신과 같은 생각을 가지고 있는 사람들에게 동의하지 않는다고 강력하게 피력했지만, 적어도 도덕적 혹은 도덕 비슷한 관점에서는 당신의 동기가 온당할 거라고 여겨 의문을 던지지 않았다.

어떤 값을 치르고라도 빠져나와야 했던 히틀러 집권 시기에 느꼈던 대로, 런던이건 뉴욕이건 다른 어떤 곳에서라도 독일 문제의 전면에 존재하는 정치력 있는 정권과 더불어 사업가들은 독일의 적절한 사업 제의를 적극적으로 다뤄야 한다고 나는 생각한다. 그 사업가가 유대인이든 아니든 상관없이 말이다. 그리고 나치 치하의 사건들에 연루되었다고 해서 스스로를 부끄럽게 여겨서는 안 된다고 생각한다. 내게는 약자를 괴롭히는 이들의 요구를 들어주기보다는, 비록 한때 약했지만 이제 나쁜 과거를 딛고 새 사람이 되기를 원하는 사람들에게 힘을 주는 것이 더 나은 일로 보인다. 그러므로 나는 히틀러 정권하에 있었던 사람들에 대해 논하기보다는 아데나워 정권의 독일인 산업가들에 대해 이야기하는 게 더 좋다.

그의 의견은 단순히 경제적 실용성에 관한 문제가 아니라, 서방 세계의 통합에 독일이 할 수 있는 전략적 역할의 긴요함에 대한 시각을 반영한 것이기도 했다.

4

물론 지크문트가 평생 동안 독일에 뿌리를 두고 있었음을 잊어서는 안 된다. "지크문트는 독일인이요, 특히 니체의 영향을 강하게 받고 히틀러 때문에 영원한 '방랑자'가 되어버린 전형적인 19세기적 독일인이다. 나는 항상 그가 어쩌면 그렇게 영국에 물들지 않았는지에 놀랐다. 그 때문에 그에게는 사업만이 유일한 고향이 되어버렸다." 지크문트의 오랜 친구 파울 치글러가 한번은 위와 같이 언급하기도 했다. 이것이 바로 지크문트가 무엇 때문에 그토록 함부르크 회사의 이름에 매달렸는지를 설명해준다. 사실 이름을 바꾸건 말건 재정적 이득은 거의 없는데도 말이다. 결국 그는 이름 바꾸기에 성공했다. 1969년 브링크만이 80세가 되었을 때 지크문트는 회사의 자본을 600만 마르크 증액한다는 맥락의 협약을 통해 M.M.바르부르크-브링크만비르츠로 회사의 이름을 바꿀 수 있게 되었다. 그리고 1970년 1월, 마침내 지크문트의 평생 가장 힘겨웠던 싸움에서의 승리가 공표되었다. 그는 사촌 에릭에게 이렇게 말했다. "내가 이기기 위해 열심히 노력했다는 것을 부정하지는 않겠다. 때때로 이 문제의 본질이 참을 수 없도록 보잘것없다는 걸 느끼면서도 말이다." 로이즈뱅크 은행장 에릭 포크너는, 지크문트가 언젠가 자신의 두 가지 개인적인 소망 중 하나가 바르부르크의 이름을 런던에 있는 베어링과 동등한 위치에 올려놓는 것이요, 또 하나는 함부르크에서 가문의 이름이 다시 살아나는 것을 보는 일이라고 밝혔다 전했다. 두 번째 소망을 이루는 데 첫 번째를 이룬 때로부터 10년이나 더 걸린 셈이었다.

그처럼 자신의 뿌리를 잊지 못했던 지크문트는 1968년 우라흐에

있는 모교 동창회에도 참석하게 된다.[17]

한 동창에게 지크문트는 자신이 "늘 어떤 종류의 일반화도 지적이고 도덕적인 정의에 반하는 거대한 죄악이기에, 독일인의 집단적 유죄라는 논지에 저항했다"라고 말했다고 한다. 지크문트는 1977년, 우라흐에 두 번째로 방문했다. 심지어 우헨펠스의 고향집과 오래된 토지를 도로 사들일 것을 생각해보기까지 했다. 쉽게 용서하지 못하는 성격이었던 그는 나치가 영국으로 넘어가지 않게 지켰지만 전쟁 중 슈투트가르트에서 포화 속에 파괴되어버린 고향땅을 뒤늦게야 손에 넣기 위해 노력했던 것이다. 그렇게 시작된 고향과의 화해는 1973년에 마무리되었다. 빌리 브란트 정부가 그에게 대십자 공로 훈장, 즉 공화국 공로 훈장을 수여했을 때였다. 1973년에 그는 독일 대사에게 이렇게 말했다. 자신의 충성심은 '옛 조국과 새 조국' 두 곳을 향한다고.

그러나 그의 가장 큰 목표는 단순히 독일과 영국의 조화는 아니었다. 비록 늘 그 같은 화합을 꿈꾸기는 했지만, 지크문트의 가장 오랜 독일인 친구 에드문트 스티네스는 지크문트가 "런던에서 뉴욕, 취리히에서 프랑크푸르트에 이르기까지, 아니 전 세계의 '대형 금융 거래' 업계에서 '바르부르크'라는 이름을 강화하는 것이 일생의 임무라고 여긴다"라는 고백을 했다고 전한다. 작은따옴표 안의 말들은 지크문트가 뱉은 말이라기보다는 스티네스의 것으로 보이기는 하지만, 상당히 진실하게 들린다. 결국 지크문트가 목표를 이루기 위해서는 단순히 독일과의 옛 연줄을 회복하는 것만으로는 충분치 않았

---

[17] 그의 동창생 대부분은 신교도 목사가 되어 있었다. 뭐라 말할 수 없을 정도로 꽉 막힌 슈바벤의 특색을 지니고 있었던 그들은 지크문트가 아직도 대머리가 되지 않았다는 사실에 대단히 깊은 인상을 받았다.

다. 예전만큼은 아니라 할지라도, 최소한 대서양을 가로질러 뉴욕에
까지 이어지는 관계를 비슷하게나마 회복하는 일이 급선무였다. "항
상 도움만 된 것은 아니었지만, 여기에서는 전쟁 전의 가족 간의 유
대가 또 한 번 중요한 역할을 하게 된다."

7

대서양 연합

알다시피, 우리 서방 세계에서는 비즈니스 분야를 비롯한 모든 영역에서 영국과 미국의 협력만큼 중요한 것은 아무것도 없다고 나는 굳게 믿는다.

— 1952년, 지크문트 바르부르크

당시만 해도 영국 지배층은 거대 기업 경영에 급격한 변화가 일어난다는 것은 종류를 불문하고 잘못된 일이라고 느꼈다…… 그러나 비뚤어진 자부심과 게으름이 뒤섞인 이 같은 안일함은 브리티시알루미늄 전쟁 덕에 산산조각이 났다. 로버트 플레밍의 동업자이자 런던의 잘나가는 은행가 중 하나인 마이클 베리가 내게 말했다. "만일 누군가 주식을 사게 되어 영향력을 갖게 되고, 그 뒤 경영진을 바꿀 수 있는 상황이 벌어진다면 과연 편안히 잠자리에 들 수 있는 경영진이 있을까?" 나는 그들이 좋은 일을 하고 있다면 얼마든지 편안히 잠들 수 있지 않겠느냐고 대꾸했다.

— 1976년, 지크문트 바르부르크

1

1927년 당시 지크문트는 월 스트리트의 투자 은행인 쿤로브를 가리켜 "정말 멋지게 빛나는 별이지만, 그 빛이 빠르게 사그라지는 것이 두렵다"라고 이야기한 적이 있었다. 쿤로브의 임원들이(펠릭스 삼촌과 파울 삼촌이 로브 가문과 시프 가문 사람들과 결혼한 뒤 먼 친척 관계였던) '실용적이고 효율적인 기업가 정신'보다는 '자만과 개인적인 취미, 속물 근성'에 더 관심 많은 사람들이라는 사실을 이미 느꼈기 때문이었다. "쿤로브에서 보내는 시간이 늘어날수록 이 회사의 놀라운 매력과 구조 그리고 무엇보다도 아직 빛을 보지 못하고 있는 거대한 가능성에 더욱 깊은 인상을 받게 된다. 이러한 가능성을 발현시키는 데 특별한 기술이나 대단한 노력이 필요한 것은 아닐 것이다. 그저 임원들이 사업에 다시금 흥미를 가지기만 하면 된다." 지크문트는 막스 삼촌에게 이렇게 말하기도 했다. 이후 30여 년의 세월이 흐르는 동안 지크문트는 쿤로브를 되살리고 1920년 야코프 시프가 세상을 떠나면서 사라져버린 활력을 되찾겠다는 꿈에 매달렸다. 대공황 이전 미국 철도 채권과 주식으로 몸피를 키우고 1933년 글래스-스티걸 법안에 따라 상업은행에서 제외된 쿤로브에는 발전을 꿈꾸지 않고 안전만을 추구하는 분위기가 만연했으며, 전후 미국에 널린 새로운 사업 기회에는 무관심해 보였다. 다행히 회사의 명성은 아직 월 스트리트에서 가장 추앙받는 모건의 뒤를 바짝 쫓고 있었고, 앤하우저부시에서 웨스팅하우스에 이르는 미국 산업계의 명사 인명록이나 다름없는 고객 명부를 자랑하고는 있었다. 그러나 얼마나 많은 직원이 고객을 위해 일하느냐는 질문에 대한 어느 동업자의 대답은 아주 유명하다. "반이나 되려나?"

1946년 2월, 전쟁 이후 처음으로 뉴욕을 찾았을 때 지크문트가 왜 쿤로브와의 인연을 더 공고히 하는 대신 S.G.바르부르크의 독립적인 임시 사무실을 차려볼까 하는 생각을 했는지, 그 이유를 이와 같은 맥락에서 이해해볼 수 있다. 실제로 지크문트는 폴 마주르에게 자신이 쿤로브와 아무 상관도 없다고 알리기 위해 지대한 노력을 하기도 했다. 뱅크오브맨해튼이 사무실을 써도 좋다고 하자 지크문트는 선뜻 받아들였다. 존 시프, 윌리엄 와이즈먼 경, 벤 부텐비저, 존 마이어로 이루어진 쿤로브의 새 경영진에 대한 지크문트의 첫 감상은 "이 사람들에게는 복잡한 국제 문제를 다룰 정도로 융통성 있거나 영리하게 행동하기를 바라서는 안 되겠다"라는 것이었다. 지크문트가 느끼기에 그런 쿤로브와 가장 고려해볼 법한 관계는 '플라톤적인 우정'이었다. 그리고 미 정부가 쿤로브와 다른 유수의 월 스트리트 증권 발행사들의 경쟁을 저해하는 관행을 지적하며 소송을 제기하자 이 같은 느낌은 더욱 강해졌다. 속사정까지는 알 수 없지만 지크문트가 볼 때 '믿기 힘들 정도로 혼란스러운' 경영 구조는 '회사의 빛나는 이름과 엄청난 부'와는 도무지 어울리지 않았다. 지크문트는 오히려 이들 중 독일 출신인 에른스트 슈피겔베르크와 게오르게 슈피처 두 사람이 전쟁이 끝난 세계에서 새로운 기회를 열망하는 것 같다는 데 감복했다. 그래서 지크문트는 전쟁 통에 수익을 남기지 못했던 상업 해외 신탁의 회사 지분을 줄이고, 대신 새로운 회사인 미-유럽 제휴사(AEA), 즉 슈피겔베르크를 책임자로 내세운 '금융 지주 회사'에 집중하기로 결정했다.

지크문트는 1947년 6월에 뉴욕을 다시 찾았으며 같은 해 11월과 1949년 1월 등 1940년대 후반 여러 차례 뉴욕을 찾았다. 대서양을 건

너려면 대개 바닷길을 이용했던 시절에는 결코 간단한 여행이 아니었다.[1]

　일정이 짧았던 만큼, 그는 매일 제한 시간 30분가량의 엄청난 회의를 소화했다. 그러나 처음에는 실망스러운 결과밖에 얻지 못했다. 1948년 말에만 적어도 열네 번 미국을 찾았으나 사업의 성과는 '극도로 미미'했다. 설립 첫 해 AEA의 실적은 '은행으로서 마땅히 해야 할 은행업, 혹은 전문가다운 투자가 아니라 우연히 이루어진 거래와 고물상 수준의 비즈니스 몇 건뿐이었다.' 1949년 1월, 급기야 지크문트는 'AEA는 S.G.바르부르크에 필요 없는 존재'라는 직설적인 결론을 내렸다. "특히 제대로 의미 있는 사업을 하지 못하고 있기 때문에 S.G.바르부르크를 위해 AEA가 이렇다 할 역할을 하는 것이 없었다. 수익도 전혀 올리지 못해 AEA는 S.G.바르부르크 직원들이 미국으로 출장 가는 데 발생하는 비용마저도 댈 수 없는 지경이었다." 그러니까 '제초 작업이 끝난 농장에 부엽토는 부족한데, 정원사와 돌멩이만 넘치도록 많아 문제'인 형국이었던 것이다. 1950년, 결국 런던보다 훨씬 대단한 기회가 있을 거라 기대했던 뉴욕에 대한 지크문트의 환상이 깨지고 말았다. 그래서 와이즈먼이 '쿤로브에 로트실트를 대신해 유럽, 그중에서도 영국과 이어주는 중요한 연줄'이 되어달라고 명쾌하게 제안했을 때도 지크문트는 정중하게 사양했다. 그러나 그렇다고 해서 지크문트의 미국 혹은 쿤로브에 대한 관심이 완전히

---

1 지크문트는 대서양을 건너는 것을 늘 도전이라고 느꼈다. 바다를 건너는 배 안에서는 억지로라도 사회활동을 해야만 했기 때문이다. 1951년 10월 런던으로 돌아온 뒤 그는 코너에게 이렇게 썼다. "이상하게도 제시간에 자리 가기를 망설이는 친구들이 그처럼 많지만 않았더라면 나는 훨씬 더 많이 쉴 수 있었을 걸세. 대부분 수면이 부족한 데다 너무 많은 위스키를 마셔버려 잠을 자러 갈 수가 없었던 거지."

끝나버렸다는 뜻은 아니었다.

2

지크문트는 평생에 걸쳐 유럽 통합을 지지하기는 했지만, 한 번도 유럽 통합과 범대서양주의가 공존할 수 없을 거라 생각해본 일이 없었다. 전쟁 중 그리고 전후의 영미 관계에 토대가 되었던 대서양 헌장에 지크문트가 실제로 영감을 주었다고도 할 수 있다. 1941년 핼리팩스 경이 워싱턴에서 영국 대사직에 있을 당시 가진 첫 기자회견에서, 단순히 영연방 국가만을 위한 것이 아닌 '세계를 위한 새로운 대헌장(마그나 카르타, 1215년 영국의 귀족들이 존 국왕에게 받아낸 재후들의 법적 정치적 권리 확인서. 이후 국민의 권리와 자유를 지키기 위한 전거로 받아들여졌다. 영국 현대법의 기초로 여겨진다)'을 발표하라고 제안했던 것도 지크문트였다. 세계가 단합해야 한다는 사실은 너무나도 명백했다. 지크문트는 이미 1940년, 프랑스가 몰락하면 결국 '러시아의 권력이 라인 강에까지 더욱 확장'될 것이라는 놀라운 예측까지 했었다. 히틀러가 패배하면 그 대가로 유럽 대륙을 스탈린에게 넘겨주어야 할지도 모른다는 공포가 지크문트를 전쟁 내내 괴롭혔으며, 그 덕에 냉전 기간에는 반소련적인 세계관을 확고하게 구축하게 되었다. 1942년 친소련 정서가 영국 내에서 고조되자, 지크문트는 이렇게 주장했다. "공산당에게도 좋은 면은 있다. 하지만 공산당은 늘 민주당 반대 지점에 있었고, 앞으로도 계속 그 자리를 고수할 것이다." 노동당의 많은 사람들이 그랬듯, 전쟁 중에는 승리를 좇는 서방세계의 민주주의보다 엄청난 피를 흘리고 있던 소비에트 연방의 '현실주의, 용감함, 목적의식'에 대한 감상벽으로 흔들리기 쉬웠지만, 지크문트는 스탈린 정권이 자유를 위협했다는 사실을 인지하는 근본적인 시각은 결코 잃지 않았다. 때로는 동유럽(특히 폴란드)을[2] 소련의 영향권에 지나치다 싶을 정도로 기꺼이 내줄 마음도 있었지만, 그는 유럽 전역에 더러운 중국 장사치들이 하듯 내부자 거래가 만연하게 되는 불상사에 대해서는 그 어떤 환상도 품고 있지 않았다.

소련 정권이 1948년에서 1949년 사이 베를린을 봉쇄하며 더욱 공격적인 태도를 취하자 지크문트는 '전체주의적'이고 '호전적인' 스탈린 정권에 대해 더욱더 공개적이고 격렬하게 비판했다. 그는 소련에 '양보'하는 부분이 조금이라도 있다 싶으면 그 어떤 것에든 과민하게 반응했다. 공산 정부와는 그 무엇이든 함께하는 것을 계속해서 거부했던 것이다.

소련이 자력으로 원자력 보유에 성공한 뒤 냉전 세대가 감내해야만 했던 먹구름의 그림자를 오늘날에는 떠올리기조차 어렵지만, 1949년부터 1987년까지 사람들은 어쩌면 초강대국 간에 제2차 세계대전을 능가할 무시무시하고 파괴적인 대립이 일어날지 모른다는 두려움에 시달렸다. 지크문트는 1949년 10월, 친구인 윌리엄 슈바르트에게 이렇게 썼다. "만일 러시아인들이 규모가 어느 정도이든 간에 정말로 원자폭탄을 보유하고 있다면, 나는 그들이 분명 폭탄을 미국까지는 쏘아 보낼 수 있을 것이라고 확신한다. 오늘날 지리적 거리는 별 의미가 없다. 안전한 곳이라면 산업과 인구의 중심에서 비

---

2 지크문트는 체코가 소련연합에 들어가게 되지는 않을 것이라고 꽤나 확신해, 1946년 사업을 재개해보고자 프라하를 방문했다. 그러나 그는 조직화된 노동자 가운데 침투한 공산주의자들과 전후 경제의 국유화로 인한 부정적 영향 때문에 불안해했다.

교적 떨어진 외곽 지역밖에 없다.”

이런 얘기를 할 때면 늘 1938년경에 중유럽에서 영국으로 온 한 망명자의 말이 생각난다. 그는 다음에는 어디로 가야 하나 걱정하고 있었지만, 마음을 정하지 못한 상태였다. “진심으로 가고 싶은 곳이 어디냐”라고 묻자 그는 “멀리, 그냥 멀리 가고 싶습니다”라고 대답했다. 그래서 재차 “어디에서부터 먼 곳을 의미하느냐”라고 묻자 돌아온 것은 “모든 곳에서부터 멀리”라는 대답이었다.

그 어느 때보다도 이 같은 바람이 만연한 요즘이다. 이는 제1차 세계대전과 동시에 이곳에서 시작되어, 잠시 잠잠해졌던 시기가 있었지만 이후 줄곧 이어지고 있는 도덕적, 사회적, 경제적 붕괴가 낳은 신경증적 태도를 반영한다고 할 수 있다. 이렇게 많은 것이 무너진 세상에서 히스테리 증상을 가라앉힐 준비가 되지 않은 사람 대부분은 볼테르의 잠언 ‘우리는 자신의 정원을 가꿔야만 한다(자신의 자리에서 최선을 다한다는 의미)’는 말에 따라 행동하거나, 마치 ‘애즈 이프(as if)’ 철학, 즉 우리 주변에서 아무것도 일어나지 않은 것처럼 행동하고 활동적으로 처신하는 것을 볼 수 있다.

지크문트 역시 ‘마치’ 세상이 그렇게까지 위험하거나 타락하지 않은 것처럼 여생을 살아갔으며, 바로 앞의 인용문에서 그렇게 살았던 이유를 읽어볼 수 있다.

하지만 지크문트는 서로가 상대를 멸절할 수 있다고 하는 인식과 핵을 가지고 전쟁을 억제하여 안정을 지킨다는 말의 의미를 빠르게 파악했던 것처럼, 핵전쟁의 위험이 얼마나 큰 것인지에 대해서도 직관적으로 알아차렸다. 한국 전쟁이 한창일 때 극도의 호전성과 정치적 야망을 품은 맥아더 장군이 제1차 세계대전 당시 독일의 장군이자 초기 히틀러 지지자였던 에리히 폰 루덴도르프와 비슷한 행동을 할 것 같다는 생각이 들 때조차도, 지크문트는 강대국들이 서로 '핵전쟁'으로 총력전을 벌이기보다는 '한국이나 인도차이나에서 벌어지는 것 같은 고립된 열전과 냉전만이 지속'될 가능성이 높다고 생각했다. "어떤 때는 우리가 냉전을 다가올 10년 혹은 20년 동안 습관처럼 여기고, 점차 그 안에 안주하여 긴장을 덜 느끼게 될 수 있겠다는 생각도 든다." 실제로 1951년 당시 지크문트는 강대국들이 뭉치는 일명 데탕트(국가 간의 긴장 완화)의 순간이 올 거라고 내다보기도 했다.

특히 긍정적인 예측을 하는 사람이라면 10년 후 혹은 더 먼 훗날까지 냉전이 이어져 동, 서방이 서로를 의심하고 또한 받아들이며 기묘하게 얽힌 마음으로 공존하는 데 익숙해진 모습을 그려볼지도 모르겠다. 이론적으로 말하자면, 의심과 관용 간의 갈등이 있더라도 현실 속에서 약간의 좋은 관용과 좋은 의심이 뒤섞이면 이 반대되는 심리 상태의 관계를 안정시키는 건전한 정신적 기폭제가 된다는 것이다. 그래서 오랜 시간이 지나면 동과 서는 보다 평화적인 태도로 서로에게 접근하여 동양의 전체주의와 중앙집권적 체제는 완화될 것이며 기존 서양의 지역적 기반은 더욱 넓어지고 사회 체제는 좀 더 사회주의에 가까워질 것이다.

지크문트가 평소답지 않게 낙관적 전망을 내놓은 것은 서방의 지도자들이 이제는 유화 정책으로 벌어진 실수를 되풀이하지 않을 것이라는 사실을 조금씩 깨달았기 때문이다. 그는 한 기자에게 이렇게 말했다.

지금의 서방 세계는 비록 큰 위험이 여전히 도사리고는 있지만 1938년 가을이나 1940년 봄에 비해 훨씬 깨어 있다. 내가 어쨌거나 조금은 낙관적으로 생각하게 된 것은 1933년에서 1939년 사이 내가 제2차 세계대전을 불길하게 예감하던 것에 콧방귀를 뀌던 사람들이 이제는 곧 제3차 세계대전이 일어날지도 모른다는 사실을 받아들이고 있기 때문이다. 1938년은 물론 심지어 1939년에도 '우리 세계가 평화롭다'고 믿었던 체임벌린 무리조차도 이제는 눈앞의 재앙을 우울하게 예언하고 있다.

냉전을 안정시키기 위한 핵심은 북대서양조약기구(NATO)를 출범시켜 서유럽의 안전을 보장하는 것이었다. 1950년에 이미 지크문트는 '북미와 서유럽 간의 수비 및 통화 연합'에 서방의 안전이 좌지우지될 것이라 확신하고 있었다. 그래서 서방 연합 등장 이후 '산업, 도시, 교역 연합'을 결집하기 위한 대서양 연합의 친구들이라는 초당파적 기구의 설립을 제안하기도 했다. 지크문트는 흥미롭게도 이 같은 초당파적 기구를 만드는 일이 "국제연합과 연방연합 그리고 유럽연합의 목적을 발전시키려는 이런저런 기구를 설립하는 것보다 훨씬 더 중요하다"라고 말했다. '소비에트 연방하의 러시아는 앞서 말한 고립된 열전 덕에 이득을 얻을 것이요, 그들을 꺾을 유일한 길은 제3차 세계대전뿐'이라며 두려워하던 폴 마주르에게 말했듯이, 지크문트는 '서방 열강과 그 우호국들이 잘 뭉쳐 정책을 만들어내면 제3차 세계대전 없이도 러시아를 점차 약화시킬 수 있을 것'이라고 확신했다. 지크문트가 새로운 기구에 합류시키기 위해 초청한 사람들 중에는 전 외무장관 핼리팩스 경, 동료 은행가 프랜시스 글린, 경제학자 제임스 미드와 라이어넬 로빈스 등이 있었다. 훗날 노동당 당수 휴 게이츠컬과 자유당 당수 조 그리먼드, 전 법무장관 하틀리 쇼크로스, 소설가 레베카 웨스트 등이 새로 조직에 합류했다. 이들은 지금의 대서양수호연합에 새로운 기관을 도입함으로써 '정기적인 각료회의를 최소한으로 줄이고 일반 사무국에서 업무를 처리하는 방식'으로 관계를 더 돈독하게 하겠다는 목적을 천명했다.[3]

동시에 지크문트는 소비에트연방이 나치 독일과는 성격 면에서 다른 적이라는 사실을 인식했다. "나치 독일의 경우 공존을 위한 그 어떤 준비도 찾아볼 수 없었고, 오로지 세계를 지배하겠다는 열망만이 보였다. 그러나 소련에서는 상황이 나치 독일과 상당히 다르다"라고 지크문트는 군 역사학자 리들 하트에게 쓴 편지에서 언급한 적이 있다.

지크문트는 획일적인 공산주의 국가 동맹이 얼마나 쉽사리 분열될지도 이미 알고 있었다. 유고슬라비아가 스탈린과 인연을 끊는 마당에 중국이라고 그들을 따르는 국가들과 영원하라는 법은 없었다. 1954년 이 같은 생각을 지크문트에게 제시한 사람은 노동당의 열혈 간부 해럴드 윌슨이었다. 지크문트는 아이젠하워 정부의 호전적인 국무장관 존 포스터 덜레스가 '중국인들과 러시아인들을 서로 협력하도록' 만드는 데 어느 정도 책임이 있다고 생각하게 되었다.

냉전이 열전으로 번졌던 위기가 몇 차례 있기는 했다. 실제로 한국뿐 아니라 인도차이나, 과테말라, 캄보디아, 앙골라 등 여러 나라에서 열전이 일어났다. 그러나 지크문트의 눈에는 그 전쟁들이 본질

---

3 새로운 기구가 탄력을 잃자 지크문트는 좌절하고 말았다. 그러나 그는 다시 한 번 힘차게 대서양연맹을 위한 수준 높은 국제운동자문위원회를 구성하기 위해 박차를 가했다.

적으로 서로 유사한 군사, 산업, 관료주의를 지닌 두 집합 사이에 벌어진 일종의 접촉으로 보였다. 1955년 그는 당시 미 공군이었던 해럴드 톨벗이 마치 '한 회사의 임원이 다른 회사에 대해 이야기하는 것처럼, 러시아 공군에 맞서고 있는 미 공군에 대해 이야기하는 것'을 보고 흥미를 느꼈다. 지크문트가 미국의 정치인들에게 큰 인상을 받지 못했다면, 그것은 그들이 최소한 니키타 흐루쇼프처럼 '아주 심각한 실수'를 범하는 일은 없었다는 의미일 것이다. 지크문트는 1958년 4월 '스탈린 이후 집단 지배 체제가 이제는 개별 독재 체제로 이행되었다는 사실은 흐루쇼프 역시 히틀러나 무솔리니처럼 자기 힘을 남용하는 결과를 가져올 것'이라고 예견하며 이렇게 덧붙였다. "이 일은 결국 수하들로부터 적절한 정보를 얻지 못해 잘못된 결론을 내리는 독재자라는 뻔한 이야기로 흐를 것이라고 생각한다." 1960년 지크문트는 흐루쇼프의 '허세나 피우는 역겨운' 행동(10월 12일 UN에서 '미 제국주의자'들에 대한 비난을 퍼부으며 신발로 걷어찼던 것이 그 대표적인 예)을 개탄하며, 베를린에 위기가 닥쳐올 것이라고 예견했다. "그의 그런 행동은 1938년의 체코와 슬로바키아 지역 사람들에게 어필했던 것보다 오늘날 서방 사람들에게 훨씬 더 어필한다." 실제로 소련의 이 새 지도자는 1956년 스탈린을 비난했던 자신의 '비밀' 연설에서 국내의 공포가 종식될 것을 알렸다. 그러나 베를린 장벽 설치(1961년), 쿠바 미사일 위기(1962년) 그리고 미국의 베트남 전쟁 개입 확대 같은 강대국들의 대립은, '우리는 바로 눈앞에 핵전쟁을 앞두고 있다'고 두려워했던 지크문트의 공포를 되살아나게 했다. 그는 이제 돌발적인 전쟁이 일어날까 봐 두려워하기 시작했다. '아무도 진정 원하지 않는데, 열강 중 누구도 자살 행위로부터 인간다움을 보호하기 위한 결단을 예비하지 못한' 그런 전쟁이었다.

적의보다 더 큰 무력감이 지크문트를 덮쳤다.

3

지크문트가 소련의 팽창에 맞설 기구로 대서양 연합에 정성을 기울이기는 했지만, 그렇다고 해서 미국을 아무런 비판 없이 좋아하기만 한 것은 아니었다. 오히려 미 외교 정책의 이중 잣대를 목격하고 상당히 거슬려했다. 1944년 9월, 웨일스 출신 노동당 의원 어나이린 베번과 함께 저녁식사를 하는 자리에서 제임스 P. 리처즈 의원과 마주치자 지크문트는 몹시 짜증이 났다.

리처즈 의원은 오늘날 영국인들의 제국주의에 대한 태도를 논하면서, 영국이 점유한 지브롤터와 몰타를 국제 당국에 기꺼이 내놓을 준비가 되어 있는지 물었다. 우리는 모두, 국제 당국이 중심이 된 해결책이 있다면 "그렇게 하겠다"라고 대답했다. 베번은 "당연히 이 나라 국민의 대다수가 지브롤터, 몰타, 싱가포르 해협 등 세계의 해양 요지 전부를 포기할 준비가 되어 있다. 물론 보스포루스 해협, 코펜하겐 해협, 파나마 운하 등에도 같은 경우가 적용된다는 전제하에 말이다"라고 덧붙였다. 그러자 리처즈 의원이 어이없다는 듯 외쳤다. "미국이 파나마 운하에 대한 권리를 포기하기만 하면 모든 일이 잘될 거라고!" 그러더니 영국이 인도를 계속해서 점령하고 있는 것은 범죄지만, 미국이 흑인들을 위해 했던 일은 두말할 것도 없이 정의로운 것이었다는 요지의 일장연설을 늘어놓았다.

지크문트는 훗날 전쟁에서 가장 큰 잘못 중 하나로 루스벨트가 '이른바 영국 제국주의를 향해 엉뚱한 분노'를 돌린 탓에 '스탈린에게 전략적 요충지를 내줘, 결국 영국과 프랑스라는 우방이 서유럽에서 패배하게끔 만들어버렸다'는 사실을 꼽았다. 때때로 지크문트는 고집불통으로 반미적 감정을 토로하기도 했다. 미국인들은 점심시간에 손님과 이야기를 나누는 게 아니라 반대 심문을 하듯 대화하며, 미국의 기차역은 견디기 힘들 정도로 혼란스럽고, 주식 시장은 '재미없는 몬테카를로(모나코의 유명 도박장)'라는 등 종합해보면 미국인들이 원숭이처럼 살다가 갑자기 경제력만 커져서 바로 고급 차를 타고 다니며 거들먹거릴 줄이나 안다고 평가했던 것이다. 지크문트는 전후 미국을 처음 방문한 뒤 이렇게 썼다

내가 만난 대부분의 사람들은 아주 뛰어나게 똑똑한 이조차도 주식 거래소의 동향에 따라 자기 생각을 바꾼다. 그보다 더 좋지 않은 것은 획일적인 의견과 흑백 논리에만 의존하는 판단 방식이다. 나는 때때로 미국의 몰개성이 어쩌면 러시아에서나 있을 법할 수준으로 팽배해 있지 않나 생각한다. 러시아에서는 관행을 따르지 않는 데 대한 벌로 죽음이 주어지지만 여기서는 가난이나 사회적 배척이 따를 뿐이라는 점이 다르다면 다른 점이다.

수많은 관습적인 대서양주의자들과 달리 지크문트는 결코 냉전을 서방의 미덕과 소비에트의 범죄 사이의 다툼이라는 개념으로 여기지 않았다. "나는 이 현대의 야만이 철의 장막 동쪽뿐 아니라 서쪽에까지, 서반구뿐 아니라 서유럽에까지 퍼져나갈까 두렵다." 그는 1940년대가 며칠 남지 않은 시점에 쓴 편지에 이렇게 쓰고 있다.

서방의 오랜 전통과 문화가 잘 보존된 곳은 마치 현대의 각종 만행의 물결 속에 완전히 잠기지 않은 아주 작고 잘 통합된 섬처럼 보인다. 웃자라고 거대화되고 지나치게 중앙 집중화된 집단의 공포스러운 획일에 물들지 않고 제대로 된 화합과 균형 상태에 도달한 집단은 그 수가 극히 적기 때문이다. 오늘날 구소련과 주변의 위성국가 그리고 어쩌면 미국도 그런 집단에 해당될 수 있겠지만, 내가 볼 때엔 영국과 그 외 몇몇 영국령 국가들(남아프리카 제외), 스위스, 스칸디나비아 국가들에 비하면 한참 멀었다고 생각한다.

서방이 득세할 수 있었던 것은 냉전 중 미국 대학에 조달된 '플라톤에서 북대서양조약기구에 이르는 희화화된 서구 문명' 때문이라기보다는 이들 전통적인 가치를 지닌 몇몇 '섬들'이 지속적으로 존재했기 때문이다.

전쟁 이후 대서양 연안 국가의 질서 중에서도 경제에 대한 지크문트의 비판은 특히 격했다. 그는 다음의 두 가지에 이의를 제기했다. 첫째, 영국과 미국 전문가들이 1944년에 고안한 브레턴우즈 협정은 '달러화'를 본위화폐로 삼았다는 점에서 금과 관련이 되었다. 둘째, 브레턴우즈 협정은 고정 환율 제도를 고집하고 국가 간 통화 정책들의 독립성을 방해함으로써 결국은 자본의 국가 간 유동성을 계속해서 제안하려는 의도였다는 것이었다.

두 가지 모두에 대해 지크문트는 바람직하지 않다고 느꼈다. 급기야 1940년경에는 금이라는 형태로 들어오는 수익이라면 그 어떤 것도 전적으로 반대하게 되었다. 미국이 전쟁 후 막대한 금을 비축하는 모습을 보고는, 모아둔 금으로 할 수 있는 가장 바람직한 일은 관광객들에게 팔 재떨이를 만드는 용도일 것이라고 빈정거리기까지 했다. 그리고 1942년부터는 물론 자국의 이득을 따지지 않는 종류의 협력을 통하는 것이 더 좋겠지만, 미국이 동맹국에게 군수품을 갖춰 주기 위해 대규모 신용 거래를 확장했던 무기 대여 정책을 평화 시에도 계속해야 한다고 주장했다. 지크문트가 생각한 단체는 케인스와 그의 미국인 동료 해리 덱스터 화이트가 브레턴우즈에서 고안한 국제통화기금(IMF)과 공통점이 많았다.

그러나 전쟁이 끝난 뒤 '미국과 영국이 합심하여 무기 대여 체계 및 산업 협력을 통해 세계로 이어지는 연결 고리를 구축하게 될 것'이라는 지크문트의 꿈은 실망으로 끝나고 말았다. 케인스가 워싱턴에서 목격했듯이 미국인들은 다가오는 평화를 영국을 밀어주는 것이 아니라 손쉽게 꺾어버릴 기회로 여겼던 것이다. 1943년이 되어서야 지크문트는 '전후 문제의 해결책을 준비하는 영국은 영연방 자치령 및 서방 유럽 국가들과 보다 긴밀하게 관계를 유지해야 하며 미국에는 절대 의존하지 말아야 한다'는 우울한 결론을 내리기에 이르렀다. '적극적인 미국식 경제 정책'이라고 여겼던 것이 그를 경악하게 만들었기 때문이다. 전쟁 직후 즉각적으로 무기 대여 정책이 취소되자 영국은 처음으로 자활해야 한다는 사실을 뼈저리게 느꼈다. 그리고 미국이라는 나라는 한때 동맹이었던 국가보다 적이었던 국가의 재건에 더 많은 재원을 약속할 것이라는 사실도 확실히 알게 되었다.

더 이상 미국이 재정적 원조를 하지 않을 것이라 예상한 지크문트는 개인이 할 수 있는 일을 찾아서 해야겠다고 마음을 고쳐먹게 되었다. 그는 여러 차례 "국제 은행업에서 일정 역할을 하는 사람은 되도록 미국과 영국의 금융 및 자본 사이의 밀접한 연합에 기여하기 위해 노력해야 한다"라고 단언했다. 그가 처음에 생각했던 것은 '가정을 위한 노동 절약 기기들, 소비재 중심의 가구, 직물' 등 전후 영국에서는 공급이 달릴 물품들을 생산하는 미국 제조 업체들이 영국에 '자회사'를 설립하도록 해야 한다는 것이었다. 그러나 미국이 '외환 관리를 해제하고 가능한 한 빨리 파운드화를 전환하기 쉽게 만들어야 한다'고 고집을 피운다는 것이 문제였다. 지크문트는 연방 준비의 도움 없이는 이 일이 불가능하다고 생각했다. 상황은 미국 내의 인플레이션 때문에 미국에서 사들이는 주요 수입품 가격이 상승하면서 악화일로를 걸었다. 그와 동시에 미국 기업들은 영국 기업의 주식을 적게나마 보유할 수 있게 되었다. '다자간 교역과 전면적인 통화 전환 가능성'에 대해 많은 이야기를 나누었지만 자유 무역을 복원하는 움직임과 자본이 대서양을 건너 흐르는 속도는 끔찍할 정도로 느리다는 것이 명백했다. 그리고 우리는 이를 통해 지크문트가 전쟁 이후 그토록 노력했으나 그처럼 초라한 성과만을 올린 이유를 알 수 있다.

상황이 이렇다 보니, 지크문트가 대안적인 북미 전략, 즉 미국 위에 위치한 나라들에 대한 전략을 생각해내기 시작한 것도 놀랄 일은 아니다. 1946년 9월 그가 적은 내용에 따르면, 캐나다는 '미국과 비교했을 때 적어도 두 가지 중요한 장점'이 있었다. 첫째, '산업 개발 단계'에서 '캐나다는 이제 겨우 시작'이었고, 둘째, 이와 달리 관리 행정은 미국보다 훨씬 능숙하다는 것이었다. 정치적으로 임명된 공무원들이 아니라 업무적으로 능숙한 관리로 채워진 캐나다와 일하면 보다 친근한 업무 환경을 제공받을 수 있을 것 같았다. 게다가 캐나다와 일을 한다는 것은 전후 영국 정부와 런던에 존재했던 희망과도 잘 부합되었다. 그들은 옛 대영제국과의 유대 관계가 경제를 통해 새 생명을 얻기를 바라고 있었기 때문이다. 결국 1940년대 후반에서 1950년대 초반 여러 차례 대서양을 건넌 지크문트의 목적은 미국 기업이 아니라 캐나다 기업에 초점을 맞춘 것이었다. 그 첫 번째 기업은 로몬트라는 보잘것없는 협동 벤처로, 이 회사의 이사는 '르네상스 회화에 대해서는 정통하지만 은행업에 관해서는 아는 게 거의 없는 인물'로 밝혀졌다.[4] 그보다 상태가 좀 나은 회사가 트라이아치인데, 토니 그리핀의 지휘하에 토론토에 설립된 이래 '영국 및 다른 곳에서 천연자원을 개발하고 캐나다 산업과 무역을 확장하기 위한 금융 및 기술적 경험'을 제공하는 곳이었다. 실제로는 그렇게까지 대단하지는 않았지만 이론상 훨씬 깊은 인상을 주었던 곳은 런던과 뉴욕의 진정한 빛나는 별 같은 회사들을 모아 '미국과 캐나다 외의 다른 나라들에 자본 투자'를 하도록 만든다는 트랜스오세아닉 개발 회사였다. 그러나 지크문트는 영연방과 식민지, 다른 점령국과의 교역이 영국에 확실한 경제적 미래를 보장해줄지 확신할 수가 없었다. 실제로 그는 훗날 이렇게 주장하기도 했다. "캐나다에서는 이질적인 의견을 직시하려는 용기가 영 부족해 미덕을 갖춘 체하는 허세로 보일 만한 행동을 하는 사업가들과 거래를 해야만 했다." 그러던 중 1955년, 흥미진진한 순간이 왔다. N.M.로트실트가 상당한 지분을 획득한 브리티시뉴펀들랜드의 가치에 대해 에드문트 드 로트실트가 지크문트를 설득하려 노력하던 때였다. 자신을 설득하려는 로트실트에게 지크문트는 되레 '대형 발전소를 짓는 뉴펀들랜드에 대단한 기회가 있기는 하지만, 아직은 그렇게 해서 만들어낸 동력을 누가 살 것인지 아무도 말할 수 없지 않느냐'며 이 사실을 인정하라고

---

4 문제의 인물 루이스 랜덜은 (루트비히 로젠탈이었던 시절) M.M.바르부르크에서 외환 거래 담당았으로 있었다.

강요했다.

결국 전쟁 직후 미국이 보인 앞뒤가 맞지 않고 자기중심적인 대서양 유럽 정책은 순간의 일탈이었다는 것이 밝혀졌다. 동 지중해와 중유럽, 그리고 극동 지역에서 강대국의 경쟁이 강화되고, 소련의 외교 정책이 점차 거슬리는 상황이 오자, 워싱턴에서는 변화의 분위기가 감지되었다. 유라시아 대륙 이곳저곳에서 소비에트연방이 잇따라 몰락할지 모른다는 갑작스러운 공포에 트루먼 정부는 전례 없는(그러므로 타의 추종을 불허하는) 일괄적인 평화 원조를 시행하게 되었다. 거기에는 유럽 부흥 계획도 포함된다. 미 국무장관이었던 마셜의 이름을 따 '마셜 플랜'으로 영구히 불리게 된 이 계획은 실상 마셜의 오른팔이자 후계자였던 애치슨의 머리에서 나온 것으로, 1948년에서 1952년까지 유럽에 총 118억 달러를 제공하고 대출 형식으로 15억 달러를 추가로 주기로 했다. 이 액수는 같은 기간(1948~1952년) 미국 국내 총생산의 1.1퍼센트에 맞먹는 금액이자, 평균적으로 전체 수혜국 국민소득의 2.5퍼센트에 달하는 액수였다. 그다지 큰 희생은 아니었다. 왜냐하면 그렇게 넘어간 달러들이 부분적으로는 미국에서 생산한 자본재에 쓰였으므로, 미국 수출업자들의 입장에서 볼 때 이는 자기 이익을 추구하는 훌륭한 방법이기도 했다. 그러나 원조를 받는 유럽인들에게는 바로 그 점이 문제였다. 물론 마셜 플랜은 전후 투자를 저지해오던 지불 불균형 문제들을 완화했다. 소련의 팽창에 대한 공포가 없었다면 이러한 일은 일어나지 않았을 것이고, 트루먼 대통령도 국무부의 조지 F. 케넌이 손질한 투입 전략으로 마음이 돌아서지 않았을 것이다. 지크문트는 이에 대해 다음과 같이 기록했다.

미국을 고립주의에서 벗어나게 한 일등 공신은 바로 몰로토프 (소비에트 외교장관)다. 영국과 다른 서유럽 국가들은 마셜 플랜으로 얻게 될 이득이 무엇이든지, 우선 몰로토프에게 감사를 표현하는 것이 너무나 당연할 것이다. 물론 감사 표현이 외교 정책에 반하는 것만 아니라면 말이다.

자꾸 잊히기는 하지만, 영국이 엄청난 규모로 마셜 플랜의 원조를 받았다는 것은 분명하다. 총 30억 달러나 되었다. 그러나 지크문트는 영국 경제를 괴롭히는 심각한 구조적 문제가 일시적으로 중단된 것 이상의 효과는 없었다고 생각했다. 그는 스태퍼드 크립스(마셜 플랜이 착수되었을 때 총리였던 인물)에게 내핍 정책을 유지하면서 빠른 효과를 보겠다고 통화 가치 저하라는 방법은 선택하지 말라고 충고했다. 그리고 계속해서 '영연방과 미국의 경제 연합'을 요구했다. 지크문트는 현재 상황에서 가장 강력한 통화를 중심으로 달러의 영향력을 약하게 유지하는 동시에, 상대적으로 약한 통화들을 영국의 스털링(파운드화의 별칭)이 파고들어 영향력을 확대하는 방향으로 영연방이 미국과의 경제 연합을 추구해야 한다고 압박했다. 1949년 2월 당시 그는 '미국 사람들이 영국의 미래를 대개 지나치게 낙관적으로 바라보는 데' 두려움을 느꼈다.

나는 그러한 태도가, 화려하지만 사람들이 알아차리지도 못할 만큼 빠르게 지나가버릴 유행과도 같아 두렵다. 어찌 보면 여기 사람들이 현재 영국이 이루어낸 진보에 감명을 받는 것은 위험하기까지 하다. 예기치 못한 차질을 겪을 경우 더 많이 실망할 테니 말이다. 그런 경우 지금의 낙관만큼이나 극대화된 우울과 낙담이 찾아오게 될 것이다.

　물론 우리는 지크문트가 서방 세계 전체의 경제를 지나치게 비관적으로 바라보다는 사실을 알고 있다. 그는 '디플레이션과 인플레이션의 공포가 교차'할지 모른다고 두려워했지만, 1949년 시점에 그 같은 두려움은 분명 시기상조였다. 그렇지만 전후 영국 경제가 고전하게 될 것이라는 그의 우려는 사실로 나타났다. 1950년에서 1973년 사이 영국은 국민 1인당 국내총생산 성장률이 평균 2.4퍼센트로 서유럽 전체에서도 가장 미미했다. 독일의 성장이 오히려 두 배는 더 빨랐다. 1949년 파운드화의 최초 평가절하는 지크문트에게 그다지 큰 감명을 주지 못했다. 왜냐하면 그가 보기에 '평가절하를, 열심히 일하고 정부 지출을 줄이며, 서유럽 내에서 무역 자유화를 시작하게 해줄 새로운 정책의 출발점'으로 여기는 것은 '전적으로 잘못된' 생각이었기 때문이다. 평가절하 덕에 영국 수출이 자극을 받았지만 지크문트는 '연말에는 파운드화가 다시금 액면 이하로 할인될 것'이라고 정확하게 내다보았고, 가치 하락이 다시 시작될 것이라고 말했다. 그리고 그의 생각이 맞았다는 것이 입증되었다. 지크문트는 '앞으로는 보수 정부 정책과 노동 정부 정책에 차이점이 거의 없을 것'이라고 예측해, 정권이 바뀐다고 해서 대단히 큰 희망이 보일 거라고 생각하지도 않았다. 그는 1950년 보수주의자들이 승리하면 '영국은 그저 더 내핍한 상태에 처하게 될 것이고, 더 많은 화폐 규제를 시행하게 될 것'이라고 보았다. 보수 정부와 노동 정부의 차이를 찾자면 '보수 정부는 철강 산업을 비롯한 다른 어떤 분야도 국유화하지 않을 것이라는 점, 그리고 역설적으로 들리겠지만 보수 정부가 노동 정부보다 오히려 진보적인 외교 정책을 시행할 것이라는 사실'이었다.

1950년 정책 전반에 걸쳐 수립된 초당적 합의가 발표될 것이라 예상한 지크문트는 '이면까지 밀고 들어가는 극단적인 요소'를 볼 수 있기를, 그리고 '지난 세기 토리당과 휘그당이 번갈아가며 의자에 먼저 앉기 놀이 하듯 의석을 두고 맹렬하게 다투면서도, 정책의 기초 사안은 큰 차이 없이 그저 강조하는 부분만 조금 달랐던 것'과 같은 모습을 다시금 볼 수 있기를 기대했다. 그는 재무장관 R. A. 버틀러가 뮌헨 협정 당시에는 국제 정책에 관해 열렬히 유화론을 부르짖더니, 이제는 재정 문제에 대해서도 유화론을 주장한다며, 버틀러 때문에 영국 내 급여 협상 체계가 완전히 난장판이 되어 급여와 생산성 간의 관계가 단절돼버렸다고 비난했다. 그리고 1956년 2월 "정부 밖의 사람들 중 몇이나 은행 금리 인상 같은 통화 조치로 진짜 치료가 필요한 질병을 낫게 할 수 있을 거라고 아직도 순진하게 믿고 있는지 궁금하다"라고 썼다. "나는 현재 정부가 아주 독특한 방식의 오만과 비능률을 두루 갖춘 사람들만으로 이루어져 있다고 본다." 지크문트가 예견했듯이 보수당과 노동당 총리는 유사하게 전후 기간을 지나며 내외부의 균형을 이루기 위해 분투할 작정이었다. 1959년 화폐 체계를 위한 래드클리프위원회는 전통적인 화폐 정책이 지나치게 커진 영국 경제를 통제하지 못할 거라는 지크문트의 시각에 대체로 동의했다.

지크문트가 볼 때 영국이 가장 기대를 걸 것은 평가절하가 아니라 생산성을 높이기 위한 필수 조건인 우수한 관리 체계 및 해외 자본의 도입이었다. 1950년 5월, '경제와 사회를 보호하기 위한' 중요한 기록에 그는 다음과 같이 적어두었다.

1. 경제 발전을 위해, 기술력 진보와 경영 방식 개선을 통한 생산

성 향상

2. 경제력 집중을 위해, 여러 관련국들이 각 지역 당국이나 그와
   유사한 수단을 동원하여 인력과 물적 자원을 효율적으로 분배
   하기
3. 재정 분야에서는, 국제적 목표를 달성을 위해 중권의 국제 공동
   거래와 투자 방향의 합리적 설정을 통해 관련국들의 저축력을
   고무하고 흡수하기

지크문트는 '재정적인 외부 원조가 필요한 나라들을 돕기 위해서
는' 마셜 플랜이 새로운 대서양재정이사회를 통해 계속되어야 한다
고 주장했다. 그리고 브레턴우즈를 확실히 손질하지 않는다면 현재
와 같은 평가절하와 절상이 반복되면서 각국의 통화가 각자의 수준
을 찾아가는 일이 계속될 것이고, 이는 모호하고 위험하기 짝이 없는
일이라고 말했다. 다른 이들은 북대서양조약기구를 주로 군사적인
연합으로 여겼던 반면, 지크문트는 특히 국가의 여러 해외 안보 책무
로 인해 발생한 영국 경제에 대한 압박을 완화하기 위해서 북대서양
조약기구에 금융적 기능을 간절히 부여하고 싶어 했다. 이를 위해
그는 자신의 재정위원회가 '북대서양조약의 후원국들이 각자 또는
공동으로 보장하는' 300억 달러 규모의 공채를 발행할 것을 생각했
다. 이 기간에 그가 떠올린 다른 계획들 중에는 '뉴욕에 기구를 설치
하여 유럽 제조 업체들을 상대로 미국 군수품 주문을 관장하도록' 하
는 것과 '국제 융자를 내 영국과 유럽 여러 나라들의 교통 체계를 재
건하고 현대화하는 것'도 있었다. 지크문트는 1950년대 내내 '북대
서양조약기구의 공통 시장과 공통 화폐(터키와 그리스를 제외한)'를
만들겠다는 생각에 사로잡혀 있었다. 영국의 경제 문제는 구조의 문

제이지 화폐의 평가절하만으로는 해결할 수 없다고 확신했던 것이다. 외자가 절실하게 필요했다. 그리고 그것은 바로 미국의 자본을 뜻했다.

이러한 구상을 하고 있었기에 1956년 수에즈 위기가 발생하고 영-미 관계가 악화되자 지크문트는 경악하고 말았다. 마침내 1955년, 오래전부터 S.G.바르부르크의 고객이었으며 해리 루카스의 제안으로 소규모 투자 계정을 열어두었던 앤서니 이든 경이 처칠의 뒤를 이어 총리가 되었다. 지크문트는 이든 경이 1930년대에 체임벌린과 갈라선 이후 쭉 그를 진심으로 존경했었다. 1954년 제네바와 런던에서 열린 회담에서 이든이 외무장관으로서 노력한 것에 대해 칭송했으며, 그런 그가 이제야 총리가 되었다는 것은 뒤늦은 감이 있다고까지 이야기했다. 그랬기에 지크문트는 수에즈 위기 초창기에는 이든의 말을 믿었다. 지크문트 역시 이집트 지도자 가말 압델 나세르를 중동의 히틀러로 보는 이든과 같은 의견이었다. 그리고 1952년 이집트 군부가 권력을 장악한 이후 서구 열강들이 유화 정책을 쓴 것은 실수였다고 여겼다. "나세르가 권력을 마구 휘두르는 것은 아마도 이 나라와 프랑스 사람들에게 통탄할 만한 결과를 안겨줄 것이다." 지크문트는 나세르가 수에즈 운하를 국유화한 뒤 닷새가 지나자 이렇게 말했다. 그리고 거기에 아주 중요한 경고 하나를 덧붙였다. "미국에서는 총선이 있는 해에 국제적 사건에 대한 국민의 관심이 사그라지는 경향이 있으니 주의해야 한다." 정말 상황 판단이 빠른 논평이었다. 왜냐하면 파나마 운하의 통제권을 되찾기 위한 영국, 프랑스, 이스라엘의 협력 작전이라는 이든의 전략에서 치명적 결함이, 다름 아닌 미국에게 나서서 도와줄 요량이 아니라면 뒤로 물러나 입 다물고 있으라고 경고하는 데 실패했다는 것이었기 때문이다. 아이젠하워 정부는 그런 것에는 신경도 쓰지 않은 채 곧 있을 대통령 선거에만 매달렸다. 게다가 소련이 헝가리에 군사 간섭을 시작하고, 유럽 제국주의가 재발하는 것처럼 보이는 상황에 대한 반발로 전 아랍권이 소련 편에 서게 되면서 다시금 동서의 악몽 같은 대립이 또 일어날지도 모른다는 우려가 커지고 있었다. 사태가 정치적 재앙으로 끝이 난 뒤, 지크문트는 자신이 초기에 주장했던 논리에 따라 사건을 분석했다.

영국과 프랑스가 중동에서 단독으로 행동한 것은 그 자체가 잘못은 아니었다. 하지만 그들이 택한 방법, 특히 영연방 국가들과 미국에게 사전협의까지는 바라지 않더라도 정보조차 주지 않은 것은 불행이고, 무엇보다 끔찍한 실수였다. 군사 행동에 들어갔지만, 중간에 중단되고 말았다.

정리하자면 이든이 '무모한 모험'을 했다는 것이었다. 지크문트는 이에 대해 다음과 같이 회상했다. "물론 전에도 갈등이 불거지면 한 나라가 단독으로 혹은 다른 나라와 연합해 또 다른 나라를 봉쇄하는 일은 왕왕 있었다. 그러나 나는 영국이 이든의 통치하에서 스스로를 봉쇄함으로써 아주 바보 같은 상황에 빠지고 말았다고 생각한다." 결과적으로 사우디는 석유 수출을 중단했으며 미국은 영-프 군사가 UN 총회의 '평화를 위한 통합' 결의안에 따라 철수하지 않으면 파운드화를 지지하지 않겠다는 치명적인 선언을 했다. 즉 지크문트는 중동에서 서방이 간섭을 하려 드는 것에 대해서가 아니라 이든 정책의 기량 부족을 문제 삼았던 것이다. 2년 뒤 미군이 레바논으로 파견되어 이라크의 군주제를 타파하자,[5] 지크문트는 기회를 잃었다는 사실을 후회하며 지난 일을 뒤돌아보았다.

만일 현재 레바논에서 일어나고 있는 일이 2년 전 나세르가 수에즈 운하를 국유화하자마자 일어났다면 지금 상황이 얼마나 나아졌을까. 이제 내가 보기에 앞으로 일어날 최상의 경우는 미국과 영국을 위해 중동의 주변부를 구원하는 것이다.

만약 이번 사태가 일주일만 더 일찍 일어났어도 이라크의 격변은 일어나지 않았을 가능성이 높다. 너무 몰랐고, 또한 너무 늦었다는 게 결국 문제였다.

이 같은 정서는 윈스턴 처칠이 1958년 7월에 원래 하원에서 하려고 생각했던 마지막 연설 내용과 놀랍도록 비슷했다.

어쨌거나 외교 정책에서의 영-미 공조는 깨진 것처럼 보였다. 그렇다면 경제 영역에서는 보다 성공적으로 협력하게 되었을까?

4

1951년 7월 말, 쿤로브의 이사진에서 지크문트에게 놀라운 제의를 해왔다. 바로 이사회에 들어와 달라는 것이었다. 쿤로브의 임원인

---

5 블루 배트 작전은 아이젠하워 독트린이 처음 적용된 것으로, 아이젠하워 독트린이란 세계 어디든지 공산주의가 확산되는 것을 막기 위해 미국이 간섭할 권리가 있다는 주장을 펼친 원칙이었다. 그러나 그 진짜 목적은 이라크에 일어난 정권 변화를 이집트, 시리아, 레바논이 연합할 기회로 보았던 아랍권 내의 적과 맞서고 대통령 카밀 샤문의 친서방 정부를 강화하는 것이었다.

야코프 시프의 손자 존은 지크문트와 기질적 차이가 엄청났기 때문에 이 같은 제안은 그 자체로 놀라운 일이었다. 존은 예일 대학과 옥스퍼드 대학에서 수학한 해군 참전 용사이며, 어퍼이스트사이드에서도 인정 많기로 유명하고 순수 혈통과 보이스카우트 활동에 열을 올리는 인사였다. 친족지간이라는 것 외에는 지크문트와 공통점을 찾아보기 어려웠다.

그러나 지크문트는 그들이 분명 자신의 재산을 영국에서 미국으로 즉시 옮기라고 할 것이라며 제안을 당장 거절했다. 그는 뉴욕 주식 시장의 규제하에 자신의 회사 통제권을 쿤로브에 넘기게 될 거라고 예상했다. 그러나 1년 뒤 지크문트와 와이즈먼은 기발하고 특별한 타협을 맺어 '상대 기업과의 행복하고 건설적인 분위기 속에서 관계를 수립'하는 데 합의하기에 이르렀다. 지크문트는 S.G.바르부르크의 회장이라는 지금 역할을 포기하지 않아도 되고, 뉴욕으로 이사를 갈 필요도 없으면서 쿤로브의 대리인으로서 '그들 대신에 일을 봐주고 계좌를 열 수 있는' 일반적인 권리를 승인받게 되었다. 그리고 '독립 계약자'로서 연 수수료를 받게 되었다. 지크문트가 기록한 바에 따르면, 아주 오래전인 1928년경 처음 구상했던 방식의 동업 형태였다. 이제 지크문트는 쿤로브의 실질적인 동업자가 된 것이었다. 존의 변호사들이 지적했듯이, 지크문트는 '다른 동업자들보다 더 큰' 권한을 가지게 될 터였다. 왜냐하면 '동업자들은 절차상 규정에 따라 어떤 일을 하든 다른 동업자들의 동의를 얻은 뒤에라야 할 수 있다는 협정에 동의했지만, 지크문트는 누구에게도 알리지 않고 동업에 해당하는 일을 처리할 수 있는 위임장이 있었기 때문'이었다.

지크문트가 자청한 첫 업무는 쿤로브 '동업자들과 최고경영자 간의 업무 협력을 위한 노력'과, 자금을 유망한 산업에 투자하기보다는

‘완전히 유동적인 현금 혹은 국공채로’ 유지하는 회사의 유서 깊은
정책을 바꾸는 것이었다. 지크문트는 요령보다는 정공법으로 부딪
쳤다. 1953년 2월 쿤로브에서 고작 사흘을 보낸 뒤 지크문트는 ‘철
두철미하게 일할 생각도 없고, 업무에 적합한 마음가짐을 지니지도
않은 채 열정만 넘치는 말단 사원들에 대한 교육’이 굉장히 부족하다
는 결론을 내렸다. 4월 하순, 그는 거창한 쿤로브 10개년 계획을 발
족했다. 지크문트가 계획에 적어놓은 ‘일류 은행이 되기 위한 필수
요소’는 다음과 같다.

1. 도덕적 기준
2. 효율성과 수준 높은 두뇌 작업
3. 인맥
4. 자본금
5. 직원과 조직

계속해서 지크문트는 이 다섯 가지 중 쿤로브가 ‘만족스러운 정
도’로 갖추고 있는 것은 1, 3, 4뿐이라고 했다. 반대로 ‘적절한 협력
과 내부 교육의 부족 때문에 2번과 5번 항목에 관해서는 개선할 부
분이 아주 많다’고 했다. 쿤로브에는 너무 많은 부서가 있었고, 그 부
서는 직원들로 꽉 차 있었다. 이 많은 부서들이 전부 빈틈없는 구성
원인 양 취급받고 있었다. 임원들이 맡고 있는 일을 제대로 아는 직
원은 너무 적었고, 임원들은 들고 나는 우편물에 대해서조차 제대로
알고 있지 못했다. ‘현재 돌아가는 일을 제대로 따라가는’ 일이나 장
래의 고객들에 대한 관리도 불충분했고, 내부 회의도 너무 적었다.
말단 직원들은 ‘현안과 장기적 아이디어’를 논할 기회도 없었다. 지

크문트는 뉴트레이딩에서 오랫동안 지켜왔던 절차들을 쿤로브에 적용하기로 하고 단 두 명의 동업자라도 배석하는 주간 회의인 '중간관리자위원회'를 구성하라고 촉구했다. 그리고 업무 관련 서신은 모두 목록으로 만들어 이 위원회뿐 아니라 새로 만들어질 집행위원회에서도 공유하고 이용 가능해야 한다고 말했다. 11월에는 이 위원회에 한 달에 한 번 겨우 만나는 동업자의 동의 없이도 모든 사업 결정('정책 문제' 외에도)을 내릴 수 있는 권한을 위임할 것을 제안했다. '위원회(그가 그렇게 부르자고 제안했다)'는 두 명의 무한책임 사원 로버트 F. 브라운과 J. 리처드슨 '딕' 딜워스 그리고 당연히 지크문트가 구성원이었다. 지크문트는 '경영진'이 할 일을 다음과 같이 정리했다.

1. 조직의 결속을 강화하고 각 부서와 직원의 능률 모두를 향상시킬 것
2. 회사 내의 승진, 보수, 훈련과 업무 수칙에 특별히 관심을 가질 것
3. 동업자와 최고경영자들에게 업무 소통과 서신 공유, 중요한 내부 일에 관한 정보를 얻을 각종 절차를 적절하고 지속적으로 소개할 것

복잡한 업무 흐름도와 함께 완성된 계획은 내부로부터의 혁명을 꾀하는 대담한 성명서 혹은 전면적인 쿠데타에 가까웠다. 영국은행의 그다지 우호적이지 않은 한 임원은 쿤로브에서 지크문트가 맡은 역할을 '개인적 열정을 발전시키기 위한 또 다른 움직임'이라고 하면서 이렇게 덧붙였다. "자기 삼촌이 가졌던 관심을 이어받아 부정

한 방법으로 회사 내에서 더 많은 통화 차익을 얻으면서 사실상 회사 전체를 장악한 것이다."

그러나 쿤로브의 경영 구조를 철저하게 다시 세워야 할 필요가 있었던 것은 분명하다. 회사의 재정 분야 역시도 문제가 있었다. 1952년 1520만 달러의 자산 중에서 자그마치 79퍼센트가 연방, 주, 시 단위로 미국 국채에 투자되었다. 회사의 부채 중 5분의 2 이상이 500만 달러가량의 동업자의 재산과 개인 예금이었다. 회사의 총수익은 거의 대부분 간접비로 쓰였다. 1953년의 순수익은 50만 달러도 채 되지 않았으며 거의 대부분이 동업자들의 급여와 그들이 제공한 자본의 이자로 분배되었다. 다시 말해 회사는 단지 소유주들에게 위험도는 낮고 수익은 높은 수단으로 이용되고 있었던 것이다. 재무제표상의 수치상 순이익은 그들에게 돌아가는 몫이 9퍼센트 정도라고 적혀 있었지만 그 가운데 3분의 1은 그저 채권 투자에 따른 이자일 뿐이었다. 지크문트가 쿤로브를 가리켜 빈사 상태라고 한 것은 지당한 평이었다. 불분명한 것은 그가 전임 직원이 아니면서 급진적 개혁을 추진하는 것이 얼마나 현실적인 효과가 있을까 하는 정도였다.

지크문트는 '봄에 두 달, 늦가을에 두 달을 뉴욕에서 보내는' 것으로도 자신의 계획을 현실화할 수 있을 거라고 믿었다. 그러나 계획은 효과가 없었다. 1954년 4월 맨해튼으로 돌아간 그는 '효율성이 부족한 조직은 전혀 변하지 않았고 심지어 평상시보다 더 심해진 것도 같았으며, 필요도 없는 논의만 많아지고 도처에 참견꾼만 널렸다'는 사실을 발견했다. 7개월 뒤 그는 이제는 신물이 날 정도로 익숙한 여러 쿤로브의 문제점을 열거하는 '쿤로브에 현존하는 몇 가지 문제'라는 글을 쓰기로 마음먹었다. '얕은 지식', '사무실에서의 불필요한 이야기', '불충분한 내부 소통', '철저하지 못한 말단 직원 교육’ 등을 담은 이 글은 그가 8개월 전에 썼던 것과 많은 부분 정확하게 일치했다. 다른 점이 있다면, 새로운 글에서는 그가 시프에게 ‘참모총장’ 역할을 할 ‘일종의 동업 경영자’를 임명하라고 권하고 있다는 사실뿐이었다. 지크문트는 자신의 노력이 별로 소용없었다는 사실을 인정하는 편이었지만, 설령 쿤로브에서 일하는 시간 절반을 모두 갖다 바쳐야 한다 하더라도 밀고 나가기로 다짐했다. 전무이사라는 새로운 직책을 얻은 뒤 그는 계속해서 내부 소통과 훈련, 통합 연구 부서(훗날 구매 부서와 통합되어 투자 연구 부문으로 바뀜)와 주식 서비스 부서를 새로 만드는 등 조직 개편 계획을 펼쳤다. 이번에는 그럭저럭 평탄하게 일이 진행되었고, 이에 지크문트는 희망에 부풀었다. 하지만 그는 계속해서 ‘이사진에서부터 시작된 위로부터의 지휘 계통’을 통한 통솔만으로는 ‘절대 충분하지 않다’고 느꼈다. 1955년 5월, 지크문트와 시프는 ‘조직과 원칙은 물론 쿤로브와 S.G.바르부르크의 이름까지도 좀 더 비슷하게 만들어볼까’ 하는 문제를 두고 고민 중이었다. 여기에서 지크문트의 궁극적 목적은 어쩌면 합병일지도 모른다는 사실을 엿볼 수 있다. 이듬해 시프는 지크문트에게 풀타임으로 근무하는 관리자 겸 동업자가 되어줄 것을 제안했다. 지크문트는 ‘두 가지 활동이 상호보완적’[6]으로 작용하는 것은 물론 ‘두 회사 모두에게 상당한 이득이 될 거’라는 생각으로 흔쾌히 받아들였다.

그는 모회사인 머큐리시큐리티의 회장직을 계속해서 이어나가고, 뉴욕에서는 1년 중 얼마간만 지내기로 합의했다.

---

[6] 사실 엄밀히 말해 이것은 잘못된 생각이었다. 왜냐하면 ‘뉴욕 주식 시장의 이상한 규율 때문에’ 지크문트가 쿤로브의 풀타임 동업자가 되려면 S.G.바르부르크 회장직을 내놓아야 했기 때문이다.

그러나 1957년 여름 지크문트는 다시금 다른 동업자들의 '방해와 지연'으로 좌절을 맛보게 되었다. 그러자 그는 훨씬 더 급진적인 조직 개편(동업자 관계 개혁과 구매부 및 유통부의 통합을 포함)을 해야 한다고 시프에게 계속해서 권하면서 세 가지 선택 사항 중 하나를 고르라고 말했다.

1. 쿤로브에서 나를 잘라버리거나 그냥 놔둘 것
2. 쿤로브의 동업자로 남겨두되 그 책임은 대외 업무, 특히 유럽 업무에 국한하며 회사 조직 내의 다른 어떤 업무에서도 제외할 것
3. 동업자로 남겨두되 회사의 대외 업무 및 회사 조직의 청소부 역할을 맡길 것

알루미늄 전쟁 중 윌리엄 와이즈먼에게 쓴 편지에서(아래 참고) 지크문트는 쿤로브 내에서의 갈등뿐 아니라 자신을 괴롭히는 또 한 사람, 바르부르크가 내의 한 인물에 대해 언급했다.

안타깝게도 내가 보고 싶어 하는 효율적인 조직을 이루기 위해서는 해결해야만 하는 아주 중요한 한 가지가 있네. 자네도 알다시피 임의적이고 변덕스러운 행동, 그리고 인간의 가치와 기준에 대한 객관성과 정의로움의 결핍이 바로 그것이지. 이 문제가 언젠가 사라진다면 우리는 진정으로 좋은 팀과 조직이라는 기반을 가지게 될 것이고, 그 옛날 그랬듯이 회사를 성공시킬 수 있을 것이네.

여기서 언급한 독자적이고 변덕스럽게 행동하는 문제의 인물은

펠릭스의 아들인 60세의 프레데리크 M. 바르부르크였다. 경마와 엉터리 시가 최대 장기였던 프레데리크는 경박하기 그지없는 행동으로 지크문트를 인내심의 한계에 도달하게 만들었다. 게다가 쿤로브 내에서 지크문트의 가장 중요한 아군인 딕 딜워스마저도 록펠러 형제들에게 설득당해 쿤로브의 격무에서 발을 빼려고 하자 상황은 더 악화되었다. 지크문트도 인정한 적이 있지만, 존 D. 록펠러 주니어의 아들 5형제가 미국 비즈니스와 정치에 편안하게 양다리를 걸친 모습을 보면, 어쩐지 '멋진 미래'가 느껴지는 것은 사실이었다. 아주 잠깐이었지만, 예상치 못한 딜워스의 외유에 시프는 화들짝 놀라 행동에 나서는 것 같았다. 그러나 이런 모습에 대해 지크문트는 아내에게 "손을 뻗어 닿을 거리에 있지 않으면 과연 시프가 자신의 건전한 다짐을 얼마나 오래 유지할 수 있을지 잘 모르겠다"라고 말했다. 지크문트가 쿤로브에 투자 관리사 우드스트러더스앤드윈스럽과 합병하는 게 어떻겠느냐고 제안하자 프레드 바르부르크(지크문트는 그를 종종 'X'라고 칭했다)는 지크문트를 지목해 '갖가지 더러운 방법으로 쿤로브를 손아귀에 넣으려' 한다고 비난했다. 그러자 지크문트는 대단히 분노하여 시프에게 사직서를 내밀면서 이렇게 설명했다.

서로 믿어야만 제대로 일할 수 있다. 그러나 지금 쿤로브에는 그런 분위기가 전혀 존재하지 않는다는 사실을 깨달았다. 특히 나를 믿지 않고 험담이나 퍼뜨리고 다니는 X가 동업자에 속한다는 것만 봐도 뻔히 알 수 있는 일이다. X는 내게 혹시라도 비판하고픈 것이 있다면 내게 먼저 이야기할 것이며, 다른 사람들에게 떠들고 다니기 전에 그에 대해 해명할 기회를 먼저 주겠다고 약속했었다. 안 그래도 정당한 이유 없이 나를 공격하고는 내 앞에서 시원스럽게 사과한 지 얼마 되지 않은 시점에 그 같은 약속을 했던 것이다. 그러나 지금 상황을 보면 X는 진심으로 약속을 했던 게 아니었다. 일이 이렇다 보니 나로서는 너무나도 중요한 상호 신뢰가 쿤로브에는 존재하지 않으며, 진정한 팀워크를 이룰 수 있는 기반도 전혀 없다고 결론을 내릴 수밖에 없다.

지크문트가 이처럼 불같이 화를 내는 것은 이런저런 방법이 아무것도 통하지 않을 때 최후의 수단으로서 사용하는 것이었다. 이는 종종 효과가 있었고, 이번에도 거의 통하는 것처럼 보였다. 시프는 서둘러 "자신은 프레드의 말 따위는 신경 쓰지 않는다"라고 대답했다. 쿤로브의 전담 로펌 크라바스스웨인앤드무어의 동업자였던 돈 스워틀랜드의 격려를 받아 지크문트는 '쿤로브의 조직 개편 운용을 위한' 다음 이사회 회의(놀랍게도 프레드는 이 회의의 참석자가 아니었다) 때까지 기다렸다. 그리고 만일 '최고 사령관, 참모총장, 병참감 등 여러 역할을 도맡고 있는' 시프의 짐을 덜어줄 수만 있다면 '동업자들은 60세가 넘으면 결정권이 없는 관리자나 유한책임사원이 되게끔 해야 한다'고 제안하면서, 동업자 내부에서 계속 프레드의 입지를 깎아내렸다. 지크문트는 아무래도 '다른 힘에 기대지 않은 채 청소를 해치우는 것'이 제일 좋다고 생각했지만, 다른 회사와 합병하는 것 역시 지금의 동업자들의 권력을 약화시키는 또 다른 좋은 방법이었다. 중요한 것은 '무한책임사원이 유한책임사원이 될 수 있도록 주선해서 너무 실망하지 않게 해주는 일'이었다. 이제 아무래도 바르부르크와 쿤로브가 합병할 시기가 온 듯했다(편지에서는 '프로젝트 X'로 표현되기도 했다). 지크문트는 다시금 '두 회사가 만나 유럽의 대출자들을 위해 미국이 공급을 원활히 할 수 있도록 보다 중요한 입지'를 구축함으로써, '언젠가 자신이 이루어질 거라고 꿈꿨던 영-미 결합의 선구 기업'이 될 수 있을 거라는 조심스러운 전망을 이야기하기 시작했다.

지크문트가 1958년 제시한 주식 교환은 실제로 쿤로브와 바르부르크의 합병으로 향하는 첫걸음이 되었다. 그러나 장애물 두 가지가 그 길 위에 도사리고 있었다. 첫째, 전과 마찬가지로 동업자들은 개혁을 자신들의 안정적인 자리를 위협하는 것으로 보았다. 특히 퍼시 스튜어트(지크문트가 주장하기로는 '포세이돈'처럼 2인자 역할을 했던 동업자)는 계속해서 S.G.바르부르크에 대해 방어적인 입장을 취했다. 두 번째 장애물은 뉴욕 주식 거래소였다. 1959년 4월 관할권 밖의 회사, 즉 미국 회사가 아닌 기업은 긴요한 이익을 거둘 수 없다는 이유로 단칼에 프로젝트 X를 거절해버린 것이었다. 거절을 마지못해 수용하기는 했으나 지크문트는 이만저만 낙담한 게 아니었다. 계속해서 재건 계획을 제시했지만, 쿤로브의 동료들이 더 이상 귀 기울이지 않는다는 사실을 느끼고 있었다. 1959년 6월, 처음으로 지크문트는 쿤로브가 바르부르크에 지급해야 할 수수료 문제에 대해 '강경 조치'를 택할 필요가 있다고 생각하게 되었다. 지크문트는 와이즈먼에게 자신이 큰 소리를 냈는데도 별 소용이 없을 때면 종종 의지했던 그런펠드에게 위임한 논의에서 이제 '씁쓸한 분위기'가 전개되고 있다는 것을 인정했다. 몇 년에 걸쳐 그런펠드와 지크문트는 쿤로브의 동업자 수를 줄이는 것과 S.G.바르부르크와의 관계 재정립 등의 사안에 대해 논의하며 변화를 일으키려 애썼다. 쿤로브를 무기력에서 빠져나오게 할 수 있는 것이라면 뭐든지 이야기하는 것처럼 보였다. 지크문트는 '걱정 많은 교장'처럼 내내 뉴욕 사무실을 들락거렸다. 하지만 그가 자리를 비우면 묵은 문제들이 즉각 표면으로 떠올랐다.

뒤늦게야 지크문트는 시프의 필적을 분석하는 등 그가 가진 정신적 문제를 알아보려고 노력했다. 그러나 지난한 논쟁의 세월이 몇 년 더 흐르고 마침내 1963년, 지크문트는 '우리 둘은 아무리 잘해보려 해도 도저히 답이 안 나온다'는 결론에 도달하게 되었다. 1년 뒤 딜워스가 씁쓸하게 '영원한 쿤로브 문제'라고 부르던 10년의 고생 끝에 지크문트는 동업자 직책을 사임했다. 남은 것은, 특정 거래에 필요한 재원을 모으기 위해 특히 국제 간 정부 융자를 끌어들이기 위해 노력했다는 희미한 기억과 조슈아 서먼과 이브 이스텔 같은 쿤로브의 젊은 직원들과의 우정뿐이었다. 지크문트는 1965년 뉴욕으로 돌아가는 길에 아내에게 이렇게 썼다.

몇 년간 계속해서 쿤로브에 대해 경고했던 당신의 말이 당연함 그 이상이었다는 것을 이제는 인정해야겠소. 한발 떨어져서 살펴보니 쿤로브 사람들이 몇몇을 제외하고는 얼마나 속이 좁고 상상력이 부족한지를 분명히 알겠소. 내가 왜 그들과 힘을 합치려고 했는지, 자신이 원망스러울 뿐이오. 이 문제는 귀류법으로 분석할 필요가 있어 보이오. 쿤로브와 함께하겠다던 내 마음은 너무나 오래 꿈꿔온 다양성에 대한 열망 때문이었을 것이오. 일은 실패했지만, 이제 나는 정말로 자유롭소.

만일 지크문트의 목적이 쿤로브를 꿰차는 것이었고, 일이 잘 풀렸다면 그는 이 기업 인수 전쟁에서 결국 패배하고 말았을 것이다.[7]

---

7 1960년대 후반 지크문트는 화이트웰드와 리먼브라더스 같은 월 스트리트 회사들과 다분히 '다자적 협정'을 하기를 좋아했다. 실패로 끝났던 쿤로브와의 거래 이후 동업자 냇 새뮤얼스는 쿤로브가 보였던 '변덕스러운 태도와 기묘한 애증

5

1956년 2월 15일 지크문트는 브리티시알루미늄에 대해 논의하기 위해 햄브로스 은행의 올라프 함브로 은행장과 만났다. "나는 함브로에게 아메리칸메탈에서 브리티시알루미늄과 관련하여 우리에게 접근했다고 은밀하게 알려주었다." 지크문트는 S.G.바르부르크의 동료들에게 이렇게 보고했다. 함브로는 지크문트에게, 햄브로스뱅크가 '바로 지금 대규모 자본 성장을 목적으로 브리티시알루미늄의 금융 문제에 대해 연구하고 있는 중'이라고 대답했다. 그는 '이 문제를 총체적으로 바르부르크와 협력하여 해결하는 데 전적으로 찬성'한다고 했다. 대화 끝에 지크문트는 자신의 회사가 브리티시알루미늄의 재보험에 관한 업무에 깊이 관여하는 게 어떻겠느냐고 제안했다. 당시에는 지크문트나 함브로 둘 다, 이것이 서로에게 큰 영향을 끼칠 뿐 아니라 런던의 문화를 근본적으로 바꿔버리게 될 지루한 드라마의 첫 장면이 될 것이라는 사실을 전혀 알지 못했다.

알루미늄 전쟁은, 공개 기업의 경영진과 이사진을 몰아내려는 의도로 공개 시장을 통해 해당 기업의 주식을 사들이는 현대적 전략을 구사한 영국 최초의 적대적 기업 인수 사례로 알려졌다. 에드문트

적 태도'를 후회했다. 이에 대한 지크문트의 대답은 독특했다. "이것이야말로 자연스러운 귀결이다. 어쩌면 이혼과 비슷하다고 할 수 있다. 갈라서겠다고 결정한 뒤에는 함께하면서 서로 앙숙이었던 때보다 훨씬 더 섬세하게 서로의 감정을 헤아리게 되니까." '재결합'이 어떨까 하는 생각이 1970년대 중반에 시프의 머리에 떠올랐지만, 합병은 다시 시도해볼 수 없다는 결론이 났다. 결국 1977년 쿤로브는 리만브라더스와 합병한다. 쿤로브라는 이름은 7년 뒤 리먼이 아메리칸익스프레스에 흡수되면서 사라지고 말았다.

드 로트실트에 따르면 사건은 '느리고 신사적인 사업 스타일에 결정적 타격'을 입혔다. 그는 "좋든 싫든 런던은 결코 그렇게 신사적인 모습으로 되돌아가지 못했다"라고 평했다. 헐버트왜그 은행의 바르부르크 쪽 조력자 라이어넬 프레이저가 보기에 그것은 '다윗과 골리앗의 싸움'이었다. 지크문트와 그의 회사 S.G.바르부르크가 다윗이고 그들을 제외한 나머지 런던이 몽땅 골리앗이 되었다. 로트실트처럼 프레이저 역시 알루미늄 전쟁을 영국 현대 금융사에서 결정적인 순간이었다고 보았다.

당시 S.G.바르부르크에 막 입사했던 피터 스피라는 그것이 '분수령'이었다고 보았다. 이 대단한 드라마에서 지크문트는 업계 동료 은행가들에게 사기를 쳐 체제를 전복한 악당이기도 했고, 전후 런던을 지배해온 파벌 중심의 늙은 소년 네트워크를 제치고 앞서 나간 혁명적 영웅이기도 했다. 지크문트 본인은 "쓸쓸한 점은 내가 빌어먹을 외국인이요, 정착민이며, 비기득권층의 의견을 가지고 있다는 사실이었다"라고 회상했다. 한때는 찰스 함브로 경이 지크문트를 가리켜 '정말 지독하게 군다'고 비난한 적도 있다. 그런가 하면 영국은행의 은행장은 사건을 지크문트의 '협잡'이라고까지 표현하기도 했다. 한 재무부 공무원은 '밀림의 전투'라고 표현하기를 더 좋아했다. 어떤 잘나가는 주식 중개인은 '실리적 모험'이라고 말했다. 라자드 상업은행의 은행장 킨더슬리 경은 지크문트가 자신을 호도했다면서 '절대로 지크문트와는 말을 섞지 않을 것'이라고 말하기도 했다. 모건 그룹의 역사학자에 따르면, 모건 그렌펠은 '말도 안 되고 용서받지 못할' 방식으로 지크문트가 일을 처리했기 때문에 S.G.바르부르크는 그 어떤 사업도 하지 않겠다고 15년간이나 거부했다. 수에즈 위기 이후 이든의 뒤를 이은 해럴드 맥밀런은 알루미늄 전쟁이 다분히 '프로와 아마추어 간의 싸움'이었다고 요약했다. 한 역사학자는 '오랜 런던의 질서에 대항해 이룬 지크문트의 승리는, 윌리엄 왕이 보인에서 얼스터의 가톨릭 신자들을 대파한 것'(보인 강 전투, 힘센 가톨릭에 신교도가 맞서 승리를 거두어 역사의 전환점을 이룬 사건)과 같다고 표현했다. 확실히 지크문트와 그의 조력자인 라이오넬 프레이저와 이반 스테드퍼드는 자력으로 성공한 사람들인 반면, 카토, 컨리프, 함브로, 킨더슬리 등 상대편에 서 있는 적들은 몇몇 기득권층 가문의 상속자들이었다. 그러나 크리켓에서는 당연히 프로가 아마추어를 무찌르는 법. 중요한 것은 그 방법이 정정당당했느냐 하는 점이다.

1894년 알루미늄 생산 가격을 근본적으로 낮춘 두 가지 기술적 혁신을 활용하기 위해 건립된 브리티시알루미늄은 스코틀랜드의 하일랜드를 수력 발전에 써도 되겠다는 가능성을 발견한 최초의 영국 회사 중 하나였다. 골드코스트(지금의 가나) 같은 식민지로부터 광석을 수입한 뒤 브리티시알루미늄은 탈산소화 작업과 제련 작업을 할 네트워크를 구축하고 영국 제도 곳곳에 압연 공장을 지었다. 그러나 브리티시알루미늄의 재정은 전후 캐나다와 영국령 기아나 그리고 호주에 투자하느라 부족한 실정이었다. 지크문트와 그의 친구인 아메리칸메탈의 한스 포겔슈타인은 1956년 어느 시점에 그 같은 사실을 알아차리고 미국 투자를 위한 잠재적 목표로 삼게 되었다. 지크문트에게 이것은 영국의 기업이 미국 돈으로 자본을 재구성할 수 있고, 지크문트가 뉴욕에 머무르는 동안에도 S.G.바르부르크가 이득을 얻을 수 있는 완벽한 기회였다. 바르부르크가 함브로의 증권을 맡겠다고 합의했던 브리티시알루미늄과의 결정을 아메리칸 메탈이 차지할 수 있었다는 사실도 상당히 중요한 이유였다.

처음부터 지크문트는 분명 영국은행에 브리티시알루미늄 주식이 얼마나 미국에 넘어갔는지 계속해서 알릴 생각이었으나, 미국이 모든 권력을 다 잡는 것은 아니라 해도 회사 내부에 입지를 확보하려 한다는 계획을 굳이 드러낼 필요는 없었다. 포겔슈타인과 거래가 협의되기도 전에 지크문트는 쿤로브와 런던에 있는 자신의 회사에 '상당량의 브리티시알루미늄 주식을 일단의 고객을 위해 모으기' 시작하라고 지시했다. 1956년 5월 말 이전, 캐나다에 기반을 둔 트랜스오세아닉이 50만 달러어치의 주식을 사들였다. 그리고 그해 말, 쿤로브의 다른 고객들도 방대한 양의 주식을 사들이는 데 합의했다.

모든 이가 지크문트의 제안을 마음에 들어했던 것은 아니었다. 포겔슈타인이 이 거래에 끌어들이려고 노력했던 클라이맥스몰리브덴의 회장은 "브리티시알루미늄의 경영진에게 알리지 않거나 그들이 호의적이지 않다면 브리티시알루미늄의 주식을 사는 데 반대한다"라고 말했다. 1957년 지크문트가 브리티시알루미늄 문제를 다른 미국 금속의 기업 레이놀즈메탈과[8] 논의했던 것은 어쩌면 이 때문이었을 것이다.

이제 목표는 전략적으로 중요한 자산을 미국이 점유할지 모른다는 두려움을 떨쳐버리기 위해 대부분 미국 회사로 구성되어 있지만 '강력한 영국 회사 한 곳'이 참여하는 그룹을 만드는 것이었다. 1957년 2월 초순 지크문트는 목표를 세웠다. 그가 모집한 그룹은 브리티시알루미늄 주식의 20퍼센트를 주당 80실링 이내의 가격으로 사들

---

[8] 레이놀즈메탈은 거대 상장 회사였지만, 아직 레이놀즈 형제들이 경영하고 있었다. 그중에서도 리처드 레이놀즈는 이 사건에서 중요한 역할을 했다.

이는 것을 목표로 삼는다는 것이었다. 이 단계에서 지크문트는 브리티시알루미늄의 상무이사 제프리 컨리프에게 회사의 재정적 어려움에 대한 조언을 해주면서 접근했다. 그리고 컨리프가 '이상한 낌새를 전혀 눈치 못 챌 정도로 둔하고 생각과 말이 완벽하게 뒤죽박죽인 인물'이라는 사실을 깨닫게 되었다. '그토록 중요한 영국 기업이 그렇게 형편없는 경영자의 손아귀에 있다는 사실에' 지크문트는 극심하게 우울해졌다. 지크문트는 훗날 이에 대해 짧게 기록했다. "컨리프는 상류층이다 보니 연줄이 좋아 한자리 차지했지만, 대단한 인물이 못 되는 데다 자기가 그만큼 덜 떨어졌다는 사실조차 알지 못했다."

브리티시알루미늄이 처한 어려움에 대한 지크문트와 컨리프의 의견이 근본적으로 일치하지 않는다는 사실은 빠르게 명백해졌다. 지크문트가 보기에 회사가 캐나다 자회사를 위해 조달하려고 계획한 자금은 상당히 부족했다. 모회사의 자본금도 마찬가지였다. 그는 또한 '회사가 라자드를 마음에 들어하면서 햄브로스 은행과의 오랜 관계를 포기하려는 것은 전적으로 잘못된 일이라는 사실'을 깨달았다. 지크문트의 조언에 별 감흥이 없었던 컨리프는 직접 아메리칸메탈과 클라이맥스몰리브덴으로 가서, 주식 구매에서 손을 뗀다면 '나중에 브리티시알루미늄 이사회의 비밀을 알려주겠다'고 약속했다. 두 사람이 흔들리는 것처럼 보이자 지크문트는 실망했다. 윌리엄 와이즈먼이 부추긴 리처드 레이놀즈만이 기존에 협의된 계획을 기꺼이 밀고 나갈 작정인 듯 보였다. 지크문트는 이제 '레이놀즈라는 이름을 당분간 비밀에 부치고 천천히 그리고 조심스럽게 상당량의 브리티시알루미늄 주식을 사 모으기로' 결심했다. 동시에 그는 레이놀즈와 영국의 다른 알루미늄 생산 업체인 이반 스테드퍼드의 튜브인베스트먼트와의 회담에 착수했다. 레이놀즈가 스테드퍼드의 한 알루미늄 압연공장에서 지분을 확보하자, 튜브인베스트먼트는 사실상 브리티시알루미늄 인수의 최전방에 서게 되었다. 그러나 1957년 9월 이 합작 투자는 중개하기가 영 어렵다는 합의에 도달했다. 공식적으로 그들이 브리티시알루미늄의 지배권을 취득하면 튜브인베스트먼트가 51퍼센트를, 레이놀즈가 49퍼센트를 얻게 될 터였다. 그말은 곧 '브리티시알루미늄에 앞으로 그 어떤 일이 생긴다 하더라도 미국의 공개 매입의 위험에 대해 이야기하는 것은 불가능해질 것'이라는 뜻이었다.

지크문트는 영국은행에 계속해서 소식을 알렸다. 6월 20일 은행장 코볼드와 만났다. '브리티시알루미늄 주식을 우리의 미국 친구들이 구매한 것에 대한 경험'을 얘기하기 위해서였다. 지크문트의 설명에 따르면, 코볼드는 '미국 기업들이 일류 영국 기업들에서 상당한 소수 주주의 지분을 사려고 한다고 해서 런던 내의 누구라도 분하게 여긴다면 그건 잘못이라는 생각에 전적으로 동의했다'고 했다. 그리고 '우량한 미국 주주들의 활발하고 재정적인 협력은 오히려 아주 바람직하다'고 말했다. 그러나 지크문트는 미국 기업들의 목적이 브리티시알루미늄의 지배권을 취득하려는 것이라는 사실은 빼놓았다. 그리고 자신의 2단계 계획 역시 얘기하지 않았다. 1957년 10월 지크문트는 브리티시알루미늄의 주식은 대부분 여러 소유자들이 작은 양으로 쪼개어 소유하고 있기 때문에, 그 주식 보유자들이 몽땅 다 외국인만 아니라면 25퍼센트는 충분히 지배지분으로 여겨질 수 있다고 판단했다. 이 시점에서 지크문트가 이끄는 단체는 이미 12퍼센트의 주식을 보유하고 있었다. 주식의 4분의 1이 일단 확보되면 레이놀즈와 튜브인베스트먼트는 브리티시알루미늄 이사회에서 대의권을 주장할 것이었다. 그 이후에는 그들이 만든 캐나다 기반 회사가 주식의 대다수를 사들이고 기존의 이사회를 완전히 갈아치울 작정이었다. 이 중 어느 것도 코볼드의 귀에 제대로 들어가지는 않았지만, 조지 볼턴은 아마도 이미 사실을 알고 있었을 것이다.[9]

그 점을 제외하고는 누구도 일이 돌아가는 것을 알 수도 없었거니와, 속이 빤히 들여다보이는 것은 지크문트의 방식도 아니었다. 그는 레이놀즈, 튜브인베스트먼트와의 거래가 성사된 다음 날 아침 이렇게 적었다.

어떤 경우에도 튜브인베스트먼트가 브리티시알루미늄 주식을 살 예정이라거나 사 모으고 있는 중이라는 사실을 회사 내에서 절대 발설해서는 안 된다. 공식적으로 우리는 이 점에 대해 아는 것이 아무것도 없으므로, 만일 누군가 질문을 받는다면 '우리는 튜브인베스트먼트가 브리티시알루미늄 주식을 사는지 아닌지 그 자체를 아예 모른다'고 대답해야 할 것이다. 몇 달 안으로 레이놀즈가 브리티시알루미늄 주식을 사들이고 있다는 등의 소식이 미국에서부터 새어나올 수는 있다. 그런 경우라 할지라도 우리는 공식적으로 아는 것이 아무것도 없다고 부인해야 한다.

---

[9] 이 사건에서 볼턴의 역할은 간과되어왔다. 그가 런던남미은행의 은행장이 되기 위해 잉글랜드 은행에서 상무이사직을 그만두고 일반 이사직으로 물러난 것은 브리티시알루미늄을 놓고 겨루는 기간이었다. 런던남미은행은 S.G.바르부르크와 깊은 연관이 있는 은행이었다. 실제로 알루미늄 전쟁이 끝나고 몇 달도 채 지나지 않아 런던남미은행의 마이클 러벅이 볼턴의 제안에 따라 바르부르크가의 임원이 된 일도 있었다.

훗날 킨더슬리가 지크문트에게 주식을 사고 있느냐고 물었을 때 퉁명스럽게 "아니오"라고 잘라 말한 이유를 설명해주는 기록이다. 1958년 1월 14일, 지크문트는 바르부르크와 쿤로브가 여전히 '조심스럽게 브리티시알루미늄 주식을 사들이고 있으며 지금까지 이에 대한 소문은 전혀 퍼지지 않았다'는 사실을 와이즈먼에게 알렸다. 주식을 사들이는 데 사용한 명의 회사들이 열한 곳이나 되었으므로 당연한 결과였다. 6개월 후 이야기한 대략의 그림에 따르면 지크문트의 목표는 두 단계를 거쳐 인수하는 계획이었는데, 이제 레이놀즈-튜브인베스트먼트가 브리티시알루미늄 주식 보유량을 8.3퍼센트에서 16.7퍼센트까지 확보함으로써 첫 단계가 완성되었다. 일단 첫 단계를 달성했으므로 '이사회의 대의권이 레이놀즈-튜브인베스트먼트에 있다고 주장하면서 브리티시알루미늄에 접근하여 장기 계획을 실행할 예정이었다.' 지크문트의 궁극적인 목표는 여전히 '브리티시알루미늄 이사회 전체를 장악'하는 것이었다.

반드시 아무도 모르게 진행해야 했다. '연내에 브리티시알루미늄 공개 매입이 현실화될 거라고' 스테드퍼드를 설득한 지크문트는 '컨리프의 사고방식에 문제가 있으므로 그에게 너무 물렁하게 보이는 것은 아주 위험하다'며 브리티시알루미늄 이사회와 절대 지나치게 가까워지지 말라고 경고했다. 아니나 다를까, 다른 쪽에서 지크문트가 브리티시알루미늄 주식을 사들이고 있다는 낌새를 채고 말았다. 그러나 햄브로스앤드라자드의 대표가 다가와 정보를 얻으려고 해도, 지크문트는 자신이 누구를 위해 일하고 있는지 공개하지 않았다. 그저 "그들이 일류 기업이며 브리티시알루미늄의 재정 및 산업적 역량에 대단히 중요한 공헌을 할 수 있다"라고 대답했다. 지크문트가 되풀이해 강조했듯이 핵심은 레이놀즈-튜브인베스트먼트를 너무 일찍 드러내지 않는 것이었다. 그는 계속해서 브리티시알루미늄의 이사회에 직접 접촉하자는 제안에 전부 반대했다. "가장 중요한 것은 우리의 계획을 철저하게 비밀에 부쳐야 한다는 점이다"라고 그는 쿤로브의 동료에게 거듭해서 말했다. 배후에 있는 것이 누구인지 밝혀야 할 때가 온다 하더라도 '비밀 엄수를 조건으로' 사적으로 이루어져야 할 것이다. 구매자들의 정체가 마침내 드러나게 될 경우에도 아는 사람은 '회장과 컨리프를 제외하고는 가능한 한 적은 브리티시알루미늄 직원들'로 한정되어야 할 것이다.

이렇듯 지크문트가 딱 필요한 만큼만 진실을 드러냈다면(영국의 기관들에는 정말 어울리지 않는 세련된 기술이다), 브리티시알루미늄 이사회 역시 솔직한 대화의 모범이 되지는 못했다. 이들은 런던 특유의 상류층 멍청이들과는 전혀 달랐다. 이사회 회장은 헝거퍼드의 포털 자작으로 공군 장교 출신에 연합군의 전략적 폭격 계획을 실행하는 데 핵심 역할을 했으며, 영국의 핵무기 프로그램을 주도한 인물이었다. 찰스 함브로 경은 전쟁 중 특수 작전 집행처의 수뇌부 출신이었다. 이들은 전투란 어떻게 해야 하는지를 잘 알고 있었는데, 그리 깨끗한 방법만은 아니었다. 10월 하순, 그들은 오랜 전통의 미국 알루미늄 생산 업체이자 당연히 맞수로 보았던 알코아와 협상에 들어갔다. 지크문트와 스테드퍼드 그리고 레이놀즈의 조 매코널이 11월 3일 브리티시알루미늄과 레이놀즈-튜브인베스트먼트의 '일종의 통합'에 대해 논의하자고 접근해오자, 컨리프는 "스테드퍼드와 매코널이 말한 것 같은 그런 통합으로부터 자사를 진정으로 지켜주는 다른 협상이 이미 상당 부분 진전되었다"라고 회피하듯 답변했다.

지크문트는 포털 회장에게 '레이놀즈메탈과 튜브인베스트먼트가 브리티시알루미늄의 주주들에게 시중 가격보다 잘 쳐서 계산해줄 용의가 있다는 사실을 확실하게 밝히는 글'을 즉시 써달라고 권했다. 포털이 선뜻 행동에 나서지 않자, 지크문트는 노픽 하우스에서 신사들과 거래를 한다는 것이 쉽지 않다는 사실을 인정한 햄브로스 앤드라자드 쪽으로 돌아섰다. 하지만 햄브로스의 H. N. 스포보그는 곧장 영국 상무원의 종신 비서관 프랭크 리 경에게 찾아가 지크문트와 함께 진행해온 '다소 기만적인 논의' 그리고 알코아의 우수한 자원을 이유로 알코아와 '밀접한 연줄'이 '회사에 최선이 되는' 모범을 만들기 위해 해왔던 것들에 대해 불만을 토로했다. 리 경은 1958년 피터 톤크로프트가 돌연히 사임한 후 재무부를 넘겨받은 경험이 부족한 재무장관 데릭 히스코트-에이모리와 마찬가지로, 알코아와의 연계를 지지하는 쪽으로 마음이 기울어 있었다. 실제로 히스코트-에이모리는 브리티시알루미늄의 주주였으며, '레이놀즈-튜브인베스트먼트보다는 알코아와 손잡는 것이 브리티시알루미늄에 많은 경제적 이익을 가져다주고 영연방 발전에 더 많은 기여를 할 것'이라는 의견을 가지고 있었다. 재무부의 달러 유가증권 일람표에도 알코아 주식이 포함되어 있었다.

그러나 포털의 역습에는 치명적 오류가 있었다. 알코아는 미발행 브리티시알루미늄 주식 450만 주에 대해 한 주당 60실링에 불과한 호가를 책정하려 했으며, 더 심각한 것은 이미 발급된 주식에 대해서는 주당 4실링 6펜스에 내놓는 안을 검토할 수도 있다는 사실이었다. 레이놀즈-튜브인베스트먼트가 현재의 주주들에게 주당 78실링을 주겠다고 제시했을 때 브리티시알루미늄 주주들에게 그 같은 가격의 존재를 공개하는 것을 포털은 단호하게 거절했다. 특히 영국의 자산을 팔아 외화를 벌어들인다는 관점에서 보면 분명히 아주 매력적인 제안인 데다, 튜브인베스트먼트 주주들과 언론에게 이 제안을 비밀로 한다는 것이 거의 불가능하다는 사실은 아랑곳하지 않았다. 스테드퍼드는 이러한 사실을 은행 관리자들에게 전했다. 12월 3일, 스테드퍼드는 재무부의 공동 종신 비서관 로저 매킨스 경에게 브리티시알루미늄 주주들 앞에 레이놀즈-튜브인베스트먼트의 제안을 내놓기 위한 주주 회의를 소집할 준비가 되었다고 말했다. 그리고 12월 4일에는 '설령 튜브인베스트먼트가 여기서 밀려난다 하더라도 브리티시알루미늄의 주식을 미국에서 사들이는 작업은 계속될 것' 이라는 중대한 주장을 덧붙였다. 매킨스가 특별 주주 회의라는 발상에 대해 의구심을 표현하자, 스테드퍼드는 언론 성명을 통해 레이놀즈-튜브인베스트먼트의 제안 내용을 브리티시알루미늄 주주들에게 알렸다.[10] 이 모든 일의 배후에는 지크문트가 있었다.

회사에 낮은 가격을 매긴 일이나 더 비싼 가격이 존재한다는 사실을 비밀로 하려던 포털의 헛된 시도는 여러 잘못된 판단의 시작에 불과했다. 컨리프와 함께 재무부로 찾아가 레이놀즈가 '좋지 않은' 회사라는 증거가 운수노동조합에서 나왔다고 주장했던 것이다. 포털은 재무장관과 만나고 싶어 했지만 '시기상조'라는 답변이 돌아왔다. 어리석게도 그는 미국이 브리티시알루미늄을 집어삼키려는 것을 막으려고 그렇게 노력했건만, 그 노력을 정부가 '망치고' 계획까지 모두 '버려놓았다'고 비난했다. 그러더니 "이사회는 미국인들을 위해 신념을 버리지 않고 있다"라고 다소 과한 항의 광고를 신문에 냈다. 이 역시 지크문트의 손에 놀아난 것이었다. 알루미늄 전쟁에서 상당한 역할을 한 것이 바로 언론인데, 이들은 거의 만장일치로

---

10 제안은 은밀했으며 정부가 시행하는 여러 조항을 전제로 하고 있었다. 그리고 현금과 튜브인베스트먼트 주식을 반반씩 하자는 내용이었다.

레이놀즈-튜브인베스트먼트가 제시한 가격에 표를 던졌다. 포털은 대대적으로 언론의 조롱거리가 되었다. 포털이 레이놀즈-튜브인베스트먼트를 향해 '작은 왕국의 가격으로 힘 좋은 왕국을' 사려 든다고 비난하자 〈이코노미스트〉는 '작은 공국의 가격'으로 힘 좋은 왕국을 손에 넣으려는 알코아도 있다며 응수했다. 〈파이낸셜 타임스〉의 렉스 칼럼은 당시 작가 윈스피어가 단독으로 게재하던 칼럼이었는데, 특히 브리티시알루미늄 이사회에 대한 이야기를 다루어 충격을 주었다. 〈파이낸셜 타임스〉와 라자드가 둘 다 피어슨 그룹 소유라는 점에서 더 주목할 만한 일이었다. 피어슨 그룹은 〈파이낸셜 타임스〉의 편집장 고든 뉴턴과 라자드의 상무이사 드로이다 경의 독립성을 강조했었다. 프루덴셜 보험 같은 기관 투자자들은 신문에서 자신들을 대표하는 이사회가 회사를 알코아에 헐값으로 넘기려 한다는 사실을 읽고 공포에 사로잡혔다.

여론의 흐름이 이렇게 돌아간 것은 우연이 아니었다. 1958년 12월 초부터 지크문트가 와이즈먼에게 보고한 바에 따르면 '변호사들이 고객에게 의견을 내놓고, 고객이 편지를 쓰는 동안' 이야기는 매순간 새롭게 발전했다. 이러한 노력들은 존 시프에게 자신이 마음대로 부릴 수 있는 '변호사 몇 명과 홍보 담당'이 있다고 자랑했던 지크문트가 은밀히 조직한 것이었다. 스테드퍼드는 언론 활동에 대한 책임을 상당 부분 부인했고, 어느 순간에는 분명 지크문트가 영감을 줬다고 믿었던 렉스 칼럼의 한 기사에 대해 지크문트에게 항의하기도 했다. 그러자 헨리 그런펠드는 언론을 조종하는 것은 자신들이 아니라 다른 편이라 응수할 수 있었다. 사연은 이랬다.

포털의 사무실에서 열린 긴장감 도는 회의의 쉬는 시간, 그런펠드는 벽 뒤에 몸을 숨기고 있던 금융 인쇄 업체 버럽스의 직원을 찾아냈다. 언론에 내놓을 발표 자료를 수집하기 위해 거기에 와 있는 게 틀림없었다. 조지 바르부르크가 더 조사한 끝에, 알코아가 제안한 액수를 공론화하려는 목적으로 라자드가 이미 〈파이낸셜 타임스〉, 〈타임스〉, 〈텔레그래프〉에 기사 자리를 예약했다는 사실이 드러났다. 이제 스테드퍼드가 포털의 비신사적인 행위에 충격을 받을 차례였다. 그는 그런펠드가 금요일 밤 기자회견을 열어 더 나은 수정안을 발표하겠다고 할 때도 도저히 반대할 수 없었다. 이 중 그 어떤 것도 불법적인 것은 아니었다. 그저 게임 방법을 제대로 알지 못하는 '노퍽 하우스의 아마추어들'의 게임일 뿐이었다. 지크문트는 종종 매스컴의 관심에 대한 혐오를 표현하곤 했지만, 그가 너무나 능수능란하게 지지를 구했던 신문들이 나중에 그를 가리켜 '다소 신비스러운 인물. 그 없이는 알루미늄 인수 전쟁은 결코 일어나지 않았을 것'이라 했던 것은 불가피했다.

'아마추어 대 프로'라는 비유가 풍기는 느낌이었지만 지크문트와 그의 고객들이 고립되어 있거나 미미한 존재는 전혀 아니었으며, 획일적인 기관에 맞서 언론을 휘저었다는 사실은 중요하다. 영국은행도, 재무부도, 총리 해럴드 맥밀런도 모두 분명 레이놀즈-튜브인베스트먼트의 제안을 알코아의 제안보다 마음에 들어했다. 게다가 은행 부총재는 브리티시알루미늄 이사회가 일을 '아주 형편없이 처리했다'고 보았다. 물론 공식적으로 은행은 중립적이었다. '최고의 인재'가 이기면 '좋다'는 입장이었던 것이다. 그러나 관계자들은 사적으로 레이놀즈-튜브인베스트먼트가 제안한 가격을 선호했다. 볼턴은 지크문트를 격려하며 '타협은 완전하게 하되 약한 모습은 보이지 말라'고 충고했다. 재무부 역시 국가적 이익과 주주들의 소중함을 근거로 들어 포털과 컨리프의 손을 들어주지 않았다. 히스코트-에이

모리는 자신의 이익과 연관되어 의사 결정에 문제가 생겼으므로, 세심하게 계획되었으나 진실하지 못한 중립을 택하는 것은 총리의 몫으로 남았다. 재무장관의 마음이 이미 알코아로 기울었고 크리스마스 휴가 때 포털과 함께 사냥을 하러 갈 거라는 사실에도 불구하고 맥밀런 총리는 레이놀즈-튜브인베스트먼트의 응찰가가 공식적으로 선호할 만하다는 사실을 잘 알고 있었다. 레이놀즈-튜브인베스트먼트를 선택한다는 것은 특히 (적어도 공식적으로는) 브리티시알루미늄에 대한 권한을 계속해서 영국이 행사하게 될 것이라는 의미이기 때문이기도 했다. 오래 지나지 않아, 콜로라도석유가스가 트리니다드석유공사를 취득하려 할 때 정부가 기술적 이유를 근거로 응찰을 가로막자, 야당의 반대 폭풍이 불어닥쳤다.[11]

알코아가 브리티시알루미늄을 성공적으로 인수하면 영국의 해운 회사들에게 좋지 않은 결과가 있을 것이라는 두려움 또한 포털이 역습에 실패한 좋은 이유였다. 영국의 해운 회사들은 당시 브리티시알루미늄의 대서양 연안 수출 일체를 다루고 있었다. 정치적 기회를 알아차리는 데는 아주 빠른 사람이었던 그림자 내각의 총리 해럴드 윌슨은 히스코트-에이모리에게 자신이 기업법을 근거로 하여 조사를 요구할 작정이라고 넌지시 알렸다. 알코아와 레이놀즈-튜브인베스트먼트의 제안 중 하나를 선택하는 권한을 일반 주주들에게 넘기겠다는 맥밀런의 결정은 결국 적대적인 응찰자들에게 암묵적인 지지를 보내는 것이나 마찬가지였다. 그가 걱정하는 것은 오로지 크리스마스가 다가옴에 따라 몇 가지 이유 때문에 주주들이 알코아와의

---

[11] 미국의 기업은 현금보다는 주식으로 하자고 제안했다. 그러자 재무부에서 '영국 국민들이 달러 채권을 받는 것을 허락할 수 없다는 이유'로 거래를 거부하고 나섰다.

질 낮은 거래를 선택하게 되지는 않을까 하는 점이었다.

그러므로 새해 첫날을 하루 앞두고 코볼드가 양쪽 모두에 '런던과 런던 사람 모두에게 우려스러운 해를 끼치는 이상한 상황'을 해결하기 위해 두 달간의 '휴전'기를 갖자고 한 것은 확실히 현실감이 부족한 판단이었다. 지크문트는잠시 코볼드의 소망을 들어줄 것 같은 모습을 보여 그의 동업자들을 불안하게 만들었다. 그러나 그와 코볼드 둘 다 레이놀즈-튜브인베스트먼트가 지금은 그들의 제안을 취소할 수 없다는 사실을 알고 있었던 것이 틀림없다. 그가 브리티시알루미늄 주식의 구매를 보류하는 데 동의한다 치더라도, 적절한 때를 골라 계속해서 '맹렬히 주식을 사들일' 레이놀즈를 말릴 수 없다는 것은 스테드퍼드가 이미 확실히 밝힌 일이었다. 코볼드가 나서서 '런던 전체의 명성을 지키기 위해' 정부에 개입을 요청했지만 맥밀런 총리는 일전에 포틸에게 했듯이 이 요청을 묵살했다.

이제 포틸은 레이놀즈를 향해 '영국 면전에 와서 진열장을 깨고 물건을 훔쳐 달아나는 미국인'이라고 비난하며 간신히 화를 참고 있었다. 그는 '그 어떤 타협도 불가능해졌다'고 선언했다. 패배를 면하려는 필사적인 노력 속에서, 포틸 측의 은행가들은 이제 런던에서 끌어낼 수 있는 자신들의 영향력을 모두 동원해 보다 넉넉한 대안을 만들어내려고 하고 있었다. 그리고 1959년 새해 첫날 발행된 회람에서 적어도 열네 개는 족히 되는 런던의 기업들, 햄브로스, 라자드, 모건 그렌펠, 브라운 시플리, 새뮤얼 몬터규, 로버트 플레밍 등이 알코아의 조건에 대한 지지를 단언했고, 브리티시알루미늄 주식을 82실링에 구매하기 위해 700만 파운드에 달하는 무조건적인 지원을 하기로 결정했다. 알코아가 처음에 지불하겠다고 했던 금액보다 주당 1파운드가 더 높은 가격이었다(이들은 알코아를 위해서 나선 것이 아니었다.

자신들이 나서지 않으면 레이놀즈-튜브인베스트먼트가 주식을 몽땅 다 사 버릴 테니 그것을 막기 위해 주식을 사겠다는 것이었다). 이 명단은 실로 인상적인 이름으로 가득했다. 그러나 여기에도 역시 지크문트는 사 람들이 생각하는 것보다 더 깊이 연루되어 있었다. 투자 신탁 회사 슈로더와 주식 중개사 팬뮤어 고든, 조지프 세박이 튜브인베스트먼 트를 위해 행동하고 있었던 반면, 런던에서 가장 이름 높은 은행 가 문 로트실트와 베어링은 둘 중 하나를 선택해 편드는 데 눈에 띄게 실패했다.[12] 잘나가는 주식 중개사 로앤드피트먼과 케이즈노브 역시 중립을 지키려 노력했지만, 사실상 햄브로스앤드라자드에게 따돌림 당하고 말았다. 지크문트가 지적했던 것처럼 '런던 그룹 편에 서지 않았던 런던의 기업들은 런던 그룹을 택한 회사들보다 훨씬 더 많았 다.' 즉 레이놀즈-튜브인베스트먼트에 해당하는 세 회사 외에도 베 어링, 로트실트, 클라인보르트, 브란츠, 얼랭어, 아버스노츠, 기브스, 필립힐히긴슨이 있었던 것이다. 반대로 이른바 런던 그룹은 '주로 햄브로스앤드라자드의 초대를 거절하지 않으려는 사람들로 구성된 아주 중요하거나 다소 하찮은 이름들의 기묘한 모임'이었다.

주식 시장에서 노골적으로 시험해본 힘에 대해 말하자면, 바르부 르크가와 그 동료들은 특히 레이놀즈-튜브인베스트먼트가 제시한 가격이 85실링으로까지 올라간 이후에는 햄브로스가 이끄는 그룹의 주식을 사들이는 데 거의 어려움을 겪지 않았다. 그리고 여기에서 지크문트의 대서양 연안의 연줄이 다시금 그 힘을 발휘했다. 트랜스

---

12 이런 이유로 지크문트는 베어링의 회장에게 '지금 위치에서 가질 수 있는 도덕 적 기준대로 표현하라'고 조언했다. 훗날 지크문트는 와이즈먼에게 베어링의 고위 간부 에드워드 리드 경이 다양한 방식으로 동조와 지지를 표현했으며, 워 낙 내성적인 사람들인지라 이것이 큰 의미가 있다고 말했다.

오세아닉 같은 쿤로브 고객들은 레이놀즈-튜브인베스트먼트에게 주식을 팔아달라는 설득에 쉽게 설득되었다. 스테드퍼드는 만일 상대편이 알코아와 협정을 취소하고 굴복하지 않으면, 레이놀즈가 독자 행동을 하기로 하고 브리티시알루미늄을 온전히 미국 회사들이 인수 합병할지도 모른다고 경고해 결정적 한 방을 날렸다. 승자다운 너그러움을 갖추고 있었던 그는 경고와 동시에 합병 후 곧장 브리티시알루미늄 이사회를 없애지는 않을 것이라고 넌지시 알렸다. 1월 8일, 마침내 레이놀즈-튜브인베스트먼트 그룹이 주식의 65퍼센트를 취득하면서 전쟁은 효율적으로 종료되었다. 그러나 지크문트는 2년이 더 지날 때까지 승리했다고 천명하지 않았다. 1월 9일 포털이 맥밀런을 만나 '굉장한 불쾌감'을 표시했지만, 정부는 일말의 망설임도 없이 거래를 성사시켰다. 결과는 재무관 J. E. S. 사이먼이 1월 10일 하원에서 나온 질문에 답변을 하면서 확인해주었다. 해럴드 윌슨은 "일이 이루어지는 과정에서 이곳 런던의 특정한 단체가 채신없이 행동하기는 했지만, 재무부가 내린 결정은 최선이었다고 본다"라고 단언했다.

아마추어라도 패배는 겸허히 받아들여야 마땅하다. 그러나 이 경우에는 그렇지 않았다. 런던에는 지크문트를 비난하는 사람이 무척 많았다. 지크문트 본인도 코볼드를 향해 그 점을 인정했다. 실제로 "도시 사람 모두가 굉장히 화를 냈다." 1월 17일 포털은 '상당히 흥분하고 우울한 상태'로 총리 공관을 다시 찾아, 맥밀런을 질책하고 지크문트 일당을 '사기꾼 집단'이라 매도했다. 올라프 함브로는 〈타임스〉에 휘갈겨쓴 분노의 서신을 보내, 마치 자신과 자신의 동료들이 런던 그 자체라도 되는 양 '런던의 의견에 반대'한 언론을 맹공격했다. 바르부르크가로부터 일자리를 제안받아 고민 중이었던 젊은

이 피터 스토먼스 달링은 런던의 유력 법률가에게서 경고를 받기도 했다. "솔직히 이 고집불통 유대인이 운영하는 회사가 런던에서 얼마나 살아남을 수 있을지 확신하지 못하겠다." 에블린 베어링은 1961년, 미국인 기자에게 "우리 방식을 고집한다면 그들과 함께하는 사업 설명서에 이름 올리기를 원해서는 안 된다"라고 말했다. 앞서 살폈듯 그들 중 가장 화가 많이 난 모건 그렌펠은 바르부르크가와 향후 15년간 함께 일하지 않았다.

'프로 선수'인 지크문트는 이 모든 일에 대해 '아마도 언론이 이 논란 속에서 자유 산업의 원칙이 위태롭다고 생각하고, 건강한 영미 제조 업체들을 영국이 이끌도록 하는 것에 찬성한 것이었으며, 무엇보다도 주주의 권리를 지켜주는 것에 찬성했던 결과'일 거라고 거만하게 응수할 수도 있었다. 그러나 의문점은 있다. 레이놀즈-튜브인베스트먼트의 브리티시알루미늄 인수는 진정으로 자유로운 산업을 위하고 영미 협력 및 주주의 권리를 위한 승리였을까?

지크문트는 알루미늄은 물론, 사실상 그 어떤 종류의 금속에 대해서도 아는 게 거의 없었다고 말하는 게 옳을 것이다. 그는 '점차 늘어나는 볼륨 마켓의 침투에 근거를 두고, 재고 재축적으로 도움을 받은 알루미늄에 대한 세계적 요구'가, 아마도 1960년대 초에는 모든 계획된 용량을 처리하기에 충분할 것이라고 스스로에게 납득시킬 만큼은 이해하고 있었다. 그러나 전망은 대략 낙관적이었던 것으로 밝혀졌다. 지크문트가 브리티시알루미늄의 자산과 미래 수익을 정밀하게 계산한 흔적은 어디에도 남아 있지 않다. 라이어넬 프레이저는 레이놀즈-튜브인베스트먼트가 확실히 좀 과하게 돈을 지불했다고 생각했다. 헐버트왜그에서 일하는 라이어넬의 동료 마이클 버리의 의견도 마찬가지였다. 루이스 레이놀즈 역시 형 리처드가 주주들에게(실제로는 튜브인베스트먼트에게) 지나치게 관대한 거래로 사기를 당한 것이 아닌지 의심하기도 했다. 레이놀즈의 합자 벤처 레이놀즈-튜브인베스트먼트에 대한 투자는 실제로 대단히 이득이 높았던 것으로 밝혀졌으나, 포털의 뒤를 이어 회장이 된 플라우든 경이 이끌면서 관리 방식이 개선되었음에도 브리티시알루미늄과 함께하면서 겪은 일들은 실망스러웠다. 사실 레이놀즈가 브리티시알루미늄의 가장 소중한 자산(캐나다의 것들)을 간단하게 빼앗은 것이라는 주장이 나올 수도 있었다.

알루미늄 전쟁에는 사실상 3인의 진정한 승자가 있었다. 첫 번째는 영국 국교회 재무위원회 같은 브리티시알루미늄의 주주들로, 이들은 자신들이 보유한 브리티시알루미늄 주식을 폭등한 가격에 팔았다. 두 번째는 정부 당국으로, 얼마든지 마주칠 수 있었던 진퇴양난의 상황에서 성공적으로 빠져나왔다. 세 번째이자 가장 큰 승자는 S.G.바르부르크였다. 그러나 그 당시 곧바로 그 같은 사실을 알아차린 것은 헨리 그런펠드뿐이었다.[13]

1958년 여름부터 1961년 봄 사이 영국 주식 시장이 계속해서 호황을 누리는 동안, 새로운 주식 발행과 합병이 거의 두 배나 일어났다. 알루미늄 전쟁은 기업의 침입자가 넘어야만 하는 것을 아주 명백하

---

[13] 지크문트는 훗날 게오르게 슈타이너에게 이렇게 말했다. "이외에는 아무런 문제를 일으키지 않고 전쟁에서 이겼다. 만일 헨리 그런펠드가 상대 진영에 있었다면 우리는 절대 이기지 못했겠지. 헨리를 제외한 이사들은 대부분 우리가 너무 많은 것을 잃어가며 승리를 쟁취했다고 여겼다. 그들이 볼 때 우리가 고통스럽게 수년간 쌓아왔던 고객의 호감이 몽땅 무너져버렸으니까. 그래서 그들은 런던에서 그 같은 호감을 다시 쌓기 위해 모든 것을 새롭게 시작해야만 한다고 느꼈다."

게 알려주었다. 이에 대해 피터 스피라는 훗날 이렇게 기록했다.

그것은 바르부르크가를 지도상에 올리는 굉장한 초석이었다. 우리는 '마침내 도착하여 주목받는 존재가 되었다'는 느낌에 좀 지나치다 싶게 열광했다. 다른 회사를 사려고 생각하고 있었지만 적대적인 응찰을 하기에는 좀 그렇다고 망설이던 많은 회사들은, "어쩌면 이것이 정말 우리가 할 수 있는 일인지도 모른다. 가자, 그리고 바르부르크에게 얘기하자"라고 말했다. 바르부르크는 적대적 인수 합병에 관한 한 매우 선구적인 전문가가 되었다.

브리티시알루미늄 인수 후 즉시 회사는 인수 합병을 하고자 하는 기업들에게 잇따라 조언을 해주게 되었다. 예를 들어 피슨스앤드스펜서케미컬이었다가 합병을 통해 피슨스앤드몬산토가 된, 그런 종류의 회사들이 그 대상이었다. S.G.바르부르크와 그 모회사 머큐리 시큐리티가 일을 해나가는 방식은 스피라의 자산을 더욱 탄탄하게 해주었다. 순수익은 1960년 전년도 대비 94퍼센트나 껑충 뛰었다. 알루미늄 전쟁은 또한 바르부르크에 새로운 언론사 고객을 만들어 주었다. 캐나다인 로이 톰슨이 1958년 켐슬리 신문 그룹을 인수할 때 보여준 헨리 그런펠드의 재간에 잔뜩 홀렸던 것이다. 이후 또 다른 대형 인수 전쟁으로 신문의 헤드라인을 장식한 사건, 즉 오담 신문사의 지배권을 둘러싼 대결에서 승리했던 세실킹미러 그룹 역시 지크문트에게 조언을 구했다(10장 참고). 화학 기업 라포트는 모건 그렌펠에서 바르부르크로 계좌를 옮겼다. 왜냐하면 그렌펠은 라포트의 최근 성과에 관심을 보이기보다는 아무 대책 없이 저지르고 보는 사람처럼 보였기 때문이다. 모건 그렌펠의 스테판 카토가 인정한 바에 따르면, 사실 그들과 조력자들은 '허를 찔려 의기소침해진' 것이었다.

알루미늄 전쟁에서 이기고 얼마 지나지 않아 지크문트는 회사에서 일했던 직원 하나에게 말했다. "나는 전쟁이 아니라 타협을 원했다. 너도 알다시피 나는 본래 평화주의자이자 겁쟁이이기 때문이다." "제2차 세계대전을 '불필요한 전쟁'이라고 불러야 한다고 말했던 처칠이 생각난다. 브리티시알루미늄 전쟁도 마찬가지로 불필요한 전쟁이었다"라고 지크문트는 여러 차례 언급했다. 브리티시알루미늄 이사회가 레이놀즈-튜브인베스트먼트에서 처음 제안을 받았을 때, 알코아에서 도와줄 이를 찾기보다는 현명하게 제안을 받아들였어야 했다는 점에서는 그가 옳다. 햄브로스앤드라자드 또한 지크문트가 처음에 "브리티시알루미늄 문제에 대해 가능한 한 협력해 함께 진행하자, 우리 셋 모두 브리티시알루미늄을 예전처럼 리더십과 파워가 넘치는 회사로 되돌려놓을 수 있도록 모든 방법을 시도하기를 원하니까"라며 손을 내밀었을 때 좀 더 현명하게 선뜻 그 손을 잡았어야 했다. 아니면 나중에 플레밍의 데이비드 로바츠를 통해 지크문트가 휴전을 요청했을 때라도 현명하게 받아들였어야 했다.

하지만 또한 알루미늄 전쟁은 필요한 것이었다. 다른 그 어떤 거래보다도 더 지크문트를, 런던에서 가장 똑똑한 프로 선수이자 기업금융 시장의 선두 주자로 우뚝 서게 해주었기 때문이다. 이 일에서 가장 좋지 않은 점이라 말할 수 있는 사항은, 지크문트가 인수 첫 단계에서 레이놀즈-튜브인베스트먼트 그룹이 완전히 드러나기 전까지는 진실을 다 말하지 않았다는 사실이다. 그리고 그가 두 번째 단계에서 대결 양상이 명백하게 드러났을 때 언론을 이용하며 호전적으로 굴었던 것도 좋았다고는 할 수 없다. 하지만 아무 말도 하지 않는 것을 예의에 어긋난다고 하지 않는다면, 국가와 주주들의 이득 모두에 반하는 부도덕한 행동은 전혀 없었다. 지크문트의 경쟁자가 지크문트를 겨냥해 불평한다면, 사업을 경영하기보다는 권력을 휘두르는 데 익숙한 포털이 드러낸 '거만함'은 말할 것도 없거니와, '런던의 4분의 1에 달하는 사람들이 심히 부적절하고 불균형한 태도를 보여주었다'며 애통해할 이유도 충분하다고 할 수 있다. 전쟁의 포화가 가라앉기도 전에 내용을 분석한 두 명의 용감한 교수들은 상황을 이렇게 바로잡았다. "경제와 사려보다는 사회와 계층에 몰두한 도시의 지도자들은 국가적 이득에 대해 찬성하기 힘든 시각을 가지고 있었다. (……) 나중에 밝혀졌지만, 결국 승리한 쪽이 옳았다."

6

다른 이들은 승리를 축하하기 위해 어쩌면 잠시 휴식을 취할 것이다. 하지만 "브리티시알루미늄 사건의 면면이 모두 싫다"라고 했던 지크문트는 그렇게 하지 않았다. 1950년대 말, 그는 런던과 뉴욕 양쪽에서 금융 공동체의 무능을 실컷 목격하고 깊은 환멸을 느끼고 있었다. 그동안 지크문트는 공동 출자와 전략적 이윤의 조화를 바탕으로 하여 안전하게 함께 나아가는, 영-미를 중심으로 한 대서양 연안 공동체를 꿈꾸고 있었다. 레이놀즈가 브리티시알루미늄의 현대화를 돕는 것처럼 S.G.바르부르크도 쿤로브를 도와줄 터였다. 그러나 지크문트와 같은 미래를 꿈꾸는 사람은 정말이지 거의 없었다. 지크문트는 1959년 에른스트 슈피겔베르크에게 이렇게 고백했다.

많은 발전을 이룬 서구 비즈니스 세계는 종종 지도자들과 자본가 공동체의 주류 혹은 비주류 경영자들이 2년, 3년 혹은 4년 후면 빙산을 만나 난파하고 말 초호화 큐나드 유람선을 타고 여행을 하고 있는 모습처럼 보인다. 빙산을 만나기 전까지 사실상 모든 크루즈 승객들은 칵테일파티와 만찬, 댄스파티에 푹 빠져서, 얼마 가지 않아 진탕 먹고 마시는 잔치에서 아주 불쾌하게 깨어나게 될 거라는 사실을 완전히 잊어버리는 것이다. 목적 없는 크루즈가 떠가는 동안 동구권에서는 냉전 가운데 지속적인 진보가 이루어지고 있다.

지크문트는 알루미늄 전쟁이 끝나고 몇 달 후 개인적으로 케이즈노브의 앤서니 혼비, 리처드 플레밍 그리고 마지막으로 올라프 함브로를 만나 좋지 않았던 관계를 부지런히 개선했다.[14] 그리고 우리가 본 바와 같이 쿤로브를 인수하는 것은 아니라도 어떻게든 돌려놓으려는 참담한 노력을 계속했다. 하지만 대서양 연안 국가들의 협력에 대한 지크문트의 불만은 지속되고 있었다. 특히 브레턴우즈 체계의 실행 가능성에 대한 그의 의심은 여전했다. 그저 미국 투자자들만이 다른 유럽 자산들을 서둘러 덥석 사버리는 통에 자본이 미국에 남아 있게 되고, 그 때문에 달러가 평가절하될지 모른다는 골치 아픈 가능성을 떠올리게 하는 의심이었다. 1961년에 이미 지크문트는 앞을 내다보고 있었다. 통제되어 있으나 유동적인 통화율이 존재하고, 달

---

14 지크문트의 당시 설명에 따르면 올라프 함브로가 더 이상 바르부르크와 일하기를 원치 않는다는 소문은 '완전히 말도 안 되는' 얘기라고 묘사했다. 알루미늄 전쟁의 결과는 '런던에서의 건전한 경쟁'의 모범이 되었다. 훗날 지크문트는 함브로의 말을 이렇게 회상했다. "우리 너무 바보스럽게 굴었던 건 아니겠지?"

러가 '철옹성에 쌓아둔 금덩어리에 대한 기묘한 속박'으로 제한받지 않는 세상이 올 거라고 말이다. 그리고 이는 10년 뒤 사실로 증명된다.

지크문트의 마음에서 큰 자리를 차지했던 영국과 미국은 1950년대와 1960년대를 지나며 점차 그 자리가 줄어들게 되었다. 지크문트가 영국과 미국에서 했던 일들을 유럽 대륙에서의 활동과 별개로 생각해서는 안 될 것이다. 그는 대서양 연안 국가들의 전략적 유대가 북대서양조약기구에 의해 분명히 구현될 것이라는 믿음을 결코 잃지 않았다. 그리고 UN(United Hypocrites, 위선자 집단)이나 유럽의 군사 자치 단체(지크문트는 이를 가리켜 드골파의 괴물이라며 무시했다) 같은 단체에 더 큰 믿음을 두는 사람들에게 비웃음을 퍼부었다. 그러나 지크문트의 궁극적인 사업 목표는 늘 함부르크든, 프랑크푸르트든, 파리든 간에 유럽 금융의 중심을 런던 그리고 뉴욕과 연결하는 최고의 대서양 연안 트라이앵글로 구축하는 것이었다. 경제와 마찬가지로 정치에서도 그는 자신이 선호하는 두 기구, '대륙연방(Continental Federation)과 북대서양연합(North Atlantic Union)'이 '여러 면에서 상호보완적'이 될 것이라고 생각했다. 지크문트는 여전히 열정적으로 '영국과 북미, 영국과 유럽 대륙 간의 협력 강화'에 힘을 쏟았다. "우리가 냉전에서 지지 않는다면, 내가 볼 때 이 두 핵심 대서양 공동체는, 특히 대서양 공동체 내의 관계에서 경험을 쌓은 사업가들의 엄청난 헌신을 필요로 할 것 같다." 그러나 1960년대가 시작되면서 지크문트의 관심은 북미에서 유럽으로 확실하게 옮겨오기 시작했다. 1950년대가 영-미와 함께한 10년이었다면, 1960년대는 단연 영-유럽의 시대가 될 전망이었다.

8

유럽 통합의 기반

6개국(유럽경제공동체 회원국)과 7자(유럽자유무역연합 회원들) 사이의 분열은 통합에 아주 방해가 되며, 지금 같은 상황이 지속되면 시간이 지나도 도저히 통합되지 못할 두 부분으로 유럽이 나뉠 것이다. 말버러 공작이 사부아의 외젠 공을 필요로 하고 캐슬레이가 메테르니히를 필요로 했던 것처럼, 대영제국에도 독일이 필요하다고 한다. 당신은 타의 추종을 불허하는 인수 합병의 귀재다. 영국과 독일 모두에 연관된 중요한 인물인 당신은 누구보다도 유럽 통합을 위해 일할 자격이 있다. 당신은 본인의 배경, 지식, 건설적이고 창의적인 천재성으로, 유럽 통합으로 향하는 이 고귀한 평화 임무…… 내가 온 마음을 다해 이루어지기를 희망하는 이 일을 완수하는 데 성공해야만 한다.

— 1966년 5월 24일, 프리츠 오펜하이머가 지크문트에게

1

제2차 세계대전 이후 서유럽의 경제 통합은 에둘러 가는 여정을 거쳤다. 시작은 벨기에, 프랑스, 네덜란드, 이탈리아, 룩셈부르크, 서독 등 유럽 6개국이 석탄과 철강의 생산 및 가격을 통제하기 위해 공동체를 만들면서부터였다. 1957년에 로마 조약과 공동 시장이 만들어지면서 공식적으로 이들 국가 사이의 무역 장벽은 사라졌다. 그들 간의 무역은 유럽경제공동체(EEC)가 만들어지기 전에 이미 빠르게 성장해왔다. 그리고 유럽경제공동체 결성 후 전 세계적으로 거래 장벽이 사라질 때까지 계속해서 발전했다. 그러나 다른 분야에서 경제 통합의 진행은 느렸다. 농업 분야 통합 시장의 성장은 공동 농업 정책이 생겨날 때까지는 지속적인 국가 보조가 저해 요인이 되었다. 제조업 역시 중앙 정부들이 정치적으로 민감한 분야에 보조금을 지급한다든지 비관세 장벽을 도입한다든지 하며 범유럽적 경쟁에 저항했다. 서비스 분야에서는 그러한 관행들이 그다지 많이 나타나지 않았는데, 이는 단지 당시에는 아무리 완벽한 자유 무역 조건이 주어진다 하더라도 서비스업 자체가 국가 장벽을 쉽사리 넘나들지 못했기 때문일 뿐이었다. 이 규칙에서 벗어나는 것이 바로 비교적 부유한 투자자들에게 기업 및 민간 분야의 장기 채권을 판매하는 금융 서비스로, 이는 1960년대를 지나며 상당히 참신한 방법으로 통합되었다.

유로달러와 유로본드 시장의 부상은 종종 금융 세계화로 향하는 초기 단계라고 일컬어진다. 이전에는 다른 금융 시장들이 대개 점점 더 규제를 강화하던 시기에 이른바 해외에서의 외환 거래를 위한 런던 시장의 규제를 완화하는 데 영국은행이 했던 역할이 강조되었다.

그러나 앨런 밀워드가 유럽연합 생성 시기의 '성자들'로 부른 정치가들과 권력을 지닌 과학 기술 분야 전문가(테크노크라트)들은 대체로 이 일을 예측하지 못했다. 하지만, 유로본드의 탄생 또한 유럽 통합의 역사에서 혁신을 일으켰다. 실제로 로마 조약을 체결하던 당시, 사람들은 참가국 간에 '공동 시장이 적절한 기능을 할 필요성이 높아지면서' 자본 이동에 대한 제한이 줄어들 것으로 예상했다. 그러나 유럽연합 집행 기관은 이런 상황이 큰 의미가 없는 것처럼 굴었다. 집행 기관이 자본 통제를 처음 시행했던 가장 큰 목적은 유럽경제공동체 내에서의 무역과 연관된 직접 투자 혹은 상장 주식에 대한 투자만을 자율화하는 것이었다. 이후 1962년의 '실행 계획'은 1965년 자본 통제를 완화하는 데 초점을 맞췄지만, 자본 통제에 대한 2차 명령은 실효가 없었고, 3차 명령은 무산되었다. 거의 예외 없이 중앙 정부들은 계속해서 온 힘을 다해 자본과 환전(거래)을 통제했다. 결국 유로본드 시장의 발달은 중앙 정부가 아니라 개인 분야 혁신가들이 자발적으로 나서고, 영국의 자유방임적인 통화 당국이 약간의 도움을 보태 만들어낸 것이었다. 유로본드 시장의 발생과 성장을 통해 국경을 가로지르는 새로운 기관 간의 연결망이 구축되면서, 불과 몇 년 사이 유럽 자본 시장은 완전히 바뀌어버렸다. 그러나 그 과정은 아직도 대부분의 전후 유럽 역사에서 제대로 기록되지 않은 채 남겨져 있다. 심지어 유럽 통화 통합에 대한 주제로 나온 가장 최근의 서적들에서조차 전혀 언급되지 않았다.

관련된 몇몇 은행가들의 가장 큰 목표는 두말할 것 없이 이윤이었다. 명망도 어느 정도는 감안했다. 왜냐하면 유로본드 동맹의 순위표가 성공의 중요 척도로 빠르게 정착했기 때문이다. 그러나 또한 정치적 측면도 간과할 수 없다. 유로본드 시장은 돈을 버는 방법이기도 했지만 여러 면에서 유럽의 정치적 통합, 특히 유럽경제공동체 회원으로서 영국의 입지를 강화하기 위한 것이나 다름없었기 때문이다. 가장 치열한 논쟁 가운데, 준비 통화 역할을 해온 영국 파운드화에 대한 논의가 있었다. 식민지와 예전에 식민지였던 나라들이 파운드화를 런던에 축적한 것, 즉 영연방 국가들이 영국에 전시 융자를 내준 결과, 영국 경제는 주기적인 위기에 취약해졌다. 그래서 1948년에서 1982년 사이 34년 중 무려 13년 동안을 계속해 경상 수지 적자를 기록하고, 그중에서 2년을 제외한 나머지 기간에는 내내 자본금까지 적자 상태였던 것이다. 영국은 외화와 금으로 보유하고 있는 대외 준비금이 1950년대 후반부터 1960년대 사이에 10억 파운드 조금 넘는 정도였지만, 다른 나라들의 파운드화 보유액은 1958년에 30억 파운드 조금 넘는 정도에서 10년 후에는 60억 파운드까지 상승했다. 심지어 경상 수지가 흑자일 때조차도 신뢰가 떨어지면 여전히 자본 유출이 상승했다. 이때 자본 유출에는 파운드화 지역이 아닌 나라들까지 한몫 했다. 이 같은 영국의 입장은 조금 더 심각하기는 했지만 당시 미국이 달러 때문에 겪고 있던 문제와 유사했다. 말하자면 국제 준비 통화의 제공자는 자신들의 통화를 세계에 공급하기 위해 국제 수지 적자를 감수해야 했던 것이다. 그러나 그렇게 하는 동안 그들의 통화는 신뢰의 위기에 봉착하게 되었다. 자신들이 '달러의 과도한 특권' 때문에 미국에 보조금을 주고 있다고 확신한 프랑스인들 또한 영국이 유럽경제공동체에 합류하면 파운드화가 유지되지 못할까 봐 두려워했다. 왜냐하면 유럽경제공동체 회원이 된다는 것은 영국의 국제 수지를 약화시킬 게 뻔했기 때문이다. 바로 이것이 드골 대통령이 영국의 회원 가입 신청에 1963년과 1967년 두 번이나 반대표를 던진 이유다. 게다가 프랑스인들은 영국이 미국판 트로이의 목마 역할을 할 것이라는 보다 정치적인 두려움도 느끼고 있었다. 유로본드 시장의 개척자들 중 영국의 연합 가입을 반대하는 사람들은, 만일 런던이 파운드만이 아니라 다른 화폐로도 거래가 가능한 유럽 금융의 중심으로 다시 서게 될 경우 프랑스는 영원히 영국을 배제할 수 없을 것이라고 여겼다. 반면 영국이 가입하는 것을 지지하는 사람들은 런던이 놔두면 빚 덩어리지만 가입시키면 자산이 된다는 사실이 유로본드 시장의 중요한 부분이라고 생각했다.

유로본드 시장의 아버지라고 주장할 수 있을 만한 인물은 바로 지크문트 바르부르크였다.[1] 지크문트는 머리가 깬 후 줄곧 유럽의 경제 및 정치 통합을 흔들림 없이 지지했다. 1920년대에서 1930년대 사이에는 그를 비롯한 바르부르크 식구들 모두 완벽하지는 않았지만 범유럽 운동을 주창한 선구자 리하르트 쿠덴호프-칼레르기를 지지했다. 지크문트에게는 대서양 연안 국가들의 금융 통합과 전후 10년간 자신이 꿈꿔온 체계 그리고 유럽의 정치 통합 사이에는 문제가 될 요소가 없어 보였다. 1920년대의 경험으로 얻은 교훈은 오히려 이 세 가지 사항이 상호 보완적 과정이라는 것을 보여주었다. 당시 도스 플랜 덕에 자본이 대서양을 가로질러 흐르면서 프랑스와 독일의 화해에 대한 전망이 가장 희망적이었으나, 대공황을 거치며 세계 금융 체계가 실패하고 뒤이어 유럽이 붕괴됐다. 그러나 1930년대에 얻은 두 번째 교훈은 아무리 경제 상황이 좋다 하더라도 대륙 전체에 국수주의의 탄성이 남아 있으면 유럽 통합은 성공할 가능성이 전혀 없다는 사실이었다. 이것이 바로 쿠덴호프-칼레르기가 내세운 범유

---

[1] 그러나 분명 1957년 벨기에의 정유 회사 페트로피나가 키웠던 복수화폐론은 진정한 의미의 유로본드가 아니었다. 그것은 사적으로 모집된 단기 론이었다(3년 한도).

럽 전략의 치명적인 결함이었다. 전후 재건 기간을 거치며 지크문트는 유럽 통합이라는 대의를 진전시키는 유일한 방법이 경제적 방법, 즉 상업과 금융의 통합이라는 뒷문을 통해 유럽 국가들을 연합하게 만드는 길뿐이라고 점차 확신하게 되었다. 그러한 생각을 품고 있었다는 사실을 볼 때 지크문트가 유로본드 시장을 만든 배후에 원동력으로 존재했다는 것은 너무나 당연했다. 자본 자유화를 계속해서 막으려는 국가의 입장과 공존할 수 있는 초국가적 시장을 설계하고, 유럽연합에 대한 기능적 보조 기구로 움직이는 유로본드는 그의 믿음을 그대로 보여주었다.

2

독일의 젊은이로 1920년대를 지내온 지크문트는 긍정적이고 확신에 찬 범유럽인이었다. 그는 친구 에른스트 코허탈러에게 1927년에 편지로 말했던 것처럼 "유럽이 제국주의 혹은 배타주의의 정점을 지나 통합의 방향으로 아주 느린 발걸음을 옮기고 있다"라고 믿었다. 지크문트는 쿠덴호프와 함께 국제 군비 철폐를 위한 운동과 범유럽 운동을 연계할 방법을 논의했다. 지크문트가 제안한 사항들 중에는 '군사 문제를 공동으로 통치하는 중재 법정을 통해 연합하고, 독일, 네덜란드, 스칸디나비아 국가들로 이루어진 중유럽 국가 모임'에 대한 것도 있었다. 그러나 10년 뒤 히틀러 독재 정권이 확고하게 자리 잡고 중, 남, 동유럽 전체를 급진적 국수주의자들이 장악하자, 그 같은 생각은 점차 순진하기 짝이 없는 발상으로 보이게 되었다. 하지만 이에 굴하지 않고 지크문트는 계속해서 쿠덴호프를 도왔다. 이를

테면 그의 책을 출판할 영국 출판업자를 찾아주는 등의 일을 하면서 말이다. 1939년 전쟁 발발 이후까지도 지크문트는 전쟁 중의 영-프 연합이 '모든 것을 포용할 필요는 없지만 유럽인이라는 배경을 지닌 사람들의 진정한 연합을 위한 핵심이어야 하는 (……) 새로운 영연 방을 위한 건전한 기초'라고 여기는 등 유럽의 정치 연합을 이루겠다 는 생각을 버리지 못했다. 프랑스가 전쟁에서 완패하고 전쟁의 끝은 눈에 보이지 않았지만, 그는 계속해서 영국의 전후 미래가 독일이 아 니라 유럽과의 관계 발전에 달렸다고 확신하여, '서유럽연합'이라는 계획을 잠깐 생각해보기도 했다. 1942년에는 크립스에게 '소소한 사항은 제쳐두더라도, 런던에 있는 모든 망명 정부를 일종의 유럽 합 중국의 설립을 선언하는 데 이용하라'고 강력하게 촉구했다. 지크문 트가 크립스를 위해 작성했던 제안서의 초안에는 전후 '유럽 영연방 국가의 핵 역할을 할 영국이 이끄는 서유럽연합'에 대한 계획이 담겨 있었다. 지크문트는 이 연합이 '군사 문제, 교통과 통신, 공공 사업 의 계획, 통화 준비' 등에 대해 '최고의 권한'을 가지는 기구라고 정 했다. 또한 유럽의 전후 안정을 위해 미국이 장기적으로 헌신할 것 을 기대하는 것은 아무 소용이 없다고 주장했다. 대신에 '전쟁 중에 생겨난 임시 연합과 동맹 관계를, 자유로우나 오래가며 경제적 이득 과 효율적인 힘을 광범위하게 통합하는 방향'으로 발전시키는 데 영 국이 앞장서야만 한다는 것이었다. 그러니까 지크문트는 1920년대 에 그랬듯이 1940년대에도 여전히 정치 연합을 만들어야 한다는 생 각을 확고하게 지니고 있었던 셈이다. 같은 주제를 담은 어떤 성명 서 초고에서는 '합법이라고는 하나 구태의연한' 국가 자주권의 종식 을 요구했다. 전후 유럽 각국의 자치주들은 주권의 일부를 연방에 맡겨야 하고 연방은 그 권한을 이양받아 유럽 전체를 대표하는 해당

기구들에서 역할을 하게 될 터였다. 1942년 말, 지크문트는 이 같은 주장을 보다 발전시켜 「국가 연합의 원칙」이라는 글을 썼다. 그는 1940년대 후반 내내 어떤 형태든지 영국과 프랑스가 공동으로 이끄는 유럽연합이 생기기를 희망했다.

초기 단계에서 이미 지크문트는 유럽의 공통 기구가 '유럽 교통(철도, 도로, 수로, 항공 운항), 그리고 (……) 경제 계획, 통화, 신용 승인을 비롯한 금전 문제들, 그리고 다른 유럽 공통 기구들과의 관계를 규정'하는 경제적 기능을 주로 하게 될 것이라고 말하고 있었다. 그러므로 프랑스 정부가 장 모네의 국가 경제 계획에 관심을 가지고 있으며, 영국 정부는 자국이 이끄는 유럽 연대를 염두에 두고 있지 않다는 사실이 점차 확실해진 때에도, 지크문트로선 유럽 통합에 대한 자신의 생각을 몽땅 버릴 필요가 없었다. 정부들은 정치적인 유럽 통합을 추구할 준비가 되지 않았지만, 그렇다고 해서 영국과 프랑스 사업가들이 정기적으로 만나 회의를 하는 등의 '개인적인 노력들'로 '두 국가의 밀접한 관계'를 장려하지 못할 이유가 없었던 것이다. 정기적으로 영국해협을 건너다니면서 지크문트는 의식적으로 정치적 손길이 닿지 않는 사업 영역에서 통합을 이루기 위해 노력하기 시작했다. 여전히 연합과 관련된 갖가지 계획에 참여하고는 있었지만, 1940년대 후반부터는 계속해서 경제 연맹을 추진하는 데 상당한 노력을 기울였다.[2] 경제 연맹이 더 먼 미래에 정치적 연합을 위한 탄탄

---

[2] 이 기간에 쿠덴호프와 주고받은 편지를 보면 지크문트의 인내심이 점점 바닥나고 있음을 알 수 있다. 1955년 2월에는 신랄한 어조로 비판하기도 했다. "나는 쿠덴호프에게서 개인적으로 대단한 영향을 받아왔고 여전히 그 영향을 무시할 수 없지만, 최근 들어 그가 위험한 수준까지 욕심을 내고 있다는 사실을 깨달았다. 그는 사실들을 있는 그대로 보지 않고 항상 자신이 원하는 방식으로 바라본다. 결국 그러한 이유로 인해 그는 오랜 명성을 상당 부분 잃고 말았다."

한 기반이 될 것이라 믿었기 때문이다. 예를 들어 1950년 7월에는 재무장관 크립스와 "쉬망 플랜에서 제안한 것 같은 서유럽 중공업보다는, 차라리 서유럽 교통의 통합으로 (……) 협력을 시작하는 것이 타당하다"라는 내용의 토론을 했다. '영국을 비롯하여 여러 유럽 대륙 내의 국가들이 공동으로 발행한' 공채로 그 같은 계획의 자금을 댈 수 있을 거라는 가능성은 이제는 구닥다리가 되어버린 쿠덴호프의 개념보다 훨씬 그럴듯해 보였다.

석탄 및 철강 공동체에 대한 아이디어가 나왔을 때 지크문트는 다소 회의적이었던 애초의 태도를 버리고 유럽석탄철강공동체(ECSC, 유럽연합집행위원회의 원형) 간부의 역할을 보다 발전시키기 위한 길을 모색했다. 이 공동체에 회의적인 몇몇 사람들은 유럽석탄철강공동체와의 관계를 일구기 위해 정기적으로 룩셈부르크를 찾는 것이 무슨 의미가 있겠느냐며 의문을 표했지만, 지크문트는 이렇게 말하며 그들을 안심시켰다. "지금은 별로인 걸로 보이겠지만, 곧 좋은 일이 있을 것이다."

지크문트가 보기에 영국은 더 이상 제국이 아니었다. 1950년대에는 온통 캐나다에 관심이 쏠려 있었지만, 그는 영연방 국가들과 무역을 하는 것으로는 유럽연맹(European Integration)에 가입하는 만큼의 이득을 얻지 못할 것이라는 사실을 잘 알고 있었다.[3] 영국의 유럽경제공동체 가입에 찬성했던 지크문트는 1956년, 가입을 위한 첫 캠페인을 공개적으로 지지했으며[4] 1960년에 설립된 유럽자유무역연합

---

3 실제로 지크문트는(프랑스식 모범을 염두에 둔 채) '영연방의 연합을 강화해주는 것으로는 영국의 공동 시장 참여만 한 게 없다'고 주장했다. 그리고 "영국이 공동 시장에서 제외된다면 그것이야말로 영연방의 결속에 치명적인 해가 될 것"이라고 말했다.

(EFTA)은 유럽경제공동체의 대안이 될 수 없다고 여겼다. 하지만 유럽 대륙에서도 영국이 힘을 발휘하기 위해서는 경제 기반을 구축할 필요가 있다는 사실을 다시 한 번 목격했다. 그가 제안한 내용은 대표적으로 다음과 같았다.

중공업, 무역 연합에 속하거나 정치인으로 활동하고 있는 몇몇 런던 사람들의 비공식 모임은 이 나라에서, 그리고 유럽 대륙에서 사람들을 보다 밀접하게 협력하게 하고, 유럽 내에 퍼지고 있는 영국의 정책에 대한 강한 의구심을 없애는 데 활발한 기여를 하게 될 것이다.

1960년 영국이 회원국으로 가입하려는 움직임을 보였을 때, 지크문트는 '높은 사람들'이 하는 짓을 전혀 믿지 않았다. 영국은 본질적으로 회원 가입을 무역 정책의 문제라고 여기는 반면, 유럽경제공동체의 6개국은 '정치 체계를 구축하면 경제 문제는 자동으로 해결될 것'이라고 여겼다. 양측의 극복할 수 없는 차이를 예견했던 지크문트는, 결정에 대해 이른바 '현자'들의 작은 모임에 문의할 것을 당국에 강력하게 권고했다.

지크문트가 이 단체의 의장으로 미국인을 염두에 두었다는 사실은, 그가 유럽연맹과 북대서양연합 사이에 모순이 없다고 보았음을 분명히 보여준다. 실제로 그는 가끔 '대서양경제연맹(Atlantic Economic Union)'의 전주곡으로서 공동 시장 그룹의 확장에 대해 이

---

4 그는 8월 8일 주요 일간지 대부분에 실린 회원 가입 찬성 기고문에 서명한 '주요 인물' 50인 가운데 하나였다.

야기했다. 지크문트는 여전히 북대서양조약기구를 서유럽의 안보를 책임질 수 있는 기구로 여겼지만, 유럽수비공동체(European Defence Community)에는 반대했다. 더욱이 지크문트는 미국의 원조가 뒷받침되어야만 전후 유럽 통합이 순조롭게 진행될 수 있다는 사실을 깨달았다. 앞에서도 보았듯 전후 유럽 산업계가 다 허물어져가는 설비를 다시금 갖추기 위해 노력할 때, 그들의 경상 수지 적자에 돈을 대주어 미국이 유럽 경제를 도왔던 것은 분명하다. 이는 또한 1920년대에 유럽을 괴롭히던 제로섬적인 산업 관계를 피하도록 돕기도 했을 것이다. 그러나 지크문트가 볼 때 중요한 것은, 달러를 공급할 유럽의 펌프를 준비하는 동시에, 미국의 계획 관계자들이 수혜국들에게 무역의 장벽을 낮추라고 압박을 가하는 방식으로 유럽의 경제 통합을 긍정적으로 독려했느냐 하는 점이었다.

1947년 당시 지크문트는 마셜 플랜에서 예상했듯 '미국이 여러 유럽 국가에 엄청난 달러를 융자하는 것보다 영국이 이끄는 서유럽 재건 종합 계획을 더욱 진심으로 환영하고 지지할 것'이라고 주장했었다. 그러나 이내 달러 차관 그 자체가 유럽 협력을 장려하는 데 사용될 수 있다는 사실이 명백해졌다. 이를 가장 확실히 보여주는 예는 1950년 7월, 미국의 원조를 받은 수혜국들의 국제 지불 시스템과 관련하여 만들어진 유럽결제동맹(European Payments Union)이었다. 이 연맹이 운용되는 8년간 서독의 번영과 함께 프랑스와 영국 경제는 적자를 상당 부분 청산할 수 있었고, 유럽 내의 무역 역시 빠르게 성장했다. 그러나 지크문트에게 이것은 단지 시작에 불과했다. 그는 1950년대와 1960년대를 통해 서독 경제만 제외하고 모든 것에 영향을 미치던 외환과 자금 통제가 종식되기를 열망했다.

그는 유럽석탄철강공동체의 고위 관리청에 국제 자본 시장에서 돈을 빌리라고 부추겼다. 그렇게 하면 유럽석탄철강공동체 고위 관리청의 재원이 늘어나고 지위도 높아지며, 정부가 이끄는 대로 따르는 미국 개인 투자자들을 유럽 재건에 자금을 대도록 유도할 수 있을 것이라 믿었기 때문이다.[5] 1957년, 길고 지난한 협상 후 뉴욕에서 유럽석탄철강공동체를 위한 채권 3500만 달러를 발행함으로써 노력이 결실을 맺었다. 뒤이어 1958년 좀 더 큰 규모의 융자를 받았고, 1960년에 세 번째로 2500만 달러를, 그리고 1962년에 같은 액수를 또 빌렸다. 지크문트는 또한 유럽원자력공동체(EURATOM)와 유럽투자은행(EIB)이 뉴욕 채권 시장에서 자금을 모집하게 하려 애썼다. 그는 그 같은 일이 '유럽 통합'의 과정으로 가는 '작은 기여'라고 말했다.

그런데 지크문트가 주장했던 일들은 정부와 의회의 지지를 받았던 일이 아니었다. 그렇게 보면 그는 정말 외부자였던 셈이다. 1979년 말, 그는 유럽경제공동체에 대한 런던의 태도가 '훼방을 놓는 정도는 아니었지만 여전히 전반적으로 부정적'이라고 불평했다. 그러나 그렇다고 해서 지크문트가 완전히 동떨어진 선구자는 또 아니었다. 영국은행의 조지 볼턴 경과 재무부의 프랭크 리 경 등이 유럽 통합 문제에 대한 지크문트의 접근법에 공감하는 사람들이었기 때문이다. 해외의 주요 조력자로는 도이체방크의 아프스가 있었다. 독일에 또 다른 측근이 있었는데, 그는 바로 기민당의 정치가이자 외교관인 쿠르트 비렌바흐였다. 지크문트는 독일연방공화국 초창기에 독일 주재 고등 판무관으로 있다가 이후 체이스 은행 은행장으로 취임한 존 J. 매클로이가 자신의 생각에 적극적으로 동조한다는 사실을

---

[5] 유럽석탄철강공동체의 금융이라는 주제에 대한 지크문트의 서류 가운데에는 엄청난 수의 편지들이 있다. 그 양을 고려해볼 때 그에게 유럽석탄철강공동체 금융 부서 부서장인 한스 스크리바노비츠와의 우정은 특별히 중요했을 것이다.

1953년에 알게 되었다.[6]

　처음에 이들이 다루었던 것은 환율 문제였다. 이론상으로 주요 유럽 경제들은 브레턴우즈에서 고안했던 고정 환율 체계를 통해 모두 달러와 연관되어 있었고, 이 달러는 다시금 금과 연관되어 있었다. 실제로 그들의 각기 다른 경제 궤적에는 주기적인 평가절하(파운드와 프랑스 프랑의)와 평가절상(도이체마르크의)이 필요했다. 1955년에 이미 지크문트는 볼턴과 더불어 '완전한 교환이 가능한 유럽 통화'를 이룩하겠다는 목적으로 '통화 문제에 유럽 국가들을 보다 긴밀히 끌어들일 필요성'을 제기했다. 2년 뒤에도 그는 계속해서 '공통의 유럽 안정 기금 없이는 공동 시장 협의도, 이른바 자유 무역 지역에 대한 합의도 제 기능을 할 수 없을 것'이라고 확신했다. 이 유럽 안정 기금은 여러 현실적인 목적을 위한 파운드/도이체마르크의 합작 안정 기금을 의미했다. 결국 무산되어버렸지만, 지크문트가 한때 '영-독 통화 연맹'이라고 확신했던 이 영-독 환율 안정화 기금 프로젝트를 공동으로 계획한 것은 아프스와 비렌바흐, 지크문트 세 사람이었다. 이러한 계획을 했던 데에는 분명한 이유가 있었다. 전후 영국의 화폐는 과도한 해외 군비 지출과 경쟁력을 잃은 영국 수출품 그리고 잔고 부족이라는 거듭되는 위기를 겪으면서 영국 경제 정책을 뒤흔들어놓았다. 반면 독일의 정책 입안자들은 마르크화의 가치가 지속적으로 높아지는 문제로 점차 신경을 쓰고 있었다. 그러나 그

---

[6] 하버드 출신 변호사이자 록펠러가의 가까운 동료였던 매클로이는 1941년에서 1945년 사이 국무차관보로 일했다. 또한 1947년에서 1949년 사이에는 세계은행에서 부총재로 재직했다. 1960년에 지크문트가 '현자' 위원회에서 의장을 맡아 마땅한 미국인이라고 칭했던 사람이 바로 그였다.

같은 계획을 실질적으로 현실화하는 데에는 문제가 있다는 사실이 드러났다. 유럽통화위원회는 유럽의 해결 방안보다 국가적 혹은 국제적 해결 방안을 더 좋아했다. 이웃 국가를 대신하여 비싼 중재를 해줘야 할까 봐 걱정스러웠기 때문이다. 1960년에 지크문트가 썼듯, 화폐 통합을 방해하는 주된 장애물은 '독일 중앙은행과 다른 관계 기관이 고수하고 있는 독단적인 정책'이었다. 유럽경제공동체가 1962년의 실행 계획에서 화폐 통합을 장기적 목적으로 명시하기는 했지만, 그 이후 1969년 헤이그 정상회담(룩셈부르크 총리인 베르너가 주창한) 때까지는 그 외의 어떠한 의견도 등장하지 않았다. 대신 지크문트는 화폐의 통합이 아니라 유럽 자본 시장의 통합 가능성에 대해 고심하기 시작했다. 처음에는 그의 행보가 잘못되어 보였다. 결국 정도의 차이는 있어도 독립된 국가의 통화 정책과 나란히 가동되는 고정 환율 기반 브레턴우즈 체제를 가능하게 했던 것은 바로 유럽에서의 자본 시장 통합이 이루어지지 않았기 때문이었다. 그러나 여기서 자본 시장의 완전한 통합과 지크문트가 염두에 두고 있었던 보다 제한된 통합의 차이를 혼동해서는 안 된다. 쿤로브에서 지크문트는 미국의 주요 채권을 월 스트리트 은행 연합이 어떻게 운용하는지 직접 목격했다. 이는 런던이 주요 자본 수출 시장이었던 시절에 자리를 확실히 잡은 관행이기도 했다. 뉴욕에서 발행된 유럽석탄철강공동체 론에 대한 유럽 기관들과 투자자들의 눈에 띄는 수요[7]를 보고, 지크문트와 다른 이들은 유럽 기구가 발행한 달러 표시 채권을 위해 유럽 내에서 비슷한 연합체가 상당히 쉽게 탄생할 수도 있다는

---

[7] 미국의 투자자들은 각각 38퍼센트, 38퍼센트, 37퍼센트, 57퍼센트의 론을 처리했다. 다시 말해, 달러 표시 채권 대부분이 유럽인의 손에 들어가게 되었다.

가능성을 알게 되었다. 특히 문제가 될 수도 있는 론들은 달러로 액수가 매겨져 있었기 때문에, 그 같은 연합체는 적절한 규제 상태에서 기존의 환전 및 자본 통제 규범을 어기지 않고도 유럽 국경을 넘나들며 운용될 수 있었다. 이러한 사실을 간파한 것이 유로본드 시장의 탄생과 성장의 기반이 되었다. 지크문트가 1958년에 이미 깨달았듯, 달러 채권의 유럽 유통을 생각하면 '미국의 발행사들은 유럽의 채무자들이 달러 차관을 해가도록 승낙하는데, 영국의 은행들은 채권의 대부분을 팔아치우는' 당시의 상황이 지속되리라고 기대하는 것은 어려웠다.

인위적인 '계산 화폐' 혹은 '복수 통화 조항'을 기반으로 진행하는 유럽 자본 시장 통합을 상상하는 것 역시 어려웠다. 지크문트는 국제 시장이 거래 및 자본에 대한 국가 통제가 없는 곳에서 형성된다면, 달러 표시 채권을 유럽 시장에서 발행할 수 있을 것이라는 점을 떠올렸다.

유로본드 시장이 만들어지려면 대량의 유동적인 달러 예금이 유럽 채권의 형태로 존재해야 했다. 이러한 유로달러들은 미국 경상수지 적자의 직접적인 결과로, 다국적 기업과 유럽 상업은행 및 중앙은행들뿐 아니라 국제결제은행(BIS) 같은 초국가적 단체의 손에도 점점 더 많은 미국 화폐가 남게 되었다. 자산 일부를 달러로 가지고 있고 싶어 하는 부유한 개인들도 상당수 있었다. 그렇다면 이 달러들이 왜 굳이 뉴욕에 있는 미국 기관들에 예치되지 않았던 것일까? 이는 대공황 기간에 도입된 규정 Q에서, 달러를 30일간 예치했을 경우 1퍼센트로, 그리고 90일 예치했을 경우 2.5퍼센트로 단기 예금에 대한 지불 이자율을 제한했기 때문이었다. 게다가 소비에트연방과 그 의존국들은 결코 적지 않은 자국의 달러 보유액을 굳이 갈등의 대상인 미국에 예치해 만약의 경우 몰수당할 위험을 피하고자 했다. 그래서 그들이 선호한 곳은 파리 소재 러시아 은행인 방크 코메르시알 푸르 뢰로프 뒤 노르였다. 아마도 이곳의 텔렉스 주소 유로뱅크에서 유로달러라는 용어가 탄생했을 것이다. 1955년 중반 런던 시장의 달러 이자율이 미국의 이자율보다 눈에 띄게 상승하자, 미들랜드 은행은 외국인들에게도 달러 예금을 할 수 있도록 해주는 편의를 제공하게 되었다.[8] 미들랜드 은행이 자금을 파운드로 바꾸어 빌려주었으므로, 처음에 이것은 미국의 예금을 영국 경제에 끌어오는 방식이었다. 그러나 영국은행이 그 같은 달러 예치를 용인할 각오가 되어 있다는 사실이 명백해지자, 점점 늘어나고 있던 미국 은행들의 런던 지점을 포함한 다른 은행들도 발 빠르게 미들랜드의 방법을 따라하게 되었다. 머지않아 예치금 대부분은 영국 외부의 기업과 정부 기관들을 위한 융자금으로 재활용되었다. 이를테면 클라인보르트의 외환 부서가 상당한 달러 예치금을 축적하여 그것을 독일인 고객들에게 빌려주는 식이었다. 런던의 유로달러 시장은 1963년 110억 달러에서 1969년에는 650억 달러로 눈부시게 성장했다. 1969년에는 연간 성장률 50퍼센트에 육박하며 정점을 이루었고, 1965년에서 1979년 사이의 성장률은 단 한번도 10퍼센트 아래로 떨어진 일이 없었다. 그러나 이 돈은 본질적으로 핫머니(국제 금융 시장에서 높은 수익을 노리고 유동하는 단기 자금)였다. 그랬기에 다른 중앙은행들은 유로달러 시장의 성장을 초조하게 바라볼 수밖에 없었다. 이제 유로달러가 새로운 시장을 위한 기반이 되도록, 장기 증권이라는 방법으로

---

[8] 당시에 미들랜드는 이 달러들을 현물로 팔아 스털링을 장만하고 다시 프리미엄을 얹어서 그 달러들을 선물로 되사들였다. 그렇게 함으로써 미들랜드는 은행 이자율보다 50퍼센트 싼 이자율로 스털링을 구할 수 있었다.

이용하는 것이 관건이었다.

3

1950년대 말, 지크문트는 유럽 투자 은행을 비롯해 유럽석탄철강공동체, 유럽원자력공동체, 유럽경제공동체 같은 유럽 통합 기관들에 환멸을 느끼고 있었다. 그는 유럽 대륙이 '유럽 내부의 관계에서 비롯된 또 한 번의 위기'를 향해 가고 있다고 걱정했다. 지크문트가 브뤼셀과 룩셈부르크에서 볼 수 있었던 것은 '무력감'과 '음모'뿐이었다. 이대로 가다가는 1960년대를 지나며 공식적인 통합을 추진하는 과정에 침체가 올 것이 뻔했다. 1958년에서 1967년 사이의 유럽연합 집행위원회 의장인 발터 할슈타인이 위원회의 힘을 키워 로마 협정의 조항들을 시행하려고 의욕적으로 투쟁하기는 했다. 그러나 그의 노력이 지크문트에게 감명을 준 것 같지는 않다. 게다가 프랑스와 독일의 농부들을 자유 시장으로부터 보호하겠다는 취지로 만든 공동 농업 정책에 유럽공동체의 에너지와 자금 대부분을 쏟아붓는 모습은 그를 더더욱 불안하게 했다. 보호관세에 대한 프랑스의 압력과 부자연스럽게 높은 가격을 책정한 독일 때문에, 유럽은 정부에 의한 가격 유지와 물자 축적, 보호에 기반을 둔 가장 질 낮은 경제 통합에 승선하게 된 것이다.

그러나 지크문트는 1961년에 유럽경제공동체에 가입 지원을 하겠다는 맥밀런 정부의 결정이 기존 유럽 기관들에 활력을 불어넣을지도 모른다는 희망을 잠시 품었다. 이것은 지난 20년이라는 세월 동안 꾸준히 지지해왔던 것이기 때문이었다. 회원 가입 가능성을 높이기 위해 지크문트는 이제 막 6년간 프랑스 대사로 근무하고 돌아온 전직 외교관 글래드윈 경을 바르부르크의 사외 이사로 고용해 영국의 공동 시장 입성을 돕게끔 했다. 1940년대와 마찬가지로, 지크문트는 '영국이 공동 시장에 합류해 여러 유럽 기관들을 제대로 대표한다면, 영국 정부는 유럽을 이끄는 역할을 하게 되고 영국 혹은 영연방의 이득에 반하는 것이라 여겨 애써 반대해왔던 일들이 이루어지는 것을 두려워할 이유가 없어질 것'이라고 확신했다. 그는 상업적 잠재력뿐 아니라 상징성 때문에 영국해협의 다리나 터널을 공사하겠다는 사업 계획에 전적으로 찬성했다. 지금까지 겪어온 경제적 어려움을 볼 때 영국은 회원 가입을 해야만 했다. 굳이 서독과만 비교할 것이 아니라 유럽경제공동체의 다른 여섯 회원국과 비교해도 영국은 병든 사람 같았다. 영연방 시장에서 영국 무역의 중요성이 감소하는 동안 유럽 대륙의 중요성은 상승했다. 그러나 1963년 1월 14일 드골은 기자회견에서 영국의 회원 가입 신청을 퉁명스럽게 거부했다. 프랑스로서는 공동 농업 정책에 대한 거래가 이루어지기 전, 농업 규모가 유럽경제공동체의 다른 회원국들에 비해 훨씬 작은 영국을 받아들인다는 것은 마음에 들지 않는 일이었다. 결과적으로 영국의 자유 무역에 힘을 실어줄 게 뻔했기 때문이다. 게다가 프랑스인들은 빈약하기 그지없는 영국 준비 통화의 만성적인 불안정에 대한 책임을 나눠 지고 싶은 생각이 없었다. 지크문트는 초창기부터 '프랑스인들, 특히 드골은 대부분의 영국인들에 비해 국가 자주권을 포기하는 것을 꺼려한다'는 사실을 알고 있었다. 그러나 이는 드골이 프랑스의 국익을 지키기 위해 각오한 정도를 과소평가한 것이었다. 드골은 영국이 회원 가입하는 것을 거부했을 뿐 아니라, 1965년에는 유럽 기관 회의에 불참하고(공석 위기), 조치들이 각료 이사회에서 언급될 때면 회원국들은 국가 거부권을 행사해야 한다고 주장 (룩셈부르크 선언)하기까지 했던 것이다. 이에 혐오감을 느낀[9] 지크 문트는 드골을 가리켜 '대서양 공동체에서 우세해 보이는 영-미 협 력에 맞서 파리에서 모스크바에 이르기까지 프-러가 이끄는 새로운 유럽'을 만들려는 목표를 가지고 있다고 지적했다.[10]

지크문트는 뒤늦게라도 영국이 공동 시장에 들어갈 거라는 희망 을 결코 완전히 버리지 않았다. 그러나 1960년대를 지나는 동안 너 무나 환멸을 느껴, 영국이 '이미 떠난 버스인데' 과연 유럽경제공동 체 회원이 되겠다고 발버둥 치는 게 의미가 있을까에 대해 의문을 품 기 시작했다. 그는 심지어 유럽경제공동체가 와해될 거라고 예견하 기까지 했다. 왜냐하면 '공동 시장 국가 대부분이 프랑스에 의존하 기보다는 미국이나 영국에 합류할 게 뻔하다'는 이유 때문이었다. 유럽경제공동체는 결국 '진짜 유럽공동체가 아닌, 보호 무역론자들 의 관세 클럽'이었던 것이다. 1968년 4월에 기록한 내용에서 지크문 트는 여러 유럽경제공동체 기관들의 퇴보와 방탕함을 맹비난했다.

예전에 건전하고 효율적인 틀 속에서 잘 작동하던 열정적인 유 럽식 조직은 꽉 막힌 관료 체제로 바뀌어, 어떤 강대국이나 국가 적 권위와도 밀접한 관련을 맺지 못한 채 무의미하게 동떨어져 마

---

9 드골에 대한 지크문트의 평가는 골드윈이 지크문트와 프랑스 재무장관 발레리 지스카르 데스탱의 만남을 주선한 때에도 나아지지 않았다. 이미 회의가 진행되 는 중이었는데도 발레리가 던진 첫 질문은 "이 지크문트 선생이라는 낯선 이는 누구십니까" 였다.
10 헨리 그린펠드 역시 경제위원회 위원이었다.

치 진공 상태에서처럼 따로 놀게 되었다. 현재의 상황을 특별히 나쁘게 만드는 것은 집행 위원회가 여러 분야로 나뉘어 일부는 브뤼셀에, 일부는 룩셈부르크에 있다는 점이다. 엄밀한 의미에서의 위원회와 석탄, 철강, 에너지 등의 여러 산업 분야는 브뤼셀에서 운용되고 있는 반면, 유럽의회와 연관된 금융 분야와 행정은 룩셈부르크에서 운용되고 있는 것이다. 그리고 유럽의회 회의는 또 스트라스부르에서 열린다. 사실상 금융 및 행정 분야 외에는 서로 전혀 연계되지 않거나 제대로 연계되지 못하고 있는 데다, 브뤼셀에는 각 회원국 정부에서 만들거나 브뤼셀 자체에서 설립한 각종 산업 분야에 대한 세부 부서 및 단체들이 대략 서른 개가량 있다.

다소 낙관적인 마음이 들 때면 지크문트는 여전히 유럽경제공동체와 유럽자유무역연합와의 점진적인 관계 회복을 희망했다. 그는 해럴드 윌슨에게 그것을 목표로 삼으라고 조언했으며, 윌슨 본인도 실제 이 같은 태도로 실천에 옮겼다. 그러나 드골이 프랑스에서 정권을 장악하고 있는 한 지크문트의 희망이 이루어질 가능성은 그리 높지 않았다. "유럽에 영국이 편입하기를 지지하는 사람들이라면, 보다 광범위한 목표에 대해서는 패배를 인정하고, 아주 한정된 몇 가지 목표에 노력을 집중했어야 했다"라고 그는 1964년 10월 기록했다. 1966년에서 1967년 사이 영국이 2차 회원 신청을 했던 것에는 지크문트의 관심이 별로 쏠리지 않았던 것으로 보인다. 1969년 드골이 대통령직에서 떠나고 난 뒤에야 비로소 지크문트는 영국이 유럽경제공동체에 가입할 수 있을 거라는 믿음을 되찾았다. 물론 이 역시 프랑스의 '보호주의 성향이 줄었을 경우'에만 가능한 이야기이기는 했다. 다음은 그가 1970년, 한 인터뷰에서 설명한 내용이다.

오늘날 유럽경제공동체의 중요한 특징 중 하나는 케네디 라운드가 아니었다면 훨씬 더 높았을 상당히 높은 관세의 벽이다. 관세 벽이 높다 해서 그 내부의 저개발 지역을 돕는다든지, 혹은 유럽 통화를 향한 공동의 노력을 한다든지 하는 일은 거의 없다. 실제로 유럽경제공동체는 현재 외견상 보이는 모습보다는 이면의 모습이 더 많다. 이 상황에서 영국은 진보는커녕 역행하는 듯 보이는 움직임에 합류하고자 하는 생각에 보다 신중해야 한다. 농업 보조금에나 신경 쓰고 공동 관세 장벽을 드높이는 게 아니라 공동체 안팎 모두의 큰일에 맞서 유럽의 뛰어난 인적 자원을 건설적으로 구축하는 데 더 힘쓰는 공동체에 들어가겠다고 할 때여야만, 나는 영국이 공동 시장에 진입하겠다는 것을 지지할 작정이다. 만일 거기에 드골 정권 이후 관대한 유럽 정신이 다시 되살아난다면, 나는 유럽에서의 영국의 역할에 천착하여 예전의 열정적인 모습으로 돌아갈 것이다. 실제로 우리 영국은 오랜 전통의 영연방 연대를 바탕으로 하여 유럽을 비롯해 대서양 공동체에 이르는 넓은 범위만이 아니라 저개발 국가들을 다른 나라와 이어주는 다리와도 같은 역할을 할 수 있을 것이다.

하지만 공식적인 통합을 지연시키자는 것은 1958년 제2차 유럽석탄철강공동체 융자 당시 지크문트에게 처음 제안이 들어온 '금융' 통합을 지속하는 것까지 배제하는 말은 아니었다. 새로운 달러 표기 채권에 대해 즉각적으로 생성된 인수 및 판매 담당 은행의 연합체들이 금융 통합의 핵심적인 구성 요소였다. 이 연합체들은 1950년대에는 거대한 월 스트리트 투자 은행들로 이루어졌었다. 그러나 이제 유럽의 대출자들이 발행한 달러 표기 채권 시장은 여전히 국내에 집중하고 있는 미국에서보다는 유럽에서 더 큰 것으로 밝혀졌다. 이 같은 사실은 런던에서 유로달러 예치금 중 적어도 일부는 장기 유가 증권에 사용될지도 모른다는 것을 보여준다고 할 수 있다. 지크문트를 비롯한 유럽의 금융가들은 점차, 왜 미국 은행들이 유럽 금융 기관들에게는 금융과 관련 없는 고객들을 대상으로 채권을 파는 수익성 낮은 일을 하도록 내버려두고, 자신들은 수익성 좋은 증권 인수업을 택했는지에 대해 의문을 품기 시작했다. 주식 중개 회사 슈트라우스턴불의 줄리어스 슈트라우스는 이를 가리켜 "미국 기업들은 좋은 건 다 가져가고 일은 하나도 하지 않았다"라고 했다.

런던에 유로달러 시장이 존재한다는 그 자체가, 런던이 연안 국가 금융의 중심 역할을 가능케 하는 영국 통화 당국의 성향을 반영했다. 은행은 런던의 부활을 위해 마음에 들지 않는 상태도 받아들여야 했다. "핫머니를 정말 싫어하더라도 우리는 국제 은행가가 될 수도, 돈을 받아들이는 것을 거절할 수도 없었다." 이것은 런던에 있는 모든 유로시장의 발달에 꼭 필요한 태도였다. 왜냐하면 다른 조건들이 동등할 경우 수출을 위한 국내 예금 공급이 영국보다 풍부했던 스위스 혹은 서독에서 유로시장이 보다 쉽게 발전했을지 모르기 때문이었다. 다른 통화 당국들은 핫머니의 흐름을 제한하는 역할을 한 반면,[11] 영국은행의 정책은 자유방임이었다. 모순되었던 사실은 런던이 다른 면에서는 취리히나 프랑크푸르트보다 심하게 규제된 시장이라는 것이었다. 영국 국민이 외국의 유가 증권을 구매하는 것은 엄격하게 규정된 '투자 달러'와 함께 보다 효율적으로 규제했기 때

---

[11] 스위스와 프랑스 서독 당국은 모두 핫머니의 유입을 제한하는 법규를 도입했지만, 통화 불안정이 나타나자 서독은 1961년 즉각적으로 자본 통제를 재도입했다.

문이다. 영국은행은 1957년 런던 기업들에게 파운드화로 자금을 대는 것을 금지하기도 했다. 그리고 새로 융자를 받아 기존 융자를 갚는 것 역시 금지했다. 이들 규제는 1960년 비록 해제되기는 했지만, 새로운 국내 채권에는 여전히 4퍼센트(훗날 2퍼센트로 변경)의 인지세가 남아 있었고 영국 채권 소유자들에게 지급된 이윤에서 세금이 원천적으로 공제되었다. 동시에 런던 주식 거래소는 마치 전쟁 후 파운드의 평가절하가 아예 없었던 것처럼 계속해서 달러 채권의 파운드 가격을 함께 게재했다. 그리고 자국민에 대한 거래 통제는 1979년까지 남았다. 하지만 런던에서 아무런 제약 없이 완전히 별개의 달러 채권 시장을 가능하게 한 것은, 파운드화를 보유한 내국인과 달러를 보유한 외국인을 엄격하게 구분한 조치였다. 당시 시장에 발을 담갔던 한 사람은 훗날 이렇게 회상했다. "영국은행은 자금 시장에서 외환 유가 증권의 거래 및 외환의 활동을 감당할 수 있었다. 왜냐하면 영국은행이 국내 대량 통화 관리와는 완전히 동떨어져 있었기 때문이다." 스레드니들가의 분위기는 달라지고 있었다. 1960년에 이미 당국은 바르부르크에 런던 주재 유럽 대기업 둘(독일의 철강회사인 티센과 스웨덴의 전신 회사인 L.M.에릭손)의 상장을 허락했다. 이 조치는 도이체방크와 파리바의 파트너십으로 인해 가능했던 일이며, 파리바와의 지속적이고 복잡한 관계가 시작된다는 의미였다.

그렇긴 하지만 영국은행은 아직 조심스럽게 대우받을 필요가 있었다. 1962년 6월 조지 볼턴은 최근 총독으로 지명된 크로머 경에게 이에 대해 우려 섞인 이야기를 꺼냈다. 볼턴은 이제 유로달러 시장의 개척자인 런던남미은행(Bank of London And South America, BOLSA)의 은행장이었으며, "외환 표시 론을 필요로 하는 수많은 대출자들에게 런던 시장을 개방하는 것을 현재 논의하고 있다"라고 말한 것은 민간 부문의 대표로서의 발언이었다. 아이디어를 교환하는 장에는 바르부르크 직원뿐 아니라 베어링과 새뮤얼 몬터규의 대표들까지 참가했다. 함브로는 그다음 달에 참가했다. 그러나 아무도 '당국의 승인 없이 아이디어가 활발하게 진척될 수 있을 것'이라고 생각하지 않았다. 볼턴은 이들의 목적이 단지 '자본 시장으로서의 런던의 기능 회복'을 돕는 것이라고 설명했다. 즉 "발생한 외채의 발행을 가능하게 하는 런던 시장 조직의 복구와 부활이 서방 세계의 눈앞에 닥친 중요한 문제다. (……) 뉴욕을 도울 수 있는 유일한 곳은 런던이다. 유럽의 자본 시장은 고립되어 있고 비효율적이기 때문이다." 이에 대한 크로머의 대답은 긍정적이었다. "이 제안에 동조한다. 실질적으로 힘닿는 한 지지할 것이다." 영국은행은 특히 '현재 불안정한 런던 유로달러의 일부를 깨끗이 청소'하게 될 것이라는 사실을 마음에 들어했다. 그러나 지크문트의 서신을 보면 그와 그의 런던 동료들 또한 영국은행을 미묘하게 협박하려 했다는 사실을 분명히 알 수 있다. '정부가 인지세를 비롯해 런던 주식 시장을 다른 외국 자본 시장에 비해 경쟁력 있는 곳으로 만들어줄 다른 조치들을 실행에 옮길 준비가 되지 않는다면', 자신들이 다른 곳으로 옮겨가게 될 것이라고 말이다. 대안으로 거론된 지역은 룩셈부르크와 암스테르담이었다. 하지만 영국은행만이 문제를 바로잡아야 하는 기관은 아니었다. 처음에는 채권 상장을 거부해서 국내에서 채권을 취급하지 않게 했고, 나중에는 달러 채권에 전쟁 전 환율을 기준으로 한 파운드화로 시세를 매겼던 런던 주식 거래소도 문제였다. 그 때문에 영국 투자자들은 정부 규제하의 공동 출자에서 비롯된 외화 구입이 가능한 일명 투자 달러로 룩셈부르크의 새 채권을 사야 할 판이었다. 내국세 세무청도 도움이 되지 않았다.

진짜 유로본드 채권을 최초로 발행할 가능성이 있는 후보는 여럿이었다. 우선 일본 정부가 관심을 표명했다. 오슬로 시를 위한 노르웨이 론에 대한 논의도 있었다. 유럽경제공동체에 분개한 지크문트는 심지어 영연방 개발 금융 회사를 위한 달러 론까지도 생각했다. 그러나 1963년 4월 지크문트와 동료들은 보다 논리적이고 친숙한 수단인 유럽석탄철강공동체로 되돌아갔다. 그들은 영국은행에게 자신들의 계획을 이렇게 설명했다.

영국의 환 통제가 관여하는 한, 그것은 통화를 선택하지 않아도 되는 직접적인 달러 론이 될 것이며 영국 국민들이 이를 이용하고자 한다면 프리미엄을 지불해야 할 것이다. 결국 영국 국민들은 정부에는 아무런 기대도 안 했지만, 유럽 전역의 기준이 되고 그래서 런던에서의 거래에 기준이 될 런던 시세를 알기 위해 노력할 것이다.[12]

영국의 유럽경제공동체 가입을 놓고 브뤼셀이 제 역할을 못했다는 점에 비추어, 외무부로서는 공동 시장 조직이 영국에서 돈을 빌리는 것처럼 보이는 행위는 적절치 못하다고 우려했다. 그런데도 영국은행은 그 생각에 솔깃했다. 영국은행의 존 스티븐스는 영국이 공동 시장 가입 협상을 할 때 에드워드 히스를 도왔던 에릭 롤 경에게 '순

---

[12] 바르부르크는 나중에 이렇게 표현했다. 영국은행이 듣기로, "그 채권은 영국에서는 아주 조금만 팔릴 것이며 그 채권을 발행하는 통화는 없을 것이지만, 그러나 영국의 일부 '친구들'은 스위치 달러를 신청할 텐데 그 이유는 어쨌거나 영국에서 그 시세가 언급되고 있고, 게다가 주식 시장의 요건에 맞도록 만들어진 투자서도 있기 때문이다."

수하게 자본만을 두고 보았을 때' 그 같은 작전은 '환영받을 것'이라
고 설명했다.

외화 채권 시장이 유럽 대륙에 파운드로 융자를 내주는 것은 불
가능하지만, 이런 방식의 운용은 비즈니스가 파운드화로 이루어
지지 않았음에도 런던을 금융의 중심으로 살아남게 해준다. 나는
경께서 브뤼셀 붕괴 이후 충분한 시간이 지났다고 느꼈기를 희망
한다. 적어도 금융 전선은 이상이 없었으며, 결렬 이후에 우리와
공동 시장 간의 협상 재개를 용이하게 해줄 모든 조치를 취할 것
이라는 점을 보여준 본보기라는 주장도 가능하다.

재무부와 외무부가 이를 지지했다.[13] 그러나 유럽경제공동체의 여
섯 개 회원국 모두의 재무장관들로부터 인정을 받아야 했는데, 유럽
석탄철강공동체의 재정 책임자인 한스 스크리바노비츠가 주저하자
계획은 수개월간 지연되었다.[14] 그리고 결국 첫 유로본드 발행은 이
탈리아의 차지가 되었다.

이탈리아은행(이탈리아의 중앙은행)의 은행장인 구이도 카를리의
제안에서 지크문트는 거대 국영 기업 이탈리아산업재건공사(IRI)의
자회사인 제강 기업 핀시데르와 마주치게 되었다.[15]

또다시 국가의 과세를 피하는 것이 핵심이었다. 그래서 채권은 그

---

13 1942년의 착각에 대해 지크문트는 최초로 처칠을 비난했다.

14 스크리바노비츠는 뉴욕에서 달러본드 발행 방식을 계속해서 시도하고 시험해
　보는 것을 좋아했다.

15 2년 전 지크문트는 이미 얼마간의 핀시데르 주식을 런던 주식 거래소에서 파는
　데 성공했었다. 이는 〈이코노미스트〉가 논평했듯이 '잘나가는 유럽 주식 시장
　들 간의 상호 교류를 보여주는 또 다른 증거'였다.

어떤 이표 지급이 있더라도 법적으로 이탈리아 과세 의무를 따라야 했던 핀시데르라는 이름을 표기하지 않고, 이표 총액을 지불하는 특별 허가를 받았던 이탈리아의 고속도로 회사인 아우토스트라데의 이름으로 발행되었다. 혁신적인 계약의 밑그림을 그리는 어려운 작업을 맡았던 것은 이언 프레이저와 피터 스피라였다. 이들은 채권 전문 회사 거트휘트먼의 도움을 받고, 앨런앤드오버리의 변호사 제프리 새먼스와 로빈 브로들리, 브라운플레밍앤드머리의 회계사 휴 그린우드와 협력하여 작업을 면밀히 진행했다. 채권은 영국의 인지세를 피하기 위해 공식적으로는 네덜란드에 있는 스히폴 공항에서 발행되었고 영국의 소득세를 피하기 위해 이표(쿠폰)는 룩셈부르크에서 결제 가능하게 했다. 만기 6년, 금액 1500만 달러의 론 거래는 지크문트가 이끌고, 도이체방크, 방크드브뤼셀, 로테르담슈방크로 구성된 협력단이 관리했으며, 독일이 이끄는 영국과 유럽 은행들의 신디케이트가 인수 업무를 맡았다. 그리고 슈트라우스턴불, 화이트웰드, 크레디트스위스를 비롯한 중개단이 보다 넓은 네트워크를 통해 투자자들에게 이를 광고했다. 빠르게 발달한 광범위한 유통망에도 불구하고 미국 입장에서는 처음에 유로본드가 공모가 아니라 광범위한 사모를 통해 발행되었다는 사실을 주목해야 한다. 프레이저의 기록에 따르면 아우토스트라데 론은 전통적인 런던 '사모'와 전통적인 뉴욕 '공모'의 절충이었다. 〈이코노미스트〉는 이에 대해 '한 세기 동안 런던에 흘러들어왔던 외국 산업 최초의 론'일 뿐 아니라 '런던을 국제 자본 시장에서 중개의 중심으로 우뚝 서게 한 새로운 구동 장치'라고 언급했다.

그 채권은 5.5퍼센트 쿠폰과 액면가의 98.5퍼센트 가격으로 발행되었으며, 액면가가 비교적 소액인 1000달러 수준이었기 때문에 판매는 그리 힘들지 않았다. 무기명 채권으로 투자자는 익명이었고 휴대하기 쉬웠다. 게다가 원천 징수도 없었다. 그래서 보통 투자자로 일컬어지는 것은 "고소득을 올리는 개인이면서, 국내 채권에 세금을 원천 징수하는 관료적인 세금 체계를 가지고 있으며 투자 기회의 선택이 제한된 나라에 사는, 절반은 가공인, 벨기에의 치과 의사 같은 족속이었다." 프레이저는 훗날 이렇게 말했다.

이 채권의 비밀은 (……) 전적으로 익명이고, 쿠폰은 세금 공제가 전혀 없이 지불되며, 만기가 된 채권은 일말의 이의 없이 깨끗하게 지불되고, 유럽의 대도시 어디에서도 구입이 가능하다는 점이었다. (……) 채권을 주로 구매하는 사람들은 개인이었으며, 대개 동유럽 출신이었지만, 때로 남미 출신 고객도 있었다. 그들은 자산 일부를 휴대하기 좋은 형태로 보유함으로써 떠나야 할 때면 언제라도 작은 여행 가방에 넣고 빠르게 떠날 수 있기를 원하는 사람들이었다.

그렇게 달러 표기 채권 시장에 대한 유럽의 계획은 미국 정부가 자국민과 기관이 유럽에 투자하는 것을 막기 위해 1963년 7월에 이자평형세(IET)를 제안하기 이전에, 이미 상당히 발달해 있었다.[16] 사실 이자평형세가 없었더라도 유로본드 시장은 원천세 면제에 내포

---

[16] 조치는 근본적으로 장기 외환 발행에 대한 미국의 투자에 15퍼센트 세금을 부과하는 것이었다. 그 영향력 속에서 쿠퍼는 '자본 통제가 사라져야만 한다'고 보았다. 이 부분에 대한 미국 정부의 의도는 1962년 5월 재무장관 더글러스 딜런의 연설에서 나타났다. 그러나 세금은 실제로 1964년 9월까지도 시행되지 않았다. 몇몇 미국인 연구자들은 유로본드 시장을 이자평형제의 도입으로 인한 결과라고 그릇된 해석을 내놓기도 했다.

된 보조금 덕에 변함없이 발전했을 것이다. 그러나 이자평형세와 미국 자본 유출을 막기 위해 설계된 다음의 조치가 유로본드 시장의 성장에 자극제가 된 것은 분명하다. 이자평형세가 없었다면 오스트리아 정부는 아마도 뉴욕에서 달러 론을 받아 발전을 꾀했을 것이다. 하지만 오스트리아 정부는 지크문트, 햄브로스, 로트실트 그리고 국영 은행 크레디탄슈탈트가 발행한 유로본드로 1800만 달러를 융자했다. 이 론은 1964년 내내 이어진 새로운 채권을 위한 길을 닦아주었다. 그해 말까지 총 44개의 외국 달러 채권이 유럽에서 만들어졌으며, 총 6억 8100만 달러의 융자를 감당했다. 1967년에는 더 많은 외국 유가 증권이 미국이 아닌 유로본드 시장에서 발행되었으며, 이는 유럽 국가들의 시장 거래량보다 다섯 배나 더 많은 수치였다. 1968년 새 채권의 규모는 35억 달러를 초과했으며 4년 뒤에는 총 55억 달러 규모로 커졌다. 처음에는 오스트리아 정부나 오슬로 그리고 토리노 시 같은 공공 기관이 대출자의 대부분이었지만, 1966년에서 1973년까지 채권의 대부분은 민간 부문에 의한 것이었다. 그리고 점차 2차 시장도 발달하기 시작했다. 이는 대부분의 투자자들이 '사재기' 전략을 구사하던 처음에는 존재하지 않았기에 더욱 눈에 띄는 시장이었다. 인도 규칙과 이자 추정 방식, 가격 할당 등 국경을 넘나드는 거래이기에 불거지는 거래 관련 문제는 유로클리어와 룩셈부르크에 자리한 세델이라는 두 가지 해결 체계가 생기면서 현저하게 줄었다.

4

지크문트는 당연히 유로본드 시장을 자랑스러워했다. 그것이 자신과 동료들의 계획이었다고 믿었기 때문이다. 그렇다면 그는 무엇 때문에 이처럼 유로본드 발전에 박차를 가했던 것일까? 첫째, 이익 추구가 가장 큰 이유였을 것이다. 즉 유로본드의 부상으로 S.G.바르부르크의 핵심 역량을 직접적으로 향상시키는 혁신을 일으켰다는 점은 확실하다. 1967년 바르부르크가에 합류한 남아프리카 출신 존 크레이븐의 말을 빌리면 "지크문트는 누군가가 런던의 다른 회사들은 거들떠도 안 볼 새로운 물품을 개발하고 있을 경우(말하자면 유로본드 같은), 그들이 보유한 확실한 고객들에게 정당하게 접근하는 것이 가능하다는 사실을 '알고 있었다.' 사실 뒷문으로 들어가겠다는 아주 영리한 계책이었다." 일단 처음에 아우토스트라데가 본보기를 구축하자, 유로본드 발행은 이전에 비해 더 쉬워졌다. 수수료는 전통적으로 주간 은행과 인수 기관에 0.5퍼센트가 지불되고 판매 은행과 중개사에는 1.5퍼센트가 지불되었다. 즉 하위에 속하는 채권 판매업자가 힘든 일을 도맡아 한다는 사실을 반영한 고정 수수료였다. 수수료는 대단한 것이 아니었다. 그러다 1971년 아일랜드 정부를 위해 발행한 파운드화 채권은 20만 파운드에 달했다. 상당한 금액에 놀란 헨리 그런펠드는 "휴가 중이었는데 (……) 전화를 걸어 전에 없이 쑥스럽게 축하를 전했다 (……) '아주 운이 좋았다고' 재빨리 덧붙였다." 실질적으로 인수단에게는 불리한 점이 없었다. 채권 수요가 부진한 것으로 판명이 되면 발행이 줄거나 전면적으로 취소되기 때문이었다. 반면에 금융 혁신에는 흔히 있는 일이지만 진입 장벽이 낮으면 '첫발을 뗀' 사람이 누릴 수 있는 이점이 오래가지 않는다. 1960년대 중반에 열었던 주간 이사진의 만찬 때마다 지크문트는 젊은 동료들에게 경고했다. "일단 새로운 종류의 사업이 생겨나면, 모든 경쟁 은행들은 제 몫을 누리기를 원하고, 그러면 결국 모든 은행이 비슷비슷한 이득을 누리게 되거나 아예 이득이 사라져버리는 일이 일어날 수도 있다. 이는 필연적이므로, 곧 우리의 유로본드 사업에도 찾아올 결과다." 이는 사실로 증명되었다. 미국과 스위스 은행들이 시장에 대거 진입함에 따라 런던에 있는 외국 은행의 지점 수는 1962년에서 1970년 사이에 51개에서 129개로 늘었으며, 초기 눈에 띄게 우세했던 바르부르크, 햄브로스, 로트실트의 권세는 흔들리게 되었다.[17] 1967년에서 1972년까지 새로운 유로본드 배급의 선두 주자는 도이체방크였다. 단순한 상업은행들은 경쟁에 뛰어들기에는 자금 기반이 부족했다. 지크문트가 예견했던 것처럼 이윤 차이 또한 거의 없었다. S.G.바르부르크는 연간 발행 순위에서 다른 상업은행들보다는 사정이 좀 나았지만, 얼마나 큰돈이 실질적으로 이 사업 덕에 창출되었는지 과장하는 것은 금물이다. 지크문트가 1967년 10월 자사 상무이사들에게 상기시켰던 것처럼 말이다.

유로본드 발행이 아무리 중요하다 해도, 이것이 우리의 최우선 사업이어서는 안 되며 (……) 사실 우리는 이 나라와 미국 그리고

---

[17] 1966년 유로본드 시장에서의 상위 일곱 개 은행(발행의 계획과 경영 면에서)은 화이트웰드(1억 4100만 달러), 도이체방크(1억 600만 달러), 쿤로브(9400만 달러), S.G.바르부르크(9200만 달러), 퍼스트보스턴앤드모건스탠리(8500만 달러), N.M.로트실트(7200만 달러)였다. 도이체방크는 1968년에서 1971년 사이 계속해서 1위 자리를 고수했다.

유럽 대륙에 있는 우리의 기업 고객을 돌보는 데 힘써야만 한다. 대형 기업 고객 한 곳에 최상의 서비스를 제공하는 것으로, 유로본드 발행으로 1년 내내 벌어들이는 이윤보다 훨씬 더 많은 돈을 벌 수 있다.

존 크레이븐은 나중에 "S.G.바르부르크는 배급권이 전혀 없었기 때문에 (……) 수십 년에 걸쳐 관련 업무를 보았지만 많은 돈을 벌어들이지는 못했다"라고 말했다. 피터 스피라의 말에 따르면 그것은 특별히 이득을 가져다주는 사업이었다기보다는 '혁신적이며 이름을 드높이는 사업'이었다.

두 번째 동기는 지크문트 역시 영국은행처럼 런던이 국제 금융의 중심이라는 전쟁 이전의 입지로 되돌아가기를 열망했다는 점이다. 유로본드를 설계하면서 지크문트는 확실히 이러한 요소를 계산에 넣었다. "그 어떤 유럽 자본 시장에서도 (……) 런던은 유럽경제공동체와 유럽자유무역연합으로 구분되는 현재의 분열과는 관계없이 언제나 주도적인 역할을 할 수 있고, 해야만 한다"라는 것이 그의 시각이었다. 이것은 또한 미국 통화가 아닌 유럽 통화 내에서 제2의 유로본드 물결을 지배할 필요가 있다는 그의 열렬한 믿음을 설명해준다. 그는 달러 채권이 팔기 더 쉽다고 불평하는 동료들에게 '상황을, 완전하고 객관적으로 연구했던 사람이라면 누구나 달러 표기 외환 채권의 발행을 계속할 경우 사업의 중심이 뉴욕으로 이동하고 런던은 더 이상 실질적인 역할을 할 수 없을 것이라는 사실을 알아야만 한다. 런던 시장이 그 같은 발행에 참가할 유일한 기회란 달러가 아닌 다른 화폐로 표시된 론을 처리하는 것'이라고 설명했다.[18] 그렇게 선택한 유럽 화폐는 도이체마르크로, 특히 1960년대 내내 독일의 장기 이율이 유럽 평균보다 낮은 편이었기에 선택한 것이었다. 그러나 지크문트가 보기에는 순수하게 도이체마르크로 된 유로본드 시장은 별 매력이 없었다. 가뜩이나 입지가 탄탄한 대형 독일 은행들의 힘을 더욱 강화할 것이 분명했기 때문이다. 그래서 1963년 12월, 지크문트는 아프스에게 가장 강한 유럽자유무역연합 통화와 가장 강한 유럽경제공동체 통화를 결합한 도이체마르크 옵션의 파운드 본드라는 아이디어를 제시했다. '다툼'이 있은 뒤 영 불안했던 영국과 독일 통화 당국의 승인이 일단 떨어지고 나자, 토리노 시를 위해 1964년 발행된 500만 파운드 규모의 파운드-도이체마르크 모델의 론이 발행되었다.

지크문트는 이 거래에 매우 흥분하여 평소와는 달리 이 주제에 대해 일련의 글을 써 〈타임스〉에 보냈는데, 여기서 그는 이 거래가 영국 통화나 국제 수지의 안전성에 아무런 위협도 끼치지 않는다는 사실을 제대로 설명하기 위해 애썼다. 지크문트는 런던이 단지 외국 유로달러 보유자들과 유럽 채권을 사기 위한 다른 유동 자금을 위한 서비스를 제공하는 것일 뿐이라고 주장했다. 투자자들이 매력적이라고 느낄 화폐라면 그 어떤 것으로도 표시될 수 있다는 것이 바로 복수 통화 본드의 미덕인 것이다. 지크문트는 그 같은 본드가 달러-표시 유로본드를 금세 대신할 것이라고 기대하지는 않았지만, '유럽 자본 시장이 점차 발전한다면 (……) 개별 유럽 통화나 유럽 통화 연합이 현재보다는 더 인기가 많아질 것'이라는 개인적인 견해를 밝혔다. 하지만 피터 스피라는 지크문트가 파운드-도이체마르크 본드를 창안한 이유가 그저 '영국 회사'를 도이체마르크 증권을 발행하

---

18 1945년 8월 17일 11회 연례 회의에서의 회장 연설

는 '주거래 은행'으로 보이게 하려는 의도일 거라고 의심하면서, 처음에는 그 같은 주장들을 미심쩍어했다. 그러나 지크문트가 임피리얼케미컬인더스트리스(ICI)에 대한 1억 달러 규모의 파운드-도이체마르크 본드 발행에 성공하자, 스피라는 생각을 바꾸게 된다. 임피리얼케미컬인더스트리스 입장에서 S.G.바르부르크의 매력은 유럽과의 연계에 있었다. 임피리얼케미컬인더스트리스의 경영진은 회사가 '공동 시장으로 갈' 필요가 있다고 느꼈으나(1963년 회사의 한 중역이 이언에게 말했듯), 임피리얼케미컬인더스트리스의 경영진에는 힌디어를 사용하는 사람 다섯 명당 유럽어를 사용하는 사람은 한 명에 불과해 난감한 상황이었다. 바르부르크와 임피리얼케미컬인더스트리스의 관계가 진정으로 좋아지기 시작한 것은 폴 체임버스의 뒤를 이어 피터 앨런 경이 회장이 되고 난 뒤부터였다. 1971년부터 임피리얼케미컬인더스트리스는 슈로더스를 몰아내고 국제 금융 업무를 바르부르크에 맡겼다.

복수 통화 본드는 지크문트가 런던을 유로본드 시장의 중심에 확실하게 세우려고 했던 여러 작업들 중 하나였다. 예를 들어 1965년에 지크문트는 런던에서 발행되는 외국 채권들에 대한 인지세를 면제해달라고 영국은행에 로비를 하려고 햄브로스, 로트실트와 함께 단체를 꾸렸다. 그들은 이와 동시에 영국 주재사들이 발행된 채권으로 발생한 이익에서 소득세가 공제되게 하는 조항을 폐지하도록 재무부에 압박을 가했다. 〈타임스〉에 보내는 편지에서 지크문트와 조슬린 함브로는 이렇게 개탄했다.

한편으로는 런던이 유럽 내에서 미국의 정유 회사들과 이탈리아 국영 공업 기업, 스칸디나비아 반도 지역을 위한 장기 대출을 처리하고 있는데, 다른 한편에서는 아무리 최고의 대출 고객이어도 영국인에게 같은 서비스를 제공하려 시도하면, 별로 중요하지도 않고 쉽게 없앨 수도 없는 세금 문제 때문에 좌절을 느끼는 상당히 터무니없는 상황이 벌어지고 있다.

지크문트는 영국은행과, 런던을 국제 금융의 중심으로 재건하려는 생각만 같았던 것이 아니었다. 그는 런던의 국제 투자자에 대한 규제를 신속하게 완화하도록 영국 당국에 압박을 가하고 있었다.

그러나 지크문트가 유로본드 시장을 창안하고 발전시킨 동기가 회사의 수익 혹은 런던 재건만이라고 보아서는 안 된다. 왜냐하면 그는 항상 유로본드가 유럽의 자본 시장을 하나로 묶는 첫 단계이며, 거기에서부터 유럽 통합을 향한 보다 광범위한 계획이 발달한다고 확신했기 때문이다. 지크문트는 파운드-마르크 채권이 유럽 자본 시장을 위한 채권으로 쓰일 것을 염두에 뒀다. 1965년 4월 그는 이렇게 기록했다.

유럽경제공동체와 유럽자유무역연합이 탄생한 주요 원동력이 되었던 것은 (……) 최대 규모에 이른 현대 산업이 특정 유럽의 한 국가가 제공할 수 있는 것보다 더 큰 시장을 필요로 한다는 인식이었다. 이것이 열매를 맺고 산업이 유럽을 아우르며 조직되는 동안 진짜 유럽 자본 시장의 필요성은 더더욱 커지게 될 것이다.

당시 사람들이 이 사실을 깨닫는 데는 오랜 시간이 걸리지 않았다. 1969년 경제학자들은 이렇게 결론을 내렸다. "유로본드 시장은 진정한 유럽 채권 시장의 전조로 성장했다." 르네 라르가 같은 해 적었듯, 유로본드 시장이 한데 모은 대출자와 투자자들이 유럽만이 아니라 '전 세계에서' 왔다는 것은 사실이었다. 그렇지만 유로본드 시장이 다름 아닌 '유럽의 금융 및 은행 업무 현대화에 상당한 기여를' 하고 있다는 것은 분명했다.

지크문트가 유로본드 시장을 유럽 통합을 위한 매개체로 보았다는 사실은, 1960년대 후반에 초창기 시장이 겪은 사소한 문제에 대응한 방식을 보면 알 수 있다. 1966년, 유로본드 신규 발행이 급격히 늘자 지크문트는 과잉 현상의 위험을 공개적으로 경고했다. 어떤 유로본드는 총수익이 처음으로 6퍼센트 이상까지 올랐다. 수요에 비해 본드 발행 공급이 많았다는 사실을 반영하고, 인플레이션이 일어날 거라는 전망이 높아지게 하는 현상이었다. 지크문트는 이에 일종의 가벼운 제재(금융 시장의 자율적 제재를 의미)가 필요하다고 느꼈다. 그러나 제재가 단순히 런던 내부만이 아니라 유럽의 규모로 이루어져야 한다는 점을 명확히 했다. 1966년 지크문트는 동시에 과다한 신규 발행이 이루어지는 것을 막기 위해 스위스가 이용했던 큐잉 시스템(대기자 관리 시스템) 등을 적용해야만 한다고 주장했다. '합법적으로 규제하는 힘을 지닌 유럽 자본 문제 위원회를 구상하는 것은 분명 불가능'하다는 게 그의 생각이었다. 하지만 보다 비공식적인 유럽 통합 기회가 따로 있었다.

앞서 나가는 6, 7개 유럽 중앙은행들의 후원하에 이들 은행들을 대표하는 소규모 위원회가 발족된다면, 위원회에 자신들이 계획하고 있는 본드 발행을 등록할 생각이 있는 채권 발행 회사 목록을 정리하고, 위원회가 발행 한도며 적절한 시기를 그들에게 조언하는 것이 가능해질 것이다.

지크문트는 1970년, 시장이 대출 수요의 '산사태' 위협을 받게 되자 이 같은 주제를 다시 떠올렸다. 그는 이제 각 유럽 국가에 속한 발행 회사 각각에서 나온 대표들로 구성된 위원회를 만들 것을 주장했다.

월 스트리트 기업들이 침투해 들어와 문제가 발생하자, 이때에도 지크문트는 같은 생각으로 더 큰 유럽을 만들고자 했다. 이는 여러 면에서 유로본드 시장이 고무했던 가장 중요한 종류의 유럽 통합이었다. 우선 아프스를 비롯한 몇몇 사람들과 협의해 이런저런 주요 결정을 내렸다. 훗날 지크문트가 회상한 바에 따르면 그와 아프스는 대서양 양쪽 경쟁자들의 거래에 대한 서로의 입장을 견제하면서 유로화 발행의 조건에 관해 끊임없이 의견을 나누었다. 1967년 지크문트는 관련 은행 중 가장 큰 은행 네 곳, 즉 바르부르크, 도이체방크, 파리바, 반카코메르시알레이탈리아나(이탈리아상업은행)가 모여 비공식 연맹을 설립하는 게 어떨까 생각했다. 이는 바르부르크와 파리바의 완전한 통합을 이루겠다는 지크문트의 미래 계획을 미리 엿볼 수 있는 유럽 금융 구조의 전형이었다. 비슷한 계획으로는 바르부르크와 런던남미은행, 라보로국민은행, 스톡홀름엔스킬다은행이 다 함께 연계해 만드는 대서양 연안 본드 기금이 있었다. 1970년까지 지크문트가 함께 연대하기를 바라는 은행들은 네덜란드의 암로은행, 독일의 코메르츠방크와 드레스드너, 프랑스의 소이에테제네랄까지 아우르며 점점 많아졌다. 1973년 1월 이후 은행 업계에서 중대한 구조 변동이 있기를 바랐던 이들의 기대와는 달리, 공동 시장에 영국이 입성한 뒤에도 이러한 양상은 근본적으로 달라지지 않았다. 지크문트는 "새로운 유럽을 배경으로 (……) 유럽 대륙과 영국 내의 주요 금융 회사들은 모두가 연계해 나아가게 될 것이다. (……) 그러나 이러한 방식으로 서로 연관된 은행들은 자사의 자주적인 경영, 자주적 방식, 자주적 계획, 자주적 구조 그리고 세계 여러 지역과의 독립적인 연계를 모두 잃지 않게 될 것이다"라고 말했다. 이 같은 금융 진화의 과정 다음 단계에 마땅히 올 결과물은 이 시기에 번창했던 컨소시엄 뱅크였다.

그러므로 지크문트가 유로본드 시장을 유럽 통합 과정의 한 단계로 확신했던 것은 완전히 진심이었다. 그에 따라오는 이득이나 런던에 유리할 거라는 내심의 생각보다 통합에의 열망이 유로본드 시장을 추구했던 지크문트의 가장 큰 동기였던 것이다. 이것을 고스란히 보여주는 것이 바로 1967년 유럽경제공동체에 영국이 두 번째 회원 가입 신청을 하던 당시, 지크문트가 영국의 공공 부문 문제를 빈번하게 제기했다는 사실이다(10장 참고). 그래서 유럽경제공동체가 그의 은행을 1977년 유로본드 발행에서 제외시키자, 지크문트는 잃게 될 수수료가 아니라 유로본드 시장을 창조하고 발전시킨 자신의 회사를 모욕한 것 때문에 극도로 분노했다.

5

하지만 유로본드 시장이 실제로 얼마나 유럽적일 수 있을지에 대해서는 현실적인 제약이 있었다. 첫째는 새 유로본드 시장에서 자금을 조달받은 공공 및 개인 부문 회사들이 전부 유럽에 속한 것은 아니라는 사실이었다. 그리고 그렇게 보면 유럽경제공동체의 기반을 이룬 것 역시나 유럽만의 힘은 아니라는 쪽이 맞다. 1965년에서 1970년 사이 유로본드 발행의 약 37퍼센트가 미국 기업들을 위한 것이었다.

그리고 68퍼센트는 달러 표시 채권이었다. 1967년 바르부르크가 관장했던 주요 본드 발행 가운데 세 가지는 미국 자동차 제조 업체인 크라이슬러를 위한 것이었고 나머지 역시 모빌정유를 위한 것이었다. 이 급증하는 새 시장에서 미국 거대 은행들을 제외하려고 노력했지만 이는 전혀 현실적인 일이 되지 못했다. 유로본드 운영과 인수를 통해 유럽 은행들 간의 협력이 확실히 증가하기는 했지만, 미국 은행들 또한 신규 발행이 있을 때마다 금융 언론에 발표되는 연합체 목록, 일명 툼스톤(tombstones)에서 현저하게 두각을 나타냈다. 게다가 혁신의 바람을 일으키는 것은 미국인일 때가 많았다. 1966년 소개된 예금 증서에 덧붙여, 1969년 유로달러와 유로본드 시장 간의 유로 이자율 기간 타협안을 충족시키는, 대규모 단기 융자 연합 시장이 모습을 드러냈다. 변동 이율을 적용하겠다는 생각은 1970년 바르부르크가 처음 세상에 내놓았지만, 원래는 국제은행가기금의 에번 갤브레이스의 아이디어였다. 변동 이율을 기반으로 이탈리아전력청(ENEL)을 위해 조성된 4억 2500만 달러의 론(언론에서는 이를 가리켜 '유럽에서 수행된 민간 그룹의 금융 거래 중 가장 큰 규모'라고 표현했다)은 바르부르크, 반카코메르시알레이탈리아나, 크레디트스위스를 비롯해 국제은행가기금과 화이트웰드까지 손잡고 구성한 신디케이트가 운영했다.

둘째는 영국이나 이탈리아처럼 화폐가 약한 나라들에 속해 있다 보니 도이체마르크나 스위스프랑 혹은 달러로는 돈을 빌릴 성싶지 않은 기업들에, 변동 환율의 출현과 함께 유로본드 시장의 매력이 감소했다는 점이다. 설령 그런 화폐로 받은 론이 국내 시장에서 론을 받는 것보다 더 낮은 이율을 제시한다 하더라도 마찬가지였다. 독일 통화에 대한 파운드화 하향세가 파죽지세라면, 브리티시레일랜드는 도이체마르크 표시 부채로 왜 성가신 일을 자청했을까?[19] 최초의 유로본드 발행 배후에 있었던 이탈리아 기업 핀시데르의 사례가 특히 이 같은 이야기에 해당된다. 1970년에 핀시데르는 유로본드 부채가 총 4억 1000만 달러나 되었으나 필사적으로 상환하거나 리라로 바꾸려 하고 있었다. 왜냐하면 그들은 '이탈리아 경제의 미래가 대단히 어둡다고 생각했고, 따라서 화폐도 역시 같은 처지가 될 거라고 판단했기 때문'이었다. 각기 다른 국가의 화폐들을 바스켓 방식(여러 가지 통화를 조합해서 새로운 합성 통화 단위를 만드는 방식)을 통해 표시 채권(유로 모네타)으로 만들기 시작하는 동안, 지크문트는 이 같은 문제와 더불어 점점 더 유럽 화폐 통합에 장점이 있다는 사실을 깨닫게 되었다. 이러한 근거로 1968년 잠시 유럽석탄철강공동체를 위한 론이 예상되기도 했다. 지크문트의 말에 따르면, 그 같은 거래에서 영국 소재 은행이 주도적인 역할을 하게 되지는 않을 터였다.

영국의 은행이 유럽경제공동체의 통화들만을 기반으로 하는 연합의 고위 관리청의 채권 발행에서 주도적인 입지를 획득한다는 것은 분명 불가능할 것이다. 정치적 관점이나 화폐의 관점으로 보아도, 그런 식으로 파운드 화폐가 연관되는 것은 불가능한 일이다. 그러나 우리가 유럽연합 집행기관(더 이상 고위 관리청이 아니라)이 계속해서 고심하고 있는 금융 분야에 가치 있고 지속적인 기여를 한다면, 대의명분을 살리는 일일 뿐 아니라 적절한 시기에 금융 거래에서 우리가 하는 역할이 얼마나 타당한지를 보여주는

---

[19] 지크문트는 수수료 몇 푼을 챙기기 위해 파운드 평가절하에 맞서는 보험을 판매하는 것은 모든 형태의 론에 대한 효과적인 이자를 너무 높이게 될 것이라고 말했다.

기회가 될 것이다.

그러나 실제로는 유럽석탄철강공동체를 비롯한 대개의 발행 기관들이 그 같은 방법이 복잡하다는 이유로 흥미를 잃었다. 1960년대 후반에서 1970년대 초반의 유로본드는 대다수가 달러나 도이체마르크(독일 정부가 자본 수출 독려를 추구함에 따라) 혹은 네덜란드 길더(네덜란드의 이전 화폐 단위. 2002년에 유로로 대체됨)로 표시되어 발행되었다.

셋째는 지크문트가 꿈꾸었던 전반적인 경제 통합을 향해 나아가는 유럽의 금융 통합 속도에도 한계가 있었다. 1970년 1월 〈선데이 텔레그래프〉와 했던 인터뷰에서 지크문트는 '영국과 유럽 대륙에 있는 제조 업체들 간의 조직적이고 통합적인 연계를 구축하는 것은 새로운 도전이다. 물론 이 분야에서 이미 이런저런 연계가 존재하고 영국이 유럽경제공동체에 합류하지도 않은 상태지만, 이는 계속해서 확장될 것'이라고 예견했다. 3년 뒤 그는 여전히 열정적으로 유럽의 다양한 '국영' 기업에서 '유럽의' 기업들이 보유한 주식을 통합하는 것에 대해 이야기하고 있었다. 셸과 유니레버 같은 다국적 기업들의 성공 덕에 그 같은 연합의 가능성은 더욱 밝았다. 그러나 유럽경제공동체 산업 펀드가 그의 생각을 공식적으로 지지했음에도[20] 범유럽적 합병을 해내는 일은 현실적으로 훨씬 힘들다는 사실이 드러났다. 1970년대 초 수차례 지크문트는 자동차 산업과(브리티시레일랜드-폴크스바겐, 브리티시레일랜드-다임러벤츠 등) 화학 산업(임피리

---

20 '적어도 유럽경제공동체 국가의 한 곳 이상의 기업체가 연루된 중·장기 자본을 위한 새로운 계획을 지원하기 위한 민간 부문, 즉 비정부적 국제 자본 기구'를 만들겠다는 것이 그의 생각이었다.

얼케미컬인더스트리스-바이어), 전기 기술 산업(제너널일렉트릭-지멘스, 제너널일렉트릭-아에게) 등을 합병하자는 의견을 내놓았다. 잘나가는 독일 기업이 병든 영국 시장에서 그다지 위협적이지 않은 라이벌을 인수한다고 해서 얻어낼 수 있는 이득이 그다지 확실치 않았기에 아주 먼 미래에나 가능한 계획들이었다. 그 이후로도 수년간 가장 큰 유럽 회사들은 범유럽 합병보다는 국가 간 통합을 통해 계속해서 부문별 합병을 추구했다.

그러나 이 같은 한계에도 유로본드 시장의 탄생과 성장이 유럽 통합 과정에서 의미 있는 단계였다는 지크문트의 의견에 동의하는 것은 온당해 보인다. 유럽 금융의 중심으로 런던의 입지를 확고하게 굳히면서 영국이 유럽경제공동체로 들어가는 길을 닦는 데 분명 도움이 되었기 때문이다. 복수의 변동 환율 통화 제도가 비용 문제를 드러내자, 유로본드는 통화 문제에 대한 유럽의 공동 노력을 강화했다. 이는 후일의 유럽통화제도(EMS)나 유럽환율조정체계(ERM) 그리고 궁극적으로는 경제통화동맹(EMU)으로 나아가는 기반이 되었다.

지크문트는 단일 통화를 유로본드 시장을 만들어낸 민간 부문 계획으로 이루어낼 수 있을 거라고 생각해본 적이 없었다. 그가 1972년 10월 글래드윈에게 썼던 내용을 보면 그 같은 사실을 알 수 있다. "경제와 통화 통합은 정치 통합 없이는 상상할 수 없는 일이다. 나는 항상 '경제보다 정치가 앞선다'라는 비스마르크의 말이 당시에나 지금이나 마찬가지로 진리라고 생각한다." 그러나 일생 동안 지크문트는 정치 통합이 진퇴양난인 것처럼 느껴질 때면, 경제적 통합이 대안이 되는 모습을 목격했다. 1960년대의 경우가 바로 그와 같았다. 그리고 그 결과가 다름아닌 유로본드 시장이었다.

1976년 게오르게 슈타이너에게 밝혔듯이 지크문트는 유럽 문제에 관한 한 평생 이상주의자로 살았다.

나는 우리가 400년 전의 르네상스를 능가하는 새로운 유럽 르네상스를 만들지 않으면, 소크라테스와 소포클레스의 그리스가 만들어내고 르네상스 이후 유럽 내 개인의 삶과 배움, 가르침과 연구 등 각 분야로, 그리고 유럽 정치와 경제를 관통해 널리 확장되고 퍼져나간 자유라는 특별한 요소를 결국 잃게 될 것이라고 느낀다. 이 세상 어디에도 유럽에 존재하는 것같이 자유로운 의식, 다른 관점과 전망을 만들어내기를 즐기지만 동시에 차이에는 관용을 베풀 뿐 아니라 갖가지 다양한 태도의 성장을 환영하는, 그런 종류의 자유는 존재하지 않는다는 게 내 생각이다.

그러나 그는 다른 대부분의 유럽 이상주의자들보다 개인과 경제의 자유 사이의 상호 의존성을 훨씬 더 잘 이해하고 있었다. 스스로를 조직적 사람인 양 묘사하는 것을 즐겼지만(그리고 확실히 다른 어떤 동시대 런던 사람보다도 노동당의 색깔에 훨씬 가까웠지만) 그는 시장의 자유를 옹호하고, 유럽 통합은 이제 우리가 세계화라고 부르는 국제 경제 통합이라는 보다 넓은 계획의 일부라고 여기는 태도를 게을리 하지 않았다. 1968년 후반 유럽에 통화 위기가 지나간 뒤 지크문트는 공동 집필한 글에서 이렇게 썼다.

〈이즈베스티야〉(구소련의 정부 기관지)와 〈프라우다〉(구소련의 공산당 중앙 기관지)는 이러한 위기가 자본주의 체계 안에 내재되어 있다는 공산주의자의 교리를 반복해서 내세우지만, 이것은 완전히 잘못된 생각이다. (……) 금세기의 시작 이래로 계속해서 겪어온 반복되는 전쟁과 꼭 같은 반복적인 경제 위기는, 한편으로는 현대 산업주의와 기술 간의 거대한 충돌로 인한 필연적인 현상이요, 다른 한편으로는 18세기 구식 군주제 국가 상태의 정치 체계와 현대 정치가 충돌해 나타난 현상인 것이다. (……) 보기 드문 과학 기술의 발전과 더 많은 소비재와 사치품을 갈망하는 대중의 욕구는 점차 전 세계의 더 넓은 지역에 공급을 감당할 생산 시설과 판매 기관을 필요로 한다. (……) 그러나 우리는 더 이상 한 국가의 경제가 아니라 세계의 것이 되어버린 경제가 (……) 점점 더 작은 영역으로 나뉜 자주적 민족국가라는 구식 정치 틀 안에서 성장해야 한다고 주장한다.

이 글에서 지크문트는 유럽이 공동 시장뿐 아니라 공동 통화를, 그리고 궁극적으로 연방 정부를 추구해야 한다는 것을 역설하고 있다. 분명 지크문트에게 이러한 자신의 목표가 생전에 이루어질 거라 희망을 품게 하는 사건은 1960~1970년대에는 일어나지 않았다. 그러나 그 사이 통합된 유럽 자본 시장의 첫 단계는 이루어졌다. 이는 상당한 성취였다.

오늘날 유로본드는 국제 채권의 90퍼센트가량을 차지한다. 유로본드 시장은 '세상에서 가장 크고 자유로운 장기 공공 자금의 원천'인 셈이다.[21] 전체 유로본드 발행과 2차 매매의 약 70퍼센트가 런던

---

[21] 1980년 이래로 유럽 국가들이 모든 발행의 3분의 1가량을 처리했던 것은 별 소용 없는 짓이었다. 같은 기간 발행된 유로본드 액면가의 40퍼센트가 달러 표시였기 때문이다. 그러나 유로 표시 발행이 곧 달러 표시 발행을 이길 것같이 보인다.

에서 이루어진다는 사실은 결코 우연이 아니다. 바로 지크문트 바르 부르크와 그의 동료들이 1960년대에 부단히 노력한 결과인 것이다. 부분적으로는 분명 자사의 이익을 향상시키고자 하는, 그리고 런던을 국제 금융의 중심으로 재건하고자 하는 욕망이 동기가 되기는 했지만, 유로본드 시장의 설계자들은 자신들이 금융 분야의 통합으로 유럽 통합의 과정을 진행시키고 있다는 사실을 아주 잘 알고 있었다.

9

완벽함의 리듬

내가 가장 관심을 가지고 즐겼던 것은 인간관계였다. (……) 은행이라
는 것을 운영한 이유도 실은 이 일의 인간적인 측면, 협상을 통한 인간
과의 소통이었다.

— 지크문트 바르부르크

우리 회사가 추구하는 성공은 돈을 많이 벌고 이름을 드높이는 데 있지
않았다. 물론 이 역시 중요하고 또 만족을 주는 요소지만, 정말 중요한
것은 얼마나 건설적인 것을 이루었는지, 도덕적으로 바르게 일했는지,
과연 얼마나 아름다운 성취였는지 등이다.

— 지크문트 바르부르크

친밀하고 너그러우며 빈틈없는 서비스로 인한 명성은 은행의 가장 중
요한 자산이며 그 어떤 금융 상품보다도 중요한 것이다. 이렇게 쌓아올
린 회사의 명성은 주로 인간의 행동과 기준의 문제이며, 손상되기 쉽고
끊임없이 돌보아야 하는 아주 민감한 생명체와도 같다.

— 지크문트 바르부르크

빌어먹을 외국인, 유대계 독일인이었던 나는 영국에 무언가 좀 다른 것
을 가져왔다.

— 지크문트 바르부르크

1

외부인이 보았을 때 S.G.바르부르크의 정신에는 늘 뭔가 위협적인 부분이 있었다. "나는 지크문트가 회사를 사업이 아니라 일종의 생명체로 여긴다고 생각한다. 회사에 대해서는 농담도 할 수가 없었다. 실수로 한 번인가 던진 적이 있긴 하지만." 상업은행 슈로더왜그[1]의 마이클 버리의 평이다.

마이클 버리가 보기에 지크문트는 "기득권층에게는 예상치 못한 혼란이었다. 기득권층에 속한 인물도 아니었고 기득권층을 좋아하지도 않았으며, 오히려 기득권층을 무너뜨리려고 노력했다. 기득권층은 그런 그를 처음에는 건방진 녀석 혹은 바보라며 무시했다. 개인적으로 친구가 되려 했던 사람도 거의 없었다. 게다가 지크문트의 이국적 억양을 흉내 내기도 했다." 신문 기사 속에서는 일명 '보이지 않는 은행가'였으며 '런던의 거의 모든 거래 배후에 있는' 신비스러운 인물이었다. 어떤 신문에서는 그를 '기민하고 능력 있는', '가차없지만 동정 어린', '교활하지만 정직한' 심지어 '공격적인'(《선》) 인물이라며 천차만별의 평가를 내렸다. 뭔가 눈에 띌 만한 기삿거리를 찾던 한 기자는 "S.G.바르부르크에서 일해보지는 않았지만 일한 적 있는 사람을 아는 이들의 말에 따르면 지크문트는 밤을 깨먹으려고 대형 망치를 쓰고, 사람들이 호되게 일하는 것을 좋아한다"라고 썼다.

---

1 헐버트왜그와 J.헨리슈로더가 1962년에 합병되어 생긴 은행.

첫인상은 엉터리일 가능성이 있다. 지크문트 바르부르크는 눈에 특별하게 띄는 사람은 아니었지만, "항상 티 하나 없이 깔끔한 입성이었다. 대개 짙은 푸른 양복에 잘 닦은 검은 구두를 신었고 (······) 외투를 걸칠 때면 검은색을 선택했고 때때로 같은 색의 홈부르크 모자(좁고 챙이 말린 남성용 모자)를 비스듬히 썼다." 키는 크지 않았다. 사실 당시 어떤 사람은 그를 가리켜 '상당히 키가 작고 꼽추 같은' 혹은 구부정한 사람이라 말하기도 했는데, 이는 다소 과장되기는 했지만, 지크문트가 바지허리를 높게 추커올려 입는 1920~1930년대 스타일을 고수했기 때문에 나온 평가였다. 지크문트의 스타일은 '세심하게 계획한 단조로움을 완벽하게 표현한' 것이었다. 한 올도 흐트러지지 않게 왼쪽에서 깔끔하게 가르마를 탄 머리 모양 역시 한결같았다. 몸가짐도 다소 구식이었다.

지크문트는 준비를 철저히 하고, 말과 글 모두 정확하게 구사했다. (······) 회사에 찾아온 사람을 환영하지 않는다는 것을 표현하고자 할 때를 제외하고는 약속에 늦는 일이 거의 없었다.

약속 장소에 일찍 도착하는 일도 거의 없었다. 약속 1분 전보다 더 일찍 도착하는 것은 처음부터 '일을 제대로 해내지 못하고 있다'는 인상을 준다고 믿었기 때문이다.

이렇듯 시계태엽처럼 정확하고 똑 부러진 성정의 지크문트는 또한 대단히 열정적인 정신의 소유자였다. 그의 "날카로운 눈은 사람을 그대로 꿰뚫어보는 것만 같았다"라고 한 동료는 회상했지만, 어떤 이는 '뱀 같다'고 묘사했고, 어떤 미국인 기자는 두 눈에 깃든 '비애감'에 더 깊은 인상을 받았다. 지크문트의 목소리는 '조심스럽고,

의심이 깃들어 있었지만, 말투는 부드러웠고 듣기 좋은' 목소리였다. 하지만 그의 격렬한 성미에 대한 이야기들도 많았다. 오른쪽 눈썹은 그가 곧 불같이 화를 내리라는 사실을 알리는 도구였다. 상대가 잘못을 저지르면 어김없이 오른쪽 눈썹이 회의적으로 치켜 올라갔기 때문이다. 은행 복도를 걸어가는 일 자체가 공포스러웠다는 얘기도 전해진다. 다른 전통 깊은 회사의 임원들은 바르부르크의 중역들이 8시 넘어 출근하는 건 엄두도 못 낸다고 비웃었다. 자신들처럼 진정한 신사 금융가들은 10시나 돼야 출근길에 오르는데 말이다. '모두의 구미에 맞지는 않는' 회사 S.G.바르부르크 자체를 '뒤에서 씹는' 말도 많았다. 바르부르크 임원들은 영업 시간이 끝난 뒤 다른 은행에 전화하는 것을 아무렇지도 않게 생각했다. 하물며 이런 말이 떠돌 정도였다. "그 작자들은 퇴근해서 쉬고 있는 집에까지 전화를 해서는 지금 당장 300~400만 달러만 부탁한다고 말한다." 정전이 되어도 바르부르크 직원들은 회사를 떠나지 않고 촛불에 의지해 일했다. 보통 다른 은행에 다니는 사람들은 정장을 맞출 때 바지 두 개에 윗옷 하나를 주문하는데, 바르부르크 직원들은 재단사에게 바지가 아니라 윗옷 두 개를 주문했다. 둘 중 하나는 의자 등에 계속 걸쳐 놓아, 집에 간 게 아니라 잠깐 자리를 비웠다는 것을 보여주기 위한 것이었다. 런던에서 가장 구제 불능인 소수의 속물 집단 안에서 지크문트와 그의 직원들은 그저 '우스운 놈들'일 뿐이었다.

현실이 이렇다 보니, 회사 밖 사람들은 바르부르크 내에서는 농담 같은 건 절대 금물일 거라고 여겼다가 실제로는 권장되기까지 한다는 사실을 알고 대단히 놀랐을 것이다.

찰스 샤프는 투자부의 뛰어난 관리자일 뿐 아니라 재능 있는 유머 작가이기도 했다. 그가 정기적으로 쓴 우스꽝스러운 콩트는 인쇄해서 중역들이 돌려보았다(물론 공연이 된 적은 절대 없었다). 현재까지 남아 있는 원고 중에서 초창기 콩트 하나를 보면 회사의 중역들이 고위 동업자들이 조급하게, 해봤자 별 소용없는 퇴직을 하려고 드는 모습을 웃음거리로 삼고 있다.

영국전력의 조지 넬슨 경 : 바르부르크 씨가 아직 회사 일들에 관심이 많으신가?

에릭 코너 : 어느 정도는 그렇다고 할 수 있지. 휴가를 간 지금도 오가는 편지며, 꼭 보내야 하는데 이런저런 이유 때문에 아직 안 쓴 편지를 받아보고 있다네. 하지만 늘 하던 일이랑 급한 일만 아니라면 웬만하면 신경 안 쓰게 하고 있어.

조지 경 : 탈만 씨는? 이제 상무이사직에서 물러났지?

에릭 코너 : 두말하면 잔소리지. 자네도 알다시피 젊은 사람들에게도 기회가 있어야 하거든. 탈만 씨는 상무이사직에서 물러나 지금 캐나다투자기금을 맡고 있다네. 토론토랑 런던에 있는 것 알지? 아, 물론 트라이아치랑 LNT도 맡고 있지. 하지만 젊은 친구들이 먼저 허락만 받으면 뭐든 다 할 수 있게 해준다네.

뼈가 담긴 농담이었다. 샤프가 쓴 글에는 온갖 종류를 망라하는 S.G.바르부르크의 독특한 분위기가 고스란히 담겨 있다. 어떤 글에서는 '소유 채권이 적어도 5만 파운드는 되고, 많은 잔고를 가진 고객 그리고 직원들이 별 하는 일 없이도 수익을 거두는 고객들······ 배당금 달라고 귀찮게 하지 않는 고객, 사무실로 찾아오지 않는 고객, 편지도 전화도 안 하는 고객, 그저 우리에게 전권을 맡기되 우리 조언 따위는 기대하지 않는 고객'을 선호하는 모습을 풍자하기도 했다. 이 같은 일련의 농담과 풍자에는 지나치게 많은 계좌를 좀 줄였으면 하는 임원들의 열망이 담겨 있었다.

서기 5000년 은행 자리에 대한 고고학 발굴 보고서가 등장하는 대단히 엉뚱한 걸작도 있었다. 발굴 보고서에는 샤프가 바로 옆에 앉아 있는 헨리 그런펠드를 점심에 초대하려고 비서에게 구술한 편지와 바르부르크 전 직원에게 전달된 그 사본에 대한 묘사가 나온다. 이는 상호 간의 서면 의사소통을 중요시하는 지크문트의 모습을 희화화한 것이었다("이니셜이 새겨져 있고, 오탈자 없이 조심스럽게 타이핑한 편지를 받은 헨리는 그것을 읽고 '초대에 응하겠다'는 말을 전하기 위해 역시나 비서를 불렀다, 그리고……"). 또한 지나치게 일만 해대는 바르부르크의 문화에 대한 조롱도 자주 등장했다.

바르부르크의 경영진이 개인적으로 어떻게 지내는지는, 발견된 문서들로 추론해보았다. 하지만 안타깝게도 경영진은 개인 생활이 없어서 그런 시도는 불가능했다. 그들의 삶은 밥 먹는 시간만 빼고 업무 회의의 연속이었다. 가끔 누리는 여가라고는 오로지 런던에서 출발한 뉴욕행 비행기 안에서 보내는 시간뿐이었다. 하지만 그나마도 회사 내부 기록과 외부 서신을 읽으며 상황을 파악하며 보냈다…….

바르부르크 씨 역시 마찬가지로 (……) 매일 최소 여덟 시간을 회의에 쏟아 부었고 네 시간은 방문자들과 세 시간은 각기 다른 사람과 먹는 세 번의 점심으로, 세 시간은 동료나 사업상 친구들에게 저녁을 대접하고, 두 시간은 편지를 구술하고, 한 시간은 편지를 읽고, 세 시간은 이런저런 비행기에 탑승해 있으니, 모두 합쳐 최소 25시간은 족히 된다. 게다가 매주 월요일 코노트 호텔에서 열리는 임원진의 만찬까지 여섯 시간을 더 썼다.

발굴 보고서에는 이런 농담도 등장했다. 투자 회의마다 "참석한 모두는 자신의 관점에 무제한의 자유가 주어졌고 토론 역시 의회에서처럼 민주적으로 진행되었지만, 이들 모두가 야당이라는 게 문제였다." "머리글자 'HG'가 회사 문건에 대단히 자주 등장하는데, 이는 헨리 그런펠드라는 사람을 가리키는 게 아니라 '천상의 안내(Highest Guidance)'나 '중포(Heavy Gun)'를 가리키는 듯하다." "그렇게나 완벽한 영어는 전무후무할 것이다. 수많은 편지들이 회계적 실수라든지 계산상의 오류를 사과하는 것이 아니라 날짜를 빼먹었거나 소수점을 잘못 찍은 것에 대해 용서를 구하는 내용이었다. 모든 편지 속 문장의 철자와 문장 부호는 하나같이 완벽했다." 고장난 컴퓨터 시스템에서 무능한 전화 접수 담당자에 이르기까지 바르부르크의 독특한 인사들 모두가 샤프의 풍자 대상이었다.

샤프는 이야기 속에서 독특하게도 라이벌을 동맹으로, 동맹을 라이벌로 묘사했지만, 풍자를 피할 수 있는 회사는 없었다. "우리는 거트 휘트먼이 (……) 스칸디나비아 자본 중 하나에 나타날 때마다, 항상 동시에 (……) 적어도 한 명의 함브로가 같은 곳에 등장한다는 사실을 발견한다. 결국 이들 두 가문 간에는, 한편이 무엇인가 하고 싶어 할 때마다 상대 역시도 정확하게 같은 일을 정확하게 같은 때에 하고 싶어지는 놀라울 정도의 동질감과 동병상련의 정서가 존재했다는 결론을 내릴 수밖에 없었다." 그에 반해 S.G.바르부르크의 '가장 매서운 적은 쿤로브라 불리는 뉴욕 회사'로, 그 회사 중역들은 모두 '바르부르크의 고객이 될 만한 사람들에게 런던 발행사가 추천하는 파운드 채권이나 달러 채권이 지구상에서 제일 인기 없다고 설득

하는 데 대단한 노력'을 기울였다. 샤프는 특히 바르부르크가 1960
년대에 손에 넣은 작은 스위스 은행을 즐겨 풍자했다.

1막

슈튐플리 : 지크문트 경 같은 사람과 동업을 하게 되면, 우리 회사
　　　는 스위스다운 특성을 잃어버리게 되지 않을까 싶소. 그 양반
　　　대단히 독재자 같은 성격의 소유자라고 들었소만.

셰플리 : (웃으며) 천만의 말씀. 자네도 놀랄걸세. 그 양반은 무슨
　　　말을 하든지 숨도 쉬지 않고 이렇게 덧붙이거든. '물론 내 동료
　　　들 동의가 있어야만', '내가 완전히 틀렸을 수도……', '내가 아
　　　는 바는 거의 없지만…….' 우리가 그 양반에게 자신감을 좀 북
　　　돋워줘야겠더라고.

3막

1년 뒤

회사는 이제 '스위스 회사 바르부르크' AG 혹은 줄여서 S.G.바르
브르크라고 불린다. (……) 국제적 기업인 회사의 특성을 강조하
기 위해 모든 직원들은 회장 셰플리 씨의 특별 요청에 따라 이제
사무실에서는 오로지 영어만 쓴다. (……) 슈튐플리 씨는 회사를
떠나 양로원에 들어가려 애썼다. 50세가 넘은 직원들은 모두 해고
되었지만, 이제 여섯 명이 아니라 60명이 있다. 회사는 한 층 대신
에 건물 전체를 쓰고 있고 더 큰 건물을 알아보고 있다.

다른 이야기 속에서는 에릭 코너가 일반 상장하려 했던 빈 론에
대해 논의하기 위해 오스트리아의 내각을 임피리얼 호텔로 부르는

장면이 나온다. "프랑스가 크라이슬러 론에 관여했던 것은 어디까지나 크라이슬러가 프랑스 기업이고, 채권 액면가도 프랑스프랑이며, 융자한 돈이 고스란히 프랑스의 수출품에 대한 결제액으로 돌아왔기 때문이다"라고 묘사한 장면도 있다. 또 지크문트가 파이낸셜 리그 테이블(금융에 관한 점수를 매겨 등위를 정하여 발표하는 리스트 또는 표)을 통렬히 비판하면서 유의어 사전을 가져다가 '멍청이'와 '정신 나간'의 유의어를 몽땅 찾아 써보라고 하는 장면도 등장한다. 그리고 에릭 롤이 맡은 여러 이사직들을 총망라한 두 권짜리 『후즈 후(Who's Who)』(세계적인 현존 인물에 관한 인명사전)가 출판되는 얘기도 있었다.[2]

유로본드 시장조차도 웃음거리가 되었다. 아마도 중서부 지방의 은행가를 방문한 때 썼던 것 같은 보고서에서, 샤프는 유럽에서의 신채권 판매 체계에 대해 잊지 못할 반어법으로 다음과 같은 개요를 적었다.

1원 한 푼 빌려주지 않는 놈이 대출 기구를 후원하는 대표다. 조직 안에서는 똑똑한 소수의 간사들이 그 뒤를 받쳐준다. 간사들 밑에는 인수단들이 있고, 이 인수단은 발행이 성공적이라는 사실이 입증된 후에야 발행 성공을 인증하는 놈들이다. 다음 단계는 이른바 판매단이라는 놈들이지만, 이놈들은 진짜 투자자들이 서명한 것만 챙긴다. 그런데 진짜 투자자들이 사겠다고 서명하면, 바로 그것이 회사가 자기들에게 판매액으로 할당한 것이었던 듯

---

[2] 1967년 바르부르크에 들어온 뒤 에릭 롤은 런던남미은행과 오스트리아의 제지 회사 번키, 크라이슬러UK, 영연방개발금융회사, 미국의 보험 회사 도미니언링 컨 그리고 〈타임스〉의 이사회 회원이 된다.

책임부터 면하고 본다. 최종 구매자들은 가장 낮은 등급으로 그저 숫자로만 표시되는 거대한 집단이며 리히텐슈타인 국민도 여기에 속한다.

그러나 아마도 샤프가 가장 자주 반복해서 소재로 삼았던 것은, 늘 비관적인 지크문트와 그런펠드의 모습이었을 것이다. "상황의 밝은 면을 보는 것은 늘 잘못된 일이다. 사람은 늘 현실에 안주하고 싶은 마음에 유혹당할 위험이 있다. 물론 당신은 아니지만, 우리 동료 중 몇몇은 지난 25년간 우리의 비경상적 이익이 계속해서 상승했다는 사실을 알게 된다면, 결국 이것을 늘 일어나는 일쯤으로 치부하고 말 것이다." 이렇게 기교적으로 금융 기구를 희화화하기란 좀처럼 쉬운 일이 아니다. 지크문트가 회사에 들어오기를 희망하는 사람들에게 다른 은행에서보다 더 많은 '즐거움'을 누리게 될 것이라고 장담하는 것도 실은 거짓이 아니었다. 연극적 행동과 재치 있는 농담은 거의 일상이나 다름없었다. 어느 날엔가는 샤프와 피터 스토먼스 달링과 나눠 쓰고 있는 사무실로 지크문트가 걸어 들어가더니 "안녕들 한가"라고 말하고는 천천히 나갔다. 그러자 샤프가 외쳤다. "다 좋습니다만 달링 씨, 바르부르크 씨가 안녕하냐고 말할 때 진짜 의미하는 게 뭘까요?" 이언 프레이저는 지크문트가 "회사 안에서 일하는 사람들이 '즐겁지' 않으면 회사가 번영할 수 없다고 굳게 믿었다. 즐거움이라는 말을 그는 무척 좋아했던 것이다. 결과적으로 특정 거래를 할 때 '즐거운 요소'를 항상 인정했고 독려했다"라고 말했다. 데이비드 솔리가 여기에 동의했다. 그의 친구들은 그가 바르부르크에서 일하는 것이 '즐겁다'고 이야기할 때면 그를 마조히스트라고 여겼다. 그러나 그가 말한 즐거움은 '담 밖으로는 결코 나가지 않는 내면의 유머감각이요, 즐거움'이었다. 바르부르크의 이사회에서 자칭 '젊은 피'의 우두머리로 통했던 버나드 켈리의 일기에는 나이 든 이사들의 독일 억양을 흉내 낸 농담이 아주 많았다. 지크문트의 70세 생일 저녁처럼 큰 행사 때면 샤프가 쓴 이야기들이 아주 우스꽝스럽게 큰 소리로 낭독되었다. 또 다른 젊은 이사 제프리 엘리엇은 "바르부르크에서의 생활은 일한다기보다는 삶의 경험을 쌓는 것이었다. 〈ITMA(It's That Man Again, 전쟁 중 인기 있던 라디오 코미디 쇼)〉와 〈샤랑통 정신병원 수감자들이 저지른 장-폴 마라에 대한 박해와 암살〉이 뒤섞인 채 매일 되풀이해 공연되는 것만 같았다"라고 말했다.

2

그러나 아무리 재미가 있는 것이라 할지라도 S.G.바르부르크의 '하이 파이낸서' 혹은 오트 방크로서의 명성에 위협을 가하는 것이라면, 그것은 곧 중단되었다. 이미 보았듯, 하이 파이낸서가 되기 위해서는 다섯 가지 특징을 가지고 있어야 했다. 바로 도덕적 기준, 효율성, 연줄, 자본, 수준 높은 직원이 그것이었다. 바르부르크는 이처럼 높은 기준을 실천에 옮기는 데 실패한 다른 금융가들을 우습게 보았다. 퍼스트 보스턴의 한 미국인에 대해서는 '은행가라기보다는 투기꾼이라고 불러 마땅한 사람'이라고까지 했다. 지크문트는 자기 눈에 단순한 주식 매매 투기꾼으로 보이는 이에게는 전혀 흥미가 없었다. 1940년 하반기 그가 월 스트리트를 향해 내린 비판적인 평결은 그곳이 '투자자가 아닌 투기꾼의 시장'이라는 것이었다. 적어도 은행의 한 이사가 볼 때, 지크문트는 '바르부르크가 최상류 은행이자 오트 방크가 되기를, 그리고 최고의 기업과 정부 기관에 치밀하고 제대로 된 조언을 제공하기'를 원하는 '은행업의 속물'이었다. 그러나 실제는 그 같은 이상과 조화롭지 못한 부분이 많았다.

19세기, 본래의 오트 방크는 개인 은행이 올라갈 수 있는 최고 단계로, 보통 여러 세대에 걸쳐 통치자들이 소유했었다. 하지만 S.G.바르부르크는 한 번도 그런 모습을 지녔던 적이 없었다. 앞서 보았듯 바르부르크가 배타적인 어음인수기업위원회에서 한 자리를 차지할 수 있었던 것은 오로지 오랜 전통의 셀리그먼브라더스를 손에 넣은 덕이었다. 지크문트는 가족 지주 회사 바르부르크컨티뉴에이션을 통해 자신의 이름을 그대로 지닌 회사 내에서 지배 지분을 유지하고 있었다. 그러나 1954년 머큐리시큐리티를 만들면서 S.G.바르부르크의 소유권은 일반에 공개되었고 꽤 광범위하게 분배되었다. 그리고 은행은 다각적인 복합 기업의 일부가 되었다. 그 같은 방식은 로트실트처럼 전통적인 가족 소유 파트너십에서는 상상할 수조차 없는 일이었다.

S.G.바르부르크의 사무실 또한 오트 방크와는 정반대의 모습이었다. 처음에는 킹윌리엄가 82번지에 있다가 나중에 9-13번지로 옮겨 간 사무실들은 최소한의 설비라고 할 정도로 검소했다. 회사가 성장한다 해도 사무실에서 달라질 것은 없었다. 1961년 회사는 그레셤가 30번지의 성 로렌스 유대교회와 런던 길드홀 맞은편에 위치한 '오싹한 붉은색의 상자 모양 건물'로 이사를 갔다.[3]

---

3 성 로렌스는 석쇠 위에서 화형당해 순교한 성자로, 교회 첨탑 꼭대기에는 크리스토퍼 렌 경의 풍향계가 달려 있다. 신입 사원들은 바르부르크의 신입 사원 연수 경험을 성인들의 느리고 고통스러운 화형과 비슷하다며 반쯤은 농담조로 비교하기를 좋아했다.

사무실을 방문한 사람들은 오래된 마호가니 가구나 금박 장식 같은 것은 코빼기도 보지 못했다. 피터 스피라는 '사무실은 좋은 가구와 아름다운 시계를 갖추고 있었지만 검소하고 엄숙하다고 알려져 있었다. 중국 그림도 많았지만 이 그림들의 공통점은 그림 속 인물들 중 누구도 게으름을 피우는 사람이 없다는 것'이었다고 회상했다. 복도는 하얀색이었고, '선조들의 초상화'도 거의 걸려 있지 않았다. 지크문트 역시 검소하다 못해 을씨년스럽기까지 한 사무실을 차지하고 있었다. 지크문트의 방과 그런펠드의 방 사이에는 작은 방이 하나 있어서 양쪽 방을 이어주는 문이 두 개 있는 걸로 유명했다. 새로 부임한 중역이 자신에게 배정된 사무실이 작다고 불평하면 지크문트는 회사란 곧 수도원이요, 모든 수도사들의 방은 수도원장의 방까지 포함해 전부 동등하다는 사실을 강조하고자 자신의 사무실과 바꾸자고 우겼다. 실제로 대개의 임원들과 고위 간부들은 사무실을 나눠 썼다. 이는 '중요한 매매에서는 임원 한 사람과 그의 대리인, 최고 경영자 한 사람과 그의 대리인 이렇게 네 사람이 S.G.바르부르크를 대표해야만 한다'는 일명 4의 법칙에 따른 것이었다. 이것은 팀워크를 형성할 뿐 아니라 일 처리 과정에서 오해가 생기지 않도록 하기 위해 설계된 것이었다. 그중 하급 직원 한 사람은 협상 내용을 암기해야만 했다(회의 중에 메모를 하면 눈총을 받았다). 이후 회람에 실을 기록물을 작성했다. 팀 전체가 모여 중대한 전화 통화를 함께 듣는 일도 자주 있었다. 또한 '오픈도어(open-door) 정책도 있었다. 원칙적으로 누구나 다른 이의 방에 언제라도 들어갈 수 있다'는 것이다. 지크문트는 '미로 같은 복도와 감방의 조화'의 전형인 19세기식 '회계 사무소' 같은 사무실에 지독한 혐오감을 품고 있었다.

그러나 한 가지는 외부인들이 파악한 것이 정확했다. S.G.바르부르크는 정말 '일'하고 있었다. '은행가들은 과로로 아파서는 절대 안 되지만 조직이 잘못된 방향으로 흐를 때나 일이 잘 안 됐을 때는 아파야 한다'는 것이 창립자들의 격언들 가운데 하나였다.[4] 지크문트는 스스로를 거세게 몰아붙였고 다른 이들도 자신과 같기를 기대했다. 이언 프레이저의 말을 빌자면 S.G.바르부르크의 직원으로 일한다는 것은 '저녁 시간과 주말을 포기할' 준비가 되어야만 한다는 것, "그리고 아침, 점심, 저녁 시도 때도 없이 내내 은행 문제들에 대해 생각해야 한다는 것을 의미했다." 달링은 재혼할 때 점심시간에 결혼식을 올렸고, 점심시간 이후에 잡힌 회의에 참석하고자 사무실로 복귀했다. 다른 사람들도 만만치 않게 열심히 일했다. 숄리와 스피라는 '바르부르크에 150퍼센트를 바치는' 직원들이었다. 1975년 무어게이트 지하철 사고에서 가까스로 목숨을 건진 마이클 벤틀리가 두 팔과 갈비뼈 네 개가 부러지고 손가락은 복합 골절로 고생을 하자, 한 동료가 농담을 던졌다. "자네가 탄 지하철 앞 칸에 일에 환장한 중역이 탔어야 했는데."

지크문트는 업무 윤리에서도 실용적인 관행을 유지하고자 해서 전통적인 오트 방크의 모습과는 큰 차이를 보였다. 가장 유명한 것은 12시 30분에서 1시 30분 사이 그리고 1시 30분에서 2시 30분 사이에 사무실에서 두 번의 고객 오찬을 주최하는 관습이었다. 이 관행이 어떻게 시작되었는지에 대해서는 여러 설명이 있다. 지크문트 본인은 처음 시작한 사람이 '점심 약속이 너무 많았던' 에릭 코너였다고 한 기자에게 말했다. 하지만 실제 이 관습은 앞서 살펴보았듯이

---

[4] 공식적으로 은행은 S.S.바르부르크 주식회사로 알려졌다(셀리그먼브라더스와 통합).

킹윌리엄가에 처음 둥지를 틀던 시절, 제슬토인비와 주방을 나눠 쓰던 시절에 시작되었다. 이후 점심식사 시간이 2회로 고정되었다. 회사가 주방 시설을 확장했기 때문에 가능하기도 했거니와, 코너를 비롯한 회사 직원들이 자신들이 즐겁게 해줄 고객이 최대한 늘기를 진정으로 원했기 때문이기도 했다. 이들의 오찬은 술이 넘치고 말은 무성하지만 또한 모든 것이 금기시되었던 기존 런던 기업들의 오찬 행태와는 명백히 차이가 있었다. S.G.바르부르크의 오찬에서는 오로지 맥주와 사과주, 물만 제공되었다. 한 고객은 "점심식사를 한 번 더해야 해서 아무것도 먹지 않겠다는 사람이 절반쯤 되었다"라고 투덜댔다. "그들은 모두 '위가 좋지 않아서'라고 사과했다. 점심을 시중드는 웨이터조차 아주 정중하지만 1시까지는 일어나줘야겠다는 암시를 담아 눈앞에 접시를 던져주었다."

지크문트는 회의 역시 이와 비슷하게 실용적으로 수행했다. 특히 외국에 있을 때는 그런 경향이 더했다. 뉴욕에 있을 때 그는 고객들이나 계약 등의 당사자에게 극도로 말을 아끼는 습관이 있었다. "회의의 길이는 (……) 나는 30분 안에 거래를 끝낼 수 있다." 1950년대에 늘 여행을 하면서 그는 겨우 2주라는 기간 동안 57명의 고객과 개별적으로 회의를 했다. 마치 살아 있는 '시간 동작 연구(노동의 생산 능률 증대를 목적으로 하는 작업에 대한 연구)'라도 되는 양, 지크문트는 '영국과 유럽, 미국발 주요 신문들을 통독하기 위해 색인을 흘끗 보는 데 하루에 고작 10분을' 할애했다고 한다. 그는 '자신이 다른 일을 하고 있을 때 방해 받지 않기 위해' 사무실 바깥에 붉은 등을 설치해두었지만 거의 사용하지 않았다. "그의 사무실에는 사람들이 늘 드나들었다. 지크문트는 편지 구술을 멈추고 방문객과 이야기하다, 전화 몇 통을 하고는 비서에게 다시 돌아서서 멈췄던 바로 그 부분에서부터 문장을 다시 불러주었다." 그러나 그의 책상은 항상 믿기 어려울 정도로 깔끔했다.

지크문트의 일중독에는 체계가 있었다. 1940년부터 이미 그는 자신과 동업자들이 애써 세운 회사를 최고로 경영할 방법을 찾는 일에 전념했다. 그에 관해 남긴 첫 기록에서 그는 혁신을 일으키겠다는 각오가 되어 있었다. 지크문트는 '매일 아침, 헨리 그런펠드와 에릭 코너 그리고 이사회 임원들이 모두 참가해 함께 편지를 읽는 회의'가 있어야 한다고 생각했다. 매월 둘째 주 수요일 오후 4시, 회사의 자회사들이 수행하는 업무를 검토하는 위원회도 있어야 했다. 고위 간부들로 이루어진 또 다른 위원회는 매월 세 번째 주 수요일마다 역시 오후 4시에 직원 문제를 상의해야 했다. 필요에 따라 회사의 주요 투자와 관련된 1일 회의를 위한 '특별 제안서'도 준비해야만 했다. 또한 '오전 회의의 참석자들 중 한 명이 업무 일지를 기록해야 하고 신규 고객을 위해서도 비슷한 일지'를 마련해야 했다. 이들 초기 '사업 규칙'의 두 가지 핵심 요소는 이사진이 정기적으로 모여 회의를 해야 한다는 것과 서면 기록이 극도로 중요하다는 사실이었다.

1950년대 후반까지는 이런저런 기반이 구축되었다. 이사진은 매일 아침 8시 이전에 회사에 도착했다. 당시 런던의 기준으로 보면 동이 트자마자였다. 그 덕에 그들은 '도착한 우편물과 나가는 우편물 모두를, 그리고 전날의 업무 메모들'을 읽을 수 있었다. 9시 15분(회의가 5분 늦게 시작하는 월요일 제외)에서 10시 사이에는 전체 임원들이 만나 그날의 일정을 논의했다(젊은 관리자들은 이를 가리켜 '아침 기도' 시간이라고 불렀다). 회의는 사무적이었지만 비교적 편안한 분위기에서 진행되었으며 젊은 임원들이 돌아가며 의장 겸 서기를 맡았다(비록 다른 설립 이사진, 즉 일명 삼촌들도 회의에 참석했지만, 지크문트는 점차 회의 참석 횟수를 줄여나갔다. 반대로 주로 지크문트가 의장을 맡은 회사의 분기별 이사회는 매우 격식을 갖춘 회의였으며 대단히 형식적이었고 한 시간 가까이 지속되었다).[5] 이후 온종일 두 번의 점심식사를 포함해(임원들이 머큐리 그룹 경영 회의에 참석해야만 하는 월요일 제외) 내부 회의와 고객과의 회의가 이어졌다. 이따금 전화 통화 중간이나 회의 중간에 '특정 주제에 대해 즉시 말하고자, 혹은 잠시 짬날 때 만나자고 요청하러' 사무실로 들어오는 동료들 때문에 부산했다. 보통 이사진은 이런 방식으로 6시 30분까지 시간을 보냈다.

S.G.바르부르크 직원들이 사무실을 떠날 때까지는 일이 끝난 것이 아니었다. 1960년대 초반부터 간헐적으로(그리고 1965년 이후로는 매주), 주로 코노트에서 자정을 넘어서까지 이어지는 만찬이 열렸다. 때로는 사보이 호텔의 이올란테 룸에서 열리기도 했다. 삼촌들이 공립학교 출신 후배들에게 유대계 독일인들의 지혜를 불어 넣어주려고 노력한 덕에 그런 행사들의 분위기는 바이마르와 윈체스터를 혼합한 듯 독특했다.[6] 특히 '실수했다면 후회하라(실수한 뒤 후회

---

5 지크문트가 쿤로브에서 헛수고를 하며 배운 한 가지 독특한 방식은 이사회에 영구적인 의장 한 사람을 두지 않는다는 원칙이었다. 실제로 지크문트는 회의의 의장직을 맡았다. 그가 없으면 앤드루 맥퍼딘이 그 역할을 하거나 1962년 이후에는 그런펠드가 맡았다.

6 이언 프레이저는 그런 분위기에 제대로 매료되었다. "처음으로 만찬에 참여하던 날, 지크문트는 탈만 삼촌이 형님 장례식 때문에 계시지 않는다며 사과했다. (……) 탈만의 형은 뉴욕 5번가의 30층 창에서 뛰어내려 자살을 했다. 유혈이 난무하는 상세 묘사를 좋아하는 에릭 삼촌은 그가 노천카페 차양을 뚫고 떨어졌으며 '보도 위를 처참하게 어지럽혔다'라고 말했다. 탈만의 형이 자살한 것은 가격이 내릴 줄 알고 유니레버 주식 1만 주를 팔았는데, 오히려 엄청나게 올라버렸기 때문이었다. 헨리 삼촌은 '주식 1만 주쯤은 아무것도 아니다. 우리는 얼마든지 그 친구를 도울 수 있었어'라고 말했다. 그러나 에릭 삼촌이 손가락을 흔들며 응수했다. '그렇지. 하지만 그건 영국 자회사 주식이 아니었거든. 모회사 주식이

해봐야 소용없다는 속담의 반대)', '일이 닥치기 전에 걱정하라(공연히 지레 걱정하지 마라의 반대)', '아무 생각 없이 희망만 품지 마라'라는 말은 바르부르크가 가장 좋아하는 경구였다.

진급을 준비하는 직원들은 주말마다 지크문트와 벨그레이비아(런 던의 하이드파크 남쪽에 있는 고급 주택 지구) 주변을 산책하고 지크문 트가 살고 있던 이턴 광장 95번지에서 이야기를 나누도록 되어 있었 다. 그들이 나눈 이야기는 이런저런 사업에 대한 것뿐만 아니라 다 른 은행과 회사들 그리고 무엇보다 사람들에 대한 것이었다. 특정 기업의 주식 보유에 열을 올리는 독일 은행 얘기를 하는가 하면, 살 아남기 위해서는 유럽에 생산 기지를 구해야 한다고 확신하는 몇몇 미국 산업가들에 대한 이야기, 그리고 또 미국 그룹에 속하게 되면 훨씬 더 나을 영국 기업의 몇몇 자회사들에 대한 이야기를 하는 식이 었다.

지크문트 또한 외국 여행을 할 때면 기꺼이 부하 직원을 대동했 다. 지크문트와 동행한 직원들은 그 과정에서 중요한 해외 고객들과 친분을 쌓았고 오트 방크 기술을 더 많이 배울 수 있었다. 대서양을 횡단하는 비행기 속도가 더 빨라지고 정기 취항도 하게 되자 이동의 한계가 서서히 줄어들었고, S.G.바르부르크의 직원들 역시 이 이점 을 온전히 누릴 수 있게 되었다. 예를 들어 1966년, 이언 프레이저는

었단 말이지.' 그러자 삼촌들은 그 날카로운 지적에 감탄하며 고개를 끄덕거렸 다. 왜냐하면 유니레버의 네덜란드 모회사 주식들이 영국 자회사의 주식보다 10 배는 더 가치가 있기 때문이었다. '아, 그렇네요. 모회사 주식이었다면 생명보다 중했을 수도 있겠네요.'"

신규 사업을 위해 해외여행을 총 58번이나 했다(이런 사실은 또한, 이렇듯 잦은 여행을 하는 대신 해외 지사를 두는 것을 지크문트가 꺼려했다는 사실을 보여준다. 그는 해외 지사를 두면 현지인과 동화되어 결국 바르부르크의 명성에 악영향을 끼칠지 모른다고 생각했다). 휴가라고 해서 한숨 돌릴 시간은 없었다. 대단한 고객들에게서 걸려오는 문의 전화가 밤낮 할 것 없이, 심지어 크리스마스나 신년 휴가 때까지도 쉴 새 없이 울려댔다.

바르부르크 체계에서는 정기적인 공식, 비공식 회의를 비롯해 잦은 전화까지도 모두 명문화된 언어가 기본이었다. 모든 것이 남김없이 기록되었던 것이다. 회의 때마다 회의록이 작성되었는데, 이는 이후 사람들이 열람하게 되어 있었다. 오후에는 언제나 전화 통화를 비롯해 받거나 보낸 모든 중요한 의사소통 내용과 내부 메모가 일간 요약 형식으로 돌려졌다. 이사진은 밤이 되어 사무실을 나설 때 '무언가 놓쳤을 때를 대비하여 21쪽짜리 그날의 편지와 메모 복사본'을 받아가야만 했다. 게다가 지크문트는(그리고 그 정도는 덜하지만 그런 펠드도) 회람을 위한 짧은 메모들에 휘갈겨 쓰기를 좋아했다. 사무실에서 바삐 왔다 갔다 하는 일이 참을 수 없을 만큼 늘어날 때면 지크문트의 해법은 뻔했다. "토론이 필요한 주제는 주제별로 메모하고, 나나 다른 사람들이 봐서 이런 주제라면 토론이 필요하겠다 싶은 생각이 들게 해주면 회사 내에서의 생활은 좀 편해질 것이다." 1959년에는 오전 9시 15분 회의가 미리 문서를 돌려보는 일을 게을리 하여 그 효과가 떨어졌다고 불평하기에 이르렀다.

바르부르크는 이내 온갖 회사 경영 문제에 대해 문서 회람을 이용하게 되었다. 고객들이 투자 부서에 불만족스러워한다? 그러면 "이 문제를 짧게 메모해서 샤프 씨에게 보내시오." 신입 사원들이 되는 대로 들어오고 있다? 그러면 "그 젊은이들이 일을 시작하기 전에 짧은 메모를 준비하게 하시오" 하는 식이었다. 1969년 지크문트는 "개개인이 만나 말로 하는 일은 너무 많은데, 기록으로 업무를 보는 일은 지나치게 적다. 너무 많은 사람들이 자신의 생각을 글로 쓰는 것보다 말로 하는 게 더 편하다고 여긴다"라고 불평했다. 4년 뒤 그는 다음과 같이 권하면서 다시금 같은 주제를 논했다. "가능한 한 어디에서든 의사소통을 위해 전화보다는 전보나 편지를 이용해야 한다."

물론 회사가 종이의 홍수 속에서 익사하게 될 거라는 위험은 있었다. 그러나 이 점에서도 지크문트는 조금도 방심하지 않았다. 기록이란 오로지 필수적이거나 중요한 것만 담아야 한다. 사람이란 말보다는 쓸 때 더 경제적이라고 확신했던 지크문트는, 문서에 존재하는 장황함이나 불필요한 군더더기를 그 무엇보다 혐오했다. 네덜라드본드 발행을 위해 만든 98쪽짜리 투자 설명서 초안이 바로 그 대표적인 예였다. 지크문트는 그 문서를 '주로 상관도 없는 정보로 가득한 거대한 축적이요, 몇몇 변호사들을 빼고는 아무도, 설령 전문 투자자라 할지라도 갈피를 잡을 수 없으며, 뭐가 꼭 필요한지에 대해 생각도 노력도 하지 않았으나, 문제가 발생할 경우 그 어떤 물질적, 도덕적 책임감으로부터 발행사를 면제해주겠다는 목적만으로 만들어진 복잡한 물건'이라고 맹비난했다. 반대로 머큐리시큐리티의 연간 보고서는 간결함의 전형이었다. 이 문서는 10쪽을 넘기는 일이 거의 없었고, 아무런 장식 없이 흑백으로 프린트한 문서에 옅은 푸른색 표지를 썼으며, 과시를 좋아하는 다른 회사들이 선호하는 사진이라든지 막대그래프도 현저히 적었다.

이 같은 일은 특별한 기술을 갖춘 근면한 비서 없이는 불가능했을 것이다. 원래 지크문트에게는 런던에 디나 마이어라는 비서(나중에 노동당 의원 매니 신웰의 아내가 된다)가 있었고, 1962년 이후에는 도리스 바서만을 비서로 두었다. 그들과 두 명의 보조는 밤낮없이 구술문과 문서를 받아쓰고 돌려보도록 했으며, 지크문트의 전화를 받아서 처리하고, 빡빡한 여행 일정을 조정하는 일을 했다. 지크문트는 운전을 배운 적이 없었다. 운전을 하다 보면 구술할 시간이 줄어들 거라 생각했기 때문이다. 그래서 기사가 그와 비서를 매일 아침 9시에 데리러 왔고, 그는 차를 타고 가는 동안 아무런 방해도 받지 않고 청산유수로 구술문을 읊을 수 있었다. 심지어 차에서 내려 건물로 들어가 엘리베이터를 기다릴 때조차도 구술은 계속되었다. 한번은 샤프가 지크문트는 천성적으로 워낙 느긋해서, 마치 시간이란 원래 넘치도록 많은 것이라고 말하는 듯 어떤 일을 하더라도 항상 시간에 쫓기지 않고 여유롭기까지 하다고, 아주 우아하게 찬사를 보내기도 했다. 그러나 이 편안해 보이는 근면함이란 늘 일에 짓눌려 지내는 여러 여성들의 인내심 가득한 노동에 크게 빚지고 있는 것이었다. 그들의 운명은 녹록지 않았다. 그들은 자주 지크문트와 단둘이 갇힌 채, 그의 편협함과 격노를 견뎌야만 했다. 특히 외국 출장 동반길이 더욱 그랬다. 그러나 지크문트는 직원들에게 정말 사려 깊은 모습을 보여주기도 했다. 분노했는가 하면 사려 깊은 보살핌으로 대해주는 예측할 수 없는 변덕이 오히려 깊은 충성심을 심어주었다.

비서들이 가장 잘 알고 있는 요소이면서, 지크문트의 방식을 특징 짓는 한 가지는 바로 강박적인 완벽주의였다. 빈 풍의 풍자 작가 카를 크라우스가 1930년대에 말했듯이 '일본이 상하이에 폭탄을 터뜨리는 것보다 아포스트로피를 잘못 찍는 것'이 지크문트에게는 더 끔찍한 일이었다. 그래서 메모 속의 문법적인 실수를 기업의 도산과 비교할 만한 것으로 여겼다(혹은 발송되는 편지에서 그런 실수를 발견하면 그것은 더 끔찍한 일이었고, 영국은행으로 보내는 편지라면 그것은 최악의 상황이었다). 달링이 회상하는 1960년대 중반의 통화 내용은 바로 이런 특징을 담고 있었다.

지크문트 : 방해한 건 아니겠지요.

달링 : 그럼요, 괜찮습니다.

지크문트 : 다름이 아니라, 당신이 12월 22일에 미국 주식 시장에 대해 기록한 내용에 대해 얘기 좀 하려고요. 혹시 지금 사본 가지고 있나요?

달링 : 이크, 없습니다. 사무실에 있을 텐데요.

지크문트 : 그렇다면 할 수 없군요. 제가 다섯 번째 단락의 두 번째 문장을 알려드리지요⋯⋯. 내가 보기에는 '발전'이라는 단어 뒤에 쉼표가 붙어야 할 것 같은데⋯⋯.

이날은 크리스마스였다. 하지만 독일 신문에 실린 은행에 대한 기사에서 나온 오탈자며 광고 속의 과도한 글자 크기, 고용 계약서 속에 남용된 용어, 구내 전화 안내 책자에 등장한 일관성 없는 양식, 머리말을 따서 만든 두문자어의 남용 등 티끌 같은 오류도 지크문트에게는 엄청나게 큰 것으로 보였던 것이다. 그는 말 그대로 오류 자체를 그냥 지나치지 못하는 사람이었다. 샤프는, 지크문트가 신경 쓴 것은 그 어떤 것에도 격식이 있어야 한다는 점이었다고 했다.

다른 사람들에 대한 태도에도, 사업 방식에도, 옷을 입는 방법에도, 회의에 참석한 사람의 행동거지에도, 편지를 쓰는 데도, 철자, 문법, 구문과 형식 같은 중요한 요소들뿐 아니라 정확한 주소 표기, 날짜, 개별 단락의 배치에서조차도 (……) 형식을 통해 오류와 실수를 피하려는 것이었다. 지크문트 경은 자기 통제 문제에 대해서는 타협이 없는 사람이었다.

지크문트가 보기에 이러한 태도는, 단순히 지나치게 규칙에 얽매이는 것이 아니라 남들보다 뛰어난 존재가 되기 위한 방식이었다.

그의 태도가 어디에서 유래했는가 하는 점은 흥미로운 부분이다. 외부인들은 대개 그것이 독일 시절부터 들어온 것이라고 생각했다. 그러나 그것이 사실이 아니라는 것은 지크문트의 서류들을 보면 확실히 알 수 있다. S.G.바르부르크에 도입된 경영 관행의 상당 부분은 오히려 1920년대에서 1930년대 사이 그를 극도로 분노하게 했던 M.M.바르부르크의 방식과 정반대였다. 상업은행을 경영하기 위한 전통적인 독일식 청사진을 가지고 런던에 도착한 것이 아니라, 친척들의 실수에서 체득한 자신만의 체계를 창안한 셈이었다. 그는 이러한 사실을 자주 언급했다. 한번은 '사무실 내부에서 둘이서만 일하는 구태의연한 쿤로브의 습관'으로 회귀하려는 휘트먼을 비난하기도 했다. 이것은 가족의 시행착오에 기반을 둔 경영의 혁명이었다.

바르부르크식 경영 스타일의 밑바탕에 깔린 긴장감은 정기 회의 및 기록 습관에 대한 고집과 개인의 진취성을 좀먹는 요식 체계에 대한 공포 사이에 존재하는 것이었다. "전 세계적으로 각종 행정 기구가 대규모화되면서, 개인의 진취성과 책임감은 아주 위험할 정도까지 위태로워졌다. 거대한 규모의 조직은 실수와 규칙 및 법규를 회피하지 못하게 하지만 종종 창의성과 신속한 결정, 용감한 행동을 하는 데 필요한 환경을 만드는 데는 실패한다"라고 1942년밖에 되지 않은 시점에 지크문트는 기록했다. 1950년대 중반부터 내내, 그는 회사가 경영하기 어려울 정도로 성장할까 봐 노심초사했다. 1955년에는 조지 볼턴에게 "직원이 너무 많이 늘어난 데다, 활동 범위가 양적으로 늘어나는 바람에 일 처리 수준은 최고를 지키기 어려운 지경이 되었다"라고 말했다. 그 때문에 2년 뒤에는 직원들을 부서 간에 정기적으로 이동하게 하는 방법을 주장했다.

조직이 요식화되어가고 개인 은행으로서 갖춰야만 하는 중요한 가치 몇 가지를 잃어버리고 있으며, 너무 세분화되어 여러 가지 문제들이 부서와 부서 사이로 이동하는 속도가 느리고 번거롭기 그지없다. 직원들은 그저 한 가지 업무만을 훈련받고 전반적인 지식이 지나치게 부족한 형편이다.

그리고 이후 20년간 그는 계속해서 '직원과 매출이 지나치게 늘어 은행의 개성이 사라질 위기'라고 되풀이해 말했다. 앞의 이야기를 기록하고 4년 뒤인 1960년대 초반, 은행 직원은 아직 150명뿐이었지만 그의 마음속에 이 같은 위기의식이 새겨졌던 것이다. 규모의 비경제에 대한 그의 집착은 S.G.바르부르크가 눈부시게 성공했음에도 어째서 20년간 그 성장이 느리게 진행되었는지를 설명해준다. 1982년 지크문트가 세상을 뜨던 해에 머큐리시큐리티 직원은 여전히 1300명뿐이었다.

1964년 그가 "이 같은 요식 체계로는 철저하고 품질 좋은 서비스를 더 이상 제공할 수 없다"라고 애통해하며 동료 임원들에게 회사의 명성을 지켜줄 시야를 잃지 말 것을 당부했던 장황한 메모에서 지크문트 경영 철학의 전형이 드러난다. 지크문트는 또한 그레셤가 30번지에 있는 사무실에 서서히 그림자를 드리우기 시작한 '자만심'을 알아차렸다. 그날의 편지를 그날 답장하지 않게 된 것이다. 고객들은 계속 기다려야 했고, 실수는 은폐됐다. 외국 출장도 제대로 준비하지 못한 채 떠났다.

특히 젊은 친구들 중 많은 이들이, 우리가 수행해왔던 건실한 거래 대부분이 수년간 구축해온 관계 덕에 이루어졌다는 사실을 잊어버린 것으로 보인다. 매매를 할 때 기술적인 부분을 철두철미하고 공들여 수행하는 일도 중요하지만, 그 몫이 아무리 크다 해도 그 때문에 앞으로 고객이 될지도 모르는 이들과 인간적 교류를 유지하지 않는다면, 앞으로의 성과는 없을 것이라는 사실을 절대 잊어서는 안 된다. 이러한 사실이 자꾸 잊히고 있다. 일단 특정 거래가 마무리되고 나면, 문제의 고객을 즉시 잊는 일이 너무 자주 일어나고 있다는 말이다. 고객과의 교류는 매매가 이루어지기 전보다 이후에 더 발전하는 것이 훨씬 더 중요하다는 사실을 보여주는 예를 나는 여럿 알고 있다. 우리가 하는 종류의 사업에서는 가치 있는 인맥의 지속이야말로 그 어떤 매매 체결보다도 훨씬 중요하다.

여기서 관계 중심의 은행과 실적 및 거래 중심의 은행 사이의 차이점을 살펴볼 수 있다. 지크문트가 말했듯이 매매의 시대는 은행이 '자본 과잉 지역에서 부족 지역으로 큰 돈뭉치를 보내는 일'을 맡았던 과거의 것이다. 오늘날에 그 같은 균형을 맞추는 역할은 돈과 유동 자금이 아니라 변화와 경영 관리, 그리고 기업과 금융 비즈니스의 자본 구조의 문제다.

그러나 행정 방식에 대한 집착과 경영의 모든 것을 개방하겠다는 오픈도어 정신에 대한 신념 때문에 S.G.바르부르크는 왕자 지크문트가 절대 군주의 모든 특권을 향유하는 최후의 르네상스 공국으로 남았다. 힐사무엘의 케네스 키스는 에릭 롤에게 경고했다. "그게 말이지, 지크문트의 민주주의는 좀 별나다는 걸 알게 될 거야. 중요한 일은 무엇이든 그가 결정하니까." 그의 독재적인 성향이 가장 잘 나타난 곳은 그 유명한 발끈하는 성미와 가끔은 '화산'처럼 폭발하는 분노였다. 과연 이 같은 분노가 진짜 통제 불가능한 폭발이었는지, 혹은 조심스럽게 계산된 연기였는지에 대한 의견은 분분하다. 사실 지크문트라면 둘 다 가능했을 것이다. 그런 모습을 촉발하는 것은 중대한 실수보다는 사소한 실수일 경우가 더 많았다. 일례로, 뉴욕 사무실 여직원 하나가 책상을 깔끔하게 정리하지 않았다는 이유로 영어와 독일어를 섞어가며 장황하게 분노를 터뜨린 경우가 이에 해당한다. "여기가 은행이지, 정육점인 줄 아나!" (달링은 그날 일을 이렇게 회상했다. "영겁 같은 시간이 흐른 뒤, 책상 앞에 가만히 앉아 있던 여직원은 살렘 한 개비를 꺼내 톡톡 치고는 무심히 불을 붙여 푸른 연기를 길게 내뿜었다. 그러더니 지크문트의 눈을 똑바로 바라보며 말했다. '저런, 바르부르크 씨. 당신 성미 한번 거지 같네요.'" 그녀는 그렇게 하이 파이낸서를 늘씬하게 때려눕혔다.) 지크문트가 끓어오르다 폭발할 지경일 때 그저 소리만 질러댄 것은 아니었다. 제대로 명중한 적은 거의 없었지만, 원인 제공자들은 그에게서 날아오는 전화기나 전화번호부를 피하느라 몸을 굽혔다 폈다 정신이 없었다. 이러한 사건들에는 거의 항상 증인이 있었지만 나서서 도와주는 이는 아무도 없었다. 하지만 아주 가끔씩 희생자가 방을 떠난 뒤 사람들은 수군거렸다. "좀 도와줄걸. 왜 바보같이 가만히 있었을까?" 이러한 지크문트의 태도는 동료는 물론 친척들 앞에서도 마찬가지로 발동했다. 한번은 셔츠 가게에서 직원이 히죽히죽 웃는 어처구니없는 실수를 저지르자 지크문트는 벽력같이 호통을 쳤다. "고객이 원하는 셔츠가 없다는 말을 하면서 어찌 감히 그런 웃음을 지을 수가 있나! 가게의 얼굴을 대표하는 사람이 지을 수 있는 웃음이 아니야!" 조지는 아버지가 천둥처럼 호통 치는 동안 부끄러움에 몸을 숙여 숨어버렸다. 에바가 다혈질 남편을 진정시키려 했지만 별 소용이 없었다. 결국 지크문트는 거친 걸음으로 가게에서 뛰쳐나갔다. 아내와 아들은 폭풍처럼 뛰쳐나가는 가장의 뒤를 수치스러운 심정으로 따라 나갔다. 문이 닫힌 뒤 지크문트는 장난스럽게 말했다. "이것 봐, 나는 저 점원이 생각이란 걸 하게 만든 거야. 안 그래?" 때로는 회사 임원들까지도 지크문트의 불같은 노여움의 희생자가 되었다. 제프리 셀리그먼이 아마도 가장 자주 희생된 임원일 것이다. 그러나 헨리 그런펠드를 포함한 삼촌들은 모두 그의 분노에서 면제되었다.

지크문트가 하급자에게만 그런 식으로 행동했던 것은 아니다. 1947년 체코 출신 금융가 찰스 페체크가 두루뭉술하게 '마셜 플랜에 대한 진부한 의견을 56회, 영국의 해외 무역 제한에 대한 진부한 의견을 52회'나 늘어놓는 것을 한 시간이나 경청한 지크문트는 화가 머리끝까지 치밀어, '이런 방식으로는 우리가 비즈니스에 대해 건전한 대화를 나눌 수 없다고 생각하며 빙빙 에둘러 말하는 것은 전혀 좋을 게 없고, 당신은 일부러 그러는 것인지 모르겠지만, 나는 절대 그럴 수 없는 인물'이라고 말해버렸다. 본인의 말에 따르면 지크문트는 종종 문제가 있는 고객들이나 동업자들과 이런 방식으로 맞부딪치게 된다고 했다. 한번은 이렇게 적기도 했다. "현명하다는 원로 정치인들조차도 막말을 해줘야 알아들었다." "특히 변호사들의 경우, 내가 과격하게 폭발하지 않는 한 계속 떠오르는 생각을 덧붙여 말하는 것을 도저히 멈출 수 없어 보였다."

하지만 상대가 모두 바보들이라 그가 참지 못했다고 평가하는 것은 잘못된 일이다. 왜냐하면 그가 맹렬히 비난했던 사람들 중 많은 이가 바보스러운 것과는 상당히 거리가 멀었기 때문이다. 에릭 보워터 경은 영국에서 가장 큰 제지 기업의 회장으로, 지크문트 입장에서는 앞으로 고객이 될 분으로 제대로 모셨어야 할 가공할 만한 인물이었다. 그러나 1954년 대서양을 건너는 배에서 서로 만났을 때 지크문트는 경멸하는 표정을 도저히 감출 수가 없었다. 그는 아내에게 이렇게 말했다. "보워터는 매우 매력있었지만 어딘가 모르게 질 낮은 감미료와 향신료를 섞어 만든 케이크 장식처럼 느껴졌소. 젠체라면 빠지지 않는 내 많은 지인들 가운데, 보워터만큼 동물적으로 잘난 척하는 인간은 본 일이 없어."[7]

이처럼 고약한 성미와 정반대로 지크문트는 은행 직원 모두의 복지만큼은 세심하게 챙기는 온정적인 태도를 지니고 있었다. 여기에는 비서는 물론 가장 말단 직원까지도 해당되었다. 한번은 한 여직원에 대해 걱정을 했는데, 이 여자는 기독교식 과학을 신봉하는 인물로 몸이 좋지 않아 분명 현대 의학 치료가 필요한데도 거부하고 있는 상황이었다. 지크문트는 몸이 아픈 또 다른 직원에게도 쉬는 동안 ('자신의 신념과는 다소 배치되지만') 일 걱정은 하지 말라고 충고하기도 했다. 1960년에는 제프리 셀리그먼에게 몸을 생각해서 '순수하지만 과도한 성실함'을 조심하라고 충고했다. 1961년과 1964년에는 비서들을 위해 과로하지 말 것을 명시하는 수칙을 발표했다. 그가

---

[7] 물론 지크문트가 보워터의 외모에 매력을 느꼈을 가능성도 있다. 보워터 역시 지크문트의 뒤에서는 가차 없이 상대를 비난했다.

특히 분노했던 것은 '느리고 서툴러 보이는 직원을 다른 직원들이 괴롭히고 옹졸하게 구는 태도'였다. 지크문트는 이 같은 행위는 '모조리 근절'되어야 한다고 말했다. 분명 전도유망한 직원인데도 자신의 회사에서 발전하지 못하면 괴로워했고, 최소 두 번은 동료 이사들이 '선천적으로 부끄러움이 많고 다른 사람을 밀치고 앞으로 나가는 것을 별로 좋아하지 않는 어린 친구들에게 자비심과 관용을 보이지 않는다'면서 걱정스러워했다. 비서 도리스의 기억에 따르면 "지크문트는 종종 밤에 사무실을 돌아다니다 어디에고 앉아서 직원들에게 그날 하루를 어찌 보냈느냐며 이야기를 나누었다. 또한 낮 동안에도 젊은이들에게 자신의 사무실로 올라오라고 전화하는 일도 많았다."

전에는 이런 방식으로 운영되는 은행이 전무했다. 이언 프레이저는 이것을 권위주의와 민주주의의 독특한 조합이며 엄격함과 융통성의 조합이라고 회상했다.

이사진과 경영진, 총지배인 등 공식적인 지휘 계통이 있었지만, 때로 자연스러운 지식과 경험을 쌓은 사람들이 이를 보충했고, 심지어 대신하기도 했다. 이에 대한 두 가지 가장 큰 특징을 꼽아볼 수 있다. 바로 내부적 의사소통 그리고 젊은 직원들의 양성이었다. 회사의 정신에는 민주주의와, 권위에 기반을 둔 빠른 결정이 아주 특별하게 뒤섞여 있었다! '지휘 계통'이란 일의 진행을 정밀하게 하기보다는 회사 내에서 가장 많이 쓰였던 '리듬'을 잃게 하며 책임감을 흐리게 만드는 장치였다. 자립심은 칭찬받았지만, 언제 상담을 해야 할지, 그리고 누구에게 해야 할지, 본인의 통찰력을 발전시켜야 한다는 것이 전제가 되었다. 자립심이 중요했지만, 이는 결정해야 할 사안에 따라 언제 누구의 조언을 받을 것인지를 알아차려 위계질서를 자연스럽게 확립하고, 그 가운데서 문제의 해결책을 찾아내면서 생겨나는 자립심이라야 했다. 지크문트는 때때로 세세한 것에 집착한다고 그릇된 평가를 받을 정도로 최고로 꼼꼼한 정확함을 특별히 강조했다. 설령 책임자들이 누군가의 판단이 크게 잘못되었다는 사실을 알게 된다 하더라도, 부주의로 인한 작은 실수들보다는 쉽게 용서되었다.

3

지크문트를 선생님에 비유하는 S.G.바르부르크의 이사진은 여럿 있었다. 달링은 "그는 선생을 했어도 최고였을 것이다. (……) 그는 우리에게 그 어떤 사업에도 적용할 수 있을 만한 일련의 사업 법칙을 가르쳤다." 이언 프레이저 역시 지크문트가 신입 사원 교육을 '짧지만 힘든' 작업으로 여기기는 했어도 '선생님 역할을 하는 것을 대단히 좋아했다'고 회상했다. 그 같은 모습은 지크문트 본인에게서 보이는 것 못지않게 S.G.바르부르크의 이사진 내에서도 많이 관찰되었다. 왜냐하면 프레이저와 달링 같은 부류는 거의 예외 없이 영국 공립학교의 지울 수 없는 표식을 가지고 있었기 때문이다. S.G.바르부르크는 일찍부터 영국 공립학교 출신들을 임원진으로 초빙했고, 그 덕에 학교의 정신이 일부분이나마 은행에 도입되었다. 그리고 그 같은 정신은 전쟁 중에 희석되기는커녕 더 짙어졌다. 프레이저는 옥스퍼드 대학교 앰플포스 칼리지와 모들린 칼리지에서 공부했고 스코틀랜드 근위 연대에서 복무했다(이탈리아에서 독일 진지를 공격했을 때의 수훈으로 전공 십자 훈장을 받기도 함). 버나드 켈리는 다운사이드

스쿨에서 공부했고, 옥스퍼드 모들린 칼리지에 들어갔다가 얼마 후 왕실 아일랜드인 경기병 연대에서 복무한 뒤 피챌런 하워드와 결혼했다. 달링은 윈체스터와 옥스퍼드 뉴 칼리지에서 수학했다. 바이에른 출신 유대인 로널드 그리어슨 역시 공립학교를 나왔다. 전쟁 중에는 영국 공수 특전단에서 장교로 복무했다. 다른 사람들보다 좀 늦게 입사한 존 노트는 말레이 반도에서 구르카 부대 2대대에서 복무한 뒤 케임브리지 트리니티에 들어갔으며, 그곳에서 학생회장이 되었다.[8]

마틴 고든은 옥스퍼드에서 고전 언어, 문학, 철학을 공부하고 있다는 사실을 밝히자마자 일자리는 물론 평균치를 상회하는 초봉까지 받게 되었다. 그러나 럭비 선수 출신에게는 기회가 없었다.

바르부르크의 신뢰를 얻은 모든 사람들이 이런 부류는 아니었다. 바르부르크는 여전히 영국의 엘리트 교육에 대해 모순된 감정을 품고 있었고, 때로는 불쾌한 공립학교 교육 때문에 그리어슨이 '공격적이거나 호전적이지 못하다'고 비난했다(그리어슨이 호전적인 성격으로 명성을 떨쳤던 것을 생각하면 분명히 모순된 게 틀림없는 비판이었다). 한 이튼 학교 동문(전체 임원진 가운데 절반이 이튼 학교 출신), 그러니까 피터 스피라는 중산층 유대인 출신 의사의 자녀였고, 회사에 합류했을 때 이미 자격을 갖춘 회계원이었으며 결혼까지 한 상태였다.[9]

---

[8] 졸업 전 그는 지크문트에게 무례한 편지 한 통을 썼다. "당신은 당신 세대에서 가장 뛰어난 은행가이고 나는 내 세대 케임브리지 학부생 중에서 최고이므로 반드시 만나야 한다"라는 내용이었다. 지크문트는 강한 호기심을 품고 그를 만났고 이내 직원으로 채용했다

[9] 스피라는 드로이다의 백작이자 상무이사 그리고 나중에 〈파이낸셜 타임스〉 사장까지 올라가는 가레트 무어가 지크문트에게 추천한 인물이었다. 무어의 어머

하지만 가장 중요한 판단의 근거가 되었던 것은 사실 계층이 아니라 문학적 취향이었다. 지크문트는 늘 입사 지원자들에게 지금 읽고 있는 책이 무엇이냐고 물었다. 만일 그 대답이 발자크, 디킨스, 엘리엇, 톨스토이 혹은 트롤럽이라면 그 지원자는 고용된 것이나 다름없었다. 왜냐하면 19세기 유럽 문학을 아낀다는 것은 지크문트가 보기에 고귀한 열정이 내면에서 불타고 있다는 것을 알려주는 확실한 증표였기 때문이다. 그중에서도 최고는 토마스 만이었는데, 이 점에 대해서는 이언 프레이저와 조슈아 셔먼도 마찬가지 생각이었다. 지크문트는 1980년에 이에 대해 설명한 적이 있었는데, "회사에서 내가 친하게 지냈던 사람들은 책, 음악, 인간의 존재와 문제점에 대해 대화를 나눌 수 있는 이들이었다. (……) 만일 동료 하나가 내게 와서 유일한 관심사라며 운동에 대해 이야기를 꺼내면, 나는 그가 가능성 있는 인물이라고 생각하지 않았을 것이다."[10] 지크문트는 또한 비즈니스 스쿨 졸업생이나 잘난 경제학자에게는 매우 거부감을 느꼈다.[11]

그는 전도유망한 신입 사원 중 한 사람의 아버지에게 '좋은 소설과 역사에 대한 재미있는 책들을 읽히는 것이 은행업이나 경제 전반에 대해 공부하는 것보다 훨씬 더 나을 것'이라고 충고했다. "내가 생각하기에 은행업에서 최고로 성공할 만한 젊은이들은 보통 학창

니가 병으로 세상을 떠나기 전 마지막으로 보살핀 사람이 스피라의 아버지였던 인연이 있었다.

[10] 그해 후반에 이 주제에 대해 재정위원회에서 대단히 격렬한 소동이 있었다.

[11] 평생 동안 지크문트는 하버드 비즈니스 스쿨 졸업생을 특별히 경멸했다. 그는 그 학교 출신들이 "자만심과 조직에 대한 과도한 존경심이 깃든 깊이 없는 교양을 지니고 있는 데다 하나같이 은연중에 이 같은 분위기를 풍겼다"라고 말했다.

시절에 좋은 고전 학자에게서 가르침을 받았던 친구들이다"라고도 말했다. 지크문트는 한 인터뷰에서 가르침을 받는 내용이 다른 데다 그 '차이'에서 오는 결과는 치명적이라고 말했다. 헨리 그런펠드는 이렇게 얘기하기도 했다. "말하자면 이건 넥타이와 같은 것이었다. 보통 필요한 타이를 사는 게 아니라 좋아하는 타이를 사지 않나."

그러나 1950년대에서 1960년대의 지원자들은 누구나, 지크문트에게 깊은 인상을 남기는 것만이 아니라 삼촌들 전체에게도 같은 일을 해야만 했다. 1953년 이언 프레이저가 겪은 일이 아마도 그 대표 격이라 할 수 있겠다. 지크문트와 커피를 마시며 전후 독일에서 로이터의 기자로 일했던 경험을 살려 독일인 은행 전문가라는 설득력 있는 친밀감을 심어준 프레이저는 다음에 그런펠드에게 넘겨졌다.

그런펠드는 내가 회사법 혹은 회계 업무에 대해 아무런 지식이 없다는 것과 자본 시장에 대해서도 거의 아는 것이 없다는 사실을 순식간에 알아차렸다. "수집 좋아하나?" 그는 내게 질문을 던졌다. "죄송합니다만, 말씀하신 의도를 이해하지 못하겠습니다"라고 내가 대답했다. "은화건 책이건, 뭐라도 수집해본 적이 있느냐는 말일세." 나는 수집 같은 걸 할 돈이 없다고 대답했다. 그러자 그는 나를 헤르만 로비노브에게 넘겼다.

(……) "수집하나?" 그가 내게 물었다. 이번에는 나도 그 질문에 준비가 되어 있었다. "아니오. 불행히도 저는 돈이 없습니다. 아직 못해 봤습니다" "아, 그러니까 자네는 앞으로 수집을 하겠군, 분명히. 나는 은화를 수집한다네. 그런펠드는 영국 가구를 수집하지. 지크문트는 멋진 표지를 수집하고. 코너는 역사와 관련된 필사본을 모은다네." 나는 코너에 대해서는 아는 바가 없었다. "코

너는 빈 출신이라네. 원래 철자 o 위에 움라우트가 있었는데 샤프나 그리어슨처럼 이름을 바꿔버렸지.” 나는 이 회사 사람들의 취향에 대해 감을 잡기 시작했다. 로비노브는 나를 다른 이사 함부르게르에게 소개하라는 지시를 받았다고 말했다. “그 친구는 우리들과는 상당히 다른 인물이야. 우리는 독일인이고 그는 러시아인이거든.”

함부르게르는 5피트(약 15센티미터)에 채 못 미치는 키에 몸이 거의 둥글둥글하게 생겼다. 게다가 순수한 런던 악센트로 영어를 구사했다.[12]

지크문트와 샤프의 아내는 당시 프레이저가 유대인의 혈통을 지녔을 것이라 의심하는 분위기였다. 독일어가 매우 유창해서 아마도 프레이저의 어머니의 처녀 적 성인 그림스톤이 그륀슈타인의 영어식 이름이 틀림없을 것이라고 생각했다. 하지만 프레이저는 사실 13대 러벗 경인 사이먼 프레이저와 베룰럼 3세 백작인 제임스 월터 그림스톤의 손자였다. 이 같은 족보는 그가 나중에 쓴 바르부르크에서 보낸 지난날에 대한 회고록에 여러 차례 거만하게 언급되어 있다.

바르부르크의 채용 과정은 아마도 프레이저의 설명에서 느껴지는 것만큼 심하게 색다르지는 않았을 것이다. 프레이저는 스스로 전쟁에 참가했으며 언어에 능한 사람임을 증명했다. 그리어슨은 공수특전단에서 근무하는 동안 전투 이상의 것을 했다. 또한 제네바에 있는 UN에서 유럽경제위원회 사무국장의 개인 비서로 파견 근무한 적도 있었다. 문학적 취향은 있으면 좋은 조건이었지만 필수는 아니었

---

12 함부르게르는 1957년 클라인보르트에서 바르부르크로 옮겼다.

다. 달링은 문학적 소양이 없다는 사실을 고백했지만, 그럼에도 채용되었다. 레이먼드 본햄 카터는 진보 진영 총리인 허버트 애스퀴스의 손자이자 지크문트의 친구 바이올렛 본햄 카터의 아들로, 사회적으로는 더할 나위 없이 대단한 연줄을 지니기는 했어도, 채용될 수 있었던 진짜 이유는 영국은행에서 자문으로 일했던 경험 덕이었다. 남아공 출신 존 크레이븐은 1967년 입사했을 때 이미 전문 회계원이었고 케임브리지 졸업생이었다. 지크문트와 동료들은 문학성 외에 실제로 수리 감각을 필요로 했고, 은행에 들어온 인재들은 곧장 일단의 회계 훈련을 받았다(『피트먼의 회계법』을 읽기만 하면 되니 '식은 죽 먹기'라고 프랭크 스미스는 프레이저를 안심시켰다. 그리고 "이해하기 어려운 것은 내게 물어봐라. (……) 1948년의 회사 규정은 내가 표시한 부분만 읽어라. (……) 그리고 매일 〈파이낸셜 타임스〉를 샅샅이 읽어라"라고 말했다). 마지막으로 모든 신입 사원들은 채용 전에 필적학 테스트를 통과해야만 했다. 그리고 이는 주관적 혹은 표면적 판단에 대한 확인 자료로 사용되었다(부록 참고). 그러나 진짜 테스트는 입사 첫 해에 있었다. 바르부르크의 한 전문가가 적은 기록에 따르면 그 내용은 다음과 같았다.

그들은 신입 사원들에게 스스로가 누구인지, 얼마나 큰 긴장을 극복해낼 수 있는지 알아보며 헤매고 다닐 기간을 충분히 준다. (……) 새벽 4시까지 일할 수 있나? 관리자의 격노가 참기 어려울 만큼 심하다고 느끼게 될까? 그렇다고 관리자에게 대들 것인가? (……) 그러는 가운데 영국과 독일식 강인함이 내면에 정착하게 된다. 계속해서 주변 사람들에게서 모욕적인 대우를 받게 된다. 그러다 보니 스스로를 방어하게 된다. (……) 은행가로서의 자격,

교육, 지력은 항상 철저하게 시험받고 있다.

지크문트는 젊은이들을 신입 사원으로 채용하는 것만을 중요하게 여겼던 것은 아니었다. 부유하거나 회사에서의 경험, 특히 정부 기관에서의 경험을 가진 사람은 뽑힐 확률이 높았다. 1960년부터 계속해서 그는 장관이나 고위 공무원 등 비상임 이사진을 고용하는 데 결연한 노력을 기울였다. 이는 산업 정책의 영역에서 정부의 역할이 점차 커지고 있는 때에 권력과 연결되는 통로에 쉽게 접근하고자 하는 명백한 의도였다. 실제로 1970년대 초까지 버나드 켈리는 정기적으로 '7인이 모이는 런던-재무부 만찬'에 비공식으로 참여해 저녁 식사를 했다. '서로를 알아가고 혹시 한편에서 흥미로운 업무를 맡을 후보를 찾아야 할 경우 미리 알기 위한' 목적이었다. 런던과 재무부 사이에 가까운, 심지어 공생 관계가 있다고 하는 일반의 믿음과는 달리, 이 모임들은 지적 추정과 물질적 염원이라는 측면에서 쉽사리 연결되지 않을 상당한 격차를 드러내는 편이었다. 그러나 의회에 대한 봉사 전략은 그리 대단치는 않아도 얼마간의 성과가 있었다. 1960년에 돌아온 첫 성과는 이튼과 모들린에서 수학한 글래드윈 경이었다.[13]

그러나 그들은 유럽 통합에 대한 시각이 같았음에도 불행히 그 관계가 잘 발전되지 않았다. 윌슨 내각 기간 동안 일자리 없이 지냈던

[13] 글래드윈은 스스로를 전쟁 중에는 특수전략대(SOE)의 최고 책임자였고 이후 외무부의 경제 및 재건 부서의 수장이었다고 구분해 말했다. 1946년 UN 사무총장 대행으로 임명된 그는, 전후 첫 노동당 정부 기간에 외무부에서 차관보를, 그리고 1950년에서 1953년 사이에는 파리 대사 임명 전까지 뉴욕에 있는 UN에서 영국 대표를 맡았다. "글래드윈에 대한 이야기는 그 어떤 주제든지 흥미진진했다." 어니스트 베빈은 이렇게 말하기도 했다.

멋진 젤리코 백작도[14] 1966년, 바르부르크에 들어갔다.

1973년 S.G.바르부르크는 데니스 그린힐 경이 영국 외무부 수장 직에서 은퇴하자마자 그를 회사에 영입했다. 더 큰 성공이라 할 수 있는 것은 식품부를 거쳐 북대서양조약기구의 영국 대표단 등 주로 경제 관련 직책들을 맡아왔던 에릭 롤을 1988년 경제 문제 담당 신 부서에서 영구 비서관으로 임명되기 전 회사에 영입한 일이었다. 아 마도 에릭 롤이 글래드윈보다 더 바르부르크에서 성공적으로 정착 할 수 있었던 것은 그가 중유럽 출신이기 때문이었을 것이다(그는 부 코비나의 합스부르크 지방에 있는 체르노프치 근처 출신으로 원래 이름이 에리히 롤이었다). '프랑스어와 독일어를 독화술로 해독하는 능력'과 7개 국어에 능통하다는 사실도 도움이 되었을 것이다. 물론 타의 추 종을 불허하는 국제적 연줄 또한 큰 역할을 했을 것이다. 그러나 롤 이 1974년에 의장직까지 맡으며 바르부르크에서 신분 상승을 할 수 있었던 데에는 지크문트에 대한 변함없는 복종이 큰 역할을 했다. 그 때문에 그는 회사 내 젊은 직원들에게서, 그리고 그보다 재정적

---

[14] 세계대전 당시 유틀란트 반도에서 승리했던 윈체스터 백작의 아들. 트리니티 칼리지를 졸업하고 해상침투팀에서 이름을 날렸던 조지 젤리코의 눈부신 전후 외교 경력은 혼외정사 때문에 중단되었다. 세습 귀족 신분 덕에 그는 정계에 입 문할 수 있었고, 1961년까지 해럴드 맥밀런 정부에서 원내총무로 일했다. 그는 이듬해 장관직 후계자로 지목되기도 했다. 특히 1963년에서 1964년 사이에는 해군성의 첫 백작이 될 것이라는 전망도 있었다. 그의 정치 경력은 에드워드 히 스 밑에서 상원의 지도자로 일하던 중 그가 또 다른 불륜을 일으킨 사실이 밝혀 지면서 무너지고 말았다. 게다가 이번에는 그 대상이 콜걸이었다. 뉴욕에서 이 뉴스를 들은 바르부르크는 젤리코에게 전화를 걸어 이렇게 말했다. "당신이 곤 경에 처한 것을 안타깝게 생각하지만…… 하지만 오늘 밤엔 당신이 원하신다면 우리가 기꺼이 당신을 맞이하겠다는 사실을 알고 편히 잠드시기를 바랍니다."

경험이 풍부한 임원들에게서 '메아리 선생'이라는 별명까지도 얻었다.[15] 데이비드 숄리마저도 롤을 돈키호테 바르부르크의 산초 판자라고 여겼다. 숄리의 세대에게는 일단 재능 있는 젊은이들을 고용했던 한 은행이 이제 얼마든지 둥지를 떠날 수 있게 된 설립 멤버들에게 편안한 정박지를 제공하고 있다는 사실이 거슬리는 일이었다. 버나드 켈리는 롤이 '말주변 좋은 아첨꾼'이라고 생각했다. 그는 롤의 아첨뿐 아니라 그가 거래를 성사시키는 일이 거의 없다는 점도 경멸했다.

4

지크문트는 종종 매스컴의 관심에 수줍어하는 인물로 그려졌다. 하지만 좀 더 정확하게 말하자면 그는 언론을 조심스럽게 골라서 다루는 사람이었다. 그는 분명 신문에 그다지 크게 열광하지 않았다. "언론은 거의 어디에서나 질보다는 양을 중시하고, 보다 개인적이고 독립적인 노력을 통해 선택한 정신적인 양분을 흡수하는 것이 아니라 다른 이들이 골라서 씹고 소화시켜주는 얄팍한 마음의 양식을 선호하게 만든다. 1523년 에라스무스가 말했던 것처럼 '가능하다면 인쇄 언론에는 검열이 있어야 할 것이다.'" 1951년, 지크문트는 인쇄 언론 매체의 과도한 성장은 스스로 버려야 하는 현대 야만의 일면이라고 주장했다. 그러나 그의 그 같은 '야만'에 대한 거부는 신문 편

---

[15] 아침 회의를 주관하면서 롤은 결정이 미뤄졌다는 사실을 이렇게 발표한 적도 있었다. "이 결정을 의사록에 기록하기 전에 나는 반드시 내가 존중하는 그분 께 상담을 해야만 한다." 젊은 동료들은 그런 그를 조롱했다.

집자들의 아첨을 가로막지는 못했다. 실제로 그는 〈파이낸셜 타임스〉의 법률 칼럼니스트 아서 윈스피어가 브리티시알루미늄 경영권 취득을 긍정적으로 보도한 후, 그를 회사에 채용했다. 〈이코노미스트〉의 편집자 제프리 크로더에게는 머큐리시큐리티의 이사회에 자리를 주었다. 게다가 〈파이낸셜 타임스〉에서 드로이다 경을, 그리고 1972년 이후에는 편집자인 프레디 피셔를 꾀어내고자 노력했다. 자신의 경력 대부분의 기간 동안 지크문트는 S.G.바르부르크에 대한 이야기와 은행 고객에 대한 이야기 사이에 차별을 두었지만, 언론인들에게는 기꺼이 얘기했다. '우리가 자금을 대는 회사에 대한 보도는' 대개 환영하지만 '은행가들, 특히 유대인 은행가들에 대한 보도'는 '원칙적으로 반대'한다는 것이었다. 원칙적으로는 그랬으나, 실제로 늘 그랬던 것은 아니었다. 신비로운 '배후의 은행가'라는 명성은 사실 그의 절묘한 매체 다루기의 산물이었다. 지크문트는 언론을 피하기는커녕 오히려 언론을 한 마리 매처럼 여겼고, 홍보 활동에 이용하는 방법을 깊게 생각했다. 혹시라도 그나 회사의 명예가 훼손되었다고 느끼면 그는 얼마든지 법적 조치를 취할 준비가 되어 있었다. 그는 인쇄 전에 초고를 볼 수 있다는 조건이 있을 때에만 기자들에게 기사거리를 제공했다. 심지어 겉으로는 반대했지만, 언론을 통해 회사의 서비스를 광고할 생각도 하고 있었다. 결과적으로 1960년대 바르부르크의 언론 보도는 거의 항상 긍정적이었다. 영국의 언론 경제면에서 보여줄 지크문트의 활약상을 고려할 때, 전혀 놀랄 일이 아니었다(10장 참고). 1960년대 중반까지 매스컴의 관심을 부끄러워했다고 알려졌던 지크문트는 자신의 이름을 걸고 사설을 쓸 정도로 충분히 자신감을 느꼈던 것이다. 지크문트는 1966년 자신이 한때 싫어했던 〈뉴요커〉에 조지프 웨치스버그라는 기자가 기사를 쓰려고 할 때도 협력했고, 1970년에는 〈선데이 텔레그래프〉와 1980년에는 〈인스티튜셔널 인베스터〉와 일련의 인터뷰를 했다.

평생 기자들에게 '상당한 편견'을 가지고 있었지만, 지크문트의 계층 구분 관점에서 기자는 그래도 경제 전문가보다는 다소 위에 자리하는 존재였다. 지크문트는 밥 부스비에게 1958년 5월 이렇게 말했다. "독단적인 경제학자들이야말로 분명 잘못된 인간들이다. 엄청난 수치를 늘어놓고 특정 일이 특정한 날짜에 일어날 거라는 사실을 증명하려는 통계학자들도 만만치는 않지." 1967년에는 경제학자들에 대해 이렇게 썼다. "이 동물학적 속(屬)은 특별히 현대 인간성의 해로운 요소를 대표한다. 왜냐하면 대개가 지식에 대한 거만함과 인간 본성의 부족함이 비정상적으로 결합된 인간들이기 때문이다." 그는 게오르게 슈타이너에게 이렇게 말하기도 했다. "나는 자신의 생각을 보다 공들여 표현하는 케인스의 재능을 대단히 존경하지만 종종 독단적이고 자주 터무니없어 보인다." 마찬가지로, '역사 속에서 한편에는 완전하게 자유로운 경제, 다른 한편에는 완전하게 빈틈없는 경제 상태가 있어 왔다는 하이에크의 이론은 사실과는 반대된다'고 여겼다. 한때 토마스 발록흐와 니콜라스 칼도어 등 1960년대에 노동당 정책에 영향을 끼친 두 명의 헝가리 출신 망명 경제학자에 대한 관심을 표현했던 적은 있었지만, 지크문트가 짧게나마 관심을 두었던 것은 그들의 성품이지 출판물이 아니었으며, 그들이 내놓은 정책적 처방은 더더욱 아니었다. 그는 존 케네스 갤브레이스를 존경했지만, 주로 그가 쓴 글의 정확도 때문이었다. 눈에 띄는 예외가 있긴 했는데, 그것은 헐 대학에서 경제학 교수를 지내기도 했고 널리 읽힌 경제 사상의 역사를 쓴 에릭 롤에 대한 호감이었다. 지크문트는 롤이 경험 많은 공무원이자 외교관이면서도 그다지 경제 사상가 같지 않다는 점에 매력을 느꼈다.

그러나 바르부르크의 사업 방식에서도 가장 큰 수수께끼는 바로 회사의 수익성에 대한 무관심한 태도일 것이다. 물론 지크문트가 회사의 손익에 대한 분석을 완전히 초월한 것은 아니었지만 '최소한 이것만은'이라는 말은 그가 즐겨 썼던 용어가 아니었다.[16]

"나도 분명 회사를 위해 그리고 나를 위해 돈 버는 것을 좋아하지만, 그게 결정적인 요소는 아니다." 그는 한때 야코프 골트슈미트에게 사업가로 살면서 '미신을 너무 믿고 돈을 너무 존중하지 않아' 힘들었다고 고백했다. 하지만 '솔직함이 과도하고 지나치게 규칙을 존중했다는 점'에 대해서는 아무 말도 하지 않았다. 가장 중요시했던 '건설적인 일'과 그다음 순위에 두었던 '돈 벌기' 사이에서 지크문트가 차별을 둘 때(종종 그랬는데) 그가 의도한 바는 무엇이었을까? 금융계 외부의 오랜 친구 파울 치글러는 자신이 그 답을 알고 있다고 생각했다. 지크문트에게는 관계를 다루는 것이 일종의 예술적인 일이고, 자신이 만나본 사람 중에서도 지크문트는 '아주 드물게 뛰어난 창의적인 아티스트 중 하나'라는 것이었다. 지크문트는 성공과 더불어 생기는 돈에 대해서보다 성공 그 자체에 훨씬 관심이 컸다. 부유함은 그가 게오르게 슈타이너에게 말했듯이 '고차원적 작업의 부산물'일 뿐이었다. 샤프는 지크문트가 운명적으로 '스스로를 위해 돈 버는 것을 경멸하는 자본가'였다고 주장했다. "정말이지

---

16 1960년 지크문트는 통화 사업의 수익과 비용의 불균형, 그리고 자신이 첨부했던(회사가 공동 자문 사업에서 벌어들인 수수료를 의미하는 '특별 매매 수수료'라는 이름으로) S.G.바르부르크의 주 수입원에 대해 같은 기간 동안 제대로 노력한 사람이 거의 없었다는 점 등에 대해 불만스러워했다.

돈 버는 일에는 관심이 없었다"라고 로빈 제슬도 회상했다. "단 한 번도 관심이 없었다고 확신한다. 그도 물론 회사가 이윤을 내는데 관심이 있기는 했지만, 그건 명백히 다른 의미였다."

확실히 지크문트는 자신의 개인적인 부에는 심하게 무관심했던 것으로 보인다. 심지어 자신의 투자를 전적으로 샤프나 밥 아른하임에게 맡겨버리기도 했다. "내 경험상 누군가 투자 관리를 통해 놀라운 결과를 기대한다면 이렇게 하는 것이야말로 최선의 방법이라고 생각한다. 기대치는 적당한 수준으로 유지하고, 창의적이기보다는 차라리 엄격하고 평범하게 가야, 장기적으로 최선의 결과를 얻게 될 것이다." 샤프가 바로 그 중단 없고 재미없는 일을 도맡아 했다. 그리고 그 결과는 급상승하는 세율과 인플레이션, 그리고 1960년대 후반과 1970년대의 매매 통제의 영향을 상당 부분 받아 지크문트가 예측했던 것처럼 대단한 수익을 올리지 못했다(13장 참고).

사실 이러한 태도는 지크문트가 손실을 혐오한 것에도 일부 원인이 있다. 먹구름처럼 항상 그의 뇌리를 떠나지 않았던 것은 공황에 대한 기억과, 특히 M.M.바르부르크를 쓸어버렸던 1931년의 위기였다. 이언 프레이저와 같은 하급 관리자들에게 그는 이렇게 이야기하기를 좋아했다.

우리 세대 중 누구도 1929년에서 1931년 사이의 불황과 금융 위기를 무사히 지나간 사람은 없다. 막스 삼촌이 함부르크에서 했던 말을 기억해야만 한다. "재앙은 늘 생각지도 못한 곳에서 온다." 그렇기에 은행을 가능한 한 유동적으로 유지하고, 부동산 개발자들에게 돈을 빌려주고 싶은 유혹이 있더라도 이겨내야만 한다. (……) 새로운 세대들은 과거의 원인을 잘 이해했으므로 새로운 은행의 도산을 맞게 되지 않을 거라고 믿지만, 각 세대는 늘 처음인 것처럼 배워야만 한다. 일단 새로운 분야의 사업이 시작되면 모든 경쟁 은행들은 그 안에서 제 몫을 얻기 바라고, 결국 은행의 이윤이 줄어들거나 사라져버릴 수 있다. 이제 이러한 일이 거의 임박해 있다.

회사의 규모 확장은 매력적일 수 있으나 '유혹에 빠지기 쉽게 만드는 거대 자본은 위험한 것'이었다. 바르부르크가 다른 런던의 회사들과 함께 유지했던 싸구려 예비 시설(실제로는 결코 사용된 적 없었던), 가장 자주 인용되었던 위기 혐오의 증거는 지크문트가 투자 관리, 즉 고객들의 저축을 대리 투자하는 일에 대해 회의적으로 생각했다는 점이었다. 피터 스토먼스 달링은, 지크문트는 '항상 투자 관리를 주식 중개보다 아주 조금 나은 이류 행위라고' 여겼다고 했다. 달링이 볼 때 이는 다소 거만한 면이었다. 하지만 그것은 공정한 판단은 아니다. 앞서 보았듯이 지크문트는 은행의 몸피 키우는 것을 오히려 위험한 자만으로 여겼기 때문이다. 은행의 초기 투자 고객 중 많은 사람들이 단지 개미들, 그러니까 은행에서 계좌를 관리하는 비용을 충당할 정도의 수수료밖에는 지급하지 못하는 고객들이라는 점에서, 지크문트의 판단은 아마 옳았을 것이다. 1960년대 후반 투자부서가 관심의 중심으로 떠오르기 시작했을 때 지크문트는 새로운 사무실에다 그 부서를 둔다고 생각해 찬성했으며 추진을 도왔다(그레셤가에서 모퉁이를 돌면 있는 세인트올반스 하우스가 새 사무실 자리였다).

지크문트가 투자 사업을 꺼렸다면, 원자재 무역은 보다 더 미심쩍어했다고 할 수 있다. 물론 원자재 무역은 브랜다이스골트슈미트 같은 금속 중개업자의 생명선이었다. 그러나 해리 그린과 그의 아들 마이클 등 금속 무역업자들과 대면하고는 질겁한 게 분명했다.

마이클에게 사업 말고 관심 있는 것이 무엇이냐 묻자 그는 특히 '베스트셀러'를 읽는 것을 좋아하지만, 사실 다른 것은 아예 읽지 않는다고 대답했다. 그래서 사업을 하면서 품은 야망은 무엇이냐고 묻자 이번에는 자신이 브리지 게임을 좋아하듯이 비슷한 방법으로 거대한 양의 무역을 하고 싶다고 대답했다. 높은 지분을 위해 게임을 하고, 자신의 결정과 이득을 최소한의 사람과 나누겠다는 것이었다.

브랜다이스골트슈미트의 이윤의 불안정함은 1970년대에 다시 걱정을 불러일으켰다. 지크문트는 유로본드 사업이 부적절한 도취감인 양 자신을 덮치자 느꼈던 것과 같은 불편함을 느꼈다.

개인적으로 나는 의기소침해지거나 열광하는 데는 흥미가 없다. 이러한 감정은 사안을 순수하게 주식 매매의 시각, 즉 '주식 중개인 정신'으로 바라보는 사람들에게나 어울린다. 만일 성공을 원한다면, 매매꾼이나 채권 판매꾼처럼 굴기보다는 새로운 가치와 과정을 구축하는 정책을 따르겠다고 결심해야 할 것이다. 다시 말해, 우리가 주로 하는 일은 은행업이며 주식 매매업은 그저 부차적인 일일 뿐이라는 사실을 깨달아야만 하는 것이다.

그는 수익성이 좋다 해도, 회사의 유동성을 위험에 빠뜨리는 전략이라면 모두 똑같이 경계했다. 최근 프랑크푸르트에 개설한 은행 지점이 자본을 터무니없이 넘어서는 돈을 투자해 세워졌다는 사실을 알자, 그는 엄중하게 경고했다. "S.G.바르부르크 런던이 (……) 숙고한 정책에 따라 격에 맞지 않는 자본 투입을 삼가는 것처럼, 훨씬 더 적은 자본을 지닌 프랑크푸르트 지점은 적어도 그들의 자본금보다는 적은 액수로 상한치를 정하고 그것을 고수해야 한다. (……) 나는 유동성을 위험에 빠뜨리는 사업으로 벌어들인 돈에는 아무런 감명도 받을 수 없다." 전직 임원 하나가 그것을 이렇게 기록했다. "바르부르크는 뇌를 긴장하게 하는 것은 기꺼워했으나 자신의 자본에 위협을 가하는 것은 달가워하지 않았다."

이 모든 것에 대해 S.G.바르부르크가 전반적으로 돈을 버는 데 무관심했다는 사실을 의미한다고 보아서는 안 된다. 지크문트는 분명 자신의 이름을 달고 있는 은행에서 지배적인 힘을 발휘하기는 했지만, 사업에서까지 독재적인 힘을 구축하려고 노력하지는 않았다. 삼촌들에게는 각각 자신만의 접근법이 있었다. 에릭 코너의 방식은 바르부르크의 것과는 근본적으로 구분되었다. 비록 1950년대에서 1960년대 사이 런던에는 부당 내부 거래에 대한 규칙이 아직 만들어지지는 않았지만, 개인적으로 얻은 내부 지식을 흘리는 것에 대한 금기는 있었다. 이언 프레이저는 이렇게 회상했다.

만일 한 고객사가 잘하고 있다고 여겨지면 우리는 구매를 고민하게 될 것이고 잘 못하고 있다면 판매를 고민하게 될 것이다. 그러나 만일 우리가 금융 조언가로서 보고서에 올라올 수치를 알았거나 될 배당금 액수를 알았다면, 프랭크 스미스는 전 직원의 거래를 막았을 것이다. (……) 이 같은 규칙은 조언가라는 위치를 이용해 특수한 정보를 미리 알게 된 목전의 공개 매입에도 적용되었다.

그러나 코너는 서독 결의안(나치의 인종 박해 피해자들을 위한 법)을
이용해 자신이 받은 돈을 관리하고 있는 스위스 은행가에게 아내의
이름으로 주문을 맡김으로써 자주 이러한 규칙들을 피했다.

오늘날의 시각으로 보았을 때 상관이 직원에게 그런 것을 증여하
는 일은 부도덕한 것으로 비칠 수 있다. 그러나 이 모든 일은 금융 서
비스를 지배하는 규칙과 규제가 상당 부분 작성되기도 전에 일어난
것이었다. 영국에서는 내부자 거래가 1980년까지 범죄가 아니었다.-
바르부르크 간부들은 헤르메스 회사를 통해 선호하는 주식을 사들
였다. 당시에는 헤르메스와 같은 역할이 불법으로 간주되지 않았다.
마이클 밸렌타인은, 바르부르크의 직원들이 결코 '고의로 회사 규정
이며 인수 법규 혹은 주식 거래 규제 위반을' 배운 것은 아니었다고
회상했다. 그러나 정말 중요한 '융통성 없는 불변의 원칙'들은 내부
적으로 자라고 있었다. "의심스럽다면, 누군가 다른 이에게 (……)
예를 들어 더 권위 있는 사람과 상의하지 않은 채 증권을 인수해주겠
다거나 수수료 등을 회사에 약속하지 마라. 그리고 회사의 이름을
더럽히는 일 따위는 절대 하지 마라."

5

S.G.바르부르크 설립자들이 회사가 비교적 젊었던 시기에도 스스로
를 원로라고 느꼈던 것은 이 회사의 독특한 특징이었다. 대부분 세
기 초에 태어난 일명 삼촌들은 강제적인 이주 경험이 있고 상처 입은
곳에서부터 제2의 사업을 시작할 필요가 있었다는 점에서 나이가 들

기는 했다. 지크문트는 항상 자신 주변의 사람들이 '중요한 것과 중요치 않은 것을 잘 구분하지 못하는 무능함'이 전형적으로 나타나는 '노망' 상태가 되어가는 증상을 경계했다. 그와 그런펠드는 1954년 그런펠드의 50회 생일을 맞아 서로에게 일을 줄일 것을 권했다. "이제 50세가 되었으니 진지하게 자네 업무 리듬의 속도와 긴장을 줄이고, 완벽주의적 기질을 억누르며, 바로 눈앞에서 벌어지는 심각한 실수들이 위협적일지라도 대충 넘어가는 것은 물론, 의무감을 제한하겠다고 약속을 해야 하네. 물론 이 중 많은 부분이 자네의 마음에 거슬리겠지. 하지만 현명하고 나이 든 정치인처럼 일하고, 젊은 예술가처럼 살기 시작해야 하는 때가 온 거야." 지크문트가 그런펠드에게 쓴 내용이다. 지크문트는 이것이 자신에게도 해당하는 이야기임을 인정했다. 다섯 달도 채 지나지 않아 그는 그 자신의 준(俊)퇴임을 위한 첫 제안서를 작성했다.

S.G.바르부르크는 개인 회사에서 출발해, 보다 산업적 구조의 기업으로 발전하고 있다. 그러므로 더 이상 내가 과거처럼 회사를 통제할 수가 없으나, 가능한 한 개인적이고 완벽하며 비관료적인 방식을 유지하도록 매우 조심해야만 한다고 생각한다. 나는 내가 회장에서 선임자문관으로 직책을 바꾸는 게 좋은 시점이 왔는지에 대해 자문해보았다(회장과 같은 직책을 유지할 것인지 없앨 것인지도).

곧 은퇴해야겠다는 생각을 하게 된 것은 그가 젊음의 활기를 열광적으로 신뢰한 것과도 관련이 있었다. 그는 케인스의 다음 경구를 좋아했다. '성공에는 활기 넘치는 경험 부족이 필수다.' 회사는 반드시 능력 있는 젊은이들로 계속해서 활기를 되찾아야만 한다는 것이 그의 신념이었다. 1958년에는 그리어슨에게 이렇게 말하기도 했다. "나는 더 젊은 동료들이 가능한 한 가장 적당한 속도로 최고의 책임자 자리까지 다다르는 동안, 머지않아 관리자 직책을 포기하고 선임 자문관이 될 수 있는 단계가 오기를 원한다!" 당시 그는 이미 존 시프에게 "런던 회사는 이제 내가 관리를 하지 않아도 될 만한 곳이다"라고 천명하고 있었다. 탈만에게는 이제 관리의 의무를 '젊은 친구들에게' 넘겨줘야 할 시간이라고 말했다. 1959년 말, 이제 고작 57세였던 그는 코너나 탈만과 마찬가지로 공식적으로 비상임 이사가 되겠다는 결정을 발표했다. '젊은 동료들의 길을 막지 않기 위해서'라는 이유였다. 그러나 머큐리시큐리티 이사회 회장직은 1964년까지 유지했다. 지크문트는 이제 "문학과 심리학, 필적학에 대한 다양한 관심을 충족하며 많은 시간을 보내고 싶다"라고 그런펠드에게 말했다.

지도자로서 지크문트의 가장 큰 힘은 주변의 젊은이들에게 영감을 불어넣는 능력이었다. 그는 한때 '내가 S.G.바르부르크 경영팀이라고 일컫는 것을, 젊은이들이 일종의 가족 혹은 다양한 세대와 다양한 두뇌 및 기질로 이루어진 문중처럼' 생각하기를 바랐다. 그리고 다음과 같이 희망하기도 했다.

이 가족 혹은 문중에 속한 이들이 항상 자신이 진정한 친구로 이루어진 집단의 일원이라고 느끼기를 바란다. 그리고 회사와 경영팀의 지속적인 발전 안에서 질투나 자만 혹은 개인의 금융적 이득을 초월하는 이유를 발견하기를 진심으로 바란다.

우리가 이러한 정신을 보존하고 가꾸려고 노력하면, 세대를 넘어 우리 자신의 삶보다도 더 멀리까지 이어지는, 조국과 자유로운 세상에 서비스를 제공한다는 건설적인 일을 통해 온 마음을 다해 추구하고자 했던 고귀한 목표의 횃불을 후대에 넘겨줄 수 있을 것이다.

지크문트에게는 '따스한 인간적 분위기'가 '그 어떤 직업적 성공'보다도 중요했다. 표면적으로 지크문트는 자신이 설파했던 활력에 관한 부분을 분명히 실천에 옮겼다. 1966년 10명의 회사 전무이사들 가운데 네 명은 30대 초반이었으며, 그들 덕에 S.G.바르부르크(한 기자의 주장에 따르면)는 '세상에서 가장 젊은 상업은행'으로 자리매김했다. 횃불을 넘겨주는 것으로 상징화했듯이 존 크레이븐은 고작 29세의 나이에 전임 이사로 승진했다. 입사 후 겨우 2년이 지난 다음의 일이었다. 1970년까지 23명의 전무이사 중 12명이 40세 이하였다. 지크문트가 런던에서 떠나 있는 시간이 길어지는 동안(처음에는 부인과 함께 여름 별장을 사두었던 이탈리아 투스카나 지방 해변의 로카마레에서, 나중에는 마침내 정착하기로 한 스위스 블로네이에서) 이 젊은 세대는 회사를 아주 물려받은 것처럼 보였다.

이 세대 간 힘의 이동을 강화하는 데 필요한 것은 회사의 전반적인 변화였다. 1963년에 지크문트는 '네 명의 전무이사와 한 명 혹은 두 명의 원로 비상임 이사들로 이루어지며 일종의 정보 처리 기관 혹은 중앙 두뇌 아니면 회사 조직 내의 조정 장치 역할을 할' 조정 기구를 만들자고 제안했다. 조정위원회 혹은 정책 그룹으로 알려진 이 조직은, 지크문트가 '궁극적인 힘과 책임이 작은 리더십 그룹에 집중되려면 꼭 필요'하다고 말했던 '결정을 내리는 바른 속도'를 보장하는 것이 그 역할이었다. 그리어슨 또한 쓸 만한 계획을 창안했는데, 그것은 은행의 임원을 '특정 개개인에게 부과되는 거대한 중압'을 줄여주기 위해 네 개의 그룹으로 나누자는 것이었다. 그러나 이것은 중도에 실패하고 말았다. 하지만 이런 변화가 있었음에도 지크문트는 회사의 미래 경영 구조에 대해 써둔 명령들을 지속적으로 발표해야 했고, 이른바 이사진에게도 전화를 걸어 이런저런 거래들에서 반드시 했어야 했던 것들에 대해 자신의 생각을 말해줘야만 했다. 쉴 수가 없었던 것이다. 1966년 여름, 이탈리아에서 체류하는 4개월 내내 그는 비서 중 한 명을 불러다가 근처 호텔에 묵게 하면서 계속해서 도움을 받아야 했다. 이에 대해 조지프 웨치스버그는 다음과 같이 말했다.

지크문트는 런던을 떠나 있는 동안 매일 두 개의 서류철과 큰 봉투 한 개를 받았다. 각각의 파일 안에는 인쇄된 여러 개의 목록이 있었다. 1번 파일은 회사 내에서 이루어지는 관리 관련 우편과 중요한 전화 통화 내용, 모든 대화에서 언급된 내용을 담은 메모들, 회사에 들고 나는 편지 사본, 전보, 다른 의사소통 내용들이 담겨 있었다. 각각의 메모에는 책임을 맡은 이사의 이름을 가리키는 머리글자가 함께 새겨져 있었다. 관리 관련 우편물과 메모 리스트는 무엇보다 가장 중요한 문서였다. 파일에는 또한 그날의 기사 조각들이 들어 있었다. 그리고 사고 판 모든 채권과 주식을 보여주는 목록과, 9시 15분 회의의 진행 시간, 주간 투자 회의의 시간까지도 포함되어 있었다. 기밀이라는 제목이 붙은 메모도 있었다. 또한 런던을 떠날 일이 있는 모든 이사진과 고위 관리자들의 여행 스케줄, 은행에서 주최하는 모든 오찬의 손님 명단은 물론 모든 신규 계좌의 목록과 당일 입출금 내역서까지 들어 있었다.

2번 파일에는 검토 중인 고객사의 리스트가 있었다. 그리고 현재 처리 중(모든 계류 중인 사안들의 짧은 개요)이라 불리는 목록과 직원 문제라는 제목의 목록, 그리고 자발적으로 수습 사원이 된 자들의 명단에, 마지막으로 모든 금전 거래 내역서까지 포함되어 있었다.

독일의 경제학자이자 빌더베르흐 그룹(막후에서 세계를 조종하는 것으로 알려진 우익 세력을 대표하는 거물들의 모임)의 멤버였던 에른스트 판 데르 보이겔은 지크문트에게 가감 없이 말했다. "지금 같은 상태라면 (……) 당신은 매일의 업무에서는 반쯤 은퇴했지만 여전히 전체를 책임지고 있는 형국입니다." 런던 임원들은 모두 멀리서 날아오는 설립자의 명령에 너무나 익숙해진 나머지 제대로 못하는 일이 너무 많았다. 전에는 다양한 의견을 기꺼이 내놓던 사람들이 이제는 분별력을 제대로 발휘하지 못했다. '회람하지 말 것'이라는 용어에 반대해 '우편으로 발송하지 말 것'이라는 비밀 쪽지를 만들어 낸다. 전화 말고는 '편지, 전보, 텔렉스'를 이용한 통신은 사용할 줄도 몰랐다. 신속하고 효율적인 사무 절차가 부족하다는 불평을 수렴할 만한 발전적 그룹도 만들지 않았다.

이상적인 방식과는 굉장히 거리가 멀었다. 전혀 과장이 아니었다. 존 크레이븐이 말했듯이 하나의 결과가 바르부르크를 '대단히 정치적인 장소'로 만들었다.

우리는 모두가 의사소통 수단을 가지고 있었다. 조직도가 유럽 항로 지도처럼 보인다면 조직도를 그릴 수 없었을 것이다. 누군가는 특정 사람들을 좋아했고 누군가는 함께 일하면서 서로에 대해 더 잘 알아가고 있었다. 그리고 어떤 사람들은 서로를 미워했다. (……) 나는 인간관계가 이루어지는 방식에 대한 불만으로 머리카락을 거의 뽑아버릴 듯한 상태로 퇴근하곤 했다.

버나드 켈리의 일기 역시 이것이 사실임을 증명했다. 크레이븐, 닉 맥앤드루, 잔루카 살리나와 마찬가지로 그는 '장로 정치', 즉 '늙은이들'로 알려진 이들의 권세에 진력이 난 '모의자들' 혹은 '급진 개혁파 젊은이들'에 속했다. 그러나 분열은 비단 세대 간에만 있는 것은 아니었다. 켈리는 이언 프레이저가 회사의 유대인적 뿌리에 대해 품은 모순된 감정에 공감했다. 장차 고객이 될지도 모르는 사람에 대해 '최상류층이 아니'라는 이유로 '은행 의장단'이 거절하면, 켈리는 분노했다. "아마 의장단의 동족인 유대인이었다면 문제없었을 것이다. 하지만 맥앤드루, 프레이저 그리고 나 같은 사람의 부촌인 이스트엔드 출신 친구가 같은 상황에 처했다면 까다로운 원칙을 적용했을 게 뻔하다." 켈리가 한번은, 지크문트와 롤 "둘 다 '김나지움'이니 뭐니 하는 독일과 오스트리아의 교육 제도보다는 짧게나마 영국 명문 사립학교를 거쳤기 때문에 득을 봤을 수도 있다"라고 털어놓았다.

임원진의 불만이 계속해서 커지자, 온갖 종류의 조치가 시행되었다. 1966년 지크문트는 '65세에 이른 임원들은 얼마나 오래 임원 자리에 있었느냐와 상관없이 모두 반드시 사임해야 한다'는 제안을 했다. 이때 지크문트 본인은 64세였고 그런펠드는 62세 그리고 코너는 정정하기 그지없는 70세였다. '다소 거리를 둔 채, 활동적이지만 고위 관리자로 이루어진 단체를 만들기 위해' 세 명의 원로들이 5층에 따로 분리된 사무실로 옮겨야 한다는 것으로 의견이 모아졌다. 그래도 크게 달라진 점은 없었다. 1967년, 지크문트는 '회사에 팽배한 심각한 나약함'에 대해 길고 장황한 글을 쓴 뒤 이사직에서 전적으로 물러나 자문 역할을 하겠다고 위협했다. 하지만 그런 일은 일어나지 않았다. 2년 후 그는 '회사 문제뿐 아니라 직원들의 개인적인 고민거리들을 논의하는 기회를 만들기' 위해 각 부서별 상급자들로 이루어진 업무 후 회의를 조직했다. 프레이저가 말했듯이 "그들 중 누구도 지크문트가 곧 은퇴할 거라는 낌새를 알아차리지 못했다. 삶은 늘 그랬듯이 그렇게, 어쩌면 훨씬 더 평범하게 흘렀다." 마틴 고든은 "지크문트가 은행에서 일하는 동안 은퇴하겠다고 선언한 횟수를 꼽다가 놓쳐버렸다. 회사 사람들에게는 은퇴한다고 하나 안 하나 큰 차이가 없었다. 사실 우리 눈에 지크문트는 나이가 들면서 더 활력이 넘쳤고 제2, 제3의 전성기를 맞이한 것처럼 보였다"라고 말했다.

6

지크문트 바르부르크의 변덕스러운 성격은 분명 즐거움보다는 불행을 만들어내는 일이 많았다. 정나미가 떨어지면 완전히 등을 돌리는 성격이었던 것이다. "동정심과 측은지심 같은 것은 지크문트의 사전에는 없었다"라고 피에르 하스가 말했다. "실수를 한 사람은 그 즉시 지크문트의 표정에서 마음이 닫히는 것을 목격했다. 심각한 실수라고 판단되면 그의 마음은 영원히 닫혔다. 흔한 실수들에 대해서는 3일에서 3개월에 이르기까지 긴 참회의 기간이 뒤따랐다. 타인에 대한 동정심이 없었던 그는 의심스러운 눈초리로 결국 잘못을 저지른 사람이 몇 주 혹은 몇 달 안에 일을 그만두게까지 만들고 말았다." 이 혹독하고 변덕스러운 태도에 처음 희생된 사람은 마이클 리처즈였다. 그는 1951년 6월 자신에게 향하는 지크문트의 감정에 문제가 있음을 감지할 수 있었다. 10년 뒤 '오해' 때문에 타박을 받은 사람은 피터 스피라였다. 스피라는 훗날 "사람들은 몇 달간 개집에 내몰려 이유도 모른 채 손톱만 물어뜯었다. 한번은 내게 문제가 생겼는데, 내가 다른 이들에게 자주 그랬듯이, 에릭 코너의 사무실에 불려가 이런 말을 들었던 기억이 난다. '스피라, 아직 먹구름이 끼어 있는 상황이네. 하지만 비는 더 이상 오지 않을 거야"라고 회상했다. 한 내부자는 바르부르크에서 쫓겨난 사람은 없었다고 캐리 라이히라는 기자에게 말했다. "대신 성공하지 못하는 사람은 그저 회사의 일상 밖으로 밀려나 왕따 신세가 되었다." 이것이 바로 스피라의 운명이었다. 그리고 이와는 상당히 다르지만 보다 고통스러운 일이 지크문트의 아들 조지를 기다리고 있었다.

이사진이나 상급자들의 자녀는 사무실에서 일할 기회 정도는 누릴 수 있었다. 이는 공공연하게 공표된 사항은 아니었지만 S.G.바르부르크의 불문율이었다. 헨리 그런펠드의 사위 오스카르 루이손은 1962년 10월에 입사해 두 달 뒤 루이자 그런펠드와 결혼했으며 승승장구하여 1969년 4월에 이사가 되었다. 그러나 지크문트는 항상 회사 내에서 가족에 대한 특혜는 있을 수 없다는 사실을 명확히 했다. 그런펠드의 아들 토마스는 바르부르크에 어울리지 않는 인물이라는 결론이 났다. 함부르크의 전통과는 다른, 확연한 변화 속에서 조지 바르부르크마저도 예외가 아니었다. 지크문트는 "가문의 후계자들은 충분히 능숙하고 창의적이며 꼼꼼하고 열심히 일할 때에만 관리직에 오를 수 있다"라고 선언했다. 그래서 지크문트는 아들이 '비인간적으로 어렵고 하등 쓸모없는' 서류들('쓸모없는 세금과 대차대조표 등등에 대한 이해하기 어려운 자료 일체') 때문에 진저리를 치는데도 회계를 공부하도록 했다. 조지는 런던앤드스칸디나비아제련에서 사업의 기초를 배운 뒤, 아버지 회사에 1954년 '젊은 동업자'로 입사했으며 1958년에는 이사라는 이름에 걸맞은 실력을 발휘하며 연합 부서에서 일하게 되었다. 그러나 몇 년도 채 지나지 않아 문제가 불거지고 말았다. 지크문트는 1956년 아르메니아 출신의 미국인이자 예일 대학 음대 교수의 딸인 엘리너 보쟌과 조지가 결혼하는 것에 찬성하지 않는 듯했다. 아마도 유대인 며느리를 원했던 것 같다. 두 사람은 일에서도 마찰을 겪었다. 1963년 1월, 조지는 '건강상의 문제로' 회사를 떠나겠다는 결심을 말했다. 이미 몇 번이나 비슷한 이야기를 한 뒤였다. '요령이었는지 전략이었는지 알 수 없는' 건강검진을 받은 뒤 그는 아버지에게 사표 수리를 요청했다. 하지만 그보다는 아마도 조지가 〈데일리 텔레그래프〉에 제보했던 내용이 진실에 가까울 것이다. "S.G.바르부르크는 (……) 성대한 상업 제국으로 발전하였다. 그러나 어떤 사람들은 제국주의적 삶보다는 스스로 무엇인가 하는 것을 더 좋아한다"라고 그는 말했다. '제국' 및 그 지배자와의 관계는 조지가 돌연히(순전히 아버지의 눈으로 보았을 때) 육류 가공 기업이자 바르부르크의 고객이었던 스미스필드앤드츠바넨베르크 그룹의 회장 겸 최고 상임이사와 말다툼한 후 이사직을 사임하자, 더욱 악화되고 말았다. 아들의 행동에 너무나 망연했던 바르부르크는 필적 분석을 위해 아들의 필체 샘플을 전문가에게 보내기까지 했다. 1967년 그들의 관계는 붕괴 직전까지 흘렀다.

파울 치글러에 따르면, 지크문트는 조지가 '일을 집으로 너무 많이 끌어들여 가정을 침범했다'고 생각했다. 그리고 '조지가 영국식 교육을 받은 탓에 그가 생각하는 바와 느끼는 바가 지크문트에게는 너무 낯설었던 것'도 불만이었을 것이다. 하지만 그것이 문제의 뿌리가 아니라는 사실을 치글러는 이내 알아차렸다.

네 아버지 같은 사람은, 특히 스스로 세상을 창조해야만 하는 환경을 겪은 사람은 거의 예외 없이 자신의 아들이 본인의 복제판이기를 기대하며, 사실은 더 나은 사람이기를 희망한다. 그러므로 그런 이에게 실망이란 재앙을 초래한다. (……) 사업은 네 아버지의 유일한 고향이었다. 하지만 또한 그 고향은 너를 위한 것이기도 했다. 그러므로 너는 아버지의 세계에 들어가 계속 일함으로써 그 인공적이고 텅 빈 아버비의 세계를 밖으로 끄집어내 현실과 이어주어야 했다. 하지만 그때 너와 아버지 사이에 틈이 생겼다. 이제 할 수 있는 일이란 성공의 수레바퀴를 쉼 없이 돌리는 것뿐이다. 그 수레바퀴란 것은 우리가 다루어야 하는 평범한 사람들 때문에 돌리기 힘들 때도 많고, 평범한 사람들의 짧은 생각과 물질에 대한 욕심을 무시하면서 돌려야 하는 것이기도 하다.

처음에 지크문트는 조지와 바르부르크 투자 부서의 전 관리자 밀로 크립스가 자신들의 은행 C.W.캐피탈(1973년부터 크립스바르부르크)을 설립했다는 소식에 동요하는 것 같았다. 그가 가족이라 여겼던 S.G.바르부르크의 핵심층이 실제로는 가짜였다는 사실을 알아버린 것이다. 조지의 분리 독립은 그의 진짜 가족과 일터에서 선택할 수 있는 친분 관계 사이에 나타난 최후의 분열이나 다름없었다. 지크문트는 언젠가 도리스 바서만에게 물었다. "우리 그동안 어떻게 잘 지냈던 거지?" 그러자 그녀가 대답했다 "간단해요. 사장님이나 나나 오늘이건 내일이건 언제라도 떠나라고, 혹은 떠나겠다고 알릴 수 있었으니까요. 우리에겐 어떤 유대감도 없어요. 그 덕에 우리는 함께할 수 있는 거예요. 유대감 없이도 잘 지낼 수 있으니까요. 하지만 나나 사장님이나 각자와 가족에 단단히 묶여 있어요. 이건 쉽지 않은 문제예요." 도리스는 지크문트의 상황을 잘 알고 있었다.

자격을 갖춘, 아들을 대신할 인재가 필요하다는 생각에 지크문트는 오랜 시간 고민했다. 젊은이들은 차례로 아들 자리를 차지했다. 몇 년간 자리를 유지했던 경우도 있었지만 거의 매번 열병에 가까운 지크문트의 편애는 이내 사라지거나 다른 이에게로 옮겨갔다. 피터 스피라는 이렇게 설명했다. "지크문트는 아들이 자신에게서 받은 머큐리시큐리티의 주식 때문에 상속세가 발생할 것 같자 아버지의 생명 보험을 들게 해달라고 눈치도 없이 부탁해왔던 일을 결코 용서한 적이 없다. 이후 유동성 있는 자산으로 교환하기 위해 조지가 그 주식의 일부를 팔자 상황이 더욱 악화되었다." 한때는 로널드 그리어슨이 지크문트의 사랑을 독차지하기도 했다. 지크문트의 딸 애너의 신랑감으로 생각할 정도였다. 그러나 1965년, 그는 바르부르크의 신뢰를 잃은 듯해 보였다. 지크문트가 영입하기 위해 부단히 노력했던 호주 출신 재원 제임스 울펀슨은 언제라도 회사에 들어오라는 지크문트의 초대를 물리치고 뉴욕의 슈로더스 운영진으로 갔다. 한번은 제이콥 로트실트가 지크문트의 마음에 쏙 들었던 적도 있었다. 그러나 1970년, 제이콥이 바르부르크에 들어오기 위해서 굳이 N.M.로트실트를 그만두지는 않을 것 같다는 결론이 났다. 거트 휘트먼은 짧은 시간 사랑을 받았지만, 뉴욕의 아이라 웬더와 마찬가지로 이내 관심 밖으로 밀려났다. 알브레히트 마투슈카 백작은 친구들 중 하나가 바르부르크의 'US 연금 기금에 대한 권고'의 세부 사항을 흘리는 바람에 내쳐졌다. 그리고 한스 부트케와 톰 페체크(찰스 페체크의 형) 역시 지크문트를 실망시켰다. 도중에 실패하지 않고(혹은 바르부르크에게서 도망가지 않고) 유일하게 남은 자는 데이비드 숄리였지만, 그의 대관식은 아직 먼 미래의 이야기였다.

그 어떤 후계자감도 눈에 뜨이지 않자 지크문트는 본능적으로 자신의 또 다른 자아이자 지크문트의 뒤를 이어 1964년에 회장이 되고, 조용히 회사에서 영향력을 키운 헨리 그런펠드에게 위임하겠다는 생각을 하게 되었다. 1967년 런던에서 열린 이사진 만찬의 밤에, 젊은 이사들 사이에 파다한 소문에 답하여 지크문트는 그런펠드를 서열 1순위로 택했다는 메모를 그런펠드 본인에게 전달했다. 지크문트는 바르부르크 이사회처럼 거대한 단체에서는 '민주적 전원 일치'를 향해 나아가는 일이 불가능하다고 주장했다. 차라리 민주적 리더십이 타당하겠다는 뜻이었다. 그가 볼 때 민주적 전원 일치란 '과도한 의회주의와 관료적 장애물'이라는 위험을 무릅써야 한다는 것을 의미했다.

과거 내가 맡았던 책임의 커다란 부분을 자네에게 이양하므로, 이 책임이 다른 이에게 넘어갈 때까지는 자네가 궁극적인 권한을 가지는 게 마땅하며, 혹시라도 다른 이들과 권력을 공유한다면 오로지 자네가 적절하고 옳다고 여기는 만큼만 내어주는 게 당연하다고 생각한다.

나이를 불문한 모든 이사진에게 호소하는 바는 당분간 그런펠드가 소유하게 될, 가능한 한 누구나 존중해야 하는 회사의 이윤에 대한 권리를 누구도 시샘해서는 안 된다는 것이다. 나나 다른 나이 든 이사들, 혹은 젊은 이사들과 상의를 했든 안 했든 상관없이 말이다.

이것은 10년을 넘는 기간 동안 회사를 이끄는 모범이 되었다. 달링은 1960년대까지 "실제로 (……) 사람에 관한 결정과 전반적인 방향은 지크문트가 이끌었지만 회사를 운영한 것은 헨리 그런펠드였다"라고 말했다. 지크문트는 여전히 스스로를 '내각의 내부적, 외부적 활동에, 심지어 자신이 조언하지 않았던 일들과 자신이 반대할게 뻔한 방식으로 이루어진 일에 관련해서도 전반적인 책임을 지닌 행정부의 수장'으로 여겼다. 아마 왕국을 떠나 종종 먼 곳을 다니는 군주라고 하는 편이 더 정확한 표현일 것이다. 1970년 지크문트가 S.G.바르부르크와 머큐리시큐리티에서 사임하자, 점차 그런펠드가 권력의 중심에서 총리와도 같은 역할을 하게 되었다. 이제 지크문트는 상징적인 명예 회장이 되어 자신이 창조했던(혹은 저절로 생겨난) 회사를 지배하는 것도 아니요, 큰 책임을 지는 것도 아닌 새로운 10년을 향해 가고 있었다.

하지만 실제로는 그 어떤 때보다도 그의 힘이 크게 작용하고 있었다. 그 힘은 이제 S.G.바르부르크의 사무실 밖 세상에까지 뻗어나가고 있었다. 지크문트 바르부르크는 영국의 가장 큰 회사들뿐 아니라 나라의 총리에게까지 조언을 주는 역할을 하게 되는, 경력의 정점을 향해 다가가고 있었던 것이다.

10

영국의 금융 주치의

해럴드 윌슨은 가공할 유산을 물려받게 되었다. 1914년 이후로 수입 이상의 지출을 해왔던 영국이 앞으로도 영원히 그렇게 살 수 있으리라는 가정하에 운영되었던 국내 경제 체제를 떠안게 된 것이다. 이제 마침내 영국 사람들은 현실을 서서히 깨닫고 있다. 윌슨은 노조와 사용자 모두를 대상으로 영웅적인 싸움을 벌이고 있다고 생각한다. 그리고 종국에는 그가 승리하리라는 희망을 갖고 있다. 만에 하나 그가 패한다면, 그의 잘못이 아니라 영국 쇠퇴의 징조 때문일 것이리라. 영국이 진정으로 해결해야 할 문제는 앞으로 10~20년 동안 영국의 강점과 필수적인 요소들이 약하고 병든 요소에 비해 월등하다는 것을 증명할 수 있는가다. 약점과 병든 요소들의 온상은 주로 런던이라는 도시다.

— 1966년 8월 1일, 지크문트 바르부르크가 에드문트 스티네스에게
보낸 편지 중에서

지크문트 바르부르크는 윌슨에게 금융 분야의 라스푸틴이었다. 윌슨에게 사악한 생각을 강요하였지만, 윌슨은 돌이킬 수 없는 순간이 될 때까지도 그 본질을 꿰뚫어보지 못했다.

— 1968년 2월 15일, 조 하이먼

골치를 앓고 있는 문제를 알려주시면 이윤을 낼 수 있는 방법을 알려드리겠습니다.

— 지크문트 바르부르크

1

"영국은 후진국이 되어가고 있는가?" 1956년에 지크문트 바르부르크가 자문했던 말이다. 그는 1970년대에 영국을 파산 직전까지 몰아갔던 저성장과 물가 상승이라는 두 가지 현상이 도래하고 있음을 두려워하고 있었던 것이다(1년 후 이에 관해 분명한 입장을 밝히게 되었다). 짧은 기간 재직했던 영국 재무장관 피터 소니크로프트가 영국이 국제통화기금(IMF)에 차관을 신청할 가능성을 더 높여놓자 지크문트는 다음과 같은 생각을 피력했다. "잘될 리가 없는 도박이다. 우리는 1931년의 위기 상황으로 내몰리고 있는데 이번에는 물가와 실업률이 동시에 올라간다는 차이가 있을 뿐이다." 이런 걱정을 실업률이 2퍼센트 이하이고 소비자물가 상승률이 5퍼센트 아래이며 하락하는 추세인 상황에서 했으니 조금 지나치다는 생각을 할 수도 있다(1959년에 물가상승률과 실업률이 역전되었다). 지크문트의 선견지명은 대화 상대를 선택할 때 더욱 빛을 발했다. 자신의 불길한 예감을 피력한 상대는 바로 노동당의 내각 예정자인 해럴드 윌슨이었던 것이다. 1960년대에 영국 정치를 주도하게 된 그는 역대 영국 총리 중에서 가장 지크문트 바르부르크의 말에 유념한 인물이었다. 두 사람의 관계가 공식적으로 기록된 것은 없다. 당연한 것이, 이전에 영국 보수당 정권을 향해 윌슨은 다음과 같이 일갈했던 것이다. "영국 여왕의 백성들의 번영과 행복에 실질적으로 영향을 미칠 결정은 하원의 외부에서 내려지고 있다. (……) 그 결정을 내리는 것은 클로어가, 코튼가, 라자드가, 바르부르크가와 같은 이들이다. 정부는 이러한 실업계 거물들을 견제하지 않고 있다. 정부는 자신의 책임을 방기하고 있다.” ‘취리히의 작은 도깨비들’이라는 말로 외국의 금융 권력을 표현했던 사람이 독일에서 태어나 스위스로 이주한 독일계 은행가에게 상당 부분 의존하게 되었다는 것은 놀라운 일이라 볼 수 있다. 한번은 지크문트가 윌슨을 위해 스위스의 중앙은행장인 취리히 출신 금융인, 에드윈 스토퍼와의 자리를 마련하기도 했다. 그런 과정을 통해 취리히의 작은 도깨비들에 대한 윌슨의 오해를 불식해 나갔던 것이다.

윌슨이 지크문트에게 금융 상담을 받게 된 이유를 찾는 건 어려운 일이 아니다. 1960년대 초반 거듭되는 금융 문제로 골머리를 앓고 있는 영국 정부에 도움을 줄 수 있는 것은 영국 런던의 기업보다는 S.G.바르부르크가 더 적절해 보였던 것이다. 21세기의 기준으로 보면 1960년대 영국의 경상수지 적자는 그리 대단한 수치가 아니다(최대 적자가 1964년에 국내총생산(GDP)의 1퍼센트였다. 1989년의 4.9퍼센트와 비교해볼 일이다). 자본수지의 순유출도 국내총생산 대비 그리 많지 않았다(1960년대와 1969년 사이 총액이 1억 7400만 달러에 불과했다). 하지만 당시 국제 자본의 양이 비교적 제한돼 있었고, 국제 교역량이 급속도로 증가했다는 점을 생각하면 이런 적은 규모의 불균형으로도 심각한 경제적 어려움이 초래될 수 있는 상황이었다. 특히 영국과 같이 해외 주둔군 유지 경비가 많고 영국 파운드를 외국에서 많이 보유하고 있는 상황에서는 더욱 그랬다. 미국 달러에 대하여 고정환율제를 유지하려고 애를 쓰는 정부는 비축된 통화량이 조금이라도 급속하게 떨어지는 것을 경계해야만 했다. 1949년 9월 30퍼센트의 통화 평가절하로(파운드 환율이 2달러 80센트까지 낮아지게 되었다) 영국 통화는 일시적인 지급 유예 사태를 겪게 됐다. 1967년 훨씬 이전에 화폐의 평가절하 가능성은 이미 감지되고 있었다. 1961년

7월, 1964년 11월, 1965년, 7월, 1966년 7월에 파운드화를 대상으로 한 투기꾼들의 공격이 있었던 것이다.

이런 문제의 대응책으로 지크문트가 맥밀런 내각에 충고한 것은 재무부에서 보유한 수에즈운하회사, 브리티시페트롤리엄 그리고 그 외 다양한 미국계 회사의 지분을 담보로 삼아 자금을 조성해서 영연방 개발 금융 회사와 같은 기관을 설립하라는 것이었다. '외국 자본, 특히 북미와 독일의 자본'은 영국 연방에 투자하는 데 호의를 보일 것이었다. 왕정이 '직간접적으로 소유한 자산의 노른자위'가 제시된다면 말이다. 지크문트의 말을 그대로 빌려오자면, 이것은 '노골적인 정치적 제스처와 함께 금융 거래가 혼합된 형태'였다. 지크문트가 이런 안을 두 차례 제안했지만 관료들은 모두 이중적인 반응을 보였다. 총리 본인의 반응은 열렬했다. 맥밀런도 말했듯이 그것은 '야심적인 머천트 뱅크(상인 은행, 환어음의 인수와 증권 발행 업무 등을 하는 금융 기관)'로 그렇게 되면 재무부나 영국은행보다 쉽사리 일할 수 있을 것이었다. 하지만 내무장관은 모호한 입장을 취했고, 재무부는 회의적이었으며, 영국은행장은 반대했다. 지크문트의 제안이 결국에는 받아들여졌지만 실행에 옮겨진 것은 토리당이 정권을 내놓을 즈음이 되어서였다.

1950년대 영국 정치계를 호령했던 보수당은 1960년대 초반에 들어서면서 쇠퇴하는 것 같았다. 전쟁장관의 사생활을 둘러싼 스캔들은 영국 지배층에 대한 지크문트의 낮은 평가를 뒷받침해주는 사건이었다.[1] 프로퓨모 같은 추문 스캔들로 타락하지 않은 14대 홈 남작

<hr>

1 "정치적인 면을 제쳐두면 이 일에는 도덕성 문제뿐만 아니라 취향과 체면에 관련된 문제도 있었다. 저명한 사람들이 옷을 벗고 가면과 양말만 착용한 채로 벌이는 파티가 정기적으로 열렸던 것이 사실이라고 한다! 이런 파티 중 가장 로마

도 지크문트에게는 그리 좋은 인상을 주지 못했다. 더글러스 홈이 1963년 맥밀런의 뒤를 이어 총리직을 맡았던 인물이다. 그 뒤를 이은 노동당의 '14대 윌슨'(홈이 재치 있게 윌슨에게 응수했던 말이다)은 아주 역동적인 인물로 보였다. 당시 지크문트는 '표류하는 정책과 그 구시대적인 이미지가 영국의 이미지에 투영된다는 이유로 보수당에 매우 비판적'이었다. 태평한 성격의 내무장관, 레지널드 모들링과 같은 이들이 '자기만족'에 젖어 있었던 것이다. 상황은 내각의 변화를 준비하고 있었다. 1964년 10월 16일, 바로 전해에 노동당을 장악한 해럴드 윌슨은 노동당이 의회에서 간신히 다수를 유지하고 있는 가운데 총리에 임명되었다.

새로운 총리는 '영국은 이 (기술) 혁명의 열기 속에서 연마되어 산업의 주체 모두에게 구시대적인 잣대를 들이대거나 경쟁을 제한하는 일이 없도록 하겠다'는 대담한 선언으로 지크문트를 비롯한 여러 사람들을 열광하게 했다(1963년 스카버로에서 열린 노동당 전당 대회에서 한 말이다). 이것은 윌슨 추종자들이 말하는 '영국민들의 삶의 방향에 불어온 역동적이고 흥미진진하며 감격적인 변화'를 말하는 것이었다. 지크문트는 새로운 정부가 직면하게 될 도전 과제에 대해 어떤 환상을 갖고 있지는 않았다. 주기적으로 반복되는 외환 위기, 노동조합의 경쟁 제한 행위, 런던의 '불건전하고 약한 요소'는 심각한 문제였다. 하지만 그는 새로운 정부를 돕는 '급진적인' 은행가의 역할을 할 수 있는 기회를 즐겼다. 비록 다른 금융 업계는 그런 정부를 맞이해 위축되었지만 말이다. 지크문트는 1964년 2월에는

스타일로 난잡했던 것은 스티븐 워드가 주최한 것이었다. 친애하는 영국의 상류층을 대표한다는 사람들이 모두 그곳에 참석했다." 1963년 6월 13일 자 편지의 일부.

월슨과 몇 명의 기업가를 이턴 광장에 있는 자신의 집에 초대해 저녁
을 대접하면서 '솔직하고 편안한 대화'를 나누기도 했다. 그로부터
8개월 후에 월슨과 돈독한 관계를 맺어둔 보람을 얻게 된다. 지크문
트는 다우닝가 10번지의 영국 총리 관저에 발을 들여놓을 기회를 갖
게 된 것이다.

2

지크문트의 시각에서 월슨이 지켜야만 하는 경제 원칙은 간단했다.
무슨 일이 있어도 다시는 파운드화의 평가절하가 없도록 하는 것이
었다. 잭 함브로와 공저하여 1964년 11월 21일에 출간했던, 〈타임
스〉에 보내는 지크문트의 편지에서도 이를 볼 수 있다. 파운드화의
평가절하는 "파운드화를 신용하고 거래하는 사람들의 신뢰를 해치
는 일이 될 것이기 때문이다. 그것은 영국 전체를 혼란에 빠뜨리고
향후 무역 조건을 불리한 방향으로 이끌게 될 것이다. 평가절하와
같은 조치로는 기껏해야 현재 영국의 경쟁력을 일시적으로 상승시
킬 수 있을 뿐이다." 지크문트는 월슨이 총리직에 당선되기 이전에
이미 이런 시각을 월슨에게 피력했던 것이 분명하다. 월슨이 총리가
되고 나서 노동당 정권이 시작되는 첫날, 제임스 캘러핸과 재무장관
조지 브라운과 함께 통화의 평가절하 정책 가능성을 제거한 점은 의
미심장하다. 1966년이 되기 전까지는 이론이 없었던 이 결정은 급진
파 측에서는 오랫동안 치명적인 실수로 보아왔다. 1964년 11월 30일
지크문트는 새로운 총리와 금융 문제를 논의하는 회의를 시작하여
그 횟수를 거듭해갔다. 월슨은 '지난 몇 주 동안 런던에서 자본이 빠

져나간 것이 상당히 당황스럽다'는 점을 솔직하게 말했다. 이에 대해 지크문트는 새로운 기업 과세 내용이 포함된 사전예산안이 핫머니의 회수를 일으켰다고 주장했다. 그가 약술한 파운드화의 효과적인 방어를 위해 필요하다고 생각한 대책은 다음과 같다. '국방 지출의 실질적인 감축', '월슨이 지속적으로 추구했던 정책인 수출에 관한 세금 인센티브 제도 시행', 그리고 지크문트의 장기인 '후진국과의 외환 거래가 주는 재정적 부담을 영국 정부가 지지 않게 하는 해외 주제 개발 기업 설립'이었다. 보수당 치하에서 이 아이디어는 공무원들의 의심을 사서 좌초되었다. 정권이 바뀐 후에도 같은 공무원들과 관리들이 있었으니 같은 반대가 있었다(실패할 수도 있는 위험한 프로젝트에 외국 자본을 유입시키기 위해 가치 있는 자산을 저당 잡힌다는 내용의 반대였다). 이 계획의 진정한 핵심이 국내 준비금의 축적을 지원하는 데 있지 영연방에 투자하는 데 있지 않다는 것이 뒤늦게 알려지게 되었어도 반대가 있었다. 과거 공무원으로 일했던 월슨은 영국의 관청가 화이트홀의 방식에 정통했다. "지크문트 바르부르크의 제안으로 얻을 수 있는 것들을 과소평가하지 않을 것이다." 월슨은 비관적인 재무부 회보에 이렇게 적었다. "그는 외채를 조달하는 데 성공하지 못한 적이 없다."

지크문트는 '상당한 기간 동안 파운드화가 약세에 머무르게 될 것'이라고 생각했다. 그럼에도 '경제적 관점에서 파운드화의 평가 절하는 반드시 피해야만 하고 피할 수 있는 일이었다.' 그해 5월 영국 총리와 만나는 자리에서 그가 돌이켜보았던 주제 역시 이것이었다. 지크문트는 연방준비제도이사회와 영국은행 사이에 선제적인 공수동맹을 맺을 것을 제안했다. 이 역시 월슨이 받아들였다. 통화의 평가절하에 관한 주제로 그 외에도 몇 번의 만남이 있었던 것 같다. 한번은 헨리 그런펠드가 지크문트의 주장을 지원하기 위해 런던에서 웨스트민스터로 호출되기도 했다. 그룬펠드는 정치인들의 '완벽한 이해 부족'에 실망했다. 그에게 정치인들은 '오로지 정치적인 이유로 현재 당면한 사실과는 아무런 관계가 없는 것들만 이야기하는 아마추어 예술 평론가'로만 보였다.[2]

한동안 지크문트가 선호하는 대중과의 소통 채널은 '타임스 서신'이었다. 그와 함브로는 1965년 11월 글에서 영국 기업의 해외 차입 제한을 철폐해야 한다고 제안했다. 하지만 그것은 윌슨 정부에 지크문트의 개입이 더욱 커져갔다는 것을 의미했다. 1966년 10월, 지크문트는 「파운드화의 문제」라는 제목의 신문 기사를 장문으로 작성하고 발표하면서 영국의 '통화 문제에 관한 지나친 근심증과 불안해하는 분위기'에 반격을 가했다. 지크문트는 관련 통계를 세심하게 살피면서 영국의 해외 국방비 지출이 외화 차입 능력과 균형이 맞지 않는다는 이전의 입장으로 선회했다. 그는 과거 식민지 국가가 독립하기 이전에 축적해온 파운드 잔고로 인한 지속적인 부담을 애석해했다. 하지만 지크문트는 낙관주의를 버리지 않았다. 영국의 대외 자산은 여전히 외채 금액을 상회하고 있었다. 여하튼 간에 통화의 평가절하는 수입 원가의 상승으로 비용이 증가하고 다른 국가와의 평가절하, 정부의 신뢰성 상실이라는 대가를 치러야 한다는 결점을 메우기에 충분한 정도의 장점도 가지고 있었다. 지크문트는 영국 정부와 정치가들은 전쟁 이후로 그가 말했던 '파운드화 콤플렉스'에 사로잡혀 있다고 진단했다. "그것은 상당한 콤플렉스였고 (……)

---

[2] 윌슨은 평가절하에 관한 회의들의 기록이 폐기되었다고 주장했다. 어떤 경우에는 사소한 사항만 기록되었다.

지금도 여전한 콤플렉스다. 정신분석학적으로 말하는 그 콤플렉스로 열등감과 우월감이 혼합된 강박관념인 것이다." 윌슨이 파운드화의 평가절하를 피하는 정책을 고수하게 할 수 있는 사람이 있었다면 그것은 지크문트 바르부르크였다. 1966년 후반까지도 조지 브라운이나 캘러핸도 그런 정책을 신뢰하지 못하고 있었기 때문이다.

지크문트가 윌슨과 파운드화의 평가절하에 관해서만 논의했던 것은 아니다. 이 은행가는 수입 관세를 축소하고 부가가치세를 도입해서 직접 과세의 부담을 줄이고 영국이 보유한 금을 미국 통화로 환전하여 프랑스의 달러 압박을 저지해야 한다고 정치인들에게 거듭 권유했다. 장기 금리를 지속적으로 낮추기 위해서는 국채(영국 국채나 우량 증권) 거래에서 양도소득세를 면제해주라고 제안하기도 했다. 수출입 보증을 담보로 해외 경화(硬貨)를 얻을 수도 있다고 말했다. 지크문트의 또 다른 제안 하나는 기업이 파트너십을 기본으로 하여 노하우 개발을 증진시키는 가치 있는 계획에 대내 투자를 하도록 하라는 것이었다. 영국 재무부 관리는 늘 그랬듯이 화를 냈다(하지만 그들이 미국 달러보다 금을 더 선호했던 것의 정당성은 나중에 옳은 일이었음이 입증되었다). 당시 내각의 경제 정책 자문이었던 옥스퍼드 학파의 토마스 발록흐와 같은 좌파 경제학자들 역시 마찬가지였다. 토마스 발록흐는 지크문트가 영국 경제를 미국이 인수하도록 하려는 꿍꿍이를 갖고 있다고 의심했다. 발록흐와 그의 맞수 케임브리지 학파 경제학자인(동시에 같은 헝가리 출신인) 니콜라스 칼도어는 전혀 다른 정책 방향을 생각하고 있었다. 서비스업보다 제조업을 우대하기 위한 선택고용세와 15퍼센트의 수입과징금 같은 정책들이었다. 지크문트로서는 막을 수가 없는 조치들이었다. 그럼에도 윌슨이 지크문트의 제안에 보다 깊은 신뢰를 보였다는 것을 증명하는 일이 있었다. 1965년 11월에 있었던 남로데시아의 일방적 독립선언이 있은 직후 윌슨이 로디지아의 준비은행 은행장으로 지크문트를 임명하여 해당 은행의 해외 자산에 관한 영국의 통제권을 주장하려 했던 것이다. 다른 준비은행의 장들은 로디지아 중앙은행과의 관계가 사업적 이익에 해가 된다고 생각해서 물러날 것을 고려했지만, 지크문트는 그렇게 하지 않겠노라고 했다. 그의 생각에 그런 처사는 로디지아 정부를 크게 난처하게 만들 것이기 때문이었다.

지크문트와 윌슨이 의견 일치를 본 일이 또 있다. 과도한 임금 요구와 노동쟁의로 인해 정부에 닥칠 위협을 날카롭게 인식하고 있던 이 은행가는 정부의 물가와 소득 억제 정책에 열렬한 지지를 표했고, 내각은 국가가격소득위원회(NBPI)라는 새로운 기관을 통해 노동조합과 고용주와의 합의를 이끌어내어 인플레이션을 늦추려 노력했다. 그러나 지크문트는 생산성과 수출을 늘리기 위해 '긍정적인 인센티브'를 도입하라고 거듭 간청하기도 했다. 사실 그는 배당금과 임금, 물가에 영구적인 통제를 가하는 형태를 지지하기까지 했다. 이런 의견을 피력함으로써 그는 당시 런던의 다른 은행가 중에서 가장 좌측에 속한 사람이 되었다. 지크문트의 말에 윌슨이 귀를 기울이고 있으니 다른 장관들 역시 그의 충고를 청하기 시작한 것은 당연한 일이었다. 당시 재무장관이었던 해럴드 레버 역시 지크문트의 도움을 받았다. 지크문트는 당시를 회상하면서 '1968년 3월의 어느밤'이라고 말했다(관련 기록은 남아 있는 것이 없다). 윌슨의 허락하에 레버와 지크문트는 다음 달에 다시 만나 연중 계속되는 스털링 잔고 문제를 의논했다.

윌슨은 지크문트의 충고를 매우 흡족해했던 것이 분명하다. 1966년에 영국 총리의 추천을 받은 지크문트가 여왕 탄생일의 서훈으로 기사 작위를 받았던 것이다(그때 같이 기사 작위를 받은 사람은 〈파이낸셜 타임스〉의 편집자인 고든 뉴턴과 마이클 티펫, 에페트롤리엄의 회장과 같은 산업계의 수장들이었다). 지크문트는 '훈장이나 명예에 그리 예민한 사람은 아니었지만 자신의 기사 작위 수여가 다른 망명자들에게 용기를 줄 수 있다는 이유로' 그 영예를 거부하지 않았고, 수많은 축하 편지에 상당히 기뻐했다. 어쨌든 그것은 그에게 일대 이벤트였다. 사실 그런펠드는 '대영제국의 수입 과세를 96퍼센트가 되게 만든 행정부의 수장에게서 얻는 것'[3]이니 기사 작위를 받지 말라고 충고하기도 했다(그런펠드는 월슨을 혹독하게 평가하면서 그가 '미덥지 못한 뺀질이'라고 보았다). 찰스 샤프는 함부르크에서 지크문트의 복권에 관한 수년간의 논쟁이 있은 후에야 '지크문트 경'이 되기를 바라야 한다고 했다. 하지만 지크문트는 이런 반대를 무시하고 말했다. "우리 모두는 내심 허영심을 갖고 있지." 영국 금융계의 다른 이들은 기사 작위 수여가 부당하다고 생각했다. 영국은행장 크로머 경이 반대한 이유는 '지크문트가 자신의 영역에서 상당한 성공을 거둔 것은 분명하지만' 그가 '공적 인정을 받을 만큼 영국 런던의 사회 복지에 지대한 공헌을 한 것은 아니기' 때문이라고 했다. 이런 주장은 보다 불리한 논평들을 일으켰고 기사 작위를 받은 직후 지크문트는 곧 자리에서 물러나 이탈리아 토스카나의 호젓한 로카마레 휴가지에서 반년을 보내게 됐다.

하지만 앞서 살펴보았듯이 이것은 흔히들 생각하는 은퇴는 아니라고 보아야 한다. 지크문트가 직접 설명했듯이 그와 에바는 5월에

---

3 당시 최고 직접 과세율은 97.5퍼센트에 달했다. 임금과 월급에는 82.5퍼센트의 세금이 부과되었고 '불로(투자)' 소득에 대해서는 15퍼센트의 부가금이 덧붙여졌다.

서 10월까지 이탈리아에서 보낼 계획을 하고 있었다.

물론 이 기간 동안에도 종종 런던이나 유럽 대륙으로 여행을 가는 바람에 휴가는 방해를 받기도 했었다. 하지만 이런 방해도 여가를 보내는 데 손해가 되기보다는 오히려 도움이 된다는 것을 알게 되었다. 런던의 비서들은 교대로 한 명씩 늘 호텔 근처에 머무르고 있었기 때문에 그들의 도움으로 외부 세계와 연락을 하고 지속적으로 투고를 하고 그의 사업과 직접 관계가 없는 문제에 대해서도 일할 수 있었다.

지크문트도 잘 알고 있었듯이 이것은 보통 일이 아니었다. 지크문트의 친구들 몇몇은 휴가가 제대로 된 휴가가 아니라고 농담을 하곤 했다. 호텔 근처에 늘 비서가 대기하고 있고 매일 아침 몇 시간씩 구술해서 받아쓰게 하고 있기 때문이었다. 또한 하루에도 몇십 통씩 런던과 뉴욕 등지로 전화를 하기도 했다. 이런 식의 일은 1973년 지크문트 부부가 스위스의 블로네이로 거주지를 완전히 이주한 뒤에도 계속되었다(지크문트는 이탈리아 해안의 통신 상태가 불안정한 것에 안달을 하기 시작했었다). 물리적으로는 런던에서 떨어져 있었는지 모르지만 지크문트의 존재감은 지속되었던 것이다. 지크문트의 개인 기록물에 따르면 그의 이름이 적힌 사업 기록물은 은퇴 후에 실질적으로 증가했다고 한다.

그런데 문제는 윌슨이 지크문트의 말에 귀를 기울인다고 해도 영국 재무부에서는 파운드화에 가해지는 압박을 견뎌내는 최선의 방안에 대해 나름의 생각을 갖고 있었다는 것이다. 그리고 재무부 관리들은 1년 내내 런던에 머물러 있었고 영국 총리의 헝가리 출신 재정 자문가도 마찬가지였다. 1967년 11월 파운드화의 평가절하를 낳아 달러당 파운드 환율이 2.80달러에서 2.40달러로 추락하게 만든 정책의 시행은 지크문트에게는 '어설픈 지식과 오만의 놀라운 조합'으로 비춰졌다. 지크문트는 폴 마주르에게 쓴 편지에서 '통화 평가절하의 이유는 경제에 있는 것이 아니고 심리적인 성향에서 기인하는 것으로 오늘날 서구 전반에 만연한 질병의 하나로 보이는 통화염려증에서 시작된 것'으로 보았다. 문제는 영국이 국방이나 경제 정책의 많은 부분에서 낡은 제국주의의 우상을 포기하지 못하고 있으며 이른바 준비 통화 또는 기축 통화라고 불리는 역할을 스털링화가 맡아야 한다는 생각을 버리지 못하고 있다는 데 있었다. 그리고 '이제는 폐기된 과거 제국주의의 유풍을 제안하고 있는 가장 문제가 되는 부문'은 다름 아닌 '영국 재무부와 외무부'였다. 지크문트는 이후 〈선데이 텔레그래프〉에 익명으로 기고한 글에서 이렇게 말했다.

사람들은 재무부의 월등한 환경을 접하게 되면서 (……) 이상한 종류의 지적 오만감에 물이 듭니다. 그들은 칭송을 받는 명사들이죠. 하지만 그 자리에 앉아 있는 것에 행복해하지, 원래 그들이 속해 있어야 할 케임브리지나 옥스퍼드에서는 행복해하지 않습니다.

모두들 고결한 최상위 계층의 사람들로 능력도 많은 훌륭한 이들이지요. 하지만 지난 수년 동안 지켜본 결과 그들은 자신들이 할 수 있는 모든 실수를 다 했습니다. 아주 철저하게 일을 해내서 단 하나의 실수도 빼먹지 않았지요.

일례를 들면 우리 같은 사람들이 재무부에 전후에 스털링화가 기축 통화로서 유지되는 것은 말이 되지 않는다는 말을 해왔습니다만, 그때마다 그들은 너는 여왕을 암살할 사람이니 당장 감옥에 처넣겠다는 식의 시선만 보내올 뿐이었습니다.

이런 표현은 다소 지나친 감이 없지 않다. 파운드화의 평가절하가 월슨에게 닥쳐왔다고 해도 그것이 전적으로 재무부의 잘못만은 아니었다. 노동 불안뿐만 아니라 그런펠드가 불평을 해댔던 가혹한 과세도 영국에 자본이 유인되는 것을 어렵게 했던 것이다. 서비스 산업에 대한 과세는 잘못된 판단이었다. 관세 및 무역에 관한 일반협정(GATT)이나 유럽자유무역연합하에서 영국이 했던 공언과 부합되지 못한 수입 관세 정책도 마찬가지로 오판이었다. 그래도 후대 사람들이 화이트홀의 험프리 경 무리라고 부르는 이들에 대해 반대 의견을 냈던 지크문트의 의도가 완전히 타당성이 없었던 것은 아니다. 한때 그 엘리트들은 케인스의 모든 연구와 의견에 반대했지만, 한 세대가 지난 후에는 대부분 케인스 학파가 되어 월슨 정부 정책의 위험성을 과소평가하고 있었다.

기성 행정기관의 바람직하지 않은 압력에 대항하는 해결 방법은 당연히 내각에 새로운 인물을 끌어오는 것이다. 이상적인 선택은 S.G.바르부르크에서 새로운 인물을 영입하는 것이 될 터였다. 이 일은 현실이 되었다. 1966년 조지 브라운은 로니 그리어슨을 산업재조직협회라는 새로운 기관의 수장으로 스카우트했다.[4] 이 협회는 1억

---

[4] 그리어슨은 이 일을 피하려고 애를 썼다. 정부의 일을 맡고 싶지 않았던 탓에 그는 서둘러 하버드로 도주해서 그 유명한 헨리 키신저의 서머 스쿨에 참여했다. 하지만 그가 돌아오자 조지 브라운이 산업재조직협회의 일을 제안했고 해럴드 레버와 아널드 웨인스톡으로부터 제안을 받아들이라는 권유를 받게 되었다. 그리어슨 본인의 말을 인용해 당시 상황을 보자면 다음과 같다. "지크문트는 '내가 충고를 한다면, 이런 종류의 일을 제안받게 되었을 때는 그 일을 해내야만 한다고 말하고 싶네. 영국 총리가 직접 제안한 것이 아니어도 총리의 보좌관이 말한 것이 아닌가'라고 말했다. 나는 다른 몇 사람에게 더 이야기를 해보았더니 모두들 산업재조직협회란 기관은 '어처구니가 없다'라고 말했다. 나도 어처구니 없는 곳이라 생각하고 있었다. 하지만 '누군가 그곳을 맡아야만 한다면 그곳이

5000만 파운드의 예산을 배정받아 영국 산업계의 대외 경쟁력을 높여줄 수 있는 것처럼 보이는 기업의 인수 합병을 제안하고 그 과정을 지원했다. 3년 후인 1969년에는 이언 프레이저가 바르부르크를 떠나 인수합병위원회의 사무국장직을 수행했다. 이 기관은 독점과 합병에 관한 법률의 지원을 받아 잇따른 합병이 경쟁을 제한하지 못하도록 하는 일을 했다. S.G.바르부르크는 통화 문제뿐만 아니라 영국 국립석탄국(NCB)과 같은 국가 기관의 재정 문제에 관한 조언을 통상적으로 제공하고 있었다. 그리고 앞서 살펴보았듯이 이와 동시에 S.G.바르부르크에서는 전직 관리의 채용도 서슴지 않았다. 에릭 롤의 경우 경제국에서 은퇴한 후 부장급으로 채용했다. 롤은 화이트홀과 그레셤가 30번지 사이의 소통 채널을 제공하겠다는 의도를 분명히 했다. 거기에 과거 그가 관계를 맺었던 수많은 해외 정부와의 소통 역시도 책임지기로 했다. 바르부르크의 부회장으로 임명된 후에도 그는 공공 분야와 사기업 분야의 모임에 지속적으로 참여했다. 1968년에 그는 재무장관인 로이 젱킨스의 초대를 받고 영국은행의 이사회에 참여했다(사실상 영국은행의 장이 된 것이다). 그로부터 3년 후 히스 내각은 그를 전국경제발전협의회의 외부 인사로 임명했다. 1962년에 토리당 정권이 설립한 곳으로, 토리 정권 역시 경제 기획의 가능성을 믿었던 것을 알려주는 기관이다.

1967년의 통화 평가절하는 영국의 재정 문제를 해결해주지는 못하고 일시적인 유예 기간만을 주었다(지크문트가 예견했던 것과 같은 상황이었다). 정부는 긴축 재정 정책을 시행하고 세금을 올리며 국방

우리에게 해를 주지 않도록 자네가 막아줘야만 한다고 생각하네'라고 말들을 했다. 그래서 나는 그렇게 했다. 2년 동안 그곳에 있으면서 그 기관이 해를 입히지 못하도록 막아냈던 것이다."

비 지출을 줄였지만 하룻밤 사이에 영국은행의 준비금 감소 고갈분을 복원할 수는 없었다. 곧이어 파운드화 투매가 재개되었다. 1961년 이전 정부는 국제통화기금으로부터 20억 파운드의 신용 기금을 확보했었다. 이것은 윌슨이 이미 1965년에 파운드화를 방어하기 위해 사용했던 제도였다. 파운드화의 평가절하 이후 윌슨은 외국 통화 당국에 도움을 더 구해야만 했다. 문제는 국제통화기금이 혹독한 인플레이션 정책을 요구한다는 것이었다. 균형 재정의 구현과 국내 신용 과잉에 제한을 두는 것을 포함한 이 정책은 캘러핸으로 하여금 재무장관직에서 사임하도록 압박했다. 하지만 다른 대안이 없었다. 지크문트는 윌슨에게 다음과 같이 직접적으로 말했다. "독일에서 보다 많은 차관을 들여와야 할 필요가 있다. 특히 국영 산업을 위해 필요한 일이다. 재무장관도 이에 동의했고 이와 관련해 할 수 있는 일이 무엇인지 알아보겠노라고 말하지 않았는가." 지크문트가 검토했던 아이디어 중에는 국영 철강제조회사나 가스공급협회 같은 공공 기관이 유로채(비유럽 국가가 유럽 시장에서 발행하는 외화 표시 공사채)인 도이체마르크를 통해 외자를 일으켜야만 한다는 것이 있었다.[5] 실제로 가스공급협회는 이와 같은 경로로 1969년에 31억 파운드를 조성했다. 1971년 10월에 영국 공공 기관은 이런 차관 방식으로 1억 2200만 달러(51억 파운드)의 기금을 조성했다. 하지만 문제가 있었다. 재무부에서 재빠르게 지적했던 것처럼 이런 차관에는 심각한 정

---

5 지크문트는 영연방개발금융회사와 중앙전력발전위원회 혹은 국립석탄국을 위해 그 같은 론을 마련하자고 제안했다. 또한 국영 철강제조회사, 원자력기구, 가스공급협회, 우체국, 상위런던위원회 등을 위해서도 론을 고려하기도 했다. 의회의 의구심에 가득한 눈초리에도 재무부는 기꺼이 그러한 론을 고려하겠다고 했다. 그리고 실제로 10년 이내에 만기되는 환율에 대한 약속까지 해주었다.

도의 환위험이 도사리고 있다는 것이었다. 파운드화의 평가절하가 계속 진행되거나 도이체마르크의 일방적인 등귀 현상이 벌어지면 파운드화의 부채 규모는 하룻밤 새 증가할 수 있었다. 1967년 중반에서 1968년 중반에 이르는 4분기 연속 영국 당국은 파운드화 환율을 방어하기 위해 20억 2000파운드를 사용해야만 했다. 이는 영국은행의 전체 준비금 액수를 상회하는 것으로 대부분 유로채에서 자금을 조달해야만 했다. 이제 파운드화의 평가절하를 막아주고 있는 것은 국제통화기금과 여타 외국의 중앙은행들이었다.

1960년대 말엽, 파운드화에 가해지는 압박이 여전한 가운데 윌슨이 다우닝가 10번지에 입성하던 때보다 훨씬 높은 수준으로 실업률과 인플레이션율이 올라갔다. 정부의 장악력은 약화되어갔다. 1968년에 간행된 정부 백서 『투쟁을 대신해서』를 보면 당시 상황을 잘 알 수 있다. '역동적이고 흥미진진하며 감동적인 변화'에 대한 무모한 바람은 고질적인 산업 불안이라는 비참한 현실로 대치되었다. 영국의 경제 침체는 (그 유명한 윌슨의 공허한 말처럼) '내 주머니 속 파운드화'의 환율보다 더 깊어져만 갔다. 노동당 내각은 국가 계획안으로 영국 경제를 근대화시키겠다는 의도를 갖고 취임하면서 기술부와 경제부를 새롭게 창설했다. 공공 분야의 투자를 29퍼센트까지 대폭 늘리기도 했다. 하지만 그 결과는 자못 실망스러웠다. 1960년대에서 1970년대 사이에 영국의 국내총생산은 34퍼센트가 증가하고 생산성은 42퍼센트가 증가했던 것은 사실이다. 하지만 이탈리아를 포함한 다른 주요 산업 국가의 성과는 월등한 수준이어서 영국의 두 배에 달하는 생산성 향상을 선보였다. 영국이 세계적으로 1위에 등극할 수 있었던 것은 단 하나였다. 단위 노동 비용의 상승은 그 어떤 나라에서도 따라올 수 없었던 것이다. 영국의 제조업이 세계 시장에서 가차 없이 퇴출되는 것을 막지 못했던 원인이 되기도 하는 일이었다. 세계 제조업 시장에서 영국의 지분은 3분의 1로 떨어졌다. 무엇이 잘못되었던 것일까? 지크문트 바르부르크가 말했듯이 영국의 그 대단한 인내심이 아무런 효과도 보지 못한 것은 왜일까?

3

1960년대 중반 지크문트가 기꺼이 거시경제학적 처방을 제시할 마음을 먹고 있었다고 하지만 그의 주요 관심 분야는 사실상 미시경제학의 실행에 있었다. 행정 기관의 결함이나 파운드화의 어려움에도 불구하고 그는 영국 산업의 가능성에 믿음을 갖고 있었다. 그는 본질적으로 영국 기업에 최상의 재정 자문을 제공하는 것으로 그 가능성을 현실화하는 일을 돕는 것을 자신의 역할로 보고 있었다. 특히 그는 자신의 기업 금융과 의료업 사이에 비슷한 점을 끌어내는 것을 좋아했다. 1970년에 언론인 패트릭 허트버와 나눈 유례없는 솔직한 인터뷰에서 그는 이와 같은 유추를 해냈다.

　의사의 행동 동기에는 다른 사람을 돕고자 하는 이타주의와 좋은 직업을 가지려는 야망이 혼합되어 있습니다. 그런 바람은 성공적인 업무 수행에서 오는 내적인 만족감과 세속적인 인식을 통해 이루어질 수 있습니다. 이런 것으로 보면 좋은 의사란 제일 먼저 환자가 느끼는 불편함과 어려운 점에 세심하게 귀를 기울이고 환자의 좋은 면과 나쁜 면에 대해 완벽한 이해를 하려고 노력해야 합니다. 명확하게 보이는 증상만 볼 것이 아니라 환자의 상태를 신체적으로나 심리적으로 세분화하여 전체적으로 관찰하는 겁니다.

의사는 조금이라도 환자의 건강을 위태롭게 할 것들을 간과해서는 안 될뿐더러 환자가 가장 치명적인 고통을 받는 모습에 좌절해서도 안 되고 환자를 침상에 방치해서도 안 됩니다. 또한 좋은 의사는 환자의 마음에 들지 않을 일에 대해서도 말할 수 있는 용기를 가져야 하고 의사가 보기에 현명하지 못하다고 생각되는 일을 환자가 하고자 할 때 반대할 수도 있어야 합니다.

결론적으로 의사는 환자를 보살피면서 환자에게 최상의 보살핌을 줄 수 있는 방법을 생각하고 후에 환자에게 보낼 청구서에 관한 생각은 절대로 해서는 안 됩니다. 하지만 일단 의사가 자신의 일을 성공적으로 해낸 경우에는 부끄러워하지 말고 적절한 청구서를 제시해야 합니다. 저는 때로 인기를 잃게 될 것이 분명하더라도 사려 깊은 조언을 고집할 수 있는 용기와 서비스 품질이 가장 중요한 포인트라고 봅니다.

지크문트는 금융업을 일종의 특화된 재정 컨설팅으로 보았다. 돈을 빌려주고 예금을 예치하는 식의 전통적인 일로 이자와 수수료를 주 수익원으로 하는 것으로 보지 않고, 보상을 수수료의 형태로 받는 상당으로 본 것이다. 이런 이유로 지크문트는 고객과의 관계를 금융 기업의 주요 관심사로 삼아야 한다고 보았다. 여기서 중요한 것은 고객들이 '옳은 고객'이어야만 한다는 점이다. 지크문트는 1967년 동료들에게 다음과 같이 말했다. "우리의 주요 관심사는 이 나라와 미국, 유럽 대륙의 주요한 산업을 담당하고 있는 고객들을 보살피는 것이다." 1년 후에는 "우리의 야심에 찬 목적은 다른 몇몇 동료들처럼 주요 경쟁 업체보다 더 많은 사업을 하려고 하는 물량 공세가 아니다. 반대로 우리의 주안점은 대량으로 생산성을 향상시키는 사업을 하는 것보다는 S.G.바르부르크를 이 나라를 비롯한 외국의 산업계를 주름잡는 고객들에게 빼어난 서비스를 제공하는 엘리트 집단으로 자리매김하는 데 두어야 한다." 이언 프레이저에 따르면 지크문트는 그런 고객을 얻고 유지하는 데 유효성이 입증된 두 가지 방법을 사용했다.

지크문트가 강한 고객을 설득하는 데 사용했던 주된 방법은 논리와 사고의 독창성이었다. 약한 사람들에게는 아첨이라는 방법을 사용했는데 때로는 도가 지나친 아첨을 할 때도 있었다. 그리고 아주 많은 영국 산업계 인사들과 기업가들은 그 수법에 넘어갔다. 그런 수법에 넘어가지 않은 사람들의 훈육에도 문제없이 통하는 방법이었다. 상업은행의 영국 기업 고객 대부분은 이 특별한 기술로 확보된 것이라 말해도 과장이 아니라고 본다.

지크문트는 이런 사실을 이미 수년 전에 깨닫고 있었다. "허세를 부리는 재능이 금융업에서는 다소 중요하다"라고 솔직하게 말하기도 했다. 금융업은 기술이지 과학이 아니었다. "고객이 말하게 하라." 지크문트는 자신의 문하생에게 말했었다. "내가 팔아야만 하는 것을 고객에게 말하지 마라. 고객의 문제가 무엇인지 고객이 말하게 하면 그 문제에 대해 생각할 시간을 벌 수 있다. 그리고 고객의 언어로 고객의 어려움에 대한 답을 주도록 노력하라. 그러면 고객은 '이 사람은 정말 현명하다. 내가 항상 하려고 했던 것을 정확하게 말하고 있다'라고 생각할 것이다. 그리고 고객에게 그 아이디어를 실행시켜줄 사람이라는 인상을 심어주어야만 한다." 그리고 "유망한 고객과의 대화를 마칠 때는 반드시 다시 그와 연락할 수 있는 여지를 남겨두도록 하라. '안녕히 가세요. 몇 년 안에 한 번 뵙지요'와 같은 말을 해서는 안 된다. '저를 찾아와주서서 감사합니다. 방금 전에 말했던 그 책을 찾아서 보내드리도록 하겠습니다'라고 말하라. 문을 살짝 열어두고 (자리를 뜨게 되어) 다시 돌아올 그럴싸한 핑계를 만들어두는 것이 된다." 에릭 롤은 지크문트가 자기비하를 이용해 유망한 잠재 고객을 어떻게 무장 해제시켰는지를 잊지 않고 있었다.

새로운 고객이 오면 지크문트는 두 가지를 말하곤 했습니다. 일단 "저희가 바라는 만큼 능력이 있다고는 말할 수 없겠습니다만, 저희는 대단히 신중하고 사려 깊기는 합니다." 가장 먼저 이런 말을 했습니다. 그런 다음에는 조금 후에 고객이 자신의 어려운 점을 말하고 나면 이렇게 말했습니다. "고객님의 기업에서 생산하는 제품에 관해서는 제가 아무런 도움도 되어드리지 못할 겁니다. 소시지나 자동차를 기업에서 어떻게 만드는지는 고객님이 잘 아시죠. 저는 주변 환경에 관한 설명으로 도와드릴 수 있습니다. 특히 재정적 상황과 고객님이 반드시 하고자 하는 일과 관련된 재정적 측면 그리고 원하시는 바에 관해서 알기 쉽게 해석해드릴 수 있습니다." 그러고 나서는 이렇게 말하고는 했습니다. "제가 조언을 드리기 이전에 먼저 그런 일들을 고객님 생각대로만 처리했다고 하신다면 어떤 해법이 가장 이상적이라고 생각하시나요?"

지크문트는 고객의 참여를 유도하기 위해 이런 식의 법칙을 견지하고 있었는데 확실히 기존의 방법과는 차별되는 측면이 있었다. 가령 지크문트의 관점에서 보면 고객이 항상 옳은 것은 아니라는 식의 사고방식이 있다. "중요한 고객의 일을 맡을 가능성이 조금이라도 있다면 시종일관 변호사와 같은 시각으로 그를 옹호해야 할까요, 아니면 매우 중요한 고객일지라도 그들이 바라는 바나 생각에 동의하거나 거부할 수 있는 용기를 지녀야 할까요?"라는 질문을 받았을 때 지크문트는 다음과 같이 대답했다. "비판적인 의견을 내야만 하는 경우라면 고객이 아무리 마음에 들어 하지 않을 것이라 해도 그대로 표현하는 것이 저희 기조입니다. 중요한 문제와 관련해서 고객과 의견을 달리하는 경우에는 업무 대행을 거부할 수도 있습니다." 지크문트는 실제로 이런 지침에 따라 행동했다. 재정 주치의라는 이상적인 모습과 변호사라는 다소 기품이 떨어지는 접근 방법의 차이(지크문트의 관점에서 그렇다는 이야기다)가 바로 여기에 있다고 보았던 것이다. 또한 어려움에 처한 고객을 무조건 저버려서는 안 되었다. "불행히도 런던에서 종종 찾아볼 수 있는 행동 지침이 있는데 (……) 그것을 따라서 행동해서는 안 된다. 다시 말해 약자를 괴롭히는 일을 하고 또 약자를 괴롭히는 사람에게 아첨하는 행동을 해서는 안 된다는 뜻이다." 그리고 일이 잘못된 경우에는 '자기 평가를 하려 필사적으로 노력'하는 것 외에 다른 길은 없다. 이런 행동 지침은 모두 효과가 좋았다. 피터 스토먼스 달링의 회상에 따르면, 지크문트는 "전문적 기술이 뛰어난 천재는 아니었다. 하지만 사람들을 은행으로 불러모으는 데는 천재적이었다. 그런데 금융가란 무엇인가? 바로 고객이나 잠재 고객을 불러모으는 일을 하는 사람이다." 버나드 켈리는 자신의 개인적인 글에서 지크문트를 비난하곤 했다. 그는 자신의 상사가 점심식사와 저녁식사를 하면서 유망 고객인 스위스 사람들에게 하는 것을 보고 '바르부르크주의'를 다음과 같이 정의했다. "이야기를 질질 끌며 허송세월을 하면서 우리가 매우 도움이 되는 사람인 양 말하게 하고 긍정적으로 보이게 함. 하지만 실제로는 허풍을 떨게 만든 것임." 하지만 그도 지크문트에게 '자석과도 같은 존재감'이 있음을 부정하지는 못했다. 몇 년 후 주요한 스위스발 채권 발행이 성공되기 직전에 지크문트가 '압박과 영향력'을 적절하게 섞어서 '가까스로 성공해내는' 것에는 켈리도 경탄하지 않을 수 없었다.

주요 기업을 고객으로 선호하는 지크문트 덕에 런던의 다른 라이벌 기업과는 당연히 매우 경쟁적인 관계를 유지할 수밖에 없었다. 런던은 다양한 기업 간의 경쟁 제한 협정이 맺어져 있어서 기업 공개를 할 때 적정 가격보다 낮은 수준에서 가격이 정해졌다(증권 인수를 하는 기업들은 상업은행으로부터 고정된 가격을 받거나 상당히 인하된 가격을 감수해야만 했기 때문이다). 그럼에도 브리티시알루미늄을 두고 벌인 경쟁은 영국 금융에 새로운 시대의 도래를 알렸다. 상업은행은 더 이상 경쟁사의 고객을 점잖게 두고 보지 않게 되었다. 우리는 앞서 지크문트가 슈로더스에게서 어떻게 임피리얼케미컬인더스트리스의 국제 사업을 얻어냈는지를 보았다. 호커시들리그룹이 필립힐에서 지크문트로 전환하자 충성도에도 변화가 생겼다. 〈선데이 텔레그래프〉에서 언급했듯이 "한번 특정 상업은행의 고객이 되면 영원한 고객이라는 편리한 협정이 깨어져 최후를 맞았다."

그러나 영국 기업들에게 필요한 조언은 어떤 종류의 것일까? 지크문트가 찾은 해답은 한마디로 '경영 합리화'다. 전시 중에 독일 산업 내부가 집중화되고 병합되었던 것을 설명하는 데 사용되었던 경영 합리화라는 말은 1960년대 영국에서는 경쟁력이 없는 부문을 제거하고 규모의 경제를 이용한다는 의미였다. 그리고 그 방안으로는 인수 합병이 최선으로 떠올랐다. 강한 기업이 약한 기업을 인수하고 대규모 기업이 작은 기업을 먹어치우는 식이었다. 이 문제에 관한 지크문트의 생각은 간단하다. "우리는 (……) 서구의 경제적 내용 연수에서 훨씬 덩치가 큰 쪽으로 이동할 것입니다. 물론 인간적인 관점에서는 매우 유감스러운 일입니다만 최근 몇십 년 동안 기술 발달의 관점에서 보면 피할 수 없는 일입니다."

이런 면에서 브리티시알루미늄의 인수는 중요한 선례가 되었다. 특히 인수 합병 분야에서 S.G.바르부르크의 역량을 성공적으로 선전하였기에 더더욱 그랬다. 하지만 때로 새로운 자본의 유입과(유로채 발행이나 주식 발행 같은 형태를 띠기도 한다) 경영진의 교체만으로도 인수 합병이 가능하기도 하다.

바르부르크의 금융에 관한 내과적 진단(그의 의학의 비유를 따라 말한 것이다)은 1960년대에 인기가 높아져 번창했다. 브리티시알루미늄 쟁탈전의 전철을 밟아 모든 종류의 산업체들이 경영을 보다 공격적으로 펼치면서 그레셤가 30번지로 몰려들었다. 지크문트 자신은 영국 경제의 모든 분야에 전문적 지식을 보유하고 있는 척하지 않았다. 이와 관련해서는 에릭 롤에게 분명히 밝힌 적이 있었다.

그는 소시지를 만들거나 자동차를 만드는 일 또는 신문 발간이나 호텔 경영과 같은 일에 대해 알지도 못하고 알게 되기를 바랄 수도 없었다. 하지만 근대 사회에서 사업을 운영하는 데는 일정한 특징이 있었다. 구체적으로 금융에 관련된 일뿐만 아니라(이런 종류의 일은 완벽하게 마스터해야만 했다) 상당한 수준으로 유사한 면들이 존재한다. 그리고 다양한 경험과 판단력으로 조언을 할 수 있게 되기도 한다.

이언 프레이저에게는 더욱 자세히 말해주기도 했다. "절대로 공장을 방문하지 말게." 한번은 지크문트가 이언에게 이렇게 경고조로 말한 적이 있었다. "너무 깊이 감동을 받아 마음이 흔들릴 수 있네." 이것은 전혀 건방진 이야기가 아니었다. 1957년 지크문트는 이탈리아의 제강소에 금융업자들과 함께 방문한 적이 있었다. "나를 포함한 대부분은 위임을 받아 방문한 것이었다." 지크문트의 기록에 따르면 이 이야기는 다음과 같다.

그 기업체의 복잡한 기술적 측면에 대해 전혀 이해하는 바가 없었다. 하지만 나를 포함한 모든 사람들은 상당한 지식을 갖추고 있는 척하면서 현장의 모습에 깊은 인상을 받은 듯 보이려 노력했다. 위선과 허세가 판을 쳤다. 훨씬 더 솔직한 태도로 쓸데없는 애를 쓰지 않고 전문가들에게 자신의 무지를 인정했다면 좋았을 것이다! 최악의 위선자들은 나의 동료인 금융계 사람들이었다.

자동차 산업이 태동하는 데 참여한 경험이 상당했지만 지크문트는 자동차 엔진의 작동에 관해 자신이 무지함을 스스럼없이 토로하곤 했다(앞서 보았듯이 그는 자동차를 운전하지도 못했다. 그러니 수리는 말할 필요도 없을 것이다). 지크문트가 보유한 전문가적 식견은 보다 일반적이고 광범위한 것이었다. 경영 팀이나 기업체의 구조 조직과 관련된 사항을 향상시키는 중요한 일이었다. 조금 더 직설적으로 말하자면 불필요한 것들을 제거하는 일이라 할 것이다.

하지만 영국 금융이 앓고 있는 질병에 대한 치료는 얼마만 한 성공을 거두었을까? 윌슨 시대에 거시경제 정책은 실망을 안겨주었다. 정부 계획은 폐기되었고 파운드화의 평가절하를 어쩔 수 없이 수용하고 다시 한 번 인플레이션과 디플레이션이 번갈아 일어나는 정책을 쓰게 되었다. 1960년대의 미시경제학이 더 나을까? 산업제조직협회와 독점위원회에서 과거 지크문트와 일했던 사람들과 함께 영국은 인수 합병에 착수했다. 1965년에서 1973년 사이에 상무부에서 검토한 합병 건은 총 875건에 달했다(이 기관은 후에 통상산업부로 개명한다). 이 중 여덟 건만이 독점위원회에 회부되고 그중 여섯 건만이 제제를 받았다. 섬유, 토목, 언론, 자동차 산업 등 대부분의 주요 경제 분야에서 합병과 집중화 현상이 증가했다. 하지만 실적이 향상되었을까? 효율성이 신장되었을까? 아니면 윌슨의 경제 체제는 과열된 것일까?

여기서 수수료를 받고 조언을 해주었던 기업 금융과 머큐리시큐리티 자본의 직접 투자를(외국의 거래처 은행에 예치된 외국 통화의 예금 계정을 뜻하는 노스트로 계정과 관련된 일) 명확히 구분해서 살펴볼 필요가 있다. 후자는 상당한 리스크를 안겨주었다. 실제로 많은 투자가 일반 관리자의 접근 방법이라는 한계를 노출하고 있었다. 가령 1955년에 머큐리를 모회사로 둔 브랜다이스골트슈미트가 엘킹턴을 장악했었다. 엘킹턴은 은도금 식기류를 전문으로 제조하는 회사였다. 엘킹턴의 경영을 합리화하는 첫 번째 단계는 본부장을 교체하는 것이었다. 베어라는 이름의 본부장은 정신적으로 불안정한 상태였다(헨리 그런펠드의 회상에 따르면, 베어는 클래리지스 호텔 밖에서 지크문트에게 달려들어 '붙잡고 키스를 하다가' 호텔 사환이 나타나 어안이 벙벙해졌을 금융업자를 구해냈다고 한다). 그러나 불행히도 엘킹턴의 새로운 본부장으로 선택된 사람은 조금 더 나은 수준이었다. 지크문트를 설득해서 엘킹턴의 최대 은도금 공장을 구리 제련소로 개조한 그는 사전에 막대한 규모의 선도 계약을 맺어 손실을 냈던 것이다. 바르부르크는 기업 공개를 한 직후여서 필사적으로 손실 규모를 발표하지 않으려 했다. 그런 그의 의중은 아내에게 보낸 편지에서도 분명히 알 수 있다.

정성을 다해 세운 기업에 얼룩을 묻힐 어떤 일이 벌어진 것 같소. 사업가에게 너무나 중요한 위선적인 세상의 시각에서 보면 얼룩이 될 일이오. 이 새로운 사건은 우리에게 재정적인 해를 끼치진 않겠지만 기업의 전반적인 발전을 퇴보시키고 현재의 불운한 시기가 이후 내 아들이 이 사업을 이어받게 될 때까지 부담이 될 것이오. 내가 사랑하는 삼총사 헨리, 에릭, 어니스트가 이 사실을 알게 되면 내가 과장한다고 말할 거란 걸 잘 아오. 현재의 일을 지나치게 부풀려 보고 있고 다른 존경받는 금융 기업에서도 이와 비슷한 불운이나 실수를 당한다고 말할 것이오. 세 사람의 말이 맞기를 바라오. 그렇다면 좀 더 기운을 내볼 수 있을 거요.

삼총사는 침착함을 잃지 않았다. 그린펠드는 서둘러 손실을 내고 있는 구리 제련업을 브랜다이스골트슈미트의 자회사로 전환하고 엘킹턴의 나머지 부분을 델타메탈에 매각하여 주주들에게 약간의 이익을 안겨주었다. 이에 못지않은 재난을 초래한 일은 스포츠와 레저 기업인 엑셀볼링 투자 건이었다.

그렇다고 모든 노스트로 투자가 잘못된 것은 아니었다. 다각 경영이라는 시스템 전략의 일환으로 머큐리증권은 추가적인 자산을 확보하면서 보험(스튜어트스미스와 매튜스라이트슨), 컨설팅(메트로폴리탄연기금운영회), 광고(마시우스원-윌리엄스 에이전시) 여론 조사(갤럽)를 포함하는 금융 복합 기업의 형태로 진화해갔다. 석유 기간 시설 기업인 트렁크파이프라인 역시 잠시 동안 바르부르크의 지배를 받았지만 아무런 악영향도 받지 않았다. 거꾸로 머큐리증권이 잠시 동안 긴밀한 관계를 맺었던 미네랄세퍼레이션 주식회사가 은, 납, 아연을 전문으로 추출하는 일을 하다가 리오틴토에서 재무이사로 일했던 존 뷰캐넌의 지휘 아래 지주 회사, 즉 신탁 투자 회사로 진화한 경우가 있었다. 미네랄세퍼레이션에 머큐리가 보유하고 있던 15퍼센트의 지분은 최고의 자산이 되었다. 따라서 뷰캐넌은 바르부르크 그룹의 최대 외부 주주가 되기도 했다. 몇 년 동안 두 그룹은 밀접한 협력을 통해 사무실 공간을 나눠 쓸 정도였다. 하지만 1963년에는 그 관계가 끝나고 말았다. 뷰캐넌은 주식 시장이 약세일 때 머큐리의 지분을 한꺼번에 매각했고 머큐리의 이사회를 퇴임하면서 도전장을 던졌다. 지크문트는 76세의 뷰캐넌이 고령이고 '고집이 세서' 미네랄세퍼레이션의 임원직을 유지하기 어려울 것이라 생각했다. 1964년 6월에 지크문트와 다른 이사진이 미네랄세퍼레이션 이사직에서 물러나자 독자 행보에 나섰다. 이런 식의 고약한 임원진 분쟁은 1960년대 영국에서 흔히 볼 수 있는 일이었다. 미네랄세퍼레이션이나 머큐리 양측이 서로의 관계에서 이득을 얻었는지 아니면 불화에서 유익함을 얻었는지는 생각해볼 일이다.

당시 영국 경제에서 경영 합리화의 여건이 가장 무르익은 경제 분야로는 섬유 산업을 꼽을 수 있겠다. 한때 영국 산업혁명의 최전선에 섰던 영국 북부와 중부 스코틀랜드의 면과 모직 제조업은 1960년대에는 위험한 지경에 처해 있어서 일본 등의 저비용에 고효율 생산업자들과의 경쟁을 버텨내지 못하고 있었다. 합병이 해법인 것처럼 보였다. S.G.바르부르크는 코톨즈에게 컨설팅을 해주었다. 코톨즈는 프랭크 키튼의 리더십 아래 조섬유 전문 업체에서 세계 최고의 섬유 제조 업체로 성장하고 있었던 터였다. 1970년대 중반에 이르러서는 랭커셔코튼과 파인스피너스, 더블러스와 같은 기업을 인수해서 임피리얼케미컬인더스트리스의 적대적 인수 시도를 막아냈다. 바르부르크는 글래스고의 소비자 금융 시장과 통신 판매의 왕으로 불리는 아이작 울프슨 남작을 돕기 위해 워닝앤드질로와 에어울, 위팅엄 등과 같은 기업과의 합병을 성공시키기도 했다. 그리 행복하지 않은 결말을 보여준 사례는 바이엘라(모직과 면의 혼방으로 만든 고유한 섬유의 이름을 따서 지은 사명)의 흥망성쇠다. 조 하이먼이 게인즈버러코나드와 윌리엄홀린스 같은 기업들을 합병해 세운 이 기업체에 대해 피터 스피라와 마이클 벤틀리는 바이엘라에 대하여 1년 동안 무려 열세 번이나 공개 매입을 가했다. 하지만 이언 프레이저가 보는 시각에서 바이엘라는 '랭커셔와 미들랜드의 면방직과 비스코스 산업의 유물들을 한꺼번에 쑤셔넣은 쓰레기통일 뿐'이었다. 그리고 하이먼이 뻔뻔스럽게도 머큐리증권을 매수하겠다고 매수 호가를 제안하는 바람에 호의적인 관계는 끝이 났다. 그로부터 머지않아 하이먼은 회장직에서 쫓겨났고 뒤이어 바이엘라는 캐링턴앤드듀허스트의 먹잇감이 되고 말았다.

그러나 유사한 관련성이 있는 화학 산업을 담당하는 임피리얼케미컬인더스트리스에 대해서는 바르부르크가 유로채에 대한 조언을 제공하고 화학비료 기업인 피슨스를 위해 정기적으로 업무 대행을 담당하여 스펜서케미컬과 브리티시드러그하우스의 주식을 확보해주었다. 제지와 포장을 전문으로 하는 템스보드밀의 주식을 음식과 다양한 생활용품을 만드는 유니레버가 매입하게 한 것도 바르부르크였다. 하지만 유니레버에 의한 엘리스앤드에버라드 주식의 적대적 매수를 방어해준 것도 바르부르크였다. 바르부르크의 주요 고객에는 화학 기업 크로다도 있었다.

이런 활동의 최종 결과는 무자비한 고용 감축과 영국 섬유 제조량의 감소였다. 1950년대에 35만 톤에 이르던 면방직 산출량은 1970년대 중반에 이르러 15만 톤을 조금 웃도는 수준으로 떨어졌다. 독일과 프랑스, 이탈리아는 모두 성장세를 이루고 있었다. 이 세 국가의 경제 체계에서는 합병률이 현저하게 낮았다. 1975년에 영국 섬유 산업의 최상위 세 개 기업이 해당 분야 고용의 5분의 2를 담당하게 되었다. 반면 프랑스에서는 최상위 세 개 기업이 감당하는 고용이 17퍼센트였고, 이탈리아는 8퍼센트, 독일은 5퍼센트 정도였다. 이런 증거로 큰 것이 반드시 더 좋다는 윌슨의 가정이 거짓임이 증명되었다. 반대로 유럽 섬유 산업의 미래는 유럽 대륙의 기업들이 장기를 보이는 세련된 섬유와 유행하는 디자인에 달려 있었던 것이다.

운송업은 그레셤가 30번지에서 섬유 산업보다 더 중요하게 여겨졌다. 바르부르크의 고객 중에는 조선 업자인 보스퍼와 캐멀레어드가 있었고, 항공기 제조 업체인 페어리애비에이션이 있었다. 페어리의 경우 1960년에 브리스틀앤드웨스트랜드의 공격적 매각을 방어해준 적이 있었다. 그리고(이언 프레이저의 말에 따르면) 페어리의 경쟁업체인 호커 시들리는 회장이 개인적으로 초과 발행한 15만 파운드의 어음을 바르부르크가 3.5퍼센트의 헐값에 인계하겠다고 동의하자 즉시 이전에 거래하던 은행과 결별했다고 한다. 하지만 1960년대 영국 산업계가 직면한 과제를 상징적으로 보여주는 것은 바로 자동차 산업이었다. 한때 유럽의 자동차 제조업을 선도하던 것이 영국이라는 사실을 모두들 잊고 있을 것이다. 1983년 영국의 자동차 생산은 독일과 프랑스, 이탈리아를 능가했다. 영국의 3대 자동차 기업인 오스틴, 모리스, 영국포드가 시장을 주도했고, 그 뒤를 레일랜드모터스와 로버, 재규어가 쫓아가고 있었다. 12년 후 영국은 세계 자동차 수출의 52퍼센트를 담당하게 되었다. 오스틴과 모리스의 합병으로 브리티시모터코퍼레이션(BMC)이 설립되면서 영국식의 제너럴모터스가 탄생하는 것같이 보였다. 1966년에 브리티시모터코퍼레이션가 재규어를 매수하고, 레일랜드가 로버를 매수하면서 또다시 한 차례 합병 광풍이 예고되었다.

바르부르크는 이미 자동차 분야에 경험을 가지고 있었다. 1950년대 후반부터 영국의 자동차 제조사인 크라이슬러에 유럽 쪽 인수와 관련한 컨설팅을 해주고 있었다. 당시 크라이슬러는 제너럴모터스의 성공에 대항할 오펠, 복스홀 등의 유럽 브랜드를 구하고 있었다. 그 제안을 덥석 문 것은 프랑스의 자동차 회사인 생카와 에스파냐의 바레이로스였다. 하지만 본격적으로 영국의 자동차 산업에 주목한 것은 루츠그룹을 고객으로 삼게 된 1963년부터였다. 힐먼, 험버, 선빔, 톨벗과 같은 이제는 잊힌 차종을 만들었던 제조사 루츠그룹은 여러 가지 면에서 영국의 문제점을 고스란히 보여주고 있었다. 여전히 가족 경영 체제를 고수하고 있었고 내수 시장에 심하게 의존하고 있어서 영국 자동차의 15퍼센트가 루츠그룹산이었던 것이다. 불멸의 명성을 지닌 브리티시모터코퍼레이션의 미니에 대적할 자동차를 생산하려는 생각에서 힐먼 임프를 디자인했지만 정부의 감언이설에 넘어가 글래스고 남서부에 있는 린우드에 새로운 공장을 짓고 생산에 들어갔다. 디자인은 별나고 공급망은 열악한 데다 호전적인 생산 현장에서는 노동 쟁의가 이어져 결과는 끔찍한 실패였다.[6] 바르부르크는 루츠그룹이 타 기업을 인수할 수 있는 가능성에 관한 조언으로 일을 시작했지만 곧 루츠 자신이 인수당할 수 있다는 사실을 깨닫게 되었다. 1964년 중반 크라이슬러는 그 기회를 잡으라는 설득을 당하고 당시에도 여전히 의결권의 55퍼센트를 장악하고 있는 기업주 가족 여러 명에게서 회사 지분의 30퍼센트를 사겠다는 제안을 했다.

브리티시알루미늄 쟁탈전에서와 마찬가지로 바르부르크는 공식적인 제안이 루츠 이사회에서 받아들여지지 않으면 크라이슬러가 공개 시장에서 주식을 매수하는 일을 도울 준비를 하고 있었다. 바르부르크는 크라이슬러가 최종적으로 과반수가 넘는 주식을 확보하는 일에 정부가 나서서 금지할 수 있다는 생각에 저항하려 했다. 하지만 나중에는 미국인들에게 이런 식의 개념을 설득하여 경제보호주의를 받아들이게 했다. 1966년에 이르러 지크문트는 크라이슬러에게 루츠 이사회에 '산업 조직의 문제를 다루는 데 능한 일류급 영국인'이 필요하다고 조언했다. 이는 평소 '회사 경영을 얕보았던' 그의 생각을 보여줄 뿐만 아니라 많은 장관들을 괴롭혔던 외국 자본의 통제에 대한 알레르기 반응을 잘 알고 있었음을 알려준다. 당시 과학기술장관인 토니 벤은 '또 다른 주요 제조업체가 미국의 통제를 받게 되는 것을 허락하는 건 합당치 않다'는 주장을 펴서 윌슨으로 하여금 크라이슬러의 인수안을 철회하고 그 대안인 루츠그룹과 브리티시모터코퍼레이션, 레일랜드, 로버의 합병을 지지하게 했다. 하지만 루츠그룹의 위기에 대한 전형적인 영국식 해법은 재정적으로 엄청난 불이익을 가져올 수 있었다. 결국 저항할 수 있는 정도는 크라이슬러의 인수 속도를 늦추는 정도에 그치게 되었고, 1973년 마지

---

6 이와 관련해서는 내가 증인이 될 수도 있다. 어릴 적 우리 부모님이 힐먼임프 자동차를 가지고 얼마나 불편하고 불안하게 운행을 하셨는지를 직접 보았다.

막 영국인 주주가 자신의 지분을 팔아넘기게 되었다. 이 일은 크라이슬러의 해외 기업 인수 사례 중 가장 최악의 성공 사례가 되었다.

이런 상황인데도 영국 자동차 산업의 추후 합병 건에서는 계속 앞선 자국제일주의 주장이 힘을 받았다. 결국 비교적 이윤을 잘 내고 있는 트럭 제조사인 레일랜드가 손실을 내고 있는 브리티시모터홀딩스(BMH)를 합병하는 것만이 가능했다(브리티시모터코퍼레이션이 재규어를 인수한 후 BMH로 개명했다). 이 합병은 정부와 산업재조직협회의 축복 속에서 거행되었다. 하지만 세부적인 작업을 진행한 것은 지크문트였다. 특히 레일랜드의 도널드 스토크를 새롭게 설립된 브리티시레일랜드의 CEO가 되게 만드는 결정은 그의 작품이었다. 브리티시모터코퍼레이션이 본부장이 되는 전무이사나 사외 회장 없이 세 명의 부회장만을 두자고 제안하자 지크문트는 완강한 어조로 다음과 같이 주장했다.

근래 들어 훌륭한 산업체라면 모름지기 가능한 한 널리 권력을 위임하고 있다가 중요한 사안에 대한 최종 결정권을 행사하는 CEO가 있어야 한다는 의식이 생기고 있습니다. 물론 이때 이사회의 결정적인 권위는 인정을 해야겠지요. 경영에서 책임을 분산하는 일은 일의 진행을 지연시키고 결정 과정에 혼란을 낳게 합니다.

인수전은 브리티시알루미늄의 경우에 필적할 만큼 격렬했다. 그리고 다시 한 번 기대에 부응하지 못하는 결과를 낳았다. 모리스 마리나, 오스틴 알레그로, 로버 살룬과 같은 새로운 자동차 모델은 즉시 소비자의 인기와 신뢰를 잃게 되었다. 40여 개 생산 공장에서의 노사 관계도 좋지 않기로 유명했다. 1970년 2월 초 지크문트는 '기업에 불어닥친 온갖 쟁의와 쟁의 가능성을 두고 하는 협박을 처리하지 못하는 자신의 무능에 절망하고 있는' 스토크를 보게 되었다. 성과급 방식의 작업에 투입하던 노동력을 계측 일급 제도로 바꾸려는 노력으로 이 문제를 해결하려 애를 썼다. 수익률은 비참한 수준이었다. 1970년 100억 파운드를 넘는 판매로 올린 수익은 400만 파운드에 불과했다. 영국 자동차 산업의 쇠망사를 가장 잘 요약하는 일은 이후 브리티시레일랜드에 벌어진 일련의 사건들이다. 1975년 국유화, 1986년 로버그룹으로 전환, 2005년의 파산에 이어 마지막으로 역사적인 가치가 있는 MG, 재규어, 랜드로버와 같은 브랜드를 외국 바이어들에게 불명예스럽게 넘기게 된 것이다. 다시 한 번 합병을 통한 경영 합리화 전략은 비참한 실패를 낳았다. 금융 업자들은 그 전략을 열정적으로 홍보했지만 최종 결과인 복합 재벌 기업은 이윤을 내지 못하는 것으로 드러났다. 재벌 기업이 되어서도 보다 월등한 유럽 대륙의 기업들이나 저가로 공략하는 일본 수입품과의 경쟁에서 이겨내지 못했기 때문이다. 모두들 재정적 지원을 철회하고 납세자인 국민들에게 비용을 부담하게 만들기만 했다. 다른 국가들에서는 경쟁 기업을 지켜내는 인상적인 정책을 폈다. 폴크스바겐은 BMW나 다임러벤츠와 합병하지 않았고, 푸조와 르노 역시 개별적인 운영을 계속해나갔으며, 혼다와 도요타 역시도 마찬가지였다.

바르부르크는 1950년대 중반 이후에는 불운하기가 조금 덜해 보이는 영국 언론 산업에 관여하기 시작했다. 1955년 초반 지크문트는 〈데일리 미러〉의 세실 킹에게 언론 산업 이외의 수익을 거두기 위해 투자신탁을 할 수 있음을 조언했다. 당시는 '런던 사람들은 〈데일리 미러〉가 좌익 성향에 2류 신문이라고 생각해서 손에 들지 않는다'라고 말해지던 때였다. 그래서 1959년 7월에 캐나다 출신 신문왕 로이 톰슨은 〈선데이 타임스〉를 비롯한 켐슬리 경의 신문사 열여덟 개 모두를 인수하면서 헨리 그런펠드의 조언을 받았다. 실제 톰슨의 지불 능력을 넘어서는 1250만 파운드의 거래였지만 그런펠드가 창안한 '역입찰'이라는 전략을 이용해서 성사시켰다.[7] 기술적으로 보면 켐슬리 경이 톰슨의 STV를 인수한 듯 보이지만, 결론적으로 보면 합병한 기업의 지배권을 톰슨에게 양도한 꼴이 되는 식의 거래다. 그로부터 2년 후 바르부르크의 고객이 되기도 한 미러그룹과 로이 톰슨 양측은 이른바 롱 에이커 전쟁을 벌이며 충돌하게 되었다. 미러그룹에서 〈피플〉과 노동당의 대변지인 〈데일리 헤럴드〉를 발간하는 오담 신문사의 지배권을 얻어 영국 신문 가판대에서 발간 잡지 수를 줄이려 했던 것이다. 오담을 킹의 손아귀에서 지켜내려는 노력이 수포로 돌아가자 미러그룹의 회장 크리스토퍼 챈슬러 경은 톰슨 신문사와의 합병을 계획했다(사실상 이번에도 역인수 거래였다). 하지만 이번에 톰슨은 그런펠드의 뛰어난 재간 덕을 볼 수가 없었다. 바르부르크는 좀더 오랫동안 고객으로 상대했던 킹에게 컨설팅을 해줘야만 한다고 톰슨에게 알리고 헐버트왜그의 라이어넬 프레이저와 다시 손을 잡았다. 톰슨은 필립힐에게 일을 의뢰했다(하지만 이후 다시 바르부르크 고객으로 돌아온다). 브리티시알루미늄의 경우와 마찬가지로 최종 승리는 바르부르크의 고객에게로 돌아가고, 그 과정은 상세하게 알려지게 되었다. 이전 주주에게 상당한 프리미엄을 안겨준 것이다. 오담이 사라지게 된 것은 노동당 지도부의 엄청난 로비가 있게 되었고 영국 의회에서 언론 자유에 관한 의문을 품게 만들면서

---

[7] 그런펠드는 거래가 거의 성사될 무렵에 톰슨이 필요한 자금을 어떻게 모으면 좋겠는지 자문을 구해오자 기가 막혀했다. 후일 당시를 회상하던 그런펠드는 일을 하면서 그렇게 할 말을 잃은 경우는 처음이었다고 말했다.

정치적 논란이 되었을 뿐만 아니라, 금융계에서도 논쟁거리가 되었기 때문이다. 내부 거래가 아직 범법 행위로 간주되지 않던 시절이었지만 킹이 입찰을 하면서 오담의 주식 가격이 상당한 수준으로 요동치게 했다는 소문은 주식 시장에 대한 조사의 필요성을 일깨워주었다. 킹의 배후에는 존 엘러먼 경이라는 정체를 알 수 없는 인물이 있었다. 그는 유명세를 꺼려하는 백만장자로 신문 인쇄를 하는 앨버트 리드와 양조 업체인 J.W.캐머런에 대해서도 지배력을 행사하고 있었다. 그의 엄청난 재력으로 인해 킹은 3200만 파운드의 오담에 관한 매매 제의를 3800만 파운드까지 올려 불렀다(인수 전쟁 이전에는 주당 40실링을 조금 넘는 수준이었던 매매가가 63실링으로 상승한 것이다). 바로 이 지점 때문에 영국 자동차 산업의 쇠망사보다 조금 더 행복한 이야기가 된다. 정부는 다른 분야의 독점에 대해서는 미소를 지으며 관망할 수 있었지만 책임 있는 정치인이라며 영국 언론의 중심지인 플리트가에 단 하나의 언론왕이 존재하는 것을 원할 리가 없었다. 그러나 경쟁을 유지하게 하는 정책만으로는 영국의 언론계가 수년 동안 엄청난 손실을 보게 되는 일을 막을 수 없었다. 이 분야에서도 반항적인 인쇄공들의 노동 쟁의가 일어나 수익률을 잠식당했던 것이다.

금융가에는 히포크라테스 선서가 없다. 제아무리 치료가 절실한 환자라 하더라도 언제든지 외면할 수 있었다. 터무니없는 소작료로 악명을 떨친 지주 피터 라흐만은 지크문트의 사무실에서 단 5분 만에 쫓겨났다. 비양심적인 신문왕 로버트 맥스웰도 지크문트를 비롯해 다른 경영진과 점심을 먹으면서 좋은 인상을 주는 데 실패를 하고 퇴짜를 맞았다. 저명한 출판업자인 게오르게 바이덴펠트마저도 바르부르크의 검열을 통과하지 못해 후에 저널리스트로 활약하는 이언 프레이저에게 반감을 가졌다. 경영진 중 한 사람이 반대를 했기 때문에 생긴 일이었다(바이덴펠트의 경우가 바르부르크의 경영 원칙을 잘 보여준다. 4의 규칙과 비슷하게 고객을 받을 때는 매일 아침 9시 15분에 진행되는 경영진 회의에서 만장일치를 얻어야만 했다). 이와 반대로 하우스오브프레이저의 회장인 휴 프레이저 경은 기준에 부합된다는 평을 받아서 1970년 영미담배회사와의 첫 번째 합병과 뒤이은 부츠와의 합병 계획을 세우며 주요 고객이 되었다. 호텔리어 찰스 포트 역시도 중요한 고객이 되어서 바르부르크의 도움으로 호텔 체인 트러스트하우스를 인수하고, 얼라이드브루어리의 적대적 주식 매수도 잘 극복해낼 수 있었다. 이외에 세간의 이목을 끄는 고객 중에는 무자비하고 호전적인 성격으로 악명을 떨치던 '타이니' 롤런드도 있었다. 그의 사업체 론로(런던과 로디지아의 부동산, 금융, 투자사)는 휴지 상태에 있는 헨더슨트란스발이스테이트, 비트바터슈란트콜, 아샨티 같은 아프리카의 광산 기업을 마구 사들이고 있었다. 그러나 지크문트는 롤런드가 론로의 이사진과 상의도 없이 반켈의 로터리 연소 기관의 사용권에 대해 1200만 파운드를 지급하자 즉시 모든 관계를 끊었다. 당시 론로의 재정은 출혈이 심했던 것이다(롤런드와 전직 보수당 정치인이었던 던컨 샌디스 회장이 탈세한 사실이 발각되기 이전의 일이다). 지크문트는 늘 롤런드를 의심스러운 사람이라고 생각하고 있었지만 이언 프레이저의 설득 때문에 현명하지 못한 일로 여기면서도 받아들였던 것이다. 지금까지의 글을 보면 지크문트가 기업 금융에 가지고 있던 관심의 영역이 무척 넓었던 것을 알 수 있을 것이다. 1960~1970년대를 지내면서 지크문트와 그의 동료들은 가능한 한 많은 위임 건을 확보해서 대기업의 대리 활동과 상담 활동을 하려고 애를 썼다. 그리고 보다 얌전한 경쟁사들은 모략으로 파산시켜 억울하게 만드는 일을 하기도 했다. 1972년에 그랜드메트로폴리탄이 런던의 맥주 업체 와트니를 인수했을 때나 그로부터 1년 후 세인스버리가 최초로 기업을 공개하던 당시에도 언제나 최우선으로 찾는 조언자는 바르부르크였다. 뛰어난 기량 때문이라기보다는 기교 때문이었던 것으로 보는 게 옳을 것이다. 기업 공개에서 주가를 정해야 할 때면 피터 스피라는 고객들에게 '바서만 검사'를 사용한다고 말하곤 했는데, 이는 바르부르크의 비서가 매수하는 가격이 바로 그 주식의 적정 가격이 된다는 뜻이었다(실제 바서만 검사는 환자의 성병 감염 여부를 확인하기 위한 의료 절차라는 사실을 모르고 한 소리다). 어떤 특정한 동향이 있었다고 한다면 자국의 문제를 국제적으로 해결하려는 움직임이 있었다고 볼 수 있다. 영국 경영력의 부족함은 내부자에 의해 바로잡히지 못할 것 같다는 생각에 바르부르크는 점차 유럽이나 미국에 투자하거나 인수하는 쪽을 선호하기 시작한 것 같다. 임피리얼케미컬인더스트리스와 바이어, 크라이슬러와 피아트, 브리티시레일랜드와 폴크스바겐이나 다임러-벤츠의 합작은 1960년대 후반의 허황된 계획들이었다. 이와 동시에 지금껏 보아왔던 바르부르크는 자신들의 유로채 사업을 확장하여 기존의 영국 고객들에게 역외 금융의 새로운 자원을 제공했다. 지크문트 본인이 그런 쪽으로 생각을 점점 많이 하게 되면서 영국 국내 기업 금융과 관련된 판에 박힌 업무는 프랭크 스미스와 그의 충성스러운 부하이자 후임자인 마이클 밸런타인에게 떠넘겨졌다. 스미스는 여러 면에서 인수의 대가라 할 만했다. 경제학 용어를 빌려 말하자면 '그 누구보다 많은 일을 성사시켜 지난 12년간의 인수 합병 기술을 완성한 사람'이라고 할 것이다. 이사회 전투에 지속적으로 노출되어온 그는 결국 지나치게 시니컬한 사람이 되었다. 자긴매디슨의 경영자로 일하다가 바르부르크에 스카우트된 스미스는 휴 바턴이 "여기서 무얼 감독하고 있나요?"라고 묻자 "주로 제 자신이죠"라고 태연하게 답했다. 로빈 제슬은 다음과 같이 회상했다. "경영의 관점에서 보면 중요한 것은 오직 하나, 바로 거래입니다. 거래의 연속이죠. 거래에서 보이는 문제는 다음 거래를 명확히 해줍니다. 그리고 다음 거래를 이끌어내는 사람은 바로 거래를 하면서 만난 사람들입니다. 새로운 사람과 새로운 사업이 지속적으로 회전하는 겁니다." 이런 태도는 결국 스미스의 몰락을 가져왔다. 1971년에 그는 인수합병위원회의 회장인 쇼크로스 경에게 헤이스워프의 주식 매수와 관련하여 '거짓말'을 해서 여론의 질타를 받았다(쇼크로스는 다음과 같은 말장난을 한마디 하지 않을 수 없었다. "대장장이가(Smith) 정직한 씨만(Frank) 못하군요"). 스미스의 사표가 위원회 회장에 의해 받아들여지자 나이가 적은 스미스의 동료들은 놀라워했다. 피터 스피라는 그 이유로 스미스가 '(위원회)에 대해 지나치게 거침없이 솔직하게 말하는 경향이 있었기 때문'이라고 보았다.

이론상으로 이런 식의 미시경제학적 노력은 윌슨 정부의 거시경제학적 정책을 보완할 수 있어야 했다. 성공적인 경영 합리화는 영국의 산업 생산력을 향상시키고 국제 수지에 긍정적인 기여를 했어야 했다. 어찌 되었거나 1968년 3월에 윌슨을 위해 썼던 지크문트의 연설 초고의 요점은 결국 그 후 4년 동안의 과정의 구실이 되었다.

우리가 집권하기 이전 13년 동안에는 정부가 업계에 간섭하는 일은 금기시되어 왔습니다. 하지만 우리는 현재 산업계의 문제에 정부가 지속적으로 관심을 갖고 정부와 업계 사이에 밀접한 협력 관계 속에서 해결하는 풍토를 만들어내고 있습니다. (……) 영국 산업의 근대화와 관련하여 우리가 해온 일은 시작에 불과하다고 말해야 할 것입니다. (……) (하지만) 정권을 인수하면서 알게 된 고약한 버릇들을 심화시켜온 중독증과 자기만족이 만연한 상황을 타개하고 변화를 바라는 분위기를 우리 경제에 소개하는 일에 점차 성과를 거두고 있습니다.

브리티시레일랜드와 같은 기업이나 영국 경제 전체에 그 이후 벌어졌던 일을 생각해보면 이것은 지나친 낙관이었다. 하지만 지크문트가 순진했다고 비난할 수는 없다. 그는 그 누구보다도 영국 경영계의 부족함을 잘 알고 있었다. 사실 윌슨을 위한 연설 원고의 초고를 쓴 한 달 후에 지크문트는 영국의 관리 경제(잘못된 관리 경제라고 해야 할지도 모르겠다)의 절망적인 현실에 직면했다는 것을 깨달았다. 전기 통신 업체인 플레시의 자문을 맡았던 바르부르크는 토니 벤이 자신의 일지에 '그 사람들(그린펠드와 롤)이 인터내셔널컴퓨터앤드태뷸레이터(ICT)를 인수하려는 생각을 하지 못하게 겁을 주려면 강력한 언사'를 사용해야 한다고 적었을 때 이미 불운을 당하고 있었다.

나(벤)는 우리가 성장 가능한 영국의 컴퓨터 기업을 설립하려 3년 동안 노력해왔다고 말했다. 그래서 그 기업을 소유하기로 마음먹었고 정부 자금이 2500만 파운드에서 3000만 파운드 정도 들어가 있다고 했다. 또한 대단히 큰 규모의 정부 주문도 있다고 했고, 심지어 전기 통신 장비의 대형 구매자로서 플레시가 우리 정책을 무효로 만드는 일을 보고 싶지 않다고까지 말했다. 인터내셔널컴퓨터앤드태뷸레이터는 초기에 기술부의 지원이 없었다면 아예 존재할 수도 없는 기업이니 그들의 모든 계획에 극히 부정적인 시선을 보내고 있다고 요약해주었다.

플레시가 그 후 영국전력을 인수하기 위해 매수에 나서면서 적대적 인수 합병을 강화하자 지크문트는 고객이 자신의 조언을 무시했다는 데 역정을 냈다. 산업재조직협회가 이전에 있었던 아널드웨인스톡의 제네럴일렉트릭 합병에 대해서는 호의적이었던 반면, 플레시의 반대편 역성을 들어주는 것같이 보였기 때문이다. 지크문트의 입장에서 "논쟁이 되고 있는 문제는 관련 업계에 맡겨서 그들 사이에서 해결되는 게 옳은 일이었다. 그때 업계 측에서는 자사나 자사에 투자한 이들의 이득 여부와 관련지어볼 것이 아니라 이른바 '산업 논리'에 부응하는가 여부로 문제를 보아야 했다." 산업 논리라는 말은 지크문트가 '중세 신학자들이 사용했던 상투어구와 마찬가지로 매우 위험한 상투어구'라고 폐기했던 용어였다. 사실 지크문트는 웨인스톡에 의해 의표를 찔린 경험이 있었다. 웨인스톡은 AEI를 인수해내고 1년 후에 제너널일렉트릭을 위해 영국전력을 인수했던 것이다. 그레섬가의 마법사들에게는 상처가 된 일이었다. 이를 두고 혹자는 '자초한' 일이라고도 했다. 마이클 밸런타인의 생각도 이와 같았다. 그는 지크문트가 공공연히 플레시를 비난했던 것을 치명적인 실책으로 보았다. 이런 비판에 자극을 받은 지크문트는 경영 합리화에 관한 자신의 기본 전제에 의문을 품는 반응을 보이기 시작했다.

1. 대형 기업이 조직화와 효율성 면에서 더 좋다는 이 전제는 어느 정도까지 정당함을 증명해낼 수 있을까?

2. 만약 (미국의) 반독점 법규가 영국에 적용된다면, 지금 (영국전
   력의) 넬슨 경과 아널드웨인스톡은 형사범으로 감옥에 가 있었
   을 텐데…….
3. 과도한 시장 지배를 하는 기업이나 독점 기업을 지지하는 것과
   궤를 달리하는 경쟁 제한 조치는 영국에서 이미 한물간 것으로
   치부되고 있다.

플레시를 두고 벌어진 격심한 소동은 결국 로니 그리어슨이 S.G.
바르부르크의 비상근 임원직에서 물러나게 만들었다. 그것은 그리
어슨이 산업재조직협회 일을 하면서부터 맡았던 자리였다. 이번에
그는 이해관계의 상충이 있었다는 사실을 부인하지 않았다. 그는 당
시 제너럴일렉트릭의 부의장직을 맡고 있었던 것이다. 하지만 못 말
리는 그리어슨은 10년이 지나기 전에 지크문트와 화해를 하고 웨인
스톡을 다시 바르부르크의 고객으로 만들었다. 그리어슨은 1950년
대 이후 웨인스톡과 가까웠다가 소원해졌다가를 반복했다.

"거대 기업이 조직화와 효율성 면에서 더 좋다는 이 전제는 어느
정도까지 정당함을 증명해낼 수 있을까?" 이것은 참으로 올바른 문
제의식이다. 하지만 이런 문제의식을 지크문트 바르부르크가 가졌
기 때문에 웨인스톡에게 패배를 맛보게 된 것이었다. 이 문제의 해
답은 정부의 지원 여부와는 상관없이 합병이라는 것은 비효율성, 잘
못된 경영을 배가하고 경영과 노동력 관리에 대한 경쟁의 압박감을
더욱 적게 해주는 일일 뿐이라는 것이었다. 문제는 이에 대한 현실
적인 대안이 구제 불능의 기업을 완전히 폐업시키거나 노조와 직능
대표에 대한 전면적인 탄압을 하거나 외국 기업을 불러들여 경영을

개선하는 것뿐이라는 데 있었다. 이런 일은 1980년대 이전에는 정치적인 이유로 실현 불가능했다.

그러므로 이런 문제의식은 자가당착에 빠진다. 경영 합리화는 영국 경제보다 금융가에게 더 좋은 일인가? 지금까지 살펴봤듯이 지크문트 바르부르크는 유로채 발행이나 투자 관리보다 기업 금융이 더 좋다고 말하곤 했다. 기업의 단위형 투자 신탁은 더 말할 것도 없이 좋은 일이었다. 영국에는 뮤추얼 펀드(여러 다양한 분야에 대한 투자 서비스를 제공하는 투자 자문 회사)가 알려져 있었다. 하지만 지크문트는 그 모든 것을 무시했다. 인수와 합병은 지크문트가 말한 대로 고객과의 관계에 중요한 것으로 '건설적인' 금융 활동이었다. 개인 투자 자문은 잘못된 종류의 관계를 키우는 일이다. 채권 매각은 단순한 거래다. 그가 고객들이 부담하는 수수료에 신경 썼다는 증거는 거의 없다. 오히려 고객이 지불할 수수료의 금액을 결정하게 하는 경우가 있었다. 고객이 바르부르크의 서비스에 만족했다면 부족한 금액을 주기보다는 넘치는 금액을 줄 것이란 믿음이 있었기 때문이다. 지크문트는 수수료 문제에 대해 잘 말하지 않았지만 1977년에 아널드웨인스톡이 지크문트가 보기에 '인색한' 금액을 지불했을 때는 한마디 하기도 했다.

하지만 기업 금융이 지크문트에게 매력 있었던 이유가 수수료 구조 때문이었던 것은 의심의 여지가 없는 일이다. 1967년에 지크문트가 지적했듯이, 거대 기업 고객으로부터 한 번 받는 수수료가 유로채 발행으로 벌어들인 1년 수익을 상회할 수 있었다. 경쟁 상대가 없는 인수의 경우 은행은 인수에 들어가는 금액의 0.5퍼센트가 수수료로 지불되었고, 경쟁이 붙는 공격적인 매수에 성공하는 경우에는 1퍼센트의 수수료를 기대할 수 있었다. 버나드 켈리가 하우스오브프레이저의 주식을 매각하는 문제로 휴 프레이저에게 조언을 했을 때 합의된 수수료는 전체 거래 금액의 0.75퍼센트와 7만 5000파운드를 더한 것이어서 총 수수료가 33만 4500파운드라는 놀라운 액수가 되었다. 1967년에 8억 파운드였던 합병 거래 금액이 1968년에는 23억 1300만 파운드까지 치솟게 되었고 그에 따라 기업 금융의 보수도 상응하는 정도로 높아졌다. 1959년에서 1969년 사이에 머큐리의 순익은 인플레이션을 감안하고도 여섯 배나 늘어났다. 1960년대는 머큐리 그룹의 황금 시대여서 1969년 1월의 주가는 213파운드까지 치솟았다. 이는 10년 전보다 10배 상승한 가격이었다.

하지만 역설적이게도 이런 수치들이 보여주는 발전의 양상에도 불구하고 먼지 쌓여가는 섬유 제조 공장이나 자동차 조립 공장, 신문 인쇄소와 마찬가지로 1960년대 런던 시는 구태의연한 업무 관행으로 말라가고 있었다는 것이다. 여전히 은행에서 주식 중개인 사무실로 찾아가 보지 못하게 하는 제한이 존재하고 있는 지경이었다. 제 아무리 신망을 받는 성공한 주식 중개인도 보잘것없는 작은 은행에라도 직접 찾아가야만 했다. 마찬가지로 은행가들은 재무부 관계자와 직접 소통하지 못하도록 되어 있었다. 모든 의사소통은 영국은행의 은행장을 통해야만 했다. 은행가, 브로커, 주식 중개인, 한 무리의 행원들은 전쟁 발발 이전에 했던 만큼 자신들의 일을 열심히 하려고 애를 썼다. 은행가들 다수는 아버지 세대와 같은 옷을 입고 중절모와 검은색 우산으로 치장하기도 했다. 그러나 이런 젠틀맨 클럽에서 영국 산업의 구원을 찾을 가능성은 늘 없었다. 거리낌 없이 노동당 총리에게 조언을 하는 지크문트 바르부르크같이 뻔뻔한 이가 그 클럽에 받아들여졌다고 해도 마찬가지다.

4

지크문트가 런던에서 '부르주아에게 충격을 주기' 위해 노동당과 어울렸다고는 하지만, 그럼에도 지크문트 바르부르크는 절대로 사회주의자는 아니었다. 내심 그는 정치적 불가지론자였다.[8] 그래서 에드워드 히스가 1965년 보수당의 대표로 선출되었을 때 지크문트는 관례적으로 아첨하는 축하 인사를 재빨리 전했었다. 드디어 편협하지 않고 역동적인 자세를 지니고 있는 토리당의 '지도자'를 보게 된 것이다. '이렇게 급진적이고 보수적이지 않은 리더'가 등장하게 된 것은 전적으로 해럴드 윌슨이 제기한 문제점들과 지크문트의 설명 때문이었다. 이런 변화야말로 윌슨이 한 최고 불후의 업적으로 봐야 할지도 모른다. 거의 같은 시기에 로니 그리어슨의 설득으로 지크문트는 새로운 보수당 내부에 있는 '급진적인 압력단체'에 돈을 기부하게 되었다. '경제와 사회주의적 토리주의에 대한 압력단체(PEST)'가 보수당에 새로운 생명력을 불어 넣을 것이라 기대하고 있었던 것이다. 지크문트는 노동당의 우파에게 끌리는 만큼이나 토리당의 좌파에도 끌리는 사람이었다. 그는 이녹 파월을 따르며 이민을 반대하는 사람들은 상대하지 않았다. 지크문트는 세실 킹에게 파월의 지지자들은 "1930년대 나치스보다 더 우익이었던 독일의 정당과

---

[8] 이와 관련해 찰스 샤프는 다음과 같이 말했다. "때때로 그는 토리당보다 노동당과 더 자주 어울리곤 했다. 확실한 것은 그가 절대로 자유당에 투표하지 않았다는 것이다. 그는 리더십의 가치를 믿었으며 때로 '반대'를 하거나 '찬성'을 하기도 했다. 하지만 찬반을 보이지 않는 중간자적인 입장이었던 적은 한 번도 없었다. 지크문트는 스스로를 '부동 유권자'라고 칭했다."

닮았다"라고 말한 적도 있다. 이와 반대로 지크문트는 영국 상원에서 토리당을 이끌고 있는 캐링턴 경과 가까워지면서 온건한 성향의 보그룹에 5000파운드를 기꺼이 기부했다. 1968년 말엽에 지크문트는 보수당의 세제 개혁 계획을 매우 긍정적으로 평가했다. 소득세를 줄이고 부가가치세를 선보이는 개혁이었다. 그로부터 2년 후 지크문트는 보수당 금융위원회에서 할 연설을 준비하기까지 했다. 토리당과의 교감과 1959년에 바르부르크에 들어와 마거릿 대처 밑에서 국방장관으로 일을 하게 되었던 존 노트의 정치적 야심이 이런 식의 새로운 방향 설정에 한몫을 했는지도 모른다. 비슷한 시기에 바르부르크에 채용할 것인가를 두고 고심했던 사람은 맥밀런과 더글러스 흄 내각에서 모두 각료로 일했던 크리스토퍼 솜스와 한창 주목받으며 차기 각료 후보로 거론되던 윌리엄 월드그레이브였다.

하지만 의심의 여지는 남아 있었다. 1968년에 히스와 함께 점심을 하던 지크문트는 토리당 당수에 대한 심리학적이면서 필적학적인 분석에 착수했다.

- 기본적으로 약하고 제멋대로에 자아도취증 있음
- 자신의 이미지를 좋게 해줄 사람이라고 판단되는 이에게 영향을 받는 경향 있음
- 매우 지적이지만 품격은 없음
- 마음이 끌리는 사람에게 쉽게 영향을 받음
- 자기 자신의 생각이 분명하게 정립되지 않고 사고의 틀도 고정되어 있지 않아서 반대 의견을 가진 사람이라도 그의 내면에 있는 민감한 부분, 특히 허영심을 건드리면 그의 생각을 완전히 뒤바꿀 수 있음

- 예상치 못한 어려움을 당하면 자기변호를 잘하지 못한다.
- 그가 자신의 논점을 바꾸게 되는 경우는 신뢰하지 못해서가 아니라 자신 내부의 절박함이 없어서다.
- 강력한 심미안적 요소를 지니고 있어서 미묘하고 섬세한 이해가 필요한 일에 강력한 능력을 발휘한다.
- 그는 성능이 매우 뛰어난 라디오 전파 수신기 같다. 그래서 사실과 인상을 정확성과 이해로 동질화시킬 수 있다.
- 추상적이고 창의적인 사고방식이 필요한 과학 분야에서라면 그는 일류 과학자가 될 수 있었을 것이다. 또한 그는 출판업의 지도자도 잘해낼 수 있었을 것이다.
- 그의 강점은 지적인 평가와 분석 능력에 있다. 하지만 인간관계와 교류에는 재능이 하나도 없다.
- 그는 용의주도하게 심사숙고하는 사람이지 투사 타입은 아니다.
- 한마디로 요약하자면, 그는 상당한 지적 능력을 지녔지만 유약한 성격을 지녔다.
- (다른 사람에게 헌신하지 못하는 것은 자기 자신에게 헌신적이지 않기 때문이 아니라 내적인 불안감 때문이다.)

다른 보수당 원로들도 지크문트를 냉담하게 대했다. 추후 재무장관을 맡게 되어 있던 앤서니 바버는 지크문트를 보고 '매우매우 천박하다'고 했다. 1970년 초반 세실 킹이 정치적 예측을 물어보자 지크문트는 "9월에 선거가 열리고 노동당이 질 것이다. 히스가 윌슨보다 더 나쁜 총리가 될 것이고, 잠시 간격을 두었다가 (대략 1972년에서 1973년 정도) 윌슨 밑에서 연합을 하게 될 것이다"라고 말했다. 지크문트의 견해가 극단적인 것은 아니었다. 윌슨이 지크문트가 예견했던 것보다 4개월 먼저 선거를 요청하긴 했지만 노동당이 선거에서 패한 것은 사실이었다.

새로운 총리의 성격에 대한 그의 평가를 보면 그가 윌슨과 친했던 것만큼 히스와 가깝게 지내지 않았던 것은 당연한 일이라 하겠다. 사실 두 사람은 사교적인 이유로 만나는 사이였다. 그리고 지크문트는 총리 관저에 경제 관련 조언을 제공하는 일을 계속하고 있었다. 새로운 내각에게 국영 철강회사와 같은 공공 부문에서(윌슨에 의해 국유화되었다) 경화(硬貨) 차용을 허용하라고 종용하기도 했다. 하지만 이런 제안이 심각하게 검토되었던 적은 없는 것 같다. 또 정부가 보유한 브리티시페트롤리엄 지분을 개인 투자가들에게 매각하라는 지크문트의 계책은 브리티시페트롤리엄의 전 회장인 에릭 드레이크가 무산시켜서 노동당이 정권을 되찾는 때를 기다려야만 한다는 것을 깨닫게 해주었다. 1971년에는 '타이니' 롤런드와 바르부르크와의 관계가 끝난 상황이었기에 바르부르크가 로디지아의 경제 제제에 관여한 일을 두고 총리가 론로를 '자본주의에서 용납할 수 없는 인사'라고 규탄했을 때 뭔가 반응을 보이고자 하는 마음을 억지로 참아내며 동료들이 〈타임스〉에 반박글을 보내려는 것도 막았다. 하지만 정부가 바르부르크가 잠시 동안 '바버 붐'(11장 참고)을 폭발시켜버리는 경제적 노력을 했다는 사실을 훼손했을 때는 가차 없었다. 바버 붐은 대재해에 버금가는 일이어서 그 후 지크문트가 그 재무장관을 '반편 얼간이'라고 보았던 생각을 굳히게 해주었다.

에드워드 히스와 지크문트 바르부르크가 서로 눈을 마주할 수 있는 주제는 아마 유럽이었을 것이었다. 히스는 유럽경제공동체에 영국이 가입해야 한다는 입장을 오랫동안 지지해왔다. 처음 유럽경제공동체에 가입하려던 시도가 무산된 것은 당시 총리의 책임이 컸다.

지크문트는 앞서 보아왔듯이 전쟁이 발발하기 전부터 열렬한 유럽주의자였고, 1950년대와 1960년대 초반에 영국의 유럽경제공동체 가입을 열렬히 옹호했었다. 유럽에 관한 논쟁에서는 윌슨 내각과 사이를 두었던 지크문트는 로이 젱킨스가 이끄는 서유럽 통일주의자 대열에 끼였다. 예전처럼 지크문트는 합병에 대한 경제학적 이론 해설에 집중하려 하면서 히스에게 유럽경제공동체 산업 펀드를 조성하라고 제안했다. "이 금융 기관은 특별한 경우, 그러니까 유럽 투자 은행이 지역적 한계로 활동하지 못하는 경우의 산업에 펀드를 제공하는 것으로 (가령) 북해 원유, 항공기, 항공 엔진 산업, 원자력 사업과 같은 것들만 운용하지는 않게 하는 것이다." 지크문트는 '유럽공동체의 기업이 다양한 유럽 국가의 기업에 지분을 소유하는 때'가 오기를 고대했다.

하지만 1970년대 초반, 유럽 통합을 위한 정치에 관한 지크문트의 열정이 식어버렸다. 1962년에 채택된 유럽연합의 공동 농업 정책 아래서 농업 보호주의의 중요성이 커져갔기 때문에 더더욱 그랬다. 지크문트의 관점에서 유럽경제공동체는 '강력한 유럽공동체 정서가 증발해버리고 농업과 같은 분야별 경제 이익의 보호가 최전면에 나서는 것처럼 보일 때가 발달의 다음 단계'로 들어선 것이라 보았다. 1972년 10월, 유럽공동체법이 비준을 받고 2주가 채 지나지 않은 시점에서 지크문트는 '독일과 프랑스가 경제적으로 영국보다 더 유력한 위치를 선점하고 있는 시점에서 유럽공동체에 가입하는 것에 대한 두려움'을 토로했다. 그런 상황은 국제 교역의 기지로 알려진 브뤼셀에서 지도적인 역할을 담당하는 데 어려움을 낳는 일이었다.

지크문트가 유로-회의론으로 입장을 달리하게 된 이유는 무엇이었을까? 다양한 드골 지지자들뿐만 아니라 급진적인 좌파들이 반미

의식을 높였던 일은 절대로 지크문트의 마음에 들지 않았다. 소련에 대응하기 위한 서구의 동맹을 갉아먹는 위협 요소로 작용하고 있기에 더더욱 그러했다. 1974년 초반에 그는 영국 정부가 유럽의 이상주의보다 자국의 이익을 더 우선으로 두는 경향을 참을 수 없어 했다. 영국과 프랑스는 모두 "아주 나쁜 정부를 두고 있다. 두 정부 모두 매우 유럽공동체적인 사고를 하는 양 하지만 실상은 이제 막 태동하여 허약하기 짝이 없는 유럽공동체의 건설적인 발전을 어렵게 하는 행동에 지속적으로 관여하고 있다"라고 사촌 에릭에게 불평을 한 적도 있었다. 지크문트의 의견에 따르면 "대서양 건너편과의 관계와 유럽 내부 관계의 악화에는 영국과 프랑스 정부의 잘못이 컸다." 지크문트는 해럴드 윌슨이 1974년에 다우닝가 10번지로 귀환한 직후 그를 위해 마련한 성명 초안에서 다음과 같이 주장했다.

유럽공동체는 그 영향력을 세계로 뻗어나갈 것이다. 유럽공동체의 이익을 돌보기 위해서는 비유럽 국가의 저항에 주안점을 두거나 유럽의 독립을 주장하기보다는 유럽에 실질적으로 도움이 될 잠정적인 우방과 함께하는 협력 관계를 강화하여야 할 것이다. 사실 유럽공동체를 건설하는 데 미국에 있는 우리 친구들의 반감을 사거나 러시아와의 긴장 완화 가능성을 망쳐놓을 정책을 갖고 있는 유럽 기구의 개발을 허용한다면 불행한 일이 될 것이다. 무엇보다도 유럽에서 영국의 역할은 연방과의 오래된 인연을 빛나가지 않게 하는 것이다.

또 지크문트는 유럽 기관들이 관료화에 빠져 희생양이 되었다는 것도 마찬가지로 중요한 문제라고 보았다. 그는 '관료화된 기성 권력 기구가 가진 놀라운 응집'은 브뤼셀 여기저기서 튀어나오고 있고, "기성 권력 기구가 가진 근본 개념의 모델이 된 이런 모델은 대서양을 사이에 두고 있는 오늘날 서구 사회의 정치, 경제 분야에서 아주 일반적인 일이 되어가고 있다"라며 게오르게 슈타이너에게 불만스럽게 말한 적이 있다고 한다.

Selbstzweck라는 독일어를 '자기 목적'이라고 옮겨 적는 것은 형편없는 번역이다. 이것은 지나치게 대형화되고 지나치게 평범한 이를 지도부로 두어서 생산적인 결정은커녕 단순한 결정도 내리지 못하는 수많은 조직의 고유한 특질이 되어가고 있기 때문이다. 이 독일어는 유럽의 종복이어야 하는 브뤼셀, 룩셈브르크에서 이른바 관리라고 불리는 대다수의 사람들에게 적용이 된다.

뭔가 일을 해내는 대신에 계속해서 새로운 위원회를 만들어 결정을 지연시키고 진보와 발전의 뒤를 좇아 일하기보다는 일의 진행을 더디게 하는 역할만을 수행한다고 언급했던 기관들을 상징적으로 표현한 것이다. 더 나아가 이 표현은 결론이 나지 않는 길고 긴 보고서를 연속으로 쏟아내는 자기 목적 기관들의 특질이 되기도 한다. 이런 보고서들은 글을 쓴 사람 외에는 그 누구도 읽지 않는 불운을 갖고 태어나고, 일단 보고서가 발간이 되면 거대한 문서 보관소에 보관되어 다시는 그 누구도 정독하지 않게 된다.

유럽위원회의 회장이라는 새로운 역할을 맡은 로이 젱킨스가 브뤼셀에서 보이는 관료주의의 정체 현상을 타파해주었으면 하던 지크문트의 바람은 산산이 부서졌다(어느 정도 예견된 일이기도 했다). 앞서 보아왔듯이 지크문트는 평생 동안 사람들만큼이나 기관을

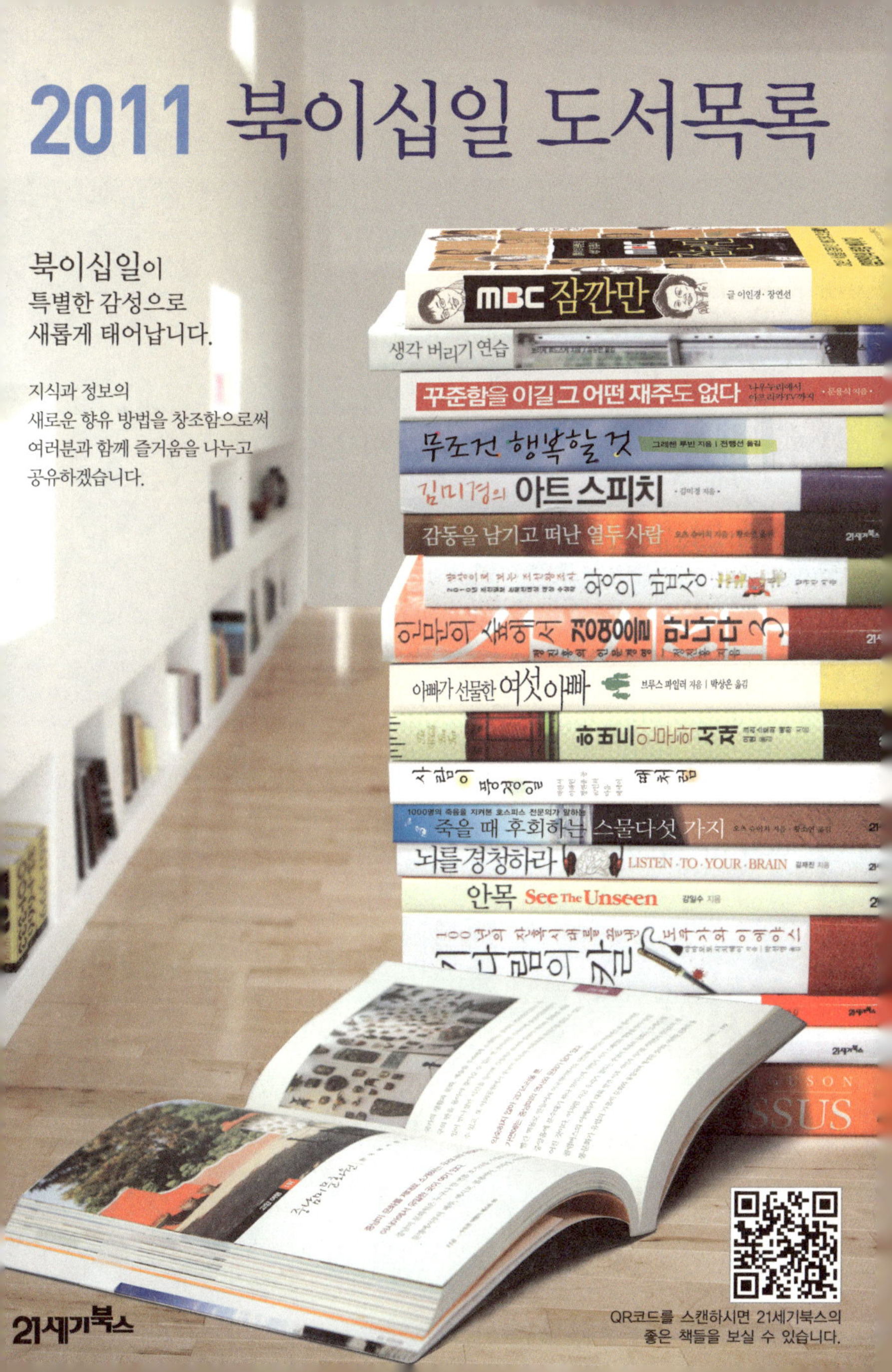

2011 북이십일 도서목록
북이십일이
특별한 감성으로
새롭게 태어납니다.
지식과 정보의
새로운 향유 방법을 창조함으로써
여러분과 함께 즐거움을 나누고
공유하겠습니다.
MBC 잠깐만
글 이인경·장연선
생각 버리기 연습
꾸준함을 이길 그 어떤 재주도 없다
무조건 행복할 것
그레첸 루빈 지음 | 전행선 옮김
김미경의 아트 스피치
감동을 남기고 떠난 열두 사람
아빠가 선물한 여섯 아빠
브루스 파일러 지음 | 박상은 옮김
1000명의 죽음을 지켜본 호스피스 전문의가 말하는
죽을 때 후회하는 스물다섯 가지
뇌를 경청하라
LISTEN·TO·YOUR·BRAIN
안목 See The Unseen
강일수 지음
21세기북스
QR코드를 스캔하시면 21세기북스의
좋은 책들을 보실 수 있습니다.

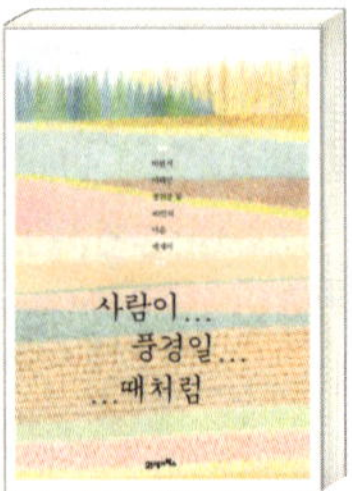

사람이 풍경일 때처럼

박완서 · 이해인 외 40인 지음 / 값 13,000원

조선일보 인기 연재 명작 에세이 40편

2009년부터 조선일보를 통해 연재되었던 문인들과 각계 인사들의 에세이 중 40편을 엮은 책이다. 박완서, 이해인, 정호승 등 한국을 대표하는 문인들과 기업인, 사회운동가, 스포츠선수 등 다양한 분야에서 활약 중인 유명인사들의 진솔한 이야기를 담았다. 용기를 얻을 수 있는 잔잔한 감동의 이야기들이다.

MBC 잠깐만

이인경 · 장연선 지음 / 값 13,000원

행복하기로 마음먹은 날, 세상이 달라집니다!

MBC라디오 캠페인 〈잠깐만〉을 책으로 만나다. 수많은 명사들이 들려주는 행복해지는 한마디! 20년간 세상을 감동시킨 MBC라디오 공익캠페인 〈잠깐만〉이 책으로 나왔다. 윤종신, 황정민, 신경숙 등 수많은 명사들이 〈잠깐만〉을 통해 전했던 따뜻한 이야기들을 읽다 보면, 희망과 행복을 찾는 법을 배울 수 있다.

아빠가 선물한 여섯 아빠

브루스 파일러 지음 / 값 12,000원

미국 전역을 울린 어느 시한부 아빠의 마지막 프로젝트

쌍둥이 딸을 앞에 두고 삶의 마지막을 준비해야 하는 아버지의 애달픈 마음을 담고 있는 감동 실화이다. 삶의 각 시기별로 자신을 대표할 만한 사람 여섯 명으로 구성된 '아빠 위원회'는 브루스가 떠난 후 쌍둥이들이 느끼게 될 아빠의 빈자리를 채워주고, 그를 대신해 놀랍게 성장해 갈 두 딸의 모습을 지켜보게 될 것이다.

세상에 마음 주지 마라

웨인 다이어 지음 / 값 12,000원

『행복한 이기주의자』 웨인다이어의 인생론

악착같이 모았던 것들이 버려야 하는 것임을 알았다! 많은 사람들이 욕망을 인생의 목표로 삼고 있다. 하지만 욕망은 행복을 품지 못한다. 욕망에서 벗어나기 위한 여행을 시작할 때, 당신은 그 자체로 의미가 된다. 돌아서서 당신 자신에게로 곧장 가라.

★ 출간 즉시 아마존 1위!

설득의 심리학 ❶❷
로버트 치알디니 지음 / 각 권 값 12,000원

130만 독자를 사로잡은 '설득의 바이블'

'예스!'는 정말 단순한 말이다. 하지만 동료, 고객, 소비자, 심지어 가족들에게 이 말을 듣기란 쉬운 일이 아니다. 적어도 설득 과정의 비밀을 알지 못한다면 거의 불가능하다. 이 책은 우리에게 강력하고 가치있는 설득의 비밀을 알려주는데 그치지 않고, 빠른 시간 안에 목표를 달성할 수 있도록 도와준다. ★ SERICEO 추천도서

칭찬은 고래도 춤추게 한다
켄 블랜차드 외 지음 / 값 10,000원

대한민국에 칭찬 열풍을 일으킨 화제의 책!

직장과 가정에 놀라운 변화를 이끄는 칭찬의 힘을 통해 성공적인 인간관계를 위한 기분 좋은 메시지를 전한다. 집안의 가장으로서, 회사의 간부로서 가족과 직원들에게 열정과 희망을 불러일으키고자 하는 사람들을 위한 훌륭한 지침서이자 안내서!

★ SERICEO 추천도서   ★ 교보문고 선정도서

프레임
최인철 지음 / 값 10,000원

협상, 나의 한계를 깨는 마음 경영법

이 책은 서울대 심리학과 최인철 교수가 들려주는, '지혜롭게 사는 법'을 담았다. 심리학에서 '세상을 바라보는 마음의 창'을 의미하는 '프레임'은 어떤 문제를 바라보는 관점, 세상을 관고하는 사고방식, 사람들에 대한 고정관념 등을 의미한다.

정갑영 교수의 만화로 읽는 알콩달콩 경제학 1·2
정갑영 글 · 박철권 그림 / 각 권 값 13,800원

출구전략이 도대체 뭐지? 도요타가 몰락한 이유는?

우리집 가계부가 튼튼해지는 경제상식을 만화로 읽는다.
주식, 부동산, 은행과 친해지는 실전 경제상식부터 우리가 사랑하는 영화와 드라마의 경제적 효과까지 한층 더 강력해진 내용으로 돌아온 세상에서 가장 쉬운 경제학 강의 두번째 시간!

21세기북스 트위터 @21cbook   블로그 b.book21.com   전화 031-955-2153   홈페이지 www.book21.com

세상에서 가장 특별한 만남

Good Morning
Children

잿빛 세상 속, 하루하루의 삶조차 벅찬 아이들
멍하니 하늘을 바라보며 웅크린 아이의
자그마한 어깨를 꼭 껴안아주었습니다.

'선생님이 되고 싶어요!' 라고
씩씩하게 말하던 아이는
이내 울음을 터트립니다.
자신의 꿈이 너무 멀게만 느껴졌을까요?

당신의 작은 마음이
굶주리고 고통받는 아이의
한 끼 식사가 되고,
한 권의 책이 되고,
한 알의 약이 되고,
내일을 꿈꿀 수 있는
'희망'의 메시지가 됩니다.

우리 결연할래요?
당신의 사랑을 기다리는 아이들이 있습니다.

굿피플 QR코드는 에그몬앱에서 최적화되어 있습니다.

굿피플
홈페이지
회원가입

1:1
해외아동결연
신청

아동 연결

아동지원 및
지역개발지원

GOOD
PEOPLE
굿피플

1:1 해외아동결연은 한 아동에게 매월 3만원을 정기후원하는 프로그램으로 아동의 생활개선,
기초교육지원, 영양공급 등 아동과 아동이 속한 지역사회를 밀착 관리하는 후원프로그램입니다.
굿피플 1:1 해외아동결연 신청 02)783-2291~3 www.goodpeople.or.kr
굿피플은 UN 경제사회이사회 특별협의지위 국제개발 NGO입니다.

사랑했다가 미워했다가 했던 사람이었다. 유럽 통합은 그의 첫사랑으로 꼽힐 만하다. 하지만 그의 열정이 환멸감으로 바뀌게 된 것은 피할 수 없는 일이었는지도 모른다. 그러나 다른 식으로 설명할 수도 있다. 영국이 유럽경제공동체의 일원이 된 것은 에드워드 히스가 총리로서 세운 주요 업적이었다. 유럽경제공동체 가맹으로 인해 뜻하지 않게 영국 제조업을 익숙하지 않은 경쟁에 노출하는 결과를 낳았다. 섬유 제조 업자와 자동차 생산 업자들은 40여 년 이상을 관세에 의한 보호를 받고 있었다. 그러나 유럽 공동 시장에 진입하면서 그런 보호책은 사라져버렸고 서유럽 내에서 자유무역을 초기에 포용했던 유럽 대륙의 경쟁 우위를 보게 되었다.

5

1970년대 초반에 이르러 역설적인 상황은 심화되었다. S.G.바르부르크가 은행으로서 이룬 성공은 영국 경제의 실패와는 상관없이 이어지고 있는 것 같았다. S.G.바르부르크 설립 25주년이 되는 1971년 1월에는 겸허한 자축의 기회가 마련되었다. 지크문트는 런던에서 열린 자축연이 끝난 후 헨리 그런펠드에게 다음과 같은 글을 보냈다.

지난 토요일로 S.G.바르부르크가 25주년을 맞았네. 이제는 이루어낸 것들에 자부심을 가져도 된다는 자네 말이 맞는다는 걸 인정하네. 사실 나는 이 자랑스러운 순간을 완전한 파트너십을 보여준 자네와 나누어야만 한다고 생각하네. (……) 무엇보다 자네가 보여준 충실한 우정과 격려 그리고 언제나 기대를 저버리지 않던 자네의 깊은 이해심에 대해 죽는 날까지 진심으로 감사할 것이네. 누가 자네에 대해 묻는다면 이렇게 답하겠네. '이 세상 최고의 전우'라고.

하지만 지크문트-그런펠드 콤비가 더욱더 강력해졌다고 해도 영국 전체로 보았을 때 문제는 더욱 악화되고 있었다. 1969년에서 1972년 사이의 경상수지 흑자는 기분을 우쭐하게 만들어 그들을 현혹했다. 롤스로이스에서 〈타임스〉에 이르는 영국의 자랑스러운 과거를 나타내는 상징들이 파산 직전까지 내몰려 있었다. 보수당 출신의 재무장관 앤서니 바버의 해법은 신용 통제를 완화하는 것이었다. 1972년 6월, 영국 정부는 환투기꾼들과의 전쟁 대신에 미국과 수많은 유럽 국가들의 뒤를 이어 변동환율제를 택했다. 그러고는 파국적인 결과를 맞이했다. 1972년 여름에 6퍼센트였던 인플레이션율이 1973년 11월에는 10퍼센트를 넘어섰다. 여기에는 제4차 중동전쟁(욤 키푸르 전쟁)이 발발하고 뒤이은 오일 쇼크 탓도 있었다(11장 참고). 전후 영국의 역사를 살펴보면 늘 그렇지만 정치적인 동기를 지닌 자극은 높은 성장과 실업률 저하를 가져오지 않고 높은 물가, 상승하는 임금 인상 요구, 경상수지 적자의 심화, 파운드화 평가절하의 압력만이 돌아온다. 회복되던 경기는 정체기로 바뀌며 영국은행의 최저 대출 금리가 상승하게 되었다. 1972년 사사분기에 6퍼센트에서 9퍼센트로 올라갔고 1973년 하반기에는 또다시 9퍼센트에서 13퍼센트로 인상되었다. 그러나 이것으로도 인플레이션을 억제할 수 없었다. 은행의 이자부 지급 채무의 증가분을 확인하기 위해 1973년 12월에 소개되어 이른바 코르셋이라고 불리던 추가 특별 예금도 그다지 큰 효과를 내지 못했다. 히스 내각은 임금 억제 정책을 되살릴 수밖에 없는 상황에 몰려 1972년 11월 선거 패배를 자초하게 되었다. 1974년 2월 7일, 히스가 선거를 요청할 무렵에는 탄광에서 파업이 일어났다. 보수당의 선거 슬로건은 '영국을 통치하는 것은 누구인가?'였다. 답은 히스는 아니라는 것이었다.

1974년 3월 다우닝가 10번지로 해럴드 윌슨이 복귀하게 되었다. 한 달 전에 벌어진 총선에서 뚜렷한 결론이 나지 않자 정치 제휴를 시도했던 히스는 결국 실패하고 말았던 것이다. 이 과정에서 지크문트는 다시 한 번 거시경제학적 곤경에 처한 영국에 주의를 기울이게 되었다. 이번에는 급박한 정도였다. 광산 노동자들은 파업을 일으켰고 전체 경제는 주 3일 근무 체제를 기반으로 돌아가고 있었다(북아일랜드에서 사실상 시민 전쟁이 일어나고 있기도 했다). 게다가 아르헨티나 못지않은 심각한 경상수지 적자가 점차 심화되고 있었다. 지크문트는 윌슨이 '나라가 역사상 가장 심각한 경제 위기에 처한 순간' 정권을 위임받았다고 말했다. "그 위기는 물질적인 위기일 뿐만 아니라 영국 사회의 모든 구조의 위기였다." 지크문트는 당장 20 내지 30억 달러의 차관을 국제통화기금로부터 가져올 것을 제안했다. '외국 채권자가 파운드화에서 이탈하는 것을 막고 외환 보유액을 상당한 수준으로 증가시키기 위함'이었다. 하지만 지크문트는 내심 윌슨 정부에 칭찬할 부분이 없다고 생각했다. "적어도 윌슨 정부는 히스 정부만큼 나쁘지는 않다고 말할 수 있다." 6월 초에 윌슨을 만났을 때 지크문트는 충격을 받기도 했다. 그건 좋은 의미의 충격으로 볼 수 없었다. 윌슨 총리는 "놀라울 정도로 초연하고 냉정한 태도를 보였다. 동료나 반대자에 대해서도 초연했고, 직업별 노조에도 냉정했다. 모든 것, 모든 사람에 대해 냉정하고 초연한 그는 모든 중요한 것에도 그러했다."

지크문트가 가장 걱정한 것은 새로운 정부가 여전히 인플레이션의 위험성을 과소평가하고 있다는 점이었다. 사실이었다. 노동당이 정권을 되찾아올 무렵 소매 물가 상승률은 8퍼센트를 달리고 있었다. 1975년 중반에는 20퍼센트를 넘어섰다. 지크문트는 다시 한 번 예전의 장기를 선보였다. 브리티시페트롤리엄의 정부 지분을 매각하거나 국민기업위원회나 (윌슨의 표현을 빌려 설명하자면) '북해의 모든 자산을 보유하고 있는 거대한 규모의 새로운 국립 석유 회사'로부터 차용을 해서 경화를 되도록이면 마르크화로 조성하려 한 것이다. 하지만 영국의 공공 분야를 담보로 잡는 것에 지대한 관심을 가진 외국 세력이 불충분했다. 독일의 총리 헬무트 슈미트는 브리티시페트롤리엄의 지분 매입을 독일연방공화국의 투자가들에게 제안하는 문제에 유보적인 입장을 보였다. 1974년에 국영 철강제조회사의 유로채에 3500만 달러의 투자가 성공적으로 이루어졌던 반면, 다음 해 브리티시가스의 운용은 거의 실패에 가까웠다. 스위스와 미국이 제안한 수익률이 너무 낮다고 항의했던 것이다. 영국크라이슬러는 미국의 모회사의 직접 통제를 받으며 손실분을 줄이려고 필사적으로 최후의 노력을 했다. 리 아이어코카는 크라이슬러의 CEO에 취임하자마자 유럽 지사를 푸조에 단 1달러에 매각했다(바르부르크는 이 거래에서 크라이슬러의 업무를 대행하면서 수수료를 챙겼다).

1975년 지크문트는 정부의 일에서 손을 떼버렸다. 특히 영국노동조합회의는 포기했는데, 일반 조합원을 전혀 통제하지 못한다는 생각에서였다. 로이 젱킨스가 노동당 내에 사회민주연맹이라는 이름의 모임을 만들었다는 소식을 들은 지크문트는 그들에게 금융 지원을 해줄 의향이 있음을 내비쳤다. 1976년 3월 16일에 윌슨은 갑자기 퇴진 의사를 밝혔다. 지쳐서라고 했지만 알츠하이머병의 조기 발병이 두려워서라고 보였다. 이때 지크문트는 눈물 한 방울 보이지 않았다. 그로부터 몇 달 후 공공부문차입필요액(PSBR)이 국내총생산의 10퍼센트가 되었고, 윌슨의 후임자 '럭키 짐 캘러핸은 어쩔 수 없이 국제통화기금에서 39억 달러의 차관을 들여오게 되었다. 이로 인해 엄격한 재정 운용과 혹독한 금융 현실을 맞이하게 되면서 통화량 목표제와 재정 지출 감축의 새로운 시대가 열리게 되었다. 그로부터 1년 전에 발간된 〈월 스트리트 저널〉의 헤드라인이 모든 것을 말해주고 있다. 「대영제국이여 안녕」. 교육해야 할 자녀가 여덟 명이나 있고 귀족으로서의 품위를 위해 좋은 집과 좋은 예술 작품을 소유해야 하는 버나드 켈리에게는 정말로 위대한 영국 제국에 안녕을 고해야 하는 시기가 되었다. 가혹하리만큼 높은 과세를 당하게 된 그와 그의 동료 잔 루카 살리나는 '(아무것도 더 만들어내지 못하니 아무짝에도 쓸모가 없는 일인데) 우리가 하고 있는 일이 목숨을 유지하게 해줄 것인가 하는 자문을 하고 어디로 이민을 가야 할지'에 대해 이야기를 나누었다고 한다. 지크문트가 가벼운 말투로 '데니스 힐리가 얼마나 강인하고 훌륭한 총리인지' 설명하면 켈리는 '격분하면서 상류층과 중산층을 과도한 과세로 붕괴시키는 와중에 있는 사람에게 그렇게 말할 수는 없다고 하면서 (……) 점잖게 말해도 이런 식이 계속되면 우리 모두는 제네바 호수 연안에서 살게 될 것이다'라고 했다. 결국 그는 모나코에서 일자리를 제의받고 1976년 여름 바르부르크에서 퇴직하여 모습을 보이지 않다가 1980년에야 런던에 돌아왔다.

윌슨의 시대는 결국 실패로 끝났다. 테크놀로지의 열기가 불타오르던 때에서 10여 년의 스태그플레이션이라는 '차가운 잿빛 잿더미'에 이르는 여정이 있었다. 전반적인 면에서 보나 특정 분야를 보나 모두 실패였다. 미시경제학적 측면에서 보면 영국의 정치 경제는 유럽보다는 라틴아메리카와 보다 닮아 있었던 것으로 판명이 났다. 거시경제학적 측면에서 보면 영국의 기업이나 제조업 분야에서는 스스로 유의미한 수준의 경영 합리화를 할 능력이 있는 곳이 별로 없다는 것도 드러났다. 영국에서 그 누구보다 윌슨 정권에 도움을 주고자 했던 지크문트에게 무엇보다도 실망스러운 일이 아닐 수 없었고, 켈리를 제외한 지크문트가 지원한 토리당 사람들에게도 바람직하지 않은 변명거리가 되었다. 마거릿 대처 휘하에서 보다 급진적인 경제 정책을 보수당이 취하게 되었을 때 지크문트는 안도했다. 지크문트는 1964년에서 1979년 사이에 다음과 같은 판결을 내렸다. "전후 자유당과 보수당이 번갈아가며 정권을 잡자 (……) 상황은 악화 일로를 걸었다. 수습이 불가능한 상황을 이어받았던 것이다. (……) 두 정권은 온 나라가 분수에 어울리지 않게 살도록 했다. (……) 방종이 도를 넘어 오래 지속되어 급진적인 변화를 필요로 했다."

하지만 급진적 변화가 필요하다는 예상은 1970년대 세계 경제 위기가 지난 후에야 할 수 있었다. 사실 국내 상황에만 국한해서는 영국 경제의 흥망성쇠와 부활을 제대로 이해할 수 없다. 지크문트 바르부르크는 자신을 영국 기업의 금융 주치의로 생각하려는 경향이 있었다. 또한 영국 경제를 합리화하고자 하는 자신의 비전을 공유하고자 정부의 배후에서 조언을 해주는 막후 세력이라고 생각하기도 했다. 하지만 (그의 영국 환자들의 건강이 악화되어가면서 그 중요성은 더욱 커져갔음에도) 1960년대와 1970년대 그가 동경하던 또 다른 역할은 대단히 관념적이고 비현실적인 것이었다. 특히 지크문트는 세계화의 예언자로 이해해야만 한다. 국제적 경제 통합에 대한 준비가 필요한 시점이 도래하는 시기에는 그런 면에서 지크문트의 활동을 살펴보는 것이 필요하다.

11

서구 세계의 해체

내 생각에 1975년은 아마도 다른 어떤 해들보다 더 '위기 정책'(특히 정치에서, 사람들에게 겁을 주어 원하는 대로 유도하기 위해 상황을 아주 위험한 지경으로 몰고 가는 수법)이 만연한 기간이 될 것이다. (……) '위기 정책'으로 인해 억압적이고 모멸적인 긴장감이 감도는 동안, 가까운 미래는 폭력과 재앙과도 같은 폭발로까지 가지는 않겠지만 바로 그 근처까지는 가서야 멈추게 될 것이다. 그러한 환경과 분위기 속에서 살아가는 것이 당분간 우리 서방 세계에서 생각할 수 있는 최선인 것 같다. 그러므로 가능한 한 그 어디에나, 다소 작더라도 분별과 품위의 섬을 보존하고 세움으로써 이러한 위험한 결과에 맞서는 것이야말로 우리 개인의 의무다.

— 1975년 1월, 지크문트 바르부르크

대략 1968년 이후부터 나는 1970년대 중 언젠가는 국제 유류 위기가 올 것이라고 예상했다. 실제로 수년에 걸쳐 위기는 잉태되었고, 중동에서는 1973년 10월부터 지금까지 전쟁 없이도 위기가 계속되고 있다. (……) 이러한 일을 예상하며 나는 유류 위기가 경제와 자본에만 위험한 영향을 끼치는 것이 아니라 서구 사회의 심각한 타락으로 나타날까봐 걱정했다. 안타깝게도 이 같은 현상은 지금, 내가 우려했던 것보다 훨씬 더 심각한 방식으로 일어나고 있다. 이와 같은 인간과 국가의 도덕적 타락은 당연히 도덕적으로 나약한 지점에서 무럭무럭 자란다.

— 1975년 2월, 지크문트 바르부르크

1

지크문트가 뻔질나게 누군가에게 애착을 가졌다 헌신짝처럼 내치는 것은 앞에서도 보았듯 다분히 그의 별스러운 기질 탓이었다. 보통 그가 애착을 가지는 대상은 은행에 들어온 똑똑한 젊은이들이었으며 그들에 대한 애정 역시 정신적인 것이었다. 가끔은 그 대상이 해럴드 윌슨의 경우처럼 정치인이기도 했다. 그런데 딱 한 번, 지크문트가 한 나라를 통째로 사랑한 적이 있었다. 그 나라는 바로 이스라엘이었다.

젊은 시절부터 지크문트는 시온주의자였던 적이 전혀 없었다. 19세기 당시 부와 사회적 지위를 거머쥐고 있었던 유대인 출신의 여러 저명한 은행가 가문처럼, 지크문트 역시 유대인 민족 국가를 만들기 위한 프로젝트에 조심스러운 입장이었다. 왜냐하면 그 같은 독립체의 존재가 타국에서 정착한 유대인들의 충성심에 대해 의심을 불러일으킬 수 있기 때문이었다. 지크문트는 1942년, 유대인들은 "민족주의라 불리는 가장 최악의 어리석은 현대 질병에 감염되지 말아야 한다"라고 주장했다. 사실 당시 그는 시온주의자들이 거의 "나치만큼이나 도덕적인 제약이 없는 것처럼 행동한다"라고 평가했다(아직 나치의 대규모 학살이 확실해지기 이전의 판단이기는 했다). 훗날 지크문트는 이렇게 회상했다.

나는 유대인들이 추구하는 '민족의 집' 프로젝트를 (……) 동등한 시민의 권리를 습득할 기회가 거의 없는 나라들에서 다른 주민들과 동등한 권리를 지닐 수 있는 나라로 옮겨가기를 원하는 유대인들에게 고향을 제공하는 것이라고 보았다. 그러나 이미 다른 나라를 조국으로 삼고 동등한 시민의 권리를 누리고 있는 유대인들은 그곳이 어디든지 상관없이 자신의 나라에 대한 완전한 헌신을 통해 권리를 지키고 발전시켜야만 한다고 생각했다.

지크문트는 1930년대에 친척들(특히 삼촌 프리츠)이 유대인들을 독일에서 팔레스타인으로 손쉽게 이주시키기 위한 노력에 약간의 도움을 주기는 했지만, 제2차 세계대전에 뒤이은 영국의 위임 통치 기간(팔레스타인의 반식민 상태에 대한 완곡한 표현) 동안의 사건들에는 거의 관심을 기울이는 것 같지 않았다. 분명 하임 바이츠만(이스라엘 공화국 건설의 아버지라 불리는 시오니즘 운동의 지도적 정치가)과 다비드 벤구리온(이스라엘 정치가·시오니즘 지도자)을 알고 있었다지만, 그는 1948년 5월 14일 이스라엘의 국가 선언에 대해 아무런 감상도 기록으로 남겨놓지 않았다. 2년 뒤 텔아비브의 사업가 한 사람이 접근해오자, 지크문트는 '텔아비브에 은행의 임시 사무실'을 둔다는 것은 이유를 불문하고 '터무니없는 소리'라고 잘라 말했다.
하지만 지크문트는 아랍 사람들에게도 역시 그 어떤 동정심도 품고 있지 않았다. 그는 수에즈 운하의 국유화로 갈등하던 시기, 서구 열강이 '보다 단호한 행동'을 취하지 않았던 과거를 안타까워했으며, 흘러넘치는 오일 머니로 무장한 '이집트 대통령 가말 압델 나세르가 이끄는 전적으로 무책임한 중동의 야망'을 개탄했다. 사실 지크문트는 아랍 민족주의에 대한 '유화 정책'을 전후 미국의 대외 정책 가운데 중대한 실수로 보았다. 1950년대 내내 지크문트는 계속해서 개개의 망명자를 돕는 데에 자신의 동포애를 집중했다. 심지어 미국에 사는 유대인 공동체가 이스라엘로 이주하는 유대인을 후원

하기 위해 발족한 기금 모금 단체인 유대인연합(UJA)에 기부금을
내는 것조차 거절했다. 영-이스라엘 투자 신탁의 이사회에 S.G.바르
부르크를 대표해 참여해달라는 에드문트 드 로트실트의 초대도 거
절했다. 결국 지크문트는 1959년, 나라의 기반이 생긴 지 10년은 지
난 다음에야 아내와 딸을 동반하고 이스라엘을 방문했다.

비록 12일밖에 되지 않은 짧은 여행이었지만 이 방문을 통해 지크
문트는 벼락을 맞은 듯 눈이 멀어버리고 말았다.

이스라엘에 가기 전에 당연히 책도 많이 보았고, 나를 만나러
온 사람들이 들려주는 그곳 발전상에 대해서도 열정적으로 귀 기
울였다. 하지만 내가 본 것은 기대를 초월했다. 나는 이스라엘이
워낙 불안정한 입지에 적으로 사방이 둘러싸여 있는 상황이기 때
문에 당연히 온건하고 균형 잡힌 모습이 아니라 긴장감이 돌고 광
신적 성향이 두드러지는 모습을 목격하게 될 거라고 생각었다. 하
지만 나는 수많은 감탄스러운 장면을 두 눈으로 보았고, 반쯤은
전쟁 상태에 엄청난 문제를 마주하고 있는 민족의 지도자들이 대
단히 여유롭고 평화로운 정신을 유지하고 있다는 사실에 감탄, 또
감탄했다. 그들은 심지어 그 어떤 미움과 가식에서도 자유로운 마
음가짐으로 수준 높은 장기 계획에 집중하고 있었고, 동시에 아주
긴급한 매일의 비상사태까지 세심히 살피고 있었다.

지크문트는 이 젊은 국가가 19세기 초 프러시아를 떠오르게 한다
고 말했다. 딱 보기에는 그다지 닮아 보이지 않았지만 프러시아 개
혁가들(빌헬름 폰 훔볼트, 게르하르트 폰 샤른호르스트)이 현대 '이스
라엘 지도자들과 비슷하다는 것'이었다. "프러시아 개혁가들은 개인

의 자유를 중요한 요소로 여기고 교육을 강조하는 철학적 태도와 관련한 깊은 믿음이 있었고, 이스라엘의 지도자들은 종교적 믿음이 그들과 비슷한 정도인 데다 지성을 중시하고 정의와 엄격함, 규율을 초석으로 삼아 종교적 믿음조차도 실질적으로 접근하고 있어 공통점이 상당했다." 그는 특히 이스라엘의 초대 대통령이 된 걸출한 화학자 하임 바이츠만이 1933년에 설립한 연구 기관인, 레호보스에 위치한 바이츠만 과학 센터를 방문했을 때 큰 감명을 받았다. 게다가 프리츠 삼촌의 부인인 아나 바르부르크와도 가슴 뭉클하게 재회했다. 이스라엘과의 인연은 딸 애너가 시온주의 운동가이자 기금 모금자인 도프 비군과 1962년에 결혼하자 더욱 강화되었다.[1]

지크문트는 이스라엘의 정치에 관심이 깊었으나, 이스라엘 사람들은 그를 경제 전문가라는 이유로 존중했다. 이스라엘 방문 뒤 몇 달이 지나고, 국영 기업의 주식 판매에 조언을 얻기 위해 이스라엘 국토개발부에서 사람이 찾아왔다. 가장 유망한 후보는 1952년 탄산칼륨, 브롬 같은 풍부한 광물 자원, 소금 등 사해 개발을 위해 세워진 사해기업으로 보였다. 앵글로-팔레스타인뱅크를 이어받아 설립된 뱅크루미와 쿤로브, N.M.로트실트, 뱅크오브아메리카, 월드뱅크 등이 모여 주식 1400만 주를 발행하기로 결정했다. 그레섬가 30번지에서 이루어진 비즈니스 방식은 쿤로브의 젊은 조슈아 셔먼에게 특히 '영국 윈체스터 대학 출신 스타일로 준비된 투자 설명'을 짧게나마 경험할 수 있게 해준 기회였다. 이듬해, 바르부르크는 뱅크루미뿐

---

1 딸이 적당한 사업가와 결혼하기를 원했다면 지크문트는 실망했을 것이다. 비군을 만나기 전 그녀는 〈옵서버〉의 인도 출신 만화가 아브라함과 약혼을 발표한 적도 있었다. 도프 비군은 1911년 핀스크에서 태어났다. 무려 14개 국어에 능통했던 그는 전쟁 중 영국군 기밀 정보 부대에서 복무했다.

아니라 이스라엘의 디스카운트뱅크를 위한 주식 발행에 참가했다.

그러나 여기에는 처음부터 문제가 있었다. 특히 1965년 가을, 지크문트는 사해기업[2]의 산만한 영업이 '이스라엘의 신용 상태에 좋지 않은 영향'을 끼칠까 봐 조바심을 내고 있었다.

그는 또한 '텔아비브 주식 시장'의 상태가 좋지 않아 마음이 편치 않았다. 1년 뒤 그의 걱정의 핵심은 '뱅크루미가 지나치게 팽창해, 한정된 경영진이 과도한 책임을 감당하기에 벅찬 상황이 되어버렸다'는 사실이었다. 1967년에는 급기야 이스라엘 경제 전체까지 걱정하기 시작했다. 그해 6월 그는 이렇게 기록했다. "이스라엘의 현재 문제들은 군사적인 특성보다는 경제적인 특성에서 기인한다. 이스라엘 군사 전체가 매일같이 국가 자산의 점점 더 많은 부분을 써 없애면서 여기저기에 동원되었다." 지크문트는 경제 압박을 완화하기 위해서 이제 '국제 은행 연합을 만들어 이스라엘이 대출자가 되고, 합작까지는 아니더라도 미국, 영국, 프랑스 독일, 이탈리아, 가능하다면 캐나다, 일본, 스칸디나비아 국가들까지 다자가 보장하는 론을 발행하는 게 어떻겠느냐'고 제안했다. "이렇게 발행된 론의 이름은 '중동 평화 론' 정도가 좋을 것이다." 역설적이게도 편지가 쓰인 것은 6일 전쟁(1967년 6월 5일부터 10일까지 아랍과 이스라엘 간에 있었던 제3차 중동 전쟁)이 발발하기 겨우 사흘 전이었다.

이스라엘은 전쟁에 의해 구축되었다. 그리고 전쟁의 위협은 늘 남아 도사리고 있었다. 팔레스타인을 두 개의 국가로 나누어 통치한다는 유엔 181 결의안을 아랍이 거부하자, 1948년 이스라엘의 탄생 순

---

[2] 셔먼과 피터 스피라는 성서를 흉내 내어 '어린 조슈아가 고대 히브리인의 땅에 방문'했다는 기록을 남겼다.

간, 전쟁이 일어나고 말았다. 이집트, 시리아, 요르단, 레바논, 이라크 등 적어도 다섯 개의 아랍 국가들이 이스라엘을 공격했지만 이스라엘은 수백 만의 팔레스타인계 아랍인들을 고향에서 무자비하게 몰아내는 한편 적이 접근하는 것을 막았다. 강도가 약한 교전은 계속되었다. 팔레스타인 페다이(반이스라엘 아랍 무장 게릴라 조직)는 1948년에 이집트가 점유하고 있던 가자 지구에서부터 공격에 착수했다. 그리고 1956년 이스라엘이 영국 및 프랑스와 합동으로 수에즈 운하를 이집트에서 탈환하려 시도하면서 다시 전쟁이 일어났다. 이스라엘은 시나이 반도를 점령했으나, 그 점령은 미국의 금융 압박에 유럽이 굴복한 뒤 아주 짧은 기간만 지속되었다.

지크문트에게는 중동에서 평화를 이룩할 아이디어가 있었다. 1963년, 독일계 이스라엘인들의 배상 협정 성공을 보고 희망을 품게 된 그는 이스라엘과 이집트의 중재인으로 아프스를 내세웠다. 제3제국에서 아프스가 했던 역할에 비하면, 다소 영웅적인 느낌이 덜했으며 예상치 못한 제안이었다. 1년 뒤 지크문트는 이집트의 건설적 발전을 위한 '10개년 계획'과, 이스라엘 및 주변국 사이에 중립 지대 혹은 비무장 지대를 설정하고, 소수 민족의 권리 보호 장치 및 네게브 내 특별 소수 민족 거주지 건립을 통해 아랍 난민 문제를 해결하겠다는 '또 다른 10개년' 계획을 함께 제안했다. 계획이 좋다 해도 아랍 국가들이 이스라엘을 군사적으로 이기겠다고 꿈꾸는 한, 계획 단계에서 더 나아갈 수 없는 노릇이었다. 그런데 이집트 대통령 나세르의 서투른 전쟁 준비로 인해 결국 이스라엘이 선제공격을 하고 나섰다. 지크문트는 '1938년 9월, 뮌헨에서 작고 용감한 나라(체코를 가리킴)가 잔인하고 폭력적인 강대국들에게 휘둘리고, 자기들끼리 치고받는 강대국의 갈등으로 세계 평화까지 위협받는 상황에 놓였던 것'을 떠올렸다. 이번에는 작은 나라가 주변국을 공격했다는 점이 달랐지만 그에게는 비슷해 보였다. 제3차 세계대전이 태동할 것을 두려워했던 지크문트는 유엔에 모여 가식이나 떠는 정치인들을 향해 '뮌헨 협정' 당시의 일을 생각해보라며 독설을 퍼부었다.

1967년 6월 5일, 6일 전쟁이 발발하자 지크문트는 제일 먼저 갈등 상황이 일어나는 동안 가족과 함께 이스라엘에 남아 있는 딸을 걱정했다(교전이 잠시 중단되자 손녀 바샤는 유모와 함께 로카마르로 옮겨졌다). 그리고 오래지 않아 지크문트는 〈타임스〉에서 전쟁에 대해 논한 보수당 의원 이언 길무어의 의견에 차가운 답변을 보내면서 스스로 전쟁의 기원에 대한 공개 토론에 뛰어들었다. 이스라엘이나 아랍이나 도덕적으로는 거기서 거기라는 이언의 의견에 지크문트는 이렇게 응수했다.

길무어 씨께서는 아랍 지도자들이 수년간 이스라엘에 대한 폭력적인 증오를 드러내며 대규모 학살을 시행하겠다고 마음껏 떠들어대는 동안, 이스라엘의 그 어떤 지도자도 증오나 선동을 표하지 않았다는 사실을 알고 계십니까? 사실, 일부 이스라엘 지도자들이 공정하고 지속적인 양측 간의 이해에 도달하기를 진실로 열망하고 있다는 증거까지 있다 이 말씀입니다.

이스라엘이 전쟁에서 이기자 지크문트는 기뻐했다. 그러나 실질적인 서구 세계의 도움은 부족했다는 데 대한 실망만큼 큰 기쁨은 아니었다. 그는 격앙된 편지에서 이렇게 주장했다. "위기는 대부분 러시아의 잘못이다. 히틀러가 1938년 체코를 손에 넣었던 것처럼, 위기 정책으로 인한 전쟁 덕에 자신들이 중동을 손에 넣을 수 있을 거라 생각했기 때문이다."

만일 중동 전쟁으로 아랍인 90퍼센트와 유대인 99퍼센트가 사망하고 그 빈자리를 러시아가 차지했다면 그것이야말로 러시아로서는 가장 마음에 드는 결론이었을 것이다. 이스라엘의 불굴의 용기 덕에 러시아의 이 무책임한 무력 외교 게임은 그들 뜻대로 이루어지지 않았지만, 나는 러시아가 다시금 위기 정책을 실행에 옮길 경우 발생할지 모르는 제3차 세계대전을 걱정하지 않을 수가 없다.

UN은 '위선자의 연합'이라고 이름 붙였어야 했다. 서구 군사 연합을 북대서양조약기구의 통합 지휘 구조로부터 끌어내 약하게 만든 드골에게도 책임이 있다. 옳은 일을 하는 듯 보였던 것은 오로지 미국인뿐이었다. 그러나 그들 역시 베트남에 점점 더 많은 군사를 투입하느라 어려움을 겪고 있었다.

지크문트는 이 같은 열정에 사로잡혀 자신과 아내가 '유대인 조직을 후원하는 데 재산을 사용하기 쉽게 하고자' 최소한의 지출만 하기로 결심했다고 친구들에게 선언했다. 그리고 '그토록 용맹하고 젊은 이스라엘'을 뒷받침해줄 수 있는 실질적인 방법을 고민하느라 머리를 쥐어짰다. 그렇게 해서 나온 생각 중에는 담수화 공장 건설에서 10억 달러 융자 주선 등의 계획까지 있었다. 그리고 8월, 이스라엘 경제를 향한 비즈니스계의 관심을 끌려는 의도로 개최된 일련의 회의에 참석하기 위해 예루살렘으로 날아가 이틀간 머물렀다. 이런 노력의 결실이 바로 1967년 도이체방크와 유럽 발행 회사들로 이루어진 협력단의 후원으로 설립된 이스라엘개발은행이었다. 지크문트가 매우 열정적으로 시온주의자들을 위해 뛰어다니는 것에 대해 토니 벤은 이런 얘기까지 듣게 되었다. "지난여름 있었던 6일간의 전쟁 동안 지크문트가 나서서 부유한 유대인들에게서 이스라엘을 후원할 돈을 모금했고, 영국에서 약 700만 파운드, 독일에서 약 1000만 파운드 그리고 미국과 캐나다에서까지 총 5000만 파운드를 모았다." 지크문트는 또한 아랍과 이스라엘 지도자를 런던에서 만나게 하는 비공식적인 대화를 주선하려고 애썼다. 그리고 이스라엘의 기술 기업인 이스라엘컴퓨터소프트웨어에도 지대한 관심을 보였다. 1968년 4월에 열린 제2차 예루살렘 경제 회의에서는 이스라엘이 단순히 농사와 관광만이 아니라 화학 산업과 초기 컴퓨터 부문까지 아우르는 경제 계획에 초점을 맞춰야 한다고 연설했다. 지크문트는 무역과 해외 투자를 향상시키기 위해 해외에 세운 지주 회사인 이스라엘코퍼레이션을 후원했다. 별 소용은 없었지만 재무부의 해럴드 레버에게 해외 무역 규제를 완화해 영국 투자자들이 이스라엘에 돈을 투자할 수 있게 해달라고 압박을 가하기도 했다. 이것이 지크문트의 이스라엘에 대한 사랑의 정점이었다. 지크문트는 조슈아 셔면에게 이런 내용의 편지를 보냈다.

이스라엘의 국무총리 에슈콜과 이스라엘 경제부의 수장 그리고 이스라엘은행의 수장을 영국의 총리나 경제부 수장 그리고 영국은행장과 비교해보면 이스라엘에 얼마나 활력이 넘치며 통찰과 용기, 꼼꼼함이 있는지 알 수 있다. 이들 세 이스라엘인은 230만 명의 지지로 선출되었고, 저들은 영국에서 5000만 명의 지지를 얻은 인물들이지만, 나는 그 수와 전혀 상관없이 정말 중요한 것은 이스라엘의 젊은 정신이라고 생각한다.

지크문트는 이스라엘의 국방장관 모셰 다얀 장군에게서도 비슷한 인상을 받았다. 그래서 조지 볼(영국 UN 대사)에게 다얀이야말로 '아랍 문제를 마치 아랍인인 것처럼 이해하고 있으며, 가자 지구와 웨스트뱅크를 점령지로 유지하려 했던 것은 그저 이스라엘의 안전 때문'이었다고 장담하기까지 했다. 지크문트는 중동에 진정한 평화가 재건되자마자, 다얀이 점령 지역을 광범위하게 제거하는 데 아주 열중하고 있다고 말했다.

그러나 이처럼 새롭고 사랑스러운 나라에도 여전히 의심스러운 점은 있었다. 파울 치글러는 지크문트가 시온주의자 집단과 나눈 대화를 '엉터리 해결책이며 이유 불문하고 부적절하다'고 무시하면서 신뢰하지 않았다. 파울 입장에서는 '지크문트의 성실함을 믿지 않아서가 아니라 자신이 아주 잘 알고 있는 지크문트의 모습에 걸맞지 않은 행동을 보여주기 때문에 그렇게 생각할 수밖에 없다'는 것이었다. 이것은 영리한 판단이었다. 이스라엘 정부가 자신과 상의하지 않은 채 사해기업을 새로운 화학 대기업으로 합병하는 것을 인가하자, 지크문트가 '도저히 말도 안 되는 행위'라며 불같이 화를 냈던 것이다. 이스라엘에 대한 애정이 변질되기 시작한 것은 거의 그 순간부터였다. 지크문트는 예루살렘의 킹 데이비드 호텔에 예약이 잘 되지 않자 '무능과 태만으로 늘어져서 일처리를 대충대충 해치우는' 데 극도로 분노했다. 1968년에는 텔아비브로 두 차례 출장을 다녀오는 과정에서 심하게 절망하여, '이스라엘의 경제 발전을 돌아보기' 위해 와달라는 이스라엘 정부의 초대마저 거절했다. 그러는 사이 이스라엘코퍼레이션의 경영은 지크문트의 말을 빌리자면, '엉성해지기' 시작했다. 야심 찬 소프트웨어 프로젝트는 캘리포니아 주 소재 컴퓨터플래닝코퍼레이션으로부터 투자받을 가능성이 있다는 것을 증명하기는 했으나 '대단히 마음에 들지 않는 방식으로 지연' 되었다. 1970년에 접어들자 이스라엘 사람들과 비즈니스 파트너로 실행하고자 했던 지크문트의 계획은 고갈되어가고 있었다. 지크문트는 사해기업 이사회에서 자신의 조언이 계속 묵살되고 있으므로 이사직을 사임하겠다고 말했다. 정부를 향해서는 브리티시레일랜드 같은 외국 투자자들을 '소홀하게' 대한다고 질책했다. 게다가 하이파에 있는 주요 국영 정유 공장에 이스라엘코퍼레이션이 투자하도록 독려했던 계획까지 실패하자 완전히 짜증이 나고 말았다. 1년 뒤에도 상황은 나아지지 않았다. 이스라엘코퍼레이션은 자기 자본을 수준 낮은 방식으로 운용했다는 면에서 유죄였다. 이스라엘의 선박회사 짐에 자본을 투자한다는 건 너무나 위험 부담이 컸다. 1971년 9월 7일, 결국 지크문트는 회사의 상무이사 미카엘 추르[3]가 주동이 되어 동료 이사 열두 명을 연례 총회 바로 전주에 몰아낸 회사의 방식을 '도저히 용납할 수 없다'고 항의하며 이스라엘코퍼레이션 이사회에서 사임했다.

에드문트 로트실트가 무던히 노력했음에도 지크문트를 붙잡지는

---

3 추르에 대한 지크문트의 의구심은 이내 옳은 판단이었음이 드러났다. 1975년 추르는 사기 및 뇌물 수수, 배임으로 기소되었다. 기소장에 따르면 그는 대략 1620만 달러를 이스라엘코퍼레이션에서 횡령해, 인터내셔널크레디트뱅크(ICB)의 은행장인 티보르 로젠바움이 운영하는 리히텐슈타인신탁유한책임회사에 맡겼다. 로젠바움은 그 돈을 주로 부동산을 거래하는 자신의 다른 회사에서 발생한, 산처럼 쌓인 부채를 청산하는 데 썼다. 마피아의 돈세탁에까지 연루되었던 인터내셔널크레디트뱅크의 몰락은 로젠바움에게 회계를 맡겼던 세계유대인위원회에 골칫거리를 안겨주었다. 인터내셔널크레디트뱅크와 연관된 소송에 휘말렸던 지크문트의 사위 도프 비군에게는 이 상황이 단순한 곤란함, 그 이상이었다.

못했다.

 그러나 지크문트는 분명 완전히 등을 돌린 것은 아니었다. 1972년 '이스라엘을 위한 영국경제협의회'의 공동 대표로 일해달라는 무역 장관 핀카스 사피르의 초대를 받아들였고, 이듬해에는 이스라엘에 상업은행을 건립하는 프로젝트에 상당 시간 전념했던 것이다. 이 일을 추진하는 동안 적어도 스무 번은 이스라엘을 방문했다. 하지만 이제 '너무나 조화롭지 못하지만 그 강렬함만큼은 아주 독특한 이 집단'에 대한 사랑은 애증으로 변해 있었다. 그는 '이스라엘 경제에는 믿을 만하고 철두철미한 자가 거의 없다'고 말했다.

 지크문트를 더욱 힘들게 한 것은 중동에 평화를 조성하는 의미에 대해 대부분의 이스라엘 정치가들의 시각이 자신과 다르다는 점이었다. "아랍과 이스라엘 문제의 궁극적 해결책은 두 나라를 각각의 독립된 개체로 존중하고 공존하게 하면서, 넓은 팔레스타인을 형성하는 것이다. 이 각각의 국가 연대는 아마도 처음에는 다소 미약할 테지만 점차 중동의 스위스와도 같이 발전하게 될 것이다." 이것이 1969년 12월에 기록한 지크문트의 생각이었다. 이는 나중에 '이스라엘, 요르단, 레바논 간의 연방 국가'를 세우자는 계획으로 바뀌었다. 그와 빅토르 로트실트는 왜 이스라엘인들이 팔레스타인 난민 문제에 그처럼 양보를 하지 않고 버티는지 이해할 수가 없었다. 로트실트는 이스라엘이 대외 무역금 대부분을 군 장비를 수입하는 데 탕진하는 것은 '가다렌의 돼지(예수가 마귀를 돼지에게 씌워 무작정 달려 바다에 빠져 죽게 만들었다는 성경 속 일화)처럼 죽음을 향해 돌진하는 꼴'이라고 생각했다. 그가 보기에는 이제 이스라엘 정부는 1967년 11월 6일 전쟁 뒤처리를 위해 UN 안보리가 채택한 결의안을 받아들여 점령지에서 철수해야 할 때였다. '너무나 내향적인 전술'을 펼치는 골다 메이어 총리와 그녀의 내각에 존재하는 '오합지졸'들에게 환멸을 느낀 지크문트는 세계유대인위원회(WJC)의 위원장이자 1970년 4월 이웃 아랍과의 관계 개선을 위해 나세르와 만나려 했던 나훔 골드만과 부쩍 가까워지게 되었다.[4]

골드만은 머지않아 중동 문제에 관해 지크문트에게 가장 가까운 조언자가 되었다. 대신 지크문트는 일반적인 투자 조언을 하고, 유대인문제기구 및 이스라엘페이비언협회에 기부했다. 막스앤드스펜서의 회장 마커스 시프와 더불어 지크문트 또한 중도 좌파 런던 기반의 잡지 〈신(新) 중동〉의 위태로운 경제 및 기사의 관점에 관심이 있었다.

1970년 11월 이스라엘을 방문한 지크문트는 나중에 이스라엘 주거 및 기반 시설 개선을 담당하게 될 시몬 페레스 장관을 만나게 되자 다시 희망에 부풀었다. 그의 호의적인 인상 때문이었다. 그러나 아직도 제3차 세계대전이 일어날지도 모른다는 두려움은 사라지지 않았다. 이집트를 좌지우지하는 소비에트연방과 아랍 국가들과의 관계가 문제였다. 또한 권력을 강화하겠다는 이유로 자행되는 이스라엘의 '군사 행동(처음에 그는 '침략'이라는 표현을 썼다)과 필요한 수준을 넘어서는 잔혹함이 이스라엘의 대의를 침해하고 공동체 내의 정신적 힘을 약화시킬 것을 우려했다.'[5]

---

4 나훔 골드만은 폴란드의 유대인 촌에서 태어나 독일에서 교육을 받았으며, 나치가 권력을 잡은 뒤 미국으로 이주한 열렬한 시온주의자였다. 세계유대인위원회의 창시자 중 한 사람으로, 장기 집권 의장이 된 이후 전후 독일과 이스라엘의 배상을 위한 협상에서 적극적인 역할을 수행했다. 1962년부터 이스라엘 국민이 되었지만 그는 결코 이스라엘 영토에서 계속해 살았던 적이 없었다.

5 지크문트는 1973년 5월에 열린 예루살렘 경제 회의에서 이 같은 취지의 연설을 하도록 되어 있었지만 인플루엔자의 위험 때문에 여행이 미뤄졌다. 완성되지 않

중동에서 소비에트연방의 위협이 줄어든 것은, 아마도 지크문트가 소비에트 과학자 그리고리 본다레프스키와 러시아 출신 이스라엘 군사 정보부의 수장인 아론 야리브 사이에 1971년 회의를 중재했기 때문일 것이다. 그러나 10월 6일(욤 키푸르, 유대교의 속죄일)에 이집트와 시리아가 다시금 적의를 불태우며, 지크문트가 오랜 시간 경고해왔던 '끔찍한 전쟁'을 일으켰다. 1967년, 지크문트가 가장 먼저 신경을 썼던 것은 딸과 손녀의 안전이었다. 이스라엘이 시나이와 골란 고원 모두에서 반격에 성공했다는 사실에 안도했지만, 이스라엘 국민 대다수가 양보하지 않고는 평화를 유지할 가능성이 낮았다. 이스라엘은 공격을 하기보다는 공격을 받는 일이 더 많았다. 그러다 보니 상대적으로 이스라엘의 피해가 더 무겁고 고통스러웠다. 결국 수에즈 운하 동쪽에서 이집트 군을 포위하고, 다마스쿠스에서는 공격 유효 거리까지 치고 들어가 적들을 몰아내는 데 성공했다. 그러나 지크문트는 계속해서 '만일 이스라엘이 내년 안에 6일 전쟁 이후 점령한 영토 대부분을 포기하고, 아주 적은 영역만을 조정의 결과로 점유하게 된다면 그다음은 좋은 해법이 될 것'이라고 주장했다. 1974년으로 날짜를 정한 평화 계획의 초고에는 지크문트가 아랍 국가들 덕에 깨달은 점들이 반영되어 있었다.

1. 팔레스타인 지도자들이 테러리스트 조직을 청산한다는 조건으로, '팔레스타인'이라는 독립된 국가 설립에 도움을 주어야만

은 메모를 다른 영국 대표가 읽었지만 그는 '권력 강화와 잔혹함'이라는 구절을 빼고 낭독했다. 지크문트는 '정부 부처 몇몇의 후원하에 이스라엘에서 조직된 이들 회의의 대부분을 나쁜 종류의 인간 서커스'라고 생각하기 때문에 회의에 불참하게 된 것을 개인적으로 그다지 아쉽게 여기지 않는다고 밝혔다.

한다.

2. 국경 양쪽 모두에 적어도 10마일(약 16킬로미터) 이상의 비무장
지대를 구축한다는 조건으로, 1967년 이전 상태의 국경을 인정
한다.

3. 유대 성지가 유대인에게 개방되듯 아랍 성지들이 아랍인에게
개방되어야 한다는 조건으로, 다국적 신탁 통치하의 예루살렘
을 자유 도시로 구축해야 한다.[6]

이러한 제안에는 여전히 이스라엘의 내적 건전함에 대한 지크문
트의 비관이 배어 있었다. 그는 그것을 은밀하게 인정했다.

그 어느 때보다도 이스라엘 내부 상황이 걱정된다. (……) 아무
리 아랍의 군사력과 경제력의 위험이 크다 해도 이스라엘을 가장
크게 위협하는 요소는 내부에서 온다. 즉 국가 내의 응집력이 부족
해 위험에 빠진다는 것이다. 현재 이스라엘의 상황은 자꾸 바이마
르 공화국을 떠올리게 한다. (……) 지난 6년간 이스라엘이 평화
로운 해법을 놓친 경우가 너무나 많았다. 심지어 지금도 이스라엘
내에서 시간이 그들을 위해서가 아니라 그들과 맞서 흘러가고 있
다는 사실을 깨달은 사람이 거의 없다는 것은 정말 불행한 일이다.

지크문트는 몇 번이고 반복해서 이스라엘이 민족주의라는 '마음

---

6 이 문서는 지크문트 본인이 '당분간은 공개하지 말아야 하며 오로지 디아스포
라에 해당하는 소수의 유대인 집단이 이스라엘 정치 지도자의 소수 집단에게 넘
겨야 할 것'이라고 묘사했던 것이다. 그러나 그는 골드만에게 그 문서가 '근심,
꿈, 환상, 희망을 혼잣말처럼 종이에 적어두었던 것일 뿐'이라고 고백했다.

의 전염병'에 굴복했다고 한탄했다. 나훔 골드만의 아들 구이도에게 보내는 편지에는 이렇게 적기도 했다. "전염되는 어리석음에 온 세상이 감염되었는데, 그중에서도 이스라엘은 고위험군에 속한 병자다." 이때까지 지크문트는 이스라엘과 더불어 팔레스타인 국가를 건설하자는 골드만의 2개국 해결 방안의 가능성을 전적으로 받아들여 왔다. "이스라엘 사람들은 자신이 자국민을 위한 국가의 지위와 권리를 주장하듯 팔레스타인도 그 같은 권리가 있다는 사실에 귀를 잘 기울이지 않는다. 이 같은 동등함을 인정하려면, 인정이 진심이기도 해야겠지만 담대함까지도 필요한 일이다."

2

점차 이스라엘에 대해서는 비판적이고 아랍 국가들에는 회유적 태도를 지니게 되면서, 욤 키푸르 전쟁(제4차 중동전쟁) 직후 지크문트는 역설적이게도 반시온주의자들의 공격 대상이 되었다. 아랍 국가들은 전장에서 이스라엘에 이기는 데는 실패했지만, 경제라는 힘을 이용해 세계 경제를 얼마든지 흔들어놓을 수 있었다. 1973년 10월 15일, 아랍석유수출국기구(OAPEC)의 회원국들은 미국이 이스라엘에게 전쟁 중 무기를 공급했다는 이유로 미국에 대한 석유 수출 통상 금지령을 도입했음을 발표했다(이 같은 노선을 추진하겠다는 계획은 사실 지난 8월 이집트와 사우디아라비아 간에 처음 논의된 것이었다). 그리고 금지령은 미국산 무기의 일부가 네덜란드 비행장을 경유하여 이스라엘에 도착했다는 이유로 이내 네덜란드로까지 확대되었다. 석유 생산량 역시 25퍼센트나 줄이는 바람에 유가는 전쟁 전의 배럴

당 4.12달러에서 1974년 6월에는 12.9달러로 세 배 이상 상승했다. 이는 서구 경제에 인플레이션을 끌어올리고 장기 불황을 악화시키거나, 적어도 그러한 현상을 촉발하는 힘을 발휘했다. 에너지 위기로 인해 석유 수출국에는 달러 비축까지 신속하게 이루어졌다. 서방의 은행들이 예금으로 모집하고 대출로 재활용하는 데 장려하는 것이 일명 오일 머니였다. 바로 이것이 아랍 국가들에게 또 하나의 정치적 수단을 제공했다.

지크문트는 이스라엘에 공개적으로 지원을 아끼지 않았던 것이 자신의 안전에 영향을 미칠 것이라는 사실을 잘 알고 있었다. 1970년 그는 납치당할 위험을 감수하면서까지 회사의 입장을 명확하게 밝히기 위한 메모를 유포했다. "만일 인질극이 벌어진다면, 내 목숨은 몸값을 지불하거나 내가 부끄럽게 여길 만한 다른 종류의 것을 지불해서 구하게 될 것이다. 그러나 나는 두려움이란 늘 좋지 않은 조언자이며, 요구를 들어주느니 생명을 희생하는 것이 낫다고 분명하게 믿는다." 그러나 1974년 정작 위협을 받은 것은 그의 생명이 아니라 사업이었다. 지크문트는 아랍의 석유 통상 제재를 '협박'이라며 맹렬히 비난했다. 그리고 유럽 정부들에게 아랍석유수출국기구를 달래고 싶어도 그래서는 안 된다고 경고했다. 특히 통상 제재에 '비겁하게' 대응하고 있는 영국과 프랑스를 그는 '가엾은 놈들'이라며 맹비난했다. 그는 1974년 3월, 통상 제재를 끝내기 위해서는 미국이 흔들리지 말아야 한다고 믿었다. 지크문트는 S.G.바르부르크라는 이름이 이스라엘에 호의적인 은행을 추려놓은 아랍의 블랙리스트에 오르고, 현금 두둑한 아랍 은행들이 S.G.바르부르크나 로트실트, 라자드브라더스 같은 은행들이 언더라이터라면 유로본드 발행에 불참하겠다고 밝히자 런던에서도 특정 영역에서 비슷한 비겁함이 퍼져

나가고 있음을 감지할 수 있었다.

이 같은 일은 지크문트의 사업에 직접적인 위협이 되었다. 1970년 대에 오일 머니를 활용할 수 없게 된다는 것은 은행으로서는 커다란 광맥을 잃는다는 것을 의미했기 때문이다. 달링의 말에 따르면 블랙 리스트에 올랐던 다른 은행 하나는 '체념한 채 상황을 받아들이기로' 하고 나가떨어져 버렸지만, 지크문트는 아주 다른 노선을 택했다. 그에 대해 숄리는 이렇게 말했다.

우리와도 안면이 있는 대출 고객들을 위해 채권 발행을 처리하면서, 사람들이 우리에게는 이렇게 말하는 경우가 무척 많았다. "우리가 귀사에게 함께하자고 청하지 못하는 것을 이해해주실 거라 믿습니다. 고객 중에 중동 은행들이 좀 있어서 말이지요." 그러면 우리는 늘 대답했다. "글쎄요, 그렇다 하더라도 옳은 일이 아닌데, 그런 종류의 제재를 당신들이 받아들일 필요가 있을까 잘 이해가 되질 않는군요."

훗날 마틴 고든은 "우리를 배척하겠다고 은행들은 입을 모아, 당신들과 일을 시작하면 한 시간도 채 되지 않아 회장의 책상에 항의문이 당도한단 말입니다"라고 말했다. 고든은 유로본드 시장의 설립사 중 하나인 S.G.바르부르크를 인수단에서 따돌리라는 협박을 받아들이는 것이 '중립'이라면 그건 절대 말이 안 되는 일이라는 사실을 설명하기 위해 일본까지 출장을 갔다. 미국 기자 캐리 라이히와의 인터뷰에서 지크문트도 역시 비슷한 설명을 했다. "당신 회사는 아랍이 배척하는 바람에 유로마켓에서 사실상 멸절의 위기에 처해 있습니다. 그러나 블랙리스트에 오른 다른 회사들보다는 훨씬 잘 견뎌내고 있지요. 어떻게 그런 일이 가능한 것입니까?" 기자는 과장 섞인 질문을 던졌다. 그러자 지크문트가 대답했다.

나는 우리가 그저 더 냉정한 것일 뿐이라고 생각합니다. 나는 유수의 유럽 은행들에 있는 친구들에게 전화를 걸어 말합니다. "자네가 아랍 국가들의 협박에 항복한 것 같다는 소식을 들었네. 우리에게는 아주 불공평한 일인 데다 그 자체로도 문제가 있다고 생각하네만. 혹시 이 상황을 자네들이 반유대주의를 지지하는 것으로 받아들여도 되겠는가? 스스로를 속이지 말게나. 우리도 그런 아랍 국가들처럼 굴 수도 있다는 사실을 명심하라고."

캐리 라이히 : 그러니까 당신은 사람들에게 왜 그들이 당신을 보이 콧하는지에 대해 개인적으로 물었다는 건가요?

지크문트 바르부르크 : 그렇지요. 그러면서 나는 전혀 서슴지 않 고 할 수 있는 한 논쟁을 이용했습니다. 어떻게 얘기해야 할 까…… 그러니까 아주 공격적인 논쟁까지도 불사했지요.

캐리 라이히 : 그 같은 시도가 보이콧을 이겨내는 데 도움이 되었 다고 생각하십니까?

지크문트 바르부르크 : 절대적으로 그랬다고 생각지는 않습니다 만, 넓은 시각으로 보아선 그렇다고도 할 수 있습니다.

캐리 라이히 : 왜 하필이면 쿤로브 같은 은행이 아니라 당신 회사 가 블랙리스트에 올랐는지 알아본 적은 없나요?

지크문트 바르부르크 : 미국 국무부와 영국 외무부의 태도의 차이 로 압축해볼 수 있겠네요. 아주 대단한 차이지요. 미 국무부는 자국 기업들을 나서서 돕지만 영국 외무부는 자국 기업을 나 몰라라 한다고나 할까요.

캐리 라이히 : 태도의 차이인가요?

지크문트 바르부르크 : 그렇죠. 다른 이유는 없습니다.

하지만 현실은 다소 복잡했다. 아랍은 블랙리스트를 결코 엄격하게 적용하지 않았다. 한 신문 보도에 따르면 1974년 1월에 S.G.바르부르크가 인수단 대표인데도 국영 철강제조회사를 위해 발행된 유로본드 5000만 달러의 거의 절반을 사우디를 포함한 중동 투자자들이 구매했다. 1975년 2월에는 쿠웨이트국제투자기업이 2500만 달러의 볼보 유로본드 발행과 멕시코를 위한 US본드 발행의 인수단을 S.G.바르부르크와 로트실트가 동시에 맡는 것에 동의했다. 지크문트는 이제 '그토록 무시무시한 규모로 팽창하고 있는 석유 생산국들의 몇몇 흑자 펀드(과잉 펀드)를 위한 투자처 찾는 일'을 돕겠다는 마음을 품게 되었다. 예를 들어 1974년 5월 지크문트는 코메르츠방크 회장 파울 리히텐베르그에게 '중동에서 코메르츠방크가 후원한다는 조건하에 증권 판매가 가능한지를 카라마트 자 왕자(하이데라바드의 선왕 니잠의 동생)에게 시험해보는 게 어떻겠느냐'고 제안했다. 물론 '이유가 있으므로 S.G.바르부르크의 이름이 눈에 잘 띄지 않게 해야 한다'고 덧붙였다. 카라마트 왕자와 관련해 스위스은행의 회장 밑에 사우디아라비아를 위한 유럽 자문 그룹을 구성하는 것도 생각해보았다. 또 '민감한 문제'를 다루는 다른 방법으로, 웬일인지 다마스쿠스의 아랍 보이콧 오피스에서 블랙리스트에 없는 프랑크푸르트 지점 에페크텐방크-바르부르크를 이용하는 것도 고려해보았다. 다시 말해서 지크문트는 중동과 연관된 사업에 집중하기 위해 몸 낮추기를 택했던 것이다. 버나드 켈리는 여기에서 위선적인 느낌을 감지했다. 사실 제4차 중동전쟁 기간에 회사가 이스라엘에 10만 파운드를 기부하는 게 좋겠다고 제안한 것은 켈리였다. 미약한 시온주의에 동조했기 때문이 아니라 삼촌들과 옥신각신한 후 자신의 명예를 회복하고자 하는 열망으로 그 같은 행동을 취했던 것이다. 그리고 아랍의 보이콧으로 인해 '중동의 돈가방'에서 멀어진다면 회사의 국제 비즈니스에 위험이 드리워질 것을 제일 먼저 깨달은 것도 역시 켈리였다. 그러나 이에 대해 지크문트는 처음에 '문제도 일어나지 않았는데 과민하게 대응했다. 아랍에 남는 자금 따위가 어디 있느냐'고 말해 켈리를 당혹시켰고, 더군다나 보이콧 때문이 아니라 켈리가 설레발을 치는 바람에 스웨덴으로부터 위임을 잃게 되었다고 비난하기까지 해 켈리를 분노하게 했다.

그런데 지크문트는 쿠웨이트 내의 '친구들'로부터 압박이 들어와 코메르츠방크가 파리-로렌 간 고속도로 건설을 위한 유로본드 발행에서 S.G.바르부르크를 누락하자, 진정으로 분개했다. 그는 또한 도이체방크가 쿠웨이트의 압박에 무릎을 꿇고 유럽의 투자 은행을 위한 유로본드 발행을 알리는 툼스톤에서 로트실트를 삭제하자는 요구를 해오자, 아프스에게 항의하기도 했다. 이에 대해 파리바 경영진이 약한 모습을 보이자, 숄리는 지크문트의 생각이 그대로 반영된 신념을 분명하게 밝히고 나섰다.

우리 회사도 파리바가 골치 아픈 문제를 겪고 있다는 것을 이해한다. 우리 역시 파리바가 아랍 세계와 손잡고 이익을 얻을 기회를 극대화하기를 바란다. 그렇기 때문에 우리는 그동안 양쪽 모두를 위해 파리바에 잠재적인 고객들을 소개해왔고, 또한 앞으로도 계속해서 그렇게 하기 위해 모든 노력을 기울일 것이다. 그러나 공개적으로 광고하는 유로달러 발행은 이와는 전적으로 다르다. (……) S.G.바르부르크를 인수단에서 제외하는 것은 명예롭거나 자랑스러운 것이 결코 아니다. 게다가 이는 앞으로 우리의 사업에 커다란 영향을 끼칠 것이다. 우리 모두 알고 있지만, 이 국제 투자 은행 시장에서 경쟁이라는 본능은 때로 다소 거칠게 나타난다. 그리고 은행가들 사이에 도는 가벼운 소문보다 훨씬 중요한 것은 우리의 기존 고객과 잠재적 고객들이 인수단 목록에 자기들의 이름이 없다는 사실을 가지고 국제 시장에서 S.G.바르부르크의 영향력이 확연히 줄고 있다는 사실을 문득문득 깨닫게 될지도 모른다는 사실이다.

그러나 파리바의 경영진은 S.G.바르부르크가 아랍의 압박 때문에 제외된다 하더라도 어떤 발행 건에서도 스스로 물러날 생각이 없었다. 은행의 최고 경영자인 피에르 무사는 '중동에서 이루어지고 있는 파리바의 사업이(파리바의 전체 수익에서 큰 비중을 차지하고 있는) S.G.바르부르크 때문에 위험해질까 봐 조바심을 내고 있었다.' 블랙리스트에 오른 은행들을 일본 기업 마루베니를 위한 2000만 달러 규모의 유로본드 발행에서 제외하겠다고 했던 클라인보르트벤손 역시 비슷한 변명을 늘어놓았다. 드레스드너방크의 롤프 디엘이 지크문트에게 국부 펀드의 의견을 존중하여 새로운 유로본드 발행의 인수단에서 S.G.바르부르크를 제외해야만 할 것 같다며 '양해'를 구하자, 지크문트는 자신이 "드레스드너방크가 쿠웨이트국제투자기업에게 어떤 양보라도 한다면 부정적으로 생각할 것이며, 드레스드너방크의 태도가 비판적인 논평과 함께 언론에 알려지게 될 것이라 여긴다"라고 대답했다. 그는 자신의 발언에 대해 런던에 이렇게 알렸다. "우리 입장을 이보다 더 강하게 보여줄 수는 없었을 거라고 생각한다. 말은 많이 하지 않았지만 품위 있는 방식으로 못마땅한 심정을 실수 없이 명백하게 밝혔다."

S.G.바르부르크의 이사진이 이 같은 일들을 기자들에게 충분히 알릴 수 있었던 것은 분명하나, 언론이 어쩌고저쩌고하는 위협은 아마도 단순한 엄포였을 것이다. 지크문트는 골드만에게 '지나친 언론의 관심은 아랍이 보이콧하는 핑계만 제공할 뿐'이라고 말했다. 이 같은 사실은, 1976년에 컨소시엄 은행 오리온이 바르부르크와 로트실트를 영국전력위원회를 위한 본드 발행에서 제외하려는 시도가 영국은행을 향한 지크문트의 개인적인 항의 후 불식되었을 때 입증되었다. 영국은행 은행장 고든 리처드슨은 젤시를 소환해 그에게 발행을 중지하라고 명령했다. 젤시가 그러기에는 너무 늦었다고 잘라 말하자 리처드슨은 차가운 말투로 다음과 같이 대답했다. "나는, 아직 너무 늦은 건 아니라는 사실을 당신이 알게 될 거라고 생각한다." 오리온은 쿠웨이트에, 거래가 잘못되었으니 로트실트와 바르부르크의 개입을 개의치 않는 베네수엘라에서 다른 방법을 찾아보라고 말해야만 했다. 그러나 이 경우는 많은 패배가 이어지는 와중에 고작 한 번의 승리에 불과했다. 바르부르크의 몇몇 젊은 이사진에게는 은행의 미래가 달린 아주 걱정스러운 시기였다. 켈리는 반복해서 '아랍과의 거래에 참여하지 못하고, 그들의 자본과 우리의 고객들을 연결해주거나 수익성 있는 거래를 꾀하지 못하는 무능함'을 골치 아픈 문제라고 짚었다. 그와 더불어 다른 이사들은 '친시온주의 은행이라는 인식 때문에 아랍이 완전히 등을 돌렸다는 사실을 걱정스러워했으며, 그럼에도 손을 쓸 수 없는 게 더욱 공포스럽다'고 여겼다. '어려움이 우리 앞에 놓인 일이 이번이 처음이 아니라는 사실을 기

억하라'는 그런펠드의 감정을 배제한 말이 마음을 굳게 먹도록 도와
주었다. 마틴 고든은 "어려움에 처한 회사를 보며 내가 우울해하자
지크문트는 자신이 살아오는 동안 훨씬 더 나쁜 일들을 보고 겪었으
며, 이까짓 일로 실망해서는 안 된다고 위안했다. 그 말이 나를 날카
롭게 일으켜세웠다"라고 훗날 회상했다. 그런펠드는 켈리에게 '우
리가 사업을 말아먹을 것이라는 비관적인 생각으로' 젊은 친구들을
동요하게 만들지 말라고 경고했다.

그러나 지크문트는 블랙리스트 때문에 고전하는 바로 그 순간 계
속해서 이스라엘과 스스로 거리를 두었다. 예를 들어 바이츠만 센터
뿐 아니라 영국과 이스라엘 공동 소관으로 알려진 기관들에 대한 지
원 규모를 줄였다. 1978년 이스라엘 문제에 대해 지크문트의 최측근
에서 활동했던 마이클 고어가 이스라엘코퍼레이션 이사회에서 사임
한 것은 분명 지크문트의 사주 때문이었다. 이로써 바르부르크와 지
주 회사 간의 10년 동맹은 막을 내리게 되었다. 한 달 뒤 지크문트 자
신도 '최근 이스라엘의 정치적 발전에 도움을 주었다는 공로로' 바
이츠만 센터에서 제안한 명예박사 학위를 정중히 거절했다. 지크문
트의 태도가 확실하게 변한 것은 1977년 3월 이집트 대통령 안와르
사다트와의 첫 만남 후였다. 사다트 대통령이 이스라엘을 방문하는
역사적인 사건이 일어나기 8개월 전의 일이었다. 그 만남에서 지크
문트는 헨리 키신저에게 그랬듯, 사다트 대통령에게서 깊은 감명을
받았다.

나는 특히 사다트 대통령의 눈빛, 말, 행동 모두에서 유대인적인
리듬이라고밖에 부를 수 없는 의미심장한 모습을 목격하고 충격을
받았다. 그는 솔직하고 기민한 반면 뉘앙스를 이해하는 감이 부족

했지만, 그럼에도 인간적으로 '측은지심'이 가득한 사람이었다.

사다트는 자진해서 UN 안보리 결의안 242와 338(각각 6일 전쟁과 제4차 중동전쟁 후 채택되었다)을 기반으로 기꺼이 이스라엘과의 평화 분위기를 가꾸어나가겠다고 선언했다. 그 내용에는 1967년에 점령한 영토에서 이스라엘이 철수하고, 전쟁 전의 국경 내에 존재하는 이스라엘의 권리를 아랍 국가들이 인정해야 한다는 것이 포함되었다. 이스라엘 총리 메나헴 베긴은 처음에 이 제안을 회의적으로 받아들였으며, 주변 아랍 지도자들은 적대적인 태도로 바라보았다. 그러나 지크문트는 미국이 압박만 적절히 가한다면 이스라엘은 다시 정신을 차릴 것이라는 희망을 품고 있었다. 사다트에게 지크문트는 '아랍과 이스라엘 양측 모두에 존재하는 고집불통들 가운데에서 점차 전체로 번져나가는 진보를 이루기 위해서는 깨달음의 시간이 필요하니 생산적인 휴지 기간'을 가지라고 조언했다. 그러나 베긴이 점령지 내에서 이스라엘 정착지를 확장하는 정책을 펴자 지크문트는 'UN 결의안에 대해 이스라엘의 이전 정권에서 제안했던 약속을 위반하는 일일 뿐 아니라 유대교의 인도주의와 관용의 교리에 반하는 광적인 민족주의적 태도'를 드러냈다면서 경악했다.

지크문트가 볼 때 베긴은 '부끄러움을 모르는 민족주의와 전투적인 영토 확장주의'의 화신이었다. 지크문트는 사실상 베긴에 대해 너무나 부정적인 평가를 내린 터라 (그는 '베긴이 시오니스트 히틀러'라는 벤구리온의 평가에 동의했다) 이집트와 이스라엘이 성공적으로 합의할 거라는 생각은 전혀 하지 않았다. 반대로 사다트에 대해서는 '평화를 위해서라면 극도의 손해도 용기 있게 감수할 세계 역사상 드문 지도자의 모범'이라고 평가했다. 지크문트는 1978년 2월 두 번째로 사다트를 만난 자리에서 이와 같은 이야기를 했다. 두 번째 만남 뒤 지크문트는 〈타임스〉에 이스라엘은 '건설적이고 관용적인 태도로' 사다트의 제안에 응해야 한다고 촉구하는 편지를 썼다. 그는 가장 강력한 단어를 동원해 점령지 정착 정책을 맹렬히 비난했다.

공동체를 위한 안전 추구는 국수적인 기회주의와는 명백히 다르다. 가시가 돋친 선으로는 제 몸의 안전함을 도모할 수 없는 법이다. 진정한 안전은 상호 간의 신뢰를 바탕으로 할 때만 얻을 수 있는 결과다. 이스라엘은 이웃들이 이스라엘을 보호하기 위해 제안하는 모든 방법들이 얼마나 중요한지를 깨달아야 한다. 이것은 안전함을 향상시키기는커녕 단지 위험과 손해만을 극대화하는 영토 확보 노력과 반대된다. 이스라엘 정부가 현재 이스라엘의 영토 밖으로까지 정착지를 확장하려고 고집을 부리는 것은 바로 이러한 사례 중 하나다. 이로 인해 이스라엘은 안전해지기는커녕 필연적으로 위험에 노출된다. 그리고 보다 강인하고 진보적인 이스라엘을 위해 기도하는 사람들의 눈에는 독단적이고도 무의미해 보이는 위험에, 정착민들은 걱정거리를 떠안게 된다.

친아랍 성향의 전 보수당 장관 앤서니 너팅 경은 이 편지를 '용감하고 현명하다'고 묘사하기는 했지만, 영국계 시온주의자들을 많이 실망시켰다. 사실 이 같은 지크문트의 입장은 영-유대계 주류에서 거리가 멀었다. 빅토르 로트실트는 지크문트가 '팔레스타인해방기구(PLO)'와 모종의 대화라도 나누었던 것일까에 대해 진지하게 궁금해했다. 그의 짐작은 날카로웠다. 지크문트는 야세르 아라파트의 테러 전략을 경멸했지만, 1981년 팔레스타인해방기구의 실질적 지도자 이삼 사르타위와 만났다.

지크문트가 아랍 블랙리스트에서 빠져나오기 위해 이러한 방식으로 행동한 것은 분명 아니었다. 오히려 베긴에 대한 혐오와 사다트에 대한 존경이 '민족주의자의 병적인 행동'에 몸서리치는 지크문트의 정치적 관념에 깊게 뿌리를 내렸던 것이다. 두 지도자가 1978년 캠프데이비드에서 협의에 도달하고 이듬해(지크문트는 큰 성취 한 가운데에 있었던 지미 카터 대통령을 특히 과소평가했다) 평화 조약에 서명하자 지크문트는 소스라치게 놀랐다. 그러나 지크문트는 다른 회사들이 S.G.바르부르크가 약해진 틈을 타 이득을 취하는 동안 어리석게 앉아만 있는 그런 사람이 아니었다. 파리바의 클로드 드 케뮬라리아[7]에게 지크문트는 이렇게 지적했다.

골드먼삭스, 리먼, 로브로즈 같은 회사들과 달리 우리 회사가 블랙리스트에 올랐다는 사실은 정말 말도 안 되는 일이다. 앞서 언급한 세 뉴욕 회사들 중 여러 직원들이 유대인연합의 최고 기관에 활동적으로 참여하는 목소리 높은 시온주의자인 반면, S.G.바르부르크 직원은 그 누구도 시온주의자거나 유대인연합과 연관되었다고 스스로 밝힌 적 없고, 그저 이스라엘 그 자체를 위해 후원만을 해왔을 뿐이다. 게다가 변변치 못한 방식으로, 이스라엘에 하는 만큼이나 아랍에도 공정해야 한다는 취지의 중동 해법을 찾아내기 위해 노력해왔을 뿐이라는 사실을 관계자들이 알아야만 한다.

---

[7] 케뮬라리아는 1950년대에는 UN 사무총장 다그 함마르셸드의 개인 비서로, 1960년대에는 모나코의 레니에 왕자 밑에서 일했다.

지크문트는 본인들이 '좋은 미국인이면서 광신적 민족주의 이스라엘에 정치적 후원자로도 조화롭게 역할을 할 수 있을 거라고 생각하는' 유대계 미국인들 때문에 점차 짜증이 나고 있었다. 그는 케뮬라리아에게 '사실 이집트의 사다트에게서 여러 번 초대'를 받았지만, '만일 블랙리스트에 올라 있는 사람이 갑자기 카이로에 모습을 드러내면 대단히 이상해 보일 거'라고 생각한다고 말했다. 1979년 10월 3일 지크문트는 '이집트의 국제적 신용을 강화하고 국제 은행 및 산업 공동체와의 금융 관계 발전을 돕고' 자사의 서비스까지 제공하기 위해 사다트를 방문했다. 리먼브라더스와 라자드브라더스[8]와 합작한 계획이었으며 근대 건축이 만성적으로 부족한 이집트를 돕겠다는 의도였다.

지크문트는 케뮬라리아가 키신저처럼 바르부르크와 아랍 사이의 가교 역할을 해주기를 바랐다. 사실 지크문트의 뜻대로였다면 키신저는 장관 임기가 끝난 뒤 바로 회사에 영입했을 것이다(그러나 키신저는 본인이 직접 자문 회사를 차렸다). 그러던 1980년 여름, 아랍 측에서 썩 마음에 드는 조건으로 제안이 들어왔다. 적어도 두 달간 '이스라엘과 관련된 그 어떤 거래에도 참여하지 않고' 향후 이스라엘과 그 어떤 종류의 거래가 있다 하더라도 아랍의 안전을 조건으로 둔다면, 블랙리스트에서 바르부르크를 빼주겠다고 한 것이다. 당연히 그런 일은 전혀 하지 않을 작정이었다. 지크문트는 셀리그먼에게 말했다.

---

[8] 이들 세 회사는 1975년 당시 전 세계 정부들을 위해 국제 자금 조달 문제를 조언하던 3대 은행이기도 했다. 최고의 고객이었던 인도네시아를 비롯해 가봉, 감비아, 스리랑카, 터키 등이 그 대상이었다.

우리는 처음부터 시온주의의 민족주의를 위해 아무것도 돕지 않았고, 앞으로도 그런 일은 없을 것이며, 또한 아랍과 민감하게 얽힌 거래는 평범한 것일지라도 하지 않는다고 명백히 밝혔다. 심지어 바이츠만 센터 같은 비정치적 이스라엘 기구들에 대한 박애적 원조 요청도 받아들이지 않을 것임을 분명히 알렸다. 나는 우리 입장에서 취할 수 있는 다른 그 어떤 태도도 채신없게 보일 수 있다는 데 우리 모두가 동의했다고 생각한다. 그러므로 이스라엘과의 사업 건을 처리하는 것, 혹은 이스라엘에 회사 직원들을 파견하는 것이 적절한 일인지 아닌지에 대해 케물라리아와 상의해서는 안 된다.

런던 주재 이스라엘 대사 기드온 라파엘과 정기적으로 만난 것을 보면 지크문트가 품은 환멸이 절대적이지는 않았다는 것을 알 수 있다. 주로 최근 푹 빠진 대상이 실망시킬 때 과잉 반응하는 경향이 있다는 게 지크문트의 특성이기도 했지만, 지크문트는 이스라엘만큼은 실망스러웠던 경제, 정치 둘 다를 상당 부분 용서할 수 있었다. 지크문트가 1967년에서 1980년 사이에 기록했던 이스라엘에 대한 세 개의 문구가 그의 환멸이 어떻게 진행되었는지를 깔끔하게 정리해준다.

나치가 유대인에게 저지른 일 중 홀로코스트 다음으로 잘못한 것은 그들을 집 없는 사람으로 떠돌도록 했다는 점이다. (1967년 7월)

이스라엘의 정책은 오늘날 주로 세 가지 환상에 기반을 두고 있다. 첫째, 안보란 융통성이 아니라 고집으로 지켜내야 한다는 점.
둘째, 안보란 소수의 친구들에게 도움을 받기보다는 지리적 보호
장치에 좌지우지된다는 점. 셋째, 무엇보다도 그 어떤 것도 내주
지 않겠다는 태도로 안보를 지킬 수 있다는 잘못된 생각들 말이
다. (1975년 10월)

현재 베긴이 추구하는 정책은 이스라엘을 방어하고 안보를 튼
튼히 해야 마땅한데, 실제로는 이스라엘의 적들 앞에서는 속수무
책이며 이스라엘의 파괴를 목적으로 하는 사람들을 오히려 도와
주는 어리석은 역할을 하고 있다. (1980년 8월)

지크문트는 베긴을 죽을 때까지 혐오했다. 그런 생각을 담은 마지
막 편지에서 지크문트는 베긴을 이란의 혁명 지도자 루홀라 호메이
니와 싸잡아서 '권력에 약하고 야만적이라는 면에서는 비슷한 악마
들'이라고 평했다. 반대로 예루살렘 시장 테디 콜레크에 대해서는
항상 '바이츠만과 벤구리온이 역설하고 실천해온 이상향의 다른 방
식'에 충실했다고 썼다. 적어도 자신에게는 그렇게 보였다는 것이
다. 30년이 지난 지금도 이스라엘과 팔레스타인 사이의 미래 관계에
대한 토론이 지크문트 시대와 비슷한 말들로 논의되고 있다는 점은
실로 충격적이다. 두 개의 나라라는 해결 방안을 믿었고, 점령지에
정착하는 것을 반대한 지크문트는 많은 점에서 그의 시대보다 앞서
있었다. 당시에는 급진적이고 친팔레스타인적이었던 입장이 지금은
미국 정부의 공식적인 정책이 되었다.

3

중동의 갈등을 냉전의 맥락에 놓지 않고는 1973년의 아랍-이스라엘 전쟁으로 촉발된 세계적인 대격변을 이해할 수 없다. 능란하고 포기할 줄 모르는 키신저의 정책이 없었다면, 소비에트연방은 그 상황으로부터 엄청나게 많은 이득을 얻어냈을 것이다. 미국에게 1970년대는 베트남에서 뼈아프게 물러나는 것으로부터 시작해 이란 혁명이라는 재앙으로 끝나버린, 극도로 고통스러운 10년이었다. 세계는, 특히 제3세계는 소비에트연방과 함께하는 것처럼 보였다. 그러나 미국은 뛰어난 국정 운영 기술로 전략적 요충지인 중동에서 소비에트연방을 하찮은 존재로 만드는 데 성공했다. 게다가 이집트-이스라엘 관계가 전쟁에서 평화로 이동하는 과정은 거의 워싱턴만의 중개로 이루어졌다. 반면에 아랍이 불만을 나타낸 오일 엠바고는, 서방 세계의 경제에 큰 지장을 준 동시에 소비에트연방에는 더 행복하게 살 수 있는 기회까지는 아니어도 기사회생의 기회를 주었다. 가파른 유가 상승으로 미국뿐 아니라 수많은 유럽 국가들, 특히 영국에서 경제가 심각하게 약화되었다. 정책은 케인스식(정부가 개입해 돈을 푸는)으로 막연하게 만들어져, 그에 따라 통화 및 세금 정책은 실질적인 불황에 대해서라기보다는 임박한 선거를 염두에 둔 완전고용을 위해 이용되었고, 극심한 에너지 위기에서 생겨난 인플레이션 압박을 오히려 높였다.

다른 여러 서방의 지식인들, 특히 하버드 경제학자 존 K. 갤브레이스와 네덜란드의 노벨상 수상자 얀 틴베르헌처럼 지크문트도 미국과 소비에트연방이 서로 같은 곳으로 향하고 있다고 믿었다. 1967

년 4월에는 "오늘날 우리는 같은 목적을 향해 다른 방향, 즉 한편으로는 소비에트연방에서 다른 한편으로는 서방의 오랜 자본주의 국가들에서 이루어지고 있는 강력한 진화를 겪고 있다"라고 적었다.

즉 소비에트연방에서는 사회주의에서 상업주의를 향해, 자본주의 서방 국가들에서는 자본주의에서 상업주의를 향해 나아가고 있는 것이다. 나는 상업주의라는 용어를 18세기식의 의미를 담아 조심스럽게 사용하고 있다. 이제 막 형성되고 있는 새로운 상업주의가 양 진영 모두 비슷하다는 것은 흥미로운 일이다. (……) 이 새로운 상업주의에는 다음 세 가지 요소가 포함되어 있다. 첫째, 정부의 전반적인 계획. 둘째, 정부의 부분적 생산수단 소유. 셋째, 개인의 부분적 생산수단 소유가 그것들이다.

이러한 생각을 하고 있었기에, 이듬해 소비에트연방이 프라하로 탱크를 보냈을 때 지크문트의 충격은 이만저만이 아니었다. 시크문트는 지체 없이 일전에 자신이 판단했던 소비에트연방의 모습, 즉 '그 어떤 개인적인 가치도 존중하지 않는 무자비한 정권'이라는 판단이 옳았다고 생각하게 되었다. 1975년까지도 그는 '서유럽에서는 포르투갈에서 ㅇ스파냐에 이르기까지, 남부 유럽의 동쪽에서는 그리스와 터키에 이르기까지 넓은 범위의 국가들이 러시아의 개입을 받을 수 있는 나라들'이라고 여겼다.

한편 지크문트는 길고 어려운 정치 투쟁 끝에 1968년 백악관에 입성한 리처드 닉슨에게 호감을 가지게 되었다. 닉슨은 항상 지크문트에게 평범하다는 느낌을 주었다. 그랬기에 지크문트는 닉슨의 선거 승리를 '불행한 쇼크'라고 평했다. 게다가 1969년 2월 런던에서 처음 만난 두 사람은 어색하기 그지없었다. 그러나 1970년 지크문트는, 닉슨이 '용기와 역동적 에너지가 없는 인물인 줄 알았으나 자신이 틀렸다'는 사실을 인정했다. 그로부터 18개월 뒤 그는 닉슨의 '용기'와 '리더십'을 옹호하기에 이르렀다. 1972년 9월, 지크문트에게 닉슨은 트루먼 다음으로 금세기 최고의 미 대통령으로 보였다. 왜냐하면 걸출한 면이 부족한데도 그 역시 트루먼처럼 상식과 용기를 동시에 지니고 있었기 때문이다. 닉슨의 베트남 정책은 지크문트가 보기에는 '1930년대에 등장해 히틀러의 잔혹한 전쟁이라는 결과를 만들어낸 유화 정책과는 정반대의 정책'이었다.

나는 오늘날 세계의 지식인들 사이에서 닉슨과 그의 베트남 정책에 대한 공격만큼 재미있는 일이 거의 없다는 사실을 잘 알고 있다. 그러나 역사적 경험에서 알 수 있듯이, 현실감과 상식을 싫어하고 아무 생각 없이 행동하는 것을 좋아하는, 그런 종류의 지식인들은 늘 있었다.

지크문트에게 워터게이트 사건은 '백악관에서 하는 잘못은 그다지 심하지 않은 것이라 할지라도 단순한 혐오감 이상의 감정이 퍼져나갈 수 있다'는 사실을 보여주었다. 그러니까 그것은 '이 지나친 압박의 시대에서 콜레라나 천연두가 그랬던 것보다 행동이 더 전염성 강한 질병이 될 수 있다고 생각하는 보편적인 히스테리'의 한 증상이었던 것이다. 그 같은 시각은 영국에서 지크문트가 이룩한 일보다도 더 대단한 일들을 미국에서 해온, 다른 유대인 망명자들의 정신과도 잘 부합되는 것이었다. 지크문트는 키신저를 무척이나 존경해서, 그가 장관직을 사임하기도 전부터 S.G.바르부르크의 지도자로 모시려고 무던히 노력하고 있었다. 키신저는 '오늘날 우리 서구 사회의 가장 큰 희망'이라는 인상을 지크문트에게 주었던 것이다.

이 희망을 흐려지게 했던 것은 서구 경제에 대한 지크문트의 깊은 비관주의였다. 서구 세계가 겪은 어려움은 보수당 의원이자 〈스펙테이터〉의 편집자 이언 매클라오드가 1965년에 만들어낸 한 단어로 요약할 수 있다. 바로 스태그플레이션(경기 불황 중에도 물가는 계속 오르는 현상)이다. 영국에서는 소매 물가 지수가 1975년 8월 상승률 27퍼센트로 최고점에 달했다. 이는 20세기를 통틀어 영국 내 최악의 인플레이션이었다. 그리스, 이탈리아, 포르투갈, 에스파냐 등과 더불어 10년간 평균 상승률은 13퍼센트에 달했다. 평균 인플레율이 7퍼센트를 조금 넘는 정도였던 미국은 상황이 좀 나았다. 하지만 미국은 10년간 두 번의 불황을 지나며 보다 심각한 변덕을 겪었다. 한 번은 1969년 12월부터 1970년 11월까지 지속되었고, 다른 한 번은 1973년 11월부터 1975년 3월까지였다. 평균 물가 상승률은 집계 결과, 1960년대보다 1970년대에 1퍼센트나 낮았다. 실제 국내총생산은 평균 연간 3.6퍼센트 성장하여 1960년에서 1969년 사이의 4.6퍼센트와 비교된다. 실업률은 1973년 10월 4.6퍼센트에서 1975년 5월 9퍼센트로 정점에 이르렀다. 자본 시장에는 스태그플레이션으로 곱절의 문제가 발생했다. 회사의 이익이 압박을 당하자 주식 수익이 적자로 돌아섰다. 인플레이션이 밀려들자 채권도 이익을 올릴 수 있다는 보장이 없었다. 1970년에서 1979년 사이 영국 주식에 대한 평균 연간 수익은 마이너스 1.4퍼센트를 기록했다. 인플레이션을 감안하면, FT종합주가지수(계리사협회와 파이낸셜 타임스가 공동으로 발표하는 종합주가지수)를 기준으로 한 광범위한 런던 지표는 1972년에서 1974년 사이 74퍼센트나 떨어졌다. 1979년까지도 여전히 1972년 수준의 43퍼센트에 그쳤다.

지크문트도 그 틈바구니에서 다른 회사들과 다를 바 없었다. 다음은 그가 1966년에 조지프 웨치스버그 기자에게 전한 인플레이션에 대한 공포가 담긴 글이다.

지크문트는 역사상 그 어느 때보다도 돈의 가치가 떨어지고 있다고 확신한다. 그는 70년 내에 변제하지 못한 모든 부채는 반드시 소멸되어야 한다고 했던 아테네 솔론(아테네의 입법가. 그리스 7현인의 한 사람)의 지혜로운 법이 아쉽다고 말했다. 빚이 있는 사람들은 이자를 지불해야 한다. 하지만 (……) 그들이 (오늘날) 되돌려주는 돈은 늘 가치가 적다. (……) 제1차 세계대전 이후 겪은 지크문트의 '고통스러운 경험', 즉 채권 소유자들이 거의 모든 것을 잃었지만, 권리를 팔지 않고 버틴 주주들은 괜찮았던 경험이 지크문트의 투자 철학의 기본을 형성했다.

그렇다면 그 '철학'이 의미하는 바는 실제로 정확하게 무엇일까? 지크문트가 월 스트리트와 런던 둘 다에서 '처참한 몰락'을 예상했던 것은 옳았지만, 1970년 8월 나훔 골드만에게 '투자액의 약 절반을 주식에 투자하고 절반은 확정 금리 증권에 하라'고 했던 조언은 형편없이 부적절했다. 확정 금리 증권에 투자하면 '정말 대단한 수익을 최대의 안정성과 함께 보장해줄 거라는' 주장이었다. 골드만은 주식에만 돈을 투자했으면 훨씬 더 많은 수익을, 그리고 금을 샀더라면 훨씬 더 안정적인 수익을 확보할 수 있었을 것이다. 지크문트처럼 변덕스러운 마음의 소유자도 점차 신고전주의 경제 이론에 보다 기대를 걸게 되었다. 그런펠드는 수년 뒤 자신 역시 인플레이션 때문에 얼마나 놀랐는지, 그리고 지크문트를 비롯해 회사의 중역들이 그 같은 유린에서 회사를 지켜내기 위해 할 수 있는 일이 얼마나 적었는지 인정했다. 지크문트가 투자자들을 인플레이션으로부터 보호하는 새로운 종류의 지수 연계 유가 증권이 필요하다는 사실을 알게 된 것은 1974년 6월의 일이었다. 그는 즉시 영국 정부에 그러한 생각을 제안했다. 1981년 마침내 새로운 유가 증권이 탄생했고, 이후 유럽과 영국 모두에서 순조롭게 정착했다. 한편 인플레이션과 통화 가치 하락은 영국의 상업은행에도 큰 타격을 입혔다. 〈이코노미스트〉의 논평에 따르면 상업은행을 '고상한 체하는 국제 은행 공동체 속 가난뱅이'로 만들어버린 것이었다. 예를 들어 힐사무엘의 자산 가치는 1973년에서 1977년 사이에 말 그대로 거의 절반까지 하락했다. 1969년에 버나드 켈리의 총 급여는 여러 회사의 이사직과 부수적인 연금 지급 등의 금액을 포함해서 2만 1000파운드로, 오늘날 가치로는 약 64만 4000파운드에 달했다. 그러나 1975년 3만 5000파운드로 겉보기에 더 많은 것 같았던 급여는 구매력 측면에서는 3분의 1의 가치밖에는 되지 않았다. 오늘날 돈으로 40만 5000파운드 정도의 금액이었다.

1968년이 되자 지크문트는 1944년 브레턴우즈에서 탄생한 고정 환율 체계가 운이 다한 게 확실하다는 결론을 내렸다. 프랑스 경제학자 자크 뤼에프와 달리 지크문트는 금본위제로 돌아가는 것은 '분명 우리가 갈망하는 것과는 반대 상황을 만들 가능성이 높다'며 배제했다. 그러나 그는 또한 '앞서 나가는 산업 국가들에서 도움을 받는 세계 은행을 통한 국제적 자격'에 대한 생각도 믿음직스럽게 여기지 않았다. 처칠의 저작권 대리인이자 헝가리 출신 작가 겸 편집자인 에머리 리브스(에릭 코너의 친구이자 고객이기도 했다)가 그렸던 것 같은 세계연방주의를 기반으로 한 세계 정부가 없다면, 효과가 있을 것 같지 않았기 때문이다. 모든 상황이 달러를 떠나게끔 했다. 지크문트는 1960년대 후반 미국의 자본 수출과(베트남 및 다른 분쟁 지대를 향한) 일방적인 이동으로 발생한 문제들을 제대로 바라보고 있었다. '달러의 급류'에 대해 프랑스가 불만을 터뜨린 것은 공공연한 일이었으며, 그것은 1969년 독일 당국으로 하여금 10퍼센트 평가절상을 받아들이게 하고 1971년에는 마르크에 변동 환율제를 쓰도록 한 도이체마르크에 대한 상승 압박의 결과는 아니었다. 그러나 어쨌거나 지크문트는 '세상에 봇물처럼 쏟아져 나간 달러가 이제 국제 시장의 주요 자원으로 여겨진다'는 냇 새뮤얼스의 생각에 동의했다. 유로본드 시장이 성공한다는 것은 모든 나라의 기업 경영진이 태환성을 선택하여 금융의 세계적 통합을 실제로 달성한다는 뜻이다. 중앙은행 책임자들은 이런 사태가 시사하는 바를 생각하며 동요했다. 이것은 어느 정도는 사실이었다. 유로본드 시장은 통화 불확실성과 주식 시장의 침체에도 계속해서 제 기능을 했다. 그러나 투자자들이 도이체마르크와 스위스프랑을 선호하는 것은 단기 유로달러 이율을 빠르게 끌어올렸다. 지크문트가 장 퓌르스텐베르크에게 1970년 9월에 썼던 편지에는 이런 내용이 담겨 있다. "나는, 우리 서방 세계의 침체는 지금도 안 좋은 상황이지만 금세기 초에 시작되었던 불황의 바닥에 도달하기도 전에 더 악화될 것이라고 생각한다."

지크문트는 길고 오래 지속된 브레턴우즈의 종말을 다소 초조하게 바라보았다. '건전하다기보다 똑똑한 지식인'들의 '비정상적인 금에 대한 환상'을 멸시하면서, 미국에 지금 당장 금본위제를 근절하라고 충고했다. '금 콤플렉스는 고도로 전염성 강한 마음의 질병 중 하나'라고 지크문트는 주장했다. '금 몽유병'이라는 말은 전쟁 이전의 경제 상황으로 돌아가려는 금본위제 지지자들을 위해 생각해낸 모욕적인 표현 중 하나였다. 그는 프랑스가 '금을 선택'함으로써 달러의 우월함을 약화시키려고 시도하자 격분했다. 그래서 지크문트는 닉슨이 끝내 (남아 있고 한정되어 있는) 1971년 8월 15일 금본위제를 종식시키자 상당히 기뻐했다. 그는 통화를 브레턴우즈 환율 위아래로 2.25퍼센트까지 거듭해서 널뛰기하게 만드는 수명 짧은 타협을 전혀 신뢰하지 않았다. 그렇기는 했지만, '화폐 혼란'이 시작되자 실망하고 말았다. 지크문트는 1973년 2월부터 '가능한 한 많은 돈을 스위스프랑이나 도이체마르크로' 보유함으로써 그 같은 위기에 대처했다. 이는 스위스에 거주지가 있었기에 가능했던 일이었다. 그 덕에 영국 외환 관리의 망에서 자유로울 수 있었기 때문이다. 1970년대 초반의 대대적인 화폐 '재편성'은 실제로 그가 예측했던 것보다 훨씬 혼란스러웠다. 영국의 파운드와 이탈리아 리라의 달러 대비 가치가 떨어지는 동안, 도이체마르크와 스위스프랑을 필두로 하는 나머지는 현저하게 강세를 보였다. 유럽 내에서는 극적인 변화가 일어났다. 파운드를 마르크로 환산해보면 1969년에 4마르크를 넘던 것이 1979년 말에는 1.72마르크를 가까스로 넘는다. 이는 영국 소비자가 독일 수입품을 쓰기 위한 비용이 두 배 이상 되었다는 뜻이다. 금값은 1970년 7월 온스당 36달러에 못 미치던 금액에서 1980년 1월에는 850달러까지 치솟으며 20배나 급등했다. 그러나 파운드는 실제로 1975년 북해 원유가 발견된 뒤 달러에 대한 가치가 올랐다. 오일 쇼크는 진정 재난이었다. 왜냐하면 1970년대에 절망적인 상태였던 영국 기업가들이 가장 바란 것이 파운드의 강화였기 때문이다.

지크문트가 볼 때 문제는, '이른바 통화 전문가들이 의식적으로나 무의식적으로 모든 주요 국가들이 무역 수지와 국제 수지가 동시에 유리해야 한다는 생각에 사로잡혀 있다는 사실'이었다. 보다 최근과 비교해볼 때 1970년대 초반 미국은 자본을 쏟아냈는데도 무역 적자가 규모 면에서 사소해 보였다. 1970년대에 미국이 겪은 가장 대규모의 무역 적자는 국내총생산의 1.5퍼센트였다. 미국의 해외 순자산은 1970년 국내총생산의 0.9퍼센트에서 1976년에는 2.8퍼센트로 상승했다. 지크문트는 그 같은 불균형은 세계 시장의 재화와 자본이 점차 통합될 필요가 있어 생겨난 결과라고 생각했다. 그러나 그는 장기적이고 거시적인 경제 안정보다는 단기의 정치적 이득에 더 초점을 맞춘 미국 경제 정책이 결과에 끼친 영향을 간과했다. 1973년 11월 '길게 볼 때 달러가 서방 세계에서 가장 강한 통화가 되어야만 한다'는 그의 주장은 워싱턴, 프랑크푸르트, 취리히, 도쿄의 중앙은행들이 추구하는 정책이 다름에도 불구하고 계속되었다. 1974년에는 '가능한 한' 고정 패리티(국가 간 통화 단위상의 동등성)를 회복해야 한다고 주장하기 시작했다. 그리고 1977년 하반기에는 '유동적인 통화들은 너무나 불안하고 방임적'이라고 주장했다. '브레튼우즈를 대체하기 위해서는 고정 패리티를 포함한 새로운 통화 체계가 필요하다.' 그가 그렸던 계획은 '국제통화기금을 일종의 중앙은행들의 중앙은행으로 확장해 세계 준비 통화인 달러의 필요성을 없애버리려는' 것이었다. 그는 '미국의 무역 적자와, 원유 수입에서 특히 달러가 약세를 보이는 근본적인 원인이 해소되지 않는 있는 상황에서 미국은 실질적으로 채무국이 되었기 때문에 달러는 더 이상 준비 통화의 역할을 수행할 수 없다'고 믿게 되었다. 이 분석은 향후 30년 간 미국의 경상 수지 적자가 상승하고 달러 가치가 유가에 따라 널뛰기를 하는 동안 점점 더 많은 경제학자들이 공감하게 될 내용이었다. 그러나 지크문트가 제안했던 근본적인 해결책 중 받아들여진 것은 아무것도 없었다.

1973년 위기로 인해 지크문트의 유럽에 대한 사랑은 이스라엘에 대한 감정과 마찬가지로 환멸로 바뀌었다. 그가 볼 때 유럽인들은 미국의 은혜를 모르는 죄 많은 족속들이었다. 그는 1971년 5월 점심 식사 후 세실 킹에게 반쯤은 농을 섞어 해외 원조와 베트남 전쟁으로 문제를 겪고 있는 미국을 돕기 위해 이제는 '미국을 위한 유럽의 마셜 플랜'을 세워야 할 때라고 말했다. 미국은 경제 문제들을 두고 더 이상 일본과 유럽에 부드러운 입장을 보일 필요가 없으며 그들이 유럽에 과도하게 투자를 한다고 불평하는 사람들은 이들이 투자해준 큰 규모의 자금 덕에 지난 20년간 유럽이 번영할 수 있었다는 사실을 알아야만 한다는 요지였다. 미국 상무장관 피터 피터슨과 가진 1973년 2월의 회의 후에는 이렇게 주장하기도 했다.

미국은 자국의 이익뿐 아니라 자유 세계 전체의 이익을 위한 국제 경제 정책에서, 유럽 국가들과 일본에서 얼마나 많은 지지를 얻어내게 될지와 상관없이 리더십을 발휘해야 한다. 나는 유럽 대부분의 국가가 (……) 미국의 강한 리더십에 동참할 것이라고 확신한다. 그런 리더십은 달러가 유일한 국제 통화라는 사실을 인정할 때만, 그리고 미국이 이를 인정하는 국가들과 다각적 관계를 진행할 것이라는 전제하에서만 유지 가능하다. 또는 미국이 다각적 관계를 유지하더라도 미국을 유럽과 일본의 단물을 빼먹는 국가로 만들어놓은 이른바 무역 파트너들을 위한 어떤 고려도 하지 않을 것이라는 전제하에서만 유지 가능하다.

유럽의 지도자들, 특히 영국의 총리 에드워드 히스와 프랑스 대통령 조르주 퐁피두가 '체임벌린과 달라디에보다도 훨씬 상태가 안 좋은 굴욕적인 유화 정책 지지자'들이라는 문구는 지크문트의 후기 과장법의 아주 좋은 예다. 유럽은 '이상을 위해 싸울 의지'를 잃어가고 있는 중이었다. 지크문트가 위안으로 삼은 유일한 사실은 '서구에서 스스로 몰락하는 경향이 얼마나 크든지 간에, 러시아의 자멸 수준보다는 낫다'는 것뿐이었다. 지크문트는 1979년 말 아프가니스탄에 대한 러시아의 침략을 전환점이라고 명백하게 규정했다. 특히 이로 인해 미국인들은 '베트남 콤플렉스를 없앨' 수 있었고 '특정 목적을 위해 제국주의적 힘을 모았지만 그렇게 행동한 것을 적어도 더 이상은 부끄러워하지 않아도 되게끔' 해주었기 때문이었다.

1970년대에 지크문트가 국제 위기의 결과를 예견한 것들은 계속 맞아떨어졌다. 그는 브레턴우즈의 실패로 뒤따랐던 통화 혼란이 끼칠 영향을 정확하게 파악했다. 규제 없는 통화 흐름의 불안한 새 세계가, 궁극적으로 동구권보다는 미국과 그 동맹국들에 이득이 될 것이라는 사실을 알아차렸던 것이다. 그러나 지크문트가 절대로 틀리지 않는다고 보는 것은 잘못된 시각일 것이다. 그의 오판 중에서도 최고는 아마도 이란 왕에 대한 그 평가일 것이다. 지크문트는 이 왕이 아주 뛰어난 세계 지도자 중 한 사람이라고 일컬으며 키신저와 나란히 순위를 매겼었다. 지크문트는 이란이 중동 국가들 중에서도 가장 밝은 미래를 지니고 있다고 확신했다. 그런 그에게 그린펠드는 이란을 빨리 떠나려면 사무실을 여는 것보다는 호텔 방에 잠시 머무는 것이 낫다고 충고했다. 이란의 왕이 외국으로 망명하고 이슬람 공화국이 출현하자, 미국은 지미 카터 대통령을 회복하지 못할 만큼 몰아세우며 새로운 위기에 빠져들었다. '해체'는 카터와 관련되어 등장한 용어지만, 우울했던 것으로 유명한 1979년 7월 15일의(이란의 전복과 위기가 시작된 지 5개월이 지난) 연설에서 이 용어를 직접 사용하지는 않았다. 실제로 카터 대통령은 '우리의 국가적 의지의 정신과 영혼 그리고 바로 심장을 강타하고 미국의 사회 및 정치 구조를 파괴하는 신뢰의 위기'가 왔다고 말했다. 지크문트가 보기에도 위기는 명백히 닥쳐왔으며, 이제 미국을 넘어 전체 서방 세계로까지 퍼져나가고 있었다.

4

지크문트는 여러 가지 결함을 지닌 사람이었지만 또한 세계화의 선지자였다. 1969년에 이미 그는 '산업화 덕에 5개 대륙의 인구가 이동하고 국경 없이 상품과 서비스의 자유로운 흐름이 가능해지고 있다. 정리하면, 현대 산업화는 보편주의의 기본적인 특징을 지닌 전능하고 뿌리 깊으며 모두를 아우르는 권력'라고 말했다. 그러나 실제로 지크문트는 자신의 회사가 훗날 신흥 시장으로 알려질 곳에 연루되는 것을 항상 조심스러워했다. 남미를 바라보는 시각에는 반복적인 채무 불이행과 평가절하로 인한 의심이 가득했다. 그는 공산주의 국가와는 거의 전혀라고 해도 좋을 만큼 손을 잡고 해본 일이 아무것도 없었으며, 1972년 '바르부르크의 도움을 받아 루마니아와 서방 산업의 협력을 발전시키고 싶다'는 차우셰스쿠 대통령의 소망에도 냉소적으로 대응했다. 심지어 서방 자본 시장들에서 돈을 끌어모으기 위해 동유럽 국가들이 쟁탈전을 벌이던 1974년까지도 지크문트는 여전히 뒤로 물러나서 (당연히) 대출자들이 빚을 청산하지 못하고 끝내게 될 것이라고 우려했다. 많은 다른 은행들과 달리, 지크문트는 결코 '과도한 군사력에 비해 경제는 연방 전체를 아울러 끔찍할 정도의 취약함을 보이는 소비에트연방의 허울'에 눈이 멀어본 적이 없었다. 그가 나중에 적었듯, 바르부르크는 한결같이 '영국과 별개로 유럽 대륙에, 그리고 북미에 집중하려고 노력했다. 그리고 세계의 다른 장소들에서 융통성 없어 보이고 싶지 않아서, 지역 재정 기구들과 연관되지 않도록 노력했다.' 다시 말해서 지크문트의 세계화는 근본적으로 영국과 서유럽, 미국, 캐나다의 통합을 의미했던 것이다. 이 법칙에서 단 하나의 예외가 지크문트가 생의 후반에 가장 행복하게 아꼈던 일본이었을 것이다.

사실 지크문트의 일본 금융과의 인연은 전례가 있었다. M.M.바르부르크와 쿤로브가 1904년에 시작된 5년간의 러일 전쟁 시기에 일본 해외 채권 발행에서 주도적인 역할을 했던 것이다. 그랬던 인연은 1962년 10월 지크문트와 그의 아내가 슈로더의 알렉산더 후드 경과 에드문트 드 로트실트 그리고 몇몇 다른 이들[9]과 함께 노무라증권의 오쿠무라 쓰나오 회장의 일본으로 초청을 받았을 때 다시 활기를 찾았다.

2년 전에는 존 시프가 월 스트리트를 대표하여 위풍당당하게 일본에 방문한 일이 있었다. 영국 대표단이 일본에 간 이유는 지크문트가 말했듯이 '일-미 금융 관계가 활발하다 할지라도 영국과 일본 간에도 이루어질 수 있는 일들이 있다는 사실'을 알아내려는 것이었다. 물론 영국의 자본 수출에 대한 규제가 대표단이 초청국에 제안할 수 있는 영역에 제한을 주기는 했다. 일본을 방문하는 동안 지크

---

9 몇몇 다른 이 중에는 베어링과 M.자무엘, 웨스트민스터뱅크, 홍콩앤드상하이은행, 팬뮤어고든앤드스코티시유나이티드인베스터스 등의 대표들이 포함되어 있었다. 대표단은 영국은행의 승인하에 일본 방문길에 올랐다.

문트는 여섯 명의 각기 다른 장관들을 만났다. 그리고 이케다 하야토 총리('명백하게 이해력이 좋고 통제하는 힘이 강한')와 훗날 국제통상장관과 총리에까지 오르게 되는 미야자와 기이치('최고의 경제학자이자 대단히 세련된 지식인')를 열렬하게 찬양했다. 그러나 지크문트가 일본에서 쌓은 유일하고도 진실한 우정은 케임브리지 출신 시라스 지로와의 친분으로, 시라스는 요시다 시게루 총리의 자문이자 전후 미국 점령 기간에 입헌 문제에서 핵심 역할을 한 협상가였다. 시라스의 안내로 지크문트는 '정부의 경제 계획 정책의 중앙 경영' 역할을 하고 상업은행들을 '거의 은행 내의 부서나 지점처럼' 다루었던 일본 은행과 함께 일본 경제가 작동했던 독특한 방식을 빠르게 파악해나갔다. 상업은행가들이 '아주 소수의 예외를 제외하고는 과도하게 외자를 유치하는 데 열중하고 있고, 많은 사람들이 일본의 경제 변화 속에서 얼마든지 발전할 수 있다는 지나칠 정도로 긍정적인 믿음을 가지고 있다'는 사실에 지크문트는 충격을 받았다. 마찬가지로, 대부분의 증권 중개인들 역시 '투자를 제안하는 방식이 다소 무책임하고, 오로지 매수 주문을 얻어내겠다는 의지에 가득 차 그날그날의 시장 상황에만 신경 쓰고 있었다.'

반면에 산업계와 일반 일본인 노동자의 금욕적인 태도는 지극히 당연하게도 지크문트의 관심을 끌었다. 그들은 근면했다. 그들은 시간을 잘 지켰다. 그들은 절약했고 '먹고 마시는 것을 극도로 절제했으며 주거 상태나 살아가는 방식 등을 고려할 때 아주 겸손했다.' 위생 상태는 유럽에 비해 아주 우수했다. 지크문트는 분명 일본인들의 속을 알 수 없는 태도에 갈등을 겪기는 했다. 그리고 '유럽인 혹은 미국인의 입장에서 볼 때 민주주의적 정신'이 부족하다는 사실에 주목했다. 경제 계획 체계는 너무 많은 힘이 '관료제라는 거대한 피라미드의 작은 꼭대기 위에 집중'되어 있다는 사실을 보여주었다. 엄격한 노동법은 제조 업체들이 직원을 해고하기 어렵게 했다. 그러나 모든 계층이 교육 기회와 열의가 풍부하고, 남녀노소를 불문하고 누구나 자신의 지식과 능력을 향상시키고자 하는 놀라울 정도로 간절한 관심을 지니고 있어 일본이 얼마든지 이용할 수 있는 '거대한 산업적 기회'로 작용하는 것과 비교하면, 그 같은 부정적인 요소는 아무것도 아니었다. 이것들 중 많은 부분이 일본과 전쟁 중 동맹을 맺었던 독일과 공통되는 가치들이었다. 그러나 지크문트는 일본인들에게는 '놀랄 만큼 많지만 독일인에게서는 거의 찾아볼 수가 없는 하나의 가치, 바로 겸손'이 있다는 사실을 인정하지 않을 수가 없었다. 결국 지크문트는 일본과, 특히 도쿄은행과 일본산업은행, 노무라증권, 다이와증권과 함께 사업을 해야겠다는 깊은 바람을 품은 채 돌아왔다. 돌아온 그는 프리츠 삼촌에게 도쿄가 "1920년대의 베를린과 오늘날의 디트로이트를 섞어놓은 것 같다"라고 말했다.

이후 몇 년간 지크문트는, 오쿠무라가 런던을 방문하자 저녁식사를 함께하고 시라스의 아들을 바르부르크에 채용하는 등 일본과 새로운 연줄을 닦는 데 힘썼다. 시라스는 보답으로 런던 금융계에서 온 손님들(이언 프레이저와 피터 스피라)를 융숭하게 대접하고 적당한 일본 실력자들을 만나게 해주면서 '바르부르크의 비공식 도쿄 방문의 고문' 역할을 했다. 그러던 1963년 바르부르크는 도쿄 시 당국을 위한 대출 건으로 일본과 처음으로 큰 거래를 하게 되었다. 1년 뒤 지크문트는 노무라와 손잡고 동양레이온(나중에 도레로 사명 변경)이라는 직물 회사를 위해 전환 가능 달러 대출을 주선했다. 처음에는 딜런리드와, 다음에는 쿤로브와 부딪치는 등 스스로를 특정 일본 사업 분야에 대한 우선권을 가지고 있다고 생각하는 월 스트리트 회사들과의 영역 싸움을 치르느라 일이 다소 복잡했다. 미국 당국이 해외 투자 제한 노력을 강화하자 이것이 지크문트에게는 일본이 앞으로 자본을 얻어 쓰기 좋은 곳으로서 유로본드의 장점을 제대로 보여줄 수 있는 기회가 되었다. 유일한 제약(스피라가 정의했던)은 회사가 '성숙함을 특히 중요시하는' 일본 시장에 연륜 있는 사람을 너무 적게 보낸다는 사실이었다. 하지만 지크문트 본인은 '연간 두 번에서 세 번의 방문이 적당'하다고 느끼고 있었다. 익숙해지면 무시당할 수 있다는 사실을 두려워하는 것 같았다. 시라스도 크리스토퍼 퍼비스에게 다음과 같이 말하면서 지크문트의 생각에 동의했다.

시라스 지로와 지크문트의 관계에서 수수께끼는, 1962년 첫 만남에서 지크문트가 세상을 떠난 1982년까지 무려 20년이 넘는 시간을 그들이 서로 거의 편지를 쓰지도 않았고 다 합쳐봐야 얼마 되지 않는 시간 동안만 서로의 회사에서 함께 시간을 보냈다는 사실이다. 그러나 지로는 지크문트를 자신의 가장 친한 친구 중 하나로 꼽았다.

아마도 불가피했을 테지만 지크문트는 1970년이 되자 아시아의 기적에 대한 열렬한 감흥이 다소 식은 상태였다. 사실 가끔은 일본 경제의 엄청난 힘에 거의 두려움마저 느끼는 것도 같았다. "나는 지금부터 20년 안에 우리의 오래된 땅 유럽은 아마도 중-일 연합에 점령될 것이라고 예측한다. 한때 일본은 미국에서 그 지역으로부터(……) 나올 수 있는 모든 종류의 이득을 취했던 나라다." 일본의 부상은 서구의 해체와 맞물려 있었다. 게다가 일본과 중국이 '금세기 끝에 함께하게 될 거라는 사실'은 자명해 보였다. 지크문트는 "나는

그저 그들이 세계를 지배하게 될 때에 지금보다는 느긋해지고 문명
화되어 있기를 바랄 뿐이다"라고 적었다.

한편으로는 이러한 이유 때문에, 그리고 다른 한편으로는 손실에
대한 자신의 습관적인 회피로 인해 지크문트는 도쿄 중심에 있는 사
무실 건물에 투자해보라는 시라스의 제안을 정중히 거절했다. 회사
를 위해서는 다행하게도, 지크문트의 젊은 동료들은 그 같은 예감에
얽매이지 않았다. 1970년대에 도쿄에 바르부르크의 정식 사무실을
운영했던 마틴 에델셰인과 마찬가지로, 마틴 고든과 앤드루 스미더
스가 특히 S.G.바르부르크와 일본의 사업 관계를 돈독히 하고 발전
시키는 데 핵심적인 역할을 했다. 이때 도쿄은행은 S.G.바르부르크
를 자사의 유럽 핵심 동업자로 여겼다. 실제로 일본에서는 전국적으
로 오랜 전통의 영국 상업은행의 이름들보다 바르부르크의 이름이
더 인지도가 높았다.

마틴 고든은 이렇게 회상했다.

일본의 풍습 중 일부는 우리 회사의 방식과 잘 어울렸다. 다른
회사들은 때때로 재정장관의 지나친 간섭을 불평했지만, 재정장
관과 협력하고 일본에서 이루어지는 모든 일을 법조문과 이런저
런 규율만이 아니라 회사의 사업 정신을 따라 진행하는 것은 우리
에게 아주 간단한 일이었다. 우리 회사의 (문서상의) 내부 의사소
통은 일본 최고 기준에 필적했다. 그 덕에 우리는 일본에서도 존
경을 받았다. 지크문트는 일본같이 좋은 매너가 일종의 기술이자
진지한 게임인 나라에서는 매너와 정중함, 품위 있는 개인적 의사
소통이 중요하다고 믿었다. 지크문트 본인이야말로 그와 같은 성
품으로 일본인들의 모임에서 찬사를 받았다. 결국 일본과의 사업

에 연관되었던 우리 직원들은 모두 예의를 취미처럼 여겼지 짐으로 받아들이지 않았다. 일본 사람들과의 상호작용은 항상 즐거웠고, 우리는 일본인들에게 어리석어 보이거나 무례해 보이지 않으려고 늘 대단히 조심했다. 사실 우리는 다른 사회에 유용하게 적용될 수 있는 모든 덕목을 일본 내의 사업에서 배웠던 것이다.

지크문트와 일본의 한결같은 관계가 이어진 15년간은 일본 정부가 1978년 지크문트에게 훈1등보관장[10]을 수여하면서 완성되었다. 풍성한 환대와 더불어[11] 새로운 거래의 중개인이 되는 기회가 훨씬 많아진 것은 말할 것도 없었다. 훈장을 받기 위해 두 번째이자 마지막으로 일본을 방문한 지크문트는 1962년 자신이 두려워했던 것과 달리 일본인들이 '미국 및 유럽 사회와 방종한 소비 경제에 위압당하지도, 지나치게 영향을 받지도 않는다'고 안심하기에 이르렀다. 오히려 "현재의 많은 일본인들 속에서 오랜 시간 보존되었고, 소박하며 위엄 넘치는 전통이 광범위한 경제의 르네상스와 함께해왔다는 사실을 관찰하는 것은 참으로 흥미로운 일이다. 이들의 전통은 높은 정신적 기준을 바탕으로 하여 새로운 사회 구조로의 진화를 약속하는 진정한 전통이다"라고 생각하게 되었다.

어쨌거나 일본인들이나 지크문트나 마찬가지로 금욕적이었다.

지크문트는 철저히 금욕적인 사람이었기 때문에 성장에는 궁극적

---

10 이 훈장은 욱일장보다 하위 훈장이면서 일본에 기여한 외국인들에게 꽤 자주 수여되었던 것이다. 그러나 보관장 내의 여덟 개 등위의 훈장 중에서도 훈1등을 수여했다는 사실은 공식적인 존경의 표식이었다. 같은 훈장을 받은 이로는 경제학자 밀턴 프리드먼이 있다.

11 연회에는 일본 은행 은행장을 비롯해 모든 주요 일본 은행 및 증권 회사들의 회장들이 대거 참석했다.

으로 극복되지 않는 한계가 있다고 하는 1970년대를 풍미한 관념에 쉽게 젖었다. 1972년 지크문트는 이렇게 적었다. "경제와 기술의 성장은 영원하지 않다. 그것이 영원할 것이라고 믿는다면 '확장 강박'의 희생양이 된다." 지크문트에게는 1970년대의 에너지 위기가 사실은 그 모습을 드러내지 않았다 뿐이지 명백한 '축복'이었다.

물론 에너지 위기는 우선 순식간에 무너져 내리는 파산 사태를 비롯한 이런저런 경제적 어려움으로 서방 세계의 경제 전반에 많은 가슴 아픈 변화를 일으킬 것이다. 그러나 또한 진작 제거했어야 할 문제들을 없애줄 것이고, 여러 가지 잘못된 방향으로 과도하게 팽창한 후에는 건설적인 행위 안에서 스스로를 진화시키고 표현하는 보다 냉철한 태도를 가꿀 좋은 기회가 올 것이다. 아주 느리게 이루어지겠지만, 나는 분명 우리가 최근 몇 년간 고통을 받으면서 이루어낸 것들보다 훨씬 더 건강한 환경이 따라올 것이라고 믿는다.

"우리 서방의 성장 강박은 해부학, 생물학, 심리학과는 다르며, 나무가 중력의 법칙을 어기고 하늘로 솟듯 성장도 무한히 솟구칠 수 있다는 추정에 근거를 두었다." 지크문트가 보기에는 이 같은 강박이야말로 '급증하는 인플레이션과 도덕, 지식, 미학적 기준에서의 타락을 유발하는 원인'이었다.

그러나 지크문트는 낮은 성장률과 높은 실업률의 불가피한 연관성 또한 잘 알고 있었다. 그런 면에서 그의 시각은 일반에 비해 별났다고 할 수 있다. 지크문트가 보기에는 세제나 통화로도 그리고 다른 어떤 경제적 조치를 동원해도 인플레이션과 실업이라는 쌍둥이 문제를 시원하게 해결할 수는 없는 노릇이었다. 인간의 노동이 쓸모 없어졌다는 것이 결국 문제의 핵심이었다.

1977년에 지크문트는 회상했다. "아마도 우리는 조만간 피라미드를 짓게 함으로써 국민을 바쁘게 만들었던 옛 이집트 사람들을 흉내 내려 하게 될 것이다. 피라미드 짓기는 어쨌거나 미쳐버린 군비 증가보다는 건강하고 위험도 덜했다." 피라미드가 핵탄두보다 훨씬 유망한 것은 당연하다. 그러나 이때 지크문트 스스로가 금융의 피라미드를 건설하여 그 꼭대기에 S.G.바르부르크를 세우겠다는 허황된 욕심으로 뼈 빠지게 고생하고 있었으니 참으로 모순이었다.

12

값비싼 교훈

지난 몇 년간 우리의 발전 속도가 조금 느려지고 모양은 다소 망가진
듯하다. 위원회들이 늘어나고 그릇이 안 되는 사람들은 관용이 과도해
지며 꾸준하고 간결한 박자가 아니라 정신없이 빠른 속도로 가려는 경
향이 보인다. 내가 좀 더 결정적인 때에 은퇴하지 못했던 것이 후회된
다. (……) 나 같은 늙은이는 떠날 때를 알아야 하는 법이다. 적어도 내
가 한자리했던 곳에서 더 뭔가를 해보겠다고 나서서는 안 된다. 무엇보
다 뒤따라오는 후배들에게 짐 같은 건 남거주지 말아야 한다.

— 1977년 12월, 지크문트 바르부르크

1

지크문트 바르부르크의 아들로 산다는 것은 쉬운 일이 아니었다. 1963년 S.G.바르부르크의 이사직을 그만둔 뒤에도 35세의 조지 바르부르크는 계속해서 요구가 많은 아버지의 그늘 속에서 지냈다. 그러다 1970년, 조지는 그늘에서 벗어나기 위해 결단을 내렸다. 친구인 밀로 크립스(전 노동당 당수 스태퍼드 크립스[1]의 조카)와 함께 C.W.캐피털을 세운 것이다(감히 가문의 이름을 사용했다가 아버지와 부딪치게 될 것을 우려해 머리글자만으로 만들었던 게 틀림없다. 또한 크립스의 농담처럼 'W.C.크립스'라고는 도저히 부를 수 없었으므로 순서 또한 그렇게 정해졌을 것이다).

조지가 그런펠드에게 이야기한 바에 따르면 C.W.캐피털은 '주로 금융 자문과 투자 감독' 역할에 적극적으로 나서지만 예금과 대출도

---

[1] 밀로 크립스는 4대 파무어 남작으로 옥스퍼드 대학 앰플포스 칼리지에서 수학한 가톨릭 교도였다. 알코올 중독으로 젊은 시절에는 사람 구실을 제대로 못했다. (한번은 어머니의 만찬 파티에 초대도 받지 않고 쳐들어가서는 손님들을 럭비 선수처럼 몸으로 받아버린 뒤 마룻바닥에 구토를 해 물의를 일으켰다. 이후 술을 끊게 되었다.) 1960년 지크문트 바르부르크에게 크립스의 일자리를 청한 것은 그 어머니였다. 당시 지크문트와 크립스의 어머니는 이턴 광장의 이웃이었다. 크립스의 명민함을 눈여겨본 지크문트는 1964년 그를 은행의 이사직에 앉혔고 투자 부서의 부서장으로 승진시켰다. 그러나 이후 그를 '과대망상증 환자'로 의심하게 되었고, 5년 뒤 어렵사리 헤어져 서로 다른 길을 가게 되었다. 그러나 크립스는 '다가올 거래에 대해서도, 한 번도 가보지 못한 성당을 방문하는 데에도, 심지어 초콜릿 케이크에까지 열광하는, 모든 면에서 활기가 넘치는 사람'으로 주변 친구들에게는 '누구보다 훨씬 밝게 빛나며 불타오르는' 거부할 수 없는 매력을 발산했다. 동성애자임을 숨기며 살았던 그는 크립스바르부르크가 고서점 버나드쿼리치를 인수해 되살리고, 그곳의 회장이 된 뒤 행복과 성공을 맛보게 되었다.

취급하는 상업은행으로, 주식 자본 50만 파운드와 열세 명의 직원을 둔 보통 규모의 회사였다. C.W.캐피털은 S.G.바르부르크의 도움을 전혀 받지 않았다. S.G.바르부르크의 원조를 받지는 않았지만 대신 이름 있는 은행 기업인 윌리엄스앤드글린의 투자를 받았다.[2] 지크문트는 아버지답게 아들을 조심스럽게 살폈으며, 이 회사가 뉴잉글랜드상업은행과 함께 일하는 것에 대해 신중한 관심을 표했다. S.G.바르부르크와의 거래는 지크문트로부터 개인적인 요구를 받을 걱정 없는 젊은 미국인이 전담했다. S.G.바르부르크로부터의 반응은 냉담했다. "C.W.캐피털과 관계를 발전시키는 것이 (……) 지크문트 경의 소망인 것은 확실했지만, 그들이 어떤 대출을 주로 도맡는지를 확실히 파악하기 전까지 그 정도 규모 은행에 우리가 빌려줄 수 있는 상한액은 10만 파운드다." 1972년 3월, 드디어 그림이 확실해졌다. 900만 파운드에 달하는 자산을 축적하게 된 C.W.캐피털은 지크문트가 행복하게 인정했듯이 '멋진 진전'을 이룩했다. 1973년 1월 지크문트는 운명적인 회사 개명을 축복해주었다. 마침내 C.W.가 크립스바르부르크가 될 수 있었던 것이다. 개명 바로 직후 바르부르크는 부분적으로 전환 가능한 무담보 대출로 22만 5000파운드를 투자했다(전환 시 회사 자기 자본의 약 2.5퍼센트에 달했을 금액). 가족의 이름으로 후광을 얻고 가족 기업의 적극적인 지원으로 크립스바르부르크는 순조롭게 성장했다. 1973년 3월 말에는 결산액이 3700만 파운드로 1년 전보다 네 배 이상 성장했다. 성공으로 인해 아버지와 아들 사이의 '묵은 앙금'이 사라지고 드디어 두 사람에게 조화의 시대가

---

2 글린밀스라는 회사는 원래 18세기까지 그 역사를 거슬러 올라가는 전통 깊은 기업이지만, 1939년 이후 로열뱅크오브스코틀랜드에 넘어가게 되었다. 1970년에는 윌리엄스디컨스은행에 합병된다.

열리는 것만 같았다.

그러나 이런 화해의 분위기는 슬플 만큼 짧았다. 크립스바르부르크가 새 이름을 얻었던 것은 현대 영국 역사 속에서 가장 극심했던 은행 위기의 바로 전날 밤이었다. 오늘날 돌아보면 이른바 제2금융권 위기의 모습과 비슷한 양상을 띠는 사건이었다. 보수당 출신 재무장관 앤서니 바버가 1971년 신용 통제를 느슨하게 하면서 시작된 이 사건은 런던의 어음교환 협정 은행들이 모여 예금 및 대출률을 고정함으로써 마무리되었으며, 그 결과 은행들에게 자기 책임 부채 비율을 보유 자산의 12.5퍼센트 미만으로 유지할 것을 강제하는 보유 자산 비율 법칙이 탄생했다. 1973년 은행 대출은 33퍼센트까지 상승하며 폭발적으로 늘었다. 그 덕에 영국은 오일 쇼크 때만큼이나 인플레율이 상승해 두 자릿수를 기록하게 되었다. 그중에서도 집값 인플레이션이 무시무시했다. 은행 규제의 자유화와 직접 과세의 감소가 고전적 자산의 가격 거품에 부채질을 했던 것이다. 1972년 하반기 사태가 정점에 달하자 주택 가격은 연율 기준 40퍼센트 이상 치솟았다. 고작 4년 사이에 주택 가격이 평균 두 배나 뛴 것이다. 동시에 주식 시장에도 붐이 일었다. 1971년 〈파이낸셜 타임스〉의 일반주 지수는 3월 저점에서 시작해 고작 14개월 사이에 60퍼센트까지 치솟았다. 통화 압박으로는 인플레이션을 잡기에 역부족이었지만, 집값 인플레이션을 한 자릿수로 내리는 데만큼은 성공했다. 그 모든 현상들 중에서도 예상치 못했던 결과는 바로 주식 시장 붕괴였다. 1974년 말 영국 증시 지수는 정점에서부터 69퍼센트가 하락했다. 인플레이션을 감안하면, 손실은 미국 투자자들이 대공황으로 겪은 손실보다도 훨씬 더 컸다. 바버 붐이 활기찼던 때 급증한 신흥 은행들에게 이 같은 현상들은 재앙이었다. 특히 열정적으로 부동산 개발 업자들에게 돈을 빌려주었던 이들에게는 더욱 심각한 상황이었다. 영국은행이 나서서 약 30여 개 은행들을 긴급 구제했다. 그중에서도 가장 유명했던 것은 슬레이터워커의 긴급 구제였다(1964년에 기업 매수자 짐 슬레이터와 토리당 하원 의원 피터 워커에 의해 설립). 그 외 30개 은행이 추가로 긴급 구조를 요청했다. 크립스바르부르크의 종말은 바로 이러한 배경에서 이해할 필요가 있다.

1973년 초 크립스바르부르크와 S.G.바르부르크가 공동으로 진행하던 거래가 있었다. 그러나 '선뜻 나서서 도와주지 않는 S.G.바르부르크의 태도'에 조지는 그런펠드를 향해 불평을 했고 그러면서 처음으로 긴장이 감돌게 되었다. 지크문트는 이 다툼이야말로 애초에 필적학자 테오도라 드라이푸스가 경고했던 것을 사실로 증명한 사건이었다. 드라이푸스는 조지의 필적에 대해 '혹시라도 만족할 만한 일들로 아버지를 행복하게 하더라도 전전긍긍하는 성미 때문에 얼마 지나지 않아 실망을 줄 게 뻔하므로 미리 마음의 준비를 하게 만드는 인물'이라고 평했다.

그러나 진짜 실망스러운 일은 시간이 더 지난 뒤에 일어났다. 1974년 7월 19일 크립스와 조지는 데이비드 숄리를 방문했다. 다양한 종류의 부동산업에 자금을 대는 데 자금을 쏟아부어 현재 상황이 좋지 않다는 사실을 고백하기 위해서였다. 더 정확하게 말하자면 소규모 부동산 회사들에 대한 수많은 악성 대출로 인해 자산을 거의 탕진했다는 것이었다. 순진무구한 크립스가 '점차 빠르게 치닫고 있는 인플레이션기에는 다른 어떤 것보다 집중할 만한 분야가 바로 부동산 사업'이라고 주장해 벌인 일이었다. 지크문트의 마음에는 분노가 끓어올랐다. 아들과 동업자가 '희망만 품은 채 아무 생각 없이 행동부터 해버리는' 그런 녀석들이었던 것이다. 그들이 저지른 과오는 중했다. 훨씬 이전에 이미 이러한 잘못을 시인했어야 했다. 형편없는 회사가 바르부르크라는 이름을 지녔다는 이유만으로 그 짐을 떠맡을 수는 없는 노릇이었다. 돈을 더 투입하는 게 맞는 일이었지만 그것은 윌리엄앤드글린과 다른 설립 주주들의 책임이었다. "적절한 사업 기반 위에서 그들에게 특별한 편의를 제공하도록 하겠다" 정도가 지크문트가 할 수 있는 최선의 말이었다. 지금 회사의 어려움에 대해 제대로 파악하는 것조차도 실은 '엉성'하고 '모호'한 설명 때문에 불가능한 지경이었다. 지크문트는 크립스바르부르크가 S.G.바르부르크와 '아주 가깝게 연계된' 회사라고 생각한 것 자체가 잘못이었다고 쏘아붙였다. 아들은 절망적으로 후회했지만 지크문트의 마음이 바뀌지는 않았다. 게다가 이 모든 문제를 일으킨 장본인이 밀로 크립스였다는 그의 확신도 흔들리지 않았다.[3] 지크문트는 조언은 얼마든지 해줄 의향이 있었지만 이미 많은 돈을 낭비한 회사에다 돈을 더 쓸 마음은 없었다.

S.G.바르부르크가 크립스바르부르크의 자금 재건을 돕지 않겠다고 하자 회사는 끝장나고 말았다. 그렇게 해서 1975년 봄, 400만 파운드라는 엄청난 손실을 안은 채 회사는 완전히 정리됐다. 숄리와 영국은행의 은행 감독관 조지 블런던이 조지를 지지했지만 그럼에도 그는 무너지고 말았다. "언제나처럼 아버지가 옳았습니다. 이번 일에서 숄리가 참으로 도움을 많이 주었습니다. 부드럽지만 끈질기게 제 약한 근성을 강하게 담금질해주었지요"라고 조지는 아버지에게 써 보냈다. 2년 뒤 지크문트는 처음이자 마지막으로 조지에게 회

---

3 사실은 윌리엄스앤드글린의 존 모건 역시도 희망에 차 있었기 때문에 조지로서는 동료를 막을 수 없었다. 모건은 파산 전 조지에게 말했다. "문제는 자네가 그저 좋은 사람들과 사업하는 것을 좋아했다는 걸세."

사로 돌아오라고 제안했다. 그러나 조지가 숄리에게 자신이 '나이 든 세대와 젊은 세대 사이에서 중재자 역할'을 하겠다고 제안하자, 이에 대해 지크문트는 처음에는 차가운 침묵으로 반응했고, 이후 아들이 잘못된 길에 들어섰다며 (조지의 말을 빌리자면) 융단폭격과도 같이 폭언을 퍼부었다("이런 배배 꼬인 자식 같으니라고!" 등). 조지가 한탄했듯이 그 모습은 실제로 '그리스 비극'과도 같았다.

지크문트는 대단히 뛰어난 재주가 많았지만 무조건적인 부성애는 없었다. 본인 스스로도 그 사실을 잘 알고 있었다. 언젠가 야코프 로트실트에게 말한 것처럼, 그에게는 가족 간의 유대보다도 괴테의 선택적 친화력이 더 중요했다. 본인도 아버지나 친척과의 관계가 역시 쉽지 않았던 로트실트는 당연히 지크문트의 말을 무척이나 잘 이해했다.

결국 조지는 머나먼 코네티컷의 워터베리에서 아내 엘리와 함께 아들 셋을 키우며 행복을 찾게 되었다. 그리고 뉴잉글랜드의 소박한 지역 대출 기관인 콜로니얼뱅크에서 일해 가족을 부양했다. 하지만 그렇게 멀리 떨어져서도 아버지와의 관계는 편치 않았다. 전화 한 통만 못 받고 놓쳐도 아버지의 매서운 비난에 아들은 손이 발이 되도록 빌어야 했다.

2

지크문트가 점점 더 고약하게 굴었던 것은 비단 아들에게만이 아니었다. S.G.바르부르크에서 일어나는 사소한 일 하나까지도 불만이 없는 게 없었다. 1970년 12월 지크문트는 회사가 '높은 도덕적, 지적 기준을 방기'해버려 실망했다며 그런 오명을 함께 뒤집어쓰고 싶은 생각이 없으니 회사 이름을 머큐리뱅크로 바꾸라고 말했다. 그가 볼 때 인사부에서 만든 표준 '설명서'는 '의미 없는 진부한 의견과 꽉 막힌 생각'으로 가득한 평생 가장 끔찍한 관료적 태도의 결과물이었다. 게다가 점차 그 영향력이 커져가고 있었던 이사단의 위원회[4]는 '무임승차하려는 태도, 즉 중요한 일은 책임지고 싶어 하지 않는 자세'와 함께 오염되고 있다고 여겼다.

높은 기준이 버려졌다는 증거는 어디에서나, 심지어 회사 식당에서조차 나타났다.

그 같은 문제점은 지크문트가 보기에는, 회사가 망가져가고 있다는 조짐이나 다름 없었다. 이는 회사가 커지면서 발생한 '높은 기준'의 하락이었다. "회사는 사업 규모가 커지면서 점점 더 좋지 않은 환경에 둘러싸이게 되었다." 지크문트는 1975년, 이 같은 말로 시작하는 생각을 기록해두었다.

지크문트는 점차 '지속적 성장과 기록 달성을 위한 유행 경기'에 단호하게 반대하게 되었다. 간접비가 '눈이 나올 만큼' 늘어버린 것은 직원이 '과도하게' 증가했기 때문이다. 1979년 5월 지크문트는 동료들에게 '성장이 아니라 축소를 위한 계획'을 세우라고 충고했다. "우리는 이미 너무 많이 성장했다. 지난 4년간 과도하게 성장하고 갖가지 부서를 만든 결과 회사는 점점 통제하기 어려워지고 있

---

4 삼촌들을 비롯해 고위 관리자의 힘을 제도화하기 위해 만들어진 위원회는 사실상 지크문트의 생각을 알리기 위한 수단이었다. 이러한 경향은 특히 롤이 의장이었을 때 두드러졌다. 휴 스티븐슨이 위원회 의장이 되자 아서 윈스피어는 '결정권 따위는 없는 자리에 도달한 것'을 축하한다고 인사를 건넸다.

다.” 1년 뒤에는 '거만한 태도가 만연하고 자기비판이 부족하며 현실에 안주하고 관료적으로 변하고 있으며 평범하고 무뚝뚝하고 수동적으로 변하고 있다'며 한탄했다. 그가 가장 자주 되풀이해 경고한 것은 회사가 고객의 자산보다는 자기 자산의 운용에 힘써야 한다는 것이었다. 1977년 9월 오스카 루이손이 지적한 바에 따르면 이전 회계연도 회사 총수입의 40퍼센트 이상이 자본의 위험에도 불구하고 고용과 판매 모집을 확대한 결과 발생했으며, 특히 국제통화기금이 영국에 대출한 후에 채권 시장이 회복되면서 상당한 이윤이 생겼다. 수수료는 형편없었지만 고객을 상대로 한 자문 서비스와 신용 서비스에서 생긴 위임 수수료와 예대 마진(예금과 대출 이자 사이의 차액)은 상당했다. 그러나 경영진은 시간 대부분을 고객을 위한 사업에 썼다. 은행의 자본 관리를 강조한 것은 수수료를 강조했던 지크문트의 초기 생각과 모순되었다. 하지만 그의 생각과는 달리 그가 불량 증권을 강매하는 것으로 폄하했던 자산 관리 쪽에서 점점 많은 기회가 만들어지고 있었다.

사실 1979년 지크문트는 부분적으로 자율권을 지닌 자산 관리 계열사인 바르부르크투자관리가 너무 마음에 들지 않아 처음에는 플레밍에, 그리고 나서는 라자드에 넘겨 '없애버리려고' 시도했다. 그러나 두 회사 모두 지크문트가 제시하는 터무니없이 낮은 가격에도 사지 않는 어리석은 일을 저질렀다. 메릴린치가 1997년에 바르부르크투자관리를 인수하면서 치른 금액은 53억 달러(31억 파운드)였다.

젊은 이사진으로서는 주로 주말에 걸려오는 전화나 블로네이에서 대필된 메모를 통해 날아오는 그 같은 '고통스러운 평가'가 대단히 귀찮을 수밖에 없었다. 특히 외부의 관찰자들에게는 회사의 자금 운용이 대부분 만족스러운 것으로 비쳤기 때문에 더더욱 그랬다. 앞에서 보았듯이 지크문트는 오랜 시간 동안 최고경영자 자리에서 물러나겠다고 해왔다. 어찌 보면 1954년에 이미 시작되었으나 어떻게 돌아가는지 알 수 없는 그런 과정이었다. 그로부터 16년 뒤에도 그는 여전히 무대에서 완전히 물러나지 않고 있었다. 그리고 새로운 10년이 동트면 지크문트는 더 이상 S.G.바르부르크의 경영자로 일하지 않고 모기업 머큐리시큐리티에서도 물러나겠다고 발표했다. 대신에 그는 회장직에 오를 예정이었다. 〈파이낸셜 타임스〉에 얘기한 바로는 '은행 내의 젊은이들의 교장 선생님 같은 역할로 활동하며 조언을 해줄 작정'이라고 했다. 다시 말해, 한편으로는 회사의 공적 이미지를 위한 책임에는 깊이 관여하면서 경영에는 개입하지 않겠다는 것이었다. 그러나 실제로 지크문트는 계속해서 자신을 전반적인 전략에서부터 젊은 임원들의 개인적 문제에 이르기까지 '그룹의 국제 업무 전체를 총괄하는 상무이사'로 여기고 있었다. 1973년 오랜 기간 동안 서열을 두고 다퉈온 젊은 임원진 간의 갈등이 지나간 뒤, 그런펠드와 롤, 셀리그먼 등 설립 멤버들과 더불어 가장 역동적인 차세대(본햄 카터, 달링, 켈리, 맥앤드루, 숄리, 스피라)로 구성된 새로운 경영위원회가 만들어졌다. 그러나 롤이 바르부르크의 회장이 되는 것을 막으려던 켈리를 비롯해 변혁을 꿈꾸는 젊은이들의 노력은 삼촌들 때문에 좌절되었다. 1975년 10월, 경영위원회는 처음으로 보다 유연한 인물들까지 포함하며 확장되었지만 이후 '더 이상 그 목적을 충족시키지 못한다'는 이유로 가차 없이 해산되었다. 지크문트는 이것이 중심에 속하지 못한 다른 젊은 임원들이 내놓은 불평에 대한 대응이었다고 말했지만 별로 설득력은 없었다. 켈리는 일기에 이렇게 적었다. "실패한 이들은 실망했다. 승자들은 '동물농장의 돼지들'과도 같았다."

예상대로 야망을 가진 자들이 안달이 나기 시작했다. 이언 프레이저와 거트 휘트먼은 이미 1969년에 은행을 떠났었다. 지크문트는 그들을 '간교한 녀석들'이라 여겨 프레이저가 인수위원단에서 임기를 마친 뒤에도 다시 회사로 불러들이려고 애쓰지 않았다.[137]

4년 뒤 그런펠드는 마음에 들어 하지 않았지만 존 크레이븐이 화이트웰드에 들어가기 위해 회사를 그만두었다가 얼마 지나지도 않은 1979년 부회장으로 되돌아왔다. 떠난 이유가 기억에서 사라지기도 전이었다. 1974년 '가장 연로한 동료들 중 몇몇의 받아들일 수 없는 행동'에 격분한 피터 스피라는 경매 회사 소더비에 들어가기 위해 회사를 나갔다. 훗날 그는 당시의 일을 이렇게 회상했다. "바르부르크를 경영하는 것은 70대 노인장들이었다. 어떤 사람 하나가 임원 자리에 있다 하더라도 그들에게는 어린아이 취급밖에는 받지 못했다." 스피라는 머큐리의 비상임 이사직을 1982년까지 유지했지만, 이사회의 '러시아 요새'와도 같은 운영 분위기에 도전했다는 이유로 지크문트로부터 온갖 욕설을 들어야 했다. 그러니까 나이 든 임원들과 젊은 임원 사이에서 중재자 역할을 하겠다고 제안했다가 허사로 돌아갔을 때, 조지는 '멋진 젊은 세대의 단점에' 점점 커지고 있었던 아버지의 좌절 속에 들어 있는 '해로운 요소'를 꽤 정확하게 파악하고 있었던 것이다. 좌절한 것은 서로 마찬가지였다. 롤과 다른 '노인장'들에 대한 켈리의 혐오감은 해마다 점점 깊어졌다. 그는 특히 협

---

⁵ 버나드 켈리는 이에 대한 추측을 일기에 기록해놓았다. "연장자들과 엄청난 대립과 갈등이 있었다. 프레이저는 인수위원단의 장으로 지낸 임기 동안 영향을 받았던 대립마다 거의 유대인들이 연루되었다고 생각했는데, 이것이 관계에는 별 도움이 되지 않았을 것이다. (……) 프레이저는 이 주제에 대한 글을 쓸 작정이었지만 그렇게 하지는 않았다. 런던에 다시는 돌아오지 않았기 때문이다." ─1972년 1월 15일과 3월 28일 자 켈리의 일기

상 때마다 끼어들어, 이미 반쯤은 진행되어 합의점을 향해 가는 상황에서 주제도 제대로 모른 채 이런저런 말들을 한마디씩 던지다가 약간 떨어져 앉아 수수께끼 같은 표정으로 바라보는 통에 혼란을 야기하는 그들의 습관에 분개했다. 13년간이나 몸 바쳐 일한 바르부르크를 켈리가 떠나기로 결심하게 된 것은 노동당 정부의 세금 정책 때문이기도 했지만 바로 이러한 종류의 참견 때문이었다. 켈리는 닉 맥앤드루에게 투덜거렸다. "우리 나이쯤 되면 고락을 함께하는 동업자 정신을 발휘하여 훌륭한 지도력의 탄탄한 기반을 완성해야 마땅하거늘."

그런펠드가 머큐리와 바르부르크의 회장에서 은퇴했을 때, 달라진 것은 아무것도 없었다. 다음번에는 숄리가 부회장이 될 예정이라 젊은 세대에도 회사의 후계자가 한 명은 있다는 사실을 보여주기는 했지만, 에릭 롤이 그런펠드의 뒤를 잇고 제프리 셀리그먼은 부회장을 맡은 회사에는 겉으로만 변화가 있는 듯 보였다. 롤이 그런펠드를 따라 1978년 은퇴하기로 결정하자, 셀리그먼이 자연스레 그 뒤를 이었다. 이제 1년 후면 숄리가 회장 자리를 맡기로 되어 있었다. 그러나 1980년 마침내 회장 자리에 오른 숄리는 회사와 미국의 복잡한 관계를 정리하며 2년 가까운 시간을 보내는 동안 72세의 롤과 일을 나눠 할 수 있다는 사실에 감사하게 되었다.

과거에 자주 그랬던 것처럼 지크문트는 틈만 나면 회사와 남은 관계까지도 다 그만둬버리겠다고 위협했다. 언젠가는 은행 이름을 '바르부르크후계그룹이나 머큐리뱅크, 아니면 숄리, 셀리그먼'으로 바꾸는 게 어떻겠느냐는 제안을 하더니, 1977년 12월에는 심지어 S.G.바르부르크의 회장직도 내놓겠다고 말했다.[6]

그 같은 제안은 분명 늙은 남자의 자만심이었다. 당연히 숄리가 그런 이름은 거절할 거라 생각하고 내뱉은 것이었고, 그만큼 자신이 힘 있는 존재이며 지금 기분이 좋지 않다는 사실을 과시한 것이었다. 진실은 바로 그것이었다. 1981년 브랜다이스골트슈미트 경영에 대해 제프리 엘리엇과 의견 대립이 생기자 지크문트는 다시금 도저히 말려볼 수 없을 만큼 분노가 폭발했다. 1982년 9월까지도(임종을 두 달 앞둔 시점) 지크문트는 여전히 '회사의 미래와 관련된' 사항들을 준비하고 있었다. '젊은 세대 가르치기'에서부터 '존경받아 마땅한 관행을 따르지 않는 사람들을 머큐리와 S.G.바르부르크에 들어오게 해서 고위 임직원들을 귀찮게 하기'에 이르는 일곱 가지 주제를 중심으로 한 사항들이었다.

지크문트가 말년에 몰두했던 것 중에는 런던의 다른 회사와 합병하는 게 어떨까 하는 것도 있었다. 처음으로 이런 생각을 해본 것은 아니었다. 에드문트 드 로트실트에 따르면, 1955년 이미 지크문트는 로트실트에 이렇게 말하며 합병 제안을 했다고 한다. "당신이 우리 회사와 합병하고 싶다고 생각해본 적이 있다면, 매우 영광이고 기쁠 것이다." 4년 뒤, 지크문트는 '차터하우스 그룹과 어떻게든 합병하는 방법'을 고민했다. 그는 "수행하는 업무만을 볼 때 상업은행은 대단히 많지만 그들 대부분은 놀라울 정도로 낮은 이윤을 바탕으로 운

---

6 마지막 제안으로 숄리는 유리한 위치를 점하게 되었다. 숄리는 이렇게 회상했다. "그는 마구 짜증을 내면서 내게 말했다. '자네가 무얼 하든 상관 안 한다네. 회사 이름을 셀리그먼앤드숄리로 바꿀 수도 있어. 내 이름을 빼버림세. 더 이상 뭐든 함께하고 싶지 않아.' 그러더니 거칠게 밖으로 나가버렸다. 그야말로 유혹적인 일이라 생각한 나는 그의 사무실로 뒤따라 들어갔다. 지크문트의 얼굴은 좌절로 얼룩진 채 붉으락푸르락하고 있었다. 입을 연 그는 '원하는 게 뭔가?'라고 물었고 나는 대답했다. '당신이 가지기를 원하는 무엇에 관해서든 당신 관점이 있을 수 있지요. 나 역시 마찬가지입니다. 하지만 당신은 내 이름을 결코 그런 방식으로 쓰지 않을 사람입니다.'"

영되고 있다"라고 1960년에 기록했었다. 합병은 새로운 재능을 얻고 규모의 경제를 실현하는 손쉬운 방법이었다. 아들이 가문의 회사에서 떨어져 나가면서, 이런 식의 논의가 보다 많아졌다. 데이비드 숄리가 훗날 언급했듯이 '다른 회사와 합쳐보려고 이런저런 시도를 하는 것은 지크문트의 취미이자 기쁨'이었다. 1968년 힐사무엘의 케네스 키스가 '런던 중심에 가장 강력한 상업은행을' 만들자는 제안을 하며 접근했지만, 지크문트는 '특정 상업은행들 간에 그룹을 결성하는 것이 합병보다 훨씬 나은 방법'이라고 주장하면서 거절했다. 대부분의 경우 '합병은 회사의 능력이 두 배로 커지게 됨을 의미하는 것이 아니라 둘 중 하나가 제 구실을 못하게 된다는 것을 의미하기 때문'이라는 이유였다. 비슷한 시기에 접근해온 기네스 머혼의 제안도 같은 이유로 퇴짜를 놓았다. 1년 뒤에는 잠시 연합의 가능성이 있었으나 결국 무산된 슬레이터워커의 활달한 짐 슬레이터의 차례가 왔다. 슬레이터의 설명에 따르면, 지크문트는 주식 보유량 일부를 상호 교환한 후, '은행 및 금융 서비스와 관련된 업무는 바르부르크가 전담하고 슬레이터워커는 산업 및 해외 업무를 책임지는' 방법을 제안했다. 이번에는 슬레이터가 탐탁하게 여기지 않았다. 그러던 차에 합병 문제가 대두되자 그의 이사회는 전면 합병을 거부했다. 당시 논의된 또 다른 생각은 머큐리의 40퍼센트를 바클레이스은행과 드레스드너은행에 파는 것이었다. 화이트웰드 역시 물망에 올랐다. 1년 뒤에 가능성을 타진해본 대상은 슈로더의 짐 울펀슨이었다. 그리고 울펀슨이 미국 보험 회사 애트나로 하여금 영국 상업은행의 지분을 사들이게 하려던 1982년에 다시 얘기가 나오기도 했다.

이 같은 계획들이 진행되는 동안 지크문트 본인은 항상 미적지근한 태도를 취했다는 사실을 기억해야만 한다. 1970년 그는 "우리가 계속해서 우리끼리 해나가는 것보다는 합병이 차라리 덜 불쾌한 일이 될 것이다. (……) 그 어떤 조합이든지 간에 우리가 스스로 노 저어 나가는 것보다는 나을 것이라는 말이다"라고 기록했다. 지크문트가 썩 내키지 않는데도 합병이라든지 연합을 고려했던 이유는 오로지 '회사의 서비스와 지위에 대한 기준이 끝없이 추락하는 것을 그저 손 놓고 지켜볼 수가 없었기 때문'이었다. 그의 또 다른 자아인 그런펠드는 이미 열정이 사그라진 지 오래였다. 케네스 키스의 합병 제안이 있은 후 세부 사항을 논의하러 나가 두 회사가 근본적으로 전혀 다른 회사라는 결론을 내린 이가 바로 그런펠드였다.

키스는 그런펠드가 키를 잡고 있는 한 합병이 불가능할 것이라고 여겼다. 게다가 그런펠드는 가까운 시일 내에 은퇴할 마음도 없었다. 제 버릇 남 못 주는 법이다. 바르부르크에서 다른 회사들이란 경쟁자이지 조력자가 아니라는 게 뿌리 깊은 생각이었다. 예를 들어 국제부가 1971년 정기 모임을 가진 이유는 마피아가 구역을 나누듯이 다음 날 있을 쿤로브와의 회의에 대한 전략을 수립하려는 것이었다. '스칸디나비아에서 쿤로브와 협력을 하되, 그들을 포함한 모두에게 손해를 입힐 방법이 있을까?'와 같은 전략 말이다.

다른 사람들이 보기에는 지크문트가 동업이 가능하다고 생각했던 회사들 중에서 로트실트가 가장 타당해 보였다. 두 걸출한 은행 왕국이 오래 친분을 유지해왔기 때문만이 아니라 야코프 로트실트를 지크문트가 자신과 목표가 같은 사람이라고 믿었기 때문이다. 로트실트-바르부르크의 합병 소문이 1970년 봄에 본격적으로 나돌기 시작했다. 그러나 사실 지크문트는 야코프와 그다지 사이가 좋지 않은 아버지 빅토르 로트실트를 영입할까 생각 중이었다. 빅토르는 은행 경험은 거의 없었지만 군 정보과학 분야에서 종사한 덕에 정치적 연줄이 좋았다. 합병을 강력하게 지지했던 것은 오히려 야코프였다. 합병 건에는 로트실트를 의미하는 '전쟁과 평화' 암호까지 붙어 있었다. 그러나 빅토르가 로트실트의 회장으로 임명된 뒤 스스로 합병안을 내놓자 지크문트는 회의적인 반응을 보였다. "로트실트사의 전통적인 자산에 새 생명을 불어넣는 일은 이곳과 유럽 내의 로트실트 구성원들에게 생겨날 많은 개인적인 문제들은 차치하더라도 우리에겐 벅찬 과업이다." 지크문트가 가장 지지했던 것은 야코프가 차린 로트실트 투자기금과 새롭게 길을 열었던 뮤추얼 펀드 분야에서의 협력이었다.

다른 상업은행과 합병하는 것이 불가능하다면, 전처럼 어려운 일을 그저 계속 해나가는 데 다른 대안이 있었을까? 1973년 회장단을 위해 쓴 메모에서 지크문트는 지난 4년간의 일들에 대해 우울한 결론을 내리고 있었다. "모든 분야에서 나타난 결함은 최근의 효율적 경영 파트너십이 부족해서였기 때문이다."

이를 바로잡지 못한다면 독립적인 S.G.바르부르크가 계속 유지될 이유가 없으며, 우리는 '겸업 은행'(영국 어음교환 협정 은행을 제외한)의 자회사 중 하나가 되어야만 할 것이다. (……) '겸업 은행'의 통제에 따라 지금의 독립성을 포기하는 것은 인간적, 건설적, 역사적인 관점으로 보아 굉장히 후회하는 결과를 낳게 될지 모른다. 하지만 그렇다 하더라도 규모만 성장하고 독특함과 창의성, 엘리트적인 특성을 하나씩 천천히 잃어가는 것보다는 나았다.

당시에 회사의 젊은 임원들이 최근에 나타나고 있는 노쇠의 징후가 빨리 사라졌으면 하고 바라는 것이 당연했는지도 모른다. 이러한 지크문트의 말은 정확한 예측이었던 것으로 밝혀졌다. 해외의 새로운 경쟁자들 때문에 급격히 감소한 시장 점유율을 그나마 런던의 오랜 경쟁자들에 비교한 S.G.바르부르크의 수익이 가려주는 실정이었다. "우리가 특히 대승을 거두었던 전장인 유럽 대륙에서 우리는 모건스탠리, 퍼스트보스턴, 골드먼삭스, 샐로먼 같은 회사들에 밀려 퇴각했다." 지크문트는 이렇게 기록했다. 지크문트는 회사가 이 새로운 어려움을 극복하는 데 실패한다면, 합병으로 동등한 입지를 점하는 것이 아니라 기업 인수의 대상이 되는 것이 운명일 것이라고 내다보았다.

3

바르부르크에서 이루어지는 핵심 사업에 대해 모순된 감정을 품고 있던 지크문트의 말년에 반복적으로 나타났던 수제는 다름 아닌 '확장'이었다. 더 정확하게 말하면, 지크문트는 S.G.바르부르크를 군더더기 없고 관료적이지도 않으며 '고도의 호소력, 위풍당당함을 고루 갖춘 상업 벤처 기업'으로 지키는 데 목표를 두는 한편, 야심 찬 은행 연합의 세계적인 네트워크에서 중심이 되기를 원했다. 지크문트는 유로본드 시장이 탄생한 그날부터 금융 세계화 과정이 이미 진행 중이라고 확신했다. 그가 말년에 맞닥뜨린 가장 큰 도전은 지나치게 앞서 나가지 않으면서 과정에서부터 이윤을 내는 사업 구조를 구상한 것이었다. 1970년대에는 실제로 금융 자유화가 조금씩 단계적으로 일어나고 있었다. 하지만 영국 내외로 드나드는 자본의 흐름을 제한하거나 런던 금융의 제도적 통합을 제한하는 모든 종류의 규제가 여전히 남아 있었다. 거래 통제는 1979년 마거릿 대처가 총리가 된 직후까지도 폐지되지 않았다. 오래전부터 주식 중개인과 주식 매매업자를 구별해왔던 시각은 런던 주식 시장에서 1986년 빅뱅(금융 규제 완화, 금융 혁신을 의미함)이 일어날 때까지 계속되었다. 그리고 지크문트는 규모의 경제에 대해 모순된 감정을, 그러니까 꽤나 제한된 자사의 성장에조차 불쾌감을 느꼈기에 현대적인 금융 서비스 복합 기업과 유사한 그 어떤 것도 받아들이지 않았다. 대신에 S.G.바르부르크가 핵이 되고 머큐리가 원자가 되는 일종의 분자 구조와도 같은 연계를 꿈꿨다. 그러나 시간이 흐르면서 다른 원자들이 여러 가지 형태로 결합되었다. 강하게 또는 느슨하게 연결되면서 전체 구조는 고도로 복잡해졌다. 결국 이것은 고도로 불안정하다고 판명되었다.

은행가 지크문트의 삶의 마지막 장은 결국 실패의 스토리였다. 실패에 대한 이야기보다는 성공 신화가 읽기 편한 것이 사실이다. 하지만 성공에서 배우는 것만큼이나 커다란 실패에서도 배울 것은 얼마든지 많다. 사실 때때로 더 많기도 하다.

바르부르크그룹으로 알려진 회사는 함부르크(M.M.바르부르크-브링크만비르츠), 프랑크푸르트(에페크텐방크-바르부르크AG), 취리히(방크드 게스티옹피낭시에르, 훗날 S.G.바르부르크AG), 뉴욕(S.G.바르부르크주식회사)에 있는 동업자들 혹은 자회사들을 아우르는 집단이었다. 그들 중 문제가 없는 곳은 하나도 없었다. 함부르크에 있는 옛 기업과 새로운 연결고리를 구축하려는 시도는 지크문트와 에릭 사이의 뿌리 깊은 기질적 차이로 보아 성공할 수 있을 것 같지가 않았다. 1970년, 에릭 바르부르크는 한스 부트케와 더불어 S.G.바르부르크의 이사회에 입성했다. M.M.바르부르크-브링크만비르츠와 S.G.

바르부르크가 자사의 지분을 서로 건넨, 주식 스와프(기업의 인수 합병 시 교환비율에 따라 소유한 자사 주식을 서로 맞바꾸는 것을 말함) 협의의 일부로 결정된 사항이었다.

이사회에 에릭이 들어가자마자 곧장 M.M.바르부르크-브링크만비르츠의 장기 투자에 대한 평가와 미국 회사를 청산하자는 에릭의 의견 등으로 인한 충돌이 있었다. 결국 함부르크 회사의 이름을 둘러싸고 오랜 다툼이 이어지다, 원래의 이름으로 되돌아가되, 옆에는 아리안 스타일의 이름을 덧붙이자는 절충안으로 마무리가 되기는 했지만, 가문의 이름을 에릭의 야심 찬 동업자 라이어넬 핀커스가 계속해서 사용하자 지크문트는 실망하고 말았다. 에릭은 '바르부르크의 이름이 1972년까지 전부 빠지게 될 것'(나중에는 1974년)이라고 장담했지만, 핀커스는 그렇게는 안 된다고 확실히 말했다(그리고 실제로 현재까지도 바르부르크핀커스로 남아 있다). 핀커스를 의심했던 지크문트 바르부르크가 맞았다. "과연 핀커스가 오트 방크라고 부를 만한 회사의 지도자가 되기에, 즉 이윤을 내는 거래를 해나가는 것뿐 아니라 넓은 시야의 국제적인 은행 사업도 구축해나갈 회사를 만들기에 충분한 자질이 있는 사람인가?" 그가 보기에는, 이름의 주인이 회사를 지휘하는 데 중요한 목소리는 전혀 내지도 못하면서 회사의 일을 처리할 때만 이름으로 등장한다면 이는 '일종의 유린'이나 다름없었다.

한동안 지크문트는 바르부르크가 도이체에페크텐운트베크셀방크의 지분을 손에 넣을 때 만들어진 새로운 복합 기업 에페크텐방크 및 함부르크방크와 보험 회사 뮌헨재보험 그리고 J.M.보이스와 로버트 보슈의 합작 벤처들에 더 큰 관심을 가졌다. 그러나 여기에서도 오래지 않아 불만이 또 생기고 말았다. 이제껏 지적했던 관료적 성향이나 안주에 대한 불만은 아니었다. 임원들이 일을 해낼 수 있을까? 바이에리셰페라인스방크를 끼워줘야만 하나? M.M.바르부르크-브링크만비르츠와 에페크텐방크-바르부루크AG는 합칠 수 있을까? 성공한다면, 합병된 회사는 어떤 구조를 가지게 될 것인가? 그 같은 질문들은 예상대로 함부르크(에릭의 아들 막스와 루돌프 브링크만의 아들 크리스티안)와의 또 다른 지난한 언쟁으로 이어져 새로운 복합체의 탄생이 더욱 어려워질 듯 보였다. 1975년에 벌어진 에페크텐방크-바르부루크AG-M.M.바르부르크-브링크만비르츠의 합병 협상 실패는 지크문트가 에릭의 여동생 롤라 한-바르부르크에게 쓴 편지에 나와 있듯이, 그의 마음에 '아주 가슴 아픈 일'로 남았다. 그리고 1976년 1월 크리스티안과 함께한 회의를 '내 인생 가장 끔찍한 회의 중 하나'였다고 묘사했다. 1977년 3월이 되자 지크문트는 M.M.바르부르크-브링크만비르츠와의 관계를 완전히 끝낼 준비가 되었다. 그를 붙잡는 것은 인두스트리크레디트방크(공업신용은행) 이사회의 반대뿐이었다. 합병으로 향한 마지막 시도는 다시금 크리스티안의 반대에 부딪혀 좌절되고 말았다. 지크문트는 크리스티안이 '그룹과 자신을 마치 페르디난트 거리에서 불청객이기를 자처하기라도 한 것처럼, 곤란한 입장에 몰아넣었다'고 느꼈다. 결국 노력은 모두 허사가 되었고, 지크문트는 '그룹의 독일 사업이 이제 2, 3년 전보다 훨씬 약해졌다'고 한탄할 수밖에 없었다.

스위스의 상황은 훨씬 간단했다. 1969년 바르부르크는 취리히에 기반을 둔 방크드게스티옹피낭시에르에서 지배 지분을 습득한 적이 있었다. 이 작은 프라이빗 은행은 1973년까지 부유한 개인들을 위해 대략 총 3억 스위스프랑에 달하는 포트폴리오를 관리했다. 2년 뒤 지크문트는 자신의 목표가 '커다란 스위스 은행들과 경쟁하는 것이 아니라 투자 고객 관리 및 몇몇 부수적인 활동을 발전시켜 최고의 서비스를 제공하는 것'이라고 적었다. 그러나 늘 그랬듯 이내 지크문트는 툴툴거리기 시작했다. 이번에는 자회사 운영진에 대한 불만이었다. 그는 1976년 6월 '그들이 작은 일에서 결론을 내릴 때조차도 얼마나 오랜 시간을 허비하는지, 나는 그저 놀라울 뿐'이라고 적었다.

1973년 이사회가 꾸려지고 일명 '해법과 활성화 계획'을 시작했음에도, 지크문트는 계속해서 대부분의 '경영팀 구성원들이 능력은 보통밖에 되지 않으면서 지나치게 많은 보수를 받고 있다'고 불평했다. 회사 이름을 S.G.바르부르크방크AG취리히로 바꾸자고 결정한 것은 회사에 새 생명을 불어넣기 위한 최후의 시도였다.

놀랍게도 지크문트가 블로네이로 이주한 뒤 스위스에서 보내는 시간이 늘어났다고 해서 그의 마음속에서 스위스가 대단히 중요한 나라로 입지를 굳혔다는 뜻은 아니었다. 스위스는 독일과 비교하면 늘 2등으로 밀렸다. S.G.바르부르크의 입장에서 보면 방크드게스티옹은 진짜 '문제가 많은' 은행이었다. 다른 어떤 곳에서도 찾아볼 수 없는 유로본드의 투기장이었기 때문이다. 레바논 출신 드웨크가 이끄는 제네바 소재 투자회사 소디디크가 빅 3(UBS, 크레디트스위스, SBC)가 점령한 스위스 채권 시장에 도전장을 내밀었지만 바르부르크가 회사의 지분을 1981년에 사들이자 일은 무산되고 말았다.

S.G.바르부르크가 미래를 보다 장기적으로 볼 때 고려할 장소는 1970~1980년대에 S.G.바르부르크의 가장 큰 라이벌이었던 회사들이 탄생한 뉴욕이었다. 지크문트가 쿤로브의 문제를 호전시키는 데 실패해 겪은 실망에서 회복되는 데는 얼마간의 시간이 걸렸다. 1965년이 되어서야 그는 'S.G.바르부르크주식회사라는 이름으로 미국 제조 업체들을 위해 유럽 관련 사안들을, 유럽 업체들을 위해 미국

관련 사안들을 조언해줄 작은 사무실을 뉴욕에서 시작할 준비가 되었으며 미국 내의 특별한 상황들 속으로 들어갈 마음리 생겼다고 느꼈다.' S.G.바르부르크의 사무실은 처음에는 달링과 숄리가 돌보다가 이후 데이비드 미첼에게 맡겨졌다. 지크문트의 생각에 뉴욕 사무실은(록펠러 센터 내에 위치함) 본질적으로 '대사관'의 기능을 해야 했다. 미첼은 맨해튼에 이미 존재하는 바르부르크의 네트워크, 즉 가족 기업인 '딕' 딜워스를 현재 운영 중인 데이비드 록펠러와 크라이슬러의 전 회장 조지 러브를 필두로 한 연계를 일구고 확장하는 것이 그 역할이었다. 그러나 미국 기업의 유럽에 대한 투자며 미국 은행과의 중기 신용 거래 등 지크문트가 염두에 둔 거래를 미첼이 성사시킬 수 있을 거라는 생각은 시대착오적인 발상이었다. 당시는 베트남 전쟁의 시대였으며 연이은 정권에서는 미국의 자본이 외국의 경쟁자들에게 수출되는 것을 독려할 마음이 없었다. 미첼은 런던에서 방문한 임원들이 자신을 '쓸모없고 골치 아픈 놈'으로 취급한다고 불평하면서 자신의 외교관으로서의 역할에 환멸을 느끼게 되었다. 그리고 그에 대해 지크문트는 '계층 컴플렉스'를 가진 자라고 비난했다.

'프로젝트 X'라고 알려진 대안 전략은 어니스트 스필버그의 오래된 회사 미-유럽협회(AEA)를 개조하는 것이었다. 미-유럽협회는 원래 가치투자(명백하게 가격이 낮게 책정된 주식을 찾아서 그걸 사들이는 것)라고 알려진 분야에서 정통한 쿠르트 뢰벤베르크의 지휘하에 양질의 기업으로 천천히 발전했다. 그러나 당시에는 기업 담보 차입 매수(매수 회사가 매수 자금의 상당 부분을 피매수 회사의 자산을 담보로 해서 차입한 자금으로 충당하여 기업을 매수하는 것)에 전념하는 기업으로 변해 있었다. 서류상으로는 그들이 하는 일이 아주 안전해 보였다. 투자자 중에는 아그넬리스는 말할 것도 없고 해리먼, 멜런, 록펠러까지 포함되어 있었다. 이사회는 제너럴모터스, 제너럴일렉트릭, 뒤퐁 출신 최고 책임자들로 꾸려졌다. 레어드라는 작은 투자 회사도 합류했으며 아메리카증권의 칼 헤스를 영입해 CEO에 앉혔다. 이 새로운 전략을 관리하는 일을 맡은 사람은 이번에도 달링이었다. 그는 미첼과 협력해 일하라는 지시를 받고 부회장으로 왔다. 지크문트가 생각했던 그림은 미-유럽협회를 유럽 방식의 '금융 엔지니어링'을 미국에 개척하는 '아이디어 실험실'로 만드는 것이었다. 투자자들은 회사에 1540만 달러를 내고 '참가 자격'을 얻었다.

그러나 지크문트는 미-유럽협회가 탄생하는 순간부터 영 마뜩지 않았다. 몇 주 지나지 않아 그는 '업무 조직 내에서 진전이 극도로 복잡하고 느리게 이루어진다'며 불평하고 있었다. 헤스는 '신경증에 걸린' 듯했고 레어드의 시드니 스톤턴은 '엉성했다.' 뉴욕 사무실에 충격 요법을 쓰기 위해 국제 법률 회사 베이커앤드맥켄지의 아이라 웬더를 새로 영입했다. 그러나 그가 들어가자마자 레어드는 문제가 생겨 사업에서 손을 떼야 했다. 이후 1970년대 후반, 미-유럽협회가 첫 투자한 건 중 하나에서(레저 그룹 지분을 450만 달러까지 손에 넣었던 건) 심각하게 어리석은 실수였다는 사실이 드러나기 시작했다. 지크문트는 그 사실을 알자마자 간접비를 줄일 목적으로 미-유럽협회와 바르부르크주식회사를 합병해야겠다고 결심했다. 그러나 이내 미-유럽협회를 완전히 없애야겠다고 스스로를 설득하기 시작했다. 헤스가 "많은 일들을 하면서 자만에 빠졌고, 실수를 인정하는 데 느렸으며, 충고를 받아들이는 데 주저했다"라고 지크문트는 씁쓸하게 불평했다. 로니 그리어슨은 지크문트가 '끔찍하게' 처신해 '가장 지독한 언쟁'으로 끝이 났다고 회상했다. 결국 미-유럽협회는 S.G.바르부르크주식회사를 주당 10센트에 인수했다. 상당한 손실이었다. 더 비참했던 것은 핀커스가 지크문트의 자리를 차지하기 위해 개입했다는 사실이었다. 이어진 미-유럽협회의 극적인 성공은(1988년 주식은 주당 250달러의 가치가 있었다) 지크문트는 전혀 영향력을 발휘하지 못하지만 그의 이름을 지닌 한 회사의 이윤에까지 영향을 미쳤다. 그러나 이 커다란 실패를 목격했으며 훗날 미-유럽협회를 경영하게 되는 젊은 바르부르크 직원 빈센트 메이에게는 이러한 아이러니가 일어나지 않았다.

4

'S.G.바르부르크와 같은 상업은행에게 중요한 것은 유니버설 은행(백화점은행이라고도 한다. 예금, 대출 등 은행 본연의 업무뿐 아니라 신탁, 임대, 팩터링: 채권 인수, 보험, 할부 금융, 투자 신탁까지 모든 금융 업무를 할 수 있는 은행을 가리킨다)이 지속적으로 발전해나가도 잘 견디는 것이었다.' 1979년 4월 지크문트가 생각한 내용이다. 소규모 런던의 상업은행들이 빛을 잃게 위협하는 것은 단지 월 스트리트의 대규모 투자 은행 '벌지 브래킷'[7]만이 아니었다.

---

[7] '벌지 브래킷'이란 주요 주식 상장 과정에서도 가장 핵심이 되는, 즉 인수단에서 주도적 역할을 하는 은행의 이름이 발행을 알리는 '툼스톤'(금융 산업 광고) 책자에서 다른 회사들의 이름보다 크게, 특히 로널드슨 슬로프 서체로 인쇄된다는 것을 의미했다. 1975년에는 벌지 브래킷에 모건스탠리, 샐로먼브라더스, 골드먼삭스, 퍼스트보스턴, 메릴린치, 거기에 블리스이스트맨딜런도 포함될 때가 있었지만, 리먼브라더스, 쿤로브, 딜런리드, 딘위터, E.F.허턴, 페인웨버는 포함되지 않았다.

지크문트는 유럽의 '독신자 클럽', 즉 중요한 인수 거래를 맡기 위해 군이 작은 파트너와 손잡을 필요가 없는 큰 은행들의 출현 또한 우려했다. 암로, 크레디탄슈탈트, 도이체방크, 미들랜드, 프랑스의 소시에테제네랄과 벨기에의 소시에테제네랄 등이 이에 해당했다. 처음에는 프랑크푸르트, 취리히, 뉴욕에 있는 자회사들이 지크문트로 하여금 어려움을 극복할 수 있다는 위안을 주었지만, 이들이 업무를 실망스럽게 해나가자 그는 다시금 고민에 빠지게 되었다. 또 다른 해결책은 지크문트 휘하의 은행 중 하나를 유럽의 유니버설 은행과 연합하도록 추진하는 방법이었다. 1971년 처음으로 반카디로마, 코메르츠방크, 크레디트리오네와 이들의 뉴욕 자회사인 유로파트너스에서 지크문트가 획득할 수 있는 지분에 대해 논의했다. 마지못해 시작한 일이었다. 그들이 뭉칠 이유는 명백했다. 작은 상업은행 입장에서는 '대규모 금융 자원과 광범위한 모집력을 지닌 큰 상업은행들에 의지할 수 있게 된다는 이점이 있었다. 그리고 큰 은행에서는 런던에서 타의 추종을 불허하는 바르부르크의 이름값을 누릴 수 있었다. "만일 독일 은행이나 프랑스 은행 혹은 유럽 국가들에서 온 은행들이 가능한 한 가장 세계적인 은행이 되기를 열망한다면, 그것을 이루기 위해서는 미국 은행들이 유럽 땅에서 힘을 키웠던 것과 마찬가지로 다른 나라의 은행과 완전한 합병을 이루거나 다른 나라들에 지사를 세우는 방법밖에는 없다." 지크문트는 1972년에 이렇게 주장했다. 이제 가장 중요한 것은 알맞은 동업자를 유니버설 은행들 가운데에서 찾아내는 일이었다. 유로본드 시장은 대규모 인수단의 필요성으로 인해 협력의 습성을 발전시켜 결과적으로 그 같은 은행의 조합을 탄생시켰다. 하지만 합병은 또 다른 문제였으며, 그 어떤 유니버설 은행과 체계적으로 동업을 한다 하더라도, 두 회사의 관계가 동등하게 갈 거라고 보기는 어려웠다. 예금을 모집하지 않지만 대신에 대부분 자문 서비스에 힘썼던 S.G.바르부르크는 그 수익 규모가 필연적으로 유니버설 은행들보다 작을 수밖에 없었다. 그것이 동업 가능한 은행들(바클레이스, 코메르츠방크, 도이체방크, 드레스드너 방크 등)에게서 거절만을 얻어낼 것 같았다.

파리바는 19세기부터 시작된 은행이었다. 그들은 제2차 세계대전 이후 국유화를 피한 몇 안 되는 주요 프랑스 은행 중 하나였다. 공식적으로 유니버설 은행이라기보다는 상업은행이었던 파리바는 프랑스 산업에 대한 장기 투자와 해외 무역 자금 조달 업무 전문이었다. 지크문트는 당연히 전후에 파리바를 발전시킨 장 레르를 잘 알고 있었다. 그는 1948년부터 은행의 최고경영자로 재직했고 1966년부터 1969년까지는 회장을 지냈으며 파리바의 런던 지사를 세우고 직원을 채용하는 데 상당한 관심을 가지고 있었다. 레르 개인적으로도 바르부르크의 프랑크푸르트 자회사에 적당한 금액을 투자한 상태였다. 그러나 파리바 인터내셔널 운영을 맡고 있는 전직 레지스탕스 출신 영웅 피에르 하스와는 관계가 껄끄러웠다. 1970년대가 되어서야 비로소 레르의 후계자 자크 드 푸시에(1969년부터 1978년까지 회장)와 피에르 무사(1978년부터 1981년까지 회장)가 영국 상업은행과의 몇몇 종류의 연합 벤처에 진지하게 관심을 두게 되었다. 이들의 목적은 프랑스 내에서 은행 최고의 라이벌인 콩파니피낭시에르드수에즈와의 간극을 좁히고 세계적으로 성장하는 것이었다.[8] 1년 넘게 이 프랑스인들은 여러 런던 은행들에게 눈길을 주었다. 그중에서도

---

8 푸시에는 유니온방케어를 세계적인 예금 은행 네트워크로 만든 인물이다. 파리바가 이 은행을 인수한 뒤 그는 회사의 실세로 모습을 드러냈다.

힐사무엘이 가장 좋은 선택지였지만, 케네스 키스의 억양을 도저히
이해할 수 없었다고 무사가 나중에 농담처럼 이야기했다. 그러나 무
사는 범세계주의자인 지크문트와 점차 정기적으로 식사를 하면서
소크라테스 지크문트에 대해 젊은 플라톤이 되어준다든지, 샤토 오
브리옹을 함께 홀짝거린다든지, 지크문트가 노인답게 자기가 가장
좋아하는 주제들에 대해 장황하게 떠들어대는 것을 경청한다든지
하면서 친밀한 관계를 구축해나갔다. 지크문트가 떠들어댄 주제들
은 주로 유럽 정치, 19세기 문학, 오트 방크 원칙, '인간관계', 서구
문명의 몰락까지 다양했다.

1972년에 이루어진 '파리바와 바르부르크의 협력 진척'에 대한
협상은 영국의 유럽경제공동체 가입 전야에 일부러 잡은 것이었지
만 진심 어린 논의였다. 푸시에는 다음의 3단계 안을 제시했다.

1. 양측은 처리 방식이 늘 배타적일 수 없다는 것을 인식하고 두
   회사 간에 이미 존재하는 친분, 우정, 기타 등등을 유념해야 하
   지만, 가능한 때라면 언제라도 가장 밀접하게 협력해야만 한다.
2. 그 같은 협력이 처음에는 뉴욕에서 특히 중요하지만, 뉴욕에서
   만 이루어지는 것으로 제한을 두지는 말아야 한다.
3. 이처럼 긴밀히 협력하겠다는 협정은 '의미 있는' 연계, 즉 우리
   쪽에서는 지주 회사 머큐리에, 그쪽에서는 파리바에 교차 참여
   함으로써 뒷받침되어야만 한다.

이 같은 대연합에 대한 협상에는 뒤따르는 우여곡절이 많을 수밖
에 없다. 두 모기업 내에서 비례적으로 동등한 상호 소유를 보장하
는 것 자체가 이미 복잡하기 그지없는 작업이었다. 왜냐하면 파리바

의 시가 총액이 더 컸기 때문이다(7000만 파운드 대 2억 2000만 파운드). 수익은 두 회사가 비슷했지만(3000만 파운드 대 480만 파운드) 재무제표 규모 역시 10억 파운드로 파리바가 바르부르크의 다섯 배에 달했다. 푸시에는 이를 바탕으로 하여 두 회사의 관계가 '불균형'적이어야 한다고, 즉 동업이기는 하되 파리바가 우위에 있어야 한다고 생각했다. 헨리 그런펠드는 영국은행과 어음인수기업위원회가 외국 지분이 기업의 25퍼센트를 넘는 것을 금했다고 설명하며 응수했다. 너무나 뻔하지만 이름에 대한 논의도 있었다. 바르부르크-파리바냐, 파리바-바르부르크냐를 두고 다투는 식이었다. 최종 결정은 복잡했다. 아니 복잡함 이상이었다.[9]

실질적으로는 합병이 아니라 부분적 주식 스와프(그리고 임원 스와프)가 있었다. 두 회사의 경영이 진정한 의미의 병합 상태를 이룬 것은 오로지 새로운 바르부르크파리바코퍼레이션이 생긴 뉴욕에서였다.

푸시에와 지크문트의 의도대로 두 회사의 거래에 대해 언론에서는 영국과 유럽 통합의 새 시대에 어울리는 금융 확장으로 묘사했다. 사실 당시 런던과 파리 사이에서는 정치적인 긴장 상태가 자주 일어나는 편이었다. 독일 은행이 아니라 프랑스 은행 가문과 결혼한 것을 후회하는 사람은 지크문트의 친구 장 퓌르스텐베르크만이 아

---

[9] 1973년 4월 새로운 지주 회사 파리바-바르부르크SA가 탄생했다. 바르부르크가 50퍼센트를 소유하고, 파리바가 25퍼센트 그리고 파리바의 벨기에, 네덜란드, 스위스 자회사들이 20퍼센트를 각기 나눠 소유했으며, 파리바의 지분 12.5퍼센트와 그 자회사 지분 10퍼센트가 바르부르크에서, 그리고 S.G.바르부르크의 지분 25퍼센트는 파리바의 모기업에서 소유하게 되었다. 동시에 바르부르크컨티뉴에이션은 머큐리에 흡수되었다. 이렇게 지크문트와 그의 가족들이 바르부르크를 온통 쥐고 흔들었던 통제의 시대는 끝이 났다.

니었다. 푸시에는 당시 상황을 자신의 회고록에 이렇게 적었다. "바르부르크와 파리바는 한동안 우호적인 협력 관계를 이어가다 한 번씩 냉담한 기간을 겪곤 했다. 마치 경기 순환과도 같은 변화는 그 어떤 끝도 염두에 두지 않고 벌이는 장난 삼아 하는 연애질과도 닮아 있었다." 그는 두 회사 사이의 갈등의 원인이 되었던 일은 이야기 속에서 빼놓았다. 1사분기에 바르부르크그룹은 수익이 마구 치솟았던 반면, 파리바그룹은 음울한 상황을 맞이했던 것이다. 유로본드 시장에서 두 동업자 사이의 합동이 부족했던 것 역시 갈등의 원인이었다. 유럽경제공동체의 한 발행 건에서 파리바가 주도적인 역할을 맡았으면서 바르부르크를 배제해버린 일이 있었다. 이에 지크문트는 피에르 하스의 '경쟁심'을 비난했고, 미첼 밸런타인은 스스로도 얼마든지 할 수 있는 거래들에 대해 서로 돕는 일이 없었던 것일 뿐이라고 보았다. 버나드 켈리는 '원로들'이 거래를 이미 정해진 일인 것처럼 내놓는 방식도 의심스러워했다. 그는 해럴드 월슨을 위한 점심 식사 때 야코프 로트실트가 뉴욕에 있는 바르부르크의 합병 사무실은 '서로 자네가 최고라고 치켜세우는 두 늙은이'라며 농담을 하자 움찔하며 놀랐다. 또한 파리바가 아랍에서 바르부르크가 배척당하던 시절 중동과 타협하는 것을 꺼려했다는 사실도 문제가 되었다(11장 참고). 〈이코노미스트〉가 알아냈듯이, 두 회사는 새로운 동업 관계로서 한 일이 별로 많지 않았다.

두 회사가 힘을 합친 것은 바르부르크-파리바의 협력을 통해 회사의 힘이 세계적으로 뻗어나가게 하기 위해서였지만, 시작부터 지크문트와 푸시에는 '뉴욕 사업을 통해 두 회사의 협력이 성공적이었던 것으로 보이게 하는 일을 최우선으로 한다'는 내용에 서로 합의한 상태였다. 여러 할 일 중에서 최우선으로 삼을 것을 정한 지크문트는 자신이 동업 내용 중에서도 바로 그 부분이 특별히 흥미가 있다는 사실을 분명히 했다. "보통은 대부분의 사업 문제로부터 빠지려고 하지만, 나는 이 미국 프로젝트를 내 시간을 상당히 투자해도 좋을 일종의 개인적인 도전으로 보고 있다"라고 지크문트는 설명했다. 가능한 한 많은 새로운 기업의 인수 업무에 관여하겠다는 것이 그의 계획이었다. 해결해야 할 일은 이제 S.G.바르부르크도 파리바도 미국에서 갖추고 있지 못한 유통 네트워크를 소유한 적당한 미국 동업사를 찾아내는 일이었다. 퍼스트맨해튼, 블리스이스트만딜런, 화이트웰드뿐 아니라 쿤로브, J.헨리슈로더, 그리고 중개업자인 E.F.허튼이 물망에 올랐다. 그러나 승자는(혹은 아마도 유럽의 조건을 가장 기꺼이 받아들이고자 했던 회사) 신종 기업 어음(고정 이율의 기업 어음과는 달리 기업과 투자자 사이의 금리를 자율 결정하는 어음) 전문가이자 예금과 US 채권에 자격을 갖춘 A.G.베커였다. 이들은 시카고가 근거지였으나 뉴욕 주식 거래소의 회원이기도 했다.

바르부르크와 베커는 사실 1950년대부터 친분이 있었다. 이는 아마도 스티네스 가문과 시카고 회사의 오랜 친분에서 비롯된 관계였을 것이다. 그러나 지크문트가 베커의 최고경영자 폴 주디(당시 43세)를 만난 것은 1970년대가 된 후의 일이었다. 그런데 바르부르크-파리바의 프랑스인 책임자 에르베 피네가 베커를 손에 넣을 것을 제안하자 지크문트는 복잡한 심경이 되었다. 주디에 대해 지크문트가 받은 느낌은 처음에는 '긍정적'이었지만, 그는 곧 동료들에게 '주디가 국제 은행 업계에서는 그 어떤 근거도 없는 중서부 시카고 출신이라는 사실'을 날카롭게 상기시켰다. 베커와 바르부르크-파리바가 50대 50으로 '합병'하는 건에 대한 협상은 바르부르크-파리바를 탄생시키려 했던 때보다 더 어려웠다. 지크문트와 그런펠드는 주디가 거의 독재 국가와도 같은 지배적 입장을 구축하게 될지도 모른다고 계속해서 의심했다. 지크문트는 무사에게 이렇게 말했다. "바르부르크파리바베커에 바랐던 이미지가 만들어지면, 바르부르크와 파리바 두 유럽 주주들이 베커를 제외하는 것이 아니라 베커와 협력하여 주도적인 역할을 하는 것으로 보여야만 한다는 것이 핵심이다." 가장 중요한 단어는 '이미지'였다. 더 고차원적인 금융 서비스를 하겠다는 소명의식에 사로잡힌 사람에게는 미 중서부 출신의 주디가 받아들이기 어려울 정도로 수준 낮은 사람으로 보였던 것이다(지크문트는 특히 칵테일파티에서 지나치게 열정적으로 땅콩을 먹어치우는 주디의 습관을 불쾌해했다. 오트 방크의 예절과는 노골적으로 담을 쌓았다고 여겼던 것이다). 결국 주디는 즉시 혐오의 대상이 되어버렸다.

1974년 9월, 바르부르크파리바베커가 문을 열기 전인데도 어려움이 있었다. 지크문트는 피네가 '월 스트리트에 대해 잘 모르고 있다는 사실, 그리고 바르부르크파리바베커가 우선 순위로 두어야 하는 은행 분제들을 제대로 감지하지 못한다는 점'에 대해 상당히 불안함을 느꼈다. 반면에 지크문트에게 주디는 "바르부르크-파리바가 베커로 인해 입을 이미지 손상에 대처하기 위해 (……) 때때로 참아내야만 하는 그런 종류의 사람이었다." 주디가 벌인 '바보 같은 칵테일파티'는 둘째로 치더라도, 〈해럴드 트리뷴〉에 실린 새 회사 광고는 '스타일도 엉망'이고 '바르부르크의 전통과는 정반대인 과시벽'으로 떡칠을 한 내용이었다. 지크문트는 10월에 주디를 방문해서 직접 S.G.바르부르크가 회사의 금융 사업을 구축해왔던 방식에 대해 '강의'했다. 심지어 자신이 일주일 동안 '숙련되었지만 일종의 수습 직원으로' 그레섬가로 출근하겠다고까지 제안했다. 베커는 '대량 생산 사업'에 대해서는 별 탈 없이 잘 해냈지만, 주디는 최고의 회사

고객들을 유치하고 관리하는 데 필요한 재간이 확실히 부족했다. 주디와 베커 직원들은 바르부르크파리바베커의 주요 업무는 얼마짜리든지 상관없이, 기존 고객과 신규 고객 등 가능한 한 많은 고객과의 거래를 '생산'해내는 것이라고 믿었다. 그들은 장기적인 시각으로보아 가치 있는 고객을 일부러 제한된 수만큼 관리하고 점차 관계를구축해내는 것에는 관심도 없었다. 지크문트는 주디가 '우아함이나품위 따위는 당황스러울 정도로 찾아보기 힘든 데다 인간관계의 중요성을 전혀 감사하거나 소중하게 생각할 줄 모른다'고 불평했다.게다가 불가사의하게도, 그는 컴퓨터로 작성하거나 통계적으로 결론을 내린 업무 기력이나 '비즈니스 향상 리뷰' 혹은 그런저런 비슷한 엉터리 분석 서류 따위'에 집착했다. '동료뿐 아니라 고객과의 개인적인 접촉'은 안중에도 없었다. 그는 '건전한 개인으로 이루어지니 팀의 지도자'이기보다는 '기계화된 군대의 과학기술 전문 지휘자(테크노크래트)'였다. 그는 또한 '돈과 관련된, 특히 사소한 일들에서는 비이성적일 정도로 무례했다. 인색한 편이었다.'

그러나 1970년대 초반에 베커를 그처럼 성공적인 회사로 만들었던 것은 바로 가격을 낮추고 거래량을 늘린다는 주디의 생각 덕이었다. 지크문트는 이 금융 공장을 부티크로 변화시키기 위해 자신이들여온 여러 방식들을 업무에 적용하라고 주디를 귀찮게 하고 있었다. 그러나 거대하지만 서로 밀접한 관련을 유지한 채 동질성을 유지하고 있는 미국 경제와 더불어 미국 금융은 이미 유럽의 그 어떤지역의 금융보다도 대단히 상업화되어 있었다. 그리고 아주 넓고 깊은 자본 시장이 모든 형태의 신용과 부채를 유럽보다 더 규격화된 형태로 사고파는 것을 허락한다는 점에서 바로 여기에 진정한 규모의경제가 있었다. 연금 기금 및 재단 같은 대규모 기관 투자자들은 부유한 개인들이 여전히 상당량의 비즈니스를 처리하고 있는 런던에서보다 뉴욕에서 훨씬 더 중요한 역할을 했다. 주디는 땅콩을 지나치게 좋아하기는 했지만 만일 거래 비용이 너무 높고 매출액이 너무 낮으면 지크문트 바르부르크가 선호하는 그런 종류의 사업은 땅콩만 한 가치밖에는 생산할 수 없다는 사실을 알고 있었다.

이제 마지막이라는 생각으로 지크문트는 바르부르크파리바베커를 빼어난 벌지 브래킷으로 만들어보겠다며 또 다른 동업을 제안했다. 이번에는 딜런리드나 쿤로브가 그 대상이었다. 그러나 이 생각은 지크문트가 거의 죽은 것이나 진배없는 말을 마구 채찍질하고 있다 의심하고 있었던 무사와 파리바의 동료들을 실망시켰다. 쿤로브와의 협상은 새로 임명된 쿤로브의 회장이자 최고경영자인 하비 크루거가 자신과 쿤로브 직원들을 합병된 회사 내에서 고위 관리직으로 일하게 해달라고 요구해 숄리와 달링을 기겁하게 하면서 극적으로 무산되었다.

되는 일이 하나도 없었다. 비즈니스 문화 차이는 너무 심했고 쿤로브의 이브 이스텔 같은 다른 사람들이 '미소를 띤 채' 차이를 지적하면 상황은 더 나빠지기만 했다. 심지어 주디가 '천연덕스럽게' 블로네이에 방문하자며 제안했던 일은 사람들이 느닷없이 들이닥치는 것을 싫어했던 지크문트를 성가시게 할 뿐이었다. 1976년 6월까지도 그는 뉴욕에서 바르부르크를(나중에는 S.G.바르부르크북아메리카주식회사를) 대표하는 '새로운 수단' 혹은 '연락 사무소'가 필요하다고 주장하고 있었다. 그리고 몇 달이 지나자 '주디가 정신병원에서 생을 마친다 하더라도 자신은 놀라지 않을 것'이라고 선언했다.

여러 차례 지크문트는 짐 울펀슨이 주디를 대신할 수는 없을까 궁금했지만, 분명 샐로몬브라더스가 울펀슨에게 얼마든지 더 많은 돈을 제의할 거라고 생각했다(실제로도 그랬다). 브라더스와 바르부르크파리바베커의 차이는 마치 싸구려 놋쇠로 만든 튜바와 스트라디바리의 명품 바이올린의 차이만큼이나 컸다. 현악기 파트에서는 작곡을 위한 멋진 음악이 흘러나오지만, 관악기 파트에서는 주디가 만들어내는 전략 개발 프로그램들의 불협화음을 간신히 전달하는 수준에 불과했다. 놀라운 일도 아니지만, 주디는 유럽에서 날아오는 이런 종류의 수많은 비난을 잘 견뎌냈다. 그리고 1976년 11월, 그는 늦어도 1978년 말에는 은퇴하겠다고 발표했다.

돌이켜 생각해보면, 바르부르크파리바베커는 공존할 수 없는 요소들이 뒤섞인 불안정한 회사였다. 지크문트가 '의미 없는 서류들과 격식의 호화스러움을 강조하는' 주디의 방식을 좋아하지 않기는 했지만, 회사를 떠나겠다는 결정은 회사에 거의 도움이 되지 않았다. 차세대 바르부르크 직원 중 지크문트가 가장 아꼈던 빈센트 마이는 바르부르크파리바베커에서 좌절감을 느낀 나머지 1977년 1월 이제 막 법인 체제로 변화를 꾀하며 다른 월 스트리트 회사들과의 합병을 추구하고 있었던 쿤로브에 합류하는 것을 포기했다. 지크문트는 쿤로브와 바르부르크파리바베커를 합치겠다는 생각을 실현하기 위해 동분서주했지만, 주디가 비난받아 마땅한 일들을 저지르는 바람에 협상은 모두 무산되고 말았다. 주디도 '제거'하지 못했고, 바르부르크파리바베커를 롭로더스, 미첼허친스, 블리스이스트맨딜런, 키더피버디 혹은 스투어트브라더스와도 합병하지 못했다. 아무것도 이룬 것이 없었다. '과도하게 시간을 끌고 종종 화를 돋우는 대화' 끝에, 1977년 말 쿤로브가 마침내 리먼브라더스로부터 합병 조항을 받아들였을 때, 지크문트의 실망은 이만저만이 아니었다. 달리 좋은 수가 없었으므로 아이라 웬더가 주디를 대신하게 되었지만 마틴 고든이 합류했는데도 바르부르크파리바베커는 되살아나지 못했다. 다름 아닌 로니 그리어슨이 '베커가 돈 버는 방법을 알아내는' 특별한 과업을 맡아 바르부르크로 돌아왔지만, 그는 지금 돈 버는 방법을 알아내는 게 문제가 아니라, 현재 상황에서 벗어나는 게 급선무라고 말했다.

무엇이 잘못되었던 것일까? 지크문트는 '간접비가 정신 사나울 정도로 높았고 인재와 도덕 기준이 수준 이하였으며 자신감이 심하게 떨어진 데다 사업 내용까지 수준이 낮아져' 이런 일이 생겼다고 비난했다('칵테일파티, 디너파티 등의 효과는커녕 악영향을 끼친 성대한 모임과 만만치 않게 수준이 낮았던 축제'에 대해서는 언급하지는 않았다). 그러나 사실 문제는 지크문트도, 바르부르크 내의 그 어떤 고위급 직원도 미국과 유럽 금융 시장 사이의 근원적인 차이점을 제대로 파악함으로써 '뉴욕 문제를 해결'해야 한다 생각하지 않았다는 점이었다. 결국 회사에 최후의 일격을 가한 것은 1981~1982년의 불황이었다. 지크문트가 '팽창 도취'라고 묘사했던 기간이 지난 뒤 1981년 회사의 한 해 결산은 '형편없었고', 이듬해 1사분기에도 진전은 없었다. 이제 '스스로 초래한 광기의 시작', '무책임과 태만', '주로 기분과 표리부동에 따라 우왕좌왕하는 독재'의 죄를 뒤집어쓴 것은 웬더였다. 그는 소송의 위협을 당하던 와중인 1982년 7월에 바르부르크파리바베커를 떠났다. 바르부르크파리바베커의 불행한 역사 한가운데 있던 대서양을 아우르는 '그들과 우리' 콤플렉스는 그렇게 또 다른 희생자를 낳았다.

S.G.바르부르크가 핵이 되는 세계 은행이라는 분자 구조의 꿈은 1978년 말이 되자 거의 희미해졌다. 남은 것은 자회사며, 상호 소유

며, 합작 벤처 등의 통제하기 어려운 복합 기업과 그것을 구성하는 각각의 회사들이 소모하는 시간과 역관계를 이루는 순이익 수치뿐이었다. 피에르 무사가 푸시에의 뒤를 이어 1978년 파리바의 회장이 되자, 지크문트는 그와 함께 미국의 사업을 합리적으로 재편성하거나 독일 혹은 스위스 같은 나라들의 은행과 보다 가깝게 일을 도모거나, 그것도 아니면 S.G.바르부르크 내의 파리바 지분 비율을 늘려서라도 양측의 이익이 더 '연계' 발전할 수 있는 방법들에 대해 논의했다. 그러나 지크문트도 이제는 지난 세월 문제를 빚었던 비즈니스 문화의 근원적인 차이를 인정해야만 했다.

양측의 고위직을 비교해보면, 런던에 비해 파리바에서는 '저도'라고 말하는 습관이 없다는 것을 명심해야만 한다. 게다가 최근에 이루어진 중요한 결정들은 모두 부사령관인 무사의 협력하에 푸시에가 독립적으로 내렸다. 그리고 그러한 중요한 사안들을 이제 두 명의 수석 간사들의 도움을 받아 무사가 전적으로 결정하고 있다. 아주 중요한 문제들에 대해 자문을 받거나 정보를 습득할 때조차도 파리에서는 관련자의 규모가 런던보다 훨씬 작다.

내가 볼 때에는 우리 체계가 팀워크와 개인의 성과를 발전시키기에 훨씬 낫지만, 파리바는 빠르고 확실한 결정을 내리는 데, 그리고 회의에서 시간 낭비가 적다는 면에서 우리보다 낫다.

두 동업자가 새로운 조항들에 대해 논의하는 동안 드러난 '시각과 전망 그리고 상호 간 평가의 차이는' 그 자체로 차이가 너무 심해서 솔직히 지크문트를 '두렵게' 만들었다. 심지어 한때 아주 가까웠던 무사와의 우정조차도 서로의 시각 차가 '극심해진' 이후 금이 가기 시작했다. 결국 파리바의 최고 임원진은 S.G.바르부르크를 '자회사'로 만드는 게 목적이었다는 게 진실이었다. 이는 무사의 지휘 아래서 파리바가 이제 '상업은행 사업을 무모할 정도로 확장'하기로 마음먹었다는 사실을 보여주고 있었다. 이들은 전국 및 국제 지점망을 구축하고 예금을 끌어모으려는 각종 광고까지 하고 있었다. 다시 말해, 지크문트가 런던에 버티고 앉아 그 어떤 확장도 하지 않겠다고 저항하고 있는 사이 파리바는 세계 은행으로 변신을 꾀하고 있었던 것이다.

파리바와의 동업을 염두에 두고 나서는 경쟁과 협력의 민감한 줄타기가 늘 필요했다. 그러나 파리바처럼 호의적인 유니버설 은행조차도 지크문트 자신이 아끼는 회사를 단순히 여러 다른 매입 가능성 있는 해외 은행 중 하나로 취급할 수 있다는 사실이 점점 명백해지자, 지크문트의 마음에는 불쾌한 의문이 떠오르기 시작했다. 자신이 살아 있는 지금도 상황이 이러한데, 자신이 세상을 뜨고 나면 과연 S.G.바르부르크가 큰 은행에 흡수되지 않고 얼마나 더 버틸 수 있을까 하는 것이었다. 적대적 인수 합병이라는 새로운 풍조를 만들어낸 지크문트는 결국 제 꾀에 넘어가고 말 것인가?

13

성인 교육

별 볼일 없는 상업은행가들은 한때 신성시했으나 사라져간 이름에 대해 자랑스러워하고 대개 자신들의 위엄에 기댄 채 그 외의 것들은 등한시 했지만 지크문트는 그들과 달랐다.
지크문트는 보는 눈이 있었고 대단한 독창력과 지략, 게다가 돈을 벌 때 정직한 기술을 사용하는 가문의 유산도 지니고 있었다. 그는 또한 부를 쌓는 것보다는 보다 문명화되는 일을 돌보았던 인물이었다.

— 1957년, 브렌던 브래큰

네 아버지는 금융계에서는 보기 드문 예술가였다. (……) 그분은 자신이 타고난 자질로도 충분히 예술가다웠지만 은행업에서도 창의적이었지. 어떻게 보면 대리석이 아니라 돈이 그의 주재료였다는 게 몹시 애석한 일이기도 하다. 물론 불평해봐야 소용없는 노릇이긴 하지만. 정말로 애석한 일은 현실 속에 있었다. 그것은 네 아버지가 그저 성공한 런던 은행가로 역사 속에 스러져가게 했던 극심한 불평등이었지. 물론 네 아버지가 런던에서 성공한 은행가가 맞긴 해. 하지만 그는 정말 다른 인물이었어.

— 1968년, 파울 치글러

그는 자신이 걸어온 복잡한 우주를 더 잘 이해하고자 노력하고, 삶이란 우리에게 앞으로 어떻게 살아갈지에 대해 아무런 대가도 없이 알려주는 선생이라고 확신하는, 걸출한 일생의 구도자였다.
타의 추종을 불허할 정도로 활동적으로 일에 전념하다 맞이한 휴식에서, 그는 변하지 않는 진실을 찾기 위해 역사와 철학, 문학과 심리학에 온통 마음을 쏟았다. 그러나 그는 또한 마음의 지혜를 깊이 신뢰했고, 직감과 느낌을 의식적인 추론만큼이나 가치 있는 통찰의 방식으로 존중했다.

— 1984년, 조슈아 셔먼

1

'선견지명, 사람들에게 그들 자신을 깨닫도록 가르치는 능력, 사람과 환경의 미묘한 분위기에 공감하는 능력, 사람들이 편안함과 도움을 필요로 하는 때를 알아차리는 재주, 세심함, 문화' 이런 말들은 지크문트의 1972년 70번째 생일을 기념하는 저녁식사에서, 데이비드 숄리가 쏟아놓은 찬사다. 그러나 1970년대가 흘러가는 동안 지크문트가 지닌 그 같은 덕목들은 점점 두드러지게 희미해졌다. 지크문트는 저물고 있었다. 비단 육체적으로 약해진 것만이 아니었다. 시간이 경과하면서 한때 힘의 원천이었던 요소들이 다소 우스꽝스러운 모습으로 변하기 시작했다. 완벽주의는 지나치게 세세한 것에 집착하는 모습으로, 비관주의는 일만 터졌다 하면 반사적으로 침울해지는 양상으로 바뀌었다. 그는 1978년 5월 그런펠드에게 이런 이야기를 써 보냈다. "회사의 창업주이자 여전히 토론에 뛰어난 나의 의견이 무시당하고 있다. 작지만 두 가지만 예를 들어보자면 다음과 같다."

내가 보냈던 수없이 많은 메모들을 기억할걸세. (……) 툼스톤을 체계적이고 규칙적으로 감시해야 한다는 내용으로 보냈던 메모들이지. 그런데 이 문제를 고민해야 할 당사자들이 내 생각을 심각하게 받아들일 필요가 없는 노망난 노인네의 농담쯤으로 여기고 있다는 생각이 드는군. 게다가 말을 하면서든, 회사 이름이든 누구나 그 뜻을 알아볼 수 있다는 게 확실치 않은 경우에는 웬만하면 단어 축약형을 쓰지 않도록 해야 한다고 누누이 말했건만,

역시나 내 말을 무시하고들 있단 말일세. 이건 자신보다 경험 많고 많은 걸 누리는 사람들을 시험 삼아 무시해보려는 보통 사람들의 행동이라고밖에는 볼 수가 없어.

'노망'은 전성기를 지난 사업가나 정치인들을 향해 지크문트가 즐겨 쓰던 단어였다. 그러나 이젠 자신이 정말 '노망'에 접어들었다. 그는 에릭 코너에게 '전반적으로 심하게 피곤'하고 '자주 뭘 잘 잊어버린다고' 개인적으로 인정하기도 했다. 지크문트는 그간 계속해서 반복적으로 '회사 내에서의 그 어떤 직책에서도 물러나겠다'고 말해왔었다. "올해(1980년) 6월 30일에 S.G.바르부르크의 모든 일에서 완전히 손을 떼겠다." 사무실도 내놓고, 자신이 행사했던 모든 영향력을 내려놓겠다는 뜻이었다. 그러나 그럴 때면 어김없이 그의 눈앞에 바로잡을 필요가 있는 새로운 문젯거리가 등장했다. 이를테면 회장단의 사무실이 모두 5층에 모여 있다는 사실을 문제 삼았는데, '일종의 반 5층 정서를 만들어낼 수 있기 때문'이라고 했다. 또한 누가 말했고 누가 썼는지 알 수 없는 다소 이상해 보이는 무기명 문서들이 돌고 있는 것도 문제라면서, 아무리 봐도 정신적으로나 형식면에서나 정도에서 벗어난 것으로 보인다고 했다. 점심 겸 회의에서 S.G.바르부르크 대표로는 적정 인원이 참가하면서 고객은 대여섯 명씩 초대하는 습관이 있는데 이는 규정상 두 명으로 제한해야 한다. 그리고 스웨덴유로달러 발행과 관련해 도이체방크가 저지른 무분별한 행동에 대해 자신에게 정보를 주면서 내부 기록에 붙은 코드명을 이야기하지 않는 부하 직원의 행동을 문제 삼으면서, 그 친구 부탁으로 이름은 이야기하지 않을 작정이지만, 어쨌거나 자신이 보기에 그 친구는 능력은 있지만 아주 파괴적인 성격의 소유자이며 회사에 위험할 정도로 점점 더 많은 요식 체계를 도입한 장본인으로 생각한다고 밝혔다. 그 직원은 피터 스피라였던 것으로 보인다. 현명한 '조언자이자 아버지 같은 동료'였던 지크문트는 이제 골치 아픈 노인이 되어가고 있었다. 1975년 중반부터는 미첼 밸런타인에게 '자주 아주 악의적으로' 굴었던 것으로 보인다.

늙은 지크문트는 실패했다는 생각에 사로잡혔다. 프랑크푸르트, 취리히, 뉴욕에 있는 자회사들은 실망을 안겨주었다. 함부르크바르부르크와의 관계를 되살려보려 했던 일도 흐지부지되었다. 쿤로브와의 오랜 동맹도 소생시키는 게 불가능하다고 결론이 났다. 그리고 가장 획기적일 거라 기대했던 일에서 가장 불만족스러운 결과만을 맛보았다. 파리바와 동맹을 맺었던 것은 벌지 브래킷 기구를 미국에 설립하기 위해서였다. 하지만 바르부르크파리바베커는 처참한 실패작이었다. 런던에서 또 다른 합병을 위해 적당한 동업자를 찾는 것 역시 불가능했다. 결국 피에르 무사의 지휘 아래 빠르게 확장하는 파리바의 그늘에서 S.G.바르부르크가 겪게 될 위기는 점점 커졌다.

사업과 마찬가지로 정치적 상황에 대해서도 낙담할 수밖에 없었다. 지크문트는 한때 자신에게 더없이 소중했던 유럽 통합의 지난한 과정에서 점점 커지는 환멸을 느꼈다. 그리고 이스라엘에는 믿음을 잃었다. 영국에도 마찬가지여서, 런던 발전에 대한 공으로 여왕에게서 기사 작위를 받았지만(차라리 윌슨 정부에 대한 공이 더 어울릴 수도 있겠다), 스위스로 이사를 갔으며 그곳에서 제2의 고향의 경제적 미래에 대한 희망을 잃어갔다. 금융 세계화의 예언자 지크문트는 닥쳐올 대공황을 끝없이 예고하는 카산드라가 되어버렸다. 1980년에는 이렇게 썼다. "내 생각에는 우리가 1929년 위기의 두 번째 버전쯤 되는 상황이기는 하지만, 그 양상은 뒤집힌 또 다른 위기를 향해 가고 있는 듯하다. 주식 거래가 줄고 경제 위기와 사회 위기에 가속도가 붙었다.” 젊은 동료들은 그 같은 지독한 예측을 또다시 경청해야만 했다.

사실 이 모든 불길한 예감이 점차 늙어가는 탓이라 보는 게 그럴 듯하다. 그렇지만 잊지 말아야 할 것은, 1970년대 후반에는 비즈니스와 정치, 경제에 대한 비관주의가 정당해질 정도로 심각한 문제들이 존재했다는 사실이다. 1981년 1월 지크문트는 또다시 성급하기 짝이 없는 메시지를 S.G.바르부르크의 회장단에 보냈다.

전염성 강한 마음의 질병이 우리 중 상당한 사람들을 감염시킨 것으로 보인다. 병에 걸린 사람은 매출액이 증가하는 것만을 바라보며, 이익이 증가하면 총 매출액도 증가할 테니 미래에는 아무런 나쁜 일도 벌어지지 않을 거라고 믿어버린다. 내가 보기에 그런 일방적 계산은 경험에 맞지 않을 뿐 아니라 잘못 생각할 수 있는 근거를 제시하여 결국 그릇된 결정으로 이끈다.

지난 10년을 돌아보면, 물론 매출액과 조직적인 능력이 대단히 향상했으나 이윤 추세는 전반적으로 훨씬 느려지고, 특정 사업 분야에서는 멈춰버리기까지 했다는 사실을 알 수 있다. 만일 인플레이션 회계에 기반을 둔 분석적 통계를 파운드화 수치로 나타냈다면, 분명 갖가지 울적한 결론에 도달했을 것이요, 그룹 내의 순자산에 대한 수익이 과거와 비교해 아쉬운 점이 많다는 것을 쉽게 느꼈을 것이다.

이번에도 역시 지나치게 잔소리를 늘어놓았다. 그가 말한 내용이 정확하게 맞는다는 것만 빼면. 머큐리의 명목 순이익은 1976년에서 1981년 사이 1200만 파운드를 조금 넘기며 79퍼센트가 올랐다(오늘

날 가치로 6800만 파운드가량). 그러나 인플레이션을 감안할 때 순이
익은 오히려 떨어졌다. 그들은 지크문트 사망 1년 뒤인 1983년까지
도 1976년 수준으로 회복되지 못했다(〈표 3〉 참고). 그러니까 지크
문트가 침울했던 것이 꼭 '노망난' 노인의 헛소리만은 아니었다는
말이다. 그가 1974년 국영 철강제조회사의 유로본드 발행에 대해 신
중하게 행동했던 것 역시 전적으로 옳은 행동이었다. 당시 그는 이
렇게 얘기했다. "지금은 납작 엎드려 있을 때다." 이러한 태도는 분
명 혁명을 꿈꾸던 젊은 임원들을 분하게 만들었을 테지만 그의 말은
옳았다. 한 달 뒤 은행과 고객을 위해서 채널터널의 주식을 사는 것
을 안 된다고 거절할 때도 마찬가지였다. 이는 필시 켈리를 난처하

〈표 3〉 머큐리시큐리티의 실 순수익(1954년 파운드화 기준), 1954~1984

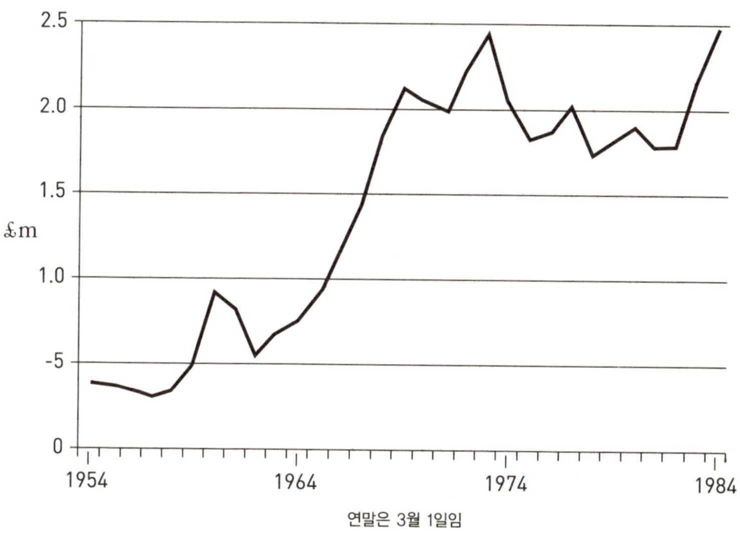

연말은 3월 1일임

출처: 머큐리시큐리티 연간 보고서. 표는 회계연도를 위한 공식 소비자 물가 지수를 기준으로 정
리함.

게 했을 것이다. 왜냐하면 채널터널에서 이사 자리를 약속받은 상태였기 때문이다. 그러나 그런 야심 찬 프로젝트를 시작하기에는 거시 경제 상황이 아주 좋지 않았다는 점에서 지크문트의 발언은 시의적절했다. 지크문트가 머큐리의 금속 무역 사업체 브랜다이스골트슈미트에 대해 품은 불만도 이유가 없는 것이 아니었다. 결국 심각하게 불안정한 수익 때문에 회사를 프랑스의 알루미늄, 화학 약품 기업인 페시네위진쿨만에게 팔기로 결정했다. 그러니 1981년 3월과 1969년 1월 머큐리 주가가 정확하게 맞아떨어지는 것도 놀랄 일은 아니다.

'회사에 대해 가장 걱정스러운 점은 현실에 안주하는 분위기'라고 지크문트는 헨리에게 말했다(그것이 그들의 마지막 대화였다). 그의 걱정이 타당했을까? "나는 확실히 몇 가지 분야에 대한 그의 생각에는 동의하지 않았다. 이를테면 상업은행의 기능이라든지, 아니면 그 같은 기능이 앞으로는 별 필요 없게 되거나 점차 다른 기관들에게 잠식당할 것이라는 생각에 말이다." 1979년 에릭 롤은 이렇게 말했다. 그러나 1974년 파운드화의 돌이킬 수 없는 하락과 해외에서의 경쟁, 주식 시장 위기는 그들에게 큰 타격을 주었다. 모든 상업은행들은 재정 기반이 비교적 한정되어 있었다. 영국은행이 그들이 자산 규모의 열두 배가 넘는 자산을 가지지 못하게 막았기 때문이다. 재무부는 상업은행들이 자기 자본의 아주 일부분일지라도 외국 화폐로 보유하는 것을 금지했지만, 해외 대출 상환 비용 증가분에 대한 세금 경감은 거부했다. 그리고 국세청은 외화 대출과 차관에서 예상되는 환차익에 대해 과세하겠다는 입장이었으며, 빌린 외화를 갚기 위해 늘어난 비용에 대한 감세는 거부했다. 심지어 가장 잘나가는 은행조차도 그 같은 상황 속에서 힘겹게 나아가야 했다. 그런데 다음의 목록을 보면 알 수 있듯이 바르부르크가 수익성에서는 최고였다. 대차대조표를 기준으로 했을 때도 런던에서 6위를 기록했다(목록 1 참고). 그레셤가의 젊은 이사들은 알려주지 않으려 했는데도 지크문트는 블로네이의 사무실에 앉아서도 이 모든 사실을 매우 잘 알고 있었다. 현실에 안주하려는 분위기에 직면하여 그는 어떻게 은퇴할 수 있었던 것일까?

지크문트가 후세에 남긴 많은 경구 중에 1977년 2월에서 1978년 10월 사이에 쓴 리더십에 대한 이야기 네 가지가 눈에 띈다. 그 경구들은 그가 70대가 되어서도 왜 그리 일에서 손을 떼기 어려웠는지 그 이유를 설명해준다.

〈목록 1〉 상업은행 대차대조표(100만 파운드), 1973~1977년

	1977–1978년 대차대조표	이전 4년간의 인플레이션에 맞춰 조정한 백분율 변화	내부 적립금과 세금 조항까지 포함한 예금액	주주들의 기금	매출액 순이익률
클라인보르트벤손	1,430	-23	1114	77	7.5
햄브로스	1423	-32	1048	65	7.1
힐사무엘그룹	1304	-46	868	63	6.9
슈로더	1177	-23	944	45	3.5
모건그렌펠	863	27	706	31	5.5
머큐리시큐리티	765	-3	499	66	8.1
라자드브라더스	569	-17	443	38	3.8
N.M.로트실트	528	-11	470	20	0.6
베어링브라더스	326	-32	147	20	0.7

출처 : 〈이코노미스트〉 1979년 3월 31일 자 58쪽

- 보통밖에 안 되는 사람들이 가능한 한 알아채지 못하게 하는 것이 좋은 리더십의 전제 조건 중 하나다.
- 좋은 팀을 만들기 위해서는 팀의 우두머리가 비판적인 생각을 하는 순간이 거의 없어야 하며, 팀원들이 옳을 때만이 아니라 틀릴지도 모르는 순간에도 그들을 지지해주어야 한다.
- 경영하는 사람이 너무 많으면 앞장서서 이끄는 사람은 거의 없다.
- 좋은 보스가 되는 데 가장 어려운 일은 딱 맞는 후계자를 찾는 일이다.

2

지크문트의 비관주의는 오랜 시간 몰락할까 봐 몹시 두려워하던 서구 세계가 아니라 S.G.바르부르크를 향하는 게 차라리 어울렸을 것이라는 사실이 아이러니다. 물론 1979년에는 재앙 그 이상의 일이 일어나기는 했다. 이란 혁명이 일어나고 소비에트연방이 아프가니스탄을 침공하면서 지미 카터 대통령의 입지에 충격을 가했던 것이다. 이듬해 3월, 유가가 다시 급등하면서 미국 내 인플레이션이 전쟁 이후 기록한 최고치 15퍼센트 직전까지 도달했다. 그러는 사이 영국은 '불만의 겨울'이라고 알려진 사건에 시달리며 1979년을 시작했다. 불만의 겨울이란 자동차 노동자들, 트럭 운전사들, 구급차 운전사들 그리고 지역 기관 노동자들이(쓰레기 수거인과 묏자리 파는 사람 포함) 노동당 정부가의 임금 인상을 5퍼센트로 제한한 데 항의해 파업을 일으키자 경제가 마비된 사건이었다. 지크문트의 습관적인 낙담은 이로 인해 충분히 해명되었다. 그러나 1980년 말, 그는 놀랍게도 전혀 평소답지 않은 태도로 이것만큼은 인정해야겠다고 결심했다.

지난 10년 사이 처음으로 나는 우리 서구 세계에서의 정치 상황이 조금씩 낙관적으로 보인다는 사실을 고백해야겠다. 미국의 새 대통령 레이건은 앞선 대통령들보다 실수가 덜할 것이고, 영국에서는 대처 여사가, 금융 분야에서 다소 잘못된 결정을 내렸기는 했지만 전후 이어진 노동당 및 보수당 정부하에서 지속적으로 악화된 상황을 정화하는 위대한 용기를 제대로 보여주고 있다. 상황이 엉망이 된 상태에서 물려받아 손을 댈 수 없는 상황이었지만, 대처 여사는 맞붙어 이기는 투지를 보여주었다.

전환점은 당연히 1979년 3월 3일의 마거릿 대처의 선거 승리였다. 무역 규제와 은행의 통화 관리 제도가 동시에 폐지되고, 통화 목표 관리 기준이 보다 엄정해졌으며 정부 지출이 대폭 줄었고 조합들이 서로 마주하고 문제를 해결하기로 손을 잡게 되었다. 그러나 이 같은 영국 혁명은 서구의 침체가 종말을 기록하고 30년 만에 재기의 몸짓을 보이는 세계의 변화 추세와 더불어 일어난 일이었다. 칠레에서는 시카고 대학 출신 경제학자들에게서 영향을 받은 아우구스토 피노체트의 독재 정치가 자유 시장 경제 부활의 신호탄을 쏘아올렸다. 그리고 특히 1978년 중국에서는 덩 샤오핑이 인플레이션 문제를 통화주의로 해결하고자 자본주의로 향한 행보를 시작했고, 반공산주의의 축인 카롤 보이티야가 교황 요한 바오로 2세로 임명되었으며, 1979년 8월 연방 준비의 의장으로 폴 볼커가 임명된 일 역시 또 다른 진전이었다. 볼커는 이내 자신이 반인플레이션 매파임을 밝혔다. 1980년 11월 레이건이 대통령에 당선되자 미국인들은 자유시장에 대한 신뢰, 그리고 '정부는 문제에 대한 해결책이 아니라 문제 그 자체다'라는 레이건의 정치 자유 선언에 대한 신뢰를 회복하게 되었다. 비록 미국이 폴란드의 계엄령과 자유노조금지법을 막아내지는 못했지만, 베를린 장벽을 '허물라'는 소련을 향한 레이건의 요구는 미국의 군비 증강 전략과 맞물려 동유럽에서의 공산주의의 지배를 해체하는 속도를 높였다. 1982년 기독교민주당 당수 헬무트 콜이 서독의 총리가 되자 또 다른 전환점이 도래했다. 고르바초프가 공산당 총서기관이 된 후 마르크스-레닌주의를 결딴내고 소비에트연방을 뿔뿔이 흩어지게 할 재건에 착수한 것은 3년이 지난 후의 일이기는 했지만, 거대한 자본주의와 민주주의의 물결은 1980년대에 이미 제대로 진행되고 있었다.

1981년 2월 13일 마거릿 대처가 직접 그레셤가에 와서 오찬을 한 것은 대처 정부가 런던의 이익 공동체와 밀접하게 연계되어 있다는 의미였다. 지크문트는 그해 5월 그녀와 개인적으로 만났다. 매니 신웰, 스태포퍼드 크립스, 해럴드 윌슨 등을 정치적 동지로 여기고 휴 게이츠컬에게서는 '좌익적인 금융가'라는 평가까지 들으며 우익이라기보다는 좌익으로 규정되는 일이 많았던 지크문트로서는 결코 대처의 정책을 아무 비판 없이 지지할 수가 없었다. 하물며 레이건에 대한 지지자는 더더욱 아니었다. 물론 대처 정부의 정책에서 '용감하고 긍정적인 요소'는 아낌없이 칭찬했고, 대처 총리의 '불굴의 용기'에 대해서도 마찬가지였지만, 재무장관 제프리 하우의 통화 이론에 대해서는 비판적인 입장이었다. 그는 하우가 주장한 1981년의 반인플레이션 예산안에 대해서는 〈타임스〉에 종종 편지를 보내 공공연하게 옹호했다. 그러나 개인적으로는 의심을 품고 있었다. '내 생각에는 재무부가 치명적인 실수들을 저지르고 있는 것 같다. 경제와 자본 움직임을 미묘하게 조화시켜 따져봐야만 하는 상황을 이율로만 다루려고 하기 때문'이라고 그는 걱정스럽게 기록했다. 대다수 영국의 경제학자들과 마찬가지로 지크문트 역시 파운드화의 가치상승이 더 엄격한 국내 신용 상황과 맞물려, 참을 수 없을 정도까지 실업률을 높일 것이라고 확신했다. 교육장관 키스 조지프의 '민영화' 바람에 끌리기는 했지만, 지크문트는 정부가 '영국 정치가 산업 및 노동조합, 그 외 그 어떤 건전한 단체의 적절한 지원도 이끌어내지 못하고 있다'는 사실을 걱정스러워했다. 1981년 회의 후 조지프가 말했듯이, 지크문트는 '산업 국유화 및 노동조합원들의 태도로 인해 겪을 수 있을 또 다른 문제들을 너무 과소평가했다.' 사실 그는 죽을 때 거대 비즈니스와 조직된 노동력 사이의 협동조합주의(특히 대규모 재계 단체들이 국가의 운영을 장악하려는 이론)자들의 거래에 대해 옛 바이마르식 믿음을 고수했다. 그리고 통화 정책은 일정 소득 정책(임금 상승 폭을 줄여 물가 상승을 억제하는 정책)이 동반되지 않는다면 인플레이션에서 효과를 제대로 발휘하지 못한다고 투덜거렸다. 유럽 문제에 관해서도 지크문트는 대처의 전략을 전적으로 지지하지는 않았다. 대처 행정부 아주 초기에서부터 그는 영국이 유럽통화제도에 가입해야 한다고 주장했지만, 대처는 자신의 임기 말까지 가입을 반대했다.

마찬가지로 지크문트는 레이건이 소비에트연방에 보여준 엄격한 자세는 지지했지만, 그의 경제 정책에 대해서는 크게 확신할 수 없었다. 1981년 1월에는 이런 내용을 남겼다. "새로운 워싱턴 지배층에서 자유에 대한 오랜 잘못된 인식과 베트남 전쟁에 대한 죄책감이 마침내 사라졌고, 미국인들이 바야흐로 자신감을 회복하고 있으며 세계를 이끌고 국내 정치도 새롭게 변화시킬 수 있다는 희망으로 부풀어 오르고 있다는 사실에 안심이 된다." 냉전 시대를 지나온 지크문트는 미 대통령이 '단호하게 러시아 사람들에게 맞서는 것을' 보고 진심으로 '안도했다.' 그러나 레이건의 경제 정책은 그에게 '지나치게 방임하는 무른 과세 제도와 지나치게 엄격한 통화 조종을 뒤섞으려 노력한다'는 인상을 주었다. 지크문트는 오랜 친구 시라스 지로에게 "레이건은 세금을 올려야 할 거야. 직접세가 아니라면 적어도 간접세라도 인상해야 해. 그리고 높은 이자율 같은 인공적인 요소에 신경 쓸 게 아니라 예산을 균형 있게 사용해야지. 이렇게 문제가 있는 상태로 나라를 운영하다 보면 아무리 대다수가 선출한 지지자라 할지라도 오늘날 민주주의의 구조적 부패 (……) 안에서 결국 실질적인 국가의 장기적 이익을 위해 힘쓰기보다는 유권자들에게서 인기를 얻는 데 노력을 쏟아붓게 되기 마련이야"라고 말했다. 그러나 반대로 대처는 인기를 잃을 각오가 되어 있었다. 바로 그 점을 지크문트는 존경했다. 통화 규제와 경비 삭감 그리고 극심한 불경기로 2년이 지나가는 동안 여론 조사는 지속적으로 국민이 그녀의 정책을 찬성하지 않는다는 사실을 시사했지만, 이 대단한 여인은 결코 흔들리는 법이 없었다(1981년 토리당 회의에서 나온 말).

그러나 미국의 신우익 보수주의자들의 단점은 프랑스의 구좌익의 단점에 비하면 아무것도 아니었다. 미테랑이 1981년 5월 프랑스 대통령이 된 것은 국가 제어와 노동자의 권리, 높은 직접세와 근로 시간 감소라는 낡은 정책 처방을 기반으로 한 사회주의의 마지막 흔적이었다. 미테랑 정권이 금융 분야에 끼친 영향은 지독했다. 정부가 S.G.바르부르크의 동업자 파리바를 비롯해 국내에서 가장 큰 은행들에 대한 국유화 계획을 시행한 일은 거의 마른하늘에 날벼락이었다. 1977년 5월 프랑스 국회의원 선거에서 사회당이 승리할 가능성이 있다고 생각한 지크문트는 무사와 더불어 파리바의 국유화 가능성에 대해 논의한 적이 있었다. 당시 지크문트는 뉴욕 합작 벤처를 그 같은 상황에서 보호하기 위한 여러 방안을 제안하기도 했었다. 2년 뒤 지크문트는 다시 한 번 같은 이야기를 꺼내, 국유화에 휘둘리지 않기 위한 '적극적인 조치'가 필요하다고 말했다. 이를테면 그룹의 스위스, 벨기에, 독일 자회사에서 파리바의 직접 보유 주식을 국유화 대상이 되지 않을 파리바-바르부르크SA의 공동 소유로 전환한다든지 하는 방법이 논의되었다. 어쨌거나 중요한 것은 '프랑스 당국과의 난처한 상황'을 피하기 위해 단시간 내에 행동해야 한다는 것이었다. 그러나 실제로 이루어진 일은 아무것도 없었고, 결국 미테랑이 1981년 승리하자 은행은 처신 따위는 따질 겨를 없는 쟁탈전을 불러일으켰다.

지크문트가 보기에 프랑스는 '18세기 말의 혁명처럼 호전적이고 폭풍처럼 휘몰아치는 것은 아니지만, 실질적으로는 훨씬 성공적인 새로운 혁명'을 시작했던 것이다. 프랑스는 유고슬라비아처럼 공산주의를 표방하지만 소비에트연방과는 동맹하지 않는, 그런 독특한 상태를 유지하게 될 터였다. 그러나 그는 파리의 새 정부와 정면으로 대결하는 것은 극도로 꺼려했다. 지크문트는 '캐나다에 안전하게 물러서서 기반을 잡아, 프랑스의 파리바만이 아니라 더 큰 부분을 소유하겠다는 목적으로 새로운 국제 겸영 지주 회사(자사의 사업과 함께 타 회사 사업을 지배하는 것을 주된 사업으로 하는 지주 회사)를 빨리 만들어야겠다는 생각'이 더 마음에 들었다. 대단한 영향력을 행사하는 박식한 미테랑의 자문 자크 아탈리에게 지크문트는 이러한 사실을 납득시켰던 것 같다. 무사는 이에 대해 차라리 파르게사라는 스위스 지주 회사를 이용해 파리바의 자산을 밀반출하자고 주장했지만, 지크문트는 프랑스 당국이 곧 눈치챌 텐 데다 무사가 파르게사 내에서 바르부르크의 지분을 최소화할 것을 고집했기 때문에 그러한 주장을 '정신병자' 같은 짓이라면서 묵살해버렸다. 이제 눈밖에 나는 것은 무사의 차례였다. 무사의 전 상관이었던 푸시에가 무사를 자리에서 몰아낸 직후 지크문트는 이렇게 말했다. "그 친구는 점점 이해하기 힘들게 변해갔다. 국유화라는 날카로운 검이 무사와 동료들을 '상당한 과잉 흥분' 상태로 몰고 간 게 분명하다."

그러나 그 같은 핑계는 실제로 사실이 아니었다. 왜냐하면 파리바 국유화는 지크문트로 하여금 점점 균형을 잃어가던 관계로부터 자신의 회사를 해방해준 일종의 데우스 엑스 마키나('기계 장치로 온 신'이라는 뜻의 라틴어. 특히 극이나 소설에서 가망 없어 보이는 상황을 해결하기 위해 동원되는 힘이나 사건을 뜻함)였기 때문이다. 푸시에는 S.G.바르부르크에게 국유화에서 비껴난 파리바 일부에서 새로 세운 시주 회사의 주수가 되어달라고 제안했으나 정중하게 거절당했다. 미테랑 정부가 국가 소유 파리바를 위해 내세운 선출 의장인 장 이브 아베르와 함께한 회의에서 지크문트는 멋지게 행동했지만 명백히 회피적이었다. 그와 숄리는 만일 앞으로 합작 벤처가 생겨났을 경우 그것이 런던에서 경영된다면 얼마든지 고려해보겠지만, 이제 더 이상 파리바와의 관계에 관심이 없다는 사실을 분명히 밝혔다. 이제 남은 것은 파리바가 파리바-바르부르크SA 내의 바르부르크 지분을 사들이고, 머큐리가 S.G.바르부르크 내의 파리바 지분을 사들이면서 각자 갈 길을 가는 일뿐이었다. 총 200만 파운드에 달하는 바르부르크파리바베커의 손실로 아이라 웬더가 대표 자리를 이어받던 당시 이미 불길한 조짐은 있었다. '행동에 들어가면 반드시 해낸다'는 헨리 그런펠드의 오랜 전투 준비 명령이었다. 그리고 바르부르크와 파리바의 관계 청산에서 70대의 노익장 그런펠드가 보여준 협상의 기술은 실로 감탄을 자아냈다. 결국 그의 걸출한 협상력 덕에 바르부르크파리바베커 내의 바르부르크 지분은 파리바에 3300만 달러로[1] 팔리며 모든 일이 마무리되었다.

프랑스식 사회주의 실험은 그다지 길지 않았다. 정책의 불균형을 입증한 것만으로 충분했던 것이다(특히 프랑스에서 빠져나가는 자본이 프랑스를 붕괴 직전까지 몰고 갔기 때문에). 게다가 그 덕에 S.G.바르부르크는 수익은 형편없으면서 너무나 많은 시간과 에너지를 소모했던, 결코 행복하지 않았던 복잡한 관계에서 벗어날 수 있었다.

3

이턴 광장 주변을 걸어다니는 것을 운동으로 여기고 브리지 게임을 가장 좋아했던 지크문트 바르부르크는 대단히 건강했다. 앞에서도 나왔지만 그는 은행가란 결코 과로로 아파서는 안 되며, 오로지 '조직이나 비즈니스에 문제가 있을 때' 혹은 따분할 때에만 아플 수 있다는 지론을 가지고 있었다. 확실히 그는 쉬는 날이 놀랄 만큼 드물었다. 젊은 임원들을 휴일이나 국경일에도 전화를 걸어 괴롭혔던 것은 만성적인 일중독의 한 증상이었을 뿐이다. 그러나 몸보다 더 활동을 많이 한 것은 바로 그의 마음이었다. 동료들과 함께했던 주말

---

[1] 파리바는 방치된 채 1987년 월 스트리트 붕괴를 겪어내야만 했다. 그리고 바르부르크파리바베커의 남은 부분은 메릴린치에 4000만 달러의 손해를 입은 채 팔리게 되었다.

산책마저도 사실은 운동을 하기 위해서가 아니라 자신의 마음속 가장 중요한 부분을 차지하고 있는 고객 관계에 대한 논의를 위한 것이었다. 그러다 보니 지크문트는 기관지염, 인플루엔자, 탈진 등의 병치레를 주기적으로 겪을 수밖에 없었다. 그러나 지크문트는 침대에 누워 있거나 스파에 갈 때조차도 편지를 보내고 전화 통화를 멈추지 않았다.

지크문트는 자신을 종종 내과 의사에 비유했지만, 실제로 의사와는 관계가 다소 복잡했다. 1942년 당시 그는 '지긋지긋한 감기', 불면증, 저혈압으로 고생하고 있었다. 여러 의사들과 상담을 한 뒤에야 그는 입원하기로 결정했다. 그리고 병원에서 심각한 연쇄상구균 감염으로 인한 여러 증상을 치료하느라 몇 달을 요양하며 보냈다. 그러나 전쟁이 끝나자 상태는 더 악화되어 몇 차례 수술을 해야 했다. 이때부터 품게 된 의학 전문가들과 '마이신'이라는 단어로 끝나는 모든 약에 대한 지크문트의 의심은 상당히 오래 이어지게 되었다. 1962년에는 반쯤 농담처럼 의사, 간호사들이란 '친근한 이웃의 인간이라기보다는 기술적인 기기'처럼 여겨야만 한다고 말했다. 지크문트에게 그들이 '백의의 천사'가 아닌 건 분명했다. 그러다 1964년 하인즈 골드먼 박사와 만나 친해지면서 지크문트는 그 같은 편견을 버리게 되었다. 골드먼이 지크문트의 수면을 돕기 위해 발륨을 처방해주자 지크문트는 '적은 양'으로도 '놀라운 효과'를 내면서도 '완전하게 무해'하다고 한 친구에게 말했다. 당시 지크문트는 스스로를 비상근 상태의 '늙은이'로 느끼고 있었기 때문에 건강에 대한 관심이 자연스레 커지고 있던 참이었다. 장수할 수 있도록 도와줄 거라는 희망을 걸었던 여러 의사들 중 골드먼은 지크문트가 가장 좋아하는 사람이었다. 그러나 장수를 실현한다는 게 어려워지면 어려워질수록 지크문트의 실망도 깊어만 갔다. 70세 생일을 코앞에 둔 어느 날에는 탈장 수술을 받아야 했다. 1976년에는 디스크와 전립선 문제로 두 차례 입원했다. 1980년 오랜 친구 에드문트 스티네스가 세상을 떠나고, 뒤이어 1982년 나훔 골드만과 마르쿠스 발렌베리마 저 떠나버리자, 그는 오래 살 수 없을 거라는 생각에 우울함에 빠질 만도 한 상황이었다.

그러나 지크문트는 다른 모든 일을 친구들과 동료들에게 넘기되, 회사의 중요한 문제에는 여전히 적극적으로 임하면서 '우울증 따위 에 빠지는 것'을 거부했다. 그는 지치지도 않고 계속해서 독일, 영국, 미국으로 출장 여행을 다녔다. 사실 헨리 그런펠드에게 블로네이의 집에서 떠나 호텔 스위트로 옮길까 생각 중이라고까지 말했다. 자신 이 가진 것의 노예가 되는 일에 지쳤다고 했다. 1982년 여름, 그는 바 르부르크파리바베커B가 난파할 지경에 이른 것을 어떻게든 건져 올 리기 위해 뉴욕에 있었다. 여기서 꼬드기고 저기서 협박하며 한 번 에 여러 시간 이어지는 협상의 연속이었지만, 별 소용은 없었다. 그 리고 그것이 지크문트의 마지막 대서양 횡단 여행이 되었다. 사실 달링은 위험한 질병의 그림자를 감지하고 있었다. 9월 20일 뮌헨에 서 가진 업무 회의 직후 80세 생일을 겨우 닷새 앞두고 지크문트는 첫 번째 뇌졸중으로 쓰러졌다.[2]

야코프 로트실트가 주관할 예정이었던 축하 만찬은 취소되었다. 지크문트는 스위스가 아니라 제2의 고향 영국으로 서둘러 되돌아갔

---

[2] 쓰러지기 몇 시간 전 그와 숄리는 '오만한' 직원들에 관한 이야기를 나누고 있었 다. "좋네, 데이비드, 자네에게 맡김세. 나는 자네가 어떻게 결정하든 그게 최선 일 거라 믿네"라고 대답한 지크문트의 얼굴에는 피로가 가득했다. 숄리는 지크 문트가 그처럼 체념한 말투로 이야기하는 것을 들어본 일이 한 번도 없었다.

다. 그리고 1982년 10월 18일, 지크문트 바르부르크 경은 데본셔 광장의 런던 클리닉에서 숨을 거두었다.

지크문트 바르부르크는 매사를 종교에 기대는 독실한 신자가 결코 아니었다. 유대교와 상관없는 결혼을 했고, 아이들에게는 신교와 유대교 둘 다를 '숭배'하도록 했지만 두 종교 모두 생활화하지는 않았다. 그의 아들은 할례를 했지만 영국 성공회 교도 기관에서 교육받았다. 두 남매는 '유대인으로서의 뿌리는 제대로 인식하며 교육' 받았지만 그것은 '다소 느슨하고 개인적인 방식으로 유대교적 삶과 역사에 연관되어' 있었을 뿐이었다. 그는 시너고그에 출석한 적이 거의 없었으며 유대교 율법을 지켜본 적도 없었다. 많은 유대인 자선단체와 재단에는 얼마든지 많은 돈을 기부했으나, 1920년대 초반부터는 독일 및 미국 유대인 가문과 거리 두기를 원했다. 그들 가운데 너무나 많은 사람들이 벼락부자들이었기 때문이다. 나중에 그는 영국 내 유대인에 대해서도 같은 방식으로 느꼈다. '왜 특정 유대인 부자들은 늘 롤스로이스를 타고 클래리지스 호텔에서 지내며 자신의 부를 과시하려 드는 것'인지 지크문트는 궁금했다. 많은 유대계 독일인 식자들이 그랬듯이 지크문트 역시 유대인을 비유대인들보다도 더 냉혹하게 평가하는 반유대적 기질을 지니고 있었다. 그는 유대인 협회의 선봉에 서 있는 '전문직종의 유대인들'을 좋아하지 않았다. 또한 시온주의자에 대해서도 대단히 모순된 감정을 품고 있었다. 젊었던 그의 눈에는 일종의 혈연관계가 존재하는 것 같았다. 이 관계는 종교 공동체나 팔레스타인 민족주의와 매한가지로 느껴졌다. 그는 영국의 지식인들 사이에서 미묘하지만 또 한편으로는 노골적인 사회적 무시를 당하며 종종 자신이 그들에게 단지 '난민이자

돈줄이자 유대인'일 뿐이라는 사실을 느꼈다. 이는 다음과 같은 말에서 읽어낼 수 있다.

런던 사람들은 우리 회사에 대해 이렇게 수군댄다. 회사 내에서 성공하려면 무엇보다도 윈체스터 대학 출신이거나 회계사이거나 유대인이어야만 한다고 말이다. 하지만 내 생각은 좀 다르다. 내가 볼 때 우리 회사에는 오히려 너무 많은 공립학교 출신들이 포진해 있다는 게 위험 요소다. 유대인 직원은 거의 없는데, 능력 있는 이 유대인들을 전면에 내세우려고 하고 있는 것이다.

'유대인이나 독일 시민'으로 태어난 지크문트는 히틀러가 권좌에서 물러난 땅에서 반유대주의가 부활할 것 같은 조짐이 보일세라 계속해서 노심초사했다. 그러나 그는 종교적이 아니라 운명적으로 한 사람의 유대인이었다.

지크문트는 종교로서의 유대교에도 무관심했다. 이는 신앙과 예배로 구축된 체계 자체를 꺼리는 광범위한 회의의 한 부분이었다. 1939년 12월에는 '유대교의 윤리 및 종교적인 가능성에 대해서조차도 부정적'이었다. 그러나 그렇다고 해서 '주여' 혹은 '성령께서'라는 단어를 한마디 걸러 해대는 예배를 좋아하지 않았기 때문에 새로운 종교에 동화된 여러 유대인들과는 달리 기독교에도 빠져들지 않았다. 특히 어머니가 그리스도보다는 칸트를 숭배하도록 키웠기에 지크문트는 한때 신구약 성경을 깔끔하게 정리해보겠다고 작정했던 적도 있었다. 두 가지 원죄는 '참지 못하는 것(불관용에 대해서는 잘도 참는)'과 '폭력(자신을 방어하지도 못하는)'이었다. 오스트리아의 역사학자 프리드리히 헤르의 책 『신의 첫사랑』의 열렬한 팬이었던 지크문트는 '합리적 사고와 이런저런 공식으로는 신과 그 신비로움을 절대 뛰어넘을 수 없다'고 주장했다. 그도 무신론자는 아니었던 것이다. 1964년에는 자신의 이발사에게 이런 편지를 썼다.

우리 주변에는 다른 세계에서 온 갑작스러운 신비로움이 가득하다네. 우리 딱한 인간은 이러한 신비로움에 대한 합리적인 설명을 찾으려 애를 쓰지만, '합리적 추론'입네 하는 정도를 넘어설 에너지도, 의지도 부족하지. 편협한 생각을 지닌 철학자들이 만들어내고 사용해 점차 귀류법으로 끌려가게 되는 '합리적'이라는 말은 (……) 사실 상상력 결핍을 가려버린 말장난에 불과하다네. 이 결핍은 진정한 믿음을 잃었기에 생겨난 것이지.

지크문트가 의문을 품었던 대상은 신, 즉 베르그송의 '생의 약동'이나 절대 권력이 아니었다. 오히려 신 앞에서 모두가 비굴하게 무릎을 꿇을 가치가 있는가 하는 점이었다. 지크문트는 한번은 이렇게 발언하기도 했다. "모든 교회의 공통된 핵심은 다양한 이유 위에 세운 위선적인 조직이라는 점이다." 그는 '기독교 혹은 유대교의 대안'으로서의 '중용'을 더 좋아했다. 이는 정신적 신성함과 감각적 신성함 모두에 대한 믿음이요, 정신적 감각적 힘의 조합으로서의 중용의 신성함에 대한 믿음이었다.

그 같은 회의적인 시각 때문에 지크문트는 죽음까지도 실용적으로 즐길 수 있는 것으로 여길 수 있었다. "삶이란 치명적인 질병과도 같다. 그리고 이 질병에서 우리가 해결하지 못한 문제는 오로지 그 기간에 관한 것이다. (……) 장수란 젊음이 유지되어야만 말이 되는 개념이다. 만일 노망이 든 채로 천년 만년 산다는 건 말도 안 되는 일이다." 1962년 그는 감성적인 요소를 배제한 채 자신의 사후 처리 방식을 정리한 적이 있었다.

1. 내 눈은 맹인들을 위한 기관 중 하나에 이식용으로 기증해야만 한다. 사망하자마자 가능한 한 빠르게 이식되는 것이 매우 중요하다는 사실을 명심해야 한다.
2. 몸은 연구의 목적으로 사용할 병원에 기증해야만 한다.
3. 장례는 생략한다. 그리고 어디에도 묻히기를 원하지 않는다. 추도식도 열지 말기를 바란다. 그 어떤 절차도 야만적인 과시주의로 간주할 것이다.

그리고 거의 20년이 지난 뒤 그는 이 소망을 다시 한 번 얘기했다. 부드러운 말투이긴 했도 절대로 장례식을 치르지 말라고 강조했다.

나는 죽은 이에게 화환을 주는 것보다는 산 자에게 꽃을 주는 것이 낫다고 하는 옛말을 믿는다. 죽은 이가 남긴 것 중에서 가장 소중하게 간직해야 하는 것은 그 어떤 물리적인 것도 아닌, 그 사람의 선행이나 올곧은 생각에 대한 기억이어야만 한다.

앞서 말했듯이 나는 내 몸이 의학적인 목적과 이식을 통해 다른 이들을 위해 적절하게 사용되기를 진정으로 소망한다.

내 생각에는 그 이후에는 화장하는 게 좋을 것 같다. 남은 재도 보존하지 말고 가능한 한 내가 죽은 곳에서 가까운 곳에 뿌려주기를 바란다.

마지막으로, 내가 여기에 쓴 것과 말로 표현한 내용은 변변치 못한 나의 소망을 표현한 것일 뿐, 부담스럽게 요청하는 요구 사항으로 여기지 않았으면 한다. 만일 이러한 소망이 이런저런 이유 때문에 지켜지지 못한다 하더라도, 살아 있었다면 내 반응이 어땠을지로 누군가 걱정하지 말았으면 한다. 가장 중요한 규칙은, 형식에 품위가 있고 절차에 단순함이 있어야만 한다는 것이다.

그렇게 지크문트의 죽음에는 화환도, 정성스러운 장례식도 없었다. 그러나 헌사의 물결이 넘쳐흘렀다. 〈타임스〉의 부고 기사 담당 기자는 이렇게 썼다. "지크문트는 20세기 후반 상황 속에서도 미래를 향해 나아갈 준비를 하도록 런던의 습관을 바꿔놓은 장본인이었으며 런던의 힘을 되살린 인물이었다. 그리고 동시대를 살았던 그 어떤 런던 토박이보다도 더 열심히, '런던 은행가'란 남다른 존재임을 증명해 보였다." 다음 1월에 런던의 길드홀에서 열린 추도회에서 그의 가장 오래된 동료들, 즉 헨리 그런펠드와 에릭 롤이 비슷한 내용으로 연설을 했다. 그런펠드는 지크문트가 '뛰어난 인격'을 지닌 사람이었으며, 개인의 '투철한 책임감', '각고와 창의성', '상상력', '일반적인 관행을 따르지 않는 정신', '용기', '완벽주의', '강인함과 인내', '투지' 그리고 어떤 일이 벌어지기 전에 누구보다도 앞서 무엇인가 잘못되었음을 감지하는 천부적인 촉수라고 할 수 있는 '독특한 감각'으로 자신의 이름을 지닌 회사를 만들고 키워냈다고 말했다. 롤은 지크문트를 가리켜 '특출한 사람', '행동에 있어 가장 높은 기준을 세우고 완벽하게 헌신적이며 신중하고 실속 있는, 그러나 동시에 상상력과 용기로 가득한' 사람이라고 회고했다. 그런 한편으로 그런펠드는 지크문트의 성미, 특히 동료의 엉성함과 현실 만족, 겉치레를 못마땅하게 여겼던 마음을 강조했다. 반면 롤은 '의무감에 필히 수반되는 감정'이라 할 수 있는 가차 없는 자기비판이야말로 지크문트의 가장 중요한 성품 중 하나였다고 말했다. 지금 그가 세운 회사가 세상에서 칭송받는 것은 훌륭한 '사업 실적' 때문이 아니었다. 바로 회사가 벌이는 일에 내재된 내면의 모습이었다. 그러므로 그의 죽음은 자체로서 아쉽고 슬픈 것이었지, 장례를 계기로 엉뚱한 사람들이 몰려와서 개폼을 잡거나 하는 그런 값싼 죽음이 아니라는 말도 했다. 그런펠드와 롤은 둘 다 지크문트의 가장 큰 결함을 알고 있었다. 롤은 이에 대해 이렇게 말했다. "지크문트는 일을 처리하는 데 특출하게 신속했고, 누구보다 사람을 정확하게 볼 줄 알았다. 그러나 대부분의 경우 상대에게 너무나 많은 것을 기대한 나머지 과대평가에 빠져들었고, 이따금 길을 잃었다."

문제는 그다음이었다. 스스로가 실망스럽게 행동했다고 느낄 때 그 실망은 끝이 없었다. 그는 판단 잘못 때문만이 아니라 스스로 자랑스럽게 생각한 부분에 약점이 있다는 고통 때문에 무척 괴로워했다. (……) 그는 늘 칭찬할 마음가짐이 되어 있는 사람이었다. 때로는 터무니없을 정도로 칭찬을 퍼붓기도 했다. 하지만 비판이 필요하다고 생각해도 결코 뒤로 물러나지 않았다. 실수를 책망할 때는 정말이지 무시무시하게 변할 수 있었다. 설령 그가 대단히 존중하고 아끼는 직원들이 저지른 잘못이라 할지라도 그의 매서움엔 예외가 없었다. (……) 하지만 그는 개인적인 문제에는 동정심이 많았다. 심지어 일을 하며 저지른 심각한 잘못조차도 당사자가 잘못을 전혀 모르는 경우만 아니라면 용서해주었다. 그러나 제 잘못도 깨닫지 못한 경우에는 무섭게 돌변했다.

지크문트의 변덕스러운 성미 때문에 가장 큰 고통을 받았을 아들

조지에게는 오히려 신랄함이 남아 있지 않았다. 수년간 그들의 관계
에는 문제가 있었고 고통스러웠다. 그런데 아버지의 죽음으로 조지
는 지크문트가 그토록 분명하게 설명해주려 노력했던 삶에 대한 사
랑을 느끼게끔 되었다.

수많은 동료와 직원들이 지크문트를 향해 '아버지'처럼 곁에 있어
주었다고 찬사를 바쳤다는 사실이야말로 아이러니였다. 그들 중에
는 피에르 무사, 야코프 로트실트, 데이비드 숄리, 한스 부트케도 있
었다. 에릭 롤은 이렇게 적었다. "우리는 모두 고아로 지냈다." 두
명의 여성은 상실감을 오래 견디지 못했다. 지크문트의 아내 에바는
남편이 세상을 뜨고 겨우 1년을 더 살았다. 지크문트가 죽은 뒤 5년
이 지나는 동안 여러 차례 뇌졸중으로 인한 실어증 때문에 고통받던
헌신적인 필적학자 테오도라 드라이푸스는 자살로 생을 마감했다.

4

지크문트의 모습에 대한 진정한 평가는 어땠을까? 그가 세상을 떠난
후 얼마간의 시간이 지나자 전 동료들은 조심스럽게 비판의 목소리
를 높였다. 이언 프레이저는 한때 자신이 알았던 '창의적이고 실험
적이며 낙천적이고 자신의 능력에 자신감에 차 있었던' 지크문트가
서글프게 변모해갔다고 말했다. "한때 고결하게 빛나던 인격은 비관
주의와 좋지 않은 성미, 그리고 점차 커져가는 영국인들에 대한 멸시
로 비뚤어져버리고 말았다." 피터 스토먼스 달링은 지크문트가 '통
제에 집착하는 사람'이 되어버렸다는 사실을 인정했다. 심지어 정부
에서 은퇴한 뒤 지크문트가 영입하려고 무던히 애썼던 헨리 키신저

는 지크문트를 향해 '당신이 옳다'고만 말한다면 쉽게 함께할 수 있었던 사람이었다고 논평했다.

했던 일들만 두고 볼 때 지크문트는 아주 성공한 런던 은행가에 지나지 않았다. 이 점에서는 전혀 특별할 것이 없었다. 나탄 로트실트나 마찬가지로 그는 150년 전 런던에서 지략과 사업의 조화로 좋은 결과를 만들어낸 유대계 독일인 이민자였다. 로트실트처럼 그 역시 새로운 상업은행을 아무런 사전 준비 없이 만들어냈다. 재력 덕에 정치적 영향력도 발휘할 수 있었다. 나탄 로트실트의 아들 라이어넬이 벤저민 디즈레일리에게 영향을 끼쳤듯이 지크문트는 해럴드 윌슨에게 그와 같은 존재였다. 그리고 너무나 많은 로트실트가 사람들이 했던 것처럼 지크문트도 자선사업에 앞장섰다. 청년 알리야, 유대인 해방과 재건을 위한 중앙영국기금, 이스라엘의 바이츠만센터, 예일 대학의 딜워스체어, 킹 에드워드 스쿨 부속 바르부르크 과학 학교, 위틀리 학교 등은 그가 현금과 물품으로 지원을 했던 기관들 중 아주 일부에 지나지 않는다.[3]

그러나 이런저런 세속적인 행동들로 지크문트의 성격을 평할 수는 없다. 처음부터 그는 평범치 않은 유대인이었으면서 동시에 청교도적 인물이었다. "우리 부모님 집에서는 남부 독일의 청교도적 특

---

[3] 지크문트가 얼마나 많은 돈을 자선 활동 명목으로 기부했는지를 알아내는 것은 불가능하지만 그 합계는 상당할 것으로 추정된다. 사촌 롤라 바르부르크에게 1980년에 썼던 편지를 보면 "내가 자선 기금을 낼 때마다 늘 자문을 구했던 내 친한 친구 두 명이 지난해 초부터 상당 기간 동안 지나치게 많은 돈을 동포애를 위해 써왔는데, 이러다가는 유사시에 필요한 돈을 충당할 수 없을 상황이 될 수도 있다고 말했다. 바이츠만센터 등 최근에 기부한 몇몇 기관에 대해서는 10만 파운드(오늘날 가치로 약 50만 파운드에 달함) 이상을 주기로 약속한 지 얼마 되지도 않았는데 말이야."

징이 다른 집보다 더 강했다. (……) 그리고 그 덕에 세워진 원칙들은 나의 삶과 목표 의식을 형성하는 데 지배적인 역할을 했다." 지크문트는 게오르게 슈타이너에게 계속해서 말했다.

내가 말하는 남부 독일의 청교도적 원칙이란 개인이 어떤 위치에 있든 공동체에 봉사하는 외곬의 노력과 최선, 열정 등이 삶에 중요한 가치라고 하는 정신이다. 그 외의 물질적, 심미적, 자신을 위한 노력은 이에 비하면 열등한 가치로 바라보는 태도가 바로 청교도적 원칙이다.

게다가 지크문트는 금융가밖에는 할 일이 없었기에 금융가가 되었다. 그러나 그의 친구 파울 치글러는 히틀러의 대재앙이 아니었더라면 지크문트가 열에 아홉은 독일에서 지식인이자 정치인으로 남았을 것이라고 말했다. "자네는 계속해서 부의 신에게 봉사하지만, 진정으로 그것의 노예였던 적이 없었어. 자네에게 돈은 그저 날것의 재료일 뿐이지. 마치 세잔의 유화 물감처럼 말일세"라고 치글러는 1981년 지크문트에게 써 보냈다. 실제로 1986년 지크문트는 〈뉴요커〉에 자신이 "은행업을 쉽게 택했던 것은 아니었다면서, 대학 교수나 과학자, 철학자 혹은 작가가 되었을 수도 있다"라고 말했다. 영국에 정착한 후에도 그의 내면적인 삶은 여전히 사상가의 삶과 다를 바가 없었다. 왜냐하면 은행가로서의 사업을 돈을 벌기 위해서가 아니라 주로 자신의 지적 명령을 충족하기 위해 수행하는 사람이었기 때문이다. 1931년 일기에는 "한 인간에게 아주 훌륭한 예술적 경험은 그 어떤 사업적 업무보다도 가치가 있다"라고 적기까지 했다. 사상가답게 그가 일을 하는 목표는 이러했다.

　더 나은 방식의 교육과 힘이 넘치는 새로운 종교, 보다 공정하고 간결한 세계 기구를 위해 건설적으로 함께 일하기, 내면의 자아를 가장 큰 범위까지 독립시키기, 다른 사람에게서 아무것도 기대하지 않기, 기회가 있다면 돕기, 그러나 결코 보상이나 감사를 기대하지 않기, 열정적이고 강인하며 순수하게 생의 의무에 자신의 모든 힘을 쏟아붓기.

　그것은 지크문트에게 일종의 만트라(기도, 명상 때 외는 주문)가 되었다. 바로 '인간사가 사업에 얽힌 사건들보다 훨씬 더 중요하다'는 철학의 기반이 된 것이다. 지크문트를 잘 아는 사람들은 이것이 단지 집착만이 아니었다는 사실을 인정했다. 브렌던 브래큰이 드로이다 경에게 말했듯이, 지크문트는 진심으로 '부를 쌓는 일보다 문명적인 것들에 더 신경 썼다.' 달링 역시 인간적인 부분이 지크문트의 주요 관심사라는 사실을 알고 있었다. 한번은 지크문트가 달링에게 "자신이 외계에서 인간의 본성을 살펴보는 관찰자처럼 느껴진다"라고 말한 적도 있었다. 이에 대해 가장 잘 표현한 사람은 아마도 게오르게 슈타이너일 것이다.

　진정 맹세코 나는 그가 부를 중요시했다고 생각하지 않는다. (……) 과시 따위를 해본 적 없는 것은 말할 것도 없다(그에게는 혐오스러운 것이었으므로). 그는 기사 작위조차도 진심으로 바라지 않았다. 그런 건 확실히 아무것도 아니었다. 바르부르크 경이라니, 그에게는 혐오스러운 상황이었을 것이다. (……) 물론 지크문트에게는 좋은 집이 있었다. 그리고 운전사 딸린 자동차도 있었다. 하지만 언젠가 전용기에 대해 천박함의 품질 보증 마크라고 말했던 기억이 난다. (……) 그는 천박함을 감지해내는 경이로운 코를 가지고 있었다. (……) 지크문트는 놀랄 만큼 금욕적이었다. 돈과 연관된 그 어떤 허튼소리로도 꾀어낼 수 없는 최고의 양식을 가진 사람이었다. 그는 그저 돈에 대해 지식이 있었을 뿐이었다. 그것이 그의 마음을 사로잡았다. (……) 그가 안고 있던 문제는 (……) 하이 파이낸셔의 삶 속으로 특별한 진실함을 적용하려 했다는 사실이었다. (……) 나는 이것이 핵심이라고 생각한다. 지크문트는 흠 없는 진실함의 소유자였기에 약삭빠른 행동이나 부정한 행위의 사소한 낌새만으로도 구역질 나는 기분을 느꼈던 것이다.

지크문트의 여가 생활은 대단히 돈 많은 사람의 모습이 아니라 교수의 여가였다. 슈바벤의 자연 속에서 자랐지만 그는 사냥이나 사격, 낚시는 하지 않았다. 요트도 없었고 시골에 땅도 가지고 있지 않았다. 스포츠카에도 관심이 없었는데, 사실 스포츠에도, 자동차에도 하등 관심이 없었다. 젊은 시설 대서양을 건너다니던 때에도 그는 덱 테니스(특히 유람선 갑판 위에서 하는, 네트를 사이에 두고 로프나 고무로 된 고리를 던지는 놀이)를 즐기기보다는 철학책을 읽었다. 만일 경마 대회나 폴로 경기에 참가한 적이 있다 하더라도 그 기록은 찾아볼 수 없다. 한때 골프를 친 적은 있었다. 하지만 당대 갑부들이 즐겼던 스키나 일광욕, 다른 남자의 아내를 유혹하는 일 따위에는 전혀 취미가 없었다. 당시 인기가 많았던 휴양지는 프랑스의 앙티브와 마서즈비니어드(미국 매사추세츠 주 케이프코드 연안의 섬으로 고급 휴양지), 생트로페 등지였는데, 그는 그 모든 곳을 피해 빅토리아 시대의 온천 휴양지 바트가스타인 같은 곳을 즐겨 다녔다. 아주 가끔, 하릴없이 영화를 보러 가기는 했지만, 사실은 연극을 더 좋아했다. 그는 브리지 게임을 즐겼고 진 러미(카드 게임의 일종)를 좋아했지만 가족이나 친한 친구들과 집에서 하는 정도였다. 당시 다른 은행의 대표들과 비교하면 지크문트는 의식적으로 '소유와 사치를 멸시'하는 수도승에 가까웠다. 하지만 그렇다고 해서 그가 초라하게 살았다는 의미는 아니다. 그는 구두쇠가 아니었다. 그의 양복과 셔츠는 최고의 재단사가 만들었다. 과음하지는 않았지만 마셔야 할 때는 오로지 최고급 프랑스 와인만을 마셨다. 늘 최고급 호텔들(리츠, 사보이, 클래리지스)에만 묵었으며 런던에 살며 거주했던 곳들은 하나같이 고급 주택들이었다. 그러나 로카마레와 블로네이에서 지냈던 집들은 로트실트 기준으로 보면 대단치 않은 규모였다.[4]

한편 지크문트가 수집한 예술품들은 세잔, 드가, 피카소, 르누아르, 툴루즈 로트렉의 작품들이 소장되어 있었던 라자드의 대표 앙드레 메예르의 호화로운 갤러리와 비교하면 정말 아무것도 아니었다.

그러니까 굉장히 이상해 보이기는 하지만, 당대 가장 유명한 영국 은행가는 전혀 부유한 사람으로 세상을 떠나지 않았다는 말이다. 예전에 바르부르크에서 일했던 사람들 중에는 상당히 높은 수치를 내놓는 경우도 많았지만 이언 프레이저는 지크문트의 부동산이 대략 200만 파운드 규모에 불과하다고 추정했다. 이는 상당히 일리 있어

---

4 로카마레에 있는 집은 '커다란 거실 겸 식당이 하나, 서재가 하나, 큰 침대 딸린 침실이 세 개(하나는 침대가 둘, 두 개는 커다란 싱글 침대), 하인 침실 세 개와 두 개의 차고'로 이루어져 있었다. 이는 지크문트가 직접 디자인을 지시해 '젠체하지 않으면서도 소박하고 조화로우며 우아한 스타일을 갖춘 합리적이며 편안한 집이어야만 했다.' '1층에 있는 방들과 난간을 포함한 실내 계단, 건물의 외부 장식은 미적 기준에 맞추느라 돈을 좀 들여서' 준비했지만, '화장실과 엘리베이터에 낭비하는 지출은 반대했다.' 지크문트는 화장실에 대해 '검소한 스위스 부르주아 가족의 기준에만 맞추면 만족스러울 것'이라고 썼다.

보이는 추정이다. 지크문트가 은행에서 받은 연봉은 1968년 회계연도를 기준으로 9000파운드를 조금 웃도는 수준이었고, 보너스 6000파운드가 따로 지급되었다. 성장과 인플레이션 모두를 감안한 오늘날의 가치로는 54만 파운드에 조금 못 미치는 정도였다. 이듬해 급여는 1만 파운드까지 올랐지만 보너스는 4000파운드로 줄었다. 1973년도에는 두 금액 합쳐서 2만 5080파운드를 조금 넘겨 1968년 이래로 실 금액은 줄었다. 1980년에도 지크문트의 급여는 여전히 겨우 1만 5000파운드였다. 사실 머큐리 내의 지크문트의 지분은 당시 성장세에 있었지만 그다지 큰 규모는 아니었다.[5]

1968년 지크문트의 지분은 95만 파운드의 가치가 있었다고 한다. 그때 이후 1982년 사이, 주식 가격은 다섯 배가 성장했지만 실제 가치 상승분은 1.5배에 불과했다. 심지어 지크문트가 모았던 대규모 장서조차도 그다지 가치가 높지는 않았다. 자신의 책이 초판인지, 혹은 희귀판본인지에 대해서는 전혀 신경을 쓰지 않았기 때문이다. 다른 삼촌들과 달리 지크문트는 수집하는 취미가 없었다. 이에 대해 찰스 샤프는 "지크문트에게 책들은 읽을거리 그 이상도 이하도 아니었다"라고 말했다. 경제적 성장과 인플레이션을 감안하더라도, 1999년 사망할 당시 헨리 그런펠드가 소유한 부동산이 3500만 파운

---

5 머큐리 주주들은 회사가 설립된 후 첫 7년간, 투자 금액이 대략 20배 정도 성장했으며 총수익은 145퍼센트 성장한 것으로 보았다. 그러나 다른 대부분의 영국 주식들과 마찬가지로 머큐리 역시 1970년대에는 특별히 좋은 성과를 거둬들이지는 못했다. 이언 프레이저는 자신이 1968년에 받았던 6만 2505주가 넘는 머큐리 경영진 스톡옵션이 실제 돈으로는 큰 가치가 없다고 계산했다. 1972년 주식을 사기 위해 주당 12실링 10페니를 지불했던 그는 평균 36실링 11페니의 가격으로 팔았다. 1994년까지 주식을 보유하고 있었다면 여섯 배까지 가치가 성장했을 것이나 파운드화의 가치 하락으로 그 이상의 수익을 올리지는 못했을 것이다.

드 정도로(1982년 가치로는 약 1100만 파운드) 지크문트의 부동산 가치보다 상당히 컸다. 앙드레 메예르와 비교해보면 그 차이는 훨씬 더 극명하다. 메예르가 1979년 세상을 뜨던 당시 소유한 부동산은 8950만 달러 가치가 있었지만, 말년에 가족들에게 넘겼던 선물들을 감안하면 그의 진짜 재산은 아마도 5억 달러(2억 2600만 파운드)에 근접했을 것이다. 41점의 그림들이 소더비 경매에 나왔을 때, 이는 총 1640만 달러에 팔렸다. 라자드의 뉴욕 사무소는 확실히 바르부르크의 런던 사무소보다 이득이 나는 사업을 하고 있었다. 미국에서는 영국보다 항상 더 큰 거래가 이루어졌다. 게다가 미국 경제는 영국 경제가 스태그플레이션의 고통에 시달린 만큼의 타격을 받지는 않았다. 그러나 진정한 차이는 이들 두 걸출한 사내들 중 한 사람은 살면서 자본을 모으고 다른 사람은 그러지 않았다는 사실에 있다. 지크문트는 살아가는 동안 내내 이익이 아니라 전혀 다른 것들을 동기로 삼았다.

언젠가 지크문트는 스스로에 대해 이렇게 말했다. '부서지기 쉬운 영혼에는 불안함'이 있었다고. 그리고 아마도 그것은 늘 사실이었을 것이다. 그러나 그 같은 내면의 두려움에 대한 최고의 치료제는 다른 이들과 온 힘을 다해 일하는 것이었다. 꼭 그래야만 하는 것은 아니었지만 가급적이면 젊은 세대 내에서 자신과 비슷한 가능성을 지닌 인재들과 일하는 게 그에게는 즐거움이었다. 지크문트는 1934년 일기에 '인간이란 가장 다면적이고 가장 흥미로운 삶과 예술의 주제'라고 적었다. 그러므로 그에게 은행이란 가장 좋아하는 종족을 실험하고 새로운 친밀함을 일구어나가는 일종의 정신적 실험실이었던 셈이다. 지크문트는 '인간으로 태어나 삶을 살아나가는 것은 계속되는 실험이며, 배우고 가르치고 연구하는 가장 중요한 영역은 인간관계라는 분야'라고 쓰기도 했다. 실제로 S.G.바르부르크에는 실험실 같은 요소가 있었다. 오랜 시간 유지해온 꼼꼼한 기록과 일이 틀어진 경우 사후에 이루어지는 평가는 마치 부검과도 같았다. 지크문트의 이와 같은 '자기비판적' 고뇌와 그에 대한 전념의 뿌리는 어머니가 심어준 어릴 적 습관에까지 거슬러 올라간다. 지크문트는 '매일 밤 잠들기 전 낮 동안의 모든 일들에 대해 열심히 숙고해야만 했다. 옳지 않은 행동과 열심히 노력한 일, 실수 따위를 스스로 인정하고 그것에서부터 앞으로 도움이 될 만한 무엇을 배울 것인지에 대해 깊이 생각했던 것이다.' 지크문트가 훗날 회상한 바에 따르면, 그것은 거의 자기 학대에 가까운 자아비판이었다. "만일 낮에 했던 실수를 적어도 세 가지 이상 생각해낼 수 없다면 내게 문제가 있는 것이었다." 제2차 세계대전의 경험은 '가차 없는 검토를 피함으로써 현 상태에 안주하도록 하는 것은 범죄'라는 그의 믿음을 더욱 강하게 만들어주었다. 그러니 그와 함께 일하기를 고통스러워한 사람이 있었다는 것은 너무나 당연했다. 지크문트는 '인간사에서 이루어진 온갖 진보는 전적으로 스스로에게 만족하지 못하는 사람들 덕'이라는 영국의 역사학자이자 언론인 E. H. 카의 생각에 동의했다. '걱정을 많이 하는 사람들'이 세상을 발전시켰다는 의미였다. 지크문트는 또한 '역설적인 결정이 종종 옳은 결정일 때가 있다'고 생각했다. 그리고 '깊은 생각이 부족한 희망'과 더 많이 마주칠수록 그는 습관적으로 현실에 안주하는 다수의 어리석음에 더욱 단호하게 도전했다. 놀라운 점은 지크문트가 평생 몇 명의 적을 만들기는 했지만 그와 함께 일한 지극히 많은 사람들이 사랑에 가까운 충성심으로 그를 따랐다는 사실이다. 이는 금융의 세계에서는 좀처럼 마주치기 어려운 감정이었다. 그러나 어찌 보면 지크문트는 오로지 표면적으로만 은행가였다.

지크문트가 은행을 자신의 실험실로 이용하는 실험적인 심리학자였다고 한다면, 다른 한편으로는 (데이비드 숄리의 말을 빌리자면) '노련한 극단 책임자 겸 배우'였다. 그는 공연 속에서 상대를 사로잡는 런던의 헨리 어빙이자 로렌스 올리비에였다. 어렴풋한 동성애적 매력[6]을 발산하는가 하면, 잔인한 분노를 폭발시키는 등 다양한 캐릭터를 포괄하는, 특히나 극적인 영역을 전문으로 연기하는 배우이기도 했다.

이언 프레이저도 회의며 점심, 저녁 식사 자리에서 '현대 및 고전 문학 작품에 대한 독서의 폭넓음, 오페라 및 연극에 대한 자신의 의견으로 손님들의 마음을 사로잡는' 지크문트의 행동에 대해 알고 있었다. 분위기가 받쳐줄 때에는 '우스꽝스러울 정도로 재미있었으며 공격적인 언사를 보인 일은 거의 없었다.' 에릭 롤은 지크문트가 '극적인 드라마와도 같은 순간에조차 얼마나 편안할 수 있었는지, 거래를 하는 동안 여러 긴장감을 조성하는 요소들을 얼마나 즐겼는지'에 대해 기억했다. 특히 고도로 경쟁이 심할 때면 그의 즐거움은 더 컸다. "사람들은 지남철을 향하는 철가루처럼 그를 찾아왔다. (……) 하물며 비 오는 밤 오페라 극장을 떠나는 등의 아주 곤란한 상황에서도 그가 나타나면 택시가 다가왔다. 지크문트는 확실히 사람들에게, 문제들에게, 언론을 피하는 사람들에게, 심지어 뉴스에게까지 자석

---

6 지크문트는 여러 차례 되풀이해 "가장 남자다운 남성은 남성성이 두드러지되 동시에 남성성과 여성성을 골고루 지녀야만 한다"라고 적었다. 여기에서 토마스 만의 소설 『베니스에서의 죽음』이 젊고 유망한 직원들과 지크문트의 관계에 미친 영향을 희미하게 엿볼 수 있다.

과도 같은 면모를 발휘했다." 그러나 지크문트의 정신은 절대 사교적이지 않았다. 그는 파티를 싫어했고, 실제로는 그 어떤 종류의 군중도 싫어했다. 롤웅 그런 지크문트의 모습을 아주 선명하게 기억하고 있었다. "지크문트는 중요한 사람들이 많이 모인 자리(총리 관저의 파티며, 빌더베르흐 그룹 회의 혹은 지멘스의 연례 은행 컨퍼런스 등 종종 야단스러운 일을 겪게 하는 자리)에 가서도 사색에 잠긴 채, 주변 사람들에는 아랑곳없이 한쪽 구석에 조용히 서 있었다." 찰스 샤프는 파티 때마다 지크문트가 주최석 아니면 '가장 먼 방구석이나 출구 근처에' 있었다고 회상했다. 지크문트는 파티란 '너무 많은 술'과 '입 운동'의 대단히 지루한 조합이라고 말했다. 파울 치글러에게는 '출처도 목적지도 알 길 없는 현실 도피'를 무조건 경멸한다고 털어놓았다. 그런 그가 가장 좋아하는 친목 모임은 바르부르크를 은퇴한 직원들의 모임이었다. 그 파티에서는 지크문트도 '은퇴한 요리사와 차 심부름꾼에게 양 볼에 키스를 열정적으로 퍼부으며 진정으로 즐거워'했다.

지크문트에 대해 살펴보며 빠뜨리지 말아야 할 또 하나의 중요한 요소는 그가 언어의 인간이었다는 사실이다. 그는 입에서 나온 말, 손으로 쓴 말, 그중에서도 인쇄된 말을 중요하게 여겼다. 그를 제대로 판단하기 위해서는 그가 어떤 글들을 썼느냐도 중요하지만 무엇을 읽었느냐 역시 신중하게 살피고 이해해야만 한다. 그가 가장 아낀 친구들 가운데 위대한 프랑스 애서가 장 퓌르스텐베르크가 있다는 사실은 우연의 일치가 아니다. 지크문트의 서재[7] 규모와 장서를 아는 사람은 누구라도 감명을 받았다. 초판본을 다수 소장하고 있어서가 아니라 지크문트가 그 책들과 나눈 강렬한 교류 때문이었다.

지크문트의 개인 장서표에는 그가 표지에 연필로 쓴 '사고의 진보는 단순함을 향한 진보'라는 모토와 함께 약 3000권의 책 목록이 들어 있었다. 상당한 양의 책이 영국으로 망명한 뒤 몰두한 18세기에서 19세기 작품이었다. 기번의 『쇠퇴와 타락』, 보즈웰의 『존슨전』, 조지 엘리엇의 『미들마치』, 트롤럽의 연작 소설 등등이 이에 해당했다. 같은 기간의 프랑스와 러시아의 작가들 역시 다양하게 포함되었다(발자크와 스탕달, 도스토옙스키, 톨스토이). 그러나 지크문트가 보유한 장서의 명실상부한 중심은 독일과 오스트리아 계몽주의, 빌헬미네, 바이마르 기간의 문학이었다. 특히 다음 세 명의 작가들이 그의 마음에 크게 자리하고 있었다. 첫 번째가 프리드리히 실러로 지크문트는 '거대한 드라마적 선물'과 '천상의 폭우와도 같은 열렬한 이상주의'를 항상 숭배했다. 다음은 프리드리히 니체로 지크문트는 니체의 책을 15세 때부터 읽기 시작했으며, 그를 가리켜 '나의 초창기 종교 및 철학적 개념을 용광로 안에 던져넣었던 존재'라고 일컬었다. 마지막이 바로 토마스 만으로 독일의 재앙에 대한 위대한 우화 『파우스투스 박사』를 지크문트는 『요셉과 그 형제들』만큼이나 자주 읽었다. 그가 좋아했던 경구 중 상당수가 그가 좋아하고 읽었던 책들에서 나온 것들이었다. 1967년에 쓴 다음 글은 그 전형적인 예로, 그는 조르주 상드에게서 영감을 받아 이 글을 썼다.

인간의 욕망을 충족하는 두 가지 방법이 있다. 하나는 비교적 단편적인 것으로, 영어로는 '해피니스(행복)' 혹은 '플레저(기쁨)'라고 부르며 프랑스어로는 '보뇌르(행복)'라고 부른다. 다른

---

7 지크문트의 아내와 딸, 비서 도리스 바서만은 논의 끝에 지크문트의 장서를 딸 애너의 모교 세인트 폴 여학교에 기증하기로 결정했다.

방법은 보다 깊이가 있는데, 이는 삶의 격렬함으로 채워진다. 독일어로 이를 가리켜 'erhoehtes Lebensgefuehl(고양된 생의 감각)'이라고 부르며 고통과 환희 모두가 이에 포함된다. 이 세상 어느 것도 조르주 상드가 쓴 다음 문구만큼 이 두 가지 정신적인 삶의 방식에 진실한 빛을 드리울 수는 없다.

(진실이 아니며 죄스러운 행복이라는 환각으로부터 나를 데려가 주오. 내게 일과 고단함, 슬픔과 열정을 주오.)

19세기 작품들이 그의 첫사랑이었다면, 지크문트의 평생에 걸친 독서벽은 잡식성에 가까웠다. 출장을 갈 때에도 적어도 책 세 권은 챙겨서 떠났다. 벤 린지 판사와 웨인라이트 에번스의 1927년 작 『현대 젊음의 반란』에서부터 힐레어 벨록의 1934년 작 『올리버 크롬웰』, 딘 잉의 1935년 작 『베일』, 제2대 리턴 백작의 1936년 작 『앤터니』, 피셔의 1939년 작 『유럽사』, 알렉스 카프슈타인의 1942년 작 『영웅적 요소』, 포스터의 1943년 작 『버지니아 울프』, 헤르만 라우슈닝의 1948년 작 『망상의 시간』, 올더스 헉슬리의 1952년 작 『런던의 악마들』, 데이비드 세실의 1955년 작 『멜버른』, 알베르 카뮈의 1958년 작 『페스트』, 시몬 드 보부아르의 1959년 작 『착한 딸의 회고록』, 제임스 볼드윈, 시릴 코널리, 아서 케스틀러, 막스 프리슈, 에리히 프롬, 피터 게이, 이노우에 야스시, 아니엘라 야페, 니코스 카잔차키스, 손턴 와일더, 카를 추크마이어 등은 모두 지크문트의 서류 가방에 담긴 채 출장길에 함께 올랐던 작가요, 책들이었다.

지크문트는 계속해서 친구들에게 자신이 가장 즐겁게 읽었던 책들을 보내면서 문학을 함께 향유하고 있다고 믿었다. 그는 또한 신입 사원을 뽑을 때에도 문학적 지식을 먼저 살피기도 했다. 앞서 살

펐듯이 구직자들은 면접에서 재미로 읽은 책들이 무엇이었느냐는 질문을 받고 놀랐다. 조슈아 서먼은 콧대 높은 금융가가 자신에 대한 편견을 가질까 봐 두려워 마지못해 토마스 만과 카프카를 읽는다고 대답했다. 그는 그것이 완벽한 대답이라는 사실을 알지 못했던 것이다. 그러나 지크문트는 대문호들의 책을 골라가면서 읽거나 추천하지는 않았다. 또한 자신이 가장 숭배하는 많은 작가들과 서신을 주고받았다. 특히 포스터와 프롬, 케스틀러를 비롯해 독일 출판인 자무엘 피셔의 딸 브리기테 피셔와도 연락을 하는 사이였다. 헤르만 헤세와 친분이 있었고 웰스를 만났으며 게오르게 슈타이너를 허물없이 대했을 뿐 아니라, 아사야 벌린과 종종 식사를 같이했다. "벌린은 관습을 존중하며 최고의 언어 감각을 갖춘 달변가였다." 지크문트는 1949년 대서양 항로 정기선에서 벌린을 처음 만났다. 그들의 관계는 이후 30년간 꽃을 피웠다. 벌린은 지크문트에게 1979년, "자네의 마음만이 아니라 도덕적 진실함과 용기, 현실감과 통찰력, 그리고 늘 흔들리지 않고 자네다운 모습에 나는 큰 경의를 품고 있네. 누군들 그렇지 않겠는가? 이렇게 얘기할 수 있다니 무척 기쁘네. 그리고 자네의 우정과 품위, 문명에 대한 헌신에 감사를 표할 수 있어 다행이네. 자네 같은 은행가가 어디에 또 있겠는가"라고 썼다. 그러나 지크문트가 가장 가깝게 지냈던 문인은 오늘날 『체스』로 가장 잘 알려진 빈 출신 소설가이자 전기 작가인 슈테판 츠바이크였다. 지크문트는 츠바이크와 20년간 교류했고 유럽 통합을 통한 평화의 비전을 나눴으며 그가 브라질로 망명해 1942년 자살로 생을 마감할 때까지 정기적으로 편지를 주고받았다. 벌린을 좋아하기는 했지만 그래도 츠바이크가 최우선이었다.

그러나 지크문트가 공부했던 모든 위대한 사상가들 중에서도 그에게 가장 큰 영향을 미친 것은 만난 적은 없지만 아마도 프로이트일 것이다. 지크문트는 스스로에게 "우리 시대의 도덕적 진공은 미학적이고 윤리적 요소들에 기반을 둔 종교로 채울 수 있지만, 과연 죄에 대한 두려움 없이 가능한가?"라는 질문을 던진 적이 있었다. 이는 프로이트가 『어느 착각의 미래』에서 제기했던 질문이기도 했다. 1976년 "눈먼 본능에서부터 인류의 의식이 향상됐고, 침묵의 시간에서 벗어나 언어를 소유하면서 동물적 기반을 초월한 그 순간부터 우리 안의 자기 파괴적 경향은 더 강해졌고, 샘솟는 활력과 부딪쳤다" 지크문트는 게오르게 슈타이너에게 말했다. 물론 지크문트는 인간사를 움직이는 주요한 요소로 성애보다는 죽음의 본능을 들기는 했지만, 이것은 틀림없이 프로이트적인 통찰이었다. 정신분석은 지크문트가 일생 동안 취미로 삼았던 것이다. 그러나 전문 분석가들이 모든 도덕적 결함을 어릴 적 트라우마의 결과로 간주하는 것에는 반대했다.

19세기 후반에서 20세기 초반, 독일 문학을 평생 사랑했던 것이 한 인간을 낙천가로 만들어주지는 않았던 듯하다. "나는 평생에 걸쳐, 그리고 특히 1930년 이후로 비관주의에 끌렸다"라고 지크문트 자신도 인정했다. "나는 늘 일이 계획대로 되지 않을 것이며 불리하게 전개되어 결국 불합리한 결과로 치닫게 될 것이라는 생각을 전제로 하고 행동했다. (……) 그러나 한편으로는 내 이성적인 판단만큼 상황이 심각하지는 않다고 밝혀질지도 모른다는 비이성적인 희망도 무의식적으로 품고 있었다." 하지만 지크문트의 비관주의는 절망이라기보다는 차라리 실망스러운 결과에 대한 대비책이었다. 1942년 위기를 지나며 지크문트는 "비관주의자가 옳았다. 자신감이 넘쳤다가 범죄에 가까운 수준으로 현실에 안주하는 사람으로 변모하는 보통 사람들은 충격을 받았고 우울해했으며 낙담했다. 습관적으로 염려를 하는 나 같은 사람은 지금 그저 조금 더 염려할 뿐이다. 그러다 보니 내가 다른 이에 비해 오히려 긍정적으로 보일 지경이다. 이것이 우리가 지금까지 실패하지 않고 그렇게 크게 상처입지 않은 비법이다"라고 썼다. 지크문트는 기본적으로 늘 서구 문명이 수명을 다해 이내 무너져버릴 것이라고 생각했다. 그러나 수년이 흐른 뒤 그는 게오르게 슈타이너에게 이렇게 말했다.

늘 나의 믿음의 기반이 되어온 너무나 많은 이상적인 가치들이 전복되는 모습을 보며 나는 눈물을 흘리거나 불평을 하며 실망했던 적이 한 번도 없었다. 오히려 열정적으로 애착을 가지고 도전에 맞서 보호해야 한다고 생각했다. 세월이 흘렀지만 아직도 나는 같은 가치를 이상으로 여기고 있다. 그리고 내가 어른이 된 후 계속해서 넘쳐난 현대의 야만주의는 결코 나를 겁먹게 하거나 낙담하게 만들 수 없었다. 오히려 반대되는 목적을 향해 나가자는 다짐을 강하게 해주었고, 이 같은 야만주의의 범람이 오늘날 극소수의 사람만이 견고한 분별과 더 나은 세상이 올 거라는 열렬한 믿음으로 이 같은 가치를 알아볼 수 있을 뿐, 대부분은 아예 깨닫지 못한다는 사실을 의미한다 할지라도 나는 흔들리지 않았다.

문학적 성향이 강했던 지크문트는 업무적인 편지나 메모 이상의 글을 쓰기를 기대했을지도 모른다. 실제로 1920년대에 책을 쓰려고 시도하기도 했으나 원고는 남아 있지 않다. 그러나 그는 오래도록 자서전을 써보라는 권유를 거부했다. '자기 광고'라는 비난을 받을 것이 두려웠기 때문이다. 그는 자서전이라는 개념은 치명적으로 딜레마를 안고 있다고 설명했다.

역사적 인물(처칠이나 드골 같은)이 아닌 다른 인물이 쓴 자서전
은 내가 보기에 단순한 딜레마에 시달리게 된다. 자서전은 정직한
것이다. 이 경우 자서전에는 일반적인 사항이 아니라 포괄적인 그
림을 완성하는데 꼭 필요한 세부 사항들이 담겨 있어야만 한다.
또한 자서전은 상당한 사람들에게 의미 있는 한 인물에 초점을 맞
추기도 한다. 이 경우 자서전은 그저 단편적일 수밖에 없고, 본질
적으로 일방적인 것이 된다.

대신에 그는 두 편의 '짧은 논문'을 쓰려고 했다. 하나는 '성인 교
육'이라는 제목으로 '기본적인 성인 교육의 한 요소로 생의 약동의
함양'을 다룬 내용이고, 다른 하나는 '값비싼 교훈'이라는 제목으로
지크문트가 지속적으로 가치 있게 여겼던 '고통과 슬픔, 괴로움'에
대한 일화들을 묘사한 내용이다. 그러나 둘 다 빛을 보지는 못했다.
지크문트는 슈타이너와 공동 회고록 작업을 위해 1976년 블로네이
에서 긴 인터뷰를 자청했지만, 그 계획 역시 흐지부지되고 말았다
(슈타이너 역시 은행가의 아들이었지만, 그는 유령작가가 되고 싶은 생각
은 전혀 없었다고 고백했다. 그리고 지크문트가 자신과 했던 인터뷰 못지
않은 솔직한 대담을 〈인스티튜셔널 인베스터〉의 기자와 나눈 뒤 그 프로젝
트를 포기했다). 지크문트가 계획했던 마지막 저작 역시 세상에 나오
기도 전에 사장되었는데, 이는 지크문트가 1940년대 이후로 생각해
내거나 옮겨 적었고, 1972년에 주제별로 정리해놓은 수많은 경구를
담은 '구도자의 사화집'이었다. 지크문트가 세상을 뜬 뒤 부인 에바
의 제안으로 조슈아 셔먼이 편집 작업을 마쳤지만 결국 출판은 하지
않기로 결정했다.
　이 마지막 프로젝트, 거의 모든 문장의 저작권이 불분명한, 부분적

으로 편집된 지혜의 보석들에 어울리는 방식은 분명 따로 있었다. 비록 위대한 사상이라고 부르긴 어렵지만 여기엔 지크문트의 모든 것이 담겨 있다. 그러나 사람은 보이지 않고 삶과 사랑은 지워졌으며, 오로지 기지 넘치는 말들과 사색만이 남아 있었다. 몇 개 골라내 적어놓은 다음의 글귀들이 그 같은 사실을 잘 보여준다.

- 인류의 갖가지 가능성이 가장 전도유망하게 성장하도록 돕는 것이 생의 약동의 진정한 목적이다. (1959년 5월)
- 타인을 사랑하고, 삶을 사랑하라. 하나의 위대한 사랑으로 결합된 이 두 가지 사랑이야말로 최고의 선물이다. (1963년 1월)
- 인간은 한편으로는 열정 가운데, 다른 한편으로는 고통 가운데 최고의 잠재력을 발휘하게 된다. (1965년 1월)
- 타인을 속이지 않는 것보다 자신을 속이지 않는 것이 훨씬 중요하다. (1965년 5월)
- 신비하기 짝이 없는 자아, 이 인간의 가상 발동기는 물리적 의미로는 분명한 하나지만 정신적 의미로는 다르고 모순된 여러 요소들의 혼합체다. (1965년 7월)
- 최고의 도전에서 물러서지 않고 총력을 기울이다 끝내 굴복한 사람은 삶의 진정한 승리자다. (1966년 4월)
- 자신의 모든 것을 타인과 대의에 내어준 이는 행복보다는 고통으로 보상받게 된다. 하지만 그는 이러한 고통에 감사해야 한다. 고통을 통해 더 강하고 나은 사람이 될 수 있기 때문이다. (1967년 9월)
- 엎질러진 물을 보고 울어봐야 소용없다든가 잠자고 있는 개는 건드리지 말라는 속담에 담긴 태도도 좋지만, 사실 엎질러진 물

을 보고 애통해하고 자고 있는 개를 놔두지 않는 것 역시 대단
히 배울 만한 태도다. (1968년 10월)

• 회의론과 냉소에 찬성하는 거대한 집단에 의해 믿음이 약해진
우리 시대에 물리적 존재 너머에 고귀하며 초월적인 가치가 있
다고 계속해서 믿는 극소수의 사람들은, 내면의 믿음을 공고히
하고 그 믿음의 불타는 횃불을 유지하며 그 같은 믿음을 투지와
열정을 담아 큰 소리로 세상에 대고 외쳐야 할 위대한 의무가
있다. 이것이 바로 성화의 실행이다. (1968년 10월)

• 다른 사람들의 말에 귀 기울일 때에는 입 밖으로 꺼낸 말만이
아니라 말하지 않은 내용에도 많은 관심을 기울여야만 한다.
(1969년 2월)

• 중요하건 그렇지 않건, 또한 얼마만큼의 노력을 기울였느냐와
상관없이 어떤 일을 할 때에는 언제나 마음속에 잘 벼린 다양한
대안을 품고 있어야만 한다. (1972년 3월)

• 일이란 그 어떤 휴식 혹은 게임보다도 나를 잊게 하고 매혹적이
며 아주 즐거운 것이다. (1972년 7월)

• 대부분의 인간에게 공포는 최고의 조언가이자, 동시에 항상 나
쁜 조언가다. (1977년 7월)

• 착각에 빠지지 않는 이상주의자가 되어야 한다. (1978년 11월)

• 인간의 가장 큰 문제 중 하나는 관용과 차별을 어떻게 함께 수행
하느냐 하는 것이다. 관용은 차별을 쉽게 간과하게 만들고, 차
별은 너무나 자주 편협함으로 향한다. 차별 없는 관용은 기준을
잃게 하고 과하지 않은 도락마저 부족하게 만든다. 관용 없는 차
별은 광신과 부당함을 만들어낸다. 우리는 관용적이면서 차별
적이어야만 한다. 이것은 생의 끝없는 도전이다. (날짜 미상)

- 위대한 책, 훌륭한 음악 작품, 따스함과 이해에 관한 놀라운 인간의 성취에 바탕을 둔 초월성을 나는 믿는다. 설령 책들이 파괴되고, 음표가 사라지며, 인간이 이룬 인격적 완성에 대한 기억이 완전히 지워진다 하더라도, 그 안의 정신은 결코 사라지지 않는다. (날짜 미상)
- 영향력이 힘보다 더 중요하다. 국가든 개인이든 마찬가지다. (날짜 미상)
- 자유란 그저 당신이 좋아하는 것을 할 수 있다는 의미만이 아니다. 자유는 강렬한 의지다. (날짜 미상)
- 가장 위대한 모험은 사색이다. (날짜 미상)

물론 이 경구들은 앞서 출간하려 했던 그 어떤 습작보다도 지크문트의 인격을 더 많이 드러내고 있기는 하다. 하지만 출처를 알 수 없는 죽어버린 격언들은 바로 지크문트의 '단절'을 너무나 잘 보여주고 있다는 면에서 더 중요한 의미를 지닌다.

지크문트 바르부르크는 사실 많은 면에서 뿌리 없는 세계인 그 자체였다. 1976년에는 이렇게 말하기도 했다. "나는 어디에서나 그곳이 '고향'이요, '집'이라는 생각으로 지내는 다국적인 인간이다. 이러한 말을 많은 이들이 경멸한다는 사실을 알고 있지만, 나는 내가 다국적인임을 인정하고 강조하는 것이 전혀 부끄럽지 않다." 그러나 그의 친구 파울 치글러는 지크문트의 아들 조지에게 쓴 편지에서 오히려 더 진실에 다가갔던 것으로 보인다. 치글러는 편지에서 지크문트를 방랑하는 독일인으로 정의했다. 경구들에 두드러지는 영향을 준 것도 분명 니체와 프로이트뿐 아니라 위대한 빈 출신의 장르 문학의 대가 카를 크라우스에 이르기까지 중앙 유럽인의 정서였다. 결국 파울 치글러의 말처럼 지크문트는 20세기 영국에 갇혀 자신의 일을 조국으로 삼아야 했던 19세기 독일인이었다.

이제 이러한 일은 누구에게나 일어날 수 있는 아주 끔찍한 일이다. (……) 나는 네 아버지의 삶에 깊은 고통이 도사리고 있다고 확신한다. (……) 뛰어나고 유능한 머리와 의지 뒤에는 어딘가 뿌리 내리기를 갈망하는 대단히 낭만적인 면모와 소박함이 존재하기 때문이다. 그러나 그의 낭만과 소박함은 텅 빈 허공에 걸린 채 인공적인 세상에서는 진정한 충족감을 얻지 못한다. 그러므로 네 아버지에게는 온기가 필요하다. 수없이 많은 친구를 곁에 두고 있지만, 독일을 떠난 이후에는 진정한 친구가 그렇게 많았을 거라 생각하지 않는다. 껍질 아래 숨겨진 네 아버지는 우정에 관해 지극히 복잡하고 수줍으며 연약한 사람이며, 지나치게 까다롭고 색다른 기준을 지니고 있다.

이처럼 지크문트의 성품을 꿰뚫어본 사람이, 본인도 역시 유대인으로 태어나 은행가를 거쳐 결국 베네딕투스 수도회 수사가 된 진정한 금욕주의자였으니, 이보다 더 적절할 수는 없을 것이다.

5

비관주의자였던 지크문트는 늘 앞으로 일어날 일을 감지했다. 삼촌들 가운데 남은 사람은 헨리 그린펠드가 유일한 상황에서 은행 설립자의 강압적인 손아귀에서 벗어난 S.G.바르부르크의 경영진은 빠르게 은행의 몸피를 불려나갔다. 그들의 목적은 월 스트리트 벌지 브래킷과 완전하게 경쟁하는 것이었다. 바르부르크는 상업은행에서 투자은행으로 변모했다. 물론 이러한 일은 이 전기의 범위를 넘어서는 내용이다. 그러나 지크문트의 놀라운 선견지명을 보여주기 위해 짧게는 언급할 필요가 있다.

1986년의 빅뱅 이전에도 이미 S.G.바르부르크는 공격적으로 팽창하기 시작했다. 1984년 회사는 그레섬가에서 킹윌리엄가 33번지에 있는 훨씬 더 크고 현대적인 사무실로 이전했다. 은행업과 중개업, 투기 목적의 단기 매매업 사이의 전통적인 구분이 사라지자마자 바르부르크는 고객 중개업 전문 로앤드피트먼과 도소매 중개상인 애크로이드앤드스미더스를 덥석 사들이더니, 영국은행의 독려 속에 정부 중개상 뮬런스까지 사들였다. 그 와중에 새 직원들을 수용하기 위해 핀스버리 애버뉴로 한 번 더 이전했다. 이러한 투자가 얼마나 현명했는지는 논란의 여지가 있다.[8]

하지만 확장이라는 목적만큼은 확실히 성취되었다. 1984년 바르부르크의 자기 자본은 회사의 가장 큰 미국 경쟁자 중 하나인 모건스탠리에 버금갔으며 골드먼삭스에도 뒤지지 않았다. 1980년대 이윤은 런던에서 선두로 치솟았다. 1993년까지 회사 자산의 시장 가치는 20억 파운드에 달했다. 1957년의 100만 파운드와 비교해서 놀랄 만

---

8 바르부르크는 애크로이드앤드스미더스의 29.9퍼센트에 대해 현금 4100만 파운드를 지불했다. 그리고 로앤드피트먼에 대해서는 머큐리 주식으로 4250만 파운드에 해당하는 분량을 지급했다. 뮬런스에는 860만 파운드에 해당하는 머큐리 지분을 내놓았다. 사실상 머큐리의 주주들은 그렇게 해서 새로 탄생한 대기업의 59퍼센트에 대해 자신들이 보유한 회사 경영권의 100퍼센트를 넘긴 것이었다. 순자산 가치가 상승(1억 7000만 파운드에서 2억 3600만 파운드로)했다고 해서 실질적인 가치 저하가 정당화되지는 않았다.

한 수치였다. 전 세계에 흩어진 총 직원 수는 6500명이었다. 1990년 3월에는 직원 수가 4900명이었고, 1985년에는 3000명 남짓밖에 되지 않았던 것에 비하면 이 역시 대단한 변화였다. 31개 지역에 은행 지점을 열면서 S.G.바르부르크는 명실상부한 영국 토종 금융의 챔피언이 되었다. 회사의 기업 금융 부서는 560개 기업과 정부 기관을 고객으로 보유하고 있었고, 전 세계에 유럽 최고 은행으로 알려졌다. 세계 주식 발행 분야에서는 세계 6위까지 올랐으며, 유럽 내 주식 중개업 실적 열람표에서는 늘 1위를 기록했다. 무려 250명이 넘는 분석가를 거느린 업계에서 가장 큰 조사 부서 중 하나도 S.G.바르부르크가 보유하고 있었다. 게다다 아직은 옛 문화가 온전하게 살아 있는 것처럼 보이기까지 했다. 지크문트 사후 10년째인 1992년, 한 기자는 은행의 사무실을 '중난하이(중국의 지도력이 지배하고 있는 베이징의 한 신비스러운 지역구)'에 비유했다. '바르부르크의 실적에는 허점이 없다. 모든 실적표의 정상에 한 번쯤은 다 올랐다'고까지 칭송하기도 했다.

그러나 이 신속하고 무모한 팽창은 이내 끝이 나고 말았다. 결산 결과를 강화하기 위해 머큐리는 점점 더 머큐리 자산 관리에 의존하게 되었다. 지크문트가 개탄하던 그런 종류의 아무 생각 없는 광고로도 문제를 가릴 수는 없었다. ('고텐부르크나 상트페테르부르크, 잘츠부르크에 쇼핑하러 가세요? 그렇다면 먼저 바르부르크를 방문하세요.' '바르부르크는 앞선 회사와 함께합니다.') 경상비는 1992년에서 1993년 사이 30퍼센트가 증가했고, 이듬해에는 30퍼센트가 더 증가했다. 그런데도 회사는 새로운 최고경영자 사이먼 케언스(케언스 6대 백작)가 1994년 2월 채권 운용을 확장해버리면서 계속해서 커졌다. 1994년 여름, 좀 늦은 감이 있었지만 케언스는 모건스탠리와 합병을 시도했

다. 대서양을 가로지르는, 금융 역사상 가장 큰 두 이름의 만남으로
'미래의 투자은행'이 되자는 제안이었다. 그러나 거래가 성사되기
전 10월 3일, 투자은행의 수익이 급감하면서 케언스는 그해 수익이
예상에 못 미칠 것이라고 발표할 수밖에 없었다. 문제를 더 악화한
것은 협상이 이후 공공연하게 되었다는 사실이다. 머큐리애셋매니
지먼트의 가치에 대한 줄다리기 끝에 모건스탠리의 존 맥은 갑작스
럽게 협상에서 물러났다. 이 일의 파급력은 재앙과도 같았다. 이윤
과 주가가 폭락하면서 납입자본 시장 집단이 주도해 모건 그렌펠로
향하는 자본 탈출이 쇄도했다. 이에 바르부르크는 즉시 유로본드 시
장에서 물러나겠다고 발표했다. 다른 이도 아닌 지크문트의 손으로
탄생시킨 그곳에서 말이다.

1995년 4월 악당 같은 매매꾼들이 유서 깊은 베어링을 몰락하게
만들고, 딱 2개월 뒤 S.G.바르부르크가 스위스은행에 8억 6000만 파
운드의 가격으로 넘어갔다. 전 바르부르크 직원의 말에 따르면 투자
은행 사업의 순자산 가치에 8퍼센트 프리미엄을 얹은, 그야말로 '노
랭이 같은 액수'였다(머큐리애셋매니지먼트 내의 지분은 포함되지 않고
다른 머큐리애셋매니지먼트 주주들에게 분배되었다). 책임자들은 모건
스탠리나 냇웨스트에 넘어가지 않았다는 이유로 안도감을 표했다.
어쨌거나 스위스은행이 월 스트리트 회사보다는 겉보기에 덜 굴욕
적이었고, 가장 치욕적일 수도 있었던 영국의 어음교환협정 은행의
손길은 피했기 때문이다. 숄리는 이내 SBC와 바르부르크가 손뼉이
딱딱 맞듯 잘 어울린다고 주장했다. 하지만 바르부르크라는 이름이
오래가기 위해서는 차라리 모건스탠리의 와스프(미국인을 칭하는
말)에 넘어가는 편이 더 나았을지 모를 일이었다. 게다가 사실 자세
히 들여다보면, '우아한 치노 바지와 100파운드짜리 셔츠를 걸친

SBC 경영자들'은 '엿보기 좋아하는 사람들처럼 방수 외투(바바리코트를 가리키는 말)' 걸친 냇웨스트 관리자들보다 아주 조금 나은 정도였으니 말이다. 짧은 기간 SBC바르부르크라는 이름으로 운영된 투자은행은 이후 딜런리드의 손에 넘어가 SBC바르부르크딜런리드가 되었다. 몇 년 뒤 최고경영자 마르셀 오스펠이 SBC를 더 큰 유니온뱅크오브스위스와 합병하자 바르부르크는 스위스 거대 기업의 일부가 되었다. 그래서 이름은 다시 한 번 바르부르크딜런리드로, 그리고 마지막으로 UBS바르부르크로 바뀌게 된다. 그러나 2002년 11월, 기업의 브랜드 이미지 쇄신의 일환으로 UBS는 최근 인수한 또 다른 회사 페인웨버의 이름을 없애면서 바르부르크라는 이름도 빼기로 결정했다. 그리하여 아이러니하게도 지크문트가 그렇게 비난했던 함부르크와 뉴욕의 모자란 친척들이 오히려 지크문트보다 더 바르부르크라는 이름으로 오래 살아남았다. 그가 런던에 세웠던 회사가 남긴 것은 오로지 추억뿐이었다. 심지어 머큐리라는 이름조차도 1997년 메릴린치가 머큐리애셋매니지먼트를 31억 파운드라는 엄청난 가격으로 인수한 후 영원히 사라져버렸다.

S.G.바르부르크는 어째서 그렇게 무너지고 만 것일까? 물론 빅뱅 이후 런던을 점령해버린 거대 외국 기업의 순수 재력에 그 어떤 영국의 상업은행도 감히 겨뤄볼 생각조차 해보지 못했다는 점을 이유로 들 수 있을 것이다. 1990년에서 2000년 사이 모건그렌펠, 베어링, 클라인보르트벤손, 스미스뉴코트, 냇웨스트마켓, 바클레이스, 슈로더스 등은 모두 외국 바이어들에 대한 자주성을 잃었다. 살아남은 것은 가족 기업이자 부티크인 로트실트뿐이었다. 이에 대해 존 제이는 외국 은행들이 내건 돈만큼 대우를 해주지 못하고, 인재가 이동하면서 결국 기업 인수로까지 이어지는 '파멸의 고리'가 있었다고 날카

롭게 묘사했다. 그러나 바르부르크는 글로벌 벌지 브래킷에 입성하고는 늘 최선을 다했다. 그렇다면 문제는 무엇이었을까?

그런펠드는 케언스가 '지크문트와 자신이 60년간 쌓아올린 공든 탑을 1년 만에 완전히 말아먹었다며' 비난했다. 마지막 삼촌이 되어버린 그가 이후 4년이라는 시간을 95세의 나이로 세상을 등질 때까지 태연하게 일을 하러 오기는 했으나 소용이 없었다. 이언 프레이저는 케언스 혼자만의 문제라기보다는 '오만함'과 '노력 부족'이 만나 이 같은 사태를 만들어냈다고 얘기했다. 〈이코노미스트〉 역시 그와 비슷한 시각으로 논평했다.

바르부르크의 실패 원인은 비전이 아니라 그 실행 방법에 있었다. 바르부르크는 혼자 힘으로 미국에서 입은 상처에서 극복하고자 노력했다. 그 전략이 실패하자 바르부르크는 모건스탠리 같은 부유한 동업자가 나타나기를 지나치게 오래 기다렸다. (……) 영국의 최고의 투자은행은 이후 (……) 주식 시장의 법칙으로 인해 조급한 합병 논의를 강제로 발표하기에 이르렀다. (……) 그렇게 합병은 완료되지도 못했다. (……) 데이비드 숄리 경은(케언스가 CEO로 임명되자 회장이 됨) (……) 이윤이 붕괴되는 와중에도 바르부르크가 스스로 살아남을 수 있다고 착각하게 만든 자신의 오만함을 뉘우쳐야만 한다.

한 미국인은 바르부르크가 '하나에서 열까지 안이한 사고방식과 현대 세계에 어울리지 않는 우쭐거리는 태도로 전형적인 런던과 영국의 기관'으로 전락했던 것이 멸종의 원인이었다는 의견을 내놓았다. 전문적인 눈을 가진 마이클 밸런타인 등의 전 바르부르크 직원은 은행의 특별한 기풍을 새로 영입된 중개인과 브로커들이 집어삼켰기 때문이라고 진단했다. 그러나 데이비드 프로이드는 은행의 지도층이 채권 시장에 일정한 비율로 섞여 있는 손실을 처리할 때 밸런타인 같은 기업 금융가들이 들여온 '변혁'을 적용시키는 데 실패했던 것이 원인이라고 느꼈다.

분명히 기회를 놓쳤던 것도 원인이었을 것이다. 이를테면 1986년 작은 미국의 투자은행 베르트하임을 사지 않겠다고 결정한 것은 뉴욕에 기반을 닦을 수 있는 기회를 날려버린 또 하나의 실수였다(슈로더스가 훗날 베르트하임 인수 작업을 성사시키기 위해 분투한다). 케언스는 스스로 1994년 은행이 관심 사업을 확고하게 팽창시켰던 것은 사실상 어둠 속의 도약이었으며, 회사의 자본금(1990년 기준 7억 2000만 파운드)으로는 도저히 감당할 수 없는 일이었다고 프로이드에게 고백했다. 게다가 가격 통제도 제대로 하지 못했으며 바르부르크가 그렇게나 오랜 세월 정착시키려고 분투했던 '회사를 직원이 소유한다는 사고방식'도 헌저히 줄어들었다. 고객의 구미에 맞춰서 거래를 진행하던 오랜 전통의 맞춤 거래 금융 모델 역시 쇠퇴해버렸다. 그럼에도 가장 오랜 수호자 그런펠드는 '규모가 커진 고객을 상대로 영업할 수 있는 팀을 구축하는 것을 극도로 꺼려했다.' 〈이코노미스트〉는 '말년의 바르부르크는 간신히 직원들이나 먹여 살릴 수 있을 뿐이었다'고 조롱했다. 아마도 그런 일이 원인이 되어 바르부르크는 그런 식으로 하찮게 여겨졌던 것이리라. 그러나 1990년대 중반이 되자 바르부르크는 잘한다고 장담했던 일마저도 제대로 해내지 못하는 곳이 되고 말았다.

이유로 꼽을 만한 요소가 이렇게나 많지만, 왜 S.G.바르부르크가 사라졌는지에 대해 가장 딱 떨어지는 대답을 내놓은 것은 다름 아닌 달링이었다. 그의 진단은 간단했다. "책임자들이 지크문트가 강조한 가장 기본적인 규율 몇 가지를 잊었던 것이 문제였다. 지크문트는 무엇보다도 성공 뒤에 따르는 현실 안주에 맞서 모두를 보호하려고 애썼다. 그는 현실 안주가 너무나 자주 '확장 도취'라는 결과를 낳을 수 있다는 사실을 알고 있었던 것이다."

금세기 첫 10년, '확장 도취'에 빠진 세계는 다시금 문제를 양산했다. 금융 시장에 제약이 사라지자 열렬히 환호했던 거대 서구 은행들과 난폭한 모험가들은 대공황 이후 가장 큰 금융 위기에 고통을 겪어야 했다. 그러니 더 많은 금융계 인사들이 지크문트의 원칙을 따르면 좋겠다고 생각하지 않을 수가 없다. 금융에도 인간이 존재하며, 그 무엇보다 관계가 중요하다고 그토록 열정적으로 외쳤던 바르부르크의 철학을 무시한 채, 영향력을 쌓고 쉬지 않고 매매를 시도해 손해를 조절하고 돈을 벌어들이겠다는 욕심을 품었던 것을, 우리는 뉘우쳐야만 한다. 게오르게 슈타이너의 말마따나 지크문트는 '하이파이낸서의 삶에 특별한 진실함'을 불어넣는 것이 평생의 의무라고 여겼다. 현대 금융의 역사를 담은 이 부족한 작품에서 고개를 끄덕거릴 만한 요소를 조금이라도 발견했다면, 이제는 마음을 열고 지크문트의 삶과 시간으로부터 배워야 할 때다.

필적학

상업은행 S.G.바르부르크의 고객들은 은행이 신입 사원을 뽑는 특이한 방식을 전해 듣고는 다소 어리둥절했다. 젊은 신사들은 먼저 펜과 잉크를 지급받아 질긴 종이 위에 500단어로 작문을 하라는 지시를 받았다. 이 작문은 나중에 지크문트 바르부르크의 오랜 친구인 스위스의 여성 필적학자에게 보내졌다. 만일 그녀가 그들의 필적이 쓸 만하다고 평가하지 않는다면 아무리 학업 성적이 뛰어나고 금융 감각이 좋아도 출세하지 못했다.

— 1970년 7월, 〈프라이빗 아이〉

지크문트 바르부르크의 갖가지 면모 중에서도 필적학(손글씨 분석)에 대한 굳은 믿음이야말로 이 전기를 쓰는 데 가장 큰 걸림돌이었다. 나는 처음부터 한 사람의 성품에 대한 심오한 심리학적 통찰이 필적 샘플에서 나올 수 있다는 것은 그다지 타당한 믿음은 아니라고 생각했다. 그런데 S.G.바르부르크의 직원에 대한 중요한 결정을 내릴 때 필적학적 분석이 기초가 되었다는 사실을 분명히 보여주는 기록과 자료가 정말 많았다. 입사 지원자는 먼저 면접을 보고 자신의 자격증을 면밀히 조사받았다. 지크문트는 성품을 판단하는 자신의 능력을 상당히 굳게(결코 부당하지 않은) 믿고 있었다. 그리고 그의 기준에서 벗어난 사람은 누구도 채용 과정에서 다음 단계로 더 나아가지 못했다. 특이한 것은 전문가에게 보내 분석을 맡길 요량으로 면접자에게 글씨 샘플을 달라고 했다는 사실이다. 그 전문가가 바로 취리히에 거주하며 연구 활동을 해온 필적학자이자 심리학자 테오도라 드라이푸스였다. 그녀가 사전에 받는 정보는 대개 글씨를 쓴 사람의 나이와 성별 그리고 국적뿐이었다. 필적학자의 평결이 부정적인 경우에도 회사에 들어가는 것이 불가능하지는 않았지만 극도로 어려운 일이었다. 반대로 지원자의 다른 자질이 불리한 경우라도 필적학적 평결이 긍정적일 땐 불리함 따위는 문제도 되지 않았다.[1]

책을 쓰기 위해 연구를 시작하며 나는 필적학에 기댄다는 것은 점성술사에게 조언을 구하는 것과 다를 바 없다고 생각했다. 〈프라이빗 아이〉도 분명 나와 같은 생각이었을 것이다. 그러나 나는 다른 유럽 회사 다수가 여전히 이러한 관례를 따르고 있다는 사실을 알고 깜짝 놀랐다. 게다가 내가 인터뷰한 전직 바르부르크 직원 중 단 한 명도 필적학에 기대는 것은 문제가 있지 않느냐는 내 의견에 공감하지 않는다는 사실을 알고 더욱 놀랐다. 과연 내가 은행의 역사를 쓰는 것인지, 아니면 광신적 종교 집단의 역사를 쓰고 있는 것인지 점차 의문이 들기 시작했다.

그래도 지크문트의 서류들 가운데 남아 있는 200개 정도의 필적학 보고서들이 흥미롭기 그지없다는 것만큼은 확실하다. 지크문트는 특히 자신이 상대하는 저명한 정치인이나 사업가들의 필적에 대해

---

[1] 1965년 드라이푸스에게서 극찬을 받았던 존 굿윈은 S.G.바르부르크의 문제 고객인 조 히만과 연관이 있다는 이유로 피터 스피라가 합격자에서 제외해둔 상황이었다. 그러나 결국 지크문트는 스피라의 의견을 무시했다. 그는 직접 면접을 보겠다며 굿윈을 호출했고, 굿윈은 더 이상의 소동 없이 일자리를 얻었다.

분석하는 것을 좋아했다. 드라이푸스가 작성한 유명 공인에 대한 성격 분석, 특히 훗날 재무장관이 되는 젊은 시절의 나이젤 로슨의 성격 분석은 처음 읽을 때엔 그럴듯하게 보인다. 그러나 자세히 들여다보면 그녀의 접근 방식은 지크문트가 믿었던 프로이트 심리학과 많은 부분 공통점을 가지고 있었다. 그리고 그것은 허버트 빈스방거 같은 심리요법가가 관심을 두고 있었던 방식과도 닮았다.

드라이푸스에게는 지식인의 다양한 약점을 대충 얼버무리고 넘어가는 일종의 공식 같은 것이 있었다. 딱 한 번 과감하게 '정신병성 과대망상증'이라는 표현을 쓴 적은 있었지만 그녀의 보고서가 철저하게 부정적인 경우는 드물었다. 그렇게 그녀는 지크문트가 자신의 평가로부터 본인이 원하는 부분을 이용하도록 내버려두었다. 그리고 드라이푸스의 평가는 조작하는 것이 거의 불가능했다. 왜냐하면 미래에 나타나거나, 혹은 나타나지 않더라도 알지 못하는 사이에 영향을 끼치는 특질에 관한 분석이었기 때문이다. 그녀가 전적으로 잘못된 판단을 내린 일은 아주 드물었지만 아예 없었던 것은 아니다. 예를 들어 '타이니' 롤런드는 드라이푸스의 말과는 달리 '자신의 일을 하는 데 아주 조심스럽고 신중한' 사람이 전혀 아닌 것으로 드러났다. 짐 슬레이터도 드라이푸스가 잘못 판단한 인물 중 하나였다 ('글씨의 주인이 성실한지 그리고 믿을 만한지에 관한 그 어떤 딱 떨어지는 이야기도 해줄 수가 없다'는 게 그녀의 평이었다). 그러나 그 경험 때문에 슬레이터는 슬레이터워커 은행에 필적학자를 고용하기로 결심하게 되었다.

어쨌든 두 사람이 주고받은 서신의 은밀한 어조를 볼 때, 이들은 로맨틱한 관계였을 수도 있다. 그가 유럽 필적학 응용 기구를 취리히에 차린 것도 드라이푸스에게 기관이라는 연구 기반을 제공해주기 위해서였다는 추정이 맞는 것 같다. 겉으로 드러나지는 않았지만 지크문트가 스위스로 이사를 갔던 것도 그녀 때문일 가능성이 높다. 하지만 지크문트가 두 사람의 관계에 대해 숨기지 않았던 것만은 확실하다. 아내 에바와 드라이푸스의 남편 레오폴트까지 함께하는 동반 휴가를 계획할 정도였기 때문이다. 무엇보다 지크문트는 분명 필적학이 엄격한 과학의 범주에 들어갈 가능성이 얼마든지 있다고 굳게 믿었다(그런 내용은 그가 취리히 기관의 개설과 함께 기록한 내용에 잘 나와 있다).

나는 많은 사람들이 여전히 필적학자들을 괴짜에 이상한 사람들이라 여긴다는 것을 알고 있다. 하지만 사실 필적학자들은 심리학의 새로운 분야를 개척하고 있다. 많은 과학 역시 근거 없는 믿음에서부터 출발했다. 별에 대한 지식 역시 점성술에서 시작되었으나 점차 정밀한 천문학으로 발전했다. 오늘날 누구도 천문학자를 괴짜라고 부르지 않는다. 결국 필적학도 궁극의 지식의 궁정에서 내세울 만한 학문이 될 것이라고 나는 확신한다.

그러나 지크문트와 드라이푸스의 관계는 그럴 가능성을 낮게 했다. 본인이 직접 영국 의사 존 케임브리지(그의 〈사이언티픽그래폴로지스트〉도 재정적으로 지원했다)와 필적학 연구를 하려 애쓰면서, 지크문트는 드라이푸스에게 보내는 샘플과 동봉하는 편지에 자신이 내린 평가를 은연중에 내비치게 되었다. 그러다 보니 되돌아오는 그녀의 분석에는 자연스레 문제가 생길 수밖에 없었다. 경우에 따라서는 에드워드 히스(10장 참고)와 케네스 키스처럼 지크문트가 직접 필적을 분석하기도 했다. 곧 상황은 지크문트가 드라이푸스에게 왜 특정 인물에 대한 분석을 의뢰하는지에 대해 구체적으로 말해주는 지경으로까지 악화되고 말았다. 1960년대 중반까지 점차 더 많은 부분을 드라이푸스의 의견에 의존하게 된 지크문트는 달링이 심리적으로 문제가 있지 않나 의심스러워지자 그를 취리히로 보내 드라이푸스와 만나게 하기도 했다. 그 덕에 그녀는 글씨 배후의 사람에 대해 연구할 수 있었다. 지크문트가 매일같이 그녀에게 전화를 하거나 편지를 쓰는 때도 있었다. 그는 최근 들어온 수습 사원에서부터 총리의 아내에 이르기까지 주변 사람 모두의 필적을 봐달라며 끊임없이 샘플을 보냈다. 그러다 1972년 데이비드 숄리가 지크문트의 글씨를 한 필적학자에게 보내 분석을 의뢰하면서 상황이 바뀌게 되었다. 숄리는 지크문트의 70세 생일 잔치에서 축하 연설을 하는 도중 그 보고서를 큰 소리로 읽었다. 숄리다운 대담한 행동이었다.

당신은 대단한 권위와 능숙함의 소유자로 본능과 신뢰에 기초를 둔 판단을 내리고 있군요. 당신은 정확하지 못한 일처리와 엉성함, 천박함을 보면 화가 납니다. 당신이 가장 싫어하는 단어는 경박함입니다. 때를 보는 능력이 탁월해 놀라운 협상가로 활동하겠습니다.

글씨에는 당신이 독특한 인간임이 드러나 있습니다. 대단히 탁월한 선경지명과 상상력, 능률, 철저함, 끈기뿐 아니라 위대한 사람만이 지닐 수 있는 우수성을 고루 갖췄습니다 게다가 질투를 전혀 하지 않아, 다른 사람이 이룬 업적과 성취를 기꺼이 숭배하는 미덕까지 갖추고 있습니다. 당신은 본인의 성공보다 가르침의 열매를 지켜보는 것을 더 자랑스러워하는 사람입니다.

이것은 과학이 아니라 능란한 아첨이었다.

공정함을 기하기 위해 지크문트는 필적학이 절대 진리라고 주장하지는 않았다. 게오르게 슈타이너에게는 이렇게 인정하기도 했다. "약 10~20퍼센트 정도의 경우에 내 판단과 필적학의 분석이 달랐다. 그러나 둘이 180도로 다른 경우는 극히 드물었다. 그러므로 양심적인 필적학자는 부정적인 분석이 한 사람을 망쳐버릴 수 있다는 것을 아주 두려워해야 하고, 되도록이면 가혹한 말을 담은 분석을 피하도록 특별히 주의해야만 한다."

지크문트의 측근들은 내게 그의 전기를 쓰는 일을 맡기기로 결정하기 전 내 글씨 분석을 의뢰했다. 부록을 쓰기 전 나는 그들에게 분석을 보여달라고 요청했다. 분석은 상당히 정확해서(특히 나의 단점을 지적하는 데에서는) 나는 의심스러운 마음을 떨쳐버렸다. '내가 현실적이고 실천적인 지략이 부족하다'는 점은 사실이었다. '아이디어와 책, 예술적 노력 속에서 도피처를 찾으며, 그 때문에 경쟁이 심한 활동이나 나보다 감정적으로 더 강인한 사람들 앞에 나 자신을 드러내지 않는다'는 말도 정확했다. 필적학자는 이렇게 결론을 내렸다. "본인에게 부담이 되는 미해결 갈등과 감정적 앙금에 취약하나 스스로 잘 맞서지 못하는 정서 구조 때문에 나중에 문제가 생길 가능성이 다소 있다. (……) 이 사람에게 지적 작업이란 바람직한 방향으로 승화하고 자신의 자리를 찾아내는 목적과 목표 의식을 제공한다." (냉정한 말로 쓰인 분석은 어땠을지 생각만 해도 두렵다.) 이러한 평결은 어쩌면 지크문트가 왜 그토록 필적학을 중요하게 여겼는지를 이해하는 데 도움이 될지도 모른다. 또한 내가 그의 여러 삶에 대해 쓸 수 있는 사람인지(바로 나의 너무나 또렷한 성격의 결함 덕에)도 설명해줄 수 있을 것이다.

하지만 필적학은 사실 지크문트가 희망했던 것과는 달리 진짜 학문으로 정착하지 못했다. 우생학과 마찬가지로 19세기 말에서 20세기 초 아베 미숑, 쥘 크레피외-자미, 알프레드 비네, 루트비히 클라게스 같은 작가들이 '미래 과학'이라며 홍보하던 시기에 필적학은 그 전성기를 보냈다. 그러나 '필적 분석'과 '전체론적 필적학'이 전쟁 이후 분리되면서, 동시대에 발생한 프로이트주의 공동체 내부의 균열처럼 몰락의 조짐을 보였다. 오늘날 필적학은 과거 속에 존재하는 사이비 과학일 뿐이다. 필적학 학위를 주는 학교는 전 세계에서 이탈리아, 에스파냐, 아르헨티나 등에 있는 단 네 개 대학뿐이다. 필적학 학위를 수여해온 유일한 미국 기관은 뉴저지 주 로디에 있는 펠리컨 대학이었으나, 2000년에 이마저도 폐지되고 말았다. 이유는 명백하다. 1960년대 이후 실험적 심리학자들은 수많은 연구를 수행해왔으나, 영국심리학협회의 말을 인용하자면 필적학은 소질과 성격을 측정하는 방법으로 '유효하지 않다'는 결론이다. 또한 미국에서는 필적학 사용을 법적으로 반대하고 있다.[2]

그러므로 나는 필적 분석을 내 학생들과 부하 직원 혹은 내 스스로를 평가하는 데 이용하지는 않을 작정이다.

---

[2] 완고한 지크문트마저도 흐지부지하게 필적학에 대한 고집을 꺾게 되었다. 메릴린치가 머큐리시큐리티에게, 만일 회사와 분쟁 중인 직원들이 정보의 자유 법 조항을 근거로 댈 경우, 필적을 분석하는 행위는 차별로 간주될 수 있다고 미국 은행의 변호사들이 결정했다는 사실을 알려준 후의 일이었다.

참고문헌

1차 문헌

영국

Bank of England, London

Churchil Archive Centre, Cambridge/Leopold Amery papers

London School of Economics/Andre McFadyean papers

Rothschild Archive, London

Sir Siegmund Warburg's Voluntary Settlement, London/Sir Siegmund Warburg papers

University of Warwick Modern Records Centre, Coventry/Confederation of British Industry papers

독일

Bundesarchiv Koblenz

Bundesarchiv Potsdam

M. M. Warburg-Brinckmann, Wirtz & Co., Hamburg/Max M. Warburg papers

Politisches Archiv des Answartigen Amts, Bonn

미국

Baker Liberary, Harvard Business School/Thomas W. Lamont papers

Columbia University Oral History Collection/James P. Warburg Diary

Franklin D. Roosevelt Library, New York/Alexander Sachs papers

Federal Reserve Bank, New York/Benjamin Strong papers

Herbert Hoover Library, Iowa/Lewis L. Strauss papers

Jacob Rader Marcus Center of the American Jewish Archives, Cincinnati/Felix Warburg papers

John F. Kennedy Memorial Library, Boston/James P. Warburg papers

Leo Baeck Institute, New York/Hermann Rauschning Collection; Hans Schaeffer collection

Sterling Library, Yale University/Paul M. Warburg papers

Yale University Library Manuscripts and Archives/Sir Willing Wiseman papers

개인 자료

John Goodwin

Bernard Kelly

Oscar Lewisohn

Joshua Sherman

George Warburg

Doris Wasserman

2차 문헌

Adler, Cyrus, *Felix M. Warburg: A Biographical Sketch* (New York, 1938)

———, and Mortimer L. Schiff, *Jacob H. Schiff: His Life and Letters* (Garden City, NY, 1928)

Aharoni, Yair, *The Israeli Economy: Dreams and Realities* (London, 1991)

Altman, Oscar L., "The Integration of European Capital Markets", *Journal of Finance*, 20,2 (May 1965)

Andrew, Christopher, *The World was Going our way: The KGB and the Battle for the Third World Newly Revealed Secrets from the Mitrokhin Archive* (New York, 2006)

Anon.[Candidate No.16188], 'To What Extent Did the City Determine that No Restrictions were Placed on the London Eurodollar Market in the Period 1960-63?', unpublished Modern History Final Honours School thesis (University of Oxford, 2002)

Attali, Jacques, *A Man of Influence: Sir Siegmund Warburg, 1902-1982* (London, 1986)

Augar, Philip, *The Death of Gentlemanly Capitalism: The Rise and Fall of London's Investment Banks* (London, 2001)

Baden, Prinz Max von, *Erinnerungen und Dokumente* (Stuttgart, 1927)

Bajohr, Frank, *'Aryanisation' in Hamburg: The Economic Exclusion of Jews and the Confiscation of their Property in Nazi Germany, 1933-1945* (Oxford, 2002)

Balderston, Theo, 'German Banking between the Wars: The Crisis of the Credit Banks', *Business History Review*, 65,3 (Autumn 1991) 554-605

——, *The Origins and Course of the German Economic Crisis, 1923-1932* (Berlin, 1993)

Bangerter, Adrian, Cornelius J. König, Sandrine Blatti and Alexander Salvisberg, 'How Widespread is Graphology in Personnel Selection Practice? A Case Study of a Job Market Myth', *International Journal of Selection and Assessment*, 17, 2 (June 2009) 219-30

Barkai, Avraham, 'Max Warburg im Jahr 1933. Missglückte Versuche zur Milderung der Judenverfolgung', in Peter Freimark, Alice Jankowski and Ina S. Lorenz (eds.), *Juden in Deutschland. Emanzipation, Integration, Verfolgung und Vernichtung* (Hamburg, 1991) 390-405

Barnes, John and David Nicholson (eds.), *The Empire at Bay: The Leo Amery Diaries, 1929-1945* (London, 1988)

Barnett, Correlli, *The Audit of War: The Illusion and Reality of Britain as a Great Nation* (London, 1986)

Barr, James, *The Bow Group: A History* (London, 2001)

Baumier, Jean, *La Galaxie Paribas* (Paris, 1988)

Ben-Shakhar, Gershon, Maya Bar-Hillel, Yoram Bilu, Edor Ben-Abba and Anat Flug, 'Can Graphology Predict Occupational Success? Two Empirical Studies and Some Methodological Ruminations', *Journal of Applied Psychology*, 71,4 (November 1986) 645-53

Benn, Tony, *Office without Power: Diaries, 1986-1972* (London, 1988)

Berghahn, Volker R., *Germany and the Approach of War in 1914* (London, 1973)

Birmingham Stephen, *Our Crowd: The Great Jewish Families of New York* (London, 1967)

Böhm, Ekkehard, *Überseehandel und Flottenbau. Hanseatische Kauf-mannschaft und deutsche Seerustung, 1879-1902* (Hamburg, 1972)

Borchardt, Knut, 'Zwangslagen und Handlungsspielräume in der gro-ßen Wirtschaftskrise der frühen dreißiger Jahrs. Zur Revision des überlieferten Geschichtsbildes', *Jahrbuch der Bayerischen Akademie der Wissenschaften* (1979) 87-132

——, and Albrecht Ritschl, 'Could Bruning Have Done It? A Keynesian Model of Interwar Germany, 1925-1938', *European Economic*

Review, 36 (1992) 695-701

Born, Karl Erich, *Die deutche Bankenkrise 1931* (Munich, 1967)

Bower, Tom, *Maxwell: The Outsidr* (London, 1992)

———, *Tiny Rowland: A Rebel Tycoon* (London, 1993)

Braddon, Russell, *Roy Thomson of Fleet Street* (London, 1965)

Bramsen, Bo and Kathleen Wain, *The Hambros, 1779-1979* (London, 1979)

Breslauer, Bernard H., *Jean Furstenberg, 1890-1982: Portrait of a Bibliophile* (n.p., 1983)

Burk, Kathleen, 'Witness Seminar on the Origins and Early Development of the Eurobond Market', *Contemporary European History*, 1, 1 (1992), 65-87

———, and Alec Cairncross, *Goodbye, Great Britain: The 1976 IMF Crisis* (New Haven, 1992)

Burn, Gary, 'The State, the City and the Euromarkets', *Review of International Political Economy*, 6, 2 (1999), 225-61

Bussière, Éric, Paribas, *1872-1992: Europe and the World* (Paris, 1992)

Büttner, Ursula, 'Das Ende der Weimarer Republik und der Aufstieg des Nationalsozialismus in Hamburg', in Ursula Büttner and Werner Jochmann, *Hamburg auf dem Weg ins Dritte Reich. Entwicklungsjahre 1931-1933* (Hamburg, 1983) 7-37

———, *Hamburg in der Staats-und Wirtschaftskrise, 1928-1931* (Hamburg, 1982)

———, *Politische Gerechtigkeit und sozialer Geist. Hamburg zur Zeit der Weimarer Republik* (Hamburg, 1985)

———, 'Rettung der Republik oder Systmezerstorung?', in Ursula Buttner and Werner Jochmann (eds.), *Zwischern Demokratie und*

Diktatur. Nationalsozialistische Machtaneignung in Hamburg. Tendenzen und Reaktionen in Europa (Hamburg, 1984), 41-65

Caincross, Alec, *The British Economy since 1945: Economic Policy and Performance, 1945-1990* (Oxford, 1995)

Cecil, Lamar, *Albert Ballin: Business and Politics in Imperial Germany* (Princeton, 1967)

Chambers, David, 'Gentlemanly Capitalism Revisited: A Case Study of the Underpricing of Initial Public Offerings on the London Stock Exchange, 1946-86', *Economic History Review*, 62, S1 (2009) 31-56

Chapman, S. D., 'Aristocracy and Meritocracy in Merchant Banking', *British Journal of Sociology*, 37, 2 (June 1986) 180-93

Chernow, Ron, *The Death of the Banker: The Decline and Fall of the Great Financial Dynasties and the Triumph of the Small Investor* (New York, 1997)

———, *The House of Morgan* (London, 1990)

———, *The Warburgs: A Family Saga* (London, 1993)

Claes, Anouk, Marc J. K. De Ceuster and Ruud Polfliet, 'Anatomy of the Eurobond Market, 1980-2000', *European Financial Management*, 8, 3 (2002) 373-86

Cohan, William D., *The Last Tycoons: The Secret History of Lazard Frères & Co.* (New York, 2007)

Cohen, Naomi Wiener, *Jacob H. Schiff: A Study in American Jewish Leadership* (Hanover, 1999)

Comfort, Richard A., *Revolutionary Hamburg: Labor Politics in the Early Weimar Republic* (Stanford, 1966)

Cooper, Richard N., 'Should Capital Controls be Banished?', *Brookings Papers on Economic Activity*, 1 (1999) 89-141

Courtney, Cathy and Paul Thompson, *City Lives: The Changing Voices of British Finance* (London, 1996)

Crossman, Richard, *The Backbench Diaries of Richard Crossman* (London, 1981)

Darling, Peter Stormonth, *City Cinderella: The Life and Times of Mercury Asset Management* (London, 1999)

DeLong, J. Bradford and Barry Eichengreen, 'The Marshall Plan: History's Most Successful Structural Adjustment Programme', in Rüdiger Dornbusch, Wilhelm Nölling and Richard Layard (eds.), *Postwar Economic Reconstruction and Lessons for the East Today* (Cambridge, 1993), 189-230

Dimsdale, N. H., 'British Monetary Policy since 1945', in N.F.R.Crafts and N. W. C. Woodward (eds.), *The British Economy since 1945* (Oxford, 1991),89-140

Dimson, Elroy, Paul Marsh and Mike Staunton, *Triumph of the Optimists: 101 Years of Global Investment Returns* (Princeton, 2002)

Dippel, John V. H., *Bound upon a Wheel of Fire: Why So Many German Jews Made the Tragic Decision to Remain in Nazi Germany* (New York, 1996)

Drogheda, Lord[Charles Garrett Moore, Earl of], *Double Harness: Memoirs* (London, 1978)

Edgerton, David, *Warfare State: Britain, 1920-1970* (Cambride, 2006)

Ellison, James, *The United States, Britain and the Transatlantic Crisis: Rising to the Gaullist Challenge, 1963-68* (Basingstoke, 2007)

Evans, Richard J., *Death in Hamburg: Society and Politics in the Cholera Years, 1830-1910* (Oxford, 1987)

————, 'Family and Class in the Hamburg Grand Bourgeosie, 1815-1914', in David Blackbourn and Richard J. Evans (eds.), *The German Bourgeoisie: Essays on the Social History of the*

German Middle Class from the Late Eighteenth to the Early Twentieth Century* (London, 1991) 118-26

Farrer, David, *The Warburgs: The Story of a Family* (New York, 1974)

Feldman, Gerald D. *Allianz and the German Insurance Business, 1933-945* (Cambridge, 2001)

Ferguson, Niall, *The Ascent of Money: A Financial History of the World* (London, 2008)

———, 'Constraints and Room for Manoeuvre in the German Inflation of the Early 1920s', *Economic History Review, New Series*, 49, 4 (1996) 635-66

———, 'Keynes and the German Inflation', *English Historical Review*, 110, 436 (1995) 368-91

———, 'Max Warburg and German Politics: The Limits of Financial Power in Wilhelmine Germany', in Geoff Eley and James Retallack (eds.), *Wilhelminism and Its Legacies: German Modernities, Imperialism and the Meaning of Reform, 1890-1930* (New York, 2003) 185-201

———, *Paper and Iron: Hamburg Business and German Politics in the Era of Inflation, 1897-1927* (Cambridge, 1995)

———, *The War of the World: History's Age of Hatred* (London, 2006)

———, *The World's Banker: The History of the House of Rothschild* (London, 1998)

Ferguson, Thomas and Peter Temin, 'Made in Germany: The German Currency Crisis of July 1931', Massachusette Institute of Technology Department of Economics Working Paper 01-07 (Feb. 2001)

Ferris, Paul, *The City* (London, 1960)

———, *Gentlemen of Fortune: The World's Merchant and Investment Bankers* (London, 1984)

————, *The Master Bankers* (London, 1984)

————, *The Money Men of Europe* (New York, 1969)

Fouchier, Jacques de, *La Banque et la Vie* (Paris, 1988)

Fraser, Ian, *The High Road to England* (Norwich, 1999)

Fraser, William Lionel, *All to the Good* (London, 1963)

Freimark, Peter and Arno Herzig, *Die Hamburger Juden in der Emanzipationsphase, 1780-1870* (Hamburg, 1989)

Freud, David, *Freud in the City* (London, 2006)

Freudenthal, H., *Vereine in Hamburg* (Hamburg, 1968)

Galbraith, John Kenneth, *The New Industrial State* (New York, 1967)

Gall, Lothar, *Der Bankier. Hermann Josef Abs-Eine Biographie* (Munich, 2004)

Goldman, Nahum, *Mein Leben als deutsher Jude* (Munich, 1980)

Gombrich, Ernst H., *Aby Warburg: An Intellectual Biography* (Oxford, 1970)

Gordon, Martin, 'Autostrade and the Dawn of the Eurobond', unpublished MS (n. d.)

Grierson, Ronald, *A Truant Disposition: Pages from my Diary* (London, 1992)

Griffin, Tony, *Footfalls in Memory* (Toronto, 1998)

Griffith, John R., Jr, 'The Effect of the Interest Equalization Tax Act and the Interest Equalization Tax Extension Act on Purchase of Long-Term Bonds of Selected Countries Marketed in the United States: 1959 to March 1966', *Journal of Finance* 24-3 (June 1969) 538-9

Haffner, Sebastian, *Defying Hitler* (New York, 2000)

Halevi, Nadar, with Nahum Gross, Ephraim Kheiman and Marshall Sanat, *The History of Bank Leumi Le-Israel* (Jerusalem, 1981)

Hamel, Iris, *Völkischer Verband und nationale Geverkschaft. Die Politik des Deutshnational-Handlungsgehilfenverband, 1893-1933* (Frankfurt, 1967)

Hamilton, Richard F., *Who Voted for Hitler?* (Princeton, 1982)

Hardach, Gerd, *Weltmarktorientierung und relative Stagnation. Währungspolitik in Deutshland, 1924-1931* (Berlin, 1976)

Hatch, Stephen and Michael Fores, 'The Struggle for British Aluminium', *Political Quarterly*, 31-4 (October 1960) 477-87

Haupts, Leo, *Deutsche Friedenspolitik. Eine Alternative zur Machtpolitik des Ersten Weltkrieges* (Dusseldorf, 1976)

Hauschild-Thiessen, Renate, *Bürgerstolz und Kaisertreu. Hamburg und das Deutsche Reich von 1871* (Hamburg, 1979)

Hennessy, Peter, *Muddling Through: Power, Politics and the Quality of Government in Post-war Britain* (London, 1997)

Hills, Jill, 'The Industrial Reorganization Corporation: The Case of the AEL/GEC and English Electric/GEC Merges', *Public Administration*, 59-1 (1981) 63-84

Hinrichsen, Hans-Peter, *Der Ratgeber. Kurt Birrenbach und die Aussenpolitik der Bundersrepublik Deutschland* (Berlin, 2002)

Hitchcock, William I., *The Struggle for Europe: A History of Europe since 1945* (London, 2003)

Jaide, W., *Generationen eines Jahrhunderts. Wechsel der Jugendgeneration im Jahrhunderttrend. Zur Sozialgeschichte der Jugend in Deutschland, 1871-1985* (Opladen, 1988)

James, Harold, 'The Causes of the German Banking Crisis of 1931', *Economic History Review*, New Series, 37-1 (Feb. 1984) 68-87

————, *The Deutsch Bank and the Nazi Economic War against the Jews: The Expropriation of Jewish-Owned Property* (Princeton, 2001)

————, *The End of Globalization: Lessons from the Great Depression* (Cambridge, MA, 2001)

————, *The German Slump: Politics and Economics, 1924-1936* (Oxford, 1986)

————, *The Nazi Dictatorship and the Deutsche Bank* (Cambridge, 2004)

Jochmann, Werner, 'Gesellschaftliche Gleichschaltung in Hamburg 1933. Freiheit des Individuums oder Sicherheit und Schutz der Gemeinschaft?', in Ursula Buttner and Werner Jochmann (eds.), *Zwischen Demokratie und Diktatur. Nationalsozialistische Machtaneignung in Hamburg. Tenenzen und Reaktionen in Europe* (Hamburg, 1984) 91-114

————, (ed.), *'Im Kampf um die Macht'. Hitlers Rede vor dem Hamburger Nationalklub von 1919* (Frankfurt am Main, 1960)

————, (ed.), *Nationalsozialismus und Revolution: Ursprung und Geschichte der NSDAP in Hamburg 1922-1933. Dokumente* (Frankfurt am Main, 1963)

Johe, Werner, 'Institutionelle Glechschaltung in Hamburg 1933. Revolutionäre Umgestaltung oder Wiederherstellung traditioneller Ordnugnen?', in Ursula Buttner and Werner Jochmann (eds.), *Zwischen Demokratie und Diktatur. Nationalsozialistische Machtaneignung in Hamburg. Tenenzen und Reaktionen in Europe* (Hamburg, 1984) 66-90

Katz, Gabrielle, *Madame Kaulla, 1739-1806. Die erste Unternehmerin Süddeutschlands und die reichste Frau ihrer zeit* (Filderstadt, 2006)

Kerr, Ian M., *A History of Eurobond Market* (London, 1984)

Keynes, John Maynard, *Two Memoires: Dr Melchior, a Defeated Enemy;*

and, My Early Beliefs (New York, 1949)

King, Cecil, *The Cecil King Diary: 1965-1970* (London, 1972)

———, *The Cecil King Diary: 1970-1974* (London, 1975)

Klemperer, Klemens von, *German Resistance against Hitler: The Search for Allies Abroad*, 1938-1945 (Oxford, 1994)

Klessmann, Eckart, *M. M. Warburg und Co. Die Geschichte eines Bankhauses* (Hamburg, 1998)

Köhler, Ingo, Die *'Arisierung' der Privatbanken im Dritten Reich. Verdrangung, Ausschaltung und die Frage der Wiedergutmachung*, Schriftenreihe zur Zeitschrift fur Unternehmensgeschichte, vol. 14 (Munich, 2005)

Kohlhaus, H. H., 'Die Hapag, Cuno und das Deutsche Reich, 1920-1933', unpublished PhD thesis (University of Hamburg,1952)

Kopper, Christopher, 'Nationalsozialistische Bankpolitik am Beispiel des Bankhauses M. M. Warburg & Co. in Hamburg', unpublished Magister thesis (University of Bochum, 1988)

Kotchen, David T. and James K. Sebenius, 'Morgan Stanley and S. G. Warburg: Investment Bank of the Future (A)', Harvard Business School Case N9-898-140 (6 Jan. 1998)

———, 'Morgan Stanley and S. G. Warburg: Investment Bank of the Future (A)', Harvard Business School Case N9-898-141 (6 Jan. 1998)

Kotkin, Stephen, *Armageddon Averted: The Soviet Collapse, 1970-2000* (Oxford, 2001)

Krause, Thomas, 'Von der Sekte zur Massenpartei. Die Hamburger NSDAP von 1922 bis 1933', in Maike Bruhns, Claudia Preuschoft and Werner Skrentny (eds.), 'Hier war doch alles nicht so schlimm'. *Wie die Nazis in Hamburg den Altag eroberten* (Hamburg, 1984) 18-49

Kroboth, Rudolf, *Die Finanzpolitik des deutschen Reiches wahrend der Reichskanzlerschaft Bethmann Hollwegs und die Geld-und Kapitalmarktverhaltnisse (1909-1913/14)* (Frankfurt am Main, 1986)

Krohn, Helga, *Die Juden in Hamburg. Die politische, soziale, kulturelle und politische Entwicklung einer judischen Großstadtgemeinde nach der Emanzipation, 1848-1918* (Hamburg, 1974)

Krozewski, Gerold, 'Sterling, the "Minor" Territories, and the End of Formal Empire, 1939-1958', *Economic History Review*, New Series, 46-2 (May 1993) 239-65

Krüger, Peter, *Deutschland und die Reparationen, 1918/19. Die Genesis des Reparationsproblems in Deutschland zwischen Waffenstillstand und Versailler Friedensschluß* (Stuttgart, 1973)

———, 'Die Rolle der Industrie und Banken in den reparationspolitischen Entscheidungen nach dem Ersten Weltkrieg', in Hans Mommsen, Dietmar Petzina and Bernd Weisbrod (eds.), *Industrielle System und politische Entwicklung in der Weimarer Republik*, vol. 2 (Düsseldorf, 1974) 568-81

Kynaston, David, *Cazenove & Co.: A History* (London, 1991)

———, *The City of London*, vol. 4: A Club No More, 1945-2000 (London, 2001)

———, *Siegmund Warburg: A Centenary Appreciation* (London, 2002)

Lamb, Richard, *The Macmillan Years, 1957-1963* (London, 1995)

Larre, Rene, 'Facts of Life about the Integration of National Capital Markets', *Journal of Money, Credit and Banking*, 1-3 (August 1969) 319-27

Lester, David, *Suicide and the Holocaust* (New York, 2005)

Lohalm, Uwe, *Volkischer Radikalismus. Die Geschichte des Deutschvölkischen Schutz und Trutzbundes, 1919-1923* (Hamburg,

1970)

London, Louise, *Whitehall and the Jews, 1933-1948: British Immigration Policy, Jewish Refugees and the Holocaust* (Cambridge, 2000)

Lorenz, Ina, *Die Juden in Hamburg zur Zeit der Weimarer Republik*, 2 vols. (Hamburg, 1987)

Lowe, Jacques, Sandy McLachlan and Fiona Pilkington, *The City: The Traditions and Powerful Personalities of the World's Greatest Financial Centre* (London, 1980)

Maddison, Angus, *The World's Economy: A Millennial Perspective* (Paris, 2001)

Mallaby, Sebastian, *The World's Banker: A Story of Failed States, Financial Cries, and the Wealth and Poverty of Nations* (New York, 2004)

Manelbrote, G. (ed.), *Out of Print and into Profit: A History of the Rare and Second-hand Book Trade in Britain in the 20th Century* (London, 2006)

Mann, Thomas, *Buddenbrooks. Verfall einer Familie* (Berlin, 1901)

———, *Joseph and his Brothers*, trans. H. T. Lowe-Porter (New York, 1945 [1934])

Marnham, Patrick, *Wild Mary: The Life of Mary Wesley* (Londonm, 2006)

Meadows, Donella H., Dennis L. Meadows, Jorgen Randers and William W. Behrens III, *The Limits to Growth* (New York, 1972)

Mendelson, Morris, 'The Eurobond and Capital Market Integration', *Journal of Finance*, 27-1 (March 1972) 110-26

Michaelis, Anthony R. and Hugh Harvey (eds.), *Scientists in Search of their Conscience. Proceedings of a Symposium on 'The Impact of Science on Society'*, organized by the European Committee of the Weizmann Institute of Science, Brussels, 28-29 June 1971 (Berlin, 1973)

Michie, R. C., 'Insiders, Outsiders and the Dynamics of Change in the City of London since 1900', *Journal of Contemporary History*, 33-4 (Oct. 1988) 547-71

Milward, Alan S., *The European Rescue of the Nation-State*, 2nd edn (London, 2000)

Mosse, Werner E., *The German-Jewish Economic Elite, 1820-1935: A Socio-cultural Profile* (Oxford, 1989)

Moussa, Pierre, *La roue de la fortune: souvenirs d'un financier* (Paris, 1989)

Newman, Peter C., *Establishment Man: A Portrait of Power* (Toronto, 1982)

Newton, Scott, *Profits of Peace: The Political Economy of Anglo-German Appeasement* (Oxford, 1996)

Nicosia, Francis R. and Jonathan Huener (eds.), *Business and Industry in Nazi Germany* (New York, 2004)

Noakes, Jeremy and Geoffrey Pridham (eds.), *Nazism, 1919-1945, vol. I: The Rise to Power, 1919-1934: A Documentary Reader* (Exeter, 1983)

Nott, John, Here Today, *Gone Tomorrow: Memoirs of an Errant Politician* (London, 2002)

O'Hara, Glen, "Dynamic, Exciting, Thrilling Change": The Wilson Government's Economic Policies, 1964-70', in Glen O'Hara and Helen Parr (eds.), *The Wilson Governments 1964-1970 Reconsidered* (London, 2006) 79-98

——, *From Dreams to Disillusionment: Economic and Social Planning in 1960s Britain* (New York, 2007)

Orluc, Katiana, 'A Wilhelmine Legacy? Coudenhove-Kalergi's "Paneuropa" as an Alternative Path towards a European (Post-) Modernity, 1922-1932', in Geoff Eley and James Retallack (eds.), *Wilhelminism and Its Legacies: German Modernities, Imperialism and the Meaning of Reform, 1890-1930* (New York, 2003) 219-34

Owen, Geoffrey, *From Empire to Europe: The Decline and Revival of British Industry since the Second World War* (London, 1999)

Palin, Ronald, *Rothschild Relish* (London, 1970)

Parr, Helen, *Britain's Policy towards the European Community, 1964-7: Harold Wilson and Britain's World Role* (London, 2006)

Pettigrew, Andrew and Richard Whipp, *Managing Change for Competitive Success* (Oxford, 1991)

Plender, John and Paul Wallace, *The Square Mile: A Guide to the New City of London* (London, 1985)

Pohl, Manfred, *Hamburger Bankengeschichte* (Mainz, 1986)

Pottle, Mark (ed.), *Champion Redoubtable: The Diaries and Letters of Violet Bonham Carter, 1914-1945* (London, 1998)

Reich, Cary, *Financier: The Biography of André Meyer - A Story of Money, Power, and the Reshaping of American Business* (New York, 1998)

Reitmayer, Morten, *Bankiers im Kaiserreich. Sozialprofil und Habitus der deutschen Hochfinanz* (Göttingen, 1999)

Richebacher, Kurt, 'The Problems and Prospects of Integrating European Capital Markets', *Journal of Money, Credit and Banking,* I-3 (Aug. 1969) 336-46

Ritschl, Albrecht, *Deutschlands Krise und Konjunktur, 1924-1934. Binnenkonjuktur, Auslandsverschuldung und Reparationsproblem zwischen Dawes-Plan und Trnasfersperre* (Berlin, 2002)

Roberts, Richard, *Schroders: Merchants and Bankers* (London, 1992)

———, and Christopher Arnander, *Take your Partners: Orion, the Consortium Banks and the Transformation of the Euromarkets* (Basingstoke, 2001)

———, and David Kynaston, *City State: A Contemporary History of the City of London and How Money Triumphed* (London, 2001)

Roll, Eric, *Crowded Hours* (London, 1985)

Rose, Kenneth, *The Elusive Rothschild: The Life of Victor, Third Baron Rothschild* (London, 2003)

Rosenbaum, Eduard and A. J. Sherman, *M. M. Warburg & Co., 1798-1938: Merchant Bankers of Hamburg* (London, 1979)

Rothschild, Edmund de, *A Gilt-Edged Life* (London, 1998)

Sagou, M'hamed, *Paribas: anatomie d'une puissance* (Paris, 1981)

Schenk, Catherine R., *Britain and the Sterling Area: From Devaluation to Convertibility in the 1950s* (London, 1994)

———, 'Crisis and Opportunity: The Policy Environment of International Banking in the City of London, 1958-1980', in Youssef Cassis and Éric Bussière (eds.), *London and Paris as International Financial Centres in the Twenties Century* (Oxford, 2004) 207-28

———, 'Decolonisation and European Economic Integration: The Free Trade Area Negotiations, 1956-58', *Journal of Imperial and Commonwealth History*, 24-3 (1996) 444-63

———, 'The Market vs. the State: Capital Market Integration in the 1960s', in R. Perron (ed.), *The Common Market: Towards the European Integration of Industrial and Financial Markets? (1958-1968)* (Paris, 2004) 141-59

———, 'The "New" City and the State, 1959-1971', in Ranald Michie (ed.), *The British Government and the City of London in the Twentieth Century* (Cambridge, 2004) 322-39

———, 'The Origins of the Eurodollar Market in London, 1955-1963', *Explorations in Economic History*, 35 (Apr. 1998) 221-38

———, 'Sterling, International Monetary Reform and Britain's Applications to Join the European Economic Community in the 1960s', *Contemparary European History*, 11-3 (2002) 345-69

———, 'The UK, the Sterling Area and the EEC 1957-63', in A. Deighton and A. S. Milward (eds.), *Widening, Deepening and Acceleration: The EEC, 1957-63* (Baden-Baden, 1999) 123-37

Schnabel, Isabel, 'The German Twin Crisis of 1931', Sonderforschungsbereich 504, 02-48 (Sep. 2002)

———, 'The Great Banks' Depression: Deposit Withdrawals in the German Crisis of 1931', Sonderforschungsbereich 504, 03-11 (Mar. 2003)

Schnee, Heinrich, 'Die Hoffaktoren-Familie Kaulla an süddeutschen Fürstenhöfen', Zeitschrift für Wurtembergische Landesgeschichte, 20-2 (1962) 238-67

Schramm, Percy Ernst, *Neun Generationen: 300 Jahre deutscher 'Kulturgeschichte' im Lichte der Schicksale einer Hamburger Burgerfamilie, 2 vols.* (Göttingen, 1963)

Scott, Ira O., Jr, 'The Problems and Prospects of Integrating European Capital Markets: Comment', *Journal of Money, Credit and Banking*, 1-3 (Aug. 1969) 350-53

Sherman, Joshua, 'Left Bank Account', *Times Literary Supplement* (May 23, 1986) 550.

Simpson, Christopher (ed.), *War Crimes of the Deutsche Bank and the Dresdner Bank: Office of Military Government (U.S.) Reports,* Part 810 (Teaneck, 2002)

Skidelsky, Robert, *John Maynard Keynes, vol. I: Hopes Betrayed, 1883-1920* (London, 1983)

Slater, Jim, *Return to Go: My Autobiography* (London, 1978)

Smith, Roy C., *Comeback: The Restoration of American Banking Power in the New World Economy* (Boston, 1993)

Somary, Felix, *The Raven of Zurich: The Memoirs of Felix Somary*, trans. A. J. Sherman (London, 1986)

Spira, Peter, *Ladders and Snakes: A Twist in the Spiral Staircase* (Chichester, 1997)

Steinberg, Jonathan, *The Deutsche Bank and its Gold Transactions during the Second World War* (Munich, 1999)

Thompson, Paul, 'The Pyrrhic Victory of Gentlemanly Capitalism: The Financial Elite of the City of London, 1945-2000', *Journal of Contemporay History*, 32-3 (June 1997) 283-304

Tomlinson, Jim, 'Balanced Accounts? Constructing the Balance of Payments Problems in Post-war Britain', *English Historical Review*, 124 (2009) 863-84

——, 'Why Was There Nevera "Keynesian Revolution" in Economic Policy?', *Economy and Society*, 10 (1981) 72-87

Vagts, Alfred, 'M. M. Warburg & Co. Ein Bankhaus in der deutschen Weltpolitik, 1905-1933', *Vierteljahresschrift für Sozial-und Wirtschaftsgeschichte*, 45 (1958) 289-398

Valentine, Michael, *Free Range Ego* (London, 2006)

Wagener, Otoo, *Hitler aus nächster Nähe. Aufzeichnungen eines Vertrauten, 1929-1932* (Frankfurt am Main, 1978)

Wake, Jehanne, *Kleinwort Benson: A History of Two Families in Banking* (Oxford, 1997)

Warburg, Eric, *Times and Tides: A Log-Book* (Hamburg, n.d.)

Warburg, Frederic, *An Occupation for Gentleman* (London, 1959)

Warburg, James P., *The Long Road Home* (New York, 1964)

Warburg, Max M., *Aus meinen Aufzeichnungen* (Hamburg, 1952)

Warburg Spinelli, Ingrid, *Erinnerungen, 1910-1989. Die Dringlichkeit des Mitleids und die Einsamkeit, nein zu sagen* (Hamburg, 1990)

Warburg Melchior, Elsa, 'That Dear Past', ed. Ruth Fleck, unpublished MS, n.d.

Washausen, H., *Hamburg und die Kolonialpolitik des Deutschen Reiches, 1880-1890* (Hamburg, 1968)

Wechsberg, Joseph, *The Merchant Bankers* (Boston, 1966)

Williams, Philip M. (ed.), *The Diary of Hugh Gaitskell* (London, 1983)

Wilson, Harold, *Final Term: The Labour Government, 1974-1976* (London, 1979)

Young, Stephen C. and A. V. Lowe, *Intervention in the Mixed Economy: The Evolution of British Industrial Policy, 1964-72* (London, 1974)

Zimmermann, Mosche, *Hamburgischer Patriotismus und deutscher Nationalismus. Die Emanzipation der Juden in Hamburg* (Hamburg, 1979)

옮긴이

김지현

숙명여대 영문학과를 졸업하고, 동 교육대학원 영어교육과에서 석사 학위를 받았다. 현재 출판 번역가로
활동하고 있다. 옮긴 책으로는 『로마제국쇠망사』, 『발칙한 유럽 산책』, 『스웨터』, 『포옹』 등이 있다.

정현선

홍익대 독어독문학과를 졸업하고 도서 기획 및 번역 작업을 해왔다. 옮긴 책으로는 『구름』, 『와인 시크릿』
등이 있다.

KI신서 3243

하이 파이낸서

1판 1쇄 인쇄 2011년 4월 27일

1판 1쇄 발행 2011년 5월 4일

지은이 니얼 퍼거슨　옮긴이 김지현 · 정현선　펴낸이 김영곤　펴낸곳 (주)북이십일 21세기북스

출판콘텐츠사업부문장 정성진　마케팅영업본부장 최창규　편집 · 기획 임후성 · 서유미

마케팅 김보미 · 김현유 · 강서영　영업 이경희 · 우세웅 · 박민형

출판등록 2000년 5월 6일 제10-1965호

주소 (우413-756) 경기도 파주시 교하읍 문발리 파주출판단지 518-3

대표전화 031-955-2100　팩스 031-955-2151

이메일 book21@book21.co.kr　홈페이지 www.book21.com

21세기북스 트위터 @21cbook　블로그 b.book21.com

값 32,000원

ISBN 978-89-509-2999-2　03320